浙江文化研究工程成果文库

浙江古代青瓷

【上】

郑建华　谢西营　张馨月　著

浙江人民出版社

图书在版编目（CIP）数据

浙江古代青瓷 / 郑建华，谢西营，张馨月著． — 杭州 ：浙江人民出版社，2022.10
ISBN 978-7-213-10752-8

Ⅰ. ①浙… Ⅱ. ①郑… ②谢… ③张… Ⅲ. ①青瓷（考古）-研究-浙江 Ⅳ. ①K878.54

中国版本图书馆CIP数据核字(2022)第157682号

地图审核号：浙S〔2022〕39号

“浙江文化研究工程成果文库”总序

习近平

有人将文化比作一条来自老祖宗而又流向未来的河，这是说文化的传统，通过纵向传承和横向传递，生生不息地影响和引领着人们的生存与发展；有人说文化是人类的思想、智慧、信仰、情感和生活的载体、方式和方法，这是将文化作为人们代代相传的生活方式的整体。我们说，文化为群体生活提供规范、方式与环境，文化通过传承为社会进步发挥基础作用，文化会促进或制约经济乃至整个社会的发展。文化的力量，已经深深熔铸在民族的生命力、创造力和凝聚力之中。

在人类文化演化的进程中，各种文化都在其内部生成众多的元素、层次与类型，由此决定了文化的多样性与复杂性。

中国文化的博大精深，来源于其内部生成的多姿多彩；中国文化的历久弥新，取决于其变迁过程中各种元素、层次、类型在内容和结构上通过碰撞、解构、融合而产生的革故鼎新的强大动力。

中国土地广袤、疆域辽阔，不同区域间因自然环境、经济环境、社会环境等诸多方面的差异，建构了不同的区域文化。区域文化如同百川归海，共同汇聚成中国文化的大传统，这种大传统如同春风化雨，渗透于各种区域文化之中。在这个过程中，区域文化如同清溪山泉潺潺不息，在中国文化的共同价值取向下，以自己的独特个性支撑着、引领着本地经济社会的发展。

从区域文化入手，对一地文化的历史与现状展开全面、系统、扎实、有序的研究，一方面可以借此梳理和弘扬当地的历史传统和文化资源，繁荣和丰富当代的先进文化建设活动，规划和指导未来的文化发展蓝图，增强文化软实力，为全面建设小康社会、加快推进社会主义现代化提供思想保证、精神动力、智力支持和舆论力量；另一方面，这也是深入了解中国文化、研究中国文化、发展中国文化、创新中国文化的重要途径之一。如今，区域文化研究日益受到各地重视，成为我国文化研究走向深入的一个重要标志。我们今天实施浙江文化研究工程，其目的和意义也在于此。

千百年来，浙江人民积淀和传承了一个底蕴深厚的文化传统。这种文化传统的独特性，正在于它令人惊叹的富于创造力的智慧和力量。

浙江文化中富于创造力的基因，早早地出现在其历史的源头。在浙江新石器时代最为著名的跨湖桥、河姆渡、马家浜和良渚的考古文化中，浙江先民们都以不同凡响的作为，在中华民族的文明之源留下了创造和进步的印记。

浙江人民在与时俱进的历史轨迹上一路走来，秉承富于创造力的文化传统，这深深地融汇在一代代浙江人民的血液中，体现在浙江人民的行为上，也在浙江历史上众多杰出人物身上得到充分展示。从大禹的因势利导、敬业治水，到勾践的卧薪尝胆、励精图治；从钱氏的保境安民、纳土归宋，到胡则的为官一任、造福一方；从岳飞、于谦的精忠报国、清白一生，到方孝孺、张苍水的刚正不阿、以身殉国；从沈括的博学多识、精研深究，到竺可桢的科学救国、求是一生；无论是陈亮、叶适的经世致用，还是黄宗羲的工商皆本；无论是王充、王阳明的批判、自觉，还是龚自珍、蔡元培的开明、开放，等等，都展示了浙江深厚的文化底蕴，凝聚了浙江人民求真务实的创造精神。

代代相传的文化创造的作为和精神，从观念、态度、行为方式和价值取向上，孕育、形成和发展了渊源有自的浙江地域文化传统和与时俱进的浙江文化精神，她滋育着浙江的生命力、催生着浙江的凝聚力、激发着浙江的创造力、培植着浙江的竞争力，激励着浙江人民永不自满、永不停息，在各个不同的历史时期不断地超越自我、创业奋进。

悠久深厚、意韵丰富的浙江文化传统，是历史赐予我们的宝贵财富，也是我们开拓未来的丰富资源和不竭动力。党的十六大以来推进浙江新发展的实践，使我们越来越深刻地认识到，与国家实施改革开放大政方针相伴随的浙江经济社会持续快速健康发展的深层原因，就在于浙江深厚的文化底蕴和文化传统与当今时代精神的有机结合，就在于发展先进生产力与发展先进文化的有机结合。今后一个时期浙江能否在全面建设小康社会、加快社会主义现代化建设进程中继续走在前列，很大程度上取决于我们对文化力量的深刻认识、对发展先进文化的高度自觉和对加快建设文化大省的工作力度。我们应该看到，文化的力量最终可以转化为物质的力量，文化的软实力最终可以转化为经济的硬实力。文化要素是综合竞争力的核心要素，文化资源是经济社会发展的重要资源，文化素质是领导者和劳动者的首要素质。因此，研究浙江文化的历史与现状，增强文化软实力，为浙江的现代化建设服务，是浙江人民的共同事业，也是浙江各级党委、政府的重要使命和责任。

2005年7月召开的中共浙江省委十一届八次全会，作出《关于加快建设文化大省的决定》，提出要从增强先进文化凝聚力、解放和发展生产力、增强社会公共服务能力入手，大力实施文明素质工程、文化精品工程、文化研究工程、文化保护工程、文化产业促进工程、文化阵地工程、文化传播工程、文化人才工程等“八项工程”，实施科教兴国和人才强国战略，加快建设教育、科技、卫生、体育等“四个强省”。作为文化建设“八项工程”之一的文化研究工程，其任务就是系统研究浙江文化的历史成就和当代发展，深入挖掘浙江文化底蕴、研究浙江现象、总结浙江经验、指导浙江未来的发展。

浙江文化研究工程将重点研究“今、古、人、文”四个方面，即围绕浙江当代发展问题研究、浙江历史文化专题研究、浙江名人研究、浙江历史文献整理四大板块，开展系统研究，出版系列丛书。在研究内容上，深入挖掘浙江文化底蕴，系统梳理和分析浙江历史文化的内部结构、变化规律和地域特色，坚持和发展浙江精神；研究浙江文化与其他地域文化的异同，厘清浙江文化在中国文化中的地位和相互影响的关系；围绕浙江生动的当代实践，深入解读浙江现象，总结浙江经验，指导浙江发展。在研究力量上，通过课题组织、出版资助、重点研究基地建设、加强省内外大院名校合作、整合各地各部门力量等途径，形成上下联动、学界互动的整体合力。在成果运用上，注重研究成果的学术价值和应用价值，充分发挥其认识世界、传承文明、创新理论、咨政育人、服务社会的重要作用。

我们希望通过实施浙江文化研究工程，努力用浙江历史教育浙江人民、用浙江文化熏陶浙江人民、用浙江精神鼓舞浙江人民、用浙江经验引领浙江人民，进一步激发浙江人民的无穷智慧和伟大创造能力，推动浙江实现又快又好发展。

今天，我们踏着来自历史的河流，受着一方百姓的期许，理应负起使命，至诚奉献，让我们的文化绵延不绝，让我们的创造生生不息。

2006年5月30日于杭州

“浙江文化研究工程成果文库”序言

袁家军

浙江是中华文明的发祥地之一，历史悠久、人文荟萃，素称“文物之邦”“人文渊薮”，从河姆渡的陶灶炊烟到良渚的文明星火，从吴越争霸的千古传奇到宋韵文化的风雅气度，从革命红船的扬帆起航到新中国成立初期的筚路蓝缕，从改革开放的敢为人先到新时代的变革创新，都留下了弥足珍贵的历史文化财富。纵览浙江发展的历史，文化是软实力、也是硬实力，是支撑力、也是变革力，为浙江干在实处、走在前列、勇立潮头提供了独特的精神激励和智力支持。

2003年，习近平同志在浙江工作时作出“八八战略”重大决策部署，明确提出要进一步发挥浙江的人文优势，积极推进科教兴省、人才强省，加快建设文化大省。2005年7月，习近平同志主持召开省委十一届八次全会，亲自擘画加快建设文化大省的宏伟蓝图。在习近平同志的亲自谋划、亲自布局下，浙江形成了文化建设“3＋8＋4”的总体框架思路，即全面把握增强先进文化的凝聚力、解放和发展文化生产力、提高社会公共服务力等“三个着力点”，启动实施文明素质工程、文化精品工程、文化研究工程、文化保护工程、文化产业促进工程、文化阵地工程、文化传播工程、文化人才工程等“八项工程”，加快建设教育、科技、卫生、体育等“四个强省”，构建起浙江文化建设的“四梁八柱”。这些年来，我们按照习近平同志当年作出的战略部署，坚持一张蓝图绘到底、一任接着一任干，不断推进以文铸魂、以文育德、以文图强、以文传道、以文兴业、以文惠民、以文塑韵，走出了一条具有中国特色、时代特征、浙江特点的文化发展之路。

文化研究工程是浙江文化建设最具标志性的成果之一。随着第一期和第二期文化研究工程的成功实施，产生了一批重点研究项目和重大研究成果，培育了一批具有浙江特色和全国影响的优势学科，打造了一批高水平的学术团队和在全国有影响力的学术名师、学科骨干。2015年结束的第一批浙江文化研究工程共立研究项目811项，出版学术著作千余部。2017年3月启动的第二期浙江文化研究工程，已开展了52个系列研究，立重大课题65项、重点课题284项，出版学术著作1000多部。特别是形成了《宋画全集》等中国历代绘画大系、《共和国命运的抉择与思考——毛泽东在浙江的785个日日夜夜》等领袖与浙江研究系列、《红船逐浪：浙江“站起来”的革命历程与精神传承》等“浙100年”研究系列、《浙江通史》《南宋史研究丛书》等浙江历史专题史研究系列、《良渚文化研究丛书》等浙江史前文化研究系列、《儒学正脉——王守仁传》等浙江历史名人研究系列、《吕祖谦全集》等浙江文献集成系列。可以说，浙江文化研究工程，赓续了浙江悠久深厚的文化血脉，挖掘了浙江深层次的文化基因，提升了浙江的文化软实力，彰显了浙江在海内外的学术影响力，为浙江当代发展提供了坚实的理论支撑和智力支持，为坚定文化自信提供了浙江素材。

当前，浙江已经踏上了实现第二个百年奋斗目标的新征程，正在奋力打造“重要窗口”，争创社会主义现代化先行省，高质量发展建设共同富裕示范区。文化工作在浙江高质量发展建设共同富裕示范区中具有决定性作用，是关键变量；展现共同富裕美好社会的图景，文化是最富魅力、最吸引人、最具辨识度的标识。我们要发挥文化铸魂塑形赋能功能，为高质量发展建设共同富裕示范区注入强大文化力量，特别是要坚持把深化文化研究工程作为打造新时代文化高地的重要抓手，努力使其成为研究阐释习近平新时代中国特色社会主义思想的重要阵地、传承创新浙江优秀传统文化革命文化社会主义先进文化的重要平台、构建中国特色哲学社会科学的重要载体、推广展示浙江文化独特魅力的重要窗口。

新时代浙江文化研究工程将延续"今、古、人、文"主题，重点突出当代发展研究、历史文化研究、"新时代浙学"建构，努力把浙江的历史与未来贯通起来，使浙学品牌更加彰显、浙江文化形象更加鲜明、中国特色哲学社会科学的浙江元素更加丰富。新时代浙江文化研究工程将坚守"红色根脉"，更加注重深入挖掘浙江红色资源，持续深化"习近平新时代中国特色社会主义思想在浙江的探索与实践"课题研究，努力让浙江成为践行创新理论的标杆之地、传播中华文明的思想之窗；擦亮以宋韵文化为代表的浙江历史文化金名片，从思想、制度、经济、社会、百姓生活、文学艺术、建筑、宗教等方面全方位立体化系统性研究阐述宋韵文化，努力让千年宋韵更好地在新时代"流动"起来、"传承"下去；科学解读浙江历史文化的丰富内涵和时代价值，更加注重学术成果的创造性转化，探索拓展浙学成果推广与普及的机制、形式、载体、平台，努力让浙学成果成为有世界影响的东方思想标识；充分动员省内外高水平专家学者参与工程研究，坚持以项目引育高端社科人才，努力打造一支走在全国前列的哲学社会科学领军人才队伍；系统推进文化研究数智创新，努力提升社科研究的科学化水平，提供更多高质量文化成果供给。

伟大的时代，需要伟大作品、伟大精神、伟大力量。期待新时代浙江文化研究工程有更多的优秀成果问世，以浙江文化之窗更好地展现中华文化的生命力、影响力、凝聚力、创造力，为忠实践行“八八战略”、奋力打造“重要窗口”，争创社会主义现代化先行省，高质量发展建设共同富裕示范区，提供强大思想保证、舆论支持、精神动力和文化条件。

目录

【上 册】

第一章 总论

一、浙江古代青瓷的历史分期 004

二、民窑、贡窑与官窑 014

三、窑系与文化结构和文化圈 015

第二章 滥觞期

第一节 概述 026

第二节 夏商周印纹硬陶与原始青瓷 029

一、新石器时代末期至夏代初期 029

二、夏商时期 032

三、西周时期 059

四、春秋时期 070

五、战国时期 078

第三节 秦汉原始青瓷与印纹硬陶 093

一、秦汉原始青瓷的定名 095

二、秦汉原始青瓷与印纹硬陶的生产 097

三、秦汉原始青瓷 103

四、秦汉印纹硬陶 112

第四节 工艺成就 118

一、胎土的选择 118

二、人工釉的出现 121

三、拉坯成型技术 ………122
四、窑炉的出现和改进 ………123
五、装烧工艺 ………124

第三章 成长期

第一节 概述 ………130
第二节 成熟青瓷出现 ………131
第三节 早期越窑 ………133
一、东汉中晚期 ………133
二、三国西晋时期 ………138
三、东晋南朝时期 ………148
四、隋至唐代早期 ………153
第四节 越窑以外的早期青瓷窑场 ………157
一、杭嘉湖地区 ………157
二、金衢地区 ………163
三、台州地区 ………170
四、温州地区 ………174
五、丽水地区 ………176
第五节 工艺成就 ………177

第四章 发展期

第一节 概述 ………182
第二节 中期越窑 ………183
一、窑址分布 ………183
二、考古工作 ………191

三、盛唐后段至晚唐初年 199
四、晚唐至吴越国前期 213
五、吴越国后期至北宋早期 226
六、北宋中晚期 238
第三节 龙泉窑的兴起 253
一、龙泉窑的地域范围 253
二、龙泉窑的考古发现与研究 257
三、龙泉窑的起始时间与发展阶段 268
四、吴越国后期至北宋早中期 281
五、北宋中晚期至两宋之交 293
第四节 其他青瓷窑场 321
一、金衢地区 322
二、温州地区 329
三、台州地区 336
第五节 工艺成就 346
一、胎釉制备 347
二、产品烧成 348

【下 册】

第五章 鼎盛期

第一节 概述 356
第二节 晚期越窑——南宋早期 360
一、考古发现 360

二、产品特征 ………364
三、阶段与年代 ………375
第三节 龙泉窑的兴盛 ………376
一、南宋早中期 ………379
二、南宋中晚期至元代早期 ………389
三、元代中晚期 ………411
四、明代早中期 ………420
第四节 杭州乌龟山窑与老虎洞窑 ………428
一、乌龟山窑址 ………428
二、老虎洞窑址 ………438
第五节 其他瓷业窑场 ………456
一、杭嘉湖地区 ………456
二、金衢地区 ………464
三、温州地区 ………472
四、台州地区 ………473
第六节 工艺成就 ………473
一、胎釉制备 ………473
二、产品烧成 ………481

第六章 衰落期

第一节 概述 ………496
第二节 龙泉窑的没落——明代中晚期至晚清 ………497
一、窑址分布 ………497
二、产品特征 ………500
第三节 青花瓷业的兴起 ………502

一、窑址分布 502
二、青花瓷业兴起的原因 511

第七章 贡瓷、官窑与哥窑

第一节 概述 516
第二节 贡瓷 517
一、越窑贡瓷 521
二、龙泉窑贡瓷 546
三、贡窑、官样与置官监窑 553
第三节 官窑 565
一、吴越国官窑 565
二、南宋地方官窑 576
三、南宋官窑 588
四、明代龙泉窑御器厂 612
第四节 哥窑 618
一、从文献记载看哥窑 619
二、老虎洞窑与哥窑 624
三、龙泉窑与哥窑 632

第八章 青瓷的输出与制作工艺的传播

第一节 概述 644
第二节 在境内的输出 646
一、原始瓷器的输出 646
二、越窑瓷器的输出 650
三、龙泉窑瓷器的输出 666

第三节 对海外的输出 675
一、越窑瓷器的输出 675
二、龙泉窑瓷器的输出 684
三、其他窑口瓷器的输出 689
第四节 浙江古代青瓷制作工艺的传播 689
一、境内传播 689
二、海外传播 692

后 记 694

图表目录

图1-1 上山文化大口盆 002
图1-2 上山文化彩陶罐 002
图1-3 跨湖桥文化彩陶罐 003
图1-4 河姆渡文化多角沿敛口釜 003
图1-5 马家浜文化垂囊盉 003
图1-6 崧泽文化彩陶豆 003
图1-7 良渚文化宽把壶 003
图1-8 浙江古代青瓷历史分期图 005
图1-9 浙江古代青瓷生产中心转移示意图 005
图1-10 战国原始青瓷兽面鼎 007
图1-11 三国楼台百戏越窑青瓷堆塑罐［吴天玺元年（276）］ 008
图1-12 五代越窑青瓷盒 009
图1-13 南宋官窑纸槌瓶 011
图1-14 南宋龙泉窑青瓷象钮盖罐 011
图1-15 清龙泉窑青瓷三足炉［康熙三十五年（1696）］ 012
图1-16 瓷业文化结构图 016
图1-17 瓷业文化圈示意图 017
图1-18 早期越窑文化圈示意图 018
图1-19 中期越窑文化圈示意图 019
图1-20 龙泉窑文化圈示意图 020
图1-21 婺州窑、瓯窑、德清窑区域示意图 021
图2-1 跨湖桥遗址出土印纹陶器、拍印工具及纹饰拓片 029
图2-2 钱山漾遗址出土印纹陶器 030
图2-3 上海广富林遗址出土单把圈足鬶 030
图2-4 好川遗址出土印纹硬陶高领罐 031
图2-5 德清龙山片区窑址群核心区分布图 033
图2-6 湖州青山片区窑址群核心区分布图 034
图2-7 瓢山窑址发掘现场（东南—西北） 035
图2-8 瓢山窑址龙窑窑炉 036
图2-9 瓢山窑址II区出土原始青瓷豆 036
图2-10 瓢山窑址出土原始青瓷长颈侈口罐 036
图2-11 瓢山窑址II区出土原始青瓷戈 037
图2-12 水洞坞窑址商代堆积层 040
图2-13 水洞坞窑址出土器物 041
图2-14 湖州南山窑址I区远景（北—南） 042
图2-15 湖州南山窑址龙窑窑炉 042
图2-16 南山窑址出土器物 043
图2-17 南山窑址出土原始瓷豆 043
图2-18 尼姑山窑址发掘现场 046
图2-19 尼姑山窑址出土器物 046
图2-20 浙江地区夏商时期重要遗址分布图 048
图2-21 马桥文化印纹硬陶纹饰拓片 049

图2-22 柴岭山土墩墓出土商代中晚期印纹硬陶罐、尊 050
图2-23 德清小紫山墓葬出土印纹硬陶罐、坛 050
图2-24 肩头弄遗址出土夏商时期印纹硬陶 052
图2-25 昆山遗址出土原始青瓷豆 054
图2-26 余杭出土商代高领罐 054
图2-27 长兴出土商代双耳尊 055
图2-28 德清小紫山出土商代原始青瓷罐 056
图2-29 牌坊沟窑址出土印纹硬陶纹饰拓片 061
图2-30 浙江各地出土西周早中期印纹硬陶 063
图2-31 各地出土西周晚期原始青瓷和印纹硬陶 064
图2-32 西周早期印纹硬陶纹饰拓片 066
图2-33 西周中期印纹硬陶纹饰拓片 066
图2-34 西周晚春秋初印纹硬陶纹饰拓片 067
图2-35 西周早期原始青瓷 068
图2-36 西周中期原始青瓷 069
图2-37 西周晚期原始青瓷 070
图2-38 德清火烧山窑址Ⅰ区全景 072
图2-39 德清火烧山窑址Ⅱ区全景 072
图2-40 火烧山窑址原始青瓷卣纹饰变化 073
图2-41 火烧山窑址出土原始瓷筒形卣 073
图2-42 火烧山窑址出土原始青瓷鼎 074
图2-43 春秋早期印纹硬陶叶脉纹与大型席纹组合 075
图2-44 春秋中期印纹硬陶纹饰拓片 075
图2-45 春秋晚期印纹硬陶纹饰拓片 076
图2-46 春秋早期原始青瓷碗 076
图2-47 春秋中期原始青瓷 077
图2-48 春秋晚期原始青瓷盅式碗 077
图2-49 德清亭子桥窑址发掘区全景 079
图2-50 德清亭子桥窑址瓷片堆积层 080
图2-51 德清亭子桥窑址窑炉（Y2） 080
图2-52 亭子桥窑址出土原始青瓷仿青铜礼器 081
图2-53 亭子桥窑址出土原始青瓷仿青铜乐器 081
图2-54 亭子桥窑址出土各类支垫窑具 082
图2-55 萧山前山窑址窑炉（Y2）平、剖面图 084
图2-56 萧山安山窑址发掘现场 085
图2-57 萧山安山窑址出土器物 085
图2-58 富盛长竹园窑址出土印纹硬陶纹饰拓片 087
图2-59 战国早期印纹硬陶 090
图2-60 战国中晚期印纹硬陶纹饰拓片 090
图2-61 战国早中期各类原始青瓷 092
图2-62 德清地区汉代窑址分布图 098
图2-63 白羊垅窑址龙窑 100
图2-64 白羊垅窑址出土器物 100
图2-65 上渚山窑址发掘航拍图 101
图2-66 德清上渚山窑址出土罐、壶、锺 102
图2-67 德清上渚山窑址出土器物残片 103
图2-68 浙江汉墓分布示意图 104
图2-69 西汉早期原始青瓷器物组合 108

图2-70 西汉中期原始青瓷器物组合 109
图2-71 西汉晚期原始青瓷器物组合 110
图2-72 两汉之际到东汉早期原始青瓷器物 111
图2-73 西汉早期印纹硬陶 116
图2-74 西汉中晚期印纹硬陶 116
图2-75 两汉之际到东汉早中期印纹硬陶 117
图2-76 瓢山、北家山、南山窑址胎料对比 119
图2-77 南山窑址贮料坑 120
图2-78 瓢山、北家山、南山窑址施釉对比 121
图2-79 南山窑址一至五期出土烧结物 124
图3-1 大园坪窑址窑炉遗迹 135
图3-2 大园坪窑址出土虎子 136
图3-3 绳索纹水井 136
图3-4 青瓷熏炉 136
图3-5 东汉晚期龙窑窑炉 137
图3-6 三国吴越窑青瓷熊足洗 140
图3-7 三国吴越窑青瓷熊形灯 140
图3-8 三国吴青瓷堆塑谷仓罐 140
图3-9 三国吴越窑青瓷羊形器 140
图3-10 尼姑婆山窑址远景照 142
图3-11 尼姑婆山窑址龙窑遗迹 143
图3-12 尼姑婆山窑址出土器物 144
图3-13 青瓷印花双系卣 145
图3-14 青瓷贴花狮纹三足尊 145
图3-15 西晋太安二年（303）越窑青瓷狮形插器 145
图3-16 西晋元康九年（299）越窑青瓷狮形插器 145
图3-17 青瓷鸡首壶 146
图3-18 青瓷羊形器 146
图3-19 西晋永宁二年（302）越窑青瓷兽形尊 146
图3-20 越窑青瓷鹰首壶 146
图3-21 西晋元康四年（294）越窑青瓷堆塑罐 147
图3-22 青釉点彩龙柄鸡首壶 150
图3-23 青釉飞鸟托碗 150
图3-24 越窑青瓷羊形插器 150
图3-25 青釉莲花纹盘口壶 152
图3-26 越窑青瓷盘口壶 155
图3-27 嵊州唐垂拱三年（687）墓出土四系罐 155
图3-28 嵊州唐垂拱三年（687）墓出土鸡首壶 155
图3-29 嵊州甘霖镇唐垂拱二年（686）墓出土砚 155
图3-30 嵊州唐垂拱三年（687）墓出土水盂 155
图3-31 青山坞窑址远景 158
图3-32 青山坞窑址采集青瓷罐 159
图3-33 东汉德清窑青瓷瓿残片 159
图3-34 青褐釉印花四系“茶”字铭罍 159
图3-35 青釉碗与酱釉罐粘连件 160
图3-36 青釉碗与酱釉碗叠烧件 160
图3-37 青釉碗 160
图3-38 东晋德清窑黑釉四系盘口壶 160
图3-39 东晋兴宁二年（364）德清窑黑釉鸡首壶 160
图3-40 东晋德清窑鸡首壶残件 160
图3-41 东晋兴宁二年（364）德清窑黑

釉熏炉 160
图3-42 德清墅元头窑址出土唐代青釉褐色点彩碗 162
图3-43 德清窑唐元和五年（810）黑釉瓷壶 162
图3-44 德清窑唐代青釉执壶 162
图3-45 三国青瓷五联罐 165
图3-46 婺州窑青瓷鸡首壶 165
图3-47 婺州窑青瓷狗圈 165
图3-48 婺州窑东晋青瓷羊首壶 166
图3-49 东晋青瓷点彩双系盘口壶 166
图3-50 东晋青瓷蛙盂 166
图3-51 南朝青瓷四系罐 166
图3-52 青釉褐彩双系盘口壶 168
图3-53 唐代褐釉双系盘口壶 168
图3-54 唐代乳浊釉褐彩四系盘口壶 168
图3-55 唐代青瓷蟠龙带盖罂 169
图3-56 唐代婺州窑青瓷多足砚 169
图3-57 唐代青釉多角瓶 169
图3-58 黄岩秀岭水库汉墓出土罐 171
图3-59 虎头山窑址采集西晋瓷罐 171
图3-60 茅草山窑址航拍全景照 172
图3-61 东晋茅草山窑址出土盘口壶 173
图3-62 茅草山窑址出土东晋砚台 173
图3-63 茅草山窑址出土东晋器盖 173
图3-64 黄岩秀岭水库东晋永和三年墓葬出土唾壶 173
图3-65 东晋青釉点彩羽箭纹器盖 175
图3-66 四足青釉褐彩“□□文□山者”铭文砚 175
图3-67 虎形插器 176
图3-68 青釉鸡首壶 176
图4-1 上林湖越窑遗址群分布图 185
图4-2 上林湖片区窑址分布图 186
图4-3 上虞窑址分布图 188
图4-4 东钱湖窑址分布示意图 189
图4-5 中期越窑中心区遗址比例饼状图 189
图4-6 上林湖荷花芯窑址作坊遗迹局部 192
图4-7 古银锭湖寺龙口窑址龙窑遗迹 193
图4-8 白洋湖石马弄窑址遗迹局部 194
图4-9 上林湖后司岙窑址窑场布局 195
图4-10 东钱湖郭童岙窑址龙窑遗迹Y2（2007年） 196
图4-11 东钱湖于家山窑址龙窑遗迹Y1—Y6（2009年） 197
图4-12 敞口玉璧底碗 201
图4-13 撇口玉璧底碗 201
图4-14 撇口弧腹圈足碗（17后司岙TS01W01⑦:19） 203
图4-15 撇口斜腹圈足碗（17后司岙TS01W01⑦:41） 203
图4-16 敞口玉璧底碗（17后司岙TS01W01⑦:39） 203
图4-17 直口弧腹玉璧底碗 204
图4-18 圈足盘（17后司岙TS01W01⑦:43） 204
图4-19 油盒 204
图4-20 水盂（白洋湖石马弄窑址T4④:66） 204
图4-21 盘口壶（白洋湖石马弄窑址T4④:63） 204
图4-22 四系蟠龙罂 205

图 4-23 胆囊形执壶 205
图 4-24 侧把壶
(白洋湖石马弄窑址 T4④:60) 205
图 4-25 执壶（唐“大中元年”款） 205
图 4-26 多足砚（17后司岙TS01W01⑧:9) 205
图 4-27 宽圈足碗（17后司岙TS01W01⑧:20) 206
图 4-28 敞口斜腹玉璧底碗 206
图 4-29 玉璧底碗（17后司岙TS01W01⑨:1) 207
图 4-30 叠烧玉璧底碗 209
图 4-31 圈足花口盘 214
图 4-32 平底花口盘
(后司岙窑址 TN02W04②-2-9:9) 215
图 4-33 平底盆 215
图 4-34 葵口盘 215
图 4-35 花口碗 216
图 4-36 油盒 216
图 4-37 盒 216
图 4-38 花口碗 216
图 4-39 盘 217
图 4-40 碗
(后司岙窑址TN02W04⑥-1-6:37) 218
图 4-41 玉环底碗
(后司岙窑址TN02W04⑥-1-9:65) 218
图 4-42 盘（寺龙口窑址 T5③c:18) 218
图 4-43 盏（后司岙窑址 TN06W04②:16) 218
图 4-44 平口海棠杯
(后司岙窑址 TN06W03①:5) 218
图 4-45 花口海棠杯
(后司岙窑址 TN04W04①:4) 218
图 4-46 委角套盒 219
图 4-47 八棱净瓶
(后司岙窑址 TN06W04⑤-1-6:6) 219
图 4-48 圆形净瓶
(后司岙窑址TN06W04⑤-2-3:168) 219
图 4-49 瓜棱盖罐 219
图 4-50 垂腹瓜棱执壶
(后司岙窑址 TN02W04①:22) 220
图 4-51 平底花口盘 220
图 4-52 执壶
(后司岙窑址 TN04W04⑤-3-8:36) 221
图 4-53 执壶（寺龙口窑址 T4⑥:142) 221
图 4-54 夹耳盖罐 222
图 4-55 盏托 222
图 4-56 盒盖
(后司岙窑址 TN02W04⑥-2-8:31) 223
图 4-57 褐彩云纹罂 223
图 4-58 “M”形与盆形匣钵组合
(后司岙窑址 TN02W04③-2-1:19) 224
图 4-59 盆形匣钵（后司岙窑址
TN06W04⑤-2-4:169,“咸通”款) 224
图 4-60 瓷枕与垫烧痕
(后司岙窑址 TN04W04⑤-2-9:37) 225
图 4-61 垫烧具
(后司岙窑址 TN02W04⑥-1-2:67) 225
图 4-62 板沿洗（寺龙口窑址 T7④b:7) 229
图 4-63 划花板沿洗 229
图 4-64 摩羯形砚滴 229
图 4-65 摩羯形砚滴残片
(寺龙口窑址 T7④d:16) 229
图 4-66 高座熏炉（寺龙口窑址T7⑤b:6) 229
图 4-67 碗（寺龙口窑址 T8④b:12) 230
图 4-68 碗（寺龙口窑址 T7④a:3) 230
图 4-69 碗 230
图 4-70 “太平戊寅”款碗

（寺龙口窑址 T8④b:8） 230
图4-71 碗 231
图4-72 盏 231
图4-73 盘 231
图4-74 盘 231
图4-75 青瓷盘 232
图4-76 盘 232
图4-77 盘 233
图4-78 钵 233
图4-79 盒 233
图4-80 盆 233
图4-81 执壶 234
图4-82 执壶 234
图4-83 执壶（注子）与碗（注碗） 234
图4-84 盏和盏托 234
图4-85 盏托 234
图4-86 委角套盒 235
图4-87 圆形套盒（寺龙口窑址T6扩⑨:218） 235
图4-88 划花器盖 235
图4-89 龙纹盘 236
图4-90 青釉双凤纹洗 236
图4-91 蟠龙罂 237
图4-92 扣银盏托 237
图4-93 “M”形匣钵与垫圈
（后司岙窑址 TN04W04②-1-3:9） 238
图4-94 孔明碗（寺龙口窑址 T1⑦:5） 243
图4-95 五管灯（寺龙口窑址 T2⑧a:103） 243
图4-96 高足杯（寺龙口窑址 T1④:9） 243
图4-97 梅瓶（寺龙口窑址 T7③c:29） 243
图4-98 韩瓶（寺龙口窑址 T1⑥:7） 243
图4-99 碗（寺龙口窑址 T2⑥a:74） 244
图4-100 碗（寺龙口窑址 T2⑦:15） 244
图4-101 碗（寺龙口窑址寺龙口T7③c:8） 244
图4-102 盏（寺龙口窑址 T1④:61） 244
图4-103 盏（寺龙口窑址 T1④:66） 245
图4-104 盘（寺龙口窑址 T6扩⑤:28） 245
图4-105 盘（寺龙口窑址 T1④:1） 245
图4-106 盏托（寺龙口窑址 T3④:3） 245
图4-107 盒（寺龙口窑址 T2⑥a:33） 246
图4-108 水盂（寺龙口窑址 T1⑥:5） 246
图4-109 水盂（寺龙口窑址 T4③a:9） 246
图4-110 高座熏炉（寺龙口窑址T4③a:48） 246
图4-111 盘（寺龙口窑址 T1③c:43） 246
图4-112 钵（寺龙口窑址 T2③:4） 246
图4-113 执壶（寺龙口窑址 T2采集:26） 247
图4-114 执壶 247
图4-115 蕉叶纹碗（寺龙口窑址T6③b:14） 248
图4-116 蕉叶纹盘 248
图4-117 蕉叶纹杯 248
图4-118 蕉叶纹杯 248
图4-119 蕉叶纹盖罐 249
图4-120 牡丹纹盘（寺龙口窑址T1③b:48） 249
图4-121 牡丹纹盒盖 249
图4-122 透雕龙纹、凤纹香熏盖 249
图4-123 花口尊 250
图4-124 瓶 250
图4-125 覆莲瓣盏托 250
图4-126 覆莲瓣盏托 250
图4-127 卧足钵 250
图4-128 卧足钵 251
图4-129 龙泉窑核心区窑址分布图 255
图4-130 大窑窑址龙窑遗迹与地层图
（1960年发掘） 259
图4-131 龙泉东区已发掘窑址示意图 261

图4-132 龙泉东区（紧水滩水库库区）窑址分布图 262
图4-133 龙泉南区窑址分布图 265
图4-134 龙泉金村古码头遗址全景 266
图4-135 淡青釉葵口碗 273
图4-136 越窑青瓷葵口碗 273
图4-137 越窑青瓷执壶 274
图4-138 淡青釉青瓷执壶 274
图4-139 越窑青瓷执壶 274
图4-140 “开宝三年”青瓷铭文碑 275
图4-141 淡青釉“太平戊寅”款青瓷盘口壶 276
图4-142 淡青釉多管瓶［金村Y22TG1(1):36］ 276
图4-143 淡青釉青瓷盘口壶 276
图4-144 “天圣”款淡青釉青瓷碗 277
图4-145 淡青釉“甲申”年铭器盖（金村YA3-22TG1②:49） 277
图4-146 青釉褐彩魂瓶 277
图4-147 外底满釉淡青釉弧腹碗 285
图4-148 外底满釉淡青釉斜腹碗 285
图4-149 莲瓣纹青瓷碗 286
图4-150 葵口青瓷盘 286
图4-151 外底露胎淡青釉弧腹碗 286
图4-152 外底露胎淡青釉斜腹碗 286
图4-153 唇口饼足碗（金村YA-22TG2⑨:25） 287
图4-154 唇口圈足碗（金村YA3-22TG2⑩:1） 287
图4-155 叠烧圈足盘 288
图4-156 垫圈垫烧圈足盘（金村YA3-22TG2⑨:38） 288
图4-157 垫圈垫烧卧足盘（金村YA3-22TG2⑨:36） 288
图4-158 盏 289
图4-159 盏托［金村YA3-22TG2(9):44］ 289
图4-160 盏托 289
图4-161 执壶［金村YA3-22TG2(9):49］ 290
图4-162 盘口壶 290
图4-163 盘口壶 290
图4-164、图4-165 多管瓶 291
图4-166 淡青釉青瓷瓶 296
图4-167 翠青釉青瓷执壶 296
图4-168 淡青釉盏托 296
图4-169 翠青釉执壶 296
图4-170 “小梅窑匠”铭莲瓣纹炉 297
图4-171 盖罐 298
图4-172 越窑青瓷盖罐 298
图4-173 越窑莲瓣纹盏托（寺龙口窑址T2⑧a:132） 299
图4-174 “元丰三年”铭盘口壶 299
图4-175 龙泉窑青瓷划花碗 300
图4-176 龙泉窑青瓷刻划花碗 300
图4-177 盘口壶 300
图4-178 五管瓶 300
图4-179 碗（金村YA3-22TG4⑩:1） 302
图4-180 碗（金村YA3-22TG2⑦:6） 302
图4-181 盖碗器盖（金村YA3-22出土） 302
图4-182 盏（金村YA3-22TG1②:11） 302
图4-183 盘（金村YA3-22TG2⑧:1） 303
图4-184 碗（金村YA3-22TG1②:63） 304

图4-185 盘（金村Y23:18） 304
图4-186 六管瓶 306
图4-187 碗 306
图4-188 瓶 307
图4-189 瓶（金村YA3-22TG2⑧:8） 307
图4-190 瓶 307
图4-191 盖罐 308
图4-192 盏托托座 308
图4-193 盘口壶 308
图4-194 梅瓶 308
图4-195 龙泉窑刻划花碗 313
图4-196 碗（金村YA3-Y22TG2④:9） 313
图4-197 龙泉窑刻划花盘 314
图4-198 盘（金村YA3-Y22TG2④:18） 314
图4-199 斗笠盏（金村YA3-Y22TG2③:14） 315
图4-200 钵 315
图4-201 子母盒 315
图4-202 盖罐 315
图4-203 执壶（金村YA3-Y22TG2④:23） 316
图4-204 执壶 316
图4-205 梅瓶 316
图4-206 盖罐 317
图4-207 盒 317
图4-208 熏炉 318
图4-209 垫圈垫烧龙泉窑系青瓷碗 319
图4-210 武义蜈蚣形山窑址龙窑全景 324
图4-211 蜈蚣形山窑址馒头窑及附属遗迹 325
图4-212 五代婺州窑青瓷瓜棱罐 327
图4-213 北宋婺州窑青瓷粉盒 327
图4-214 北宋婺州窑青瓷执壶 327
图4-215 北宋婺州窑青瓷壶 327
图4-216 浦江前王山窑址龙窑全景 328
图4-217 龙下窑址窑炉遗迹 330
图4-218 坦头窑址发掘区全景 331
图4-219 坦头窑址出土执壶 332
图4-220 青釉褐彩双系罐 333
图4-221 青釉褐彩双系异形罐 333
图4-222 唐代青釉双鱼纹瓷碗 333
图4-223 唐至五代青釉鱼纹瓜棱执壶 333
图4-224 唐至五代青釉条纹瓷钵 333
图4-225 宋代青釉褐彩执壶 335
图4-226 北宋青釉婴戏纹王记铭瓷粉盒 335
图4-227 北宋青釉鹦鹉纹粉盒 336
图4-228 北宋青釉褐彩蕨草纹执壶 336
图4-229 窑坦窑址采集标本 337
图4-230 窑坦窑址采集标本（底部） 337
图4-231 黄岩沙埠金家岙堂窑址采集标本 337
图4-232 温岭下圆山窑址采集标本 337
图4-233 沙埠青瓷窑址群分布示意图 339
图4-234 沙埠竹家岭窑址发掘区全景 341
图4-235 沙埠凤凰山窑址发掘区全景 341
图4-236 竹家岭窑址龙窑窑炉 342
图4-237 凤凰山窑址出土敞口碗 343
图4-238 凤凰山窑址出土花口碗 343
图4-239 凤凰山窑址出土盏托 343
图4-240 凤凰山窑址出土多管灯 343
图4-241 竹家岭窑址出土婴戏纹大盘 344
图4-242 竹家岭窑址出土凤凰纹大盘 344
图4-243 竹家岭窑址出土鹦鹉纹大盘 344

图4-244 竹家岭窑址出土龙纹大盘 344
图4-245 竹家岭窑址出土碗 345
图4-246 竹家岭窑址出土碗 345
图4-247 竹家岭窑址出土碗 345
图4-248 竹家岭窑址出土碗（底部） 345
图4-249 刷釉密封瓷质匣钵（上林湖后司岙窑址TN04W04②-1-5:11） 350
图4-250 秘色瓷盒盖釉面（上林湖后司岙窑址TN06W03①:1） 352
图4-251 瓷质组合支圈（上林湖后司岙窑址TN02W04③-2-8:16） 353
图4-252 支圈装烧芒口器盖示意 353
图4-253 越窑青瓷银扣碗 353
图5-1 宋元浙闽赣瓷业文化圈交汇示意图 359
图5-2 寺龙口窑址堆积剖面 362
图5-3 张家地窑址龙窑遗迹 363
图5-4 直口深弧腹碗（张家地TG1②:76） 366
图5-5 敞口斜弧腹碗（张家地TG1②:17） 366
图5-6 撇口斜弧腹碗（张家地TG1②:14） 366
图5-7 直口圈足盘（张家地TG1②:117） 366
图5-8 直口卧足盘（低岭头窑址Y13②:39） 366
图5-9 敞口折腹圈足盘（低岭头窑址Y13②:32） 366
图5-10 玉壶春瓶（寺龙口T4①a:56） 367
图5-11 纸槌瓶（张家地TG1②:70） 367
图5-12 铺首衔环瓶（低岭头窑址Y13②:49） 367
图5-13 镂孔套瓶（寺龙口T3①b:51、T3①b:61） 367
图5-14 方唇筒腹平底三足炉（寺龙口窑址T1①:1） 368
图5-15 宽折沿浅筒腹五足炉（寺龙口T8①b:29） 368
图5-16 鬲式炉（低岭头窑址Y13①:57） 368
图5-17 圆钮器盖（寺龙口T8①b:1） 368
图5-18 花蕾钮器盖（张家地TG1②:83） 368
图5-19 荷叶形器盖（寺龙口窑址T1①:27） 368
图5-20 镂孔器座（寺龙口窑址Y1:45） 369
图5-21 不镂孔器座（寺龙口T8①b:6） 369
图5-22 六管灯（寺龙口T5①c：20） 369
图5-23 孔明碗（寺龙口T7②:18） 369
图5-24 钟（寺龙口T4①b:6） 369
图5-25 觚（寺龙口T1②a:43） 369
图5-26 花盆（张家地TG1②:47） 370
图5-27 梅瓶（寺龙口T4①b:36） 370
图5-28 兰草花刻划装饰（寺龙口T3①a:19） 370
图5-29 开光装饰（寺龙口T8①b:74） 370
图5-30 摩羯纹（寺龙口窑址T8②:35） 370
图5-31 直口深弧腹碗（张家地窑址PY22TG1②:120） 371
图5-32 斜腹碗（低岭头窑址Y13①:34） 371
图5-33 折腹盘（张家地窑址PY22TG1②:246） 371
图5-34 斜腹盘（低岭头窑址Y13①:35） 371
图5-35 弧腹撇足盘（张家地窑址PY22y1:1） 371
图5-36 瓶（张家地窑址PY22TG1②:158） 372
图5-37 梅瓶（张家地窑址PY22TG1②:196） 372
图5-38 觚（张家地窑址PY22TG1②:217） 372
图5-39 渣斗（低岭头窑址Y13①:112） 372

图5-40 洗（低岭头窑址Y13①:115） 372
图5-41 鬲式炉
（低岭头窑址Y13①:58） 373
图5-42 三足鼓钉炉
（张家地窑址PY22TG1②:200） 373
图5-43 花盆（低岭头窑址Y13①:54） 373
图5-44 鸟食罐
（张家地窑址PY22TG1②:230） 373
图5-45 鸟食罐
（张家地窑址PY22TG1②:239） 373
图5-46 鸟食罐（寺龙口T3①a:21） 373
图5-47 莲瓣纹盘
（张家地窑址PY22TG1②:128） 374
图5-48 圆筒齿口支钉具 374
图5-49 饼形支钉窑具（寺龙口窑址T4） 374
图5-50 垫饼（低岭头窑址Y13①:73） 374
图5-51 “T”形垫具
（低岭头窑址Y13①:115） 374
图5-52 罐炉套烧
（张家地窑址PY22TG1②:203） 375
图5-53 花盆（低岭头窑址Y13②:75） 377
图5-54 花盆
（张家地窑址Y22TG1②:90） 377
图5-55 花盆
（张家地窑址PY22TG1②:105） 377
图5-56 龙泉窑青瓷鼎式炉
（大窑瓦窑坑Y38TG2⑥:81） 380
图5-57 鼎式炉残件
（大窑瓦窑坑Y38TG2⑥:84） 380
图5-58 “绍兴拾叁年”铭青瓷盏托
（大窑瓦窑坑Y38TG2⑥:87） 380
图5-59 “癸酉”款青瓷“丕尊”
（大窑瓦窑坑Y38TG2⑥:86） 380
图5-60 葵口出筋青瓷碗 381
图5-61 龙泉窑青瓷盏 382
图5-62 龙泉窑青瓷碗 382
图5-63 龙泉窑青瓷盖碗 382
图5-64 龙泉窑青瓷盖碗 383
图5-65 器盖（龙泉金村Y17TG1④:155） 383
图5-66 龙泉窑“河滨遗范”碗（“庚戌”年款） 384
图5-67 龙泉窑“河滨遗范”碗
（大窑山头珵TG1①:1） 384
图5-68 盘（大窑瓦窑坑Y38TG2⑥:11） 385
图5-69 梅瓶 385
图5-70 垂腹瓶（龙泉金村Y17TG1④:1） 386
图5-71 五管瓶 386
图5-72 盘口壶 386
图5-73 刻划花碗
（龙泉金村Y17TG1④:32） 387
图5-74 刻划花盘
（龙泉金村Y17TG1④:70） 387
图5-75 “S”形复线装饰碗（“开禧”年款） 388
图5-76 越窑低岭头类型青瓷钟
（寺龙口窑址T6扩②:48） 389
图5-77 龙泉窑青瓷钟
（大窑瓦窑坑Y38TG2⑥:85） 389
图5-78 越窑低岭头类型“S”形复线装饰
（张家地窑址PY22TG1②:25） 389
图5-79 龙泉窑“S”形复线装饰
（龙泉金村Y17TG1④:48） 389
图5-80 梅瓶 392
图5-81 梅瓶 392

图5-82 梅瓶 393
图5-83 长颈瓶 393
图5-84 花口盏 395
图5-85 碗（龙泉金村YA3-22TG③1） 396
图5-86 莲瓣纹碗 396
图5-87 盘（龙泉金村YA3-22TG③2） 396
图5-88 盘 396
图5-89 盖碗 396
图5-90 洗 397
图5-91 海棠形杯 397
图5-92 执壶 397
图5-93 长腹贯耳瓶 397
图5-94 凤耳瓶 397
图5-95 琮式瓶 398
图5-96 鬲式炉 398
图5-97 鼓钉三足炉 398
图5-98 盂形鸟食罐 398
图5-99 花蕾式鸟食罐 398
图5-100 花插 398
图5-101 露胎人物像 399
图5-102 龙瓶 400
图5-103 虎瓶 400
图5-104 梅花碗
（大窑枫洞岩窑址TN9W3③N:2） 400
图5-105 鱼纹盘
（大窑枫洞岩窑址TN8W3④S:2） 400
图5-106 黑胎青瓷标本 403
图5-107 盘 403
图5-108 八角盘 404
图5-109 菱口盘 404
图5-110 八角盏 404
图5-111 洗 404
图5-112 鬲式炉 405
图5-113 圈足底三足炉 405
图5-114 觚式尊 405
图5-115 垂腹瓶 405
图5-116 龙泉窑黑胎青瓷盖碗 407
图5-117 龙泉窑白胎青瓷荷叶形器盖 407
图5-118 黑釉盏 410
图5-119 黑釉盏 410
图5-120 碗 414
图5-121 碗
（大窑枫洞岩窑址TN10W6③a:25） 414
图5-122 荷叶龟纹碗 415
图5-123 折沿大盘 415
图5-124 露胎贴花盘 415
图5-125 高足杯 415
图5-126 把杯 415
图5-127 荷叶盖罐 415
图5-128 蔗段洗 415
图5-129 玉壶春瓶 416
图5-130 带座大吉瓶 416
图5-131 贯耳瓶 416
图5-132 鬲式炉
（大窑枫洞岩窑址TN9W3③N:23） 417
图5-133 圈足底筒腹三足炉 417
图5-134 鱼形砚滴 417
图5-135 龙泉窑青瓷舟形砚滴 417
图5-136 盘 417
图5-137 凤尾尊 417
图5-138 碗
（大窑枫洞岩窑址TN16W3⑦:14） 423
图5-139 碗
（大窑枫洞岩窑址TN10W3⑤N:2） 423

图5-140 碗
(大窑枫洞岩窑址TN16W3⑥a:39) 423
图5-141 盘
(大窑枫洞岩窑址TN16W3⑥a:103) 424
图5-142 盘
(大窑枫洞岩窑址TN16W3⑦:115) 424
图5-143 洗
(大窑枫洞岩窑址TN10W3③N:5) 424
图5-144 盏托
(大窑枫洞岩窑址TN12W3⑤N:74) 425
图5-145 高足杯
(大窑枫洞岩窑址TN10W3③N:1) 425
图5-146 “福寿”瓶 425
图5-147 玉壶春瓶 425
图5-148 花鉴
(大窑枫洞岩窑址TN17E5①:119) 426
图5-149 爵杯 426
图5-150 壮罐 426
图5-151 绣墩 426
图5-152 乌龟山窑址地形及遗迹、探方分布图 428
图5-153 乌龟山窑址发掘坑位与遗迹分布图（不含Y1及其西侧的探沟） 430
图5-154 碗 431
图5-155 碗 431
图5-156 盘 431
图5-157 盘 432
图5-158 圆形洗 432
图5-159 六角洗 432
图5-160 贯耳瓶 432
图5-161 白菜瓶 432
图5-162 簋式炉 433
图5-163 樽式炉 433
图5-164 盖碗盖 433
图5-165 支钉窑具 435
图5-166 支钉窑具 435
图5-167 越窑系和龙泉窑系青瓷 436
图5-168 老虎洞窑址素烧炉 439
图5-169 老虎洞窑址瓷片堆积坑(H2、H3) 440
图5-170 碗 443
图5-171 碗 443
图5-172 盘 444
图5-173 盘 444
图5-174 盏托 444
图5-175 套盒 445
图5-176 折肩瓶 445
图5-177 镂孔鹅颈套瓶 445
图5-178 樽式炉 446
图5-179 圆饼形支钉窑具 448
图5-180 齿口支钉窑具 448
图5-181 垫饼 449
图5-182 盘 451
图5-183 圆口洗 451
图5-184 花口洗 451
图5-185 高足杯 452
图5-186 簋式炉 452
图5-187 鬲式炉 452
图5-188 樽式炉 452
图5-189 四种典型成釉效果 453
图5-190 碗 454
图5-191 碗底残片 454
图5-192 碗底残片 454

图5-193 碗底残片 455
图5-194 炉 455
图5-195 刻花碗 455
图5-196 碗底残片 456
图5-197 窑山窑址发掘现场航拍照 458
图5-198 窑山窑址出土器物整理照 459
图5-199 韩瓶 459
图5-200 急须 459
图5-201 执壶 459
图5-202 窑山5号地点采集器物 460
图5-203 乌石岗脚窑址阶级式分室龙窑 465
图5-204 溪里窑址考古发掘全景照 465
图5-205 溪里窑址龙窑窑炉尾部及顶部 466
图5-206 武义溪里窑址出土器物 466
图5-207 彩绘瓷盆 468
图5-208 彩绘瓷双系执壶 468
图5-209 碗窑龙头山窑址分室龙窑遗迹 469
图5-210 乳浊釉瓷罐 471
图6-1 牡丹纹瓶 498
图6-2 孙坑窑刻花瓶 499
图6-3 “正德庚午年造” 502
图6-4 龙坦窑址龙窑遗迹（由南向北） 504
图6-5 青花瓷碗 506
图6-6 青花瓷盘 506
图6-7 青花瓷炉 506
图6-8 青花瓷瓶 506
图6-9 青花瓷笔架 506
图6-10 白瓷研磨棒 506
图6-11 青瓷炉 506
图6-12 紫金釉瓷碗 506
图6-13 缠枝莲花纹 507
图6-14 牡丹纹 507
图6-15 蕉叶纹 507
图6-16 “方”字款 507
图6-17 “杨昇店用”字款 507
图6-18 下济窑址采集器物 508
图6-19 樟坑窑址采集器物 509
图6-20 “福”字款 511
图6-21 人物故事纹 511
图7-1 秘色瓷盘 524
图7-2 金银平脱花鸟纹银棱秘色瓷碗 524
图7-3 越窑青瓷瓷盆 528
图7-4 越窑青瓷碗 530
图7-5 龙纹盘 531
图7-6 划龙纹卧足盘 535
图7-7 银扣越窑青瓷执壶 536
图7-8 越窑青瓷盘 537
图7-9 玻质釉青瓷炉
（低岭头窑址Y13②:71） 541
图7-10 乳浊釉青瓷盂
（低岭头窑址Y13①:108） 541
图7-11 “罗湖师秘色椀” 542
图7-12 接缝处刷釉密封的匣钵
（后司岙窑址TN04W04②-1-5:4） 542
图7-13 “官”字款匣钵
（后司岙窑址TN02W04⑧-1-5:31） 543
图7-14 越窑秘色瓷盒盖
（后司岙窑址TN01W01⑤-2-8:41） 543
图7-15 “南庙”款凤纹盘 543
图7-16 越窑青瓷熏炉 544
图7-17 越窑秘色瓷盆 544
图7-18 越窑秘色瓷银扣盘 544
图7-19 龙泉窑青瓷鬲式炉 549
图7-20 龙泉窑青瓷瓶 549

图7-21 龙泉窑高足杯 552
图7-22 龙泉窑龙纹瓶 552
图7-23 龙泉窑“使司帅府公用”铭青瓷盘 552
图7-24 越窑唐光启三年“贡窑”铭墓志罐 553
图7-25 越窑“官”字款青瓷罐 556
图7-26 越窑“官”字款青瓷盏 556
图7-27 越窑青瓷“官”字款碗、盘 557
图7-28 越窑“官样”款青瓷盏 557
图7-29 越窑“官样”款青瓷盘 557
图7-30 越窑“官”字款匣钵 558
图7-31 越窑“官”字款匣钵 558
图7-32 龙泉窑“官”字款火照 559
图7-33 越窑“上林窑”铭青瓷盘 563
图7-34 越窑“窑官”款青瓷执壶 564
图7-35-1 越窑“省瓷窑都勾押”俞府君墓志［宋开宝三年（970）］ 566
图7-35-2 越窑“省瓷窑都勾押”俞府君墓志铭文展开图（宋开宝三年） 567
图7-36 越窑“新窑官坊”铭耶卅九郎食瓶盖（宋太平兴国二年） 567
图7-37 越窑“官坊”铭火照 568
图7-38 越窑“官物”铭垫圈铭文 569
图7-39 越窑青瓷套盒 572
图7-40 越窑青瓷唾盂 572
图7-41 越窑青瓷套盒 573
图7-42 “官”字款匣钵 577
图7-43 玻质釉青瓷盘 577
图7-44 玻质釉青瓷碗 577
图7-45 玻质釉青瓷鼎式炉 578
图7-46 乳浊釉青瓷盘 578
图7-47 南宋皇城图（后期） 584
图7-48 “御厨”款越窑系玻质釉青瓷盘 585
图7-49 越窑低岭头类型玻质釉青瓷盘（低岭头窑址Y13②:30） 585
图7-50 越窑系玻质釉青瓷龙纹盘 586
图7-51 “甲申殿”款越窑系青瓷残器 587
图7-52 “修内司”铭荡箍 596
图7-53 青瓷碗 600
图7-54 南宋官窑垫烧碗、盘 603
图7-55 低岭头类型玻质釉刻划花盘（寺龙口窑址T3①a:31） 605
图7-56 低岭头类型乳浊釉盘（张家地窑址PY22y1:1） 606
图7-57 褐彩腰鼓（寺龙口窑址T1①:20） 606
图7-58 越窑系青瓷盒 607
图7-59 陶质祭器 609
图7-60 白胎青瓷梅瓶 610
图7-61 “永乐九年”铭印模（大窑枫洞岩窑址TN12W3⑥N:1） 613
图7-62 龙纹盘（大窑枫洞岩窑址TN16W3⑨a:14） 613
图7-63 “官”字款双鱼洗（大窑枫洞岩窑址TN10W3③N:32） 614
图7-64 “三样三个花”垫钵（大窑枫洞岩窑址TN16W3②:4） 614
图7-65 明龙泉窑青瓷碗 615
图7-66 明龙泉窑青瓷碗 615
图7-67 明龙泉窑青瓷盘 615
图7-68 褐书“官窑”铭青瓷碗 625
图7-69 八思巴文支钉窑具 625

图7-70 乳浊釉青瓷小罐 627
图7-71 乳浊釉青瓷盘 627
图7-72 乳浊釉青瓷花口盘 627
图7-73 乳浊釉青瓷盘 628
图7-74 乳浊釉青瓷贯耳瓶 628
图7-75 乳浊釉青瓷贯耳瓶 628
图7-76 哥窑浅腹盘 631
图7-77 乳浊釉青瓷浅腹盘 631
图7-78 龙泉窑黑胎青瓷鬲式炉 635
图7-79 龙泉窑黑胎青瓷把杯 635
图7-80 南宋官窑多棱瓶 636
图7-81 南宋官窑弦纹瓶 636
图7-82 龙泉窑垫饼垫烧黑胎青瓷盘 637
图7-83 龙泉窑支钉窑具 637
图7-84 龙泉窑哥釉青瓷盘 638
图7-85 龙泉窑哥釉罐（底部残片） 639
图7-86 龙泉窑哥釉碗 640
图8-1 原始瓷盉 647
图8-2 原始瓷尊 647
图8-3 原始瓷尊 648
图8-4 狮形插器 651
图8-5 虎子 651
图8-6 执壶 655
图8-7 罂 655
图8-8 墓志罐 657
图8-9 罂 657
图8-10 穿带瓶 658
图8-11 八棱净水瓶 658
图8-12 葵口碗 658
图8-13 褐彩熏炉 658
图8-14 粉盒 658
图8-15 盘 658
图8-16 盖罐 660
图8-17 盏托 660
图8-18 执壶 661
图8-19 执壶 661
图8-20 执壶 662
图8-21 套盒 663
图8-22 托碗 663
图8-23 嘉祐八年（1063）砚 664
图8-24 淡青釉五管瓶 667
图8-25 淡青釉盘口壶 667
图8-26 淡青釉执壶 667
图8-27 象钮盖罐 669
图8-28 花口盘 669
图8-29 龙泉窑瓷器 674
图8-30 虎子 675
图8-31 越窑青瓷羊形器 675
图8-32 越窑方盘 678
图8-33 越窑穿带瓶 678
图8-34 越窑渣斗 678
图8-35 越窑熏炉 678
图8-36 越窑盖盒 680
图8-37 越窑盖盒 680

表1-1 东苕溪流域商代窑址数量统计表 039
表5-1 宋、元、明时期的统间龙窑 482—483
表5-2 宋、元、明时期的分室龙窑 488
表7-1 吴越国王室与勋贵墓出土青瓷 573—574
表7-2 元代、明初窑址以外地点出土（出水）老虎洞类型哥窑器 629

第一章 总论

世界陶瓷主要有东亚陶瓷、伊斯兰陶瓷和欧洲陶瓷三大流派，大致与儒家文化、伊斯兰文化和基督教文化三大文化圈相合。陶器是世界各大文明中心在不同的历史时期各自发明的，而瓷器的发明则是中华民族对世界文明的独特贡献。

中国陶器的源头可以上溯到10000年以前。华南、华北和长江中下游地区，均已发现距今10000年以上的陶器，其中，江西万年县仙人洞遗址陶器的年代可早至20000年前。浙江已知最早的陶器见于浦江县上山遗址，距今约11000年①；距今9000年前后，上山文化已经有彩陶的制作，这也是迄今为止中国乃至世界上最早的彩陶（图1-1、图1-2）。在此后的四五千年间，跨湖桥、河姆渡、马家浜、崧泽、良渚等新石器时代文化的陶器制作日渐精进（图1-3至图1-7）。从跨湖桥文化时期起，开始出现印纹软陶；新石器时代晚期到相当于夏代早期的钱山漾文

图1-1　上山文化大口盆

图1-2　上山文化彩陶罐

① 蒋乐平：《跨湖桥文化研究》，科学出版社2014年版。

图 1-3　跨湖桥文化彩陶罐

图 1-4　河姆渡文化多角沿敛口釜

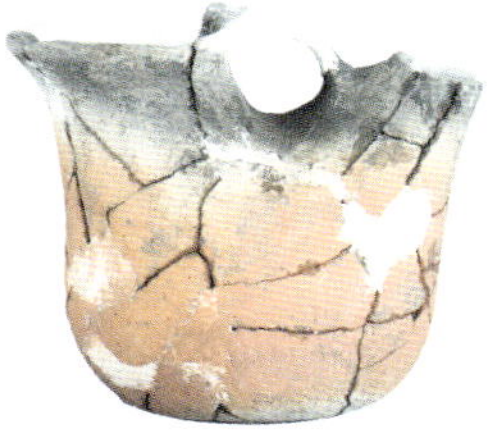
图 1-5　马家浜文化垂囊盉

图 1-6　崧泽文化彩陶豆

图 1-7　良渚文化宽把壶

化和好川文化时期，诞生了烧成温度更高、胎体更坚致的印纹硬陶。印纹硬陶的出现，为原始青瓷的发明和烧制打下了厚实的工艺技术基础。在商周时期浙江地域的陶瓷生产过程中，原始青瓷和印纹硬陶常常同窑共烧，实非偶然。

世界上最早的施釉陶器出现于中东。至迟公元前三四千年之际，古埃及已出现一种施玻璃釉（法依恩斯）的陶器。然而，中东地区的釉陶并未以此为开端直线发展，更未由此率先孕育出实用和审美功能都远超陶器的瓷器。

在世界上率先烧制出瓷器的是中国。据现有考古资料，早在公元前十六七世纪的夏商之际，我们的祖先就已经生产出施青釉的原始瓷器，开创了世界陶瓷史的新纪元。从这一时期原始瓷的滥觞到东汉成熟瓷器的出现，从唐宋瓷窑体系的兴盛到鸦片战争传统制瓷手工业开始受到近代陶瓷工业的冲击，三千余年间，中国古代的瓷器生产一直无有间断地发展着，工艺传承不绝，瓷业文化一脉相承。在此期间，中国作为世界上首屈一指的瓷器生产、消费和贸易大国，对世界其他地区的陶瓷生产和消费产生了强劲的影响，并成为世界范围内陶瓷文化交流的主导力量。与此同时，又吸纳了大量异域文化因子，使自身的瓷业文化变得更加丰盈玉润、更加多彩多姿。

概括说来，中国古陶瓷的发生和发展可分作六大历史时期：史前是陶器独步的时期，夏商周秦汉为陶器和原始瓷并举时期，汉六朝是成熟青瓷出现和早期青瓷发展时期，隋唐是中国瓷业生产“南青北白”格局形成的时期，宋元为名窑林立、名瓷迭出的时期，明清则是各种制瓷工艺在景德镇最终“百川归海”的时期。

浙江古代陶瓷在中国和世界陶瓷史上占有举足轻重的历史地位，特别是青瓷生产，经历了从夏商之际肇始（原始青瓷）到清代衰落（龙泉窑）的完整过程，三千余年，绵延不绝。在几乎贯穿整个古代中国历史时期的时间维度内，在大体相同的地理空间，始终以同一瓷系产品——青瓷为主流从事瓷业生产，并在所有重要的历史阶段都独领风骚或超然众上，这在国际国内其他区域无与伦比，在整个瓷业发展史上独一无二。浙江堪称青瓷的故乡，也是古代世界主要的青瓷产地。从这个角度看，“一部陶瓷史，半部在浙江”，可谓斯言不虚。

从现有考古资料看，浙江不仅是最早成功烧制原始青瓷的地区，也是主要产地所在。东汉时期成熟青瓷的出现，正是基于原始青瓷长期烧造的实践和工艺积累。没有原始青瓷的发明，就不可能有成熟青瓷的出现，也不会有浙江古代青瓷乃至整个古代世界瓷器生产的繁荣和发展。有鉴于此，本书将原始青瓷作为浙江古代青瓷生产体系的一部分，统一论述。

一、浙江古代青瓷的历史分期

浙江古代青瓷生产可以划分为五大历史时期，其间，形成了四个工艺技术高峰期（图1–8），生产中心经历了三次地理转移（图1–9）。

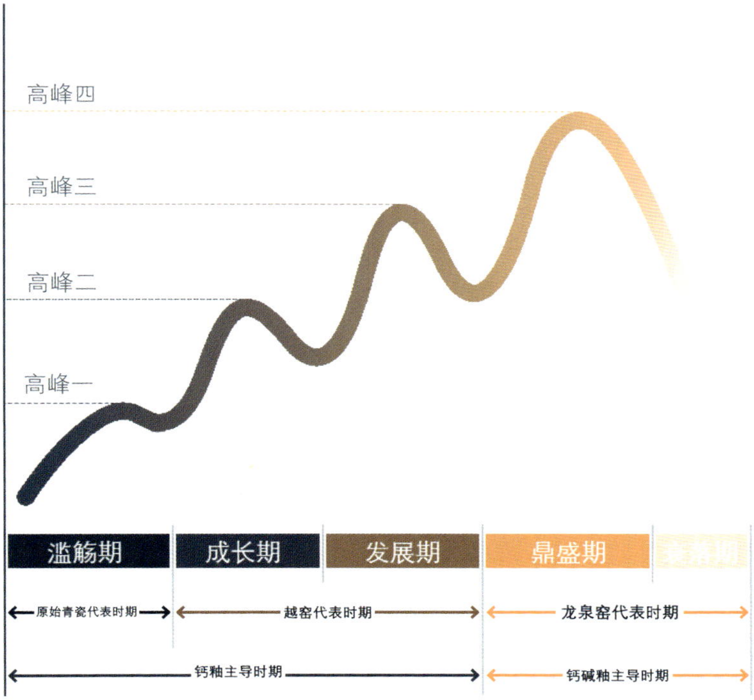

图1-8　浙江古代青瓷历史分期图

图1-9　浙江古代青瓷生产中心转移示意图

（一）滥觞期

夏商之际到东汉早期是浙江古代青瓷生产，实际上也是中国和人类历史上瓷器生产的滥觞期。在这一历史时期，浙江先民们率先在湖州的东苕溪流域成功烧制出原始瓷①，因为施青色釉，一般称为原始青瓷。最早的成熟瓷器——青瓷，正是在此基础上孕育而出的。

从普通陶器的以易熔黏土作原料到原始青瓷使用较纯的瓷石质黏土作原料，从陶器一般在1000℃以下烧成到原始青瓷多在1100℃以上烧成，从陶器的表面无釉到原始青瓷施有钙釉，这是陶瓷工艺史的一次大跨越。原始青瓷是在印纹硬陶工艺基础上发展起来的，常常与印纹硬陶同窑合烧，而印纹硬陶的烧成温度远高于普通陶器。原始青瓷之所以被冠以“原始”二字，是因为相对于成熟青瓷而言，其原料处理还不够精细、胎体还比较粗糙，有时肉眼可见到釉层下的粗颗粒石英砂和较大的气孔；烧成温度也不够高，平均只有1120℃左右；烧结度不足，有一定的吸水率，胎釉结合有时不够紧密。

夏商周原始青瓷窑址见于长江以南历史上的百越民族分布区域，从这个角度讲，瓷器的发明当属百越民族对中华文明的重要贡献之一。由现有考古资料看，原始青瓷的烧制，首先于夏商之际在浙江取得突破。不仅如此，从那时起，直到东汉中期前后成熟青瓷出现，浙江境内各时期的原始青瓷窑址均有发现，不仅数量甚众，而且各时期均形成了规模不等的生产中心。经过夏商之际到西周早中期的初步发展、西周晚期到

---

① 据报道，福建泉州辽田尖山、苦寨坑窑址发现的原始青瓷与印纹硬陶窑址，上限年代可早到相当于中原的夏代中期（羊泽林：《福建泉州辽田尖山、苦寨坑原始青瓷窑址》，《大众考古》2016年第11期；《永春苦寨坑原始青瓷窑址》，《海峡教育研究》2017年第3期）。不过，对于这两处窑址的年代，学界分歧甚大。有学者认为其年代在早商、晚商之际（付琳：《从虎林山墓地出土陶尊看苦寨坑窑址的年代》，中国社会科学院考古研究所夏商周考古研究室编《三代考古》（八），科学出版社2019年版）；还有学者认为，这两处窑址的年代为西周早期（郑建明：《21世纪以来的原始瓷窑址考古新发现》，《文物天地》2018年第7期）。

图 1-10　战国原始青瓷兽面鼎（余杭崇贤老鸭桥出土）

春秋时期的进步提高，到春秋末至战国早中期，原始青瓷生产工艺达到巅峰，形成浙江古代青瓷生产的第一个高峰（图 1-10）。此后，随着越国的式微，原始青瓷生产逐渐衰落。《吴越春秋·勾践伐吴外传》："从无余越国始封，至余善返越国空灭，凡一千九百二十二年。"①余善的闽越国亡于公元前 111 年，夏少康之子无余受封越地在公元前 2032 年。无论该记载的准确性如何，浙江地域多为越国辖境，越国与百越中的"于越"有关，当属可信。从夏商之际到秦汉时期，浙江的原始青瓷和印纹硬陶生产，从钱塘江以北的东苕溪流域向钱塘江以南的绍兴一带不断扩散。总体上，这与于越的活动范围在北方势力的挤压下不断南移的过程是一致的，而原始青瓷生产工艺的巅峰时期——春秋末到战国早中期，正是越国国力最为强盛的时期。

（二）成长期

东汉中晚期到初盛唐时期是浙江古代青瓷生产的成长期。在这一历史时期，以成熟青瓷成功烧制为发端，逐渐形成以越窑为代表的早期青瓷生产体系，生产中心完成了第一次地理转移——从浙北的东苕溪流域转移到了浙东上虞的曹娥江流域。

虽然在浙江之外的江西、福建和岭南等地区，均有商周时期的原始瓷和印纹硬陶窑址发现，在江西、湖南、福建等地，东汉时期的青瓷窑址也有发现，但迄今为止的考古发现表明，唯有浙江境内，从夏商之际

① 〔汉〕赵晔：《吴越春秋》，《丛书集成初编》本，中华书局 1985 年版。

的原始青瓷到东汉中晚期的成熟青瓷，无论是胎釉制备，还是烧成技术，都一脉相承，窑业技术传承脉络最清晰，生产体系最完备。因此可以说，完整的瓷器发明历程开启并最终完成于浙江。从这个角度看，浙江确实堪称瓷器的发明地。

成熟青瓷的成功烧制是陶瓷工艺的又一次飞跃，人类因为有了这种易于清洗、干净卫生、总体上造价低廉的生活器皿，生活质量得到根本性改观。除日常生活使用外，瓷器还有礼器、艺术陈设、建筑构件、工业材料等诸多用途。从陶到瓷的历史性跨越，是陶瓷史上的一场重大技术革命，对人类社会的饮食起居、审美意趣和众多手工业和工业领域，均产生了深远影响，是古代中国对人类文明的重大贡献。

成熟青瓷在以浙江为代表的南方地区首先烧制成功，既与我国南方盛产高硅低铝的瓷石这一制瓷原料有关，更与南方地区长期烧制印纹硬陶和原始青瓷的工艺积累密不可分。在烧制印纹硬陶和原始青瓷的过程中，先民们不断对龙窑的结构进行完善，使得烧成温度的提高成为可能。与此同时，釉的制备也取得长足进步，摆脱了原始瓷釉那种初创性，胎釉结合更好，剥落和开裂等现象大幅减少。

图 1-11　三国楼台百戏越窑青瓷堆塑罐
[吴天玺元年（276），镇江博物馆藏]

在这一历史时期，浙江境内窑场广布，除以上虞曹娥江流域为中心的越窑外，浙北（德清窑）、浙西金衢盆地（婺州窑）和浙南（瓯窑）等地域，也均有瓷器生产。除浙北（德清窑）的黑釉瓷之外，其他地域出产的青瓷，基本面貌与越窑相似，但又程度不同地各具特色。大体在同一时期，长江中游的江西和湖南也分别形成了洪州窑和岳州窑。但从窑场的数量和密集程度看，这一时期最具规模的青瓷生产中心无疑还是在浙江。不仅如此，从工艺水平看，浙江的青瓷生产在这一时期的多数时段也处于领先水平。其中，三国两晋时期的工艺技术水平最高，这也是浙江古代青瓷生产的第二个高峰期（图1-11）。

（三）发展期

盛唐至两宋之际是浙江古代青瓷生产的大发展时期。在这一历史时期，越窑青瓷生产达到鼎盛，龙泉窑在浙西南地区崛起，生产中心完成第二次地理转移——从上虞曹娥江流域转移到了慈溪上林湖地区，从浙东到浙西南的第三次转移进程也在本期后段开始启动。

在此时期，越窑进入中期发展阶段，生产规模急剧扩大，形成以慈溪上林湖为核心、以宁波东钱湖和上虞曹娥江流域为次核心、窑场遍布宁绍及其周边地区的庞大窑业体系。其青瓷生产工艺在汉六朝积淀的基础上，迅速提高，胎釉制备更加精良，器物成型更加端巧，匣钵装烧方式普遍采用，至晚唐时，烧制出高端青瓷的代表作——秘色瓷。浙江古代青瓷生产的第三个高峰期——晚唐至北宋早期，正是越窑秘色瓷生产的黄金时期（图1-12）。

图1-12　五代越窑青瓷盒（临安康陵出土）

在此时期，浙江境内其他区域，包括浙南（瓯窑）、浙西南（龙泉窑）、浙西（婺州窑）的青瓷生产，无不受到越窑的辐射和影响。越窑的工艺技术影响超出今天的浙江地域，波及闽北、赣东北、皖南，远在北方地区的河南和陕西等地，其青瓷生产也程度不同地借鉴了越窑的部分工艺技术。甚至境外的朝鲜半岛，也出现了青瓷窑场，采用与越窑相同或相似的工艺技术，烧造类似的青瓷产品。可以说，在第三大历史时期，不仅浙江境内的青瓷生产唯越窑马首是瞻，与浙江以外其他众多青瓷窑业体系相比，越窑也堪称出类拔萃。正因为如此，在“南青北白”的瓷业格局中，越窑牢牢地占据了“南青”的主导地位。

北宋中晚期，越窑开始逐渐衰落。但是，这种衰落并非生产规模和工艺技术水平的急转直下，而是伴随青瓷生产从上林湖地区向周边和更广阔区域扩散和转移的逐步衰退。这种转移的主要走向是，从浙东的宁绍地区转向浙西南的瓯江上游。在此过程中，居于两大地理区域之间的台州地区，作为地理上的中间跳板，充当了产业转移的主要中转站，在窑业技术交流融合方面担当了关键性角色。继越窑之后在浙西南崛起的龙泉窑，其青瓷产品面貌与越窑“和而不同”，正是因为并非拿来主义、直接继承，而是在继承本土工艺传统的同时，积极吸纳外来文化因素，推陈出新。

（四）鼎盛期

南宋至明早中期是浙江古代青瓷生产的鼎盛期，也是最富活力的时期。在继承本土越窑技术传统的基础上，通过引进、消化、吸收外来的乳浊釉青瓷工艺，龙泉窑和南宋官窑均烧制出了工艺水平登峰造极、富有特色的乳浊釉青瓷。其中，多次施釉的薄胎厚釉青瓷工艺更是达到了炉火纯青的境界。继秘色瓷之后，粉青釉青瓷成了又一种高端青瓷的代表作。浙江古代青瓷生产中心的第三次地理转移，于这一时期最终完成。

进入这一历史时期以后，越窑步入晚期阶段，在经历低岭头类型短暂的回光返照以后，生产历史迅速终结。龙泉窑在续接越窑辉煌的基础上，发扬光大，生产规模快速扩大，并在元代达到顶峰。以大窑为中心的龙泉南区和紧水滩水库一带的龙泉东区构成双核格局，围绕双核，众多窑场在其毗邻的浙西南、浙南瓯江流域以及更加广阔的浙西、闽北等地区，广泛分布。由低岭头类型承接的、来自中原地区的乳浊釉青瓷工艺，除被南宋官窑吸纳之外，在龙泉窑系统更是带来了革命性变化，加之紫金土制胎技术的采用，使得龙泉窑青瓷产品呈现出丰富多彩的面貌：既有传统文化因素为主的厚胎薄釉青瓷，也有面目一新的薄胎厚釉青瓷；既有白胎青瓷，也有黑胎青瓷；精品青瓷的釉色既有素雅的粉青，也有青翠的梅子青。虽然南宋官窑的工艺技术高超，在乳浊釉青瓷烧制方面占有无可匹敌的崇高地位（图1-13），但因为它是朝廷直接组织管理的特殊窑场，在浙江古代青瓷生产上发挥影响的广度和深度，远不及龙泉窑。从这个角度看，铸就浙江古代青瓷生产第四个高峰的主要是南宋中晚期到元代早期的龙泉窑（图1-14）。

在这一历史时期，中国南北各地的历史名窑，烧制出品类繁多的各

图1-13　南宋官窑纸槌瓶（杭州老虎洞窑址出土）

图1-14　南宋龙泉窑青瓷象钮盖罐［嘉定壬午年（1222）墓出土，丽水市博物馆藏］

种瓷系产品，宛若五彩缤纷的鲜花，竞相开放，争奇斗艳，龙泉窑作为青瓷窑系的杰出代表，独占鳌头。在浙江境内，龙泉窑工艺技术系统可谓一统天下。在浙江地域之外，闽南、广东乃至明早中期瓷业中心景德镇所在的江西地区，都出现了仿制龙泉窑青瓷的窑场。境外的日本、东南亚和中东地区，对龙泉窑青瓷的仿制也有所见，影响所及，龙泉窑几乎成了中国青瓷的代名词。

（五）衰落期

明中期至清代是浙江古代青瓷生产的衰落期。在这一历史时期，浙江境内硕果仅存的青瓷窑体系——龙泉窑走向终结。

这一时期的龙泉窑，生产规模急剧萎缩。窑场分布不仅偏于龙泉及其附近的一隅之地，数量也迅速减少。中心产区的窑场多数已经停烧，龙泉南区的大窑和龙泉东区仅剩零星生产，生产中心逐渐转移到庆元竹口溪流域，但也是最后一抹夕阳了。产品质量几乎呈断崖式下降，普遍胎体比较厚重，胎质多较粗糙。虽然釉层较厚的器物也部分有产，但多数产品釉层较薄，玻璃质感强，晚期有些产品的釉层甚至到了又薄又透的地步。釉色青绿或灰绿，前者多数色泽暗淡，后者多较浅淡（图1-15）。总而言之，此时的龙泉窑已是明日黄花，浙江古代青瓷不复往日辉煌。

图1-15　清龙泉窑青瓷三足炉［康熙三十五年（1696），浙江省博物馆藏］

进一步概括，我们还可以将浙江古代青瓷生产历史划分为三个“代表”时期和两个“主导”时期。从瓷业文化体系看，可以划分为原始青瓷代表时期（滥觞期）、越窑代表时期（成长期与发展期）和龙泉窑代表时期（鼎盛期与衰落期）。从青釉类型看，原始青瓷代表时期和越窑代表时期属于钙釉（薄釉）主导时期，龙泉窑代表时期属于钙碱釉（厚釉）主导时期。

作为古代世界主要的青瓷产地，浙江境内的青瓷和原始青瓷窑址，分布十分广泛。目前已知，除未见于地处平原水乡的嘉兴、鲜见于海岛地域舟山外，其余9个设区的市及其所辖多数县（市、区）均有发现。青瓷之外，古代浙江还生产过青白瓷、黑釉瓷、彩绘瓷、窑变釉（乳浊釉）瓷、青花瓷等多种瓷系产品。

青白瓷窑址主要分布于浙北的临安、浙西的江山和浙南的泰顺、文成等地，年代从北宋中晚期到元代。

浙江古代黑釉瓷大多是作为其他瓷系窑场的附属产品出现的。东汉至唐代，少数越窑窑场兼烧制黑釉瓷，但占比甚小。六朝至隋唐时期，德清窑的部分产品为黑釉瓷，在产品中的占比高于越窑，但仍然比青瓷少，其中，东晋时期的黑釉瓷最为精美。宋元时期，黑釉瓷在青白瓷窑址中多见，部分龙泉窑青瓷窑址也见有黑釉盏，唯一以黑釉瓷为主要产品的是庆元县南宋时期的潘里垄窑址。

窑变釉（乳浊釉）瓷窑址主要见于金衢盆地，最早为唐代，最晚的为元代。

彩绘最早见于上虞三国时期的越窑青瓷，但仅昙花一现。六朝至唐代，浙江多地青瓷有以褐色点彩、条彩、斑块彩作为装饰的，晚唐、五代的越窑青瓷偶见褐色彩绘，浙南台州黄岩至温州永嘉一带窑址见有宋代彩绘青瓷。金衢盆地的彩绘瓷窑址，年代为南宋到元代，应该是外来瓷业文化在该地域落地生根的结果。

青花瓷窑址主要分布于浙西、浙西南和浙南，年代为明清。既有主要或全部产品为青花瓷的窑址，在龙泉、庆元一带，也见有与青瓷同窑共烧的青花瓷。

二、民窑、贡窑与官窑

从产品的供给对象看，浙江古代青瓷存在官、民两系。

毋庸置疑，浙江古代青瓷窑场大多数为民营性质，产品主要满足市场需求。早在商周时期，浙江地域出产的原始青瓷的流布范围就已经到达中原及其周边地区，秦汉时期的原始青瓷的流布范围更为辽阔。汉六朝时期，早期越窑青瓷的流布区域遍及大江南北，建康（建业，今南京）城及其周边地区尤为密集。唐宋时期越窑青瓷在国内的流布，以晚唐至北宋早期的范围最为广阔。浙江古代青瓷在国内的流布，以龙泉窑青瓷最为广泛，其中，元代又是高峰时期。诚然，流布各地特别是统治中枢所在地区的浙江古代青瓷，有一部分可能属于贡瓷，但多数应该还是商品瓷性质。

除满足国内需求外，浙江古代青瓷还曾远输海外。早在两晋时期，越窑青瓷就已经现身朝鲜半岛。至迟唐代，中国瓷器开始作为商品大量向海外输出，浙江青瓷跻身其中，扮演了重要角色。与黄河流域瓷器生产主要满足境内需求不同，与福建和岭南地区宋元及其以后的大量窑场主要生产外销瓷也不同，以越窑和龙泉窑为代表的浙江古代青瓷生产，总体上兼顾境内和境外两种市场。越窑青瓷的外销在五代时期达到顶峰，龙泉窑青瓷的外销量和销售范围到元代时登峰造极，甚至杭州老虎洞窑的产品也见于韩国新安海底沉船。

随着产品的不断输出，浙江古代青瓷制作技艺广泛传播，直接影响了境内外许多地区的瓷器生产，促进了当地人民生活方式的改进、审美取向的变迁。浙江古代青瓷在境内外、不同区域之间的文化交流中也扮演了至关重要的角色，更为海上丝绸之路的形成和发展做出了不可磨灭的重大贡献。与此同时，浙江古代青瓷生产也在对外交流的过程中，吸纳外来工艺技术和文化元素，通过消化、吸收、创新，不断创造新的辉煌。

浙江古代青瓷窑场烧制贡瓷的历史，可能早在原始瓷时期就已经开始，六朝时期的早期越窑也很有可能曾经烧制贡瓷。确凿无疑的贡瓷，至迟在唐代已经开始。浙江古代贡瓷主要通过贡赋体系，由以越窑和龙泉窑为主的民营窑场烧制。从唐代起，烧制贡瓷的窑场就有“贡窑”之称。贡瓷的烧制存在来自官方的不同形式的监管，但多数情况下，贡瓷不是监管的主要或唯一目的。也并非所有烧制贡瓷的窑场都是纯粹的民窑，至少在吴越国时期和南宋早期，还存在割据政权、地方官府直接或参与管理的官窑制瓷进贡的现象，也就是说，这些窑场具备官窑和贡窑的双重身份。不仅如此，在这些官窑中，采取“官民合作”方式的部分窑场，实际上同时具备官窑、贡窑和民窑三重属性。除贡瓷外，朝廷用瓷的来源还有自行设置的官窑。古代浙江地域由朝廷直接管理运营、产品完全供朝廷使用的官窑，确定的只有南宋官窑。明代龙泉御窑可能采取的是“央地共管”方式，产品也并非全供朝廷使用。当然，贡瓷和官窑瓷器并非朝廷用瓷的全部来源，也未涵盖所有的官方用瓷。此外，古代浙江还存在以仿制宋官窑为“己任”的哥窑，唯其窑场性质应该是民窑。

浙江古代青瓷生产的发展，特别是工艺水平的改进、产品质量的提高，无疑与市场需求的刺激密不可分，而来自官方需求的直接推动作用更是不可小觑。至少从越窑和龙泉窑的发展历程看，凡是官方需求强劲的时期，都是产品质量高、生产规模大的时期，这绝不能视为历史偶然。

三、窑系与文化结构和文化圈

采用考古学文化分析方法研究古代窑业遗存，是古陶瓷研究和陶瓷考古领域的重大进步，任世龙先生为此进行了积极探索，做出了重要贡献。然而，基于考古学文化分析的窑和窑系，如何与历史上以行政地域命名的瓷窑概念（如越州窑、龙泉窑）相衔接，还是一个没有完全解决的问题。考虑到窑业及其产品反映的仅仅是古代社会生产和生活的一个侧面，在陶瓷考古领域引用新石器时代考古常用的区系类型研究方法时，势必要考虑研究对象的特殊性。与此同时，因为过往的研究成果必须继承，从考古学文化的角度看待窑系时，也不宜与传统上以地域为基础的窑口的说法完全割裂。有鉴于此，引入文化结构和文化圈（文化传播）研究方法，很有必要。

瓷业文化结构可以分为核心层、中间层和浅表层三个层次。胎、釉特征处于核心层。古代瓷器生产，胎、釉原料普遍就地取材，其选择与配制受地理条件和资源禀赋制约，往往具有较强的稳定性，一旦发生变化，就是革命性的。比如，胎料由单一的瓷石到瓷石加紫金土，釉料由钙釉到钙碱釉，都是涉及核心层的革命性变化。烧成工艺处于中间层。窑炉类型的选择与建造，坯件的装盛与入窑装烧方式、温度与气氛的控制等，一般来说，受到自然条件制约较小，但会受到工艺传统的强烈影响，具有一定的稳定性，其中，窑炉类型的稳定性最强。诸如明火裸烧到匣钵装烧、垫圈支垫到垫饼支垫、“M”形匣钵到漏斗形匣钵等，都属于中间层的变化。产品的器类、造型和装饰等属于外化的文化要素，一般通过模仿就能实现跨地域甚至跨时代的传播，与核心层和中间层相比，稳定性最弱，对外部需求和刺激的反应最敏感，变化最快，这个层次属于浅表层。（图1–16）做瓷业文化分析时，最敏感、变化最快的浅表层，自然是首先要关注的对象，但三个层次要系统分析，由浅入深，只有这样，才能梳理、总结出瓷业文化的演变规律和不同瓷业文化系统的特征。

图1–16　瓷业文化结构图

一个窑系的形成，或者反过来说，一个窑系之所以能称为窑系，必定有一定的时空范围。其中，时间范围不会是短暂的时段，而是纵跨若干个历史时期。在这一时间范围、一定的地理空间内，分布着一个或多个窑址群落；在这些窑址群附近和毗邻区域，还有众多窑址散布，有时也会形成一定规模的窑址群。一个窑系的空间范围，往往包括中心区和外围区，有时还有辐射区。而中心区内，必定有一个或若干个核心区。中心区尤其是核心区的瓷业文化特色往往比较稳定，保持着较强的“纯正性”。从核心区向外，中心区到外围区，该窑系瓷业文化的“纯正性”依次递减，离核心区越远，“纯正性”越弱。在外围区，除了窑址数量和密集度往往低于中心区之外，产品质量一般也要稍逊一筹，有时还会与其他窑系甚至瓷系的窑场形成交叉或重叠。在这种交叉或重叠区域，该窑系的文化因素会逐渐被外来瓷业文化抵消或吸收。如果该窑系的文化传播力强劲，还会产生“边际效应”，在远离中心区的区域，出现产品与其相似的窑场，是为辐射区。（图1-17）

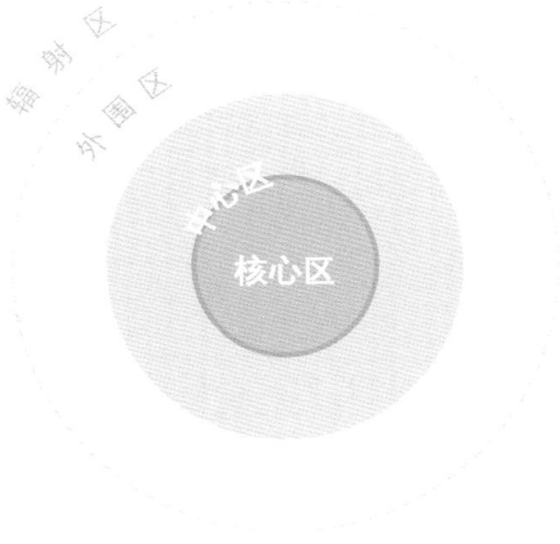

图1-17　瓷业文化圈示意图

在界定某一窑系的时空范围时，应在瓷业文化结构和文化传播分析的基础上，将时间跨度、自然和人文地理、历史背景等因素结合起来考虑。古代人们的生产力水平、克服自然地理空间限制的能力，与当今世界不可同日而语。瓷器的生产和输出，又严重依赖自然资源禀赋和山河水系条件。自然地理因素天然地会对窑场集群的形成产生强大的约束力。中国古代行政区域的划分，往往顺应山形水势和自然地理边界，年代越早越是如此。而在长期以农业为主导的中国古代社会，来自官方与上层社会的有形和无形管控，对某一地域，特别是某一行政区域内的生业发展和人文传统的形成，具有强大的影响力。因此，经过一定时期的积淀，不同的地域会形成不同的人文地理特色。一般来说，行政区划，特别是州、府一级的行政区划，保持基本稳定的时间越长，该地域的人文地理特色会越鲜明。某一窑业体系的兴起，必定是在某种历史背景下，发生在合适的时间、恰当的地点，而伴随其发展历程的瓷业文化特色的形成，自然会有来自民间和官方需求的影响，受到中国古代社会主流文化的制约，但发挥打底和绘形的关键性作用的，主要还是该地域的自然和人文地理因素。

中国古代以州冠名该区域的瓷业生产体系，始于唐代。我们今天对古代瓷业遗存进行考古学研究时，自然不必拘泥于该时间上限，也不能完全以州界划定窑系的边界。但以浙江古代瓷业发展历程观照，越窑和龙泉窑的中心区，倒是分别与历史上越州和处州的地域基本吻合。早期

图1-18　早期越窑文化圈示意图

图1-19　中期越窑文化圈示意图

越窑以上虞曹娥江流域为核心区；中期越窑以慈溪上林湖一带为主核心，以宁波东钱湖和上虞曹娥江流域为次核心。这些区域都在曹娥江、余姚江、甬江水系范围内的浙东地区，唐开元年间明州析置以前，均属越州地域范围。中心区的瓷业文化面貌相当纯正，堪称“青一色”。在中心区附近和周边，同时期的青瓷生产，几乎无一例外地受到了中心区的影响，形成了外围区。外围区的瓷业产品特征与中心区程度不同地存在差异，其中有些地域的青瓷窑场还与其他瓷业系统的窑场重叠或杂处。（图1-18、图1-19）

龙泉窑的情形与越窑类似。龙泉南区和龙泉东区为双核心，地域涉及龙泉、庆元和云和三县（市），均分布于浙西南瓯江流域上游，历史上都为处州所辖。中心区的瓷业文化也可谓“青一色”，只不过南宋时

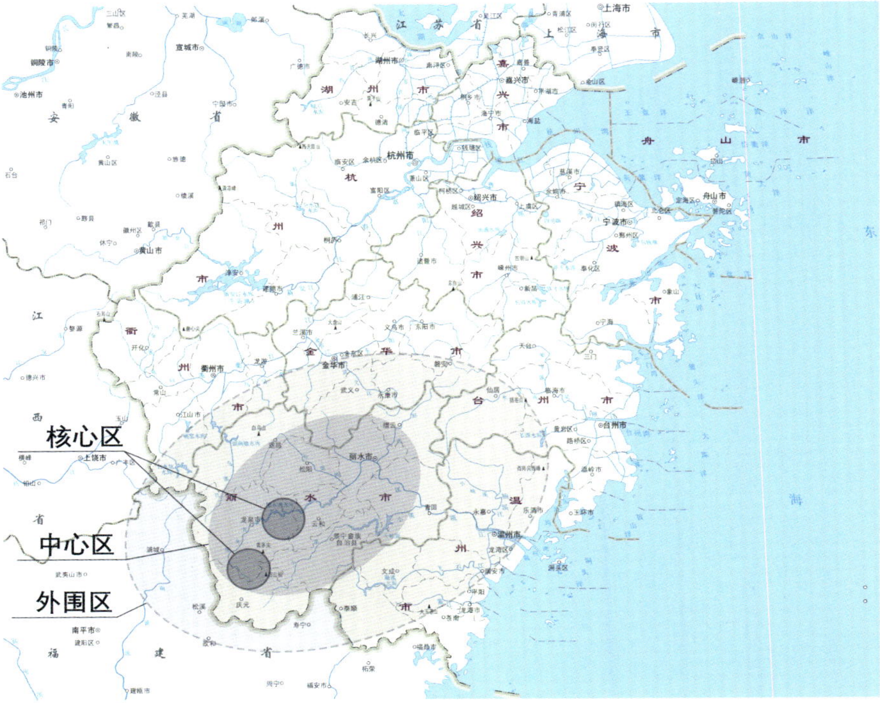

图1–20　龙泉窑文化圈示意图

偶有黑釉瓷点缀，明清时期，龙泉窑烧制历史即将谢幕时，青花瓷的文化影响已经抵达。由于龙泉窑的文化传播力更加强劲，外围区的范围更加广大，该区域内青瓷文化的同一性更加明显，与中心区的趋同性也更加突出。但在外围区内，龙泉窑系青瓷窑场与其他瓷窑系窑场重叠或杂处的现象同样存在。（图1–20）

浙江古代青瓷生产，在原始青瓷阶段以后，分别被越窑和龙泉窑两大瓷业文化系统主宰。其他的，如瓯窑、婺州窑和德清窑等，都曾经受到过这两大系统的影响和辐射。虽然瓯窑、婺州窑和德清窑各自在一定的地域内（图1–21）、某些历史时期，生产过具有一定特色的产品，但是，均未像越窑和龙泉窑那样，形成一以贯之的主流瓷业文化特色。实际上，它们各自所在的浙南、浙西和浙北区域，在不同的历史时期，都

图1-21　婺州窑、瓯窑、德清窑区域示意图

曾经被强势的越窑、龙泉窑的外围区或辐射区部分覆盖，只不过时间长短和范围大小不一而已。在某些历史时期，这些区域还曾经有部分地区成为浙江本土瓷业文化圈与外来瓷业文化圈的交叉重叠区。为了保持陶瓷考古研究的延续性，不致造成研究历史的割裂，瓯窑、婺州窑和德清窑这些历史上形成的名称，今天依然可以沿用，不过，需要在运用考古学文化研究方法的基础上，用文化层和文化圈的分析方法，明确哪些是其特色瓷业文化内涵，哪些属于浙江本土的越窑或龙泉窑瓷业文化，哪些属于外来瓷业文化。基于以上认识，在梳理浙江古代青瓷生产历程时，我们将以原始青瓷→越窑→龙泉窑为主线。对于越窑和龙泉窑青瓷生产的总结，将主要依据中心区的窑址发现。越窑和龙泉窑中心区以外的青瓷窑场，除杭州乌龟山和老虎洞这两处特殊窑场做专门论述外，其余均纳入“其他青瓷窑场”或“其他瓷业窑场”加以论述。为了尽可能

真实地还原浙江古代青瓷发生、发展和衰落的历史场景，印纹硬陶与原始青瓷一并论述；对于青瓷之外、其他瓷系的生产状况，也简略予以介绍。

总之，从浙江古代瓷业文化研究实践看，窑系核心区的边界可以用实线划出；中心区的范围虽然可能与历史上的州、府界划大体相合，但边界可能没有核心区那么清晰；外围区的边界往往是模糊的或者是与其他文化圈犬牙交错的。至于辐射区，不仅瓷业文化面貌与中心区一般都存在明显差异，在自然地理和人文地理上亦无关联，实际上只是远离中心区的飞地而已。不仅如此，不同的瓷业文化圈可能相互交叉重叠，外围区更是如此。至于某一窑系的瓷业兴起，也不一定是从核心区发端的。

浙江青瓷窑考古始于20世纪二三十年代，原故宫博物院研究员陈万里先生是拓荒者，并有《瓷器与浙江》等论著问世。总体来说，民国时期，浙江古代青瓷研究是断断续续的、零星的，既未进行过一次正式的考古发掘，也未开展系统的考古调查，深入的多学科研究更是无从谈起。20世纪50年代以来，浙江古代青瓷研究发生了翻天覆地的变化。一方面，考古调查和发掘取得了重要进展。全省瓷窑遗址已经全面普查，有的还做了重点调查，底数基本清晰。原始青瓷窑址，越窑、龙泉窑、瓯窑、婺州窑、德清窑以及南宋官窑等遗址，都做了不同规模的考古发掘，有许多新的发现，获得了丰硕的成果。境内外墓葬、城址、窖藏、沉船和其他遗存中，出土、出水了数量甚巨的浙江古代青瓷。另一方面，几十年来，特别是改革开放以来，专家学者们依托考古成果，梳理历史文献，借助古陶瓷科技手段，对浙江古代青瓷进行了多角度、多学科研究，在若干重要领域取得了突破性进展。

然而迄今为止，尚无一部专著系统整理浙江古代青瓷考古成果，全面反映浙江古代青瓷研究水平。为此，通过全面系统的研究，厘清浙江古代青瓷发展脉络，梳理其生产与管理体系，总结其历史成就，使其轮廓更加清晰、面目可识可辨，从而尽可能完整地将其在中国乃至人类文明发展史上的重要地位作一客观呈现，既是非常必要的，也是切实可行的。

第二章 滥觞期

第一节　概述

大约在夏商之际，原始青瓷首先在浙江地域成功创烧。从这时起，直到成熟青瓷出现的东汉中期，为浙江古代青瓷生产的滥觞期。在这一历史时期，浙江地区的窑业产品主要是印纹硬陶和原始青瓷。所谓印纹硬陶，是指使用瓷土作胎、烧制温度在1100℃左右、外腹拍印几何形纹作为装饰的盛储类器物。由于其主体纹饰基本为几何形，因此又称几何印纹硬陶。原始青瓷同样采用瓷土制胎，但Fe_2O_3的含量一般要低于印纹硬陶，器表施钙釉，经过1100℃—1200℃的高温烧成，胎体烧结后呈灰白色或褐色，击之可发出清脆之声，属于由陶器向瓷器过渡阶段的产物，处于瓷器的原始阶段，因此得名①。

印纹硬陶的出现要早于原始青瓷，至迟夏代初期，即已成功烧制。正是因为印纹硬陶在胎料的选择与制备、相对成熟的窑炉的建构、1000℃以上的高温烧成技术以及产品成型和装饰等方面的工艺积累，原始青瓷才有了赖以诞生的工艺技术基础。原始青瓷是在烧制白陶和印纹硬陶的实践中，在不断改进原料选择与处理，以及提高烧成温度和器表施釉工艺的基础上，烧造而成的。因此，从诞生之日起，原始青瓷即与印纹硬陶相伴相生，有着千丝万缕的联系。

---

① 冯先铭：《中国古陶瓷图典》，文物出版社1998年版；中国硅酸盐学会：《中国陶瓷史》，文物出版社1982年版。

先秦时期的浙江原始青瓷，在陶瓷史上占有举足轻重的地位。这一时期的原始青瓷生产，无论是生产时间、窑场规模，还是器物种类、产品质量、装烧工艺等方面，在全国都处于领先水平，为汉代成熟青瓷的出现打下了坚实的技术基础。在这一历史时期，原始青瓷烧制工艺从发生到发展，在春秋末至战国早中期，形成了浙江古代青瓷生产的第一个高峰。

浙江境内出土先秦印纹硬陶和原始青瓷的地点众多，从城址到窑址，从生活区到墓葬群，几乎覆盖了浙江的各个地区。以德清为中心的东苕溪流域，是先秦时期印纹硬陶和原始青瓷的重要产区，包括两大片区，即德清龙山片区和湖州青山片区。这一地区的考古调查工作始于20世纪80年代，文物工作者先后发现了多处原始青瓷窑址，并对德清原始青瓷窑址中采集的标本进行了系统全面的梳理、介绍和研究，构建了德清原始青瓷发展的年代框架①。2007—2012年，通过一系列考古调查、发掘与研究工作，以德清为中心、包括湖州南部地区在内的东苕溪流域先秦时期原始青瓷窑址分布与特征进一步显露。除了瓢山、北家山、南山、长山、火烧山、亭子桥等代表性的窑址发现外，东苕溪中下游地区已确定窑址150多处，不仅出现时间早、持续时间长、发展序列完整，而且分布密集、生产规模大，证实了德清县具有悠久的制瓷历史——早在商周时期就是原始青瓷的诞生地及中心产地，至战国时期，原始青瓷烧造达到当时最高的工艺水平，在中国陶瓷史上具有重要地位；也证实了以德清为中心，包括湖州市区南部在内的东苕溪流域在中国瓷器起源研究中的重要地位②。除东苕溪流域外，钱塘江以南的萧山、柯桥、越城、上虞一带，先秦时期的印纹硬陶和原始青瓷窑址，也广有分布。

---

① 朱建明：《浙江德清原始青瓷窑址调查》，《考古》1989年第9期。

② 郑建明、陈元甫、周建忠：《“瓷之源——原始瓷与德清窑学术研讨会”纪要》，《文物》2008年第8期。

西汉早期到东汉早中期的原始青瓷和印纹硬陶[①]，在浙江地区的墓葬中发现数量巨大。窑址发现的数量相对较少，但分布地域较大，在先秦原始青瓷和印纹硬陶窑址的传统分布区，比如东苕溪流域和上虞，有所发现，在浙东的慈溪、浙西的龙游等地也有发现。相较于先秦时期而言，秦汉原始青瓷和印纹硬陶流行的时间短暂，但因其刚好处于先秦原始青瓷衰落和成熟瓷器兴起之间的断裂带，实乃陶瓷发展史上的关键环节。了解和研究秦汉原始青瓷、印纹硬陶的总体特征，对梳理原始青瓷发展脉络、探索成熟青瓷的起源也具有十分重要的意义。此外，秦汉原始青瓷和印纹硬陶作为浙江汉墓中最常见的器物组合，具有十分浓郁的地域特色，不仅反映了当时社会的丧葬习俗，也从某种程度上映射出浙江从相对独立的先秦土著文化逐渐融入汉代华夏文化的过程和节奏。

从夏商到秦汉时期的印纹硬陶和原始青瓷，再到东汉中晚期成熟瓷器的产生，尽管产品的种类、造型和装饰上存在差别，但是窑址中所反映的烧造工艺、窑业技术却一脉相承，胎釉特征也相对稳定。印纹硬陶和原始青瓷，作为瓷器产生之前古代社会生活中常见、大宗的器物类型，涵盖了古代社会生活的方方面面。因此，对陶、瓷窑址的考古学研究，和对相关考古学材料的系统梳理，是手工业考古中极其重要的一环。

本章将以时代为主线，简要梳理目前浙江境内印纹硬陶与原始青瓷的生产、出土情况以及造型特征，总结原始青瓷的工艺技术成就。

---

① 在成熟青瓷出现之前，除了原始青瓷和印纹硬陶之外，浙江地区还存在相当数量的泥质陶、一般硬陶以及低温釉陶。其中，低温釉陶在墓葬中有少量出土，可能属于外来文化因素，并非浙江本土出产。

第二节　夏商周印纹硬陶与原始青瓷

印纹硬陶的前身为几何印纹泥质软陶。从考古资料来看，印纹陶在浙江的出现历史相当久远，早在距今8000多年的萧山跨湖桥遗址[①]中，就开始出现印纹陶器，还一并出土了陶拍、陶垫等拍印工具（图2-1）。但此时的印纹陶胎土为一般黏土，不耐高温，火候较低，装饰的几何图案也比较简单，以绳纹、篮纹、菱格纹等为主。尽管整个新石器时期的印纹陶多为软陶，但拍印这一技术在此后的河姆渡文化[②]、马家浜文化、崧泽文化、良渚文化等考古学文化中一直延续。

图2-1　跨湖桥遗址出土印纹陶器、拍印工具及纹饰拓片

一、新石器时代末期至夏代初期

经过长期的探索，在新石器时代末期至相当于中原地区的夏代初

① 浙江省文物考古研究所、萧山博物馆：《跨湖桥》，文物出版社2004年版。

② 浙江省文物考古研究所：《河姆渡》，文物出版社2003年版。

图2-2　钱山漾遗址出土印纹陶器

图2-3　上海广富林遗址出土单把圈足鬶

期，印纹硬陶开始烧成。环太湖地区的钱山漾文化、广富林文化，浙西南地区的好川文化，以及肩头弄第一单元均出现了印纹硬陶。钱山漾遗址钱山漾文化遗存中出土有拍印方格纹的硬陶罐①（图2-2）；上海广富林遗址属钱山漾文化的J14中，出土了拍印斜向条纹的硬陶小口鼓腹罐②，另外，该遗址的广富林文化遗存中，还出土了单把圈足鬶（图2-3）、高领球腹罐、高领广肩圈足壶，纹饰均为方格纹，其中一件鬶的把手上还刻划人字纹、弦纹、多重斜线相交纹③；好川遗址好川文化遗存中出土的高领鼓腹圈足罐、高领扁鼓腹罐，腹部、肩部多见附加堆纹，纹饰有条纹、叶脉纹、折线纹等④（图2-4）；肩头弄第一单元的着黑陶上拍印有条纹⑤等。

值得注意的是，环太湖地区、浙西南地区由于分属两个不同的地理

① 浙江省文物考古研究所、湖州市博物馆：《钱山漾：第三、四次发掘报告》，文物出版社2014年版。

② 周丽娟：《广富林遗址良渚文化墓葬与水井的发掘》，《东南文化》2003年第11期。

③ 浙江省文物考古研究所、上海博物馆考古研究部、湖州市文物保护管理所：《钱山漾与广富林——出土文物图录》，会议资料。

④ 浙江省文物考古研究所、遂昌县文物管理委员会：《好川墓地》，文物出版社2001年版。

⑤ 牟永抗、毛兆廷：《江山县南区古遗址、古墓葬调查试掘》，浙江省文物考古所编：《浙江省文物考古所学刊（1981）》，文物出版社1981年版。

图2-4　好川遗址出土印纹硬陶高领罐

单元，因此两地的印纹硬陶呈现出两种不同的文化面貌和系统，与此同时又存在着密切的交流和联系。如钱山漾遗址马桥文化遗存出土的高领球腹罐肩部装饰三个鸟喙，这可能与好川文化的三喙罐有渊源；广富林遗址属钱山漾文化遗存中的小口罐，肩部饰有两道凸棱，腹部拍印斜向条纹，上腹部表面“着黑”，形制及“着黑”工艺可能与好川文化、昙石山文化有关；好川文化第五期的高领球腹硬陶罐，拍印折线纹、叶脉纹，这两种纹饰在好川文化及与其关系密切的昙石山文化中均少见，却是钱山漾遗址马桥文化遗存的典型纹样，但高领球腹硬陶罐的形制却可以从昙石山文化找到来源。另外，广东石峡遗址中文化层的单把圈足鬶①与广富林遗址属广富林文化遗存的同类器物形制雷同②，浙西南与闽北地区的单把带流罐也可能与广富林文化的单把圈足鬶有关；肩头弄第一单元则与闽北的猫耳弄山窑址③出土遗物相似。

综上，新石器时代末期至夏初，印纹硬陶开始出现，但是器类少、

---

① 朱非素、彭如策、刘成德：《谈谈马坝石峡遗址的几何印纹陶》，《文物集刊（3）：江南地区印纹陶问题学术讨论会论文集》，文物出版社1981年版。

② 浙江省文物考古研究所、上海博物馆考古研究部、湖州市文物保护管理所：《钱山漾与广富林——出土文物图录》，会议资料。

③ 郑辉、陈明忠、温松全、陈寅龙：《福建浦城县仙阳镇猫耳弄山发现商代窑群》，《中国文物报》2006年5月31日第1版。

纹饰单一，为印纹硬陶的萌芽期。环太湖地区和浙西南地区的印纹硬陶各自独立起源，同时相互间又存在广泛的文化交流互动。

二、夏商时期

（一）印纹硬陶和原始青瓷的生产

1.夏代和夏商之际

夏代和夏商之际，印纹硬陶逐步发展成熟，而进入商代，原始青瓷也取得了初步发展，这些主要表现在印纹硬陶和原始青瓷的生产与烧造初具规模上。

浙江境内发现了一系列这一时期的印纹硬陶和原始青瓷窑址，它们不仅分布集中，并且在产品的胎、釉、成型和装烧等工艺上构成了相对完整的发展脉络。印纹硬陶的烧造区域与原始青瓷的分布范围基本重合，集中在浙北地区的东苕溪流域，主要包括德清龙山（图2-5）和湖州青山（图2-6）两大片区。其中，德清龙山片区包括瓢山Ⅰ区、瓢山Ⅱ区下层堆积、北家山Ⅱ区、金龙山Ⅰ区4处窑址①，湖州青山片区主要集中在南山窑址一期。

（1）瓢山窑址Ⅱ区②

根据调查，瓢山窑址Ⅱ区地表散落大量硬陶片、烧结块、原始青瓷片和少量陶拍、陶垫等窑具，部分地区还保留了小范围的堆积。通过抢救性试掘，发现该窑址可分为上、下两大文化层，其中下文化层为夏代堆积（图2-7）。

瓢山窑址中发现窑炉一条，窑尾不存，保留部分火膛，两侧壁亦保存

① 浙江省文物考古研究所、湖州市博物馆、德清县博物馆：《东苕溪流域夏商时期原始瓷窑址》，文物出版社2015年版。

② 郑建明：《夏商原始瓷略论稿》，文物出版社2015年版；浙江省文物考古研究所：《原始瓷起源研究论文集》，文物出版社2015年版；浙江省文物考古研究所、湖州市博物馆、德清县博物馆：《东苕溪流域夏商时期原始瓷窑址》，文物出版社2015年版。

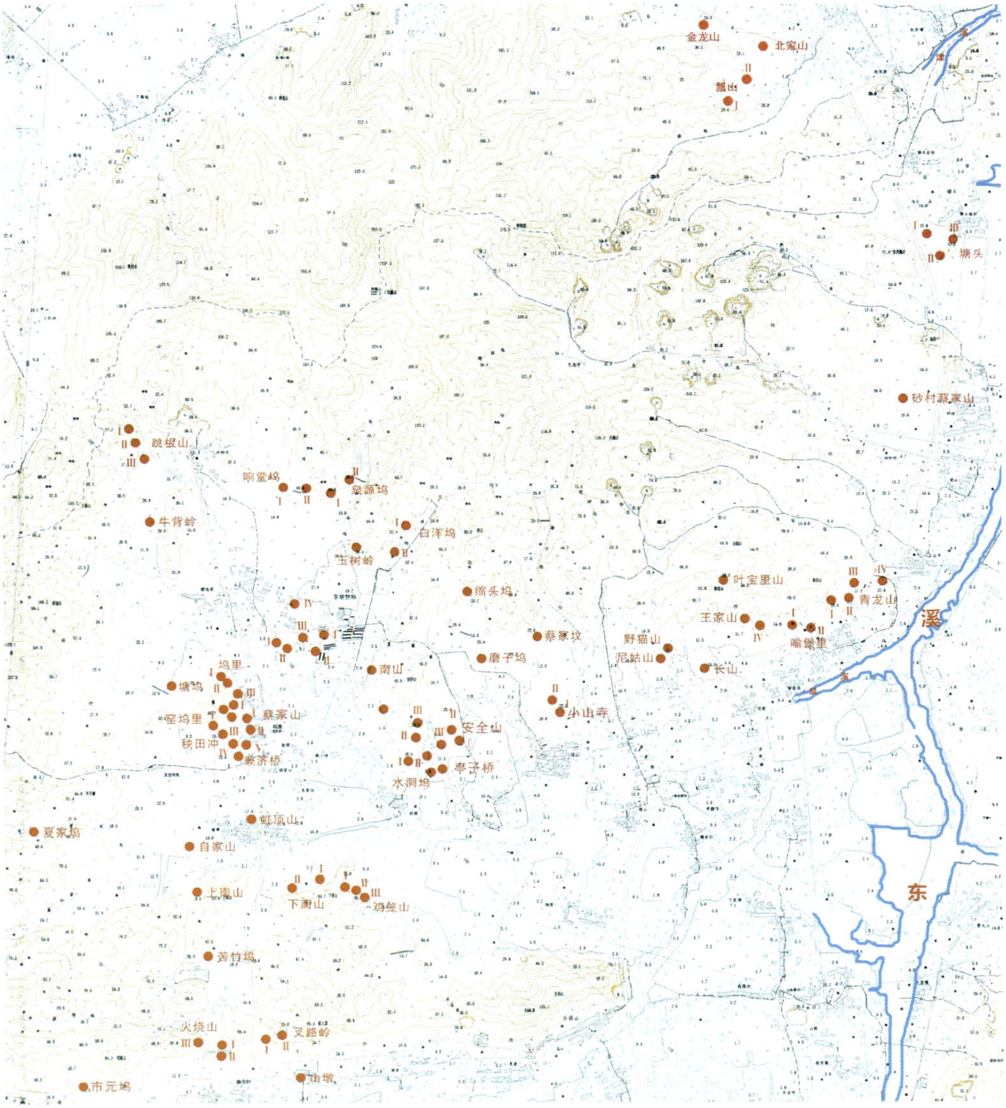

图2-5　德清龙山片区窑址群核心区分布图

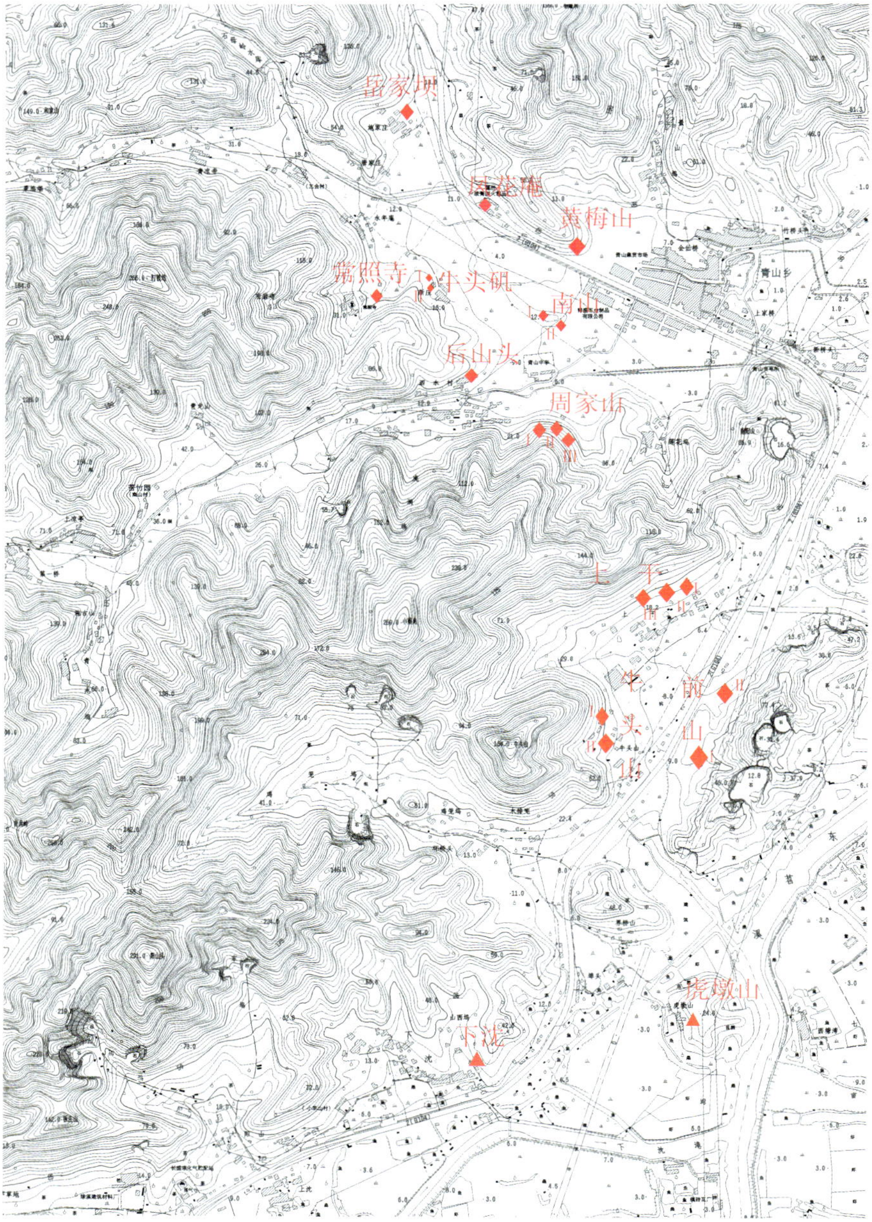

图2-6　湖州青山片区窑址群核心区分布图

图2-7　瓢山窑址发掘现场（东南—西北）

不佳。残长4.2米、宽2.2—2.9米，火膛口已被破坏，火膛与窑室之间低缓坡过渡，不见垂直的断坎。残存的窑室南部窑壁不存，仅在北部中段保存有一小断窑壁，侧壁烧结严重，壁体为草拌泥，因长期烧烤而呈红色。窑室底部呈红褐色，不甚平整，未见窑底铺砂现象。窑炉底部土层中夹杂有少量的原始青瓷与硬陶片，显示该窑炉经过多次修整再利用（图2-8）。

瓢山窑址的产品面貌较为一致，以生产印纹硬陶为主，另有少量原始青瓷。印纹硬陶基本为长颈侈口罐和束颈翻折沿罐，器表流行拍印粗大的曲折纹。大件器物为手制泥条盘筑，小件应以轮制成型为主。原始青瓷器型包括钵、三足盘、长颈罐、大翻折沿罐、豆、网坠形器、垫、拍等（图2-9）。

二者的质地十分接近，胎色普遍较深，多呈灰黑色、深褐色或紫红色，大多数为夹心胎；胎质较疏松且不纯净，多夹杂黑色斑点，并有大小不一的气孔，吸水率较高；烧成火候较高，除一部分生烧外，几乎不见软陶（图2-10）。

图2-8　瓢山窑址龙窑窑炉

原始青瓷有釉的部位多位于器物朝上的部位以及器体一侧，较厚的釉层往往集中于器物的一侧局部，如罐的肩、颈和豆柄的一侧。施釉线不明显。多数器物的釉层极薄，仅在局部小范围内较厚，但厚釉处施釉不均匀，胎釉结合差，剥釉严重，釉色多呈较深的黑褐色、棕褐色或青色。

图2-9　瓢山窑址Ⅱ区出土原始青瓷豆

图2-10　瓢山窑址出土原始青瓷长颈侈口罐

装饰方面，以素面为主，偶见云雷纹、弦纹等。云雷纹一般位于三足盘类器物的足面和近足跟的下腹部、罐类器物的腹部，戈的正反面也见有密布的云雷

图2-11　瓢山窑址Ⅱ区出土原始青瓷戈

纹（图2-11）。弦纹多见于豆柄以及三足盘的足面。装饰技法基本为刻划。除纹饰外，原始青瓷上还发现有刻划符号，多为简单的指甲印形短弧线，也有十字形纹图案。一般位于罐类器物的口沿、肩部等，也见于小型器物的腹部及底部。

（2）北家山窑址①

北家山窑址位于瓢山Ⅱ区东北约30米，该窑址由于试掘面积和堆积有限，出土标本较少。产品类型依然有原始青瓷和印纹硬陶两类，以原始青瓷数量居多。

原始青瓷器类中，主要有豆、三足盘、长颈侈口罐和钵类器物。豆盘为宽沿，沿面上斜，斜直腹较深；细柄豆较厚重，喇叭形高矮不一，以较高者为主，足端偶见缺口。三足盘浅坦腹，三足细高，足端外撇，足截面多呈圆角三角形，足面与两侧面之间折棱较明显。长颈侈口罐和钵类器物与瓢山类型器物基本一致。

胎色普遍较浅，以青灰胎为主，另有少量灰黑胎。胎色较纯，几乎

① 郑建明：《夏商原始瓷略论稿》，文物出版社2015年版；浙江省文物考古研究所：《原始瓷起源研究论文集》，文物出版社2015年版；浙江省文物考古研究所、湖州市博物馆、德清县博物馆：《东苕溪流域夏商时期原始瓷窑址》，文物出版社2015年版。

不见夹心胎现象，但仍普遍夹杂有较多黑色小斑点。烧造火候高，胎质较细，也见胎质略疏松且含有大量气孔的现象。

豆和三足盘的釉色多呈青色和黑褐色，青灰胎器物施青釉、釉层厚、玻璃质感强；灰黑胎器物釉色较深呈黑褐色，釉层薄，部分器物玻璃质感不强。从施釉部位上看，豆盘、三足盘内腹一般为满釉，釉质较好，豆柄通常在一侧或一侧及足端外撇的部分有釉，局部釉层厚、玻璃质感强，不见施釉痕迹。长颈罐的施釉方式和釉色与瓢山类型接近，釉位于颈、肩、上腹部的一侧局部范围内，由釉的中心向四周逐渐变薄变淡，直至消失。除施釉器物外，也有相当数量的器物外腹施有薄衣，一般呈较深的黑褐色，极薄且无玻璃质感。

装饰方面，以素面为主，少数豆柄和三足盘的足面上，可见细弦纹、弦带纹、菱形网格纹、云雷纹等装饰，装饰技法均为细线刻划，不见拍印。豆柄有镂空装饰，偶见豆柄足端有三个小缺口的现象。

（3）金龙山窑址Ⅰ区①

金龙山窑址位于瓢山窑址Ⅱ区西北约500米处。可分为两区，其中Ⅰ区属于夏商类型，Ⅱ区时代为战国时期。

窑址中发现较多印纹陶片和少量原始青瓷片，印纹陶片饰曲折纹，原始青瓷型主要有长颈侈口罐。另外，在金龙山窑址Ⅰ区所在区域，采集到数块窑炉烧结块。虽然在开垦过的断面上未发现窑址堆积层，但因有窑炉烧结块的存在，判定窑址的依据还是明确的。

2.商代

进入商代，烧造印纹硬陶和原始青瓷的窑址数量逐渐增多，窑业生产依然集中在德清龙山片区和湖州青山片区。

---

① 郑建明：《夏商原始瓷略论稿》，文物出版社2015年版。浙江省文物考古研究所：《原始瓷起源研究论文集》，文物出版社2015年版。浙江省文物考古研究所、湖州市博物馆、德清县博物馆：《东苕溪流域夏商时期原始瓷窑址》，文物出版社2015年版。

根据历年的调查和发掘，德清龙山片区窑址群内商代窑址目前共发现17处。其中，10处明确有地层堆积的存在；7处调查采集到一定数量的标本，但由于窑址所处植被茂密，且未进行试掘，因此未确定是否有地层堆积。湖州青山片区窑址群共有窑址21处。其中，9个地点的断面上能确定地层堆积，另外12个地点均能在地面上采集到较多的产品标本与烧结块、红烧土块等窑址遗物。除南山窑址Ⅰ区进行过较大规模的发掘、Ⅱ区进行过小范围的试掘外，其余地点均为调查采集。（表1-1）

两大片区中绝大多数的窑址为印纹硬陶与原始青瓷合烧。按两者的烧造比例，可以划分成三个类型。

表1-1 东苕溪流域商代窑址数量统计表

（截至2012年底）

窑址片区	存在地层堆积	数量	存在采集标本	数量	合计
德清龙山片区	德清水洞坞东Ⅰ区下层、水洞坞东Ⅱ区下层、安全山Ⅰ区、南山Ⅰ区、青龙山区、秧田冲Ⅰ区、瓢山Ⅱ区上层、南塘头Ⅰ区、南塘头Ⅱ区、尼姑山	10	德清下漾山Ⅱ区、蔡家山Ⅱ区、窑坞里、湾头山Ⅱ区、青龙山Ⅲ区、南塘头Ⅲ区、自家山	7	17
湖州青山片区	湖州南山Ⅰ区、南山Ⅱ区、黄梅山、凤花庵、岳家坝、牛头矶Ⅰ区、牛头矶Ⅱ区、周家山Ⅱ区、上干Ⅰ区	9	湖州常照寺、后山、周家山Ⅰ区、周家山Ⅲ区、上干Ⅱ区、上干Ⅲ区、牛头山Ⅰ区、牛头山Ⅱ区、前山Ⅰ区、前山Ⅱ区、下沈、虎墩山	12	21

（1）水洞坞类型

第一个类型为水洞坞类型，以印纹硬陶占绝大多数，有少量原始青瓷。该类型窑址主要分布于德清龙山片区窑址群中，在湖州青山片区窑址群的南部也有少量发现，许多窑址直接叠压在战国等晚期窑址的地层之下。明确有地层堆积的窑址有9处（均采集到相应的标本），没有确定地层堆积的有7处，共计16处（德清12处、湖州4处）。该类型最具代

图2-12　水洞坞窑址商代堆积层

表性的窑址是水洞坞窑址①（图2-12）。

水洞坞窑址位于德清龙山窑址群的核心地带，其堆积可分为上层的战国堆积层和下层的商代堆积层。商代地层出土的产品面貌基本一致，以印纹硬陶占绝大多数，偶见原始青瓷、硬陶与泥质陶，后三类器物均为豆柄残件。印纹硬陶器类较单一，多为器形巨大的罐类器物。长颈、圆肩、深腹，凹圜底或低矮大圈足；通体拍印云雷纹，纹饰细密、排列杂乱，内壁密布拍印纹饰撑垫形成的凹窝；胎色较深，多数呈深灰或紫红色；胎质细腻，火候较高，部分器物肩部有极薄而不均匀的光亮层。原始青瓷可辨器型均为豆。豆柄呈高喇叭形；胎色灰白；有的胎质较细，有的存在大量的细小气孔；豆盘内壁有釉，釉层较薄，有一定的玻璃质感（图2-13）。

（2）南山类型

第二个类型为湖州南山类型，产品以原始青瓷为主，偶见印纹硬

① 浙江省文物考古研究所、湖州市博物馆、德清县博物馆：《东苕溪流域夏商时期原始瓷窑址》，文物出版社2015年版。

图2-13 水洞坞窑址出土器物

陶。该类型窑址主要分布于湖州青山片区窑址群中，目前共发现20多处，仅城山窑址位于德清县城武康镇的西部、城山的东坡。代表性的窑址是湖州南山窑址[①]（图2-14）。

湖州南山窑址于2010年经过全面的发掘，面貌较为清晰。其地层堆积丰厚，持续时间长，叠压关系明确，器物演变脉络清晰，从商代早期开始并贯穿整个商代，可初步建立太湖地区较为完整的商代原始青瓷编年序列（图2-15）。

南山窑址的产品主要是原始青瓷，兼烧极少量印纹硬陶。原始青瓷标本器型以豆、罐与器盖为主，也有少量簋、尊、盆、盘、钵、盂等器

① 郑建明：《夏商原始瓷略论稿》，文物出版社2015年版；浙江省文物考古研究所：《原始瓷起源研究论文集》，文物出版社2015年版；浙江省文物考古研究所、湖州市博物馆、德清县博物馆：《东苕溪流域夏商时期原始瓷窑址》，文物出版社2015年版。

图2-14　湖州南山窑址Ⅰ区远景（北—南）

图2-15　湖州南山窑址龙窑窑炉

图2-16　南山窑址出土器物

图2-17　南山窑址出土原始瓷豆

物。均用瓷土作胎，瓷土经过选择和一定工序的处理；人工施釉痕迹明显，但施釉技术仍相当原始；早期为轮制加手工修坯，晚期演变成纯轮制成型；一般多件器物叠烧。按地层叠压关系及类型学的排比，出土器物共可分成五期（图2-16、图2-17）。

第一期　器物类型单一，以原始青瓷豆为主，另有少量原始青瓷钵、盂与印纹硬陶。原始青瓷豆基本为宽沿、深腹，豆柄足端带三个小缺口；钵数量不多，种类丰富，包括宽沿弧敛口、宽沿折敛口、窄沿弧敛口、窄沿折敛口等类型；盂数量极少，腹一般较高。印纹硬陶主要是长颈、圆肩、鼓腹、大圈足尊，拍印粗大杂乱云雷纹为主。原始青瓷与印纹硬陶胎质、胎色基本相同，均为浅灰色胎，少量器物胎质细腻坚致，多数器物常见一种极细的黑色斑点；人工施釉，少量器物釉较佳、釉层厚、青釉玻璃质感强，多数器物釉层极薄、呈土灰色点状凝釉；轮制结合手工修整成型；直接置于窑床上装烧，通常多件器物叠烧。时代为商代早期前段或夏商之际。

第二期　器类与第一期基本相似，以原始青瓷豆为主，另有少量原始青瓷钵、盂、小罐、器盖等。原始青瓷宽沿深腹豆消失，新出现宽沿浅腹豆，偶见浅坦腹豆；钵与盂变化不大；新出现罐与小罐，数量极少，近敛口，颈几乎不见，折肩；盖呈浅弧形。少量印纹硬陶出现较浅细的云雷纹和粗乱的席纹。胎、釉、成型、装烧等均与第一期相似。时代为商代早期后段。

第三期　承上启下，无论是胎、釉、成型、纹饰，均具有过渡特征。种类丰富，器型多样，原始青瓷豆、罐、小罐及器盖成为主流产品。豆除宽沿浅腹豆外，新出现的敛口豆数量比较多，且足端多不带缺口；罐与小罐口沿变高，由凸唇发展成短颈；器盖除浅弧形盖面外，新出现盖沿下折及子母口盖；此外仍有少量的钵与盂。少量豆柄上使用细阴线刻划与镂空技法装饰，内容有饕餮纹、细凹弦纹以及三角形镂孔、圆形戳印等。印纹硬陶流行各种类型的罐，一般为长颈侈口；纹饰除云雷纹外，新出现大量席纹，前期流行的粗大云雷纹变得细小且排列整齐，粗大席纹成为主体纹饰，偶见排列较为规则、细小的席纹。原始青瓷胎色逐渐加深，多呈青灰色，胎质较前期更细腻；釉变化不大；成型上，除轮制与手工修坯相结合外，出现完全轮制成型工艺；装烧方法与前期相同。时代约为商代中期。

第四期　器型、纹饰均较单一，原始青瓷敛口豆、直口短颈罐、小罐及器盖占绝大多数，豆柄足端带三个半圆形缺口的做法完全消失。印纹硬陶主要是各种罐与研钵，罐多直口短颈，纹饰以细密规整的细席纹占绝大多数。原始青瓷胎色较深，多呈青灰或灰白色，胎质明显较前期细腻；釉变化不大；均轮制成型；多件叠烧。时代约为商代晚期前段。

第五期 器型变化较大，器类丰富。原始青瓷直口短颈罐、小罐、器盖及新出现的直口折腹豆成为主流，其次是敛口豆和新出现的豆柄带凸棱浅腹豆，新见少量尊、簋。印纹硬陶主要有直口短颈罐与研钵两类；除席纹外，新出现大量重菱形纹，菱形中间带一小凸点。此时期原始青瓷质量上有极大的飞跃，除豆盘内腹外，外腹、豆柄亦施釉。胎、釉、成型、装烧与第四期变化不大。时代约为商代晚期后段。

（3）尼姑山类型

第三个类型为尼姑山类型，产品以印纹硬陶与硬陶为主，器型主要是长颈罐。目前该类型的窑址仅发现尼姑山窑址①一处，位于龙山片区窑址群的东部（图2-18）。

尼姑山窑址位于尼姑山东山脚，2012年夏天对该窑址进行了抢救性发掘。其所在区域内，发现大量陶片和一些烧结块，以及零星红烧土，但还没有暴露窑址堆积。采集到的标本有印纹硬陶和素面硬陶两种，不见原始青瓷。可能此窑纯烧陶器，不烧原始青瓷。印纹硬陶标本拍印纹饰多为粗大的菱形云雷纹、菱形纹或折线纹（人字形纹），也有小而浅细的菱形云雷纹。从采集标本看，窑址年代为商代（图2-19）。

除东苕溪流域发现的原始青瓷窑址之外，还在上虞地区发现少量商代窑址，主要烧造印纹硬陶。1984年，在上虞县百官镇李家山②（今属绍兴市上虞区百官街道）坡脊下，清理了6座印纹陶窑址。其中一座为马蹄形，其余均为龙窑，呈倾斜的长条形，窑壁的残高为5—40厘米。各龙窑炉残存长度不等，其中保存最好的为Y6，长约5.2米，残宽90厘米，窑壁残高4—20厘米。在Y1—Y6窑炉内外的堆积中，发现各种陶片145片，其中硬陶127片。大多数硬陶片均有纹饰，主要为人字纹、编织

---

① 浙江省文物考古研究所、湖州市博物馆、德清县博物馆：《东苕溪流域夏商时期原始瓷窑址》，文物出版社2015年版。

② 胡继根：《浙江上虞县商代印纹陶窑址发掘简报》，《考古》1987年第11期。

图2-18　尼姑山窑址发掘现场

图2-19　尼姑山窑址出土器物

纹，另有零星的回纹、弦纹、云雷纹等。半数以上的硬陶片上有人字纹，纹饰印痕较浅，并有粗细两种。其中，较粗者纹饰较模糊并呈纵向展开，较细者图案规整而呈纵向排列。编织纹的图案规整，各纹饰个体间采用垂直相交的方法形成编织状纹样，陶片火候较高，质地坚硬。回纹陶片的质地稍软，纹饰印痕较浅，“回”字的内外口线条粗细一致，其内口转角有直角和圆角两种。弦纹的纹饰不甚规整，各条间宽窄、深浅不一，胎质普遍较硬。云雷纹的数量最少，仅发现2片，图案较模糊，纹饰个体较小，拍印不甚规整；值得注意的是，其中一片表面有“爆汗釉”。部分印纹陶片有因高温或过烧而造成内外器壁相脱裂的现象。可辨器型主要为坛、罐类器物。发掘者认为，李家山周边地区发现的窑炉在形态上存在一定的原始性，且各类印纹陶片的纹饰与马桥、吴城等遗址中出土的印纹硬陶存在相似之处，因此判定Y2—Y6的年代应定为商代。

（二）印纹硬陶的出土和特征

夏商时期是印纹硬陶的发展成熟期。根据器物形制和纹饰的差异，结合地理环境，可将印纹硬陶的分布范围分为浙东浙北和浙西浙南两区（图2-20）。

1.浙东浙北

浙江东、北部地区，包括宁绍平原和杭嘉湖地区，可分为相当于中原地区的二里头二期至商代前期和商代后期两个发展阶段。

第一个阶段的文化遗存属于马桥文化，典型的遗址有湖州昆山遗址[①]、钱山漾遗址[②]、塔地遗址、下菰城遗址，余杭小古城遗址，宁波象山塔山遗址[③]等。

这一时期的印纹硬陶器类丰富，纹饰多样。器类有折沿垂腹罐、高领鼓腹罐、折沿大口鼓腹罐、鼓腹小罐、折沿盆形罐、翻沿盆、鸭形壶等，器底多为凹圜底。其中，折沿垂腹罐的口沿多见刻划符号，高领鼓腹罐肩部多有扁状系。这一时期的纹饰总体风格较为粗放，常见方格纹、条格纹、叶脉纹、菱形云雷纹、席纹、折线纹；同时组合纹较多见，有叶脉纹分别与方格纹、云雷纹、席纹、条格纹组合，有方格纹分

① 浙江省文物考古研究所、湖州市博物馆：《昆山》，文物出版社2006年版。

② 浙江省文物考古研究所、湖州市博物馆：《钱山漾——第三、四次发掘报告》，文物出版社2014年版。

③ 浙江省文物考古研究所、象山县文物管理委员会：《象山塔山》，文物出版社2014年版。

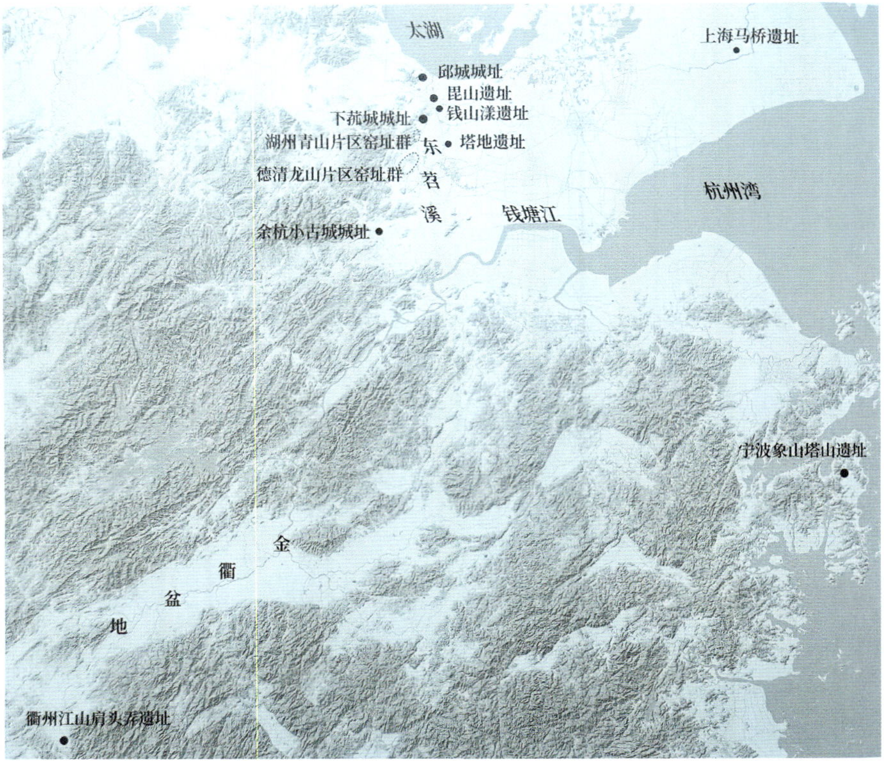

图2-20 浙江地区夏商时期重要遗址分布图①

别与云雷纹、折线纹、席纹组合，还有方格纹与叶脉纹、云雷纹三者组合等（图2-21）。

第二阶段文化遗存属于商代后期，部分遗存年代可到商末周初。典型的遗存有昆山K1、G1第五阶段的部分遗存②，钱山漾遗址J8③，小古城遗址及下菰城遗址商代后期遗存，德清小紫山商代土墩墓，海宁夹山

① 浙江省文物考古研究所：《锁钥：先秦印纹硬陶原始瓷器特展》，文物出版社2019年版。

② 浙江省文物考古研究所、湖州市博物馆：《昆山》，文物出版社2006年版。

③ 浙江省文物考古研究所、湖州市博物馆：《钱山漾——第三、四次发掘报告》，文物出版社2014年版。

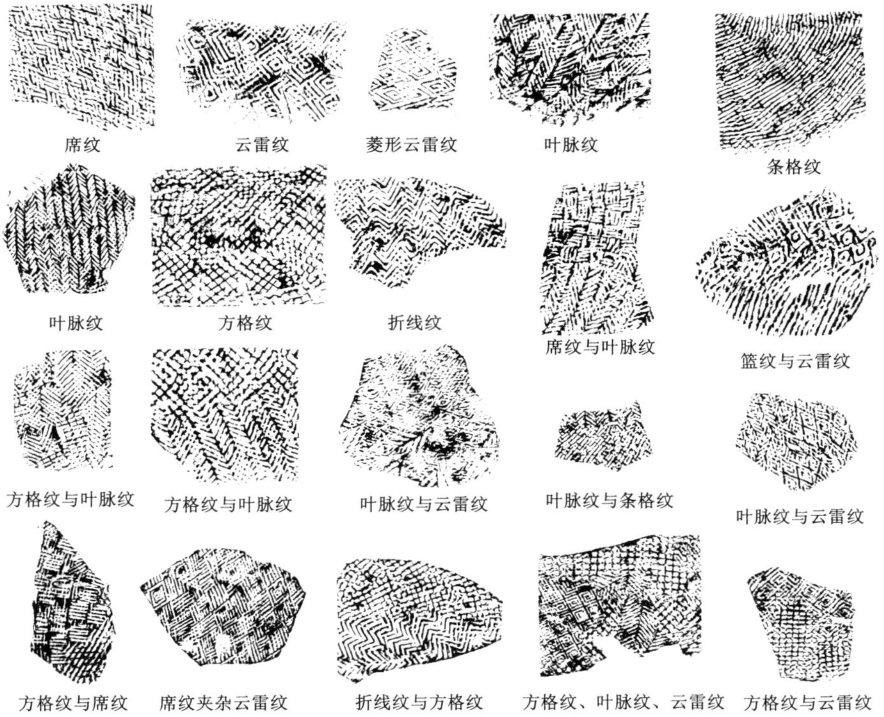

图2-21　马桥文化印纹硬陶纹饰拓片

D2①，长兴便山 D427（一）②，长兴石狮 D5M8③，萧山柴岭山 D18M2、D21M2（图 2-22）④等。

这一时期印纹硬陶的器类主要有瓮、罐等，形制为长颈、广肩或圆鼓肩、底腹交接处圆折、底部为圜底微凹或平底。颈部多有弦纹，器表

① 浙江省文物考古研究所：《海宁县夹山商周土墩石室结构遗存》，中国考古学会编：《中国考古学年鉴（1985 年）》，文物出版社 1985 年版。

② 浙江省文物考古研究所：《浙江长兴县便山土墩墓发掘报告》，《浙江省文物考古研究所学刊——建所十周年纪念（1980—1990）》，科学出版社 1993 年版。

③ 浙江省文物考古研究所：《浙江长兴县石狮土墩墓发掘简报》，《浙江省文物考古研究所学刊——建所十周年纪念（1980—1990）》，科学出版社 1993 年版。

④ 杭州市文物考古研究所、萧山博物馆：《萧山柴岭山土墩墓》，文物出版社 2013 年版。

图2-22 柴岭山土墩墓出土商代中晚期印纹硬陶罐、尊

及底部均拍印纹饰。纹饰的种类较少，主要为云雷纹；纹饰浅细，有些纹饰比较凌乱。

以德清小紫山商代墓地出土的器物为例，随葬品中印纹硬陶主要有坛与罐两种器型：坛为高领、长颈、圆肩、深弧腹、圜底近平，通体拍印重回字纹，内心有一凸点；罐为垂腹，圜底近平，通体拍印云雷纹。器物胎心呈紫红色，外表呈青灰色，火候极高，云雷纹与重回字凸点纹均较为方正规则。这批器物的时代应该到了商代中晚期，与马桥文化相接或相当于马桥文化晚期（图2-23）。

2. 浙西浙南

浙江西、南地区以金衢盆地为

图2-23 德清小紫山墓葬出土印纹硬陶罐、坛

核心，还包括丽水和温州等地。这一地区与福建北部浦城一带、江西东部上饶与鹰潭一带文化面貌基本一致，可以看作浙闽赣三省交界文化区。此时期的遗址在江山、龙游、衢州、金华、磐安、松阳等地均有分布。主要遗存有江山肩头弄墓地与遗址①、2014年发掘的龙游商代墓葬、遂昌好川墓地②，以及温州地区一些遗址的调查材料③。根据器物形制的纹饰，可分为夏至商代前期、商代后期（部分遗存年代可到周初）两个阶段，分属两个文化类型。

第一阶段为肩头弄文化，包括肩头弄第一、第二、第三单元，对应文化期的一、二、三期。器类主要有高领罐、折腹罐、单把匜形罐、折肩罐、折沿深垂腹罐、折肩折腹罐、大口罐、长流平底盉、盆等，底部有平底和凹底两种，着黑陶较多。纹饰主要有条纹、斜向相交席纹、方格纹、斜方格填线纹、菱形云雷纹、回字加“X”纹等（图2-24）。

第二阶段为营盘山期类型，时代为商代后期至西周初。主要遗存有肩头弄第四单元、2014年发掘的龙游商代墓葬。印纹硬陶类型主要有球腹瓮、球腹罐、高领广肩圈足罐、敛口罐、单把杯等。另外，还有硬陶敛口罐、钵、高足豆等。印纹硬陶流行圆肩球腹、圜底或微凹风格。纹饰主要有直角相交的席纹，单元较小，线条浅细，布局模糊杂乱，器表及底部满拍纹饰。从各地的调查资料来看，此类遗存分布较广，在江山、龙游、衢州、金华、磐安等市县均有分布。但由于科学发掘的遗存较少，尤其是遗址资料欠缺，其文化面貌还不是很清晰。仅根据目前的资料来看，营盘山期类型与浙东浙北地区的商代后期遗存，不论是器物

---

① 牟永抗、毛兆廷：《江山县南区古遗址、古墓葬调查试掘》，浙江省文物考古所编：《浙江省文物考古所学刊（1981）》，文物出版社1981年版。

② 浙江省文物考古研究所、遂昌县文物管理委员会：《好川墓地》，文物出版社2001年版。

③ 浙江省文物考古研究所、温州市文物处、泰顺县文博馆：《浙南飞云江流域青铜时代文化遗存》，《东南考古研究》第二辑，厦门大学出版社1999年版；王海明：《浙江南部先秦文化遗存浅析》，《浙江省文物考古研究所学刊》，长征出版社1997年版。

图2-24 肩头弄遗址出土夏商时期印纹硬陶

1. 单把罐形匜 2. 球腹罐 3、4、6. 直领折肩折腹罐 5. 盆

形制还是纹饰上，均存在明显差异。

（三）原始青瓷的出土和特征

商代是原始青瓷的初步成熟期。夏时期，除窑址外，浙江地区并未在其他类型遗址中发现原始青瓷材料。进入商代，原始青瓷出土的地点更加普遍。除窑址外，还发现于同时期的遗址和墓葬，主要集中在浙北的东苕溪流域，包括杭州余杭区及湖州市区、德清县等地。

1. 城址

目前发现较为明确的商代城址是湖州下菰城①。下菰城城址总面积约68万平方米，平面近圆角三角形，现存内外两重城垣，城墙保存基本

① 陈元甫：《湖州下菰城的初步勘探与探索》，《陈元甫考古文集》，文物出版社2016年版。

完好。在城墙地层的堆积和城址内的灰坑中均发现了少量原始青瓷残片，可辨器型主要有豆和罐两种。豆为子母口内敛，浅弧腹，喇叭形圈足，足端有三个小缺口。罐为短颈，折肩，小平底。胎色灰白，胎质细腻，脱釉严重。

2. 遗址

浙江境内出土商代原始青瓷的遗址众多，其中尤以东苕溪流域最为集中。这里围绕下菰城，分布着昆山[①]、钱山漾[②]、塔地[③]、西山等规模庞大的遗址，且遗址中出土原始青瓷的数量与遗址的规模大小直接相关，遗址的规模越大、等级越高，出土的原始青瓷数量就越多。

遗址中出土的原始青瓷器型仍然以豆和罐为主。豆的形制丰富，时代也从商代早期一直延续到商代晚期；胎质较细，胎色灰白或浅灰，釉常见于豆盘的内腹，部分器物剥釉严重。在制作上，商代早期为轮制和手工修整相结合，到了商代晚期，修刮现象极少，豆盘、豆柄均为轮制，器型规整、器面干净。根据豆盘内腹的叠烧痕迹来判断，豆类器物采用的应是直接叠烧的方式。

以昆山遗址为例，从已公布的昆山遗址材料来看，其面积在数万平方米，是包括邱家墩、陆家湾等诸多地点在内的大型遗址，发掘出土和采集有青铜器、卜骨、玉器等遗物，说明这是一处夏商时期等级较高的遗址。此处出土的原始青瓷数量也是诸遗址中最多的，主要包括豆和罐两种器型。豆的年代跨度相当大，从商代早期一直延续到商代晚期。商代早期主要是宽沿豆，宽沿，斜直腹较深，矮圈足，沿与腹之间折棱明显，沿面有多道细弦纹，足端有三个半圆形缺口。中期为近子母口形敛口豆，折敛口，浅弧腹，喇叭形圈足较高，足端不再带有半圆形缺口，

---

① 浙江省文物考古研究所、湖州市博物馆：《昆山》，文物出版社2006年版。

② 浙江省文物考古研究所、湖州市博物馆：《钱山漾——第三、四次发掘报告》，文物出版社2014年版。

③ 塔地考古队：《浙江湖州塔地遗址发掘获丰硕成果》，《中国文物报》2005年2月9日第1版。

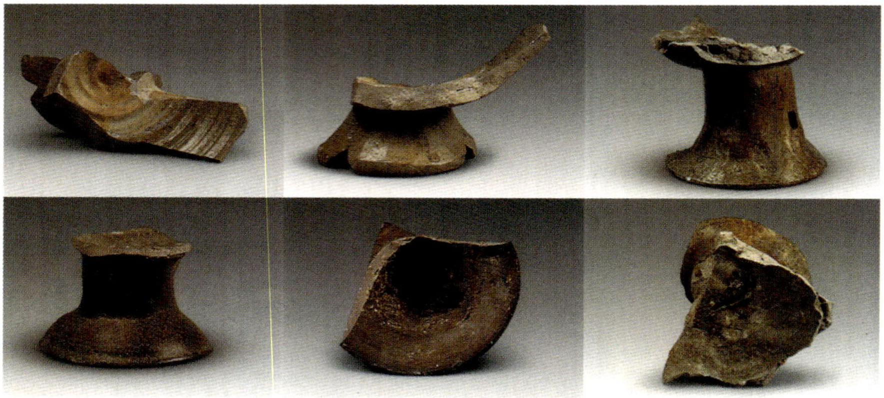

图2-25　昆山遗址出土原始青瓷豆

豆柄中部出现镂孔，有方形，也有“Z”字形。晚期为直口豆，直口，直腹，下腹浅弧，喇叭形圈足较高（图2-25）。

另外，塔地遗址发掘面积比较大，但出土原始青瓷数量不及昆山遗址。商代早期有宽沿豆、敞口豆、小钵等，中期为近子母口形敛口豆，晚期为敛口豆。

此外，还在余杭（图2-26）、长兴[①]（图2-27）等地发现少量原始青瓷，均藏于当地博物馆。

图2-26　余杭出土商代高领罐

3. 墓葬

一般说来，江南地区的土墩墓从西周早期才开始大量出现，商代土墩墓发现的数量十分有限，马桥、塔地等遗址中虽有零星墓葬的发现，但规模较小，且均未见随葬品。1977年和1979年在江山市王村地山岗天塘与和睦公社乌里山调查试掘了3座商代墓葬，出土3件原始青瓷豆，

① 浙江省文物考古研究所：《古越瓷韵——浙江出土商周原始瓷集粹》，文物出版社2010年版。

图2-27　长兴出土商代双耳尊

是目前浙江境内最早从墓葬中出土的商代原始青瓷[①]。

在德清独仓山[②]、长兴便山[③]等土墩墓群中均未见有墓坑，随葬品一般为泥质陶或印纹硬陶，通常分布于土墩底部。在江山肩头弄土墩墓群采集到零星的原始青瓷小罐与豆。小罐为直口短颈，溜肩，折颈，深弧腹斜收，平底，与南山窑址中晚期小罐接近；豆为尖唇外撇，折敛口，浅弧腹，极矮圈足，内外腹及豆柄表施满釉，釉层厚，施釉均匀，玻璃质感强，时代在商代晚期。此类器物在萧山湘湖地区土墩墓发掘中亦有出土[④]。

更为重要的材料来自2010年，在德清小紫山土墩墓[⑤]发掘中，共清理了先秦时期土墩14座，计有50多座墓葬。夏商时期土墩墓的发现是此次考古发掘的最重大收获，并且明确了商代土墩的存在。其中，夏商时期墓葬有2座，商代中晚期9座。墓葬类型可分为两类，一类仅随葬原始青瓷，一类仅随葬印纹硬陶。这些器物分别与湖州青山片区和德清龙山片区窑址群烧造的器物一致。原始青瓷类主要出土有豆、罐、尊等（图2-28）。其中，豆的类型较为丰富，有宽沿敞口浅弧腹豆、敛口豆、

① 陈元甫：《二十年来浙江商周时期考古工作的主要收获》，《纪念浙江省文物考古研究所建所二十周年论文集（1979—1999）》，西泠印社1999年版。
② 浙江省文物考古研究所、德清县博物馆：《独仓山与南王山》，科学出版社2007年版。
③ 浙江省文物考古研究所：《浙江长兴县便山土墩墓发掘报告》，《浙江省文物考古研究所学刊——建所十周年纪念（1980—1990）》，科学出版社1993年版。
④ 杨金东、崔太金：《杭州萧山柴岭山、蜈蚣山商周土墩墓发掘取得重大收获》，《中国文物报》2013年1月18日第8版。
⑤ 浙江文物年鉴编委会：《德清小紫山土墩群考古发掘获重大成果》，《浙江文物年鉴（2011）》，浙江古籍出版社2012年版。

直口豆等，足端均不带缺口，时代可能在商代中晚期；罐为直口，短颈，折肩，深弧腹，小平底；尊为侈口，短颈，折肩，深弧腹，矮圈足，肩部有耳。这批器物胎色灰白，胎质细腻坚致，豆盘内腹与罐的肩部施釉。多数器物釉质不佳，釉层薄，釉色差，施釉不均，玻璃质感差；仅部分器物釉色较佳，如小罐肩部釉，有一定的玻璃质感。小紫山墓葬中，不仅原始青瓷和印纹硬陶均有出土，而且器物类型分别与湖州青山窑址群和德清龙山窑址群的产品类型有较明显对应关系，这对于探索商代原始青瓷窑址产品流向、原始青瓷的使用均具有十分重要的价值①。此外，还在苍南②、长兴和余杭等地发现零星数量的商代墓葬。

图 2-28　德清小紫山出土商代原始青瓷罐

（四）原始青瓷的起源问题③

原始青瓷的起源问题，一直是探索中国瓷器起源和中国瓷器发展史的重要课题。就浙江而言，先秦时期印纹硬陶和原始青瓷的生产地点，在以德清为中心的东苕溪流域分布最为集中。20世纪80年代以来，伴随这一地区原始青瓷窑址系统调查和科学发掘的开展，研究和课题意识也不断深入。2009年，以浙江省文物考古研究所为主，成立了包括相关市县在内的“瓷之源——浙江早期瓷窑址考古调查、发掘与研究”课题组，其重要任务之一就是探索原始青瓷的起源问题。根据“瓷之源”课题组的工作成果，大致可以从三个角度去阐释原始青瓷起源的问题。

① 郑建明：《新世纪头十年浙江先秦时期考古的新进展》，《古代文明》2019年第13卷。

② 王同军：《浙江苍南县埔坪乡发现一座商代土墩墓》，《考古》1992年第6期。

③ “瓷之源”课题组：《原始瓷的起源》，浙江省文物考古研究所编：《原始瓷起源研究论文集》，文物出版社2015年版。

1.考古学上原始青瓷的起源

通过对比瓢山窑址、北家山窑址的产品特征，我们不难发现这两处窑址中的原始青瓷和印纹硬陶标本在很多特征上相互交叉，且瓢山窑址中两类产品的共性大于北家山窑址。如在胎质胎色上，二者没有明显差别；在施釉方面，多数原始青瓷器物的釉不明显或仅在局部有釉，而印纹硬陶标本上亦见有釉的存在；在器型方面，原始青瓷与印纹硬陶的部分器型也十分接近；在装饰方面，尽管原始青瓷多为素面，但也有少量刻划或拍印云雷纹，与印纹硬陶存在一定的共性。由此可见，在瓢山窑址和北家山窑址时期，处于起源阶段的原始青瓷尚未与印纹硬陶完全分化。

然而在南山窑址早期，原始青瓷与印纹硬陶在胎、釉、器型、装饰等方面均逐渐分化。相较于瓢山窑址和北家山窑址，南山窑址早期原始青瓷的胎体多呈浅灰白或浅灰色，胎质也更加细腻坚致；青绿色釉的比例大大增加，豆盘内多满釉且均匀；在器类器型上，原始青瓷占绝对主流，只有少量的印纹硬陶，且二者在器型上出现了明显分化——原始青瓷的器型以豆和钵为主，印纹硬陶则以侈口长颈罐和翻折沿束颈罐为主；在纹饰和装饰技法上，原始青瓷以素面为主，偶见少量细密的刻划纹，几乎不见拍印技法，而印纹硬陶的装饰以拍印云雷纹为主，偶见方格纹，且整体的装饰风格粗放豪迈，二者的装饰风格和技法逐渐产生分野。这说明此时原始青瓷逐渐脱离印纹硬陶，两者开始沿着不同的轨迹各自发展。

2.理化测试上原始青瓷的起源

除了窑址中可见的考古学证据，我们还能借助科技考古的相关成果作为探索原始青瓷起源的辅助依据。根据对原始青瓷样本的理化测定和科学分析，原始青瓷样品的胎料都以硅酸铝盐为主，SiO_2与Al_2O_3的比值都在3以上，呈现高硅低铝的特性，推测应是以瓷土为主要原料。从瓢山到北家山，再到南山窑址，原始青瓷样本的含铁量，也呈现出逐渐降低的变化过程。在施釉方面，南山窑址中原始青瓷的釉料中含较高的CaO成分，属于我国传统陶瓷中常见的高温钙釉。瓢山和北家山样品表面的釉层也属于高钙釉，但釉层较薄，分布不均，大部分样品外表面的CaO含量要高于胎和内表面。进一步对比原始青瓷釉层与窑汗表面成分，发现窑汗中的CaO与胎土相近，但K_2O的含量都在8%以上，呈现高钾低钙的特点，与高温钙釉的成分有明显差别。可见，东苕溪流域原始青瓷的高温钙釉应是人工施釉。但瓢山与北家山时期技术不成熟，样品釉层效果不理想，至南山时期才逐渐成熟。在物相构成方面，原始青瓷的胎体中有明显的莫来石高温相和玻璃相，说明其烧成温度普遍较高，约在1200℃及以上。因此，从理化特性来看，瓢山、北家山、南山三个窑址的原始青瓷可以视作一个连续的发展过程：瓢山和北家山窑址阶段属于原始青瓷起源的早期形态；到南山窑址时期，伴随胎土选取、窑炉温度和烧成气氛控制等技术因素的改善，原始青瓷逐渐发展成熟。

3. 原始青瓷起源的时间

为了解原始青瓷起源的时间，我们需要进一步明确瓢山和南山窑址的年代。

夏代窑址可对比的材料极少。马桥遗址马桥文化层中出土有少量曲折纹器物，器型、纹饰与瓢山下文化层出土的标本相似，时代为马桥遗址第一、第二段，相当于中原地区二里头文化的二至四期左右。此外，曲折纹在南方地区出现较早。以广东地区为例，新石器时代晚期到先秦时期的文化可以分成三个大的时期，即曲折纹陶文化、夔纹陶文化、米字纹陶文化。有学者认为，曲折纹、长方形纹基本上是仿照竹编器而来①，也证明曲折纹是印纹陶器上较早出现的纹饰。除广东地区外，曲折纹陶还流行于闽南、赣南、桂东等广大地区，时代约为新石器时代晚期至相当于中原地区夏商之际。因此，我们认为瓢山窑址下层的年代约为夏代晚期。

将南山窑址中出土的原始青瓷与安阳殷墟、滕州前掌大墓地、洛阳

① 李岩：《对石峡文化的若干再认识》，《文物》2011年第5期。

北窑西周墓地、安吉上马山墓地和马桥等遗址出土遗物作类型学的对比，大致可以确定，南山窑址第四、第五期的时代约相当于中原的商代晚期，第三期与马桥第三阶段的原始青瓷形制接近，时代约在商代前期。另外，根据南山窑址公布的碳十四测年数据，最早的第一期有两个数据，分别为公元前1560年与公元前1500年；第二期一个数据，为公元前1450年；第四期两个数据，分别为公元前1270年与公元前1300年。因此综合判断，南山窑址第一期约相当于中原夏商之际或商代初期，第二期约相当于商代前期早段，第三期约相当于商代前期后段，第四期约相当于商代晚期前段，第五期约相当于商代晚期后段。

考虑到瓢山、北家山、南山三个窑址类型在考古学上是一个连续的发展过程，其中瓢山窑址类型的时代约在夏代晚期，南山窑址类型的时代可上溯至商代早期或夏商之际，那么处于两者之间的北家山窑址时代约为夏代末期或夏商之际。

综上，结合三处窑址中出土的原始青瓷特征、理化测试数据，我们认为，原始瓷最早的起源时期约在夏代晚期，由于烧造温度的提高，胎质变硬并且出现了釉；到了夏商之际，胎与釉的质量均有了较大的提高，灰白色的瓷胎与青色的釉出现，但仍不太稳定；到了商代早期，胎与釉完全稳定并走向成熟。根据历年来对东苕溪流域原始青瓷窑址的调查，东苕溪中下游地区已确定窑址150多处，可分为德清龙山窑址群与湖州青山窑址群两大片区，整个窑址群具有起源时间早、发展序列连贯、持续时间长等特征，是我国原始青瓷的重要起源地。

三、西周时期

（一）印纹硬陶和原始青瓷的生产

进入西周时期，浙江地区原始青瓷和印纹硬陶的出土更加广泛，说明这一时期的窑业生产也取得了进一步发展。然而由于考古工作开展得还不够充分，西周时期的窑址发现数量较少，尤其是西周早中期的原始青瓷窑址，极少发现。根据现有的调查资料，在东苕溪流域的德清龙山窑址群中，年代为西周早中期的窑址，仅在南塘头一带发现3处，均为烧造印纹硬陶的地点。西周晚期到春秋早期，原始青瓷和印纹硬陶窑址逐渐增多，包括南塘头、青龙山、火烧山、下南山、后山等11处①。

经过考古发掘的西周早中期窑址，仅长兴牌坊沟窑址1处，产品绝大多数为印纹硬陶。牌坊沟窑址②地处长兴，太湖西南岸、龙山脚下，地面散落大量印纹陶片，且山坡上有明显的隆起。从雨水冲刷出的剖面来看，隆起部分应为陶片与红烧土块等堆积。在堆积南侧陶片明显较少，但红烧土块更加密集，应为窑床所在。从调查、局部勘探情况来看，该窑址文化内涵丰富，堆积层丰厚，最厚处超过1米。地层叠压清晰，可分四个大的文化层。各文化层印纹陶胎质基本一致，以紫红色和深灰色为主，部分胎心呈紫红色，内外表呈青灰色，偶见少量生烧呈土黄色的陶片；器型、纹饰差别较大。第四文化层器型主要是坛与罐两类。坛多为直口或侈口高领，平底底腹间转角呈圆角状；罐器型较小，大平底外凸，部分呈极矮的圈足状。印纹以回字纹占绝大多数，少量曲折纹。回字纹细密，浅平，内外框基本平齐，部分呈菱形状，拍印较杂乱；曲折纹亦细、浅，排列杂乱。第三文化层中器物多呈红褐色，陶片不多。以坛与罐两类器物为主，口沿外侈，包括平底圆角与大平底外凸两种，不见浅圈足器物。纹饰仍旧以回字纹为主，少量曲折纹，但回字纹不见菱形状，均为方正的回字形，内框外凸，外框弱化而明显低于内框，纹饰较粗大，排列整齐；曲折纹亦变得粗大整齐。第二文化层几乎接近于纯陶片堆积，器型纹饰丰富多样，达到了印纹硬陶的鼎盛时期。

---

① 浙江省文物考古研究所、湖州市博物馆、德清县博物馆：《东苕溪流域夏商时期原始瓷窑址》，文物出版社2015年版。

② 郑建明：《新世纪头十年浙江先秦时期考古的新进展》，《古代文明》2019年第13卷；郑建明：《浙江先秦印纹硬陶略论稿》，中国古陶瓷学会编：《印纹硬陶与原始瓷研究》，故宫出版社2016年版。

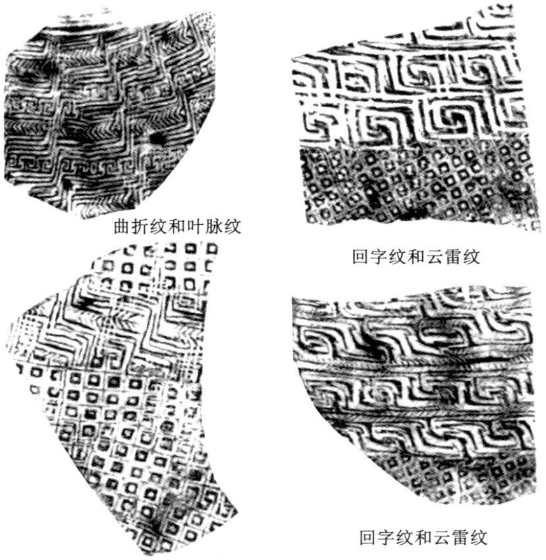

图2-29　牌坊沟窑址出土印纹硬陶纹饰拓片

器型以坛、罐、瓿类器物为主，包括少量的尊、瓮、罍等礼器。纹饰粗大清晰，排列整齐，主要有回字纹、云雷纹、叶脉纹、重菱形纹、曲折纹，流行回字纹上间以一道或几道粗大的云雷纹或重菱形纹等纹饰。多数器物体形巨大、造型规整、纹饰繁缛，代表了印纹硬陶制作的最高水平。在这一文化层中还发现了少量原始青瓷残片，主要为豆，灰白色胎质细腻坚致，通体施釉，青釉施釉均匀，胎釉结合好，玻璃质感强，应为西周早期为数不多的几处印纹陶与原始青瓷混烧的窑址之一。第一文化层器类单一，以小型罐为主。回字内外框平齐，线条较细而浅，排列规整。常见在肩饰一条菱形纹带（图2-29）。

结合江南地区土墩墓的分期及本窑址的地层叠压关系，第四文化层的时期相当于商末周初，第一文化层的时代为西周中期，第二、第三层为西周早期。

此外，在德清火烧山窑址第一期的堆积中，还发现了西周晚期的遗存。（详见后文火烧山窑址）

（二）印纹硬陶和原始青瓷的出土

西周时期是几何形印纹硬陶发展的鼎盛时期，也是原始青瓷发展的第一个高峰。这主要表现为印纹硬陶和原始青瓷的分布更为广泛，出土的数量也明显增多，其中尤以墓葬最为丰富。原始青瓷和印纹硬陶作为浙江越墓中最基本和主要的随葬品，不但数量众多，而且组合明确、器型完整，是我们认知各时期器物面貌的最佳材料，特别是土墩墓所呈现出来的叠压打破或共存组合关系，更为我们研究各时期印纹硬陶及原始青瓷的时代特征和年代分期提供了充分的考古学依据。

西周早中期的原始青瓷和印纹硬陶（图2–30），出土地点比较广泛，其中衢州和湖州地区出土最多。原始青瓷普遍见于衢州、江山、龙游、长兴、安吉、德清等地的土墩墓中。江山的王村地山岗平天塘①，衢州的云溪西山②、庙山尖，长兴的林城石狮③、李家巷便山④、槐坎抛渎岗⑤、碧岩寺，湖州堂子山⑥，安吉的良朋上马山，德清的独仓山⑦、小紫山，海宁夹山⑧等土墩墓出土的原始青瓷，都是这一时期的重要材料。位于东南沿海的瑞安岱石山石棚墓⑨中，也出土有这一时期的原始青瓷。

西周晚期，出土原始青瓷和印纹硬陶的地点更为广泛（图2–31）。

---

① 牟永抗、毛兆廷：《江山县南区古遗址、古墓葬调查试掘》，浙江省文物考古所编：《浙江省文物考古所学刊（1981）》，文物出版社1981年版。

② 金华地区文管会：《浙江衢州西山西周土墩墓》，《考古》1984年第7期；衢州市文管会：《浙江衢州市发现原始青瓷》，《考古》1984年第2期。

③ 浙江省文物考古研究所：《浙江长兴县石狮土墩墓发掘简报》，《浙江省文物考古研究所学刊——建所十周年纪念（1980—1990）》，科学出版社1993年版。

④ 浙江省文物考古研究所：《浙江长兴县便山土墩墓发掘报告》，《浙江省文物考古研究所学刊——建所十周年纪念（1980—1990）》，科学出版社1993年版。

⑤ 孟国平、何炜：《长兴抛渎岗、西山头的土墩遗存》，浙江省文物考古研究所编：《浙江考古新纪元》，科学出版社2009年版。

⑥ 湖州市文物保护管理所：《浙江湖州堂子山土墩墓发掘报告》，浙江省博物馆编：《东方博物》第十一辑，浙江大学出版社2004年版。

⑦ 浙江省文物考古研究所、德清县博物馆：《独仓山与南王山——土墩墓发掘报告》，科学出版社2007年版。

⑧ 浙江省文物考古研究所：《海宁县夹山商周土墩石室结构遗存》，中国考古学会编：《中国考古学年鉴（1985）》，文物出版社1985年版。

⑨ 浙江省文物管理委员会、浙江省博物馆：《浙江新石器时代文物图录》，浙江人民出版社1958年版；俞天舒：《瑞安石棚墓初探》，《东南文化》1994年第5期；浙江省文物考古研究所：《瑞安岱石山"石棚"和大石盖墓发掘报告》，《浙江省文物考古研究所学刊》，长征出版社1997年版。

图2-30　浙江各地出土西周早中期印纹硬陶

1.鼓腹罐（衢州云溪乡程家山村出土）　2.鼓腹瓮（湖州长兴下齐岭出土）　3.鼓肩罐（杭州临平公园出土）　4.球腹瓮（海宁夹山出土）　5.扁鼓腹罐（湖州长兴县出土）　6.鼓肩罐（德清洛舍镇独仓山出土）

除江山、衢州、龙游、长兴、安吉、德清、湖州、淳安[①]、海宁[②]、萧山、绍兴、上虞[③]、余姚[④]、慈溪[⑤]等地外，金华地区的义乌平畴[⑥]和东

---

① 浙江省文物考古研究所：《浙江淳安左口土墩墓》，《文物》1987年第5期。

② 浙江省文物考古研究所：《海宁县夹山商周土墩石室结构遗存》，中国考古学会编：《中国考古学年鉴（1985）》，文物出版社1985年版。

③ 浙江省文物考古研究所、浙江省上虞市博物馆：《浙江上虞驿亭凤凰山西周土墩墓》，《南方文物》2005年第4期。

④ 浙江省文物考古研究所：《余姚老虎山一号墩发掘》，《沪杭甬高速公路考古报告》，文物出版社2002年版。

⑤ 浙江省文物考古研究所：《慈溪市彭东、东安的土墩墓与土墩石室墓》，《浙江省文物考古研究所学刊——建所十周年纪念（1980—1990）》，科学出版社1993年版。

⑥ 金华地区文管会：《浙江义乌县平畴西周墓——兼论原始青瓷器的制作工艺》，《考古》1985年第7期。

图2-31 各地出土西周晚期原始青瓷和印纹硬陶

1.原始青瓷扁鼓腹罐（海宁夹山出土） 2.印纹硬陶鼓肩罐（萧山柴岭山出土） 3.原始青瓷豆（德清独仓山出土） 4.原始青瓷盂（萧山新塘长山出土） 5.原始青瓷扁鼓腹罐（松阳大石村出土） 6.印纹硬陶溜肩罐（萧山新塘长山出土） 7.原始青瓷折腹罐（松阳大石村出土）

阳歌山土墩墓中也出土较多，温州地区石棚墓和台州地区个别土墩墓中也有一些出土。值得关注的是，黄岩小人尖[①]西周中晚期土墩墓中出土一批豆、钵、敛口罐和簋形器等原始青瓷，质量上乘，纹饰精美，在浙江东南沿海地区不多见。

就数量和质量而言，衢州和湖州地区仍是出土这一时期原始青瓷的重点区域，重要的出土地点有江山的石门大麦山、衢江的云溪西山[②]和

① 浙江省文物考古研究所、黄岩市博物馆：《黄岩小人尖西周时期土墩墓》，《浙江省文物考古研究所学刊——建所十周年纪念（1980—1990）》，科学出版社1993年版。

② 金华地区文管会：《浙江衢州西山西周土墩墓》，《考古》1984年第7期。

王家松园、龙游的溪口郑家和扁石砖瓦厂、德清独仓山①、长兴的林城石狮②和雉城陈母墓岭，以及萧山的新塘长山等。

（三）印纹硬陶和原始青瓷的特征

1.印纹硬陶

西周时期，印纹硬陶中不仅出现一批罍类的超大型器物，而且出现包括尊、簋、鼎等在内的丰富礼器类产品。纹饰粗大清深，出现地纹与主体纹饰复合使用的情况，以突出主纹饰。纹饰亦发生重大变化，云雷纹演变成各种回字纹，此外主要还有各种大型的变形云雷纹、曲折纹和方格纹等纹饰，通常各种组合使用。

西周早期印纹硬陶器物组合主要为罐、坛、瓮、瓿等，圜底作风基本消失，罐、坛、瓮类器物以圆角平底为主。瓿的底部为底边外凸的大平底，周边没有修整。纹饰主要有折线纹、回字纹和大型云雷纹。流行组合纹饰，常见交替装饰折线纹与回纹、回纹与大型云雷纹，折线纹、云雷纹往往呈条带状。整体来说，这一时期，纹样线条粗壮，拍印较深，排列整齐，回字纹内框凸出呈“口”字纹，带有明显的浅浮雕及仿青铜器的纹饰风格。

另外，圆角平底略内凹的罐、瓮类器物上，往往拍印浅细的回字纹、回字带点纹及菱形带凸块纹，有的器物还在底腹交接处外加扁平的圈足，足跟外折，表现出圜底向平底过渡的形态。这类印纹硬陶通常与直口微敛、内底装饰细弦纹间以篦梳纹的原始青瓷豆共存。如海宁夹山D4M2，器物组合为原始青瓷豆和印纹硬陶瓮、罐，直口微敛豆内壁装饰三组细弦纹间以篦梳纹，此为典型的西周早期特点；而圆角平底罐与圆角圜底微内凹罐共存，回字纹内框微外凸，其中一件罐的回字纹较凌

---

① 浙江省文物考古研究所、德清县博物馆：《独仓山与南王山——土墩墓发掘报告》，科学出版社2007年版。

② 浙江省文物考古研究所：《浙江长兴县石狮土墩墓发掘简报》，《浙江省文物考古研究所学刊——建所十周年纪念（1980—1990）》，科学出版社1993年版。

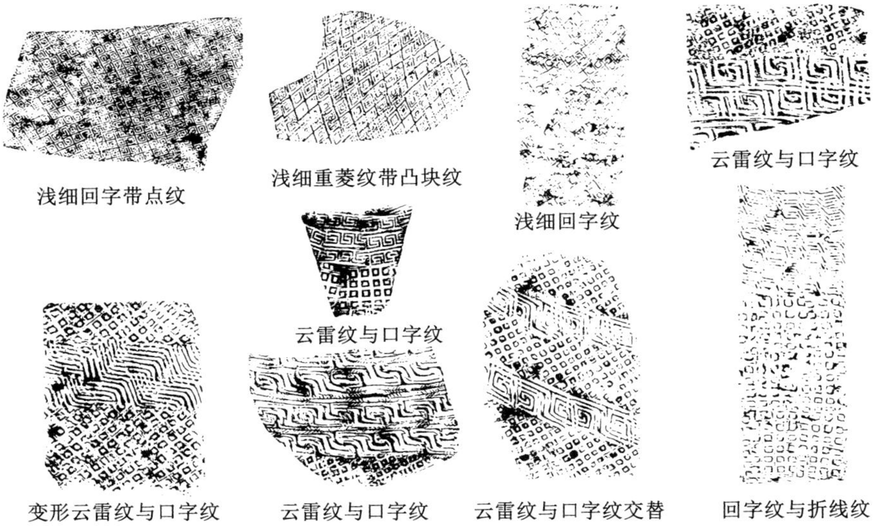

图2-32　西周早期印纹硬陶纹饰拓片

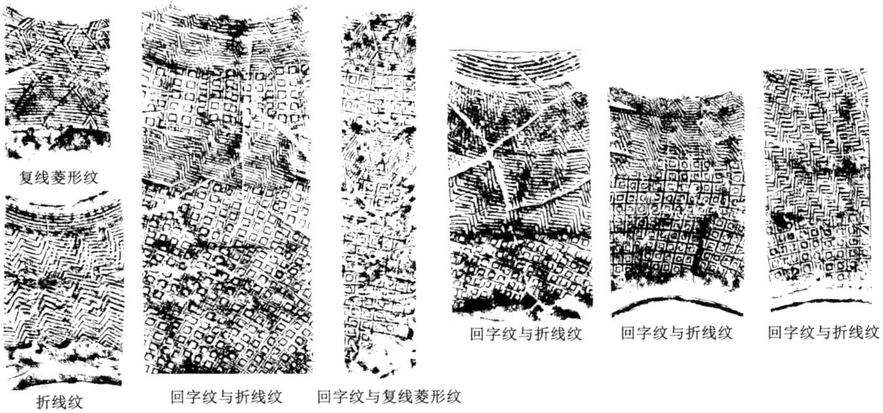

图2-33　西周中期印纹硬陶纹饰拓片

乱，呈现出商末向西周过渡的特点（图2-32）。

西周中期印纹硬陶器物组合与前期相同，此外，还出现了带座簋等印纹硬陶礼器。印纹硬陶坛、罐类器物的凹圜底彻底消失，底部为折角平底；坛为卷沿、短束颈、圆肩，底径大于口径，体形矮胖；瓿仍为大平底，底边稍作修整，裙边不明显。常见的纹饰有折线纹、回纹、弦纹

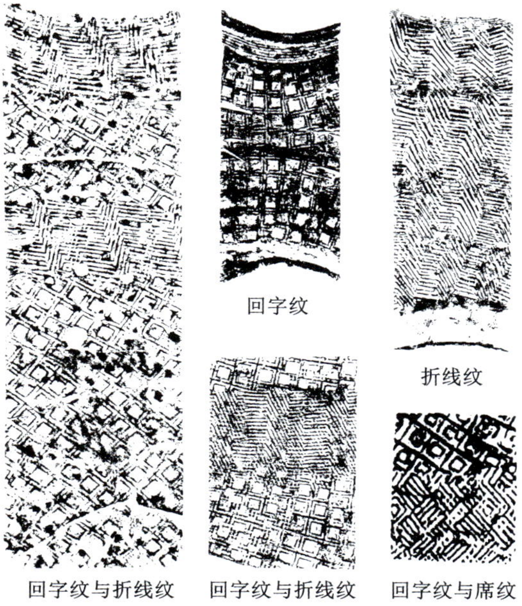

图2-34　西周晚春秋初印纹硬陶纹饰拓片

套叠复线菱形纹，大型云雷纹基本消失，仍多见拍印交错组合纹饰，回纹内框线外凸现象减弱。器表多贴塑和扉棱装饰（图2-33）。

西周晚期，印纹硬陶瓮、坛、罐均为圆肩，下腹内收，底径变小，体形增高；瓿底边切削成小平底，留有明显的切削痕迹。纹饰种类与中期相同，只是线条变得浅细，回纹内外框平齐，另有少量叶脉纹（图2-34）。

从西周中晚期开始，金衢地区与浙北地区的印纹硬陶呈现出大一统的格局。浙北地区以回字纹、曲折纹、大型云雷纹为主题的印纹硬陶文化因素迅速扩展到金衢地区，两地的印纹硬陶文化面貌趋于一致，呈现出器类相同、纹饰一致的局面。

2.原始青瓷

西周时期是原始青瓷发展过程中的第一个高峰。进入西周以后，原始青瓷的数量大增，表现出迅猛发展的势头，充分显示出新生事物的强大生命力。

西周早期，原始青瓷有厚胎薄釉和厚胎厚釉两类①，以厚胎薄釉为

① 这里所谓“厚釉”是相对而言的，与宋代开始出现的钙碱釉和多次施釉工艺形成的厚釉不同，应该仍然是单次施釉的钙釉。——郑建华

主。厚胎薄釉的器类有敛口豆、直口豆、侈口豆、折沿碗、大口折肩尊、大口折腹小尊、桶形罐、盂、侈口小罐。直口豆、侈口豆内壁常有细密的弦纹，有的还间以篦状纹，大多出于西周早期偏早的墓葬。敛口豆器表经较精细修整，外壁常见粗弦纹，口沿外侧常饰有成双配置的小泥饼；侈口小罐的肩部贴塑横耳和小泥饼。通体施薄釉，釉色多为黄绿色，具有一定的透影性，透过釉面能看到胎体的颗粒，多出现于西周早期偏晚的墓葬。有的罐类器仍有拍印的席纹、方格纹（图2-35）。

厚胎厚釉器主要有敞口豆、折腹敛口豆、盘口折腹尊、瓮等。瓮为宽平沿、沿面微凹、溜肩、扁圆鼓腹、小平底，器型显得矮胖，器表拍印折线纹，纹饰粗壮；盘口折腹尊，器型较高，施青绿色釉，釉层较厚，

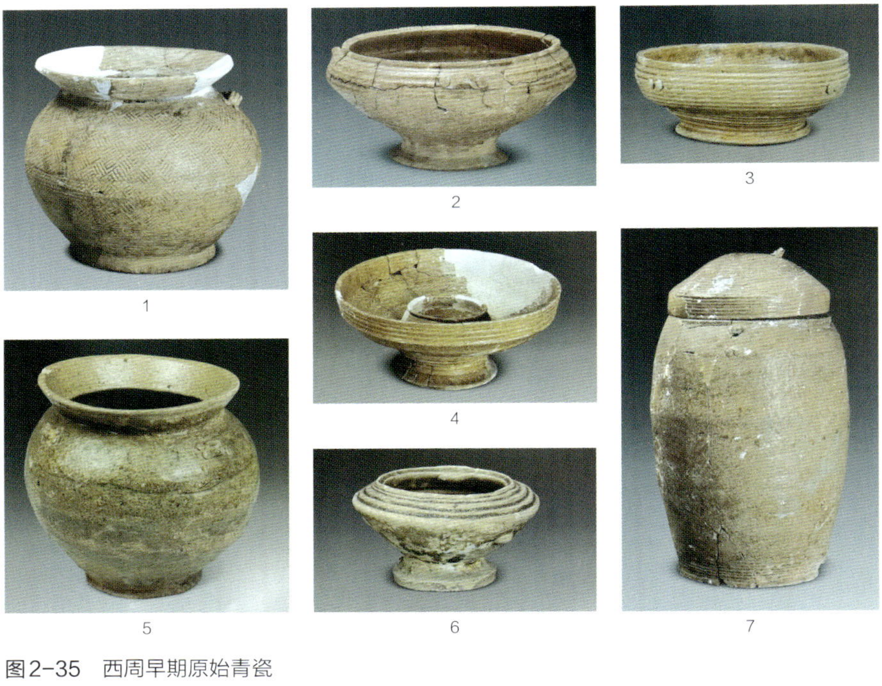

图2-35　西周早期原始青瓷

1.大口鼓腹罐（江山地山岗村平天塘出土）　2.豆（德清洛舍独仓山出土）　3.豆（萧山柴岭山出土）　4.豆（江山地山岗村平天塘出土）　5.大口鼓腹罐（衢州柯城北钟楼山出土）　6.豆（慈溪东安洪家村出土）　7.筒形罐（江山地山岗村平天塘出土）

有凝釉现象，凝釉处呈绿褐色，常见折线纹、菱形网格纹及“S”形羊角形贴塑等。此类原始青瓷在金衢地区、台州地区的土墩墓较为常见。

西周中期，原始青瓷仍然有厚胎薄釉和厚胎厚釉两种。厚胎薄釉的敛口豆、盂的圈足变矮，盘壁趋直，弦纹变细浅，还出现了敞口折腹豆、侈口束颈折腹豆、提梁盉。厚胎厚釉器类增多，除瓮、盘口折腹尊外，还有托盘、盘、碟、三系罐、三足盂、三足碟、盉、壶等。瓮演变为盘口、鼓腹，底径变大，器型显得修长、匀称。盘口折腹尊器形则变得矮胖。纹饰与前期相同（图2-36）。

西周晚期，金衢地区与浙北地区原始青瓷的胎釉、器类均呈现一致的面貌。厚胎薄釉原始青瓷基本消失，豆基本不见，原始青瓷器型主要有碟、盂、盘、鉴、罐等。胎色较细白，器身泥条盘筑，经慢轮修整，器物内底常见粗疏的螺旋纹；圈足后加，制作痕迹明显，为先在器身外底部粘接一圈泥条，再旋削成矮圈足，其内壁有明显的旋削痕。厚胎厚釉，釉色青黄、青绿或黄绿，釉层分布不均，常见积釉现象，积釉处呈褐色，胎釉结合较差，常见釉层剥落现象。内壁通常为满釉，外壁施釉不到底，常见流釉现象。弦纹、戳印针点纹较多，流行横向“S”形贴塑，外底常见刻划符号，这是这一时期显著的时代特

1　2　3　4

图2-36　西周中期原始青瓷

1.盘口鼓腹罐（龙游溪口郑家小垄山出土）　2.盘口罐（德清洛舍独仓山出土）　3.豆（江山石门大麦山出土）　4.豆（德清洛舍独仓山出土）

图2-37　西周晚期原始青瓷

1. 碗（丽水松阳大石村出土）　2. 盂（萧山新塘长山出土）　3. 盂（余姚老虎山出土）　4. 豆（海宁夹山出土）　5. 盂（萧山新塘长山出土）　6. 瓿（萧山柴岭山出土）

征（图2-37）。

四、春秋时期

（一）印纹硬陶和原始青瓷的生产

春秋早期烧造印纹硬陶和原始青瓷的窑址发现数量较少，根据现有的调查资料，均集中在德清龙山片区，包括南塘头、青龙山、火烧山、下南山、后山等11处①。到了春秋中晚期，这一区域原始青瓷窑址的数量呈现井喷式的增长，多达53处，烧造规模空前。其中，最具代表性的是德清火烧山窑址。

火烧山窑址②位于浙江省湖州市德清县武康镇龙山村掘步岭水库，2007年经过考古发掘，发现了窑炉、灰坑、柱洞等一大批遗迹及包括鼎、罐、卣、尊、碗、盘等器物在内的大量精美标本。产品以原始青瓷

---

① 浙江省文物考古研究所、湖州市博物馆、德清县博物馆：《东苕溪流域夏商时期原始瓷窑址》，文物出版社2015年版。

② 浙江省文物考古研究所、故宫博物院、德清县博物馆：《德清火烧山——原始瓷窑址发掘报告》，文物出版社2008年版。

为主，印纹陶基本不见。火烧山窑址始烧于西周末期，延及春秋中晚期，共分成三个区。每个区之间在烧造时代、器物种类与质量等方面均存在着较大的差别。

其中Ⅰ区时代最早，从西周末期延续至春秋早中期，产品种类丰富、器型复杂、装饰繁缛、胎釉质量较好，仿青铜礼器产品及繁复的纹饰主要出现于此区。器型以宽沿浅弧腹的碗为主，不仅包括盂、碟、罐、盘、钵等日用器物，还包括鼎、簋、卣等礼器类器物。后者不仅器型较大、装饰复杂、胎釉质量明显更佳，而且通常每种器物有多种不同的器型。仿青铜礼器的腹部纹饰复杂多变，主要有勾连云纹、双勾线“S”形、云雷纹、对称弧形纹等。纹饰个体较大、风格粗放、排列杂乱，且常见重叠拍印的现象。这一时期的釉色普遍较深，呈酱褐色或青褐色，流釉、凝釉明显，但釉层较厚、玻璃质感强，基本通体施釉（图2-38）。

Ⅱ区自春秋早期后段开始，一直延续至春秋晚期中段。该区产品单一，以直腹的盅式碗占绝对的主流。春秋中期主要是方唇、浅直腹、小平底的盅式碗，晚期常见碗和少量盘、罐类器物，仿青铜礼器仅见少量直筒形卣。纹饰种类大幅度下降，仅见对称弧形纹一种，并且纹饰个体小而细密，排列整齐规则而拘谨，早期杂乱、豪放的风格完全不见。釉色青黄、釉层薄、施釉均匀、玻璃质感较强（图2-39）。

Ⅲ区仅有春秋晚期后段的遗存，器类更为单一，仅有尖圆唇盅式碗一种。胎、釉质量与春秋中期的盅式碗基本一致。

印纹陶发现数量极少，胎质包括硬陶、泥质软陶与夹砂软陶三种，印纹硬陶为主，偶见泥质陶与夹砂陶。从残存的陶片来看，器型主要是罐，分高领、短颈与翻折沿束颈等几种，底则平而较大。纹饰主要有席纹、云雷纹、重菱形纹、曲折纹、回字纹、方格纹、凸方格纹、曲折纹与方格组合纹、曲折纹与回字纹组合纹、曲折纹与凸方格纹组合纹，有的器物肩部还刻划水波纹。席纹、云雷纹、重菱形纹一般较为细密、杂乱，拍印较浅，回字纹则内框较为外凸。因保存的陶片较小，从较大片

图2-38　德清火烧山窑址Ⅰ区全景

图2-39　德清火烧山窑址Ⅱ区全景

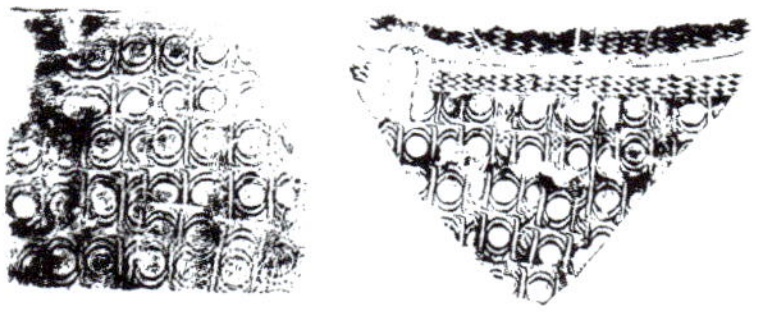

火烧山窑址春秋早期晚段卣纹饰

火烧山窑址春秋中期卣纹饰

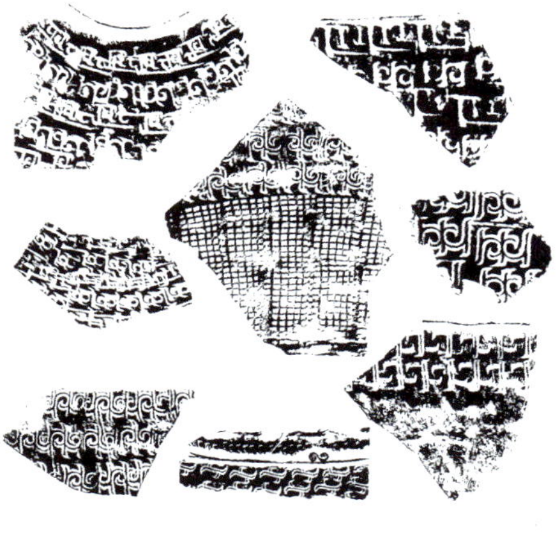

火烧山窑址春秋早期早段卣纹饰

图2-40　火烧山窑址原始青瓷卣纹饰变化

上的纹饰看，除席纹与云雷纹、重菱形纹外，一般为曲折纹与方格纹、曲折纹与回字纹或曲折纹与凸方格纹的组合纹，而非单纯的曲折纹、方格纹或回字纹（图2-40）。胎色多呈紫红色或青灰色。

火烧山窑址堆积极厚，地层叠压关系明显，器物早晚变化清晰，不仅从地层学上印证了此前学者们对原始青瓷物的早晚排序和分期断代，而且在此基础上进一步细化，基本建立了自西周晚期至春秋中晚期原始青瓷更详细的年代序列。同时，火烧山窑址的产品极其丰富，出土了一大批包括卣、鼎、簋在内的仿青铜礼器产品，为江南大型土墩墓中出土的此类器物找到了原产地，这对于探索当时社会的手工业生产状况、产品运销情况以及社会分工具有重要价值（图2-41、图2-42）。

图2-41　火烧山窑址出土原始瓷筒形卣

春秋中期以后，原始青瓷的烧造中心仍旧在德清的龙山一带，但原始青瓷烧造技术开始向钱塘江以南的越国腹地扩展。与此同时，印纹硬陶的烧造迅速在萧绍平原形成规模，使得这一带成为这一时期印纹硬陶烧造的中心区，并且一直延续到战国时期。（详见战国时期窑址）

图2-42　火烧山窑址出土原始青瓷鼎

（二）印纹硬陶和原始青瓷的出土

春秋时期的土墩墓依然是原始青瓷和印纹硬陶的主要出土来源。春秋早期，印纹硬陶和原始青瓷的出土地点仍然集中在衢州和湖州地区。到了春秋中晚期，印纹硬陶和原始青瓷的出土区域有了较大的变化。湖州地区的长兴石狮①与便山②、德清独仓山和南王山③、新市皇坟堆④与三合塔山⑤等土墩墓中仍有较多出土，但江山、衢江和龙游一带的出土数量已明显减少。此外，包括萧山在内的宁绍地区，这一时期原始青瓷的出土数量开始明显增加，如余姚老虎山⑥、上虞白马湖⑦、萧山长山、嵊州外山头和慈溪彭东、东安⑧等地均发现了春秋时期的土墩墓遗存。

---

① 浙江省文物考古研究所：《浙江长兴县石狮土墩墓发掘简报》，《浙江省文物考古研究所学刊——建所十周年纪念（1980—1990）》，科学出版社1993年版。

② 浙江省文物考古研究所：《浙江长兴县便山土墩墓发掘报告》，《浙江省文物考古研究所学刊——建所十周年纪念（1980—1990）》，科学出版社1993年版。

③ 浙江省文物考古研究所、德清县博物馆：《独仓山与南王山——土墩墓发掘报告》，科学出版社2007年版。

④ 姚仲源：《浙江德清出土的原始青瓷器》，《文物》1982年第4期。

⑤ 朱建明：《浙江德清三合塔山土墩墓》，《东南文化》2003年第3期。

⑥ 浙江省文物考古研究所：《余姚老虎山一号墩发掘》，《沪杭甬高速公路考古报告》，文物出版社2002年版。

⑦ 王晓红：《上虞白马湖畔石室土墩墓发掘简报》，浙江省博物馆编：《东方博物》第二十九辑，浙江大学出版社2008年版。

⑧ 浙江省文物考古研究所：《慈溪市彭东、东安的土墩墓与土墩石室墓》，《浙江省文物考古研究所学刊——建所十周年纪念（1980—1990）》，科学出版社1993年版。

（三）印纹硬陶和原始青瓷的特征

1. 印纹硬陶

春秋时期，印纹硬陶的纹饰日趋简化，线条细而浅，器类也相对简单，常见瓮、坛和罐类。春秋早期，印纹硬陶瓮、坛的底径进一步缩小，显得瘦高。瓿外底边的切削痕多已磨光。装饰风格方面，流行一件器物拍印两种纹饰，常见叶脉纹和大型席纹的组合纹，印纹浅细而规整，回纹和折线纹的组合较少（图2-43）。

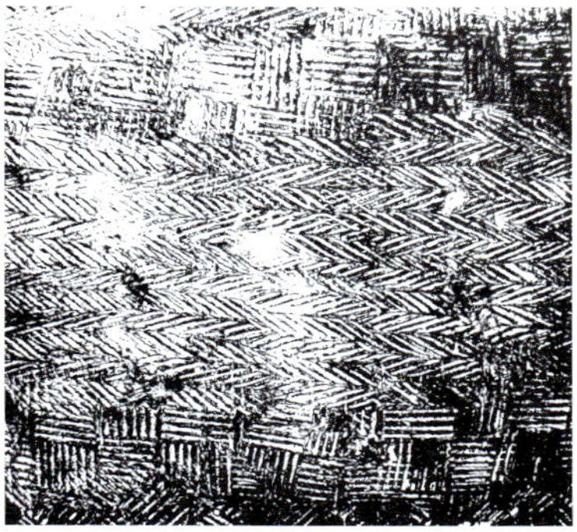

图2-43　春秋早期印纹硬陶叶脉纹与大型席纹组合

春秋中期，印纹硬陶瓮、坛、罐体形变得匀称，折线纹叠复线菱形纹均已不见，流行席纹、方格纹、米筛纹、大方格填线纹、多重回字加“X”纹。另外多组合纹饰，常见的组合纹有方格纹与米筛纹、方格纹与菱形填线纹、叶脉纹与席纹、叶脉纹与方格纹等。其中，叶脉纹浅细规整，席纹单元变小，米筛纹两线间隔较宽、中孔较大（图2-44）。

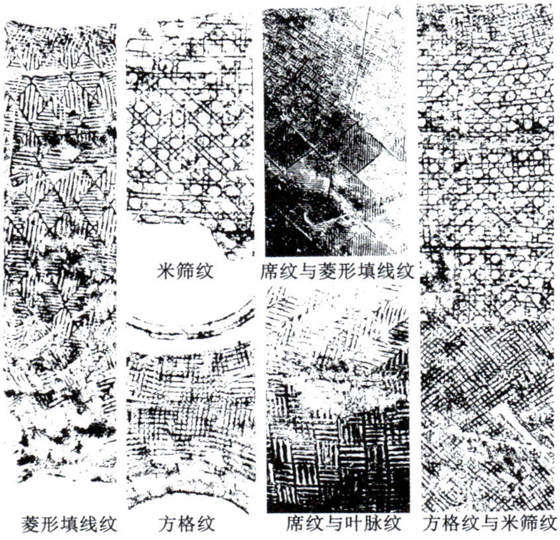

图2-44　春秋中期印纹硬陶纹饰拓片

春秋晚期，印纹硬陶器类仍以坛、罐为主，纹饰种类变少，且同一件器物只拍印一种纹饰，多见米筛纹、大方格纹、席纹和多重回字加“X”纹。与前一阶段相比，米筛纹双线变窄、变细，中孔变小；席纹为小方格填横线或竖线，填线较方格纹浅细；多重回字加“X”纹的回字重数变少（图2-45）。

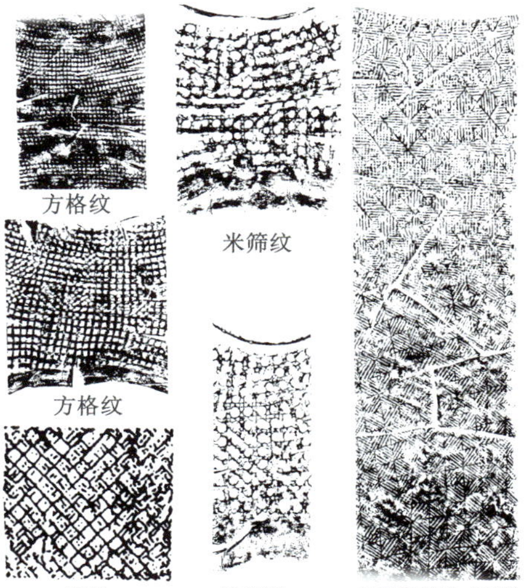

图2-45 春秋晚期印纹硬陶纹饰拓片

2.原始青瓷

春秋早期，原始青瓷碗类小件器物采用轮制成型，圈足器基本消失。多见平底敞口碗，内壁有整齐的轮旋纹，腹壁较弧，外底有箕状线切割痕迹。内外壁施釉到底，胎釉结合较好，尽管部分器物还一定程度地带有西周晚期的某些特点，但流釉剥釉的现象明显减少（图2-46）。少量器物的口沿装饰横向“S”形泥塑，纹饰较少。此外，这一时期所见的原始青瓷，已有较多尊、鼎、卣、筒形器、簋等仿铜礼器的存在。

图2-46 春秋早期原始青瓷碗

1.萧山柴岭山出土 2.海宁夹山出土

春秋中、晚期，原始青瓷生产工艺已发展到较高水平，快轮拉坯技术不仅已普遍用于碗、盘类小件器物的制作，而且也开始用于一些较大型的罐类器物的制作上。器形开始显得规整匀称，胎壁减薄，厚薄均匀，器物的内壁和内底往往可见纤细密集的螺旋纹，外底则常见弧线形的用线割底的痕迹。施釉方面，器物普遍通体施釉，釉层厚薄均匀，釉面润泽明亮富有透影性，釉色多呈青黄或青绿色，胎釉结合

图2-47 春秋中期原始青瓷

1.鼓腹罐（长兴李家巷便山出土） 2.碗（海宁夹山出土） 3.碗（萧山新塘长山出土） 4.扁鼓腹罐（德清洛舍独仓山出土） 5.碗（海宁夹山出土）

图2-48 春秋晚期原始青瓷盅式碗

1、2.德清洛舍独仓山出土 3.长兴李家巷便山出土

也十分紧密（图2-47）。

春秋晚期的原始青瓷与战国原始青瓷质量已难分伯仲，反映出此时

的制瓷技术已趋于成熟。快轮成型、胎釉配制、烧成掌握等方面技术的提高与成熟，为战国原始青瓷生产鼎盛时期的到来打下了坚实的技术基础[①]（图2-48）。

五、战国时期

（一）印纹硬陶和原始青瓷的生产

战国早期的印纹硬陶生产进一步发展，器物制作精细，器形规整、纹饰细密整齐，与之相伴的原始青瓷生产也达到了最鼎盛时期，迎来发展的第二个高峰。目前发现的战国原始青瓷窑址已有50余处之多，生产规模巨大，新品种新器型大量出现，空前丰富。

1.德清亭子桥窑址

以亭子桥窑址为代表的浙北东苕溪中游战国原始青瓷窑址群，主要烧造仿铜礼乐器，是目前已知的为越国王室贵族烧造高档仿铜礼仪用品的唯一窑区。

亭子桥窑址[②]位于德清县经济开发区龙胜村东山自然村北，是一处缓坡状小山丘，属西天目山余脉向东部嘉湖平原水乡过渡的低山丘陵地带，面积近1500平方米。山林茂盛，燃料丰富，舟楫便利，具有瓷器生产得天独厚的自然条件（图2-49）。

2007年10月至2008年3月，浙江省文物考古研究所与德清县博物馆对亭子桥窑址进行了考古发掘。发掘面积近600平方米，共揭露出7条

---

① 陈元甫：《浙江出土商周原始瓷概述》，浙江省文物考古研究所编著：《古越瓷韵——浙江出土商周原始瓷集粹》，文物出版社2010年版。

② 陈元甫、郑建明、周建忠、费胜成：《浙江德清发现战国时期的“越国”官窑》，《中国文物报》2008年4月16日第2版；浙江省文物考古研究所、德清县博物馆：《浙江德清亭子桥战国窑址发掘简报》，《文物》2009年第12期；陈元甫、郑建明、周建忠、费盛成：《德清亭子桥战国窑址发掘的主要收获》，浙江省博物馆编：《东方博物》第三十四辑，浙江大学出版社2010年版；浙江省文物考古研究所、德清县博物馆：《德清亭子桥——战国原始瓷窑址发掘报告》，文物出版社2011年版。

图2-49　德清亭子桥窑址发掘区全景

窑炉遗迹，出土大量仿青铜器器型的原始青瓷礼器与乐器、一般日用器以及形式多样的各类窑具。发掘资料表明，亭子桥窑址是一处战国早期为越国上层贵族烧造高档次生活和丧葬用瓷的窑场（图2-50）。

发现的7条窑炉遗迹均分布在小山缓坡上，依山而建，平面皆呈长条形，系富有南方地区特色的龙窑。7条龙窑窑炉分三处集中分布，每处均有2或3条窑炉先后叠压或打破，每条窑床又具有多层窑底，表明均经过多次修整与重建。但由于遗迹离地表太浅，窑炉遗迹多已被扰乱破坏，尤以上坡面的窑尾破坏最为严重，大多仅保存前段窑床与部分火膛。其中，Y2保存较好，窑床和火膛保存基本完整，为我们完整地了解认识当时的窑炉结构、形态和体量提供了重要实例（图2-51）。

窑址中出土的产品绝大多数为各种器型的原始青瓷，极少量为瓮、坛等大件印纹硬陶器，表明此窑主要烧造原始青瓷产品，同时也兼烧极少量印纹硬陶器。出土的大量原始青瓷产品，可分为仿青铜的礼器、乐器和一般生活日用器三类。其中，仿青铜的礼器数量较多，器型有立耳鼎、附耳鼎、甗形鼎、豆、平底鉴、三足鉴、盆、平底盘、三足盘、圈

图2-50　德清亭子桥窑址瓷片堆积层

图2-51　德清亭子桥窑址窑炉（Y2）

足盘、提梁壶、提梁盉、镂孔长颈瓶、尊、罐、瓿、钫、镇、匜、钵和盒等（图2-52）；乐器包括甬钟、句鑃、錞于、悬鼓座、三足缶等（图2-53）；一般日用器有各种形制的碗、杯、盅、盘、盂等，器类丰富，形式多样。

图2-52　亭子桥窑址出土原始青瓷仿青铜礼器

图2-53　亭子桥窑址出土原始青瓷仿青铜乐器

绝大部分为轮制成型，器型规整。胎色多呈灰白色和青灰色，胎质细腻坚致。釉色变化较多，以青中泛黄者为最多见，也有青中泛灰色的，少量呈黄色和淡青色。大口浅腹器物内外施满釉，外壁施釉及底，外底多不施釉。小口深腹器物多仅外壁施满釉，外底与内壁不着釉。器物釉面比较普遍地存在程度不同的凝釉现象，釉面多有细汗状或块状凝釉斑点，但胎釉结合普遍良好，基本无脱釉现象。不少器物上还局部存在乳白色的窑变。有相当一部分烧成好的产品，火候很高，质地坚硬，釉面匀净莹润，玻光感强，质量上乘，从质地到釉色均可与东汉成熟青瓷媲美。

装饰手法主要包括堆贴、拍印、戳印等。堆贴主要是各类铺首与小“S”纹，普遍见于各种类型的罐、瓿等器物的肩部，悬鼓座和部分盘、盆类器物的腹部，匜与流相对的一侧等；拍印主要是各种阴线云雷纹，常见于各种乐器以及部分罐、盘等器物上；戳印主要见于悬鼓座上，阳纹凸起，也有少量出现在其他器物上的“C”形纹和“S”纹。此外，在罐类器物上见有大量的瓦楞纹，少量器物上有简单的刻划纹。

出土物中发现大量体形硕大的各种支垫窑具，表明亭子桥窑址中已经开始大规模使用，这也是目前发现的最早的支垫窑具（图2-54）。支垫具用于支垫坯件，使产品坯件离开地面抬高窑位，在窑内煅烧过程中

图2-54　亭子桥窑址出土各类支垫窑具

充分受火，避免因着地装烧而产生的底部甚至下腹部生烧或欠烧现象，是减少废次品、提高产品质量和成品率的创新之举。亭子桥窑址中各类大型规整的支垫具的出现与使用，是装烧方法上的一大进步，是技术上一种质的提高，在中国陶瓷发展史上是一种开拓性的发明，具有划时代的意义。

2. 萧绍窑址群

正如前文所述，从春秋中期开始，原始青瓷烧造技术开始向钱塘江以南的越国腹地扩展。与此同时，萧绍平原成为这一时期印纹硬陶烧造的中心区域。这一区域的窑址烧造年代普遍较晚，多为春秋晚期至战国时期，原始青瓷与印纹硬陶器同窑合烧现象常见，也有仅烧造印纹硬陶的。产品较为单一，主要是碗、杯类日用器物，不见大型的仿铜礼器。窑业规模也远不及德清龙山原始青瓷窑址群。具体来看，这一区域又可分为萧山进化窑址群和绍兴东部上虞西部窑址群。

（1）进化窑址群

分布于萧山、绍兴、诸暨等地，其中以萧山进化镇范围内最为集中[①]，已发现茅湾里[②]、前山、安山等窑址20多处。

① 前山窑址[③]

前山窑址位于杭州市萧山区进化镇邵家塔村的一座山坡上，2001年经过考古发掘，揭露龙窑遗迹2条，获得大量原始青瓷和印纹硬陶标本，发掘面积152平方米。发现的两条窑炉上下叠压，其间有一层较薄的垫土。其中，Y2除窑顶被破坏外，火膛及窑尾后壁基本完好，斜长13米，坡度约15°。窑炉内前半段多为原始青瓷残片，后半段多为印纹硬陶残

---

① 姚桂芳：《杭州地区古窑址调查概况与认识》，浙江省博物馆编：《东方博物》第四辑，浙江大学出版社1999年版。

② 施加农：《古代萧山的制陶业》，《萧山历史文化研究》，方志出版社2006年版；王士伦：《浙江萧山进化区古代窑址的发现》，《考古通讯》1957年第2期。

③ 浙江省文物考古研究所、萧山博物馆：《浙江萧山前山窑址发掘简报》，《文物》2005年第5期。

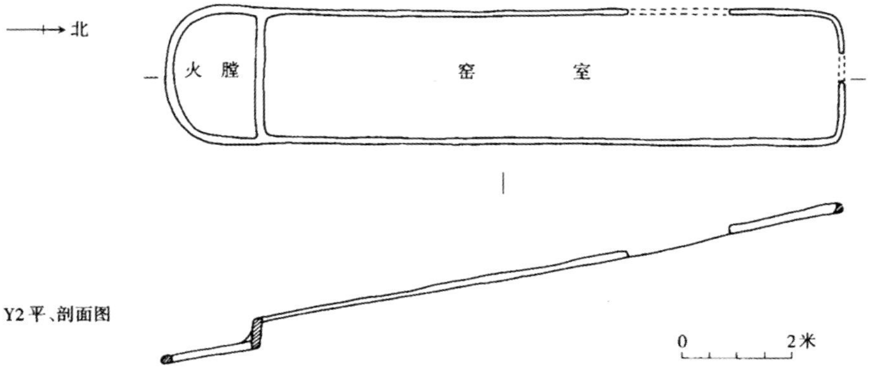

图2-55　萧山前山窑址窑炉（Y2）平、剖面图

片，由此推断，这两类产品虽为同窑合烧，但窑位不同（图2-55）。

堆积中出土的印纹硬陶品种单一，主要有坛和罐两种。胎色均呈紫灰色或砖红色，纹饰以拍印斜方格纹、米筛纹、方格填线纹或菱形填线纹为主。原始青瓷器型有碗、盅、碟、盘和器盖等，胎色多呈灰色，胎土致密，多数器物施釉不及底，釉层较薄，釉色较深，呈青灰、青黄或酱褐色。另有少数生烧器物。此外，窑址中还发现了支烧具、垫具等窑具。根据地层中出土的大量原始青瓷与印纹硬陶的特征，可将前山窑址的年代分为两期，其中第一期的年代约为春秋中期，第二期的年代为春秋晚期至战国初期。

② 安山窑址[①]

安山窑址位于萧山进化镇，2005年进行了考古发掘，发掘面积约400平方米，清理龙窑3座，年代分别为春秋中晚期、战国早中期和战国中期以后。从发掘情况看，安山窑址为原始青瓷和印纹硬陶合烧，且很可能为分段烧制，即前段以烧造原始青瓷为主，后段以印纹硬陶为

① 浙江文物年鉴编委会：《浙江文物年鉴（2005）》，内部资料，2006年；浙江省文物考古研究所：《萧山安山春秋战国窑址》，《浙江考古新纪元》，科学出版社2009年版。

图2-56　萧山安山窑址发掘现场

图2-57　萧山安山窑址出土器物

主。此外，在Y1的两侧，还发现了护窑建筑遗迹（图2-56）。

出土的器物分为印纹硬陶和原始青瓷两类。印纹硬陶有坛、罐等，纹饰有大回字纹、方格纹、米筛纹、米字纹、水波纹、方格填线纹、回字交叉纹等，烧成温度较高，质地坚硬，胎土中掺有少量砂粒，叩之声音响亮。原始青瓷器型有碗、盂、盘、碟、盅等，胎质细腻，釉色泛青、黄，釉层薄而均匀，均为轮制，器物底部与器身有对接痕迹。另外，堆积中还出土了间隔具、支具等窑具（图2-57）。

（2）绍兴东部窑址群

主要包括绍兴市区的皋埠吼山、东堡、渡桥山头和富盛长竹园、诸家山等窑址，另外诸暨的阮市柁山坞也都有一些原始青瓷窑址发现。

① 吼山窑址①

吼山窑址位于绍兴城东皋埠镇吼山村，窑址在吼山的东坡，沿坡密集地堆积着原始青瓷和扁圆形托珠，间以红烧土。产品主要是盘和碗。所有盘、碗内底中心都有螺旋纹，外底留有切割痕。器物内外底都有三颗托珠垫隔后的痕迹。有的废品上还黏附着垫珠，这证明是叠烧的。产品的器型规整，器壁厚薄均匀，说明是轮制成型的。胎色灰白，有的较灰。烧结坚硬，外施薄薄青釉，有的青中泛黄，胎釉紧贴，釉层不甚均匀，有的器物上有凝结成的小块斑点。窑址年代可定在春秋末至战国初期。

② 东堡窑址②

东堡印纹陶窑址位于绍兴城东南的皋埠镇，坐落在东堡村庙前山东北缓坡上。印纹陶废品形成半环状扇形堆积。器物主要是坛、罐一类盛贮器。胎色有紫褐色、深灰和红褐几种，以紫褐色居多。其制作手法是手工和轮制相结合，即坛、罐的口颈用慢轮修整，而腹部至底采用泥条盘筑成型，这从器物内壁“抵手”凹窝以及外壁拍印纹饰可证。器物大多是平底。器表拍印的纹饰有方格纹，重回纹交叉十字纹，菱形填线、大方格填线与方格组合的复合纹，麻布纹，有的纹饰在拍印时有重叠现象。所有这些纹饰都印纹较深，线条粗壮，这在浙江地区应具有春秋时期特点，但麻布纹出现较晚。因此，这处窑址可定为春秋战国时期。

③ 长竹园窑址③

长竹园窑址位于富盛公社东方红二大队陈灶户山的西麓（今属富盛镇倪家溇村），窑址附近的地表散布着原始青瓷、几何印纹硬陶碎片，以及扁圆形托珠、红烧土等。在长竹园窑址南部的渠道断面上，发现了南北并列的古窑床遗迹2处。两处窑床遗迹相距3.5米，每处都保存着重

---

① 沈作霖、高军：《绍兴吼山和东堡两座窑址的调查》，《考古》1987年第4期；符杏华：《浙江绍兴两处东周窑址的调查》，《东南文化》1992年第6期。

② 沈作霖、高军：《绍兴吼山和东堡两座窑址的调查》，《考古》1987年第4期。

③ 绍兴县文物管理委员会：《浙江绍兴富盛战国窑址》，《考古》1979年第3期。

叠的5座窑床。对北部窑床遗迹最上面的一座窑做了试掘后发现，该窑址属于印纹硬陶和原始青瓷同窑合烧。

原始青瓷都用瓷土做坯，质地细腻坚硬，烧成温度较高。多数呈灰色或者灰白色，器型规整，轮制成型。器物内外施青中泛黄的薄釉，釉层不甚均匀，往往凝聚成芝麻点状，外底多数不施釉。品种有碗、盘、碟、钵和盖等，种类不多。碗、碟、钵的形状基本相同，只是大小不同。均为直口直腹，内底大，外底小，底部甚厚。有的钵，口缘内敛，唇面有凹槽，可能是承盖的母口。碗大小不等，可以配成套。盖作笠帽式，盖缘下折，顶部装绳纹钮。盘有两种，一种为敛口外翻唇，腹上部鼓出，下腹向内斜收，平底微凹；另一种器型较大，盘口坦张，有的是小平底，有的为圜底。部分器物的内外底有3个托珠垫隔后所留下的垫痕，在有的废品中还黏附着1—3颗托珠，证明它们是用叠装的方法烧成的。

几何印纹硬陶皆为罐、坛一类的贮盛器，多数胎骨坚硬，呈深紫色、紫黑色或深灰色，碰击时能发出铿锵之声；少数呈砖红色，胎较松。印纹硬陶的胎内含有细砂粒，均用泥条盘筑法成型，外壁拍饰各种几何形纹饰，如米筛纹、米字纹、杉叶纹、粗麻布纹、席纹、回纹或几种组合纹饰（图2-58）。根据出土器物的类型和特征判定，富盛长竹园窑址的年代应为战国时期。

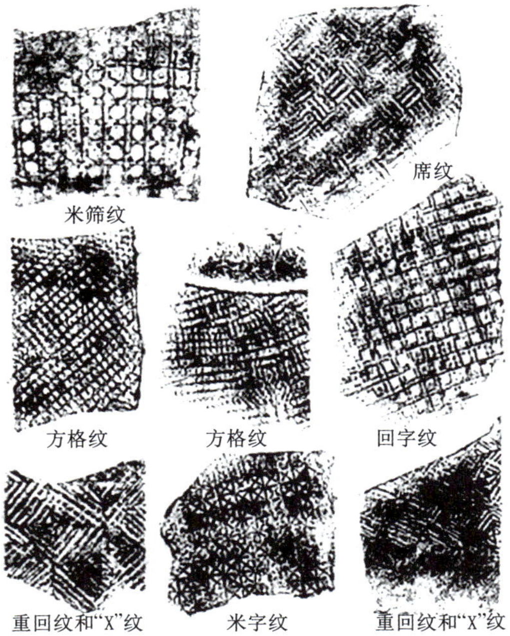

图2-58 富盛长竹园窑址出土印纹硬陶纹饰拓片

（二）印纹硬陶和原始青瓷的出土

战国时期的印纹硬陶开始逐渐走向衰退，而与之相伴的原始青瓷，则开始走向鼎盛，具体表现为原始青瓷中出现了大量仿青铜的礼器与乐器。绍兴地区一跃成为出土这一时期原始青瓷最重要的区域，不但出土数量多，而且质量上乘。杭嘉湖地区虽仍是重点区域之一，但数量和质量上不及绍兴，其他地区则普遍出土较少。

由于绍兴北部地区多为钱塘江冲积平原，地势低洼，因此绍兴出土印纹硬陶和原始青瓷的地方主要集中在南部，平水、上灶、皋埠、上蒋、陶堰、富盛、漓渚、福全、兰亭①等地，都是出土战国高档次仿铜原始青瓷比较多的地方。这一区域地处绍兴北部濒海平原和南部会稽山区的交界地带，多低矮的小山丘和山麓坡地，是越国时期大型贵族墓和王陵的分布区，出土的仿铜器物以礼器为主，也有少量甬钟等乐器。

地处绍兴东部的上虞境内战国原始青瓷出土也较多，在曹娥董村牛山②、小越羊山③、驿亭牛头山④、驿亭周家山⑤、上浦凤凰山⑥等地发掘

---

① 浙江省文物考古研究所、绍兴市文物考古研究所、绍兴市柯桥区文化发展中心、嵊州市文物管理处：《绍兴越墓》，文物出版社2016年版；陈元甫：《绍兴出土印纹硬陶和原始瓷概论》，《陈元甫考古文集》，文物出版社2016年版；周燕儿、符杏华：《浙江绍兴县出土一批原始瓷青瓷器》，《江西文物》1990年第1期；周燕儿：《绍兴出土越国原始青瓷的初步研究》，《考古与文物》1996年第6期；周燕儿、蔡晓黎：《绍兴出土的印纹硬陶和原始青瓷器》，浙江省博物馆编：《东方博物》第十四辑，浙江大学出版社2005年版；蒋明明：《谈绍兴出土的印纹陶与原始瓷》，《南方文物》2001年第1期。

② 王晓红：《上虞董村牛山战国墓清理》，浙江省博物馆编：《东方博物》第三十六辑，浙江大学出版社2010年版。

③ 浙江省文物考古研究所：《上虞羊山古墓群发掘》，《沪杭甬高速公路考古报告》，文物出版社2002年版。

④ 浙江省文物考古研究所：《上虞牛头山古墓葬发掘》，《沪杭甬高速公路考古报告》，文物出版社2002年版。

⑤ 浙江省文物考古研究所：《上虞周家山古墓葬发掘》，《沪杭甬高速公路考古报告》，文物出版社2002年版。

⑥ 浙江省文物考古研究所、上虞县文物管理所：《浙江上虞凤凰山古墓葬发掘报告》，《浙江省文物考古研究所学刊——建所十周年纪念（1980—1990）》，科学出版社1993年版。

的战国墓中均有出土，主要是日用器和仿铜礼器等。

杭州和湖州地区出土战国原始青瓷亦为数不少，杭州半山石塘、崇贤老鸦桥[①]和崇福顾家埠[②]，德清邱庄[③]和梁山[④]，长兴鼻子山[⑤]，安吉龙山[⑥]等战国墓都是出土战国原始青瓷的重要墓葬材料。

（三）印纹硬陶和原始青瓷的特征

1. 印纹硬陶

战国时期印纹硬陶的器类和纹饰都开始步入衰退。器类以高大的坛和各类罐为主。纹饰有小方格纹、麻布纹、各种形态的“回”字加“X”纹、“口”字加“X”纹等。

战国早期，印纹硬陶主要有坛、矮直领罐、麻布纹罐等。有些方格纹坛的口部为卷沿，领部较短，广肩，肩宽与器高的比值较大；麻布纹罐为敛口、垂腹，最大径在下腹部，有的底附三乳足。（图2-59）

战国中期，印纹硬陶器类与前期相同。坛的领部较长，圆鼓肩，肩宽与器高的比值变小，器形更加修长；麻布纹罐为敛口、微鼓腹，最大径在中腹部。纹饰只有“口”字加“X”字纹和少量麻布纹。（图2-60）

---

① 余杭县文物管理委员会：《浙江省余杭崇贤战国墓》，《东南文化》1989年第6期。

② 盛正岗：《余杭出土战国原始瓷及产地问题》，浙江省博物馆编：《东方博物》第二十八辑，浙江大学出版社2008年版。

③ 浙江德清博物馆：《邱庄战国墓出土的原始瓷》，《探索中国瓷之源：德清窑》，西泠印社出版社2009年版。

④ 浙江德清博物馆：《梁山战国墓出土的原始瓷》，《探索中国瓷之源：德清窑》，西泠印社出版社2009年版。

⑤ 浙江省文物考古研究所、长兴县博物馆：《浙江长兴鼻子山越国贵族墓》，《文物》2007年第7期；陈元甫：《长兴鼻子山越国贵族墓》，浙江省文物考古研究所编：《浙江考古新纪元》，科学出版社2009年版；浙江省文物考古研究所：《浙江长兴鼻子山越国贵族墓》，《浙江越墓》，文物出版社2009年版。

⑥ 浙江省文物考古研究所、安吉县博物馆：《浙江安吉龙山越国贵族墓》，《南方文物》2008年第3期。

1

2

3

图2–59　战国早期印纹硬陶

1.鼓肩坛（绍兴越城坡塘村出土）　2.扁鼓腹罐（绍兴柯桥区出土）　3.单錾扁鼓腹罐（绍兴平水中灶村出土）　4.鼓肩坛（绍兴平水江寒溪山出土）　5.鼓肩罐（嵊州甘霖小黄山出土）

4

5

细瓦棱纹

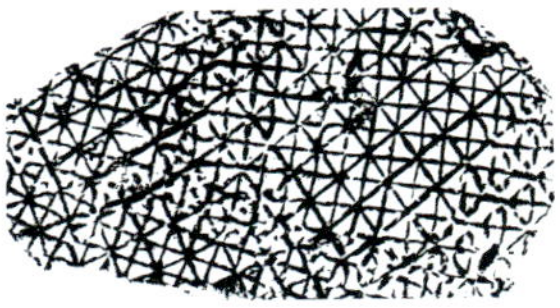

“口”字纹加“X”纹

麻布纹

图2–60　战国中晚期印纹硬陶纹饰拓片

战国中期晚段到晚期，随着越国国力的衰退，印纹硬陶的生产也逐渐走向衰落。

2.原始青瓷

战国时期是原始青瓷发展的鼎盛期，表现为器型空前丰富，除日用类器物外，仿青铜的礼乐用器大量出现。此外，还出现了专用作墓葬明器的仿铜兵器、工具与农具，反映出此时原始青瓷仿铜器范围的进一步扩大。

具体来看，战国早期器类最丰富，主要器物有作为礼器的鼎、豆、罐、瓿、壶、钫、鉴、盆、盘、钵、匜、镇、烤炉等；乐器有甬钟、句鑃、镎于、缶、器座等；日用器有碗、盅、杯、碟、盒等。许多器物造型巨大，制作规整，工艺成熟，胎质细腻坚致，釉色青翠。大口类器物内外满釉，小口类器物外腹满釉，内腹不施釉，仅在口沿下一圈有釉。装饰繁缛而华丽，流行云雷纹，少量卷云纹；云雷纹较为方正，线条深而清晰，排列整齐；罐、瓿类器物流行堆贴铺首，铺首扁平，紧贴于器表。

战国中期，器物种类仍旧很丰富，与前一时期基本一致，但许多器物的造型、制作、成型、胎土、淘洗、施釉等技术明显不如早期，器型相对变小，造型趋向疲软而不具有早期棱角分明的线条；胎质较细腻但趋向松软，青黄釉仍较佳，釉层更薄而不均匀，以满釉为主，出现施半釉现象。装饰上变化更加明显，仍有一定数量的云雷纹，但出现大量卷云纹、“S”形纹、云雷纹与“C”形纹的复合纹、“S”形纹与“C”形纹的复合纹等，少量篦点纹。（图2-61）

战国晚期，原始青瓷开始走向衰落，器物种类极度萎缩，质量明显下降。器形普遍较小，制作粗疏草率，装饰简化，胎质普遍松软，黄胎为主，生烧严重，多数器物在朝上的一侧有釉，朝下部位或被上部遮挡的部位不见釉，施釉线不清晰，剥釉严重。装饰纹样较为单一，主要是“C”形纹、水波纹与篦点纹，“C”形纹为正反两个构成“S”形纹，“C”形的弧度较大而呈半圆形，纹饰较为清晰，布局较整齐，也有“C”形纹朝向一个方向的，水波纹细密①。

---

① 郑建明、林毅：《江南地区战国原始瓷发展与越国的兴衰》，《考古学集刊》2018年第21集。

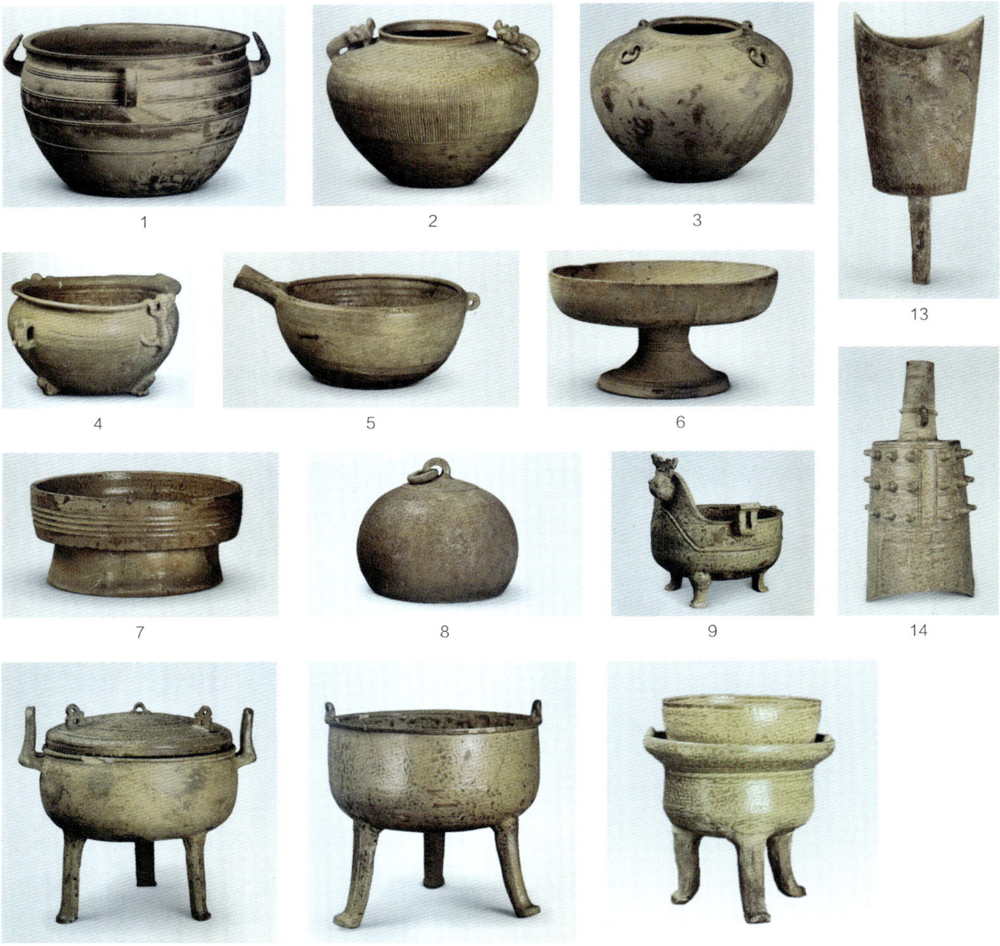

图2-61　战国早中期各类原始青瓷

1. 鉴（绍兴漓渚小步村出土）　2. 瓿（绍兴越城肖港村出土）　3. 罐（绍兴平水小家山出土）　4. 三足缶（绍兴陶堰眠狗山出土）　5. 匜（余杭崇贤老鸦桥出土）　6. 豆（绍兴平水祝家山出土）　7. 簋（绍兴柯桥漓渚出土）　8. 悬铃（余杭顾家埠石马斗出土）　9. 兽面鼎（临平崇贤水洪庙出土）　10. 附耳盖鼎（绍兴漓渚瓦窑山出土）　11. 立耳盆形鼎（绍兴平水小家山出土）　12. 盆形鼎（余杭崇贤老鸦桥出土）　13. 句鑃（余杭顾家埠石马斗出土）　14. 甬钟（湖州长兴鼻子山出土）

第三节　秦汉原始青瓷与印纹硬陶

战国晚期，浙江地区先秦原始青瓷走向衰落。从瓷业生产的角度看，这一衰落过程，一直持续到了东汉中期前后成熟青瓷出现。然而，衰落并不意味着中断。虽然生产规模和产品质量等方面的衰势明显，但从考古发现看，烧造原始青瓷的战国晚期窑址在浙北的东苕溪流域和钱塘江以南的萧山、绍兴一带，依然多有分布。秦汉到东汉早中期的原始青瓷窑址，在浙北的东苕溪流域、浙东的上虞和慈溪、浙西的龙游等地，也有发现。窑址之外，墓葬和城址中，尤其是墓葬中，原始青瓷的出土非常普遍，其中，汉墓中出土者更是为数甚巨。与原始青瓷相生相伴的印纹硬陶，情形也大抵如此。

始于战国晚期的衰落趋势，使得浙江古代原始青瓷的面貌发生了明显的变化。进入秦汉以后，变化尤其明显，主要表现在三个方面：首先，与春秋、战国时期相比，质量有明显落差。胎质多较粗松，胎色普遍发灰，浅白者少见。满釉器物罕见，多数仅最大径以上或正投影部位带釉；釉色偏暗，多呈黄褐色或青黄色。其次，器物种类发生了变化，这一点在墓葬出土的器物组合上表现得特别突出。最后，产品外观特征包括造型和装饰等发生了变化。这些变化的发生，既有浙江地域政治格局和主流文化剧烈变动的原因，也有工艺技术上的原因，前者应该是主导力量。

战国早中期，浙江原始青瓷无论从产品质量看，还是从产量看，均处于巅峰期，但到了战国晚期，却从高峰猛然滑落。很显然，这是某种强大外力发生作用的结果，而其时间节点恰好与楚灭越的时间相吻合。需求决定生产，越国灭亡以后，外来的统治阶层不再尊崇越地的原始青瓷文化传统，来自官方和上层社会的需求消失或急剧减少，高质量的原始青瓷渐无“用武之地”。与此同时，如果此前越国统治时期曾经存在官营窑场的话，此时当已不复存在，或许这也是产品质量下滑的重要原因之一。

从瓷业文化结构看，秦汉原始青瓷的变化主要发生在浅表层。核心层的胎、釉特征，虽然与春秋、战国时期有所差异，但并非质的不同。所用胎料依然是就地取材的瓷土，和以往一样，属于高硅低铝的瓷石类原料，只不过Al_2O_3和Fe_2O_3的含量较此前略高。Al_2O_3的含量越高，胎体瓷化所需烧成温度越高。如果达不到所需温度，胎体反而会因烧结度不足而显得疏松，这应该是秦汉原始青瓷胎体多较疏松的原因。胎体颜色较以往深，与Fe_2O_3的含量较高有关。釉也依然是传统的钙釉，釉色更深，同样是铁含量较高的缘故。[①]胎釉成瓷质量差，一方面，可能如上所述，是因为缺乏高质量的产品需求，生产的着力点主要放在追求产量上；另一方面，也可能是在原料加工能力有限的情况下，优质瓷土资源多数在以往的原始青瓷烧制中消耗殆尽的缘故。施釉方式的改变，也应该与产品重量不重质有关。多数器物仅最大径以上或正投影部位施釉，说明采取了比过去更简单快捷的施釉方式（可能是淋釉）。

产品器类和造型、装饰等，属于典型的浅表层瓷业文化因素。浅表层文化因素稳定性最弱，最易受到外来文化的影响。在楚灭越以后的战国晚期，包括原始青瓷在内的越国故地陶瓷器，其器物组合和外观特征等就已经受到了外来的楚文化影响。秦汉一统之后，外来文化特别是来自中原的文化影响更为强劲，浙江地区原始青瓷面貌的变化更为显著。此外，核心层和浅表层之外，处于中间层的窑炉类型以及与此相关的烧成工艺，未见明显变化。

综上所述，秦汉浙江原始青瓷，虽然在器物组合和产品外观上与春秋战国时期有明显的差异，但从胎釉制备到产品烧成，均无实质性变化。可以说，工艺传承未断，基本技术一脉相承。实际上，因为掌握制作技艺

---

① 中国硅酸盐学会：《中国陶瓷史》，文物出版社1982年版，第122页。

的人群不可能完全消失，原始青瓷的烧制完全中断的情况是不会发生的。

东汉中期前后，浙江既有烧造原始青瓷和印纹硬陶的窑场，也有原始青瓷和成熟青瓷共烧的窑场，而成熟青瓷中的许多产品，其造型和装饰与同时期的印纹硬陶相同。这不仅说明从原始青瓷到成熟青瓷是一个渐变的过程，也进一步说明了印纹硬陶、原始青瓷和成熟青瓷三者之间深厚的工艺渊源。

相对于先秦时期，秦汉原始青瓷和印纹硬陶流行的时间短暂，但因其刚好处于先秦原始青瓷衰落和成熟瓷器兴起之间的过渡阶段，实乃陶瓷发展史上的关键环节。了解和研究秦汉原始青瓷、印纹硬陶的总体特征，对梳理原始青瓷发展脉络、探索成熟青瓷的起源具有重要意义。

一、秦汉原始青瓷的定名

关于“秦汉原始青瓷”的定名问题，一直以来都受到学术界的关注。由于其流行的时间刚好处于商周原始青瓷衰落和成熟青瓷产生之间，质地和烧成温度也介于陶、瓷之间，因此，一直以来存在“釉陶”[①]“高温釉陶”[②]“原始青瓷”[③]“带釉高温陶瓷”[④]等多种名称。

---

① 蒋赞初、李蔚然：《关于我国早期南方青瓷的发展问题》，中国硅酸盐学会编：《中国古陶瓷论文集》，文物出版社1982年版。

② 胡继根：《试论汉代的高温釉陶》，《浙江省文物考古研究所学刊（第九辑）——纪念浙江省文物考古研究所成立三十周年论文集》，科学出版社2009年版；汤苏婴：《浙江出土纪年瓷概述》，浙江省博物馆编：《浙江纪年瓷》，文物出版社2000年版。

③ 中国硅酸盐学会：《中国陶瓷史》，文物出版社1982年版；朱伯谦：《战国秦汉时期的陶瓷》，《朱伯谦论文集》，紫禁城出版社1990年版；李刚：《由陶到瓷》，宋建明主编：《早期越窑：上虞历史文化的丰碑》，中国书店2014年版；萧山博物馆：《萧山古陶瓷》，文物出版社2007年版；刘勤：《论仪征出土的汉代原始青瓷》，《东南文化》2005年第2期；魏女：《早期瓷器研究》，南京大学博士学位论文，2003年；王汇文：《南方原始瓷研究》，苏州大学博士学位论文，2009年。

④ 任世龙：《浙江古代瓷业的考古学观察：遗存形态制品类型文化结构》，浙江省文物考古研究所编：《浙江省文物考古研究所学刊》，长征出版社1997年版。

无论是从原始青瓷发展、成熟青瓷起源的历史进程，还是从理化测试的手段来讨论，很多学者都提出了自己的观点。这些观点大致可以分为两种：一部分学者习惯将其称为“陶”，而另外一部分学者则更倾向于“瓷”。

“釉陶”或“高温釉陶”的名称多来自汉墓考古报告、简报及文物图录等。而坚持“原始青瓷”或“早期青瓷”命名的学者多认为，西汉到东汉中期出现于墓葬中的所谓“釉陶”“高温釉陶”，属于瓷器的范畴，只不过在胎、釉、吸水率等方面还达不到后来成熟瓷器的标准，所以仍是一种“原始青瓷”或“早期青瓷”。还有学者指出，“釉陶”是指施有低温铅釉的陶器，这类陶器多见于中国北方，南方汉墓中很少出土，而把南方施高温釉、烧成温度可达1200℃的汉代原始青瓷称为“釉陶”显然是不确切的[①]。

考虑到这类器物自身特征和出现时间，即出现于西汉到东汉早中期的中国南方地区，原料中Al_2O_3和Fe_2O_3的含量较高，相比于北方地区相同时段出现的在800℃左右温度下烧成的铅釉性质的低温釉陶，烧成温度更高，所着釉料是传统的钙釉，显然与陶器存在较大差别。

另外，理化测试的研究结果也表明，西汉到东汉早中期的原始青瓷片和上虞小仙坛东汉中晚期成熟青瓷之间具有高度的一致性。其中，对瓷器原料具有关键作用的是Fe_2O_3的含量，从一般陶器的6%左右下降到3%以下，烧成温度则从1000℃左右提升到1200℃左右[②]。这说明人们常说的汉代“釉陶”或“高温釉陶”其实就是“原始青瓷”，它与东汉中晚期成熟的青瓷在材料、工艺等方面没有什么显著差异。

秦汉原始青瓷的特征主要表现为：胎质较粗，器物最大径以上带

---

① 李刚：《由陶到瓷》，宋建明主编：《早期越窑：上虞历史文化的丰碑》，中国书店2014年版。

② 李家治：《我国古代陶器和瓷器工艺发展过程的研究》，《考古》1978年第3期。

釉，且釉层分布不均匀，有点状的凝釉现象，越是器物中心釉层越厚，带釉和无釉的区域多逐渐过渡，不见明显的釉线。在一些战国末期原始青瓷上，我们也能明显看到类似现象。这说明秦汉原始青瓷在施釉技术上可能承袭了战国原始青瓷。

从地区分布上来看，先秦原始青瓷主要分布在以浙江为核心的东南地区，包括浙江全境、苏南、皖东南、赣东和闽北地区，广东也有发现。依据现有考古资料，可以认为汉代原始青瓷的产地主要有三个中心：一是主要在今浙江省境内，包括江苏省的宜兴市，可称之为江东瓷业中心；二是在今岭南地区两广境内，可以称之为岭南瓷业中心；三是在长江中游的湖南和江西境内，可以称之为湘赣瓷业中心[①]。可见，秦汉原始青瓷的地域分布与先秦原始青瓷基本重合。

综合上述考古资料、理化测试、技术特征和地域分布等几方面因素可知，西汉到东汉早中期墓葬中出土的这类器物符合瓷器的基本特征，只是特征更为原始，为了与先秦时期的原始青瓷相区别，笔者更倾向于将这类器物称为“秦汉原始青瓷”。

二、秦汉原始青瓷与印纹硬陶的生产

东苕溪流域是两汉时期浙江地区的原始青瓷产地之一（图2-62）。该区域内，除大量战国中晚期窑址外，还有一定数量的西汉至东汉早期窑址[②]。根据以往的调查和发掘资料[③]，在德清、余杭、湖州南部一带，在安吉良朋，余杭长命的马金口、鸽宝山，瓶窑鸡笼山[④]、馒头山、坑

① 张潇、贺云翱：《我国秦汉时期瓷器考古相关问题初探》，《东南文化》2020年第4期。

② 浙江省文物考古研究所、湖州市博物馆、德清县博物馆：《东苕溪流域夏商时期原始瓷窑址》，文物出版社2015年版。

③ 胡继根：《试论汉代的高温釉陶》，《浙江省文物考古研究所学刊（第九辑）——纪念浙江省文物考古研究所成立三十周年论文集》，科学出版社2009年版。

④ 余杭区第三次全国文物普查资料。

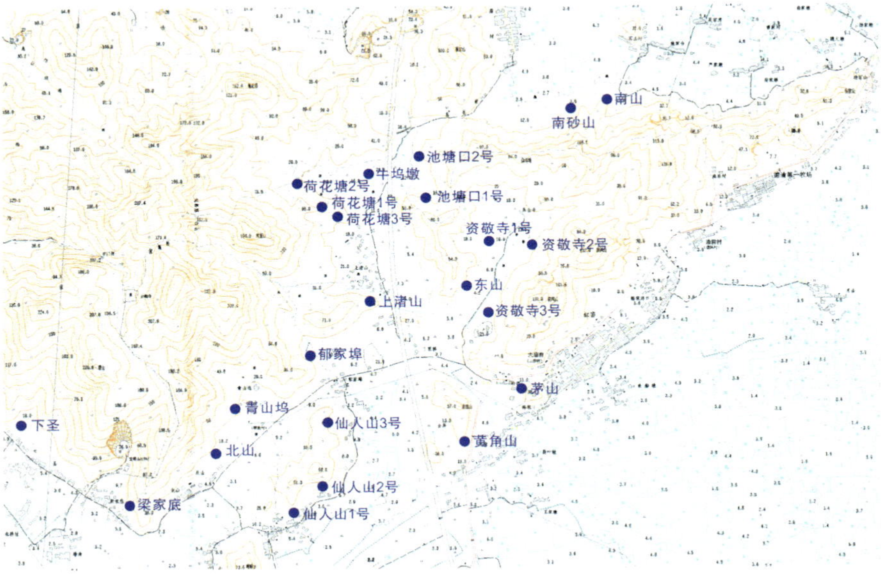

图2-62　德清地区汉代窑址分布图

门水库等地均有发现；上虞、慈溪和龙游等地也有发现。西汉初到东汉早期的原始青瓷窑址都未曾正式发掘①。

东汉窑址发现较多，主要分布于绍兴、宁波、衢州、湖州地区。绍兴上虞有大顶尖山、龙松岭、凤山、太湖岙窑址群②，四峰山龙池庙后山、小仙坛、大陆岙窑址③；宁波地区有郭塘岙窑址④，东钱湖谷唐岙、玉缸山、老鼠山窑址⑤等；衢州地区有龙游白羊垅、鸡头垅、小垅、狐

① 徐军：《浙江东汉龙窑初探》，《故宫博物院院刊》2008年第4期。

② 朱伯谦：《战国秦汉时期的陶瓷》，《朱伯谦论文集》，紫禁城出版社1990年版。

③ 浙江省文物考古所、上虞县文化馆：《浙江上虞县发现的东汉瓷窑址》，《文物》1981年第10期。

④ 林士民：《浙江宁波汉代瓷窑调查》，《考古》1980年第4期。

⑤ 林士民：《浙江宁波东钱湖窑场调查与研究》，中国古陶瓷研究会等编：《中国古陶瓷研究》第三辑，紫禁城出版社1990年版。

狸洞水库、三石垅等十几处窑址[①]；湖州地区有敢山、湾山窑址[②]，德清青山坞窑址[③]等；温州永嘉[④]等地也有零星发现。从东汉早中期开始，窑业中心开始向以上虞为中心的曹娥江流域转移，但是东苕溪的德清一带仍然有瓷器的烧造，并且成为由原始青瓷发展为成熟青瓷的重要中心之一，考古界称之为“德清窑”，上虞一带则成为早期越窑青瓷的生产中心。

经过正式发掘的东汉中晚期窑址有上虞帐子山窑址、大陆岙大园坪窑址、小陆岙窑址和龙游白羊垅窑址、德清上渚山窑址、青山坞窑址等。其中，东汉中期前后的原始青瓷窑址有龙游白羊垅窑址、德清上渚山窑址2处。

1. 白羊垅窑址[⑤]

白羊垅汉代窑址位于龙游县城东南的横路祝村。2004年8月，浙江省文物考古研究所主持对龙游县白羊垅窑址进行了抢救性发掘。发现龙窑一条，斜长14.8米，保存较好，除窑顶外，通火口、火膛、窑床、排烟坑和烟道均有保留。窑址内出土遗物以硬陶为主，偶见原始青瓷。白羊垅窑址以烧造罐类器物为主，兼烧少量壶、锺、钵、坛、罍、盆等产品，其中部分坛、罐、罍呈现出明显的地方特色，少见于金衢盆地之外的地区（图2-63）。

器物多数使用轮制法制作，且经过修整，也有少数采用泥条盘筑法制作。坯泥淘洗粗糙，胎质普遍较差，含杂质较多，器物表面粗糙。印

---

① 季志耀：《漫谈衢州古代瓷窑》，中国古陶瓷研究会等编：《中国古陶瓷研究》第三辑，紫禁城出版社1990年版。

② 任大根、陈兴吾：《浙江湖州古瓷址调查》，中国古陶瓷研究会等编：《中国古陶瓷研究》第三辑，紫禁城出版社1990年版。

③ 朱建明：《浙江德清汉代窑址调查》，《福建文博》1996年第2期。

④ 金祖明：《温州地区古窑址调查纪略》，《文物》1965年第11期。

⑤ 徐军：《浙江龙游白羊垅东汉窑址发掘简报》，《东南文化》2014年第3期。

纹采用手工拍印方式，常见的纹饰有方块网格纹、窗帘纹，耳面和盖面饰叶脉纹、篦纹、变异钱纹，肩部饰弦纹、水波纹等。原始青瓷以钵类器物为主，胎质疏松，胎色偏灰或灰褐，外壁施釉不及底。釉色偏黄，胎釉结合差，部分器物釉层脱落。窑具多夹砂陶，砂含量较少，有的夹炭灰，采用泥条盘筑法制作，有两足垫座和垫饼、支柱等（图2–64）。

产品的烧制方式是单件放置在窑具上烧制，没有叠烧的现象。从废品堆积厚度来判断，该窑址的规模不大，而且烧制次数不多。发掘者认为，白羊垅窑址的服务对象当是普通大众，烧制要求不是很高，因此成品率应该较高。综合窑址中出土的器物和窑具，判定白羊垅窑址的年代为东汉中期，约公元1世纪中叶至2世纪初叶。

考古资料显示，白羊垅窑址与其周边的鸡头垅、三

图2–63　白羊垅窑址龙窑

图2–64　白羊垅窑址出土器物

石垅一带，是金衢地区已发现年代最早的窑址群。该窑址群也是迄今为止浙江境内发现的保存最为完整的东汉中期窑址群，是金衢两地东汉中期墓葬出土器物的重要来源地，对于探索成熟瓷器的起源也具有重要价值。此外，在义乌金鸡笼山和武义石锁头山一带也存在这一时期的窑址群。

2. 上渚山窑址[①]

上渚山窑址位于德清下渚湖街道宝塔山村上渚山自然村，2018年5—6月，浙江省文物考古研究所和德清县博物馆联合组队，对上渚山窑址进行了抢救性考古清理，发掘面积450平方米。清理窑炉2条，其中Y2除顶部坍塌，火膛、窑床、窑尾保存尚完整。从窑尾迹象分析，Y2至少经过3次整修（图2-65）。根据出土的窑具和遗物情况判断，上渚

图2-65　上渚山窑址发掘航拍图

① 郝雪琳、周建忠：《浙江德清东汉上渚山窑址发掘简报》，《东南文化》2020年第4期。

山窑址以烧制日用器为主，器类较为丰富，以罐类器物为主，兼烧罍、锺、盘口壶、双唇罐、盖、盆、水井等产品，绝大部分为原始青瓷，多半釉或施釉不及底。

在制作方法上，产品中大型器物如罍、双唇罐等为泥片贴筑后拍印纹饰修整而成，内壁可见拍印留下的凹窝；盘口壶、敛口罐等为快轮拉坯成型；锺则采用分段拉坯法分别制成口颈、腹部、圈足等，再粘接而成。装饰手法以刻划、拍印为主，利用轮修弦纹亦为常见。拍印的纹样仅见于双唇罐、罍等较大的器物之上，纹饰以梳状纹和方块网格纹为主。壶、罐等的口、颈、肩等部位，以成组的弦纹划分出装饰区域，部分刻划水波纹。器耳多模印叶脉纹，个别附有铺首。施釉方法以浸釉法为主，也有刷釉法。如盘口壶、敛口罐底部无釉，部分器物内底正中有釉，且有流釉、缩釉现象。由于温度不足和还原气氛控制不好，造成许多器物釉色发黄，胎釉结合差，极易呈斑驳状剥落（图 2-66、

图2-66　德清上渚山窑址出土罐、壶、锺

图2-67　德清上渚山窑址出土器物残片

图2-67）。

根据上渚山窑址出土器物的特征，推测其年代应处于东汉中期。

三、秦汉原始青瓷

（一）秦汉原始青瓷的出土

浙江境内出土秦汉原始瓷的地点众多，主要集中在墓葬中。现有的考古资料表明，这一时期的墓葬几乎遍及全省各地，是历史时期中数量最多、分布最广的古代墓葬（图2-68）。

按照地区分布，可将这一时期的汉墓分为北部的湖嘉余、东部的宁绍、中部的杭金衢和南部的温丽台四大区域。

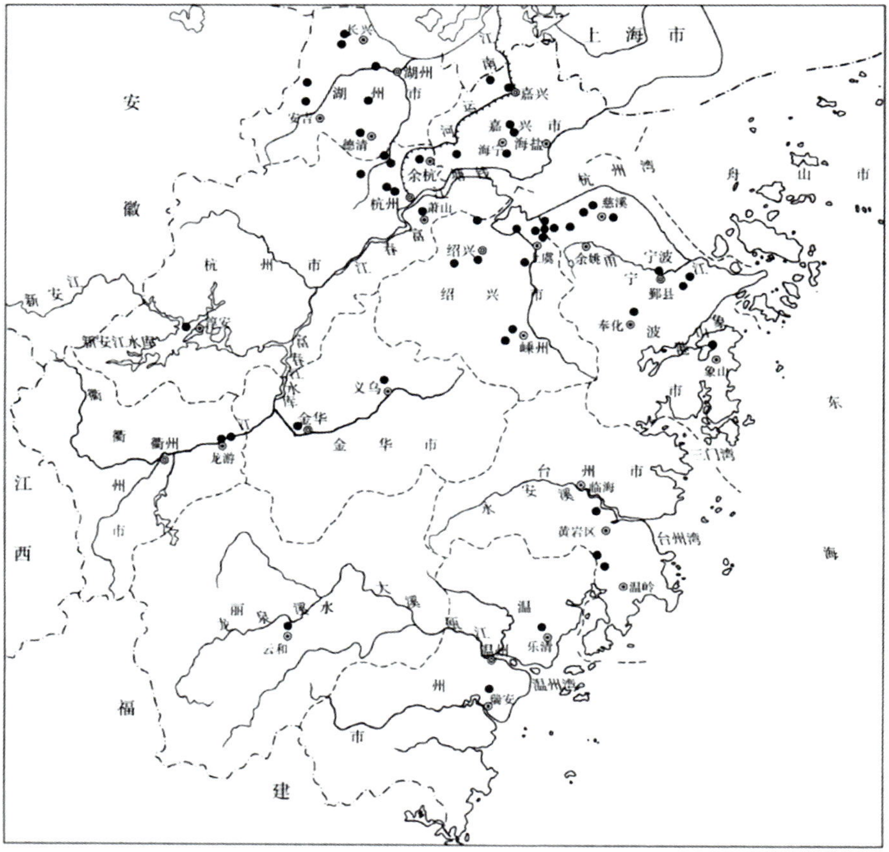

图2-68 浙江汉墓分布示意图①

---

① 浙江省文物考古研究所：《浙江汉墓》，文物出版社2016年版。

具体来看，浙江北部湖嘉余地区的墓葬包括湖州的杨家埠[①]、方家山[②]，安吉良朋、高禹[③]，长兴七女墩[④]，海盐仙坛庙[⑤]、龙潭港[⑥]，海宁龙尾山[⑦]，嘉兴闸前[⑧]，余杭石马兜[⑨]、大观山[⑩]、义桥[⑪]、姜介山[⑫]等。东部宁绍地区的墓葬主要包括余姚老虎山[⑬]，嵊州剡山[⑭]，绍兴大龙山、小龙斗[⑮]、

---

① 浙江省文物考古研究所、湖州市博物馆：《浙江省湖州市杨家埠古墓发掘报告》，《浙江省文物考古研究所学刊（第七辑）》，杭州出版社2005年版；李晖达、刘建安、胡继根：《湖州杨家埠汉代家族土墩墓群及其他墓葬的发掘》，浙江省文物考古研究所编：《浙江考古新纪元》，科学出版社2009年版。

② 浙江省文物考古研究所：《浙江湖州市方家山第三号墩汉墓》，《考古》2012年第1期。

③ 安吉县博物馆：《浙江安吉县上马山西汉墓的发掘》，《考古》1996年第7期；田正标、黄昊德、刘建安：《安吉上马山汉代古墓群的发掘》，浙江省文物考古研究所编：《浙江考古新纪元》，科学出版社2009年版。

④ 胡秋凉：《长兴七女墩墓葬群清理简报》，浙江省博物馆编：《东方博物》第四十三辑，浙江大学出版社2012年版。

⑤ 浙江省文物考古研究所、海盐县博物馆：《海盐仙台庙遗址汉墓发掘简报》，浙江省文物考古研究所编著：《浙江汉六朝墓报告集》，科学出版社2012年版。

⑥ 浙江省文物考古研究所、海盐县博物馆：《浙江海盐龙潭港遗址汉墓发掘简报》，浙江省博物馆编：《东方博物》第十四辑，浙江大学出版社2005年版。

⑦ 海宁博物馆：《浙江海宁龙尾山汉墓清理》，《东南文化》2006年第5期。

⑧ 汪大铁：《浙江嘉兴发现东汉墓葬》，《文物资料丛刊》1955年第10期。

⑨ 浙江省文物考古研究所、良渚管委会：《余杭石马兜汉墓发掘简报》，浙江省文物考古研究所编著：《浙江汉六朝墓报告集》，科学出版社2012年版。

⑩ 浙江省文物考古研究所：《杭州大观山汉墓发掘简报》，浙江省文物考古研究所编著：《浙江汉六朝墓报告集》，科学出版社2012年版。

⑪ 杭州市文物考古所、余杭区博物馆：《余杭义桥汉六朝墓》，文物出版社2010年版。

⑫ 费国平：《浙江余杭姜介山汉墓发掘简报》，《东南文化》1991年第5期。

⑬ 陈元甫：《余姚老虎山一号墩发掘》，浙江省文物考古研究所编：《沪杭甬高速公路考古报告》，文物出版社2002年版。

⑭ 张恒：《浙江嵊州市剡山汉墓》，《东南文化》2004年第2期。

⑮ 浙江省文物考古研究所、绍兴市文物保护管理所：《绍兴平水会稽村汉六朝墓发掘简报》，浙江省文物考古研究所编著：《浙江汉六朝墓报告集》，科学出版社2012年版。

狮子山[①]、漓渚[②]，上虞羊山[③]、周家山[④]、后头山[⑤]、牛头山[⑥]、驮山[⑦]、严村凤凰山[⑧]，奉化南岙[⑨]，慈溪陈山[⑩]，鄞州高钱[⑪]，萧山城南[⑫]等。中部的杭金衢地区包括杭州葛岭[⑬]、老和山[⑭]、古荡[⑮]，义乌北郊[⑯]，龙游

---

① 绍兴市文物管理处：《绍兴狮子山西汉墓》，《考古》1988年第9期。

② 浙江省文物管理委员会：《浙江绍兴漓渚东汉墓发掘简报》，《考古通讯》1957年第2期；王士伦、朱伯谦：《浙江绍兴漓渚考古简报》，《考古通讯》1955年第5期；浙江省文物管理委员会：《绍兴漓渚的汉墓》，《考古学报》1957年第1期。

③ 彭云：《上虞羊山古墓群发掘》，浙江省文物考古研究所编：《沪杭甬高速公路考古报告》，文物出版社2002年版。

④ 胡继根：《上虞周家山古墓葬发掘》，浙江省文物考古研究所编：《沪杭甬高速公路考古报告》，文物出版社2002年版。

⑤ 王海明：《上虞驿亭谢家岸后头山古墓葬发掘》，浙江省文物考古研究所编：《沪杭甬高速公路考古报告》，文物出版社2002年版。

⑥ 蒋乐平：《上虞牛头山古墓葬发掘》，浙江省文物考古研究所编：《沪杭甬高速公路考古报告》，文物出版社2002年版。

⑦ 黎毓馨：《上虞驮山古墓葬发掘》，浙江省文物考古研究所编：《沪杭甬高速公路考古报告》，文物出版社2002年版。

⑧ 浙江省文物考古研究所、上虞县文物管理所：《浙江上虞凤凰山古墓葬发掘报告》，《浙江省文物考古研究所学刊——建所十周年纪念（1980—1990）》，科学出版社1993年版。

⑨ 浙江省文物考古研究所、宁波市文物考古研究所、奉化市文物保护管理所：《奉化白杜南岙林场汉六朝墓葬》，浙江省文物考古研究所编著：《浙江汉六朝墓报告集》，科学出版社2012年版。

⑩ 浙江省第二届文物考古培训班考古实习组：《慈溪陈山汉墓发掘简报》，浙江省文物考古研究所编著：《浙江汉六朝墓报告集》，科学出版社2012年版。

⑪ 浙江省文物考古研究所、南京大学历史系考古专业：《浙江省鄞县高钱古墓发掘报告》，《浙江省文物考古研究所学刊（第七辑）》，杭州出版社2005年版。

⑫ 浙江省文物考古研究所：《杭州地区汉六朝墓发掘简报》，《东南文化》1989年第2期。

⑬ 金祖明：《浙江省文管会清理了杭州的十几座汉墓》，《文物参考资料》1955年第2期。

⑭ 浙江省文物考古研究所：《浙江省杭州市老和山汉墓发掘报告》，《浙江省文物考古研究所学刊（第七辑）》，杭州出版社2005年版。

⑮ 浙江省文物管理委员会：《杭州古荡朱乐昌墓清理简报》，《考古》1959年第3期；浙江省文物考古研究所：《杭州地区汉六朝墓发掘简报》，《东南文化》1989年第2期。

⑯ 浙江省文物管理委员会：《浙江义乌发现西汉墓》，《考古》1965年第3期。

东华山[①]、仪冢山[②]，金华马铺岭[③]等。南部的温丽台地区包括温岭塘山[④]和元宝山[⑤]等。

（二）秦汉原始青瓷的特征

秦汉原始青瓷的器类多样，既有仿铜礼器，也有日常用器和用于随葬的明器。根据其形制的演变，大致可分为西汉和东汉早中期两大阶段。

西汉时期原始青瓷种类丰富，以生产中原文化系统的仿青铜礼器为主，如豆、钫、鼎、盒、壶，器物造型与楚墓中常见的泥质彩绘灰陶十分近似；以传承越文化系统的日用器为辅，造型与战国时期越族墓葬中的原始青瓷相近，如瓿、罐、罍。此外，还有簋、熏炉、耳杯、火盆、镳斗、灶、房屋和牲畜模型、麟趾金等。到东汉早中期，仿青铜礼器基本不见，产品种类锐减，开始以生产日常生活用具为主导，如杯、盘、盂、壶、勺、虎子和放置这些物品的器具案等，另外还出现了锺、五联罐等。

具体来看，西汉早期流行三足器和高圈足器，常见的器型有高足钫、高足鼎、圈足盒、直口壶、三足瓿、三足罐。胎釉的质量普遍较好，釉色以茶绿或青黄色为主，釉层往往带有较强的光泽感，胎色以乳白或灰白为主，胎质较为细腻。器物的肩、腹部往往刻划形态不同的弦

① 崔成实：《衢州市东华山汉墓发掘简报》，浙江省文物考古所编：《浙江省文物考古所学刊（1981）》，文物出版社1981年版；龙游县文物管理委员会：《浙江龙游县东华山12号汉墓》，《考古》1990年第4期；朱土生：《浙江龙游东华山汉墓》，《考古》1993年第4期；衢州博物馆：《衢州汉墓》，文物出版社2015年版。

② 浙江省文物考古研究所、龙游县博物馆：《龙游仪冢山汉墓发掘简报》，浙江省文物考古研究所编著：《浙江汉六朝墓报告集》，科学出版社2012年版；衢州博物馆：《衢州汉墓》，文物出版社2015年版。

③ 金华地区文管会：《浙江省金华马铺岭汉墓》，《考古》1982年第3期。

④ 浙江省文物考古研究所、温岭市文化广电新闻出版局：《浙江温岭市塘山西汉东瓯国贵族墓》，《考古》2007年第11期。

⑤ 叶艳莉：《温岭元宝山发现西汉东瓯国墓葬》，浙江省博物馆编：《东方博物》第三十六辑，浙江大学出版社2010年版。

图2-69　西汉早期原始青瓷器物组合

1.鼎（余杭老和山出土）　2.鼎（余杭义桥出土）　3.瓿（余杭义桥出土）　4.瓿（余杭老和山出土）　5.盒（余杭义桥出土）　6.盒（湖州杨家埠出土）　7.壶（余杭义桥出土）　8.壶（嵊州剡山出土）

纹和水波纹，耳面普遍装饰叶脉纹（即简化的陶索纹）。其中，瓿的铺首模印眼、鼻、嘴俱全的写实状人面纹，鼎的立耳面则模印各种几何形纹饰（图2-69）。

西汉中期，钫的器身由修长趋向丰满，圈足转为平底；鼎盖的捉钮已变为圈足形，三足趋矮；敞口壶腹最大径上移，圈足减低，逐渐演变为卧足，足壁趋直；盒腹壁趋向斜直收；瓿的铺首进一步减低；罐由圈足转为平底；鼎和盒的数量略有减弱，而瓿和敞口壶的数量则有所增加；罍腹部圆鼓而最大径移至中部。新出现熏炉、灶、各种动物和房舍模型。器物的胎釉结合程度开始呈下降趋势，釉层出现较多的流釉和聚釉现象，釉色中黄或黄褐色的比重逐渐增加，青黄色釉退居次要位置。胎色以灰或深灰色占多，胎质的致密度不如前期（图2–70）。

西汉晚期，鼎的双耳进一步趋低，三足逐渐变矮，盖为弧面顶；盘

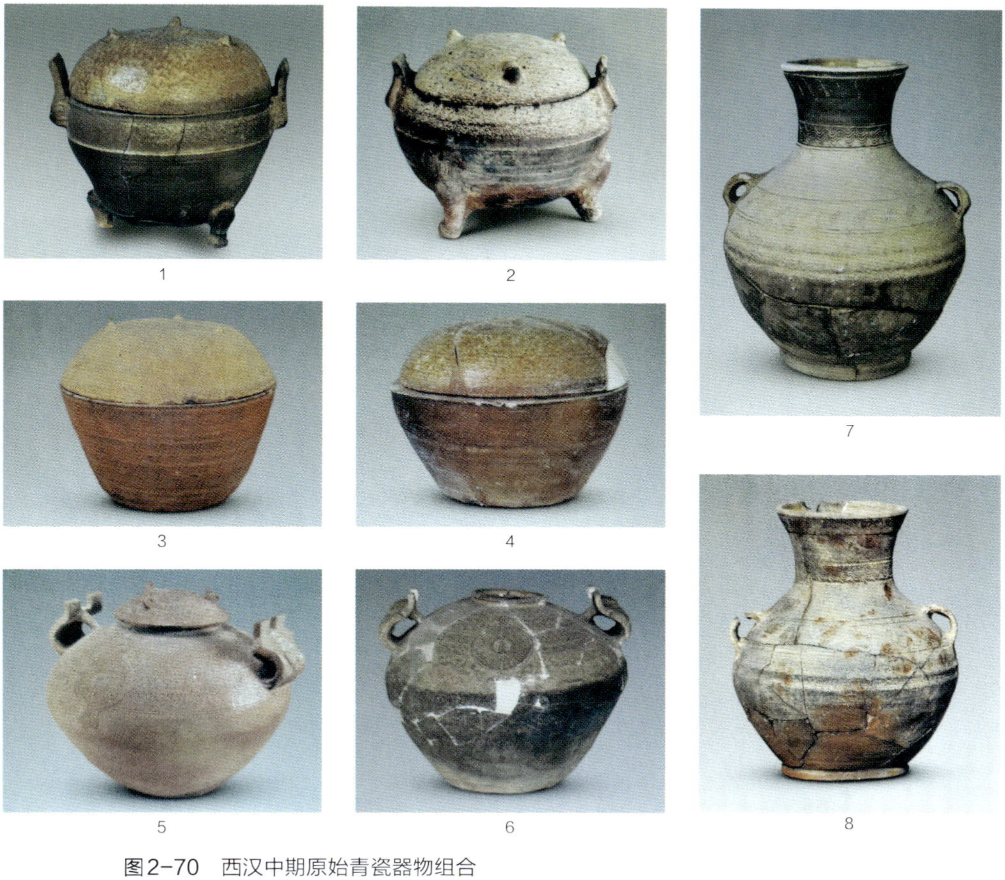

图2–70　西汉中期原始青瓷器物组合

1.鼎（余杭义桥出土）　2.鼎（湖州杨家埠出土）　3.盒（龙游东华山出土）　4.盒（余杭义桥出土）　5.瓿（义乌北郊出土）　6.瓿（嵊州剡山出土）　7.壶（余杭义桥出土）　8.壶（湖州杨家埠出土）

口壶口沿极浅，腹部圆鼓；瓿的铺首下降至贴近器壁；盒的腹壁斜收和底径缩小；敞口壶口沿进一步外展，器身趋向瘦削，卧足变浅；盘口壶盘口壁直而较浅。陶鼎和盒的数量进一步减少，陶瓿和壶则猛增，同时日用器的数量也大大增多。器物纹饰略有增加，新出现的鸟纹，一身多首，纹样繁复。在所有随葬品中所占的比例有所降低。器物胎釉结合程度进一

图2-71　西汉晚期原始青瓷器物组合

1.鼎（湖州杨家埠出土）　2.鼎（龙游东华山出土）　3.盒（湖州杨家埠出土）　4.瓿（奉化南岙出土）　5.瓿（湖州杨家埠出土）　6.罐（湖州杨家埠出土）　7.壶（海盐仙坛庙出土）　8.壶（龙游东华山出土）

步下降，釉层普遍出现流失的现象，釉色多呈青黄或黄褐色，釉层普遍缺乏光泽感。而胎色多呈深灰色，胎内含有较多的石英颗粒（图2–71）。

东汉早期，鼎、盒等消失，主要有喇叭口壶、深腹盘口壶、瓿式罐、梳状纹罍；敞口壶底与腹径的比例缩小，腹壁趋弧；盘口壶的盘口逐渐增大，圈足转为平底，腹部出现密集的弦纹。此外，随葬品中的礼器基本消失，改以日用器为主，辅以部分明器的组合，并出现锺、五联罐等新的器型（图2–72）。

东汉中期前后，瓿、壶消失，盘口壶折腹更加明显，底由平底转向假圈足；弦纹罐的腹最大径移至上端；罍的纹饰由梳状纹演变为网格纹；锺的腹部由扁鼓发展成扁折，圈足进一步增高，并在足的根部出现两个对称的小圆孔；五联罐的器身逐渐增高，下部出现兽状堆纹，底由圈足演变为假圈足。

值得注意的是，还出土过少量东汉中期前后施釉线较明显的原始青瓷。以长兴七女墩汉墓①为例，其中M2中出土的原始青瓷（简报中称之为“釉陶”）罐和壶，釉虽多不及底，但施釉线清晰，施釉线位于器物

1

2

3

图2–72　两汉之际到东汉早期原始青瓷器物

1.罐（长兴七女墩出土）　2.壶（湖州白龙山出土）　3.壶（长兴七女墩出土）

---

① 胡秋凉：《长兴七女墩墓葬群清理简报》，浙江省博物馆编：《东方博物》第四十三辑，浙江大学出版社2012年版。

的上腹部或下腹部，除青黄色釉外，出现较多酱色釉或酱褐色釉。灰白色胎质器物比例增加。此类器物一般火候较高，胎质细腻致密，硬度高，釉层厚，施釉均匀，青釉玻璃质感强，已接近成熟青瓷。从目前的考古材料来看，这类器物是介于原始青瓷与成熟青瓷之间的一种过渡形态，在胎、釉方面均为成熟青瓷的出现做好了技术上的准备，对于成熟青瓷的出现有重要意义。

在制作方法上，秦汉时期原始青瓷的成型有泥条盘筑、轮制、手制及模制等，并辅以套接、黏合等手段。罍、壶、瓿等器物通常采用泥条盘筑成型，器物的外轮廓线往往不甚流畅，尤以罍最为明显，制作时采用口、颈、肩、腹分段盘筑，衔接时将上段套入下段的内侧。同时，为弥补泥条间接合不够致密的缺陷，增加器壁的抗压强度，成型时普遍有拍压工序。一般小型器物均采用轮制，如鼎、盒、罐、碗、钵等，器物的内壁往往有轮制形成的旋痕，外轮廓线相对流畅；而部分异形器，如灶、房屋和牲畜模型，则均采用手制。除此之外，钫、灶、房屋等在制作时要根据需要先将泥坯切割成片状，然后再进行拼接和组合。另有零星器型采用模制，如麟趾金等。

四、秦汉印纹硬陶

（一）秦汉印纹硬陶的出土

秦汉时期印纹硬陶流行的时间大致从西汉早期开始，一直延续到东汉中晚期，其出土地点也以汉墓为主。其中，部分出土地点与原始青瓷相重合，如浙江北部地区的湖州杨家埠①、方家山②、小塔

---

① 浙江省文物考古研究所、湖州市博物馆：《浙江省湖州市杨家埠古墓发掘报告》，浙江省文物考古研究所编：《浙江省文物考古研究所学刊（第七辑）》，杭州出版社2005年版；李晖达、刘建安、胡继根：《湖州杨家埠汉代家族土墩墓群及其他墓葬的发掘》，浙江省文物考古研究所编：《浙江考古新纪元》，科学出版社2009年版。

② 浙江省文物考古研究所：《浙江湖州市方家山第三号墩汉墓》，《考古》2012年第1期。

山[①]、白龙山[②]，安吉上马山[③]，长兴卞山、西峰坝[④]、七女墩[⑤]，余杭大观山[⑥]、义桥[⑦]等；东部的宁绍地区主要有余姚老虎山[⑧]，嵊州剡山[⑨]，绍兴大龙山、小龙斗[⑩]、狮子山[⑪]，上虞周家山[⑫]、后头山[⑬]、牛头山[⑭]、驮山[⑮]、严村凤凰山[⑯]、

---

① 湖州市博物馆：《湖州小塔山汉代砖室合葬墓发掘简报》，浙江省文物考古研究所编著：《浙江汉六朝墓报告集》，科学出版社2012年版。

② 浙江省文物考古研究所、湖州市博物馆：《湖州市白龙山汉六朝墓葬发掘报告》，浙江省文物考古研究所编著：《浙江汉六朝墓报告集》，科学出版社2012年版。

③ 安吉县博物馆：《浙江安吉县上马山西汉墓的发掘》，《考古》1996年第7期。

④ 长兴县博物馆：《长兴县西峰坝汉画像石墓清理简报》，浙江省文物考古研究所编著：《浙江汉六朝墓报告集》，科学出版社2012年版。

⑤ 胡秋凉：《长兴七女墩墓葬群清理简报》，浙江省博物馆编：《东方博物》第四十三辑，浙江大学出版社2012年版。

⑥ 浙江省文物考古研究所：《杭州大观山汉墓发掘简报》，浙江省文物考古研究所编著：《浙江汉六朝墓报告集》，科学出版社2012年版。

⑦ 杭州市文物考古所、余杭区博物馆：《余杭义桥汉六朝墓》，文物出版社2010年版。

⑧ 陈元甫：《余姚老虎山一号墩发掘》，浙江省文物考古研究所编：《沪杭甬高速公路考古报告》，文物出版社2002年版。

⑨ 张恒：《浙江嵊州市剡山汉墓》，《东南文化》2004年第2期。

⑩ 浙江省文物考古研究所、绍兴市文物保护管理所：《绍兴平水会稽村汉六朝墓发掘简报》，浙江省文物考古研究所编著：《浙江汉六朝墓报告集》，科学出版社2012年版。

⑪ 绍兴市文物管理处：《绍兴狮子山西汉墓》，《考古》1988年第9期。

⑫ 胡继根：《上虞周家山古墓葬发掘》，浙江省文物考古研究所编：《沪杭甬高速公路考古报告》，文物出版社2002年版。

⑬ 王海明：《上虞驿亭谢家岸后头山古墓葬发掘》，浙江省文物考古研究所编：《沪杭甬高速公路考古报告》，文物出版社2002年版。

⑭ 蒋乐平：《上虞牛头山古墓葬发掘》，浙江省文物考古研究所编：《沪杭甬高速公路考古报告》，文物出版社2002年版。

⑮ 黎毓馨：《上虞驮山古墓葬发掘》，浙江省文物考古研究所编：《沪杭甬高速公路考古报告》，文物出版社2002年版。

⑯ 浙江省文物考古研究所、上虞县文物管理所：《浙江上虞凤凰山古墓葬发掘报告》，浙江省文物考古研究所编：《浙江省文物考古研究所学刊——建所十周年纪念（1980—1990）》，科学出版社1993年版。

嵩坝[1]，奉化南岙[2]、石菊花地[3]，慈溪陈山[4]，鄞州高钱[5]，萧山城南[6]等；中部的杭金衢地区主要包括杭州葛岭[7]、老和山[8]、古荡[9]、龙游东华山[10]、仪冢山[11]，武义后金山[12]等；以及南部的温丽台地区，包括温岭元宝山[13]、塘山[14]，

---

① 吴玉贤：《浙江上虞嵩坝东汉永初三年墓》，《文物》1983年第6期。

② 浙江省文物考古研究所、宁波市文物考古研究所、奉化市文物保护管理所：《奉化白杜南岙林场汉六朝墓葬》，浙江省文物考古研究所编著：《浙江汉六朝墓报告集》，科学出版社2012年版。

③ 宁波市文物考古研究所、奉化市文物保护管理所：《浙江奉化南岙石菊花地墓群发掘简报》，《南方文物》2011年第4期。

④ 浙江省第二届文物考古培训班考古实习组：《慈溪陈山汉墓发掘简报》，浙江省文物考古研究所编著：《浙江汉六朝墓报告集》，科学出版社2012年版。

⑤ 浙江省文物考古研究所、南京大学历史系考古专业：《浙江省鄞县高钱古墓发掘报告》，《浙江省文物考古研究所学刊（第七辑）》，杭州出版社2005年版。

⑥ 浙江省文物考古研究所：《杭州地区汉六朝墓发掘简报》，《东南文化》1989年第2期。

⑦ 金祖明：《浙江省文管会清理了杭州的十几座汉墓》，《文物参考资料》1955年第2期。

⑧ 浙江省文物考古研究所：《浙江省杭州市老和山汉墓发掘报告》，《浙江省文物考古研究所学刊（第七辑）》，杭州出版社2005年版。

⑨ 浙江省文物管理委员会：《杭州古荡朱乐昌墓清理简报》，《考古》1959年第3期；浙江省文物考古研究所：《杭州地区汉六朝墓发掘简报》，《东南文化》1989年第2期。

⑩ 崔成实：《衢州市东华山汉墓发掘简报》，《浙江省文物考古所学刊（1981）》，文物出版社1981年版；龙游县文物管理委员会：《浙江龙游县东华山12号汉墓》，《考古》1990年第4期；朱土生：《浙江龙游东华山汉墓》，《考古》1993年第4期；衢州博物馆：《衢州汉墓》，文物出版社2015年版。

⑪ 浙江省文物考古研究所、龙游县博物馆：《龙游仪冢山汉墓发掘简报》，浙江省文物考古研究所编著：《浙江汉六朝墓报告集》，科学出版社2012年版；衢州博物馆：《衢州汉墓》，文物出版社2015年版。

⑫ 金华地区文管会：《浙江武义东汉墓》，《考古》1981年第2期。

⑬ 叶艳莉：《温岭元宝山发现西汉东瓯国墓葬》，浙江省博物馆编：《东方博物》第三十六辑，浙江大学出版社2010年版。

⑭ 浙江省文物考古研究所、温岭市文化广电新闻出版局：《浙江温岭市塘山西汉东瓯国贵族墓》，《考古》2007年第11期。

平阳凤门岭，乐清四房山[①]，黄岩秀林[②]，临海黄土岭[③]，云和白塔山[④]等。

（二）秦汉印纹硬陶的特征

印纹陶器盛行于先秦时期，是浙江乃至江南地区商周至战国时期随葬品的主要组合器类，具有浓郁的地域特色。入汉后，此类器物虽趋式微，但其泥条盘筑的制作方式、器表拍印几何纹的装饰技法仍贯穿于整个两汉时期，至六朝后才逐渐消失，体现了传统文化的传承和发展。两汉时期的印纹硬陶普遍用于日用器的制作，器型以罍占主流，另有零星的罐、坛、瓿等。

西汉时期印纹硬陶在随葬品中所占的比例不高，器型以日用器瓿、罐、坛、罍等居多，最初器表是以满饰的席纹最具特色，稍后约西汉晚期，拍印的梳状纹开始流行，并延续至东汉时期。

具体来看，西汉早期，印纹硬陶的数量不多，器型常见坛、罐、罍。其中，坛、罐、罍器物通体拍印规整的米格纹和斜方格纹，斜方格纹和麻布纹，涂抹式的弦纹与小方格纹、麻布纹、方格填线纹的组合纹饰，另有少量罍通体拍印编织纹。（图2–73）

西汉中期，印纹硬陶仍以罍、坛、瓿、罐居多。其中，罍的纹饰由组合纹向单一的编织纹转变，纹饰仍模糊而多有重复；坛类器物仍多拍印小方格纹、斜方格纹，偶有少量通体拍印粗麻布纹。瓿和罐类器物均仅见于浙西南地区的墓葬当中，具有较强的地域性。瓿通常体量较大，敞口，宽弧肩，鼓腹，腹下部斜收，平底，通体拍印小方格纹或拍印大

① 梁岩华、徐青、余群鸣、陈乐敏、叶挺铸：《温州东瓯国文物调查与认识》，吴东、林华东主编：《东瓯文化学术讨论会论文集》，浙江古籍出版社2013年版。

② 浙江省文物管理委员会：《黄岩秀岭水库古墓发掘报告》，《考古学报》1958年第1期。

③ 临海市博物馆：《浙江临海黄土岭东汉砖室墓发掘简报》，《东南文化》1991年第5期。

④ 崔丽萍：《云和白塔山一号汉墓出土文物》，浙江省博物馆编：《东方博物》第四十七辑，浙江大学出版社2013年版。

图2-73　西汉早期印纹硬陶

1.罐（乐清四房山出土）　2.罐（温岭塘山出土）　3.瓿（嵊州剡山出土）　4.坛（嵊州剡山出土）

图2-74　西汉中晚期印纹硬陶

1.罐（平阳凤门岭出土）　2、3.罍（湖州杨家埠出土）　4.瓮（温岭塘山出土）　5.瓮（乐清四房山出土）　6、7、8.圜底罐（嵊州剡山出土）

方格对角交叉内填线组合纹饰；罐通体拍印粗麻布纹或编织纹。

西汉晚期，印纹硬陶的数量进一步增加，常见器型有圜底罐、罍、双唇罐等。其中，圜底罐底部拍印绳纹或通体拍印横向条纹；罍和罐的纹饰以编织纹、梳状纹最为常见。（图2–74）

王莽时期至东汉早中期，印纹硬陶大致延续了西汉晚期的器型和纹饰。东汉早期，罍的纹饰由编织纹向梳状纹转变，到东汉早期后段，又向网格纹和窗帘纹转变；双唇罐也常见块状网格纹；另外还有少量印纹硬陶罐通体拍印窗帘纹或斜方格纹。（图2–75）

东汉中期晚期，浙江地区的墓葬当中，开始出现成熟青瓷。这些瓷器除了表面施釉外，在器型和纹饰上，与包括印纹硬陶在内的同时期硬陶如出一辙。可见，脱胎于原始青瓷的成熟瓷器的出现，与印纹硬陶的发展存在着不可分割的联系。

图2–75　两汉之际到东汉早中期印纹硬陶

1. 罐（上虞蒿坎出土）　2. 双唇罐（嵊州刻山出土）　3. 罍（嵊州刻山出土）　4. 罍（上虞蒿坎出土）　5. 罐（上虞石头山出土）　6. 罐（云和白塔山出土）　7. 罍（湖州杨家埠出土）　8. 罍（奉化南岙出土）

第四节　工艺成就

瓷器是中国的伟大发明，而这一伟大发明发端于原始青瓷的创烧。从现有考古资料看，浙江不仅是最早开始原始青瓷烧造的地区，也是原始青瓷窑业技术从萌发到成熟的历史过程最为完整的地区。原始青瓷的成功孕育，是世界制瓷史上第一个里程碑式的跃进，也是古代浙江在人类瓷业文化史上的首项重大贡献。原始青瓷发生、发展的历史进程在以德清为中心的东苕溪流域，展现得最为充分。

以东苕溪流域为代表的浙江先秦原始青瓷生产，无论是生产时间、窑址规模，还是产品种类、产品质量、装烧工艺等方面，在全国都处于一马当先的地位。原始青瓷的起源发生在夏代晚期至夏商之际，这一时期涉及的窑址类型有三个，分别是瓢山、北家山和南山类型，其中瓢山最早，南山早期最晚，北家山介于两者之间；商代的考古资料主要来源于湖州南山窑址；西周晚期至春秋和战国时段的考古材料相对丰富，最为典型的分别为德清火烧山和亭子桥窑址。

本节将以上述发掘或者试掘过的典型窑址为例，以东苕溪流域原始青瓷烧造技术发生与发展历程为剖析对象，从胎土的选择、人工釉的出现、拉坯成型技术、窑炉的出现和改进、装烧工艺等几个方面，总结先秦原始青瓷烧造的工艺成就。

一、胎土的选择

瓢山窑址的原始青瓷与印纹硬陶基本一致，无论是胎质还是胎色均十分相似，即均以灰黑色胎为主，胎色不纯，通常胎心呈灰黑色，内外表呈浅灰色或灰白色，少量为紫红色胎；胎质较细，但普遍疏松，常见

图2-76　瓢山、北家山、南山窑址胎料对比

大量气孔。此时，原始青瓷与印纹硬陶在胎质上尚未分化。

北家山窑址保留了少量瓢山类型的胎质，胎中仍普遍见有黑色的斑点，但新出现浅灰或灰白色胎，胎质较细，气孔明显较灰黑色胎为少而致密。此类胎质迅速取代瓢山类型的黑灰色胎成为主流，说明此时原始青瓷与印纹陶在胎质上开始分野，逐渐形成真正意义上的瓷胎。

南山窑址早期器物的胎土多为浅灰白与浅灰色，胎色较纯而稳定，胎质更加细腻坚致，虽仍有相当比例的器物胎中夹杂有黑色斑点，但斑点的个体明显较北家山小而少（图2-76）。这种胎色由深变浅以及胎质由粗变细、由多气孔变致密的过程，一方面与胎土的选择密不可分，另一方面可能与火候的提高有关。

通过考古发掘，在南山窑址中发现了淘洗池、澄泥沟与贮料坑等遗迹（图2-77）。由此看来，商代已经存在整套的淘洗工艺流程。其淘洗的工艺流程可能是：从窑址附近取细纯的泥土放置于淘洗池中，再从上坡处引水注入其中进行搅拌淘洗，粗粒沉于坑底，细腻瓷土随水漂浮并流入澄泥沟内沉淀，最后将沉淀后的细泥取出贮藏于贮料坑中。这一整套成熟的淘洗工艺，使南山窑址产品无论胎色还是胎质均已相当成熟和稳定，是商代原始青瓷中一项很高的成就[①]。

① 浙江省文物考古研究所、湖州市博物馆、德清县博物馆：《东苕溪流域夏商时期原始瓷窑址》，文物出版社2015年版。

1

2

3

图2-77 南山窑址贮料坑

1.H7（北—南） 2.H7底部残留青灰泥 3.H8（北—南）

火烧山窑址西周晚期到春秋初期的原始青瓷，胎质较细腻致密，但有细小的气孔，胎色较浅，多呈灰白色；到春秋中晚期，原始青瓷的胎土趋于稳定，胎色较浅，呈灰白色或灰黄色，胎质较细密坚致，气孔小而少。

亭子桥窑址的原始青瓷器胎质大多十分细腻致密，胎色多呈灰白色和灰黄色，少量呈青灰色。出土标本中，有相当一部分烧成较好的，火候很高，质地坚硬，叩之发音清脆，质量上乘，从质地到釉色，可与东汉成熟青瓷媲美。

二、人工釉的出现

图 2-78　瓢山、北家山、南山窑址施釉对比

瓢山窑址原始青瓷釉层分布范围极小，一般仅在罐类器物的肩部与口沿局部，且施釉线不清晰，釉色多呈酱褐色或黑褐色，仅小范围内釉层厚、玻璃质感强；器表施深色陶衣者占多数。

北家山窑址中大部分器物，主要是豆，在青釉上明显进步，豆盘内腹满釉，釉层厚，玻璃质感强，釉色青绿，胎釉结合较好；与瓢山窑址接近的深色釉比例较小，且基本不见深色的陶衣；胎与釉之间存在着一定的对应关系，胎色越浅，胎质越致密，则釉层厚而满、釉色青翠。

南山窑址早期则完全不见了北家山时期的深色釉，青绿色釉的比例大大增加，豆盘内多施满釉而均匀，釉层厚。但也存在一部分器物釉色较差，呈棕色的薄衣状，不见玻璃光泽。说明这一时期，无论是釉层、釉色，还是胎釉结合情况，均差别极大，施釉技术尚不稳定（图 2-78）。

火烧山窑址中，西周晚期到春秋早期的原始青瓷均为满釉，但仍存在施釉不均匀、流釉与缩釉现象。到了春秋中晚期，器物施满釉，釉层薄而均匀，釉色青黄或青绿，玻璃质感较强。胎釉结合紧密，剥釉产品极少，说明这一时期原始青瓷的施釉技术趋于稳定。

亭子桥窑址中，施釉技术进一步提升。施釉普遍较薄较匀，釉色变化较多，其中泛黄色者最为多见，也有青中泛灰和泛绿色的，少量呈淡青色、胎釉结合紧密，基本无脱釉现象。

三、拉坯成型技术

瓢山窑址的成型技术，主要是手制结合轮修、轮制结合手工修整等，大型的罐类器物可能是手制成型为主要工艺，结合口沿部位的轮修；小型的钵类器物则以轮制为主，外下腹部与底部结合手工修刮；豆由于柄较粗大，基本以轮制为主，豆柄与豆盘分段拼接。

这种成型技术为北家山窑址与南山窑址早期所沿用，大型罐类器物，无论是原始青瓷还是印纹硬陶，均为手制结合轮修，而小型的钵类器则以轮制结合手工修整，唯一变化比较大的是豆的制作。由于从北家山窑址开始，豆柄变粗、胎壁变厚，因此豆盘轮制，外下腹则用片状工具手工纵向修刮；豆柄的外腹亦与此相同，留有片状修刮痕迹，而内腹则多用片状工具旋挖而成。

商代早期依然采取轮制与手制或手工修整相结合的方式。以豆的成型为例，商代早期均为宽沿深斜腹豆，豆柄较矮，轮制与手制并用：豆盘轮制，内腹轮旋痕清晰，外下腹使用片状工具纵向修刮，保留清晰的痕迹；豆柄为手制，外腹用片状工具纵向修刮，内腹则多次掏挖而成，足端用慢轮修整；豆盘与豆柄分别制作再拼接而成。到了商代中期，手制轮制并用的早期技术明显减少而居于次要地位：部分豆柄手制成型后外壁不再用片状工具纵向修刮，而是涂抹光洁，内壁用片状工具一次旋挖而成，较为光洁；大量豆柄开始应用拉坯成型工艺，内外壁均光洁规整；豆盘与豆柄依然拼接而成，豆柄与豆盘相接处开始内凹，略似于榫卯状以增加拼接处的牢固度。商代晚期，豆盘与豆柄分别用轮制成型再拼接而成，豆盘下腹不再修刮，内腹有轮旋痕而外腹较为光洁。

火烧山窑址中春秋早期的轮制技术变化不大，从春秋早期晚段开始，制作工艺发生了变化：部分碗的内底旋纹明显较为细密，外底的弧形线割痕迹亦更为细密，推测此时的轮制技术有所突破。春秋中晚期，轮制技术趋于稳定，碗内底旋纹越发清晰细密，外底线割痕迹明显。

战国时期，绝大多数原始青瓷产品均采用快轮拉坯成型，器身形体规整匀称，胎壁较薄，厚薄均匀一致。

四、窑炉的出现和改进

窑炉是陶瓷类器物烧成的空间，窑炉的结构和形态对于窑业生产至关重要，不仅关系到烧成的温度、气氛，还会影响烧造的空间、产品的数量和使用时间等。浙江地区所见的窑炉类型以龙窑居多。夏代晚期的瓢山窑址中，窑炉保存不佳，从火膛、窑壁、窑床的残存情况来看，窑炉不长，未见窑底铺砂现象，说明此时的窑炉刚刚形成。

窑温的提高，可能是原始青瓷的出现与早期发展的最重要推动因素之一。尽管夏代晚期的窑址发现数量不多，且保存不全，但通过对比三个类型窑址的产品特征，我们依然可以分别从胎、釉、变形几个方面找到窑温逐渐提高的证据。第一，窑温直接影响胎质的坚硬程度。瓢山窑址虽然绝大多数产品胎色灰黑，但也有一部分器物存在夹心状，即胎心的温度低于胎表，烧成火候不够。而这种情况在北家山窑址明显减少，南山窑址则几乎不见，后者胎呈较纯的浅色，且胎质更硬，击之声更清脆。第二，窑温可能会影响釉的呈现。从胎釉的对应关系上来看，深色胎的器物釉一般较差，多仅限于一侧有釉，可能是朝向火膛温度较高的一侧；而浅色胎器物则多为整个豆盘或钵内腹均有釉。据此推测，仅局部的釉可能是由于火候不到使釉未能完全呈现出来，而满釉的现象反映烧造温度达到了烧结的要求。第三，窑温会影响器物的形态。从窑址产品的出土情况来看，瓢山生烧产品的比例最高，因过烧变形的比例最低，而南山窑址中生烧产品的比例最低，却出土大量因过烧导致变形的标本，也从侧面说明南山窑址的烧造温度明显高于瓢山窑址。

除了窑温，原始青瓷的烧造还会受到窑炉内气氛的影响，主要表现在釉色的呈现上。青绿色的釉需要有很好的窑炉还原气氛。瓢山窑址的产品，不仅釉色深，甚至薄衣也普遍呈灰黑、棕褐等较深的颜色，几乎不见青绿色釉，说明这一时期窑炉在气氛的保持上尚不能达到还原的要求。而南山窑址大比例青绿色釉的出现，说明此时已经较好地解决了气氛问题。这也应该是得益于窑炉技术的进步。

除此之外，南山窑址中出土多种颇为特殊的大型烧结块，有的呈柱状，有的形状不规则，应该与窑炉的坍塌和修整有关，说明此时窑炉的建造技术还不成熟，稳定性较差。对比福建浦城商代陶窑、武夷山西周原始青瓷窑址结构来看，推测南山窑址出土的柱状烧结块应当是分烟柱，而不规则形烧结块可能是用于加固分烟柱。另外，从这些大型烧结块表面的厚重窑汗来看，呈黑色的玻璃相，当非短时期内形成，说明单条窑炉的窑温较高、使用时间比较长（图2–79）。

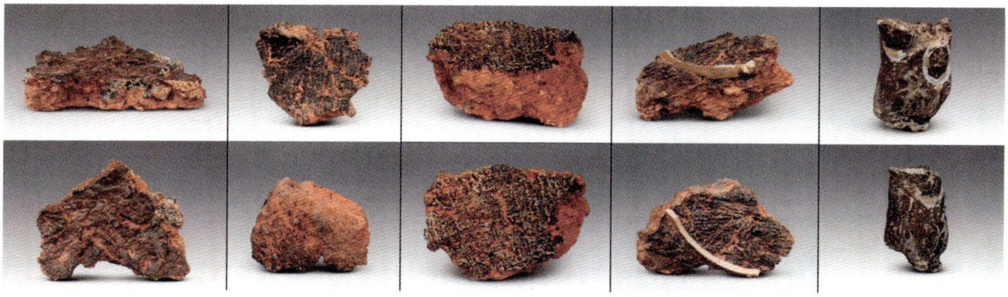

图2–79　南山窑址一至五期出土烧结物

五、装烧工艺

装烧工艺的改进是窑业发展的关键因素。装烧时使用叠烧方式，在充分利用窑炉空间的同时，有效防止器物的粘连，可以极大地提高产量和成品率。

南山窑址中未见支烧具，产品应为直接置于窑床底部烧造。由于窑底并未铺砂，为了克服窑床底部的坡度，必须在朝向下坡的一侧支垫才能使器物放平。从出土的直接置于窑床上的器物底部黏结来看，这一时期的衬垫物并不是十分严格，既有用大块的窑渣，也有用较粗的砂粒。然而在窑址第四期中，出土一种圆饼形器物，制作规整，直径约20厘米，厚不到2厘米，胎质较细，一侧面生烧严重，另一侧面有叠烧器物的痕迹并黏结有小块的原始青瓷片，应该是用于装烧的支垫物，用来承托簋、尊等带有圈足、体形硕大的器物。

这一时期，除了少数大件器物使用单件装烧之外，已普遍使用叠烧工艺。一般是2—3件器物叠烧，其叠烧方式有：同类器物叠烧，如多件豆叠烧、多件罐叠烧、多件尊叠烧；非同类器物叠烧，如大型印纹硬陶罐上叠烧一件原始青瓷小罐；同类器物之上再叠烧其他器类，如多件豆之上再叠烧一件器盖等方式。

西周晚期到春秋早期，火烧山窑址中出土遗物中的外底，往往有明显的白色砂性烧结物黏附，几乎占据了整个器底，而且一般较厚，推测当时不使用间隔具而在器底涂抹一层砂性物质后直接叠烧。

到春秋早期中段，在器物外底保留了施白色砂性物质的做法，并开始出现托珠。形体扁平，胎质较粗，夹杂有细砂粒，且多挤压变形，胎体开裂。到了晚段，托珠形体呈圆锥形状，胎质较致密，器型规整，表面有爆汗釉者则较为少见。从器物底部保存的托珠痕迹来看，一般是三个托珠同时使用，等距分布于器物内底近中心部，偶见仅用较大型近圆饼的托珠置于器物底部中心单个使用的情况。几乎所有的器物外底都保留了施白色砂性物质的做法。

春秋中期，开始大量出现圆锥形托珠，胎质致密细腻，火候较高，表面往往有爆汗釉。生烧与剥釉产品极少，但是内底黏结大块窑渣的现象仍旧较为普遍。从春秋中期晚段开始，地层堆积中以瓷片为主，其情况较为接近汉以后窑址中纯瓷片或瓷片与窑具的堆积，表明这一时期烧造产量有了较大的提高。

到了春秋晚期，装烧方式上，仍采用外底黏结白色砂性烧结物的做法，但窑址中并未发现托珠，碗底也没发现托珠痕。虽然绝大多数器物火候较高，生烧与剥釉产品极少，但部分器物的底足火候较低，呈砖红色，并存在着剥釉的现象。

战国时期，原始青瓷的烧造技术迎来了巨大发展，烧造方式多样，不同的器型使用不同的支烧具进行支烧。通过亭子桥窑址出土标本和留存于窑炉底部的部分器物，结合出土的窑具，可知产品均系明火裸烧，具体存在三种装烧方法：单件用支垫具支烧、多件着地叠烧和单件着地装烧。

其中，单件支烧主要用于烧造仿铜的礼器与乐器。由于仿铜礼乐器大多器型硕大厚重，用支具单件支烧，可以使坯件抬高窑位，使之离开窑底一定距离，以便让下腹和底部也能充分受火，避免和减少底部与下腹的生烧或欠烧现象，也可避免因叠烧留下痕迹，提高产品的质量和成品率。根据不同的器型使用不同的支烧具，其中罐、瓿、盘、盆、鉴等平底器用喇叭形、束腰形和直腹形支具支烧。支具的支面上撒些瓷土粉末作为间隔物，以防止器底与窑具的互相粘连。尊、圈足盘、镈于等圈足器则用盘类支烧具支烧，器物的足尖沾上一些瓷土粉末以防止与窑具黏结。三足鉴、三足缶、三足盘等矮三足器，则使用带三个孔的覆盘形支烧具支烧，矮足置于三个孔内不着地，器物外底部直接搁置在窑具承托面上，器物外底与承托面之间用瓷土粉末间隔。

多件着地叠烧主要见于日用器物上，包括碗、杯、盅、碟、盏、小罐等类器物，礼器类器物则仅见于盆、匜、小豆等大口浅腹的小型器物上。叠烧器物既有大小不一的同类器物套装叠烧，如碗、杯与杯、盅、小罐、小豆等；也有两种不同的器类套装叠烧，如碗与杯、碗与盏、盒与盅叠烧等。从器物大小来看，既可以是大小不同的同类器物叠烧，也可以是与较小的他类器物叠烧，叠烧数量不多，一般只有2—3件，最多也不过4件。这些明火叠烧器物既没有在底面上使用任何使之离开地面的支垫具，也没有在各件器物之间使用垫饼、托珠等间隔具，只是在上釉的器物内底撒上一些瓷土粉末，用以防止上下件器物之间的互相黏结。因此，这类叠烧器物的内、外底，往往可见大面积不规则分布的白色黏结物。出土的产品标本中，因上下叠烧器物互相粘结而成为废品的标本也有较多发现。

单件着地装烧常见于一类体形不是很大的平底浅盘，这类器物内底均未见叠烧痕迹，外体或有不同程度生烧，或沾有铺于窑底的白色瓷土粉末。鼎类高三足器多见足尖有不同程度的生烧现象，另外少量罐、瓿、盆等大件平底器，甬钟、句鑃等乐器，也有少量采用单件着地装烧的方式。

战国晚期，伴随越国的衰败，东苕溪流域原始青瓷的烧造也走向了衰落，但是以原始青瓷为代表的窑业技术被秦汉原始青瓷继承和发展，为东汉晚期成熟青瓷的烧造奠定了坚实的技术基础。

第三章 成长期

第一节　概述

从东汉中晚期开始，中国陶瓷生产史进入到了新的发展阶段。具有里程碑意义的事件是成熟瓷器的诞生。成熟瓷器是由原始瓷器发展而来的，是在原料粉碎和成型工具的改革、胎釉配制方法的改进、窑炉结构的进步、烧成技术的提高等条件下获得的[①]。东汉中晚期，在主要胎釉特征上都达到了现代标准的成熟瓷器产生了，以浙江上虞小仙坛窑址为代表的一组窑场在工艺技术上达到了生产出现代意义瓷器的水平。这些产品的出现标志着瓷器发明过程的完成。瓷器的出现，是我国陶瓷发展史上一个重要的里程碑，从此世界上有了瓷器，其作为一种材料的影响更为深远。

浙江地区是成熟瓷器的主要诞生地，自东汉中晚期至唐代早期，浙江地区制瓷业不断发展，技术不断积累，为之后制瓷业的大发展奠定了各方面的技术基础。在此期间，于三国两晋时期形成了浙江古代青瓷生产的第二个高峰。此外，从制瓷业本身的发展角度看，东汉中晚期至唐代早期，浙江地区的制瓷中心也由浙北以德清为中心的东苕溪中游地区转移到了以上虞为中心的曹娥江中游地区。从东汉中晚期起，浙东地区开始逐渐形成庞大的越窑青瓷系统。纵观越窑的发展历史，我们可以将其分为三大历史时期，即早期越窑（汉六朝至早唐）、中期越窑（盛中唐至北宋）、晚期越窑（南宋早期）。

---

① 中国硅酸盐学会：《中国陶瓷史》，文物出版社2006年版，第133页。

第二节 成熟青瓷出现

大量的考古材料及科学测试表明，成熟瓷器诞生于东汉中晚期，其中分布于浙江宁绍地区的越窑产区便是成熟瓷器诞生的重要地区。

中国科学院上海硅酸盐研究所曾对上虞帐子山、小仙坛窑址的青瓷标本进行过测定，结果表明“它的胎釉中的Fe_2O_3和TiO_2的含量都比较低，烧成温度已达到1300℃。瓷胎中石英颗粒较细，分布较均匀，莫来石针晶到处可见，玻璃态较多。釉为透明的玻璃釉，釉泡及残留石英甚少。胎釉交界处常有钙长石析晶层，增强了胎釉的结合强度。胎的吸水率很小而且具有较高的抗弯强度。根据它的胎釉的化学组成和显微结构以及性能，可以认为已达到瓷器的标准”①，从而证明了上虞帐子山和小仙坛等窑场的产品在烧成温度、显气孔率、吸水率、抗弯强度、胎釉状况等方面均已经达到了成熟瓷器的标准②。“瓷和陶的差别在于它的胎体外观坚实致密，多数为白色或略带灰色调，断面有玻璃态光泽，釉层微透光。在性能上具有较高的强度，气孔率和吸水率都非常小。在显微结构上则含有较多的玻璃和一定量的莫来石晶体，残留的石英细小圆钝。这些外观、性能和显微结构共同形成了瓷的特征。”③

结合考古调查与发掘资料，地处长江中游的湖南地区应该也是成熟瓷器的重要诞生地之一，湘阴青竹寺窑址即是其中的典型代表。1988

① 李家治：《中国科学技术史·陶瓷卷》，科学出版社1998年版，第5页。
② 李家治：《我国瓷器出现时期的研究》，《硅酸盐学报》1978年第3期。
③ 李家治：《中国科学技术史·陶瓷卷》，科学出版社1998年版，第4页。

年，为迎接中国古陶瓷研究会在衡阳召开，湖南省文物考古研究所对该窑址进行了考古发掘。出土瓷器中青瓷器占90%，其他无釉陶器占10%。考古发掘揭露的地层堆积分为上中下三层，其中中层出土有“汉安二年”（143）刻文瓷片。经中国科学院上海硅酸盐研究所化验，青竹寺窑址产品与东汉越窑在外观上大致相似。其中，釉的配制是采用草木灰，以作为釉的含钙熔剂而组成。胎的化学分析显示有明显的SiO_2含量，这也表明青竹寺窑青瓷胎是使用含硅的瓷石制作而成的。胎中所含铁（Fe）和钛（Ti）等氧化物的含量范围亦同于越窑瓷器。烧成温度为1208℃—1224℃[①]。此外，2017年11月至2018年5月，湖南省文物考古研究所等单位又对青竹寺窑址进行考古发掘，清理出两座东汉中晚期的龙窑窑炉。窑炉内及废品堆积中发现的陶瓷片以青瓷为大宗，印纹硬陶仅占很小的比例，表明该窑址开始由印纹硬陶与青瓷混烧向专烧青瓷过渡。青瓷胎体细腻，釉色莹润，釉层均匀，产品种类丰富。此外，该窑址及废品堆积中未发现支烧具，但出土了许多玉璧形垫圈和圆形垫饼[②]。

青釉瓷器在南方首先烧制成功应归功于南方盛产的瓷石，由于当时只用瓷石作为制胎原料，因而形成了我国南方早期的石英-云母系瓷的特色，这是一种高硅低铝质瓷。其次应归功于南方长期烧制印纹硬陶和原始青瓷的工艺积累。烧制瓷器的龙窑经过不断的改进日臻完善，使烧成温度可以稳定地达到1300℃，加之胎釉的改进，使成熟瓷器最终产生。

---

① 周世荣：《湖南陶瓷》，湖南省文物考古研究所编：《湖南古墓与古窑址》，岳麓书社2004年版，第409页。

② 杨宁波：《湖南湘阴青竹寺窑址》，《大众考古》2018年第6期。

第三节　早期越窑

一、东汉中晚期

东汉中晚期，早期越窑窑址主要分布于以上虞为中心的曹娥江中游和宁波地区的余姚、慈溪上林湖、鄞州东钱湖等地，此外在绍兴城区、诸暨等地区也有少量分布。

迄今为止，在上虞的上浦、百官、梁湖、汤浦、章镇、驿亭等地共发现这一时期的窑址点61处，其中大部分窑场专烧青瓷，少数窑场只烧黑瓷，也有窑场兼烧青瓷和黑釉瓷两种产品。上虞地区的东汉瓷窑遗址，一般都分布在曹娥江两岸附近或曹娥江支流小舜江两岸的丘陵山地。百官街道的东汉窑址分布在外严村的算盘山、里外严水库、城区龙山等处。梁湖镇的东汉窑址，分布在拗花山村的笠帽山、金山、寺山、石泉岙、朝北山、清明山，沿山村的龙松岭、冲担山，倪刘村的平地山，潘窑村的庙山岙，华山村的桃岙，横山头村的白鹤湾，柴岙村的窑山，南穴村的大顶尖山，洪山湖村的黄蛇岭、黄岙等处。上浦镇是东汉窑址的主要分布区，上虞已发现的东汉窑址半数以上遗存于此地，分布在四峰山村的小仙坛、大园坪、小陆岙、葛巴山、龙池庙后山，大善村的禁山，夏家埠村的帐子山、刀砖岗、虎皮岗、皮刀山、大平地山、畚箕岙、后山，大湖岙村的官山、八目田头山、老坟山、马面山、馒头山、捣臼窝、火棚山、苹果山、五碗山和朱家山，王家汇村的米夹岙、大树山、前山、白沙湾，渔家渡村的大乌贼山、横岙、石菖岙，昆仑村的长汀山，徐湾村的里庵基，庙基湾村的骑马岗下蕴等地[①]。

这一时期，上虞地区烧造青瓷的窑址以帐子山窑址、小仙坛窑址、大园坪窑址和禁山窑址为代表，其中帐子山窑址、大园坪窑址和禁山窑址曾进行过考古发掘。

1978年，为了配合基本建设，文物考古工作者曾对帐子山窑址进行考古发掘。本次发掘揭露出2条东汉时期龙窑，东西向并列，龙窑的前段已遭破坏。东边的一号窑残长3.9米，宽1.97—2.08米；窑床坡度，前段为28°，后段为21°，前后段交接处有明显的凸棱一道；窑底用黏土抹成，底面铺砂两层，下层经火焙烧而黏结变硬，上层质地松软，圆筒形和喇叭形窑具的底部插入上层砂内，证明砂层起固定窑具的作用。窑墙用黏土筑成，残高32—42厘米，经过长期高温焙烧，壁面有熔融成玻璃状的窑汗。出土器物有碗、盏等，胎色淡红，质地疏松，说明部分器物因所处窑位不佳而温度偏低。二号窑的结构和建筑用材与一号窑相同，只是窑床的坡度不同。烧制产品以印纹罍、双耳罐、碗等为主，另外还有双唇罐、壶等[②]。

大园坪窑址位于上虞区上浦镇石浦村（现为四峰山村）的四峰山南麓，南距小仙坛窑址约200余米。2004年11月至2005年1月，浙江省文物考古研究所联合上虞博物馆、上虞文保所等单位对大园坪窑址进行了考古发掘。此次考古发掘揭露出龙窑2条，并获得大量瓷器标本[③]。一号龙窑（图3-1）窑宽2米，残长6.6米，窑头和窑尾部分均遭墓葬破坏；火膛较大，残长1.46米，火膛后壁高0.66米；窑底、窑壁以黏土抹成，具有良好的烧结面。从火膛、窑腔等部分考察，未有投柴孔痕迹，

---

① 宋建明：《早期越窑：上虞历史文化的丰碑》，中国书店2014年版，第24页。

② 宋建明：《早期越窑：上虞历史文化的丰碑》，中国书店2014年版，第24—25页。

③ 浙江省文物考古研究所：《浙江考古新纪元》，科学出版社2009年版，第219—220页；浙江省文物局：《发现历史——浙江新世纪考古成果展》，中国摄影出版社2011年版，第385页。

图3-1　大园坪窑址窑炉遗迹

窑门位置也不清，可能是当时窑炉尚未完备，火力主要在火膛完成，所以窑身也不能太长，以利于窑温的提高和均匀分布，从而使窑温提高到1300℃左右。出土器物种类十分丰富，有碗、钵、洗、锺、瓿、罍、虎子（图3-2）、托盘、鬼灶、五联罐等。此外，还出土了一件镌刻有“谢胜私印”的青瓷，为东汉时期出土瓷器中首次发现的款识[①]。出土产品大致可以分为两类，即日常生活用器和专用陪葬明器，后者如五联罐、水井（图3-3）[②]、鬼灶等在奉化白杜熹平四年（175）墓[③]中有出土。此外，奉化白杜熹平四年墓中还出土有熏炉（图3-4）等。此时器物胎釉结合紧密，瓷胎硬度强，吸水率低，已经具备了成熟瓷器所有的物理特征。装饰简洁明快，已经较为普遍地采用划刻、模印、镂空等技法。纹饰种类有弦纹、水波纹及各种几何形纹饰如麻布纹、窗棂纹、网纹、杉叶纹、重线三角纹、方格纹等。大园坪窑址出土器物釉色青绿滋润，器形规整，制作精美，与小仙坛窑址一样，代表了东汉越窑瓷器生产的最高水平。

图3-2 大园坪窑址出土虎子

图3-3 绳索纹水井

图3-4 青瓷熏炉

① 浙江省文物局：《发现历史——浙江新世纪考古成果展》，中国摄影出版社2011年版，第386页。

② 浙江省博物馆：《浙江纪年瓷》，文物出版社2000年版，图版2。

③ 奉化县文管会、宁波市文管会：《奉化白杜汉熹平四年墓清理简报》，《浙江省文物考古所学刊（1981）》，文物出版社1981年版。

禁山窑址位于上虞区上浦镇大善村北的禁山南麓，地处凤凰山窑址群的北部。2014年5月至10月，浙江省文物考古研究所、上虞博物馆、上虞越窑青瓷发展研究中心等单位对该窑址进行过考古发掘，发掘面积800平方米，揭露了包括窑炉、灰坑、灰沟等在内的丰富遗迹，并出土了大量高质量、高档次的成熟青瓷器。其中一条龙窑的年代应为东汉晚期。该窑炉为半地穴式长方形斜坡状龙窑（图3–5），保存较为完整，由火膛、窑床、排烟室三部分组成。长13.6米、宽2.2米，前端为近长方形的大火膛，低于窑床50厘米，底部与四壁均有黑色的坚硬烧结面；斜坡状窑床坡度整体较陡，近20°，底部铺砂；窑尾是长方形排烟室，高于窑床25厘米，后底部有6个排烟孔；窑炉内的窑具包括大型的支烧具

图3–5　东汉晚期龙窑窑炉

与三足支钉间隔具两种，支烧具顶端一般叠置盂形托垫具①。

调查资料显示，上虞地区的部分东汉窑址在生产青瓷的同时，也生产黑釉瓷器，如上浦的帐子山窑址、横岙窑址、虎皮岗窑址和章镇的船山窑址等。此外，还有专门烧造黑釉瓷器的窑址，如上浦镇的大乌贼山窑址等。当时的窑工深谙成本控制要诀，将质地较纯的瓷土用于制作青釉瓷器，将杂质较多的瓷土用于制作黑釉瓷器，以乌黑的釉层掩盖粗糙的胎体，这样既增加了产品类别，又物尽其用，降低了生产成本②。

二、三国西晋时期

三国西晋时期是中国历史上重要的转折时期，在社会经济发展与厚葬之风的推动下，这一时期越窑制瓷业蓬勃发展，并迎来了自成熟瓷器创制以来的第一个生产高峰。

考古调查资料显示，三国西晋时期上虞地区制瓷业生产规模成倍扩大，境内遗存的这一时期窑址多达140余处，主要分布在梁湖、上浦、驿亭、百官、曹娥等地，其中梁湖、上浦和驿亭是窑址相对集中的地区。梁湖镇的窑址主要分布在华光、华东、倪刘、南穴、罗岭、潘窑、横山头、花浦8个村，分布较密集的有华光村的晾网山，倪刘村的龟山、庙山、多居山、大多居山和保驾山，罗岭村的朱家山、老鼠山、加工场、祝家山等。上浦镇的窑址主要分布在大善、夏家埠、东山、昆仑、胡家埭等村，规模较大的窑址分布在大善村的凤凰山、前山、尼姑婆山、禁山、华山、平南山，夏家埠村的鞍山、小棋脚、和暖坪、新坟山，东山村的罗家岙、挂壁灯山、庄前山、虹漾后山、窑湖章湾里等地。驿亭镇的窑址分布在王家埠、赵家埠、横塘、黄倪严、杨溪、冯家

---

① 郑建明：《浙江上虞禁山早期越窑遗址的调查与发掘——发现东汉三国西晋时期完整的龙窑系列》，《中国文物报》2015年2月27日第5版；郑建明：《浙江上虞禁山早期越窑遗址考古发掘：青瓷溯源》，《大众考古》2017年第5期。

② 宋建明：《早期越窑：上虞历史文化的丰碑》，中国书店2014年版，第25页。

村、岭下王7个村，庙湾山、马山、凤凰山、半界庵、馒头山、石王山、仉阁岙、蛤蟆山、老山等处窑址遗存较为丰富[①]。

（一）三国时期

三国时期，江东的社会环境相对稳定，经济得到迅速发展。这一时期，制瓷业在浙江境内许多地方都已经出现[②]。湖州与德清的制瓷业老产区仍继续生产。上虞地区尽管是相对新兴的产区，却是这一时期越窑烧造的核心区域，其产品质量最高，窑业也最发达，窑址在曹娥江中游两岸地区有密集的分布，典型窑址有上浦镇夏家埠村的帐子山、鞍山窑址[③]和上浦镇大善村的禁山窑址[④]等。其中，鞍山窑址和禁山窑址曾做过考古发掘。此外，在余姚牟山镇和马诸镇[⑤]、柯桥夏履镇[⑥]、慈溪上林湖[⑦]、宁波慈城镇[⑧]、鄞州东钱湖[⑨]等地也有此期的越窑窑址发现。

器类器形方面，这一时期越窑产品种类较之前大大增加。产品中有从东汉时期延续下来的罍、篮、锺等器物；有碗、钵、罐、盘口壶、洗（图3-6）、盆、盘、唾壶、水盂、香熏、虎子、耳杯、槅、灯（图3-7）等日用器；有专门用于随葬的谷仓罐（图3-8）、羊形器（图3-9）、鐎斗、尊、磨、猪圈、狗圈、鸡舍、火盆、灶、吊桶、水井等明器，多是

① 宋建明：《早期越窑：上虞历史文化的丰碑》，中国书店2014年版，第28页。

② 施文博：《浙江地区六朝时期制瓷手工业遗存初步研究》，北京大学硕士学位论文，2008年。

③ 章金焕：《瓷之源——上虞越窑》，浙江大学出版社2007年版，第35页。

④ 郑建明：《浙江上虞禁山早期越窑遗址的调查与发掘——发现东汉三国西晋时期完整的龙窑系列》，《中国文物报》2015年2月27日第5版；郑建明：《浙江上虞禁山早期越窑遗址考古发掘：青瓷溯源》，《大众考古》2017年第5期。

⑤ 徐定宝：《越窑青瓷文化史》，人民出版社2001年版，第32页。

⑥ 沈作霖：《绍兴越窑概述》，《南方文物》1993年第4期。

⑦ 慈溪市博物馆：《上林湖越窑》，科学出版社2002年版，第8、10页。

⑧ 徐定宝：《越窑青瓷文化史》，人民出版社2001年版，第32页。

⑨ 林士民：《浙江宁波东钱湖窑场调查与研究》，中国古陶瓷研究会等编：《中国古陶瓷研究》第三辑，紫禁城出版社1990年版，第47—54页。

图3-6　三国吴越窑青瓷熊足洗（镇江博物馆藏）

图 3-7　三国吴越窑青瓷熊形灯（1958年江苏南京吴墓出土）

图3-8　三国吴青瓷堆塑谷仓罐（1935年浙江绍兴出土）

图3-9　三国吴越窑青瓷羊形器（江苏南京清凉山三国吴墓出土）

模仿现实生活中实物而作的，形象逼真。器物整体面貌矮而敦实，浑圆丰满，罐、盘口壶等容器口径较小，多扁圆腹，平底内凹。

装饰方面，流行划花、压印花和贴花等技法。在碗、罐等主要器物的肩腹部出现斜方格纹以及贴塑铺首纹，纹饰趋于繁缛。

装烧方面，根据窑址出土窑具可推断这一时期的装烧方法：先将筒形支具置于窑底，使支具支面垂直于地平线，然后再放坯件。窑址中出土相当数量的三足支钉间隔具和碗、钵、洗内底留下的三足支钉间隔具痕迹，表明碗、钵、洗等器物采用三足支钉间隔的叠烧方法，以提高装烧量，坯件入窑后进行明火焙烧。

此期工艺的进步主要表现在窑炉的改进上。上虞鞍山窑炉，比东汉时期的龙窑明显加长，这样它可以增加装烧量，从而提高了产量，同时窑身前宽后窄，又有利于器物烧成。窑炉的倾斜度前段比较平缓，后段较陡，窑床中段下凹；窑尾不采用挡火墙下筑排烟孔的方法，而是将窑尾的拱顶造低，从窑腔出烟。由于窑腔大，窑内空气与火焰流通量太大，所以用筑挡火墙并临时用黏土堵窑腔的方法来弥补其不足之处。这种做法说明，三国时期窑炉结构尚未定型，还在不断改进中。该窑中段窑具摆放密集，后段靠近挡火墙部分窑具甚少，说明当时装的坯件不多，很可能是因为后段距火膛较远，火力弱，难以烧成合格的瓷器。另外，从残存窑炉的起拱和残墙来看，这时窑室比较矮。

（二）西晋时期

西晋时期上虞地区制瓷业在三国时期的基础上蓬勃发展，典型窑址点有梁湖街道多柱山窑址，上浦镇凤凰山、尼姑婆山、禁山窑址，驿亭镇马山窑址、曹娥街道竹头山窑址和百官街道马家埠窑址等[①]。其中，尼姑婆山和禁山窑址曾进行考古发掘。此外，在绍兴柯桥区九岩、娄家坞等地也有数处瓷窑址发现[②]。上虞、柯桥两地是窑场比较集中、产品质量最好的中心产区。此期也是湖州制瓷史上的高峰时期，目前在埭溪龙山发现有小峰坞、下蒋坞和沙溪3处窑址[③]。萧山地区也在继续生产，

① 章金焕：《瓷之源——上虞越窑》，浙江大学出版社2007年版，第35—37页；杜伟：《上虞越窑窑址调查》，浙江省博物馆编：《东方博物》第二十四辑，浙江大学出版社2007年版，第6—15页。

② 周燕儿：《浙江绍兴九岩越窑》，《南方文物》2000年第2期；周燕儿、符杏华：《绍兴两处六朝青瓷窑址的调查》，《东南文化》1991年第Z1期。

③ 任大根、陈兴吾：《浙江湖州古窑址调查》，中国古陶瓷研究会等编：《中国古陶瓷研究》第三辑，紫禁城出版社1990年版，第63—72页。

图3-10　尼姑婆山窑址远景照

如戴家山村窑址等①。

2006年，浙江省文物考古研究所等单位对上虞尼姑婆山窑址（图3-10）进行了发掘，揭露出龙窑1条，类似作坊遗迹1处，并获得大量瓷器及窑具标本②。尼姑婆山窑址一号窑（编号06上尼Y1）（图3-11），为斜坡式平焰龙窑，由火膛、窑室、窑尾三部分组成，方向120°，全长约13.4米，窑宽约2.2米。前段坡度较缓，约12°，后段坡度较陡，约22°。该窑的构造，是在自然山坡上掘一浅槽，然后紧贴基槽以土坯砖

① 王屹峰、朱倩：《浙江萧山永兴河流域六朝青瓷窑址》，浙江省博物馆编：《东方博物》第十三辑，浙江大学出版社2004年版，第93—99页。

② 浙江省文物考古研究所：《浙江考古新纪元》，科学出版社2009年版，第223—224页；郑嘉励、张盈：《三国西晋时期越窑青瓷的生产工艺及相关问题——以上虞尼姑婆山窑址为例》，浙江省博物馆编：《东方博物》第三十五辑，浙江大学出版社2010年版，第6—17页。

图3-11　尼姑婆山窑址龙窑遗迹

图3-12　尼姑婆山窑址出土器物

砌成。土坯砖窑的出现，使窑身的加高具备了更多结构上的可能。上虞尼姑婆山的产品集中代表了越窑在三国西晋时期的总体面貌和最高的工艺与艺术水平。发掘资料显示，这一时期的产品种类十分丰富（图3-12），有碗、钵、罐、双唇罐、盘口壶、罍、水盂、三足圆砚、扁壶、虎子、各式器盖、三足樽、平底樽（鉴）、洗等。器物胎质细腻，胎体厚实坚硬，釉色多为青绿、青黄，胎釉烧结程度良好。

2014年，禁山窑址考古发掘曾揭露出2条三国至西晋时期的龙窑窑炉，分别编号为Y2和Y3。其中，Y2的大小、结构及窑具与Y1（东汉晚期窑炉）基本接近，最大的变化在于窑床的坡度，从单一的坡度演变成前缓后陡；Y3则明显加长，近16米，窑具丰富多样，支烧具高矮粗细不一，间隔具除三足支钉形外，新出现各种形状与规格的锯齿形①。

三国西晋时期越窑的胎釉质量在整个早期越窑制瓷历史上处于巅峰状态。装饰题材丰富，压印、戳印、刻划的纹样有斜方格纹（图3-13）、联珠圆圈纹、联珠花蕊纹、龙纹、栉齿纹、水波纹等，粘贴装饰有兽面

① 郑建明：《浙江上虞禁山早期越窑遗址的调查与发掘——发现东汉三国西晋时期完整的龙窑系列》，《中国文物报》2015年2月27日第5版；郑建明：《浙江上虞禁山早期越窑遗址考古发掘：青瓷溯源》，《大众考古》2017年第5期。

铺首、佛像、麒麟（图3-14）、凤凰等。器物装饰位置很规律，且往往于一件器物上使用多种装饰手法，使其纹饰深浅有致，达到很好的艺术效果。如在碗、罐、钵、洗等容器上既有划刻的弦纹，又有压印的斜方格纹、戳印的联珠纹，以及贴饰的铺首纹等。纹饰带组合也有规律性，一般斜方格纹在中间，上下有联珠纹，铺首对称贴在纹饰带上，斜方格纹、联珠纹、铺首本身的样式丰富多样，组成的图案也千变万化。此外，还有一批动物造型的器物，如狮形插器（图3-15、图3-16）、虎头罐、鸡头罐、牛头罐、马头罐、鹿头罐、鸡首壶（图3-17）、蛙形水盂、羊形器（图3-18）、象形器、熊形尊（图3-19）、鹰首壶（图3-20）等。

图3-13　青瓷印花双系卣（故宫博物院藏）

图3-14　青瓷贴花狮纹三足尊（英国维多利亚-阿尔伯特博物馆藏）

图3-15　西晋太安二年（303）越窑青瓷狮形插器（浙江杭州出土）

图3-16　西晋元康九年（299）越窑青瓷狮形插器（浙江新昌出土）

图3-17　青瓷鸡首壶（1995年浙江余姚出土）

图3-18　青瓷羊形器（1974年江苏南京晋墓出土）

图3-19　西晋永宁二年（302）越窑青瓷兽形尊（江苏宜兴西晋墓出土）

图3-20　越窑青瓷鹰首壶（1964年江苏南京出土）

装烧方法上，窑具主要有间隔具和支垫具两种。间隔具有三足饼形和锯齿口盂形两种，前者适用于碗类器物的叠烧，后者适用于碗、平底尊、洗类器物的支烧，每一类间隔具的大小规格均有20余种。支垫具形式多样，有盂形、钵形、筒形、浅盘形、束腰形等，有大小、高矮之别，通常置于窑室后段的支具较高。在个别窑具之上划刻或模印有“朱君”“朱”“范”等文字，似为窑工的姓氏。

这一时期精美的越窑产品在墓葬中有大量出土。以南京为中心的镇

图3-21　西晋元康四年（294）越窑青瓷堆塑罐（浙江余姚出土）

江、马鞍山、丹阳等地，为东吴、西晋时期的政治、经济、文化、商贸中心，聚居着当朝皇帝、王侯宗室和世家大族，聚族厚葬之风的盛行使得这里成为越窑青瓷最大的消费中心。墓葬中的随葬品种类十分丰富，大致可以分为两类：（1）日常用器，包括生活器皿与文房用具。又可以细分为饮食器、家居用具和文具三小类，饮食器常见的有碗、钵、耳杯、承盘、尊、碟等；家居用具则包括火盆、镳斗、勺、鉴、狮形插器、香熏等；文具有蛙形水盂、砚、水丞、洗等。（2）模型明器，大致可以分为三小类：一是模仿生产生活设施用具的家什农具，如踏碓、砻、米筛、畚箕、吊桶、扫帚、磨、臼、杵等，多为成组出现；二是反映家禽畜养的禽舍畜圈，如鸡舍、猪圈、狗圈、羊圈、鸭舍、牛厩、鹅圈等；三是反映居室建筑的仓院楼阁及堆塑罐（图3-21）等①。

考古材料展现出的越窑器类之丰富，在越窑的烧造历史上是空前绝后的，且造型复杂多样，常以动物形象作为器物整体造型，如此时出现的鸡首壶、兽形尊、狮形插器等器类，形象生动，令人爱不释手。器物造型向稳重端庄发展。一方面，为防止器物变形，窑工采用增厚器壁的方法，而叠烧方法要求器物底部承重力要大，器底往往是厚厚的平底；另一方面，为克服由此产生的厚重、笨拙感，将口沿做薄，使器形显现轻巧感。这一时期，罐、盘口壶等器形均较之前增高，并开始出现假圈

① 李军：《千峰翠色：中国越窑青瓷》，宁波出版社2011年版，第7—8页。

足碗。

由于佛教的传播，在越窑青瓷中涌现出一类佛教题材的器物，如模印佛像贴塑装饰以及与佛教有关的动物形象，有狮子、鸽子等。此外，随着佛教的本土化，开始出现佛像等装饰与道教题材纹样（如青龙、白虎、朱雀、玄武、神人骑兽等）在同一件器物上出现的现象。

三、东晋南朝时期

东晋至南朝时期，门阀士族纷纷南下，江东地区的丧葬习俗发生了剧烈变化。在此影响下，越窑逐渐停止了明器的生产，窑业生产规模缩小，产量锐减。此外，这一时期政局动荡、战乱频繁也对越窑制瓷业的生产产生较大影响，越窑核心区窑业生产进入低谷期。

这一时期，上虞曹娥江中游地区仍是越窑的中心产地。考古调查资料显示，上虞境内东晋南朝时期窑址锐减到18处，集中分布在梁湖、上浦和驿亭3个镇。梁湖镇的窑址主要分布在华光村的晾网山，西华窑村的窑山、顶山头、后山头，罗岭村的鲤鱼山、老鼠山、多柱山，沿山村的长宇湾、南山头；上浦镇的窑址主要分布于夏家埠村的帐子山、和暖坪，甲仗村的华岗、怀里山，姥山村的绳头山，四峰山村的荷花湖；驿亭镇的窑址主要分布于王家埠村的老山，虎岙村的大山，杨溪村的羊岙山头、顶拱岙等地。其中，甲仗村的华岗窑址，夏家埠村的帐子山窑址、和暖坪窑址，沿山村的长宇湾窑址，姥山村的绳头山窑址，烧造规模较大[①]。此外，百官镇的龙山，也有这一时期的窑址。

（一）东晋时期

东晋时期的越窑，是从三国西晋的高峰时期走下坡路的阶段，呈现出窑业迅速萎缩的特征。据目前考古调查资料，这一时期，以上虞为中心的曹娥江中游地区的窑址数量大幅度减少。但是就整个浙江地区来

---

① 宋建明：《早期越窑：上虞历史文化的丰碑》，中国书店2014年版，第36页。

看，越窑系窑场的分布范围却较以前有所扩展，宁波、余姚、慈溪、绍兴、萧山、临海、路桥等地均发现了较多东晋时期的青瓷窑址。上虞一带瓷器生产严重萎缩，发现的窑址很少，分布在梁湖街道、驿亭镇和上浦镇①。而慈溪古银锭湖②、鄞州区小白市③周围地区却有新的窑场建立。绍兴的窑场在庙湾④、馒头山⑤等地继续生产。余杭地区的窑址也有所增加，已知有七贤桥、大陆果园等4处窑址⑥。此外，德清制瓷业在东晋以后再一次南移至今德清县城，并一度向钱塘江以北地区拓展，如余杭大陆果园窑址的风格明显受到德清瓷业的影响⑦。德清县城周围也都发现了属于这一时期的窑址⑧。同时，越窑生产中心开始出现由曹娥江中游上虞地区向宁波慈溪上林湖一带蔓延、转移的迹象⑨。

虽然各处窑场所用原料不同、坯体颜色深浅不一，导致釉色效果的差别，但各窑场生产的器物釉色相对稳定。釉层多较均匀，釉面光洁、晶莹，开细纹片。多数器物施釉不及底。

这一时期越窑青瓷的种类明显减少，主要为日常生活用器，如钵、碗、碟、罐、盘、盘口壶、盆、耳杯、鸡首壶（图3-22）、尊、唾壶、

---

① 杜伟：《上虞越窑窑址调查》，浙江省博物馆编：《东方博物》第二十四辑，浙江大学出版社2003年版，第6—15页，表一。

② 徐定宝：《越窑青瓷文化史》，人民出版社2001年版，第32页；慈溪市博物馆：《上林湖越窑》，科学出版社2002年版，第118—122页。

③ 浙江省文物管理委员会：《浙江鄞县古瓷窑址调查记要》，《考古》1964年第4期。

④ 沈作霖：《绍兴越窑概述》，《南方文物》1993年第4期。

⑤ 绍兴县文物保护管理所：《浙江绍兴外潮山、馒头山古窑址》，《江汉考古》1994年第4期。

⑥ 姚桂芳：《杭州地区古窑址调查概况与认识》，浙江省博物馆编：《东方博物》第四辑，浙江大学出版社1999年版，第108—119页。

⑦ 姚桂芳：《杭州地区古窑址调查概况与认识》，浙江省博物馆编：《东方博物》第四辑，浙江大学出版社1999年版，第108—119页。

⑧ 汪扬：《德清窑调查散记》，《文物参考资料》1957年第10期；王士伦：《德清窑瓷器》，《文物》1959年第12期。

⑨ 李军：《千峰翠色：中国越窑青瓷》，宁波出版社2011年版，第9页。

图3-22　青釉点彩龙柄鸡首壶（1974年浙江余姚出土）

图3-23　青釉飞鸟托碗（浙江余姚城南出土）

图3-24　越窑青瓷羊形插器（南京博物院藏）

洗、虎子、香熏、灯、托碗（图3-23）等。此外还有少量文房用具，主要有各式造型的水丞及砚台等；动物造型的器物大大减少，仅少量器物如插器（图3-24）、水丞等做成羊、蟾蜍等形状；谷仓罐和其他模型明器消失。器形方面，制瓷工匠们调整了器物腹径和器高的比例，造型趋于合理和匀称，器形总体增高，向高瘦方向发展；器形上的折线和弧线有机结合，增添了器物的美感。

装饰方面，东晋早期延续西晋时期的风格，随着釉面效果的改进和器物造型的合理化，花纹装饰趋向简洁。东晋早期尚有简单的斜方格纹和铺首纹等纹饰，中后期则多为粗、细弦纹，主要饰在口沿、腹部和肩部。

（二）南朝时期

南朝前期，越窑已完成走出三国西晋时期生产高峰状态的调整，从而在一种较低水平下平稳生产。东晋时期的部分窑场持续生产到南朝前期，如上虞绳头山窑址[①]、慈溪彭头山Y34[②]、绍兴庙湾窑址[③]、鄞州小白市窑址[④]、萧山上董窑[⑤]等。在绍兴凤凰山[⑥]、宁波云湖[⑦]、瓯海县三垟乡[⑧]等地发现了一些新兴窑场。此外，德清[⑨]、临海[⑩]等地的窑场也在持续生产瓷器。

这一时期瓷器的胎质普遍比较细腻，大部分器物施满釉，有的假圈足外侧也施釉，釉层均匀；但釉色失透，釉色普遍偏青黄，釉光常常呈现一种莹亮的光泽，玻璃质感不强。

器物种类进一步集中为日常生活用器，狮形插器等器形遭到淘汰。器物造型较上一期更趋于规范化、定型化。器物轮廓线条流畅，讲究弧度变化。器形变高，造型修长。器耳流行方形桥系和四环系。假圈足外底内凹（又称为瓦圜底），有的假圈足外底边缘处有一周弦纹。

装饰方面，器物以素面为多，弦纹仍是主要纹饰，但不见压印的斜方格纹饰带，蕉叶纹器耳也不再流行。图案比较简洁。南朝时，受佛教艺术影响，盛行以莲花作为装饰，通常在碗、盏、钵等外壁和盘面以纤细的划线划饰浅浅的莲瓣（图3-25）。莲花纹饰于此期开始出现并流行，

---

① 杜伟：《上虞越窑窑址调查》，浙江省博物馆编：《东方博物》第二十四辑，浙江大学出版社2003年版，第6—15页。

② 慈溪市博物馆：《上林湖越窑》，科学出版社2002年版，第159页。

③ 沈作霖：《绍兴越窑概述》，《南方文物》1993年第4期。

④ 浙江省文物管理委员会：《浙江鄞县古瓷窑址调查记要》，《考古》1964年第4期。

⑤ 王屹峰、朱倩：《浙江萧山永兴河流域六朝青瓷窑址》，浙江省博物馆编：《东方博物》第十三辑，浙江大学出版社2004年版，第93—99页。

⑥ 周燕儿：《绍兴凤凰山、羊山越窑调查记》，《考古与文物》2001年第2期。

⑦ 林士民：《浙江宁波云湖窑调查》，文物编辑委员会编：《中国古代窑址调查发掘报告集》，文物出版社1984年版，第9—14页。

⑧ 王同军：《浙江瓯海县发现南朝窑址》，《考古》1992年第12期。

⑨ 汪扬：《德清窑调查散记》，《文物参考资料》1957年第10期；王士伦：《德清窑瓷器》，《文物》1959年第12期。

⑩ 朱伯谦：《浙江瓷业的新发现与探索》，《朱伯谦论文集》，紫禁城出版社1990年版，第113—124页。

其繁盛时期则在南朝后期。

南朝后期，窑址分布范围有所扩大，窑场的数量开始增多，越窑的制瓷业在本阶段有一个短暂的中兴。宁绍地区除上虞梁湖街道南山头、后山头，上浦镇帐子山和暖坪等窑址[①]，慈溪鳖裙山、小姑岭窑址[②]以外，在吴兴何家埠、奉化白杜等地也发现了窑址[③]。

图3-25　青釉莲花纹盘口壶（1964年浙江瑞安出土）

这一时期，胎的质量有所下降，显得不够致密，有小气孔。釉层一般较厚，釉面光洁莹亮，玻璃质感有所增强；较多的产品釉色开始偏向青灰色，器物转折和积釉处呈鲜亮的青绿色，常见许多细碎的开片。

器物种类与南朝前期基本相同，日常生活用器中新增了盏托[④]等样式，洗、盆、香熏等器物不再出现。盘口壶、鸡首壶等圆器造型瘦长，罐则大口深腹，曲线优雅，器形规范。各种器物型式比较单一，除鸡首壶外，已很少见到将外形做成动物形象的器物，造型更加简朴、实用。

装饰技法主要有刻花、划花和贴花，并开始出现戳印的小团花装饰及少量点彩装饰。莲瓣纹使用较为普遍，也有弦纹、鱼纹、水波纹。之前的粗弦纹变成细弦纹。莲瓣纹饰于碗的内侧或外侧、盘的内侧和罐、

① 章金焕：《瓷之源——上虞越窑》，浙江大学出版社2007年版，第95—96页；杜伟：《上虞越窑窑址调查》，浙江省博物馆编：《东方博物》第二十四辑，浙江大学出版社2007年版，第6—15页。

② 慈溪市博物馆：《上林湖越窑》，科学出版社2002年版，第8、121页。

③ 中国硅酸盐学会：《中国陶瓷史》，文物出版社2004年版，第141页。

④ 章金焕：《瓷之源——上虞越窑》，浙江大学出版社2007年版，第107页。

盘口壶、鸡首壶外壁的肩和上腹部，常以较深的刻花来表现，线条简练，制作精细，艺术效果颇佳。

装烧工艺方面，这一时期大多数器物采用明火叠烧，以泥点间隔器物。此外，慈溪彭头山Y29偶见钵形匣钵[①]。瓷器坯件装在匣钵里焙烧，可使坯件受热均匀，避免窑顶落砂的侵扰和烟火与坯件直接接触，使釉面保持光洁，可保证和提高产品质量。

四、隋至唐代早期

隋至唐代早期，越窑仍延续着自东晋以来的衰颓态势[②]，表现为窑址数量少，产品质量粗糙。但是，从整个南方地区的青瓷发展情况看，工艺上的进步和一些生产的亮点还是在许多窑场中出现。据目前考古调查资料，上林湖地区发现了少量这一时期的窑址，仅在木勺湾[③]、黄家庵、吴石岭、横塘山、沈家山、狗颈山、后司（施）岙、施家斗等地有分布。据考古调查统计，窑址数量仅有13处[④]。此外，上虞窑山、黄蛇山[⑤]和象山鲁家岙[⑥]也属于这一时期。目前学术界对于这一阶段越窑的相关考古工作以调查为主，仅上林湖后司岙窑址进行过小规模的发掘[⑦]，相关考古发掘资料正在整理中。

对于隋代越窑的产品面貌，我们可以从相关纪年墓葬资料中看到，如浙江新昌元家山隋仁寿四年（604）墓[⑧]出土的一件越窑青瓷盘口壶

---

① 慈溪市博物馆：《上林湖越窑》，科学出版社2002年版，第134页。

② 秦大树、谢西营：《八月湖水平，涵虚混太清——越窑的历史与成就》，《叠翠：浙东越窑青瓷博物馆藏青瓷精品》，文物出版社2013年版，第8—65页。

③ 金祖明：《浙江余姚青瓷窑址调查报告》，《考古学报》1959年第3期。

④ 谢纯龙：《隋唐早期上林湖越窑》，《东南文化》1999年第4期。

⑤ 章金焕：《上虞窑山、黄蛇山古窑址》，《江西文物》1990年第4期。

⑥ 李知宴：《浙江象山唐代青瓷窑址调查》，《考古》1979年第5期。

⑦ 浙江省文物考古研究所发掘资料。

⑧ 浙江省博物馆：《浙江纪年瓷》，文物出版社2000年版，图版156。

（图3-26），长鼓腹，小平底，肩部置双复系；灰白色胎微闪红色，施釉不及底，釉色青灰。

唐代早期的越窑生产延续着低落状态，产品数量也不多。据统计，这时期在窑址以外地区考古发现的越窑瓷器凤毛麟角，只有区区13件①，可见生产范围小及产量较低是这一时期的特点。

2015—2017年，浙江省文物考古研究所等单位曾对上林湖的后司岙窑址进行过主动性考古发掘，其中就揭露出唐代早期的地层堆积。产品以日常生活用器为主，器类有碗、盏、杯、钵、罐（图3-27）、罂、鸡首壶（图3-28）、葫芦瓶、灯、砚（图3-29）、水盂（图3-30）等。胎质较粗，釉色多呈青黄、青灰色，釉层薄，大多为木光或无光泽感。胎釉结合不紧密，釉容易剥落。装饰方面，此期绝大多数为素面，装饰简朴单调，偶见点彩、刻划、镂空等②。

装烧方法上，沿袭了东晋南朝旧制，仍采用明火裸烧，又可细分为明火叠烧和坯件对口套烧两种。前者是在支柱上放置垫饼，在垫饼上叠装坯件；后者多适用于圆唇、方唇的碗钵类器物，有的还将小件器物内置套烧，既增加了装烧量，又起到了类似匣钵的功能。坯件用较大的泥点间隔，泥点多为不规则的三角形和椭圆形③。

唐代早期越窑生产的低迷是多种原因造成的。首先，唐代的政治配置和经济中心都在西北地区，特别是唐代前期，河南、河北都在中央政府的有效控制下，巩义、邢州、相州几个瓷器生产中心都可以提供精美的白瓷器，加之瓷器本身的使用尚不普遍，远在东南的越窑，若不具有特别优势，不会形成大的社会需求，难以有数量的和对高质量产品要求的刺激因素。其次，自南朝以来，越窑在生产工艺上鲜有发明与创新，

---

① 谢西营：《唐宋境内越窑瓷器流布的阶段性研究》，北京大学硕士学位论文，2013年，第37页。

② 李军：《千峰翠色：中国越窑青瓷》，宁波出版社2011年版，第11页。

③ 唐炜：《唐宋越窑初步研究》，北京大学硕士学位论文，2000年，第23页。

图3-26　越窑青瓷盘口壶（隋仁寿四年墓出土）

图3-27　嵊州唐垂拱三年（687）墓出土四系罐

图3-28　嵊州唐垂拱三年（687）墓出土鸡首壶

图3-29　嵊州甘霖镇唐垂拱二年（686）墓出土砚

图3-30　嵊州唐垂拱三年（687）墓出土水盂

不论是从扩大产量，还是改善质量的角度都没有明显的进步。尽管越窑的质量仍然居于领先地位，但并不具有独一无二的竞争力，考古发现的唐代早期越窑瓷器主要为高级品官所使用①。最后，此期南方地区众多青瓷生产中心的发展，形成了与越窑的强大竞争关系和对其生产的挤压。这一时期地处长江中游的洪州窑和岳州窑正处于窑业生产的兴盛时期。如岳州窑，考古发掘表明，唐代早期，其产品已达到质精量多的高度，在湖南长沙、资兴及湖北武昌、安陆等地唐墓中都有发现，尤其是随葬专用的青瓷俑大量发现于两湖地区唐代早期墓葬中②。此时的洪州窑也处于生产的兴盛时期，其产品除了大量销售于江西地区，还较多地销往江西以外的地区，主要见于湖北、河南等省的墓葬中，以湖北武昌发现为多③。另据《旧唐书》卷一〇五《韦坚传》记载，唐玄宗时期，洪州窑瓷器曾被进贡皇室，“天宝元年三月，（韦坚）擢为陕郡太守、水陆转运使。……二年而成。坚预于东京、汴、宋取小斛底船三二百只置于潭侧，其船皆署牌表之。……豫章郡船，即名瓷、酒器、茶釜、茶铛、茶椀……”④研究表明，洪州窑瓷器除了上述文献记载的通过长江、运河水道运往都城，还可能通过武汉，走汉江，经汉中运往都城。武汉地区大量发现洪州窑瓷器可能与此有关。由此可见洪州窑在唐代早期所具有的重要地位。这种现象既说明洪州窑本身瓷业兴盛以及产品质量的高超，也恰好诠释了为何处于窑业生产低谷时期的越窑销售竞争力不及岳州窑和洪州窑。此外，这一时期寿州窑的发展也引人注目，可能对越

---

① 据统计，考古发现的唐代早期越窑瓷器有13件，其中12件出土于品官贵胄墓葬中。见前揭《唐宋境内越窑瓷器流布的阶段性研究》，第37页。这表明唐代早期越窑瓷器主要是以南北方的官宦权贵为主要销售对象的。对于此点，已有学者进行过相关研究，见康才媛：《唐代越窑青瓷研究》，花木兰出版社2011年版，第137页。

② 李梅田：《长江中游地区六朝隋唐青瓷分期研究》，《华夏考古》2000年第4期。

③ 权奎山：《洪州窑瓷器流布初探》，《中国历史文物》2008年第3期。

④ 〔后晋〕刘昫等：《旧唐书·韦坚传》，中华书局标点本1975年版，第3222页。

窑的挤压更加直接①。

第四节　越窑以外的早期青瓷窑场

一、杭嘉湖地区

这一地区是传统意义上的德清窑分布区域。

东汉时期窑址的数量不多，主要集中在德清三合乡青山坞一带。三国时期窑址有德清黄角山、长山等。西晋时期窑址数量仍然不多，其中余杭地区1处，湖州地区3处，均分布在埭溪龙山一带，窑址点为小峰坞、下蒋坞和沙溪等②。

东汉时期的青山坞窑址（图3-31），位于德清县三合乡宝塔山村青山坞内、村委西侧50米的山坡上。地面标本散落区域东西长60米、南北长50米，总分布面积约3000平方米，尚保留龙窑遗迹，堆积中包含大量残器、窑具和红烧土。该窑址于1984年调查时被发现，2010年对该窑址进行了试掘，采集的遗物主要有瓷器和原始青瓷器两类。两者造型纹饰基本一致。瓷器质地坚致、胎釉结合严密，胎色呈青灰色、灰白色，釉色有青、青黄、青绿以及少量酱褐釉、黑釉等。原始青瓷的胎质较差，脱釉严重，与瓷器差距较大。两者比例约为瓷器占30%，原始青瓷占70%。器型主要有罍、壶、罐（图3-32）、锺、碗、瓿（图3-33）等，纹饰有水波纹、弦纹、网纹、菱形纹、窗棂纹、窗帘纹、蝶形纹、

① 陶冶强：《简论隋唐时期寿州窑的发展》，《文物春秋》2011年第1期。

② 任大根、陈兴吾：《浙江湖州古窑址调查》，中国古陶瓷研究会等编：《中国古陶瓷研究》第三辑，紫禁城出版社1990年版，第63—72页。

图3-31　青山坞窑址远景

指甲纹、梳齿纹等。产品特征与慈溪上林湖，上虞小仙坛、帐子山，以及江苏宜兴丁蜀镇等地的汉代窑址所出一致。该窑址是德清境内一处具有代表性的东汉窑址，对于研究本地区及相关地区古窑址和德清窑的始建、发展、演变具有重要价值[①]。此外，湖州博物馆还收藏有1件这一时期的青褐釉印花四系“茶”字铭罍（图3-34），1990年湖州市出土。

三国时期，黄角山窑址产品均为黑釉，胎质极粗。器型有直口短颈罐、双唇罐、罍、碗等。釉层厚，玻璃质感强。罐、罍类器物通体拍印重圈太阳纹、钱纹等。三国至西晋时期使用支烧具支烧，窑具形制与东汉时期的相似。

西晋时期窑址产品质量明显提高，基本上没有生烧和严重剥釉现象。胎色为灰白色，胎质细腻。均为青釉，施釉均匀，釉色青翠。胎釉结合良好，玻璃质感强。器型有盘口壶、碗、洗、罐等。纹饰有联珠

① 施兰、朱建明：《青瓷之源：德清窑》，《文物鉴定与鉴赏》2011年第8期。

图3-32　青山坞窑址采集青瓷罐（左）
图3-33　东汉德清窑青瓷瓿残片（中）
图3-34　青褐釉印花四系“茶”字铭罍（1990年湖州市出土）（右）

纹、弦纹、水波纹、网格纹等。对比发现，余杭与湖州窑址在产品上略有差别，前者产品种类更丰富，纹饰更复杂，釉色更青翠；后者产品单一，碗占绝大多数，有少量盘口壶，一般纹饰较少。

东晋南朝时期是德清窑的鼎盛时期，窑址数量明显增加，单个窑址规模较大。目前已知的窑址有十多处，主要分布在德清城关与余杭良渚一带。这一时期制瓷业中心还在德清县城周围地区，余杭地区的窑址点有七贤桥、大陆果园等4处①。东晋南朝时期窑址产品有青釉和黑釉两种，以青釉产品为主。这一时期的窑址均是两种产品合烧的（图3-35、图3-36）。器型有碗（图3-37）、盘口壶（图3-38）、鸡首壶（图3-39、图3-40）、罐、灯、熏炉（图3-41）、砚、虎子、洗、盆等。装饰较简单，青釉器物流行点彩装饰，点彩多位于器物的口沿、系等部位，一般为数点等距分布，也有通体满饰点彩的。青釉和黑釉产品的胎普遍较粗，吸水率较高，气孔较大。青釉产品胎色以紫红、灰黑和青灰色为主，极少量为灰白色；黑釉产品胎色均为灰黑色。由于胎中含有较多的

① 姚桂芳：《杭州地区古窑址调查概况与认识》，浙江省博物馆编：《东方博物》第四辑，浙江大学出版社1999年版，第108—119页。

图3-35　青釉碗与酱釉罐粘连件（余杭石马抖窑址出土）

图3-36　青釉碗与酱釉碗叠烧件（德清小马山窑址出土）

图3-37　青釉碗（余杭石马抖窑址出土）

图3-38　东晋德清窑黑釉四系盘口壶（上海博物馆藏）

图3-39　东晋兴宁二年（364）德清窑黑釉鸡首壶（杭州老和山出土）

图3-40　东晋德清窑鸡首壶残件（左）

图3-41　东晋兴宁二年（364）德清窑黑釉熏炉（杭州老和山出土）（右）

粗沙粒，器物表面不光洁，因此在青釉产品上均使用乳白色的化妆土，使釉层均匀，釉面光洁。青釉呈色尚不稳定，呈青绿、青黄和青灰色。许多器物一侧呈青绿色，另一侧呈青黄色，并且青绿与青黄色之间界线分明。黑釉产品不使用化妆土，通过积厚釉使釉色黑如墨，同时亦能掩盖胎质粗糙所造成的表面凹凸不平，使器表光洁。釉层越厚，釉色越深，釉层薄处则呈酱黄色。1995年德清小马山窑址发掘，尽管未发现窑炉等遗迹，但是第一次出土了大量德清窑产品标本[①]。东晋南朝时期德清窑窑具除支烧具外，还普遍使用间隔具。支烧具是粗陶质的直筒形支烧具，间隔具是锯齿形间隔具。器物叠烧有两种方式，一种是使用锯齿形间隔具叠烧，另一种是使用数个泥点间隔叠烧。2004年和2007年，余杭石马斗东晋南朝窑址发掘，揭露出可能是练泥池的遗迹，是德清窑首次揭露出与制瓷作坊相关的遗迹[②]。2007年，余杭东馒头山窑址考古发掘，首次揭露德清窑东晋南朝时期完整的龙窑窑炉，窑炉结构与同时期越窑窑炉结构相似，窑炉宽度较窄[③]。

隋至中唐时期窑址的数量更多，窑场的规模更大，中心窑区在德清洛舍镇一带，窑址遍及整个东苕溪流域。20世纪80年代，随着第二次全国文物普查工作的开展，德清县博物馆对德清县境内的窑址进行了系统调查，共发现隋唐时期窑址14处，分别为洛舍乡何家坝村墅元头、张家湾村下东山、砂村东山、塘头、章家桥村龙头山、乾山、宅前窑址和龙山乡洋口村东山、窑田里、施宅村窑墩山、王母山、东坡牧场周围的南山窑址。通过对上述窑址产品对比与分期，大致可以确定德清窑的烧造

---

① 周建忠：《德清小马山窑址清理简报》，浙江省博物馆编：《东方博物》第二十六辑，浙江大学出版社2008年版，第47—59页。

② 浙江省文物考古研究所：《余杭石马抖东晋窑址发掘简报》，浙江省博物馆编：《东方博物》第二十六辑，浙江大学出版社2008年版，第60—75页。

③ 郑建明：《德清窑略论》，《文物》2011年第7期。

图3-42 德清墅元头窑址出土唐代青釉褐色点彩碗（左）
图3-43 德清窑唐元和五年（810）黑釉瓷壶（中）
图3-44 德清窑唐代青釉执壶（右）

年代下限约为中唐时期①。隋至中唐时期，德清窑产品质量较前一时期明显下降，产品的种类更加单一，制作粗糙。器物种类以碗（图3-42）为主，还有少量壶（图3-43）、执壶（图3-44）等。产品有青釉和黑釉两种，以青釉产品为主。胎质粗疏，胎色有土黄、紫红和青灰色等。器物普遍施半釉，下腹及底部不施釉。青釉产品不施化妆土，釉层薄，釉色以豆青色为主，少量器物釉色呈青黄和青灰色。黑釉产品的釉层亦较薄，釉色多呈酱黄色。器物多为素面，仅少量青釉器物有褐彩装饰。隋至中唐时期，窑具有支烧具和间隔具两种。支烧具多较低矮，呈饼形或

① 朱建明：《隋唐德清瓷窑址初探》，中国古陶瓷研究会等编：《中国古陶瓷研究》第三辑，紫禁城出版社1990年版，第72—78页。此外，2000年4月至7月，浙江省文物考古研究所等单位曾对宅前窑址进行过考古发掘，发掘资料显示，早期产品以黑釉为主，一部分为青釉；晚期除继续烧造黑釉、青釉外，还出现了青釉褐彩产品。发掘者将该窑址的年代定为唐代中晚期，将德清窑的烧造年代下限推至唐代晚期（参见浙江省文物考古研究所：《德清宅前窑址发掘》，《浙江文物年鉴（2000）》，第142—143页）。但目前主流观点仍将中唐时期作为德清窑的烧造下限，本文参考这一观点。

矮柱形；间隔具是粗陶质的小泥饼，制作粗糙，多有开裂现象。2000年宅前窑址揭露出来的龙窑窑炉，宽度达4.75米①。2009年乾山窑址考古发掘揭露出完整的窑炉遗迹，窑炉宽度为4.7米②。宽短的窑炉是这一时期德清窑的显著特征。

二、金衢地区

这一区域是传统意义上的婺州窑分布区。

金衢地区地处浙中西部，境内丘陵地带多产松木，为瓷器生产提供了充足的燃料。河谷地带的红色黏土、瓷土、石灰石、长石、粉砂岩等埋藏不深，为当地的瓷器生产提供了取之不尽的原料。境内水陆交通方便，以金华江、兰江、衢江为主干构成的钱塘江上游水系自西南向东北斜穿而过，为瓷器的外运远销提供了便捷的水上运输条件。正是基于上述资源，婺州窑得以诞生。

（一）东汉晚期

金衢地区东汉晚期的窑址尚未发掘，但是龙游、金华、兰溪、武义、永康、东阳等地的古墓葬出土了大量这一时期的具有婺州窑特征的瓷器，使我们对于这一阶段瓷器的面貌有了大致认识。与上虞越窑相似，东汉晚期婺州窑地区也成功烧造出成熟瓷器，且在造型、胎釉、工艺等方面，具有鲜明的地方特色。

东汉晚期，金衢地区常见瓷器器型有碗、钵、壶、锺、簋、罍、五联罐、耳杯、灶、炉等。其中尤以五联罐器形最为特殊，五联罐上部五罐排列较分散，底部较高。器物胎色多呈灰白色，釉色多为青色或青黄色，并出现黑褐釉瓷器。这一时期，婺州窑瓷器在原料粉碎和淘洗等工

① 浙江省文物考古研究所：《德清宅前窑址发掘》，《浙江文物年鉴（2000）》，第142—143页。

② 朱建明：《探索中国瓷之源——德清窑》，西泠印社出版社2009年版，第191—195页。

艺上较之前有明显进步。婺州窑东汉瓷器，前期产品如五联罐、锺、碗等，由于在烧制过程中胎釉膨胀系数不一致，造成胎釉结合不紧密，剥釉现象较为严重；后期产品，由于技术进步，胎釉结合较好，剥釉现象几乎不见①。器物装饰较为丰富，可分为压印、拍印、刻划和戳印四类，纹样类型有弦纹、波浪纹、席纹、叶脉纹、方格纹、网纹、席纹、三角纹、圆圈纹、菱形纹等。其中，压印主要应用于壶、锺等系表或器身文字部位；拍印主要应用于大件器物上，纹样多为大方格纹、网纹、席纹等；刻划主要应用于器物颈部、盘口的盘壁、钵内腹和圈足等部位，纹样类型多为波浪纹；戳印主要应用于簋类产品上，纹样类型有三角形纹、圆圈纹等。

（二）三国至南朝时期

据考古调查资料，这一时期婺州窑青瓷生产已经有了显著发展，但目前窑址点发现较少。

位于武义县芦北乡管湖村的三国时期窑址和金华市金东区塘雅镇五渠塘村的晋代窑址为这一时期的代表性窑址。上述两处窑址的产品主要是青釉类瓷器，产品质量较东汉时期又有明显提高。

三国时期婺州窑产品造型基本承袭汉代，仅适当加以改进，后期发展很快，品种增多，器物种类主要有盘口壶、罐、碗、水盂、虎子、簋、盖、罍、筒形罐、熏炉、钵、立耳罐、盏、耳杯盘、带嘴罐、三足罐、笔筒、五联罐（图3–45）等。其中，五联罐由东汉时期五联罐发展演变而来，上部仍有5个小罐，周围塑飞鸟、走兽、楼台、亭阙、佛像和侍俑等。

西晋时期，器物造型更加丰富，新出现大量器型，主要器类有碗、耳杯、笔筒、谷仓罐、筒形罐、鸡首或虎首壶（图3–46）、盘口壶、扁壶、唾壶、洗、兽形尊、三足盘、熏炉和蛙形、熊形或兔形水注，以及

① 贡昌：《婺州窑东汉瓷器》，《婺州古瓷》，紫禁城出版社1988年版，第33页。

图3-45　三国青瓷五联罐（武义县博物馆藏）

图3-46　婺州窑青瓷鸡首壶（衢州市博物馆藏）

图3-47　婺州窑青瓷狗圈（金华市博物馆藏）

男女俑、尖头船形灶、猪圈、狗圈（图3-47）、水井、鸡笼、镳斗、火盆等模型明器①。

金衢地区目前尚未发现明确为东晋南朝时期的窑址，结合当地墓葬中出土的婺州窑特征的瓷器来看，这一时期的器物造型趋向简朴、实用，模型明器衰落，常见器物种类有鸡首壶、羊首壶（图3-48）、盘口壶（图3-49）、盘、碗、钵、盆、洗、灯、砚、水盂（图3-50）、香熏、唾壶、虎子、烛台、罐（图3-51）等。

三国至南朝时期，器物胎釉质量较东汉晚期又明显提高，胎质大多细腻致密，胎色呈灰色，釉色呈青色或青黄色。在此期间，西晋晚期开始使用红色黏土作坯料，烧成后胎色呈深紫色或深灰色。由于使用白色化妆土，釉层滋润柔和，釉色呈青灰或青黄褐色。釉面开裂，并有奶黄或奶白色结晶体析出，这也是婺州窑青瓷特有的现象。在以往的研究中，很多学者认为西晋时期婺州窑首先使用了化妆土工艺，它是婺州窑窑工在制瓷工艺上的一项创新。但据最新研究，江西丰城洪州窑应该在更早的三

① 陈新华、雷国强：《婺州窑研究与鉴赏》，线装书局2009年版，第13页。

图3-48　婺州窑东晋青瓷羊首壶（武义县博物馆藏）

图3-49　东晋青瓷点彩双系盘口壶（金华市博物馆藏）

图3-50　东晋青瓷蛙盂（武义县博物馆藏）

图3-51　南朝青瓷四系罐（金华市博物馆藏）

国吴时期就开始使用化妆土①。

三国时期，婺州窑装饰工艺在传统基础上获得较大发展和提高，特别是堆塑工艺发展极快，式样优美。这一时期的谷仓罐开始装饰亭台楼阁、佛像、百鸟、人物杂技，后期开始改塑高鼻男性头像等。盘口壶、罐等器物采用模印工艺，使得纹饰或佛像形状更为清晰细致；熏炉、谷仓采用镂空工艺装饰；日常生活用器则采用刻划工艺，刻划弦纹、水波

① 秦大树：《瓷器化妆土工艺的产生与发展》，《华夏考古》2018年第1期。

纹、针点纹等；大型器物则采用拍印工艺，纹样类型主要为大方格纹、钱纹等。西晋时期婺州窑瓷器装饰方式多样考究，特别是日常生活用器如罐、壶、洗、钵、碗等容器上普遍采用压印、刻划、贴塑等工艺，装饰各类纹饰，器物肩腹部或口沿下常见刻划弦纹或压印斜方格纹、联珠纹等。虎子筒形口位置多模印贴塑虎头，还有模印铺首衔环、骑马武士俑、佛像等。堆塑技法较上一时期技术水平更为提高，如这一时期的蛙形水注，制作考究，惟妙惟肖。此外，还大量流行条带状纹样装饰和刻划水波纹等。东晋南朝时期器物装饰趋向简单，纹饰以弦纹为主，少数器物上仍可见水波纹。受佛教影响，东晋晚期开始出现莲瓣纹，一直延续至南朝时期。其中，莲瓣纹早期多为重线仰莲，后来多刻划半浮雕状仰莲。

三国至南朝时期，婺州窑制作工艺的最重要突破主要表现在两个方面。第一，西晋晚期青釉瓷器上开始出现点染酱褐色斑纹的新装饰手法，从而打破了青瓷单色釉的传统风格，丰富了釉面的装饰效果。第二，西晋晚期婺州窑开始在其粗质瓷胎上采用化妆土的工艺，提高了釉色质量，具有开创性意义。衢州市街路村西晋元康八年（298）墓出土一件瓷碗，其表面便施有化妆土①。此外，自西晋以来婺州窑青瓷大量流行堆塑工艺，堆塑形式是以西域佛教文化传入为主要特征的文化物、崇拜物等。

（三）隋至唐代早期

这一时期，金衢地区的制瓷业也呈现出较为繁荣的迹象。金华地区唐代早期窑址有婺城区孟宅、南塘、王村、华南粮站，东阳市马龙山，兰溪市香溪窑址等；衢州地区唐代早期窑址有柯城区姚家、上叶、孙家，江山县达垄、鹿来、季垄窑址等。产品种类丰富，釉色多样，形态

---

① 蒋金治、方伟红：《婺州窑——金东文化考古研究十一讲》，上海科学普及出版社2019年版，第15页。

各异。这些窑址主要产品为青釉器物，但也专烧或兼烧褐彩瓷、褐釉瓷、乳浊釉（窑变釉）瓷等。如兰溪市香溪窑生产褐彩瓷，在青瓷碗类器物口沿下以褐釉彩短直线纹作为装饰；龙游县方坦窑①和柯城区上叶窑生产乳浊釉（窑变釉）瓷，瓷胎粗厚，呈紫灰色或灰白色，釉色以乳浊釉为主，呈月白、天青，少量呈天蓝色；龙游县方坦、柯城区姚家和上叶窑生产褐釉瓷，以褐色釉作为主要釉面色彩。

唐代早期，产品种类有所增加，器类有盘口壶（图3-52、图3-53、图3-54）、罂（图3-55）、鸡头壶、瓶、壶、罐、多足砚（图3-56）、多角瓶（图3-57）、碗、盆等。这一时期已经能烧制出高达58厘米的大型蟠龙瓶，如金华婺城区孟宅窑址就烧造该类产品。此外，江山、柯城一带出土了作为谷仓使用的蟠龙瓶，上有盖，器身有的有“永别千秋”“千秋万岁”“□□□记”铭文等。

唐代婺州窑器物制坯原料，凡小型器物如罐、执壶、盆、盘、碗、

图3-52　青釉褐彩双系盘口壶（衢州市衢江区石梁童家后余出土）（左）
图3-53　唐代褐釉双系盘口壶（衢州市衢江区出土）（中）
图3-54　唐代乳浊釉褐彩四系盘口壶（龙游县詹家镇浦山村出土）（右）

① 衢州市文化广电新闻出版局：《三衢遗珍：衢州市文物保护单位集萃》，内部资料，2017年，第58—59页。

图3-55　唐代青瓷蟠龙带盖罂（江山市博物馆藏）（左）
图3-56　唐代婺州窑青瓷多足砚（江山市博物馆藏）（中）
图3-57　唐代青釉多角瓶（衢州市出土）（右）

盏等均采用瓷土，胎色一般呈灰白色；大型器物如盘口壶、蟠龙罂等均采用粉砂岩作原料。粉砂岩较瓷土可塑性强，制作大型器物容易成型，烧成后胎色呈深紫色。釉色以青色为主，个别窑址仍采用化妆土工艺。唐代初期婺州窑还有少量褐色瓷和乳浊釉（窑变釉）瓷器等。其中，乳浊釉（窑变釉）瓷器釉色以月白色为主，另有少量天青或天蓝色，釉面具有玉石质感，釉中很少有釉泡和残留晶相。此外，还创烧花瓷，即在青瓷器物上用圆形大块褐斑或褐色直线纹作为装饰。

唐代婺州窑装饰多采用刻划方式，纹样类型主要为弦纹和波浪纹。这一时期，堆塑和模印贴花工艺获得发展。堆塑题材多样，有蟠龙、鱼、壁虎、兽头、鸡头等。模印贴花工艺均呈现出高浮雕效果。部分青釉和乳浊釉（窑变釉）器物上还带有褐色斑点，也是这一时期婺州窑的独特之处。此外，婺州窑瓷器釉色繁多，在一定程度上呈现出釉装饰的特色。

调查和考古发掘资料显示，唐代婺州窑的窑炉均为龙窑结构。1980年东阳歌山马龙山窑址发掘揭露出唐代早期龙窑一条，由火膛、窑床、排烟室三部分组成。窑炉残长12米、宽1.6米，坡度约12°。窑壁系挖生土坑、呈半地穴结构，内壁贴附较厚的窑汗。唐代早期婺州窑还未出现匣钵，明火裸烧，窑具一般采用垫珠。

三、台州地区

至迟于东汉晚期，台州地区已经开始了窑业生产，并成功烧造出成熟瓷器。据地方文物工作者调查发现，位于黄岩高桥街道的三童岙窑址和椒江太和山窑址于东汉时期均已经开始生产瓷器①。此外，1956年12月至1957年1月，浙江省文物管理委员会与温州市文管会于黄岩秀岭水库第二期工程区域内发掘揭露出东汉至南朝时期的56座墓葬，其中东汉晚期墓葬4座，墓葬中有瓷器出土。这也为我们探索这一时期的窑业和产品面貌提供了材料。黄岩秀岭水库东汉晚期墓中出土有罍、罐（图3-58）、盆、盂等器物。据介绍，瓷盆通体施青黄色薄釉，但大部分已脱落；瓷盂通体施青绿色釉，质量已经达到成熟瓷器的程度。

三国西晋时期，台州地区的窑业生产开始起步，生产规模较小，窑址主要集中于临海和路桥两个地区。临海地区窑址主要是溪口窑址群内的岙里坑窑址，位于铁杨村后门山的北坑北面距山脚200米的山坡上，北距溪口村2.5千米，南距今椒江区章安街道约7千米，破坏较为严重。溪坑水从窑址旁边流过，汇入回浦河。路桥地区窑址主要是桐屿窑址群内的虎头山窑址，位于桐屿街道埠头堂村，分布面积约为700平方米，窑址现场破坏严重。路桥桐屿街道虎头山西晋窑址，据早期调查材料，该窑址产品种类可辨器型以碗类为主，另有少量罐、洗、碟、盘口壶等。其中，罐类产品外腹偶见斜方格纹、斜纹及仙人骑兽形象（图3-59）。

东晋时期，台州地区窑业进入兴盛时期，窑业生产仍主要分布在临海和路桥两地，但生产规模扩大。临海地区窑址主要分布在溪口和涌泉

① 台州市文化和广电旅游体育局、台州窑陶瓷研究课题组：《丹丘瓷韵：台州窑陶瓷简史》，文物出版社2020年版，第62页。

图3-58　黄岩秀岭水库汉墓出土罐（温州博物馆藏）

图3-59　虎头山窑址采集西晋瓷罐

两地。其中，溪口窑址群包括岙里坑、鲶鱼坑口、安王山、官田山和开井村等窑址点[①]，涌泉窑址群包括西岙、岭下、里沙巷等。路桥地区窑址主要分布在桐屿街道埠头堂村、盐岙村、杜岙村、高峰村等地，地处永宁山南麓及其余脉大仁山、王家山山坡上，并形成一定规模的窑址集群。据最新野外调查资料来看，该区域内共有窑址9处，分别为大畈坦窑址、红砂岭窑址、虎头山窑址、茅草山窑址、岭岗头窑址、纱帽岩窑址、黄家山窑址、前后屿窑址等，并于该窑址群东部山地发现有瓷土矿分布。产品质量高超，茅草山窑址为这一时期的代表性窑址。该窑址位于桐屿街道高峰村，瓷片零星散落在山间小路两旁的山地中。窑址分布面积约为500平方米。窑址前方有一水池，怀疑其在早期阶段应为制瓷作坊遗迹的一部分。

2018年12月至2019年6月，因台州市城市绿心路桥区工程建设，浙江省文物考古研究所与路桥区博物馆联合对路桥茅草山窑址进行了抢救性考古发掘，并取得重要收获（图3-60）[②]。本次发掘揭露出丰富的遗

---

① 马曙明、任林豪：《临海溪口涌泉窑址群考析》，《台州文物考古论集》，2014年第3、4期。

② 浙江省文物考古研究所、路桥区博物馆：《浙江省台州市路桥区桐屿街道茅草山窑址考古发掘简报》，待刊稿。

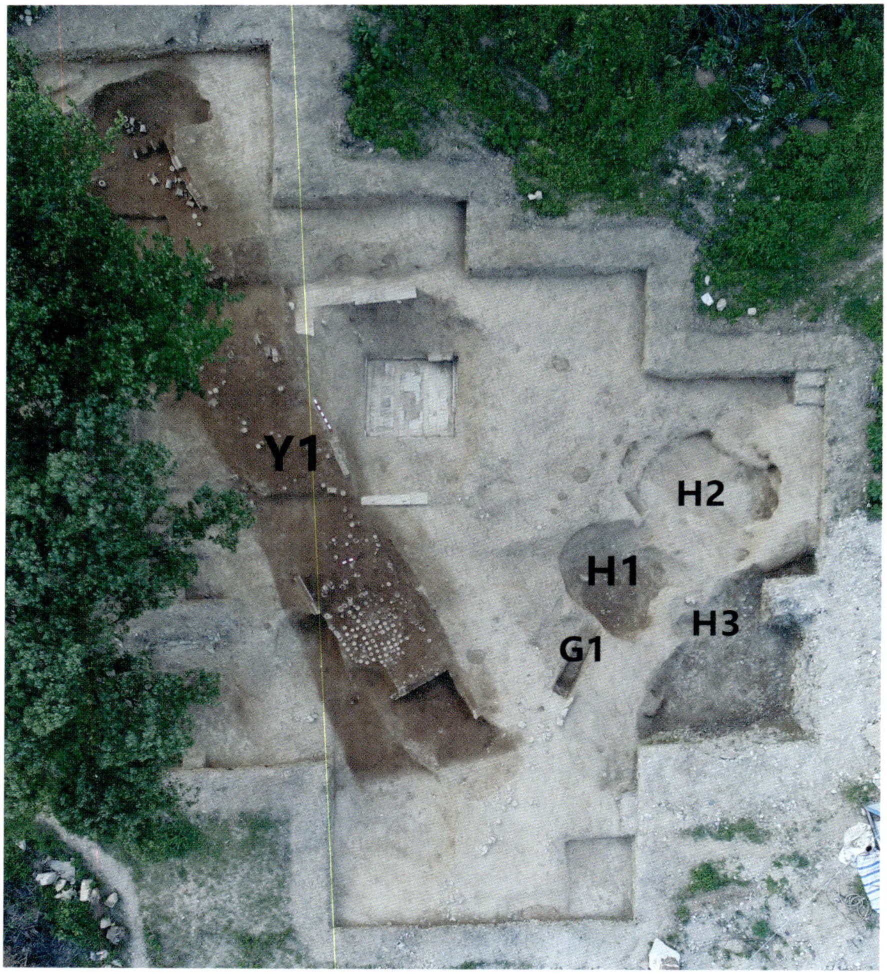

图3-60　茅草山窑址航拍全景照

迹，包括龙窑窑炉1条、灰坑3个和灰沟1个，为探索窑场布局、生产工艺流程、龙窑窑炉工艺技术等方面问题提供了重要资料。龙窑窑炉编号为Y1，由窑前活动面、火膛、窑床、排烟室和排水沟等结构组成。尽管保存状况不佳，但各部位结构均存，且局部结构特殊。如窑床的中段和后段之间设挡火坎，高20厘米；窑床后端设有砖坯砌筑的分火柱，共7个，形成8个火孔。分火柱宽10—18厘米、残高6—22厘米，火孔宽

15—20厘米。排烟室西侧设排水洞，并向西南部延伸，分为两部分，前部仅接排烟室，长3米，系生土内暗洞，宽0.4米、高0.35米；后部为明沟，长2.8米、宽0.35米、深0.5米。瓷器产品类型丰富，可辨器型以碗类为主，大小不一，另外有钵、折沿洗、敞口洗、双唇罐、直口罐、敞口罐、盘口罐、鸡首壶、盘口壶（图3-61）、盘、砚台（图3-62）、器盖（图3-63）等。胎釉质量普遍较高，器物口沿及外腹部流行褐色点彩装饰，布局较为规矩。窑具主要为圆形锯齿状和覆盂状支烧具。据对比研究，黄岩秀岭水库东晋墓葬出土瓷器绝大多数应该为路桥桐屿街道一带产品。如黄岩秀岭水库22号东晋墓出土瓷盖与10号永和三年（347）东晋墓出土的唾壶（图3-64），外腹或口沿处饰褐色点彩装饰，在桐屿窑

图3-61　东晋茅草山窑址出土盘口壶

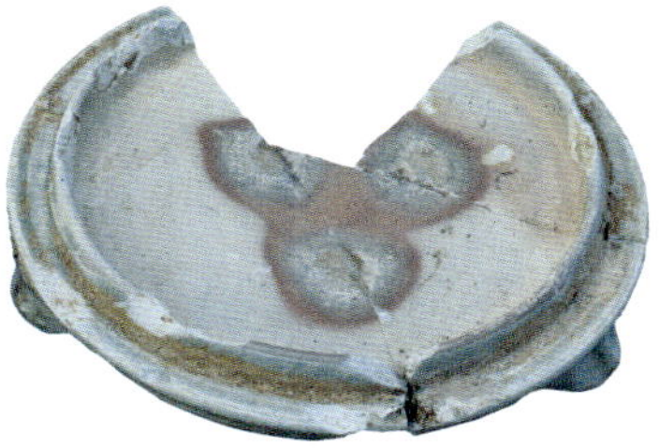

图3-62　茅草山窑址出土东晋砚台

图3-63　茅草山窑址出土东晋器盖

图3-64　黄岩秀岭水库东晋永和三年墓葬出土唾壶（温州博物馆藏）

址群器物中均能找到原型。

四、温州地区

这一区域是传统意义上瓯窑分布区。

东汉晚期，瓯窑窑址数量较少，主要分布在永嘉县境内，具体分布于瓯江下游北岸的永嘉县罗东乡箬岙村后背山、芦田村殿岭山、芦湾村小坟山一带，窑址数量约有3处[①]。后背山窑址分布于后背山南面山坡，少量瓷片和窑具暴露于外，中段离地面约1.5米处留有一段龙窑窑床。残高1.9米，宽1.6—1.8米，残长10.6米，拱顶，窑顶和窑壁以生坯砖砌成，内壁有烧结面数层，可知使用时间较长。采集器物主要为青瓷，另有少量黑釉瓷。窑具有喇叭形垫具、两足垫具、三足垫具和盂形齿口支具等。殿岭山窑址和小坟山窑址分布面积分别为250平方米和1000平方米，产品特征与后背山相似。瓯窑产品类型以青瓷为主，个别窑址还生产黑釉和褐色釉瓷器。器形有短颈环耳罐、敛口浅腹钵、直口半球形碗以及罍、罐、瓿等。瓷器胎色白中泛灰，胎质致密坚硬。釉色可分为青灰色和青黄色两类。器物装饰较为丰富，流行拍印几何纹、刻划弦纹、水波纹等。

限于考古调查资料，目前温州地区尚未发现明确为三国西晋时期的窑址。

东晋南朝是瓯窑真正形成自身风格的重要时期，一个重要特征便是釉下褐彩工艺的大量流行。这一时期的窑址主要分布于永嘉罗东夏甓山、瓯海三垟樟岙岭脚等地[②]。夏甓山窑址位于罗东镇的芦田村，1985年文物复查时确定其年代为东晋时期。出土器物类别主要是日常生活用

---

① 永嘉县政协文史资料委员会、永嘉县文化馆：《永嘉县政协文史资料第九辑：永嘉文物》，中国特区出版社2001年版，第10、13、14页。

② 伍显军：《瓯窑概论》，《中国文物报》2012年12月26日第4版。

图3-65　东晋青釉点彩羽箭纹器盖（夏甓山窑址出土）

图3-66　四足青釉褐彩“□□文□山者”铭文砚（夏甓山窑址出土）

器，制作较为规整。器物类型有盘口壶、鸡首壶、钵、罐、炉、水盂、器盖（图3-65）、砚台（图3-66）等。器物胎色较白，胎质细腻，釉色有青绿、青中泛黄两种。褐彩装饰丰富，还出现褐彩文字。其中，褐彩装饰可分为两类，即用点构成图案或绘成条形，有别于其他窑址。除了窑址之外，温州当地墓葬中也出土有这一时期的瓷器。温州市郊杨府山、雨伞寺，以及永嘉罗浮、瑞安桐溪、苍南藻溪、平阳种玉、乐清竹屿、瓯海白象等地墓中出土器物较多，种类丰富，除鸡首壶、瓶、罐、钵、碗、碟、杯、插器、灯盏、熏炉、器盖外，还有井、谷仓、鸡笼、狗圈、鬼灶等陪葬明器。笔筒、砚、洗、蛙形与龟形水盂、虎子等文具和卫生用具出现。造型和装饰工艺长足进步。造型趋于规范化、定型化，讲究轮廓线条流畅和曲度变化，罐、壶、虎子等圆器的附件采用模印、手捏等成型手法。善于运用动物形象作为堆塑类器的装饰。典型器物如永嘉礁下山东晋永和十年（354）墓出土的虎形插器（图3-67）、市郊双屿雨伞寺东晋永和七年（351）墓出土的点彩鸡首壶（图3-68）。纹饰有水波、羽翼、斜方格、连珠、弦纹等。东晋后期，上述纹饰渐少，

图3-67　虎形插器（永嘉县礁下山出土，温州博物馆藏）

图3-68　青釉鸡首壶（温州市郊双屿镇牛岭村雨伞寺东晋永和七年墓出土）

开始出现莲瓣纹，南朝普遍使用，壶、罐、钵、碗、盘及盏托外壁或内底，用3—5条细刻线组成重线莲瓣，也有浮雕莲瓣。

五、丽水地区

丽水莲都区吕步坑窑址为这一区域内年代最早的窑址，六朝时期就开始窑业生产，它也是丽水地区目前发现的唯一六朝时期窑址①。

2000年11月至12月，为配合公路基本建设，浙江省文物考古研究

① 浙江省文物考古研究所、丽水市文化局：《浙江省丽水县吕步坑窑址发掘简报》，浙江省文物考古研究所编：《浙江省文物考古研究所学刊（第七辑）》，杭州出版社2005年版，第538—558页。

所联合丽水市文化局对该窑址进行了考古发掘。此次发掘布方3处，发掘出窑床2条，编号为Y1、Y2，均为斜坡式龙窑。其中，Y1残长38米，宽2米，方向为100°，坡度为10°。窑床前段与窑头部分，以及窑尾部分已破坏殆尽。窑壁残高最高处有70厘米，窑壁上窑汗最厚处达15厘米，但窑汗表面凝结块体多气孔，凝结程度也不同。窑门北向，未做清理。Y1使用期间曾多次翻修，并至少有一次重建。此次发掘，出土大量瓷器和窑具标本。其中，瓷器可辨器形有碗、盏、盆、罐、盘口壶、执壶、灯盏、缸、碾轮、碾槽、砚等，都为生活用器。器物多数为灰胎瓷器，少数为陶质器皿；主要是青瓷产品，也有酱釉产品。

第五节　工艺成就

前已述，东汉中晚期成熟瓷器诞生，并获得持续发展，浙江成为这一里程碑事件的重要见证者。这也是成长期青瓷发展取得的最大工艺技术成就。

首先，原料改进和成型工艺改革。以瓷石作为制瓷原料，使得以浙江为代表的南方地区首先烧制出成熟青瓷。据相关研究，我国南方地区盛产瓷石，它是由流纹岩、石英粗面岩、长英岩等岩石中长石类矿物，经受后期火山的热液作用绢云母化而生成的岩石。瓷石的矿物组成主要为石英和绢云母，但由于风化程度不同也会含有少量其他矿物。随着风化程度的差异，瓷石中主要含有石英、绢云母以及少量长石和高岭石类矿物。这类矿物的化学组成正好符合1200℃—1300℃这段范围内烧制的瓷器所需。此外，科技检测结果显示，成熟青瓷所用原料的淘洗和处理也较原始青瓷更为精细，使得原料更为纯净，所含Fe_2O_3和TiO_2的含量都能相对减少①。

其次，胎釉配制方法的改进与稳定。中国科学院上海硅酸盐研究所曾选取绍兴（今柯桥区）、上虞、慈溪上林湖三地各窑址出土的自东汉晚期至宋代的青瓷胎釉化学组成数据进行综合分析。分析结果显示，三地越窑青瓷胎和釉的化学组成是十分接近的——胎的化学组成，都是一种高SiO_2、低Al_2O_3和含有一定量的Fe_2O_3和TiO_2；釉的化学组成，CaO的含量绝大多数在14%—16%之间，MgO和K_2O的含量一般在2%左右，Fe_2O_3的含量在2%左右，TiO_2的含量多数小于1%。根据对三地出土的历代青瓷胎釉所作分析，我们未能发现随着时代的进展，它们在化学组成上出现规律性的变化。这类特征，一方面显示出，以越窑为代表的浙江青瓷历代使用原料变化不大②，另一方面也显示出，自东汉晚期开始，以早期越窑为代表的浙江地区窑场，在烧造成熟瓷器的过程中便已确定了延续至后世的胎釉配制方法，更凸显出其先进性。

再次，窑炉结构的改进。与前一阶段的原始瓷窑业相比，东汉中晚期，浙江地区的龙窑结构发生变化，火膛、窑床和排烟室三段式结构出现，并逐步发展，奠定了后世浙江地区龙窑的基本形制。前述的龙游白洋垅龙窑窑炉为浙江地区发现最早，同时也是目前年代最早的三段式龙窑结构，时代为东汉中期，还显示出一定的原始性，表现为前部火膛宽大且较深，整体呈梯形，前部窄后部宽。到东汉晚期，以上虞禁山窑址为代表的龙窑窑炉，火膛明显趋小，整体造型呈长方形，渐趋规则。之后到三国两晋时期，以上虞尼姑婆山和路桥茅草山窑址为代表的龙窑窑炉，基本上延续了东汉晚期的结构。东汉中晚期龙窑结构的改进，为成熟瓷器的烧制成功提供了热量和气氛的保障。

最后，装烧工艺的提高和不同类型窑具的大量使用。东汉晚期，禁

① 李家治：《中国科学技术史·陶瓷卷》，科学出版社1998年版，第114—115页。

② 李家治：《中国科学技术史·陶瓷卷》，科学出版社1998年版，第116—123页。

山龙窑窑炉内的窑具包括大型的支烧具与三足钉形间隔具两种，支烧具顶端一般叠置盂形托垫具。三国西晋时期，尼姑婆山窑址龙窑窑炉内窑具也可分为支烧具和间隔具两类，但数量更多，类型更为多样。其中，支烧具形式灵活多样，有盂形、钵形、筒形、浅盘形、束腰形等，除大小之别，也有高矮之分，通常置于窑室后段的支具较高；间隔具可分为三足钉形和锯齿口盂形两类，数量极多，形制类同，与器物大小匹配，各有多种规格。此外，东汉晚期至三国西晋时期，尽管还未出现匣钵，但尼姑婆山窑址发现有大型器物内偶尔套烧小器物的现象，它们在一定程度上也起到了类似后世匣钵的功能。到南朝时期，前已提及，慈溪彭头山南朝窑址（Y29）偶见钵形匣钵，但使用规模不大，大多数器物还是采用明火叠烧，但这也为后世匣钵的普遍使用奠定了技术基础。

第四章 发展期

第一节 概述

进入盛唐以后，中国古代社会开启经济繁荣、文化昌明的黄金时代。在这一宏大的历史背景下，中国古代瓷业的“南青北白”格局正式建构完成。所谓“南青”，指的就是以越窑为代表的南方青瓷。实际上，经过商周时期的孕育、汉六朝时期的成熟与积累，“南青北白”中的南方青瓷格局，早就率先形成。

盛中唐到北宋晚期，是浙江古代青瓷生产大发展时期，越窑逐渐走出南朝至早唐时期的低谷，生产规模急剧扩大，产品质量迅速提高。晚唐至北宋早期，形成浙江古代青瓷文化史的第三个高峰。越窑青瓷，特别是秘色瓷，以其独特的烧制工艺、如冰似玉的卓越品质，超然于一众青瓷之上，对同时期和此后的众多青瓷窑场产生了深远的影响，以至“秘色瓷”渐渐演变成优质青瓷的代名词。北宋中晚期，越窑青瓷生产逐步衰落，龙泉窑快速兴起，浙江古代青瓷生产中心开启从浙东向浙西南转移的历史性进程。

盛中唐到北宋晚期，在越窑和龙泉窑之外，浙江地域还有众多窑场烧制青瓷产品，并经历了与越窑大致同步的繁盛与衰落过程。包括龙泉窑在内，这一时期浙江其他青瓷窑场，普遍接受了越窑的技术影响，产品面貌不同程度地与越窑相似。习惯上被称为瓯窑的青瓷窑场主要分布于温州地区，被称作婺州窑的青瓷窑场主要分布于金衢盆地。台州地域，一部分窑场，如温岭一带窑场的产品面貌与毗邻的温州地区同时期窑场产品更为接近，或可纳入瓯窑范畴；另一部分窑场，如黄岩和临海一带的窑场，产品面貌既有可纳入越窑技术系统的，也有与龙泉窑相同或相类的，同时还接受了外来瓷业文化因素（比如耀州窑）的影响，这一带属于南北瓷业文化，特别是越窑与龙泉窑的过渡地带。在上述地域之外的青瓷窑场，均为零星分布，未形成生产规模和特色。北宋中晚期，浙西江山䟘河流域①和浙南泰顺、文成②等地出现了烧制青白瓷的窑场，但数量很少。总之，这一时期的浙江瓷业还几乎是青瓷的天下。

第二节　中期越窑

盛中唐之际，越窑从早期跨入中期，从茁壮成长的少年时代迈入朝气蓬勃的青春时期。浙江乃至中国古代青瓷文化史的第二波高潮，在潮汐涌动之间，扑面而来。

一、窑址分布

析置明州以前的越州地域，可以看作中期越窑窑场分布的中心区。越州之名首见于隋大业元年（605），辖区大致相当于现浙江省绍兴、宁波（不含宁海）和舟山三个设区的市和杭州市萧山区。早在三国东吴宝鼎元年（266），这一辖区范围就已稳定下来，其时称会稽郡。更早时期

---

① 浙江省文物考古研究所、江山市博物馆：《江山碗窑窑址发掘报告》，浙江省文物考古研究所编：《浙江省文物考古研究所学刊》，长征出版社1997年版，第178—218页。

② 郑建华：《浙江青白瓷业遗存初论》，中国古陶瓷研究会编：《中国古陶瓷研究》第五辑，紫禁城出版社1999年版。

的会稽郡，地域范围要广阔得多。此后，会稽郡又曾有东扬州、吴州之名。唐开元二十六年（738），析越州鄮县置明州，辖境与今宁波（不含宁海）、舟山相当。在明州分置前，越州（会稽郡）地域范围内的青瓷生产已有五六百年的历史，并形成庞大的生产规模、稳定的产品特色。明、越两州分置以后，该地域的青瓷生产不仅持续不断，而且繁荣兴盛，进入新的更高的发展阶段。根据第三次全国文物普查和多年来的专题调查，唐宋越州、明州地域内，除舟山未发现窑址外，绍兴和宁波所辖各县（市、区）均有窑址发现，其中属于中期越窑阶段的窑址最多，共有约260处。

进入中期越窑阶段以后，越窑青瓷生产的核心区从上虞的曹娥江流域转移到今天的慈溪上林湖一带。上林湖窑址群包括上林湖、古银锭湖、白洋湖和里杜湖等4个片区，为这一时期越窑遗址分布最为密集的区域（图4–1）。这一带古属上林乡和鸣鹤乡，越、明两州分置以前属余姚县；明州析置以后，上林乡有时属越州余姚县，有时属明州慈溪县①，但多数时间属余姚县。上林湖窑址群的主要部分——上林湖和古银锭湖两个湖区属上林乡。民国初年，上林乡又分设林东乡和林西乡，但隶属余姚县管辖未变。1979年，行政区划调整，上林湖窑址群所在全域归属慈溪县。

上林湖窑址群共有越窑遗址178处，其中，中期越窑123处，占比近70%；在整个中心区也就是宁（波）绍（兴）地区的中期越窑遗址中，上林湖窑址群的窑址数占近一半。在上林湖窑址群的四大片区中，这一时期的窑址以上林湖片区数量最多，共有91处，占整个上林湖窑址

① 上林乡归属慈溪县的时间主要是晚唐时期，有可能延及五代早期。参阅郑建华：《越窑贡瓷与相关问题》，浙江省文物考古研究所编：《纪念浙江省文物考古研究所建所二十周年论文集》，西泠印社1999年版，第175页；慈溪市博物馆：《上林湖越窑》，科学出版社2002年版，第5页。

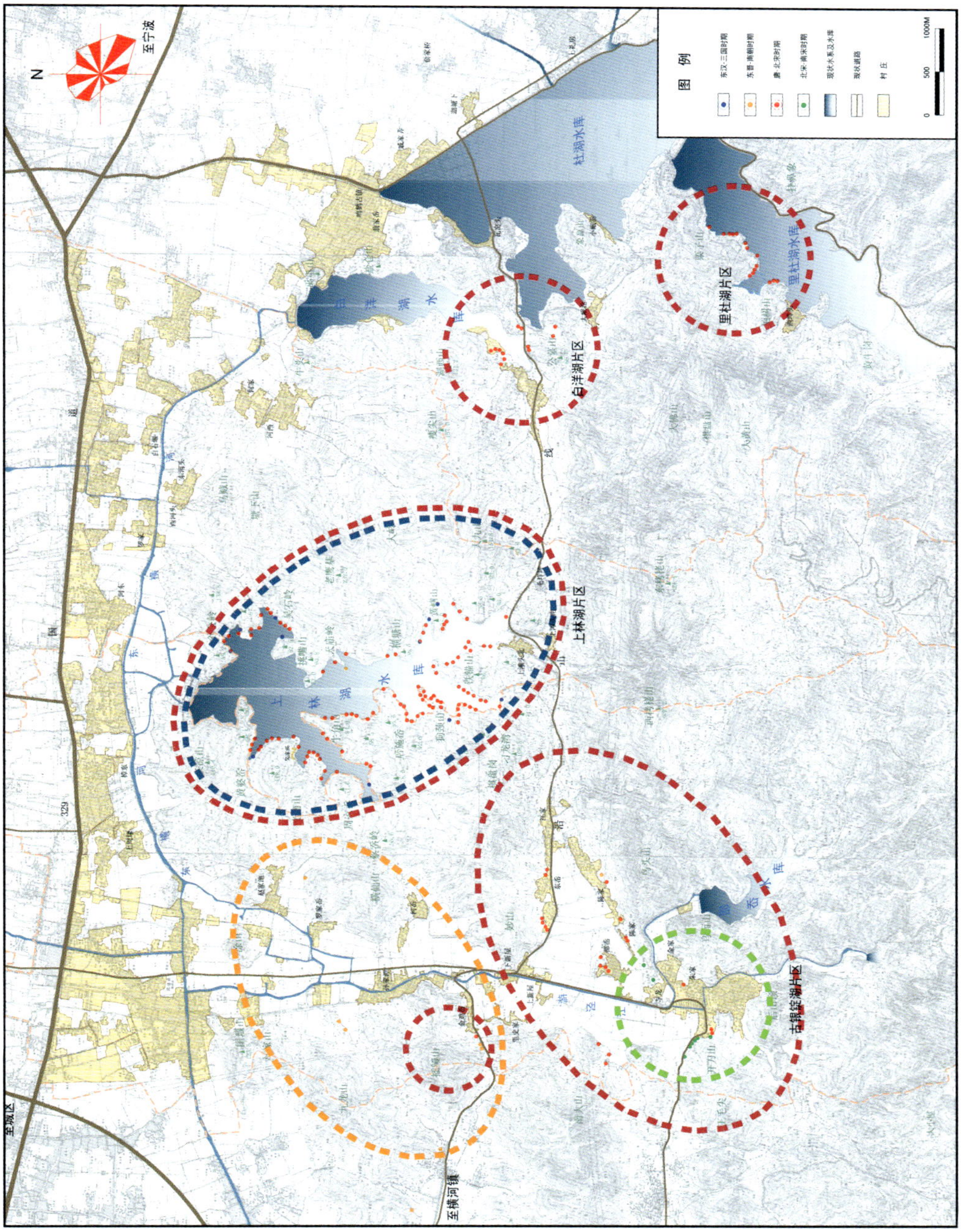

图4-1　上林湖越窑遗址群分布图（据《上林湖越窑遗址保护总体规划（2008~2025）》修改）

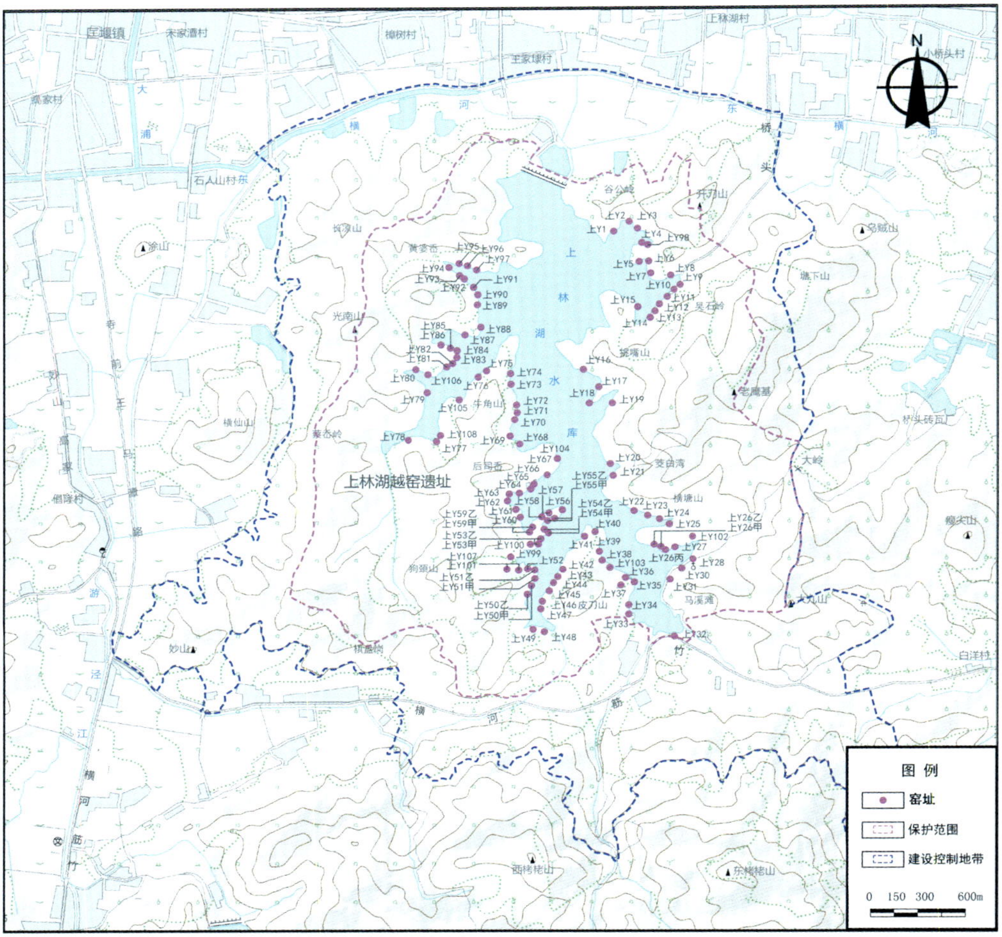

图4-2　上林湖片区窑址分布图（据《“海上丝绸之路·中国史迹”上林湖越窑遗址管理规划（2016～2035）》修改）

群该时期窑址总数的近74%①。可见，无论是横向看，还是纵向看，上林湖窑址群都是当之无愧的中期越窑核心区，而上林湖片区又是核心区中的核心。（图4-2）

① 上林湖窑址群窑址的数据，以慈溪市博物馆编《上林湖越窑》（科学出版社2002年版）为基础，结合21世纪以来历次调查和发掘的成果统计得出。关于上林湖片区的窑址数量，《上林湖越窑》第六章表述为115处，但据第二章《上林湖窑址调查表》计算，实为114处。

除上林湖窑址群外，中心区内还有2个窑址分布密集区，分别是绍兴上虞曹娥江流域和宁波东钱湖一带，它们可视作次核心区。

上虞境内曹娥江流域共有唐—北宋越窑遗址38处，集中分布于上虞西南部，包括3个片区[①]：窑寺前片区，位于上浦镇东山村甲丈和董家山自然村一带，傅家岭窑址属于这一片区；凌湖片区，位于上浦镇夏家埠村凌湖自然村、冯浦村石井自然村一带，帐子山窑址属于该片区；前进片区，位于章镇大钱村前进自然村。另外，上虞中部的驿亭镇也有零星分布[②]。除上浦镇凌湖村窑台山、冯浦村黄蛇山和章镇前进村窑山等窑址上限可至早唐外[③]，上虞境内的唐、五代、北宋越窑遗址均属于中期越窑阶段，约占越窑中心区同时期窑址的15%。（图4–3）

东钱湖窑址群的窑址，主要分布在宁波市东钱湖周围的鄞州区东钱湖镇、五乡镇和东吴镇，以及奉化区东部与东钱湖毗邻的西坞街道（含原白杜乡）。宁波市的考古专家曾将该窑址群分为6个窑区。其中，5个位于鄞州，仅白杜1个窑区在奉化辖境内[④]，后“白杜区”改称“西坞窑区”[⑤]。该窑址群共有窑址40余处，其中37处包含中唐至北宋越窑遗

① 浙江省文物考古研究所、慈溪市文物管理委员会办公室：《慈溪南宋越窑址：2010—2018年调查发掘报告》第一章《前言》，文物出版社2019年版。

② 杜伟：《上虞越窑窑址调查》，浙江省博物馆编：《东方博物》第二十四辑，浙江大学出版社2007年版。该文所称第一、第二次文物普查，实为20世纪80年代第二次全国文物普查和2007年开始为期五年的第三次全国文物普查，20世纪50年代后段曾经开展过第一次全国文物普查。诚如该文所指，各地开展普查，甚至同一地方不同时段开展普查时，对窑址认定尺度的把握都不尽一致，普查数据反映的只能是基本情况。至于普查登录的那些以生产缸胎韩瓶、碗、盘为主的窑址，虽标注年代为宋代，亦不宜纳入越窑范畴。

③ 章金焕：《上虞窑山、黄蛇山古窑址》，《江西文物》1990年第4期；《上虞龙浦唐代窑址》，《东南文化》1992年第3—4期。

④ 宁波市文物考古研究所：《郭童岙——越窑遗址发掘报告》表1–1《东钱湖区域古代窑址分布一览表》，科学出版社2011年版，第4—5页。

⑤ 宁波市文化遗产管理研究院、奉化区文物保护管理所：《于家山——越窑遗址发掘报告》图版二《越窑青瓷东钱湖窑场西坞窑区窑址分布示意》，科学出版社2020年版。

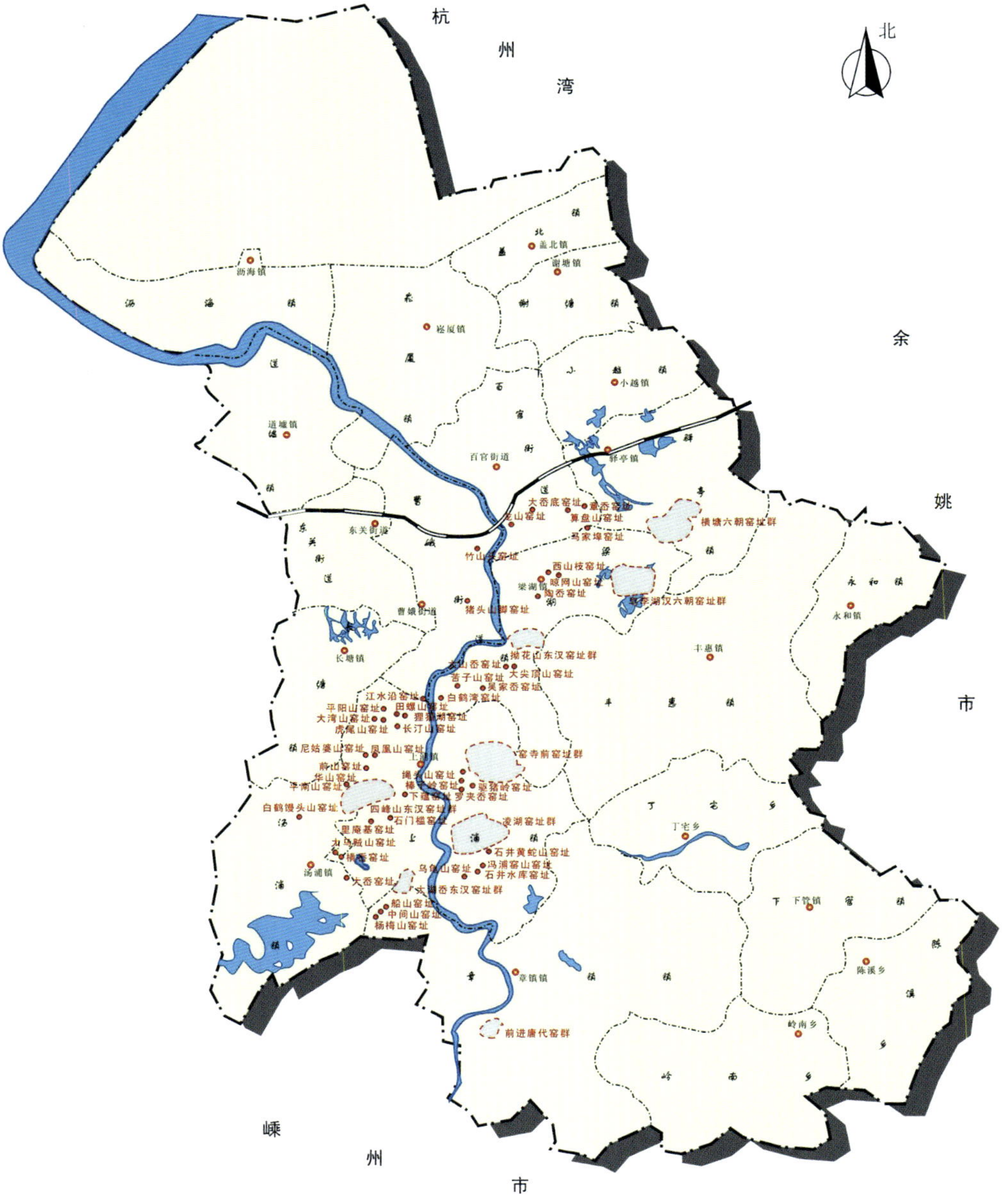

图4-3 上虞窑址分布图（据杜伟《上虞越窑窑址调查》）

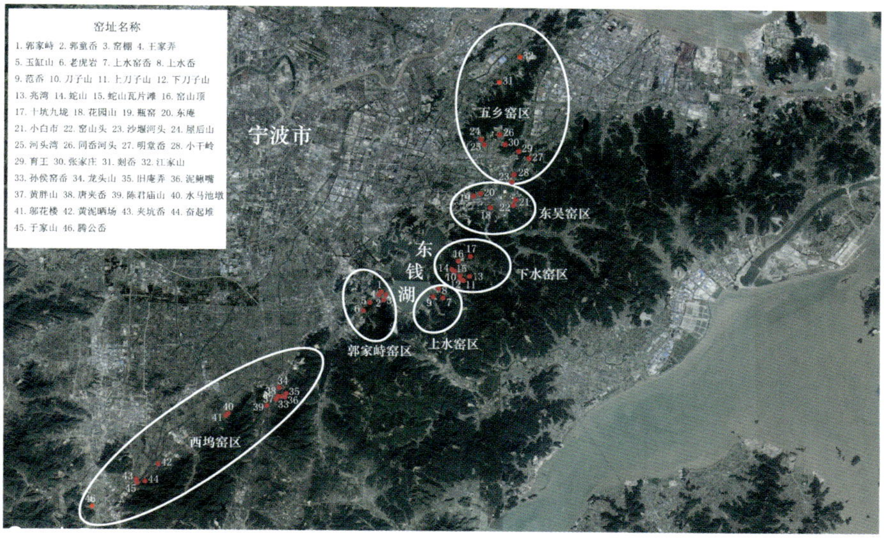

图4-4 东钱湖窑址分布示意图

存，约占越窑中心区同时期窑址的14%。（图4-4）

综上可知，中心区的越窑遗址，地域集中度非常高，慈溪上林湖、上虞曹娥江流域和宁波东钱湖这三大窑址群的窑址，在中期越窑遗址中占比近80%。（图4-5）

在中心区之外，唐宋越州和明州的周边地区，还有不少窑址的产品面貌部分乃至全部与中心区的越窑相似，从考古学文化分析的角度看，这些遗存也可归入越窑系统。这些窑址分布的区域，可视为越窑的外围区，其范围西至金衢盆地，南及台州、温州和丽水的部分地区。（参见图1-19）

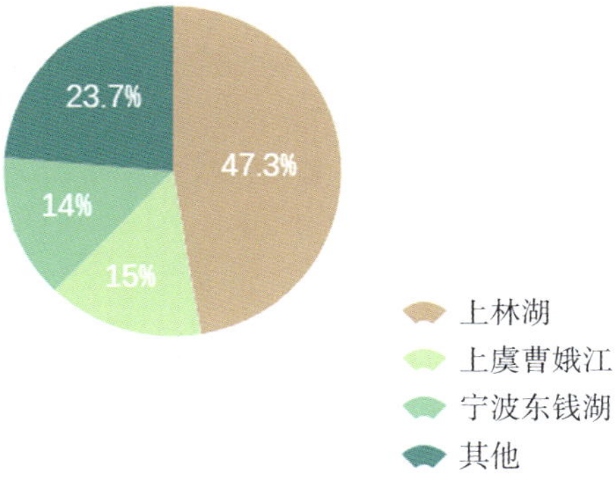

图4-5 中期越窑中心区遗址比例饼状图

外围区的瓷业文化面貌

没有中心区那么“纯正”，往往同一区域既有越窑系统窑场，也有非越窑系统窑场；或者，同一窑场同时包含越窑和非越窑文化因素。总体上讲，温州和金衢盆地的唐宋越窑系统窑场，与中心区一样，到北宋晚期以后即已没落，但与中心区不同的是，这些地域的瓷业生产多数并未终止，而是改为生产其他窑系的瓷器。

越窑系统窑场在外围区的分布，有其深厚的历史文化背景。五代吴越国建都杭州之前，越州（会稽郡）一直是东南地区的政治、经济、文化中心，它不仅是州、郡治所，也是隋唐时期越州都督府的府治所在。唐开元年间明州析置之后，至迟开元末年，越州都督府的管辖范围已基本稳定下来，包括今浙江省钱塘江以南所有地区，辖越、明、台、温、括、婺、衢、睦等八州①。在此之前，越州都督府的管辖区域还要更辽阔，北过钱塘江，南抵今福建地区。从自然地理、人文地理等多方面因素看，越窑系窑场在中心区之外广有分布，亦属正常的文化现象。实际上，这一时期越窑青瓷文化的辐射范围，已超出今天的浙江省地域，南达闽北（唐—五代）②，西抵赣东（五代）③，北到皖南（五代北宋）④、苏南（中晚唐）⑤，甚至与浙江并不毗邻的广东梅县唐代水车区窑都受到了越窑的影响⑥。

---

① 〔后晋〕刘昫等：《旧唐书》卷四十《地理志》。

② 栗建安：《福建唐、五代的“越窑系”青瓷》，浙江省文物考古研究所：《浙江省文物考古研究所学刊》第五辑《2002越窑国际学术讨论会专辑》，杭州出版社2002年版。

③ 刘新园、白焜：《景德镇湖田窑考察纪要》，《文物》1980年第11期；江西省文物考古研究所、景德镇民窑博物馆：《景德镇湖田窑址：1988—1999年考古发掘报告》，文物出版社2007年版。

④ 阚绪杭：《皖南四处青瓷窑址的调查》，《文物研究》第10期《中国古陶瓷研究会’95年会论文集》，黄山书社1995年版；李辉柄：《安徽省窑址调查纪略》，《故宫博物院院刊》1988年第3期。

⑤ 南京博物院：《江苏宜兴涧众窑》，文物编辑委员会编：《中国古代窑址调查发掘报告集》，文物出版社1984年版。

⑥ 杨少祥：《广东梅县市唐宋窑址》，《考古》1994年第3期。

二、考古工作

对于越窑田野考古工作，陈万里先生是筚路蓝缕的开拓者，早在20世纪30年代，他就曾数次实地调查绍兴（今柯桥区）、余姚等地的越窑遗址，并在上林湖（时属余姚）等地采集或收集窑址标本和越窑青瓷，开展专门研究，并有《余姚上林湖访古记》《山阴道上仿古日记》《越器图录》《越窑与秘色瓷》等论著[①]。

（一）中心区

新中国成立以后，先后组织进行了三次全国文物普查，越窑遗址是重要的调查对象。在开展普查工作的同时，文物考古工作者对越窑遗址开展了多种形式的专题调查。1957年，由于当地在古上林湖的基础上扩建范围更大的水库，浙江省文物管理委员会组织人员对库区进行文物调查和发掘，在发掘清理9座墓葬之外[②]，对上林湖及毗邻的白洋湖、杜湖和古银锭湖等湖区的窑址做了比较全面的调查，调查范围与现今的全国重点文物保护单位——上林湖越窑遗址基本一致[③]。从20世纪80年代初到世纪之交，浙江省、宁波市（地区）和慈溪市（县）的文物工作者对上林湖地区的窑址开展了持续深入的调查。其中，1990年的调查对上林湖区的窑址做了全面测绘。历次调查的成果集中反映在《上林湖越窑》一书中[④]。上林湖之外，文物工作者对上虞曹娥江流域[⑤]、宁波东钱

---

① 参阅《陈万里陶瓷考古文集》，紫禁城出版社1997年版。

② 浙江省文物管理委员会：《余姚上林湖水库墓葬发掘简报》，《文物参考资料》1958年第12期。

③ 金祖明：《浙江余姚青瓷窑址调查报告》，《考古学报》1959年第3期。

④ 慈溪市博物馆：《上林湖越窑》，科学出版社2002年版。

⑤ 汪济英：《记五代吴越国的另一官窑——浙江上虞县窑寺前窑址》，《文物》1963年第1期；章金焕：《上虞龙浦唐代窑址》，《东南文化》1992年第4期；任月芬：《上虞冯浦窑山窑址调查》，浙江省博物馆编：《东方博物》第四十二辑，浙江大学出版社2012年版；郑建明：《浙江上虞2012—2013年窑址调查收获》，《陶瓷考古通讯》2014年第1期。

湖周边①和绍兴上灶②等地的越窑遗址也开展了规模不等的专题调查。

如果说对越窑遗址的调查几乎已经达到了全覆盖的广度的话，那么20世纪90年代以来开展的一系列考古发掘，则将中期越窑的考古工作推进到了前所未有的深度。经过正式发掘的窑址主要有：

1. 上林湖荷花芯（荷花蕊）窑址

荷花芯窑址（上Y36、上Y37）位于浙江省慈溪市桥头镇上林湖西南部的山麓地带，经过1993—1995年、2014—2015年、2017年三次发

图4-6　上林湖荷花芯窑址作坊遗迹局部

① 浙江省文物管理委员会：《浙江鄞县古瓷窑址调查纪要》，《考古》1964年第4期；林士民：《浙江宁波东钱湖窑场调查与研究》，中国古陶瓷研究会等编：《中国古陶瓷研究》第三辑，紫禁城出版社1990年版。

② 绍兴县文物管理委员会：《绍兴上灶官山越窑调查》，《文物》1981年第10期；沈作霖：《绍兴上灶官山越窑》，《东南文化》1989年第6期。

图4-7　古银锭湖寺龙口窑址龙窑遗迹

掘，揭露了上下叠压的龙窑和房址、辘轳坑、储泥池、釉料缸和挡土墙等作坊遗迹（图4-6），对废品堆积也做了较大规模的发掘。从出土遗物看，该窑址包含了中晚唐、五代和北宋中晚期的遗存，其中晚唐堆积层中出土的一件匣钵刻有“会昌三年”等文字①。

2. 古银锭湖寺龙口窑址

寺龙口窑址（彭Y14）位于浙江省慈溪市匡堰镇寺龙村古银锭湖南侧的山坡上，东北距上林湖约4千米，经过1998年和1999年两期发掘，清理了龙窑（图4-7）和作坊遗迹，对废品堆积做了全面发掘。该窑址保存状况好，出土遗物丰富，瓷业生产持续时间长，从晚唐一直延续到南宋早期。堆积地层中出土了刻“乾化年七月廿六日”“太平戊寅”“辛酉”等纪年文字的瓷器或者窑具。发掘报告将该窑址的遗存分成六个期别，除第六期外，均属中期越窑阶段②。

① 浙江省文物考古研究所、慈溪市文物管理委员会：《慈溪上林湖荷花芯窑址发掘简报》，《文物》2003年第11期；浙江省文物考古研究所、慈溪市文物管理委员会办公室：《慈溪南宋越窑址：2010—2018年调查发掘报告》第一章《前言》，文物出版社2019年版。

② 浙江省文物考古研究所、北京大学考古文博学院、慈溪市文物管理委员会：《寺龙口越窑址》，文物出版社2002年版。

3. 白洋湖石马弄窑址

石马弄窑址位于浙江省慈溪市鸣鹤镇白洋村白洋湖西南岸，西距上林湖约2.5千米，于1999年进行抢救性发掘，清理了龙窑和匣钵墙等遗迹（图4–8），发掘了部分废品堆积。发掘报告将该窑址的遗存分作三期，其中，第一期的年代为唐代中晚期之交，第二期为唐末五代初，第三期为北宋初[①]。发掘报告认为，第二期与第三期之间存在缺环，似乎不太明显。从纪年材料看，垫圈垫烧工艺开始出现，而纤细划花尚鲜见，是五代中期前后越窑青瓷的典型特征。该窑址的年代当为中晚唐到五代中晚期。

图4–8　白洋湖石马弄窑址遗迹局部

① 浙江省文物考古研究所、慈溪市文物管理委员会：《浙江慈溪市越窑石马弄窑址的发掘》，《考古》2001年第10期。

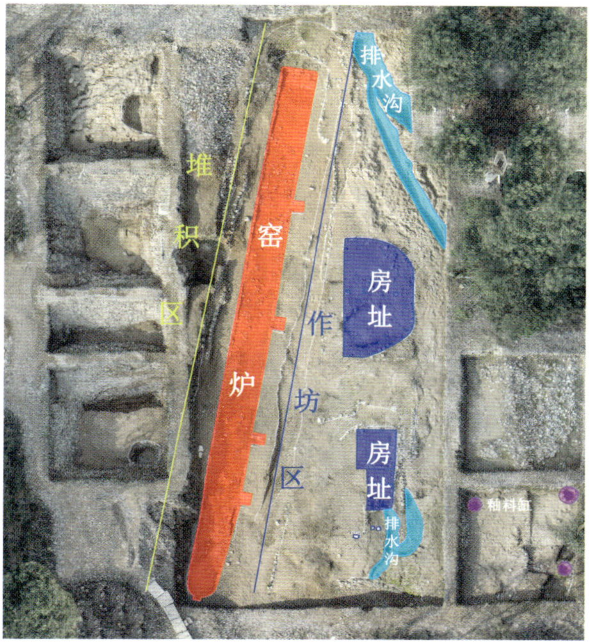

图4-9　上林湖后司岙窑址窑场布局（浙江省文物考古研究所2015—2016年发掘资料）

4. 上林湖后司岙（后施岙）窑址

后司岙窑址（上Y66、上Y67）位于浙江省慈溪市桥头镇上林湖西岸，于2015—2018年进行了大规模发掘，揭露龙窑和房址、储泥池、釉料缸、挡墙、排水沟等作坊遗迹，废品堆积也做了比较全面的发掘（图4-9）。另外，还通过水下考古的方式，探明了相关的古水坝、古水道。该窑址所在位置为上林湖窑址群的核心地带，窑址分布密集，堆积丰富，产品质量高。发掘出土的遗物年代，从晚唐到北宋早期，堆积地层中也出土了刻“大中”“咸通”“中和三年”等纪年文字的窑具和“太平戊寅”款瓷器。该窑址还发现了唐代早中期堆积，但由于已揭示遗存的保护展示需要，仅做了局部发掘①。

① 沈岳明、郑建明：《浙江上林湖发现后司岙唐五代秘色瓷窑址》，《中国文物报》2017年1月27日第8版；宁波市文物考古研究所、国家文物局水下文化遗产保护中心、浙江省文物考古研究所等：《我国水下考古技术的新探索——2016年度浙江宁波慈溪上林湖后司岙水域水下考古调查》，《中国文物报》2017年2月24日第5版专版；浙江省文物考古研究所、国家文物局水下文化遗产保护中心、宁波市文物考古研究所等：《水陆考古并进，共探秘色瓷窑——专家点评浙江宁波慈溪上林湖后司岙窑址》，《中国文物报》2017年4月4日第8版专版；浙江省文物考古研究所、慈溪市文物管理委员会办公室：《秘色越器——上林湖后司岙窑址出土唐五代秘色瓷器》，文物出版社2017年版；浙江省文物考古研究所、慈溪市文物管理委员会办公室：《慈溪南宋越窑址：2010—2018年调查发掘报告》第一章《前言》，文物出版社2019年版。

5. 东钱湖郭童岙窑址

郭童岙窑址位于宁波市东钱湖郭家峙村西南约1千米处的王家弄，于2007年进行抢救性发掘，揭露窑炉遗迹11座（其中7座龙窑、3座馒头窑）（图4-10）、房址2处、道路1条，对废品堆积也进行了比较全面的发掘；出土瓷器和窑具标本2万余件。发掘报告判断，产品年代为五代至北宋中晚期；3处馒头窑用于烧制砖瓦①。

图4-10　东钱湖郭童岙窑址龙窑遗迹Y2（2007年）（采自王结华、罗鹏：《青瓷千年映钱湖》图026，宁波出版社2020年版）

6. 东钱湖于家山窑址

于家山窑址位于宁波市奉化区西坞街道下宅弄自然村，属于东钱湖窑址群西坞片区，2006年和2009年两次进行抢救性发掘。第一次发掘揭露龙窑遗迹1处，出土大量青瓷标本，产品年代为北宋中晚期②。第二次发掘发现清理6条龙窑的遗迹（图4-11），出土青瓷和窑具标本400余件，遗存年代以北宋晚期为主，部分可早到北宋中期③。

除郭童岙和于家山之外，东钱湖窑址群中经过发掘的还有上水岙、

① 宁波市文物考古研究所：《郭童岙——越窑遗址发掘报告》，科学出版社2011年版。

② 郑建明、毛迪凯：《奉化市于家山宋代窑址》，中国考古学会编：《中国考古学年鉴（2007）》，文物出版社2008年版。

③ 宁波市文化遗产管理研究院、奉化区文物保护管理所：《于家山——越窑遗址发掘报告》，科学出版社2020年版。

图4-11　东钱湖于家山窑址龙窑遗迹Y1—Y6（2009年）

花园山、陈君庙山等窑址[①]。

上虞曹娥江流域的唐宋越窑遗址尚未有过正式的考古发掘。2013年，浙江省文物考古研究所等单位开展专题调查时，曾对傅家岭、帐子山等窑址做过小规模的试掘[②]。

（二）外围区

外围区的越窑系窑址也进行过大量的考古工作。

金衢盆地　经过发掘的窑址主要有：东阳歌山窑址，1980年调查和发掘，越窑系统，年代为唐代早期至北宋[③]；武义陈大塘坑窑址群蜈蚣形山窑址，2000—2002年发掘，主体为越窑系统，年代为五代晚期至北宋中晚期[④]；浦江前王山窑址，2015—2016年发掘，越窑系统，年代为北宋中期[⑤]。另外，东阳伏虎山[⑥]、葛府茶园[⑦]窑址，2008年发掘，越窑系统，年代为北宋中期。

台州地区（含宁海）　经过发掘的窑址主要有：宁海岔路窑址，1998年发掘，产品面貌整体上属于越窑系统，但出土外壁划斜线、内壁篦线划花的碗，年代为北宋中晚期[⑧]；台州市黄岩区沙埠窑址群中的竹家岭、

---

① 宁波市文物考古研究所、国家水下文化遗产保护宁波基地：《宁波考古六十年》之“窑址考古”篇，故宫出版社2017年版。

② 浙江省文物考古研究所调查资料。又见郑建明：《浙江上虞2012—2013年窑址调查收获》，《陶瓷考古通讯》2014年第1期。

③ 贡昌：《记浙江东阳歌山唐宋窑址的发掘》，《婺州古瓷》，紫禁城出版社1998年版，第73—91页。

④ 浙江省文物考古研究所：《武义陈大塘坑婺州窑址》，文物出版社2014年版。

⑤ 浙江省文物考古研究所、浦江县文物保护管理所：《浙江浦江县前王山窑址考古发掘简报》，《华夏考古》2018年第4期。

⑥ 卢淑珍：《伏虎山窑发掘获重大成果》，东阳市人民政府地方志办公室编：《东阳年鉴（2005—2008）》，方志出版社2009年版，第419页。

⑦ 郑嘉励：《东阳市葛府茶园北宋青瓷窑址》，中国考古学会编：《中国考古学年鉴（2009）》，文物出版社2010年版，第210页。

⑧ 宁波市文物考古研究所、宁海县文管会办公室：《浙江宁海县岔路宋代窑址》，《考古》2003年第9期。

凤凰山窑址，2019—2021年发掘，包含越窑、龙泉窑等多种瓷业文化因素，年代为北宋中期至南宋早期[①]。

温州地区　经过发掘的窑址主要有：永嘉龙下窑址，2005—2006年发掘，部分越窑系统，年代为晚唐[②]；永嘉坦头窑址，2017年发掘，部分越窑系统，年代为晚唐[③]；温州西山窑址，1986年调查发掘，部分越窑系统，年代为晚唐至北宋[④]。

基于现有考古工作成果，根据产品的胎、釉、造型、装饰和装烧工艺等方面特征，可以将中期越窑分为四个发展阶段：

第一阶段，盛唐后段至晚唐初年；

第二阶段，晚唐到吴越国前期；

第三阶段，吴越国后期到北宋早期；

第四阶段，北宋中晚期。

三、盛唐后段至晚唐初年

（一）考古发现

这一阶段的窑址，目前发现近60处（窑址数量均指中心区，后同），以慈溪上林湖片区最为集中，共有37处[⑤]；上虞曹娥江流域次之，有10余处[⑥]。另外，诸暨、镇海以及宁波东钱湖等地，也有零星分布。

---

① 浙江省文物考古研究所等单位发掘资料。

② 浙江省文物考古研究所、温州市文物保护考古所、永嘉县文化馆：《浙江永嘉龙下唐代青瓷窑址发掘简报》，《文物》2012年第11期。

③ 郑建明、周圣玉、许洁琼、张馨月：《东瓯缥碧》，《中国文物报》2018年1月26日第4版。

④ 瓯海区文化广电新闻出版局、瓯海区文博馆：《遗珍：瓯海区第三次全国文物普查成果选粹》，西泠印社出版社2011年版，第29页。

⑤ 鉴于有些窑址的年代涵盖不同时期甚至不同朝代，各阶段窑址数量的总和要远远大于总窑址数。

⑥ 章金焕：《上虞龙浦唐代窑址》，《东南文化》1992年第4期；杜伟：《上虞越窑窑址调查》，浙江省博物馆编：《东方博物》第二十四辑，浙江大学出版社2007年版。

这个阶段经过正式发掘的窑址不多。上林湖荷花芯窑址，Y37第一段（T4⑦⑥⑤层）和Y36早期（T2⑤④③层）、Y37第二段（T4④层）遗存基本属于本阶段，Y37T4④层出土了“会昌三年”（843）铭文匣钵①。白洋湖石马弄窑址第一期遗存属于本阶段②。上林湖后司岙窑址TS01W01⑦层的遗存，应该也属于本阶段③。

上林湖片区的窑址曾经做过详细的调查，并被分成前后两段。后段被分作9个期别，其中后段四期处于本阶段④。在这一阶段的典型窑址中，Y51甲曾做过小规模试掘，堆积可分上下两层，上层属于后段四期，内涵与荷花芯窑址Y37第一、第二段比较接近；下层属于后段三期，内涵与后司岙窑址TS01W01⑧⑦层堆积接近⑤。

此外，外围区的东阳歌山窑址也做过小规模发掘⑥。

墓葬出土的本阶段越窑青瓷明显比早唐时期多，纪年材料也比较丰富，以中唐时期的为多，比如河南偃师杏园村大历十三年（778）墓⑦、洛阳唐兴元元年（784）墓⑧（图4-12、图4-13）、浙江诸暨唐贞元十年（794）墓⑨、浙江象山唐元和十二年（817）墓⑩、江苏镇江唐元和十五

① 浙江省文物考古研究所、慈溪市文物管理委员会：《慈溪上林湖荷花芯窑址发掘简报》，《文物》2003年第11期。

② 浙江省文物考古研究所、慈溪市文物管理委员会：《浙江慈溪市越窑石马弄窑址的发掘》，《考古》2001年第10期。

③ 浙江省文物考古研究所2017年发掘资料。

④ 慈溪市博物馆：《上林湖越窑》第二章，科学出版社2002年版。

⑤ 浙江省文物考古研究所2017年发掘资料。

⑥ 贡昌：《记浙江东阳歌山唐宋窑址的发掘》，《婺州古瓷》，紫禁城出版社1998年版，第73—91页。

⑦ 中国社会科学院考古研究所河南二队：《河南偃师市杏园村唐墓的发掘》，《考古》1996年第12期。

⑧ 河南省文物工作队第二队：《洛阳16工区76号唐墓清理简报》，《文物参考资料》1956年第5期。

⑨ 浙江省文物管理委员会：《浙江临安板桥的五代墓》引用的1971年发掘资料，《文物》1975年第8期。

⑩ 符永才、顾章：《浙江南田海岛发现唐宋遗物》，《考古》1990年第11期。

图4-12　敞口玉璧底碗（唐兴元元年墓出土）

图4-13　撇口玉璧底碗（唐兴元元年墓出土）

年（820）和宝历二年（826）墓[1]、安徽巢湖唐会昌二年（842）墓[2]、绍兴大中五年（851）墓[3]等。上林湖Y51甲下层与后司岙窑址TS01W01⑧⑦层中出土的侈口弧腹圈足碗、敞口斜弧腹圈足碗，分别与北京唐开元六年（718）墓出土的褐釉小碗[4]、广东韶关开元二十九年（741）墓出土的“青黄釉陶盆”和“青釉陶碗”[5]相似。在上林湖的这两处窑址

① 镇江博物馆：《江苏镇江唐墓》，《考古》1985年第2期。

② 巢湖地区文物管理所：《安徽巢湖市唐代砖室墓》，《考古》1988年第6期。

③ 林士民：《谈越窑青瓷中的秘色瓷》，《文博》1995年第6期。

④ 昭陵文物管理所：《唐越王李贞墓发掘简报》，《文物》1977年第10期。

⑤ 广东省文物管理委员会、华南师范学院历史系：《唐代张九龄墓发掘简报》，《文物》1961年第6期。

中，均有少量玉璧底碗与上述两种圈足碗同层共出。目前所知，有明确纪年的最早的玉璧底碗，出于河南偃师杏园村大历十三年（778）墓，形态成熟内底刻划摩羯纹。玉璧底碗始现时间应该早于大历十三年。据上分析，将盛唐后段作为本阶段的上限，应该是合适的。

（二）产品特征

与早唐相比，本阶段产品发生了显著的变化。胎体相对轻薄，饼足器基本消失，圈足器成为主流。出现仿金银器做法，盘盏类圆器部分作葵口，壶瓶类琢器部分作瓜棱腹。部分产品施行刻划装饰。施半釉的产品大幅减少，开始追求釉的玉质感。

1. 胎釉

本阶段越窑青瓷胎体普遍没有早唐时期那么厚重，器体趋于小巧。胎色多浅灰，胎质普遍比以往精细、致密，因胎体含细沙致使釉面不甚光洁的现象已属少见。但产品大体还是有精、粗两种，与之相对应，施满方式既有满釉，也有半釉，且前者更多。釉层多较均匀，釉面普遍比较光洁。釉色多青黄，青灰次之。

2. 器型

本阶段越窑青瓷的器型有碗、盘、盏、杯、钵、洗、盒、壶、罐、瓶、茶匙、香熏、灯盏、砚、水盂、唾盂、簋（簋式炉）、枕、罂等。有些器类有多种造型。比如，碗有圈足碗（图4-14、图4-15）、玉璧底碗（图4-16、图4-17）；盘有翻沿圈足盘（图4-18）、敞口圈足盘、撇口玉璧底盘、四出葵口圆角方盘、高足盘；盏有高圈足盏、矮圈足盏；杯有直口弧腹高喇叭足杯、海棠杯；盒有粉盒（平底盒、圈足盒）、油盒（图4-19），盒盖又有扁弧、圆弧、平顶带钮等多式；水盂有平底和四足的（图4-20）；瓶有盘口瓶（图4-21）、葫芦瓶、净瓶；壶分有系、无系，有四系盘口壶（蟠龙罂）（图4-22），扁带把喇叭口胆囊形执壶（图4-23），喇叭口或侈口长弧腹、盘口长圆腹侧向扁方把执壶（图4-24），竖向扁带把（图4-25）执壶，葫芦形、凤首或兔首执壶，方形多棱扁横把喇叭口、盘口、直口瓜棱腹执壶；罐有无系罐、双系罐、大口短流罐；茶匙的柄作多种动物造型；灯盏的环有大小之分。另有多足砚（图4-26）等。

以往的越窑青瓷，底部普遍为饼足（假圈足）或平底。从早唐时期开始，饼足（或平底）开始向圈足转变，但初期的挖足往往不太规整，

图4-14　撇口弧腹圈足碗（17后司岙TS01W01⑦:19，浙江省文物考古研究所发掘资料）

图4-15　撇口斜腹圈足碗（17后司岙TS01W01⑦:41，浙江省文物考古研究所发掘资料）

图4-16　敞口玉璧底碗（17后司岙TS01W01⑦:39，浙江省文物考古研究所发掘资料）

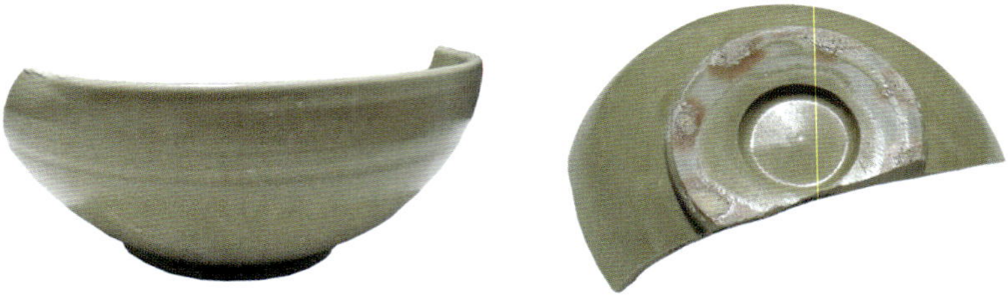

图4-17　直口弧腹玉璧底碗（后司岙窑址出土）

图4-18　圈足盘（17后司岙TS01W01⑦:43，浙江省文物考古研究所发掘资料）

图4-19　油盒（后司岙窑址出土）

图4-20　水盂（白洋湖石马弄窑址T4④:66）

图4-21　盘口壶（白洋湖石马弄窑址T4④:63）

图4-22　四系蟠龙罂［嵊州唐元和十四年（819）墓出土，浙江省博物馆藏］

图4-23　胆囊形执壶（白洋湖石马弄窑址T4④出土）

图4-24　侧把壶（白洋湖石马弄窑址T4④:60）

图4-25　执壶（唐“大中元年”款，上海博物馆藏）

图4-26　多足砚（17后司岙TS01W01⑧:9，浙江省文物考古研究所发掘资料）

外底和足壁都比较毛糙。到本阶段后，饼足（或平底）向圈足转变的过程最终完成。虽然瓶罐类琢器和部分盒、盂类器物依然多见平底，但圈足器发达，几乎已取代饼足和平底，不仅大宗产品碗盘类圆器的底部作圈足，执壶类琢器也有部分如此。这是本阶段越窑青瓷在器物制作方面与以往最大的不同点，也是越窑青瓷发展史上革命性的变化之一。

玉璧底是一种特殊的圈足底。除了可能有某种审美需求，抑或特殊功用外，玉璧底恰恰是饼足向圈足演变的典型形态之一。此后，经由玉环底，逐渐发展出纤细的圈足。浅宽圈足碗（图4–27）与玉璧底碗（图4–28）是本阶段碗类产品的主流，二者有明确的共存关系。前者的上限略早，在早唐时期已有所见；后者在早唐时期仅偶见，且是挖底粗糙的雏形（图4–29）。玉璧底碗常见敞口斜腹、撇口斜弧腹和直口弧腹三种，第三种碗出现时间可能略晚。

本阶段出现了海棠杯、油盒、茶匙、侧把壶、大口短流罐以及高度一般不超过10厘米的小瓶和小壶等新颖器型。原有器型的变化也较为明

图4–27　宽圈足碗（17后司岙TS01W01⑧:20，浙江省文物考古研究所发掘资料）

图4–28　敞口斜腹玉璧底碗（上林湖荷花芯窑址出土）

图4-29　玉璧底碗（17后司岙TS01W01 ⑨:1，浙江省文物考古研究所发掘资料）

显，比如执壶的变化就很有代表性。一方面，带系执壶继续存在，但新出现了无系执壶；另一方面，壶的腹部既有圆弧形的，又新出现了瓜棱形的。本阶段以后，无系、瓜棱腹逐渐成为越窑青瓷执壶的主流形态之一。

3.装饰

本阶段产品仍以素面为主，但有刻划装饰的明显比以往多。刻划装饰的刻线多数较细，刻和划的线条痕迹都比较浅；有刻、划手法同时使用的，也有单用划线的。刻划的部位主要见于碗、盘、盏、杯类器物的内底和内壁，盒的盖面，题材以荷花、花叶为主，也有鱼纹或摩羯纹。口部作四凹口、外壁相对位置刻四条短凹线的装饰方式也比较多见。刻划花和四出花口两种装饰方式，在河南偃师杏园村大历十三年（778）郑洵夫妇墓同时出现，分别饰于玉璧底碗（刻划摩羯纹）和玉璧底盘[①]。也有这两种装饰手法在同一件器物（多为碗盘盏类圆器）上使用的。此外，还有印花、模印贴花、捏塑、镂孔等装饰方式。

① 中国社会科学院考古研究所河南二队：《河南偃师市杏园村唐墓的发掘》，《考古》1996年第12期。

4.装烧

本阶段的装烧方式，主要有明火叠烧和匣钵装烧两种。明火叠烧是在此之前越窑的传统装烧方式，本阶段依然在部分产品中沿用。其中，最常见的是浅宽圈足碗。这种碗多数器体较大，腹部较浅，腹壁多斜弧，通体施釉，足底刮釉，因裸露于明火中烧成，釉色偏于灰暗。与先前相比，此时的明火叠烧工艺有两大进步：第一，同一叠烧柱的碗坯数量多（10件以上者亦属常见）；第二，上下坯件间普遍采用泥点间隔。泥点细小，排列密集（多在10个以上）。这样，不仅产量高，变形者少，而且产品釉面的叠烧痕迹小。

匣钵装烧方式在南朝和早唐时期就零星可见①，本阶段大量采用，成为主要的装烧方式。有一匣一件单件装烧，一匣多件装烧的更多。匣钵多“M”形和平底钵形，前者为多。匣钵胎料有粗质耐火黏土和含细沙瓷质两种，前者出现时间早，数量多。本阶段匣钵装盛瓷坯时，一般不用专门的支垫具，仅在瓷坯外底用泥点支垫。正因为如此，笔者曾从匣钵装烧工艺的角度，将本阶段越窑称为“泥点支垫”阶段②。

所谓泥点，质料似多为未经淘洗的瓷土，通常随手捏成，呈瓜子形、尖细三角形或其他不规则形态。泥点的优点是，质地比较疏松，利于瓷坯焙烧时的收缩，易于从烧成的瓷器上剥落。它们的不足之处是，会在瓷器上留下疤痕或砂粒，影响美观和实用。

匣钵多件装烧最具代表性的器物是敞口玉璧底碗，常用“M”形匣钵。基本组合方式是，3—5个坯件上下相叠、仰置于匣钵内，坯件彼此之间用泥点间隔，最下一件以泥点支垫。支垫泥点6—7个，泥点多略呈

---

① 据慈溪市博物馆编《上林湖越窑》介绍，慈溪古银锭湖的小姑岭南朝窑址（彭Y29）偶见瓷质匣钵（第134页），上林湖沆家山唐代窑址（上Y51甲）第②层发现有夹砂耐火土质匣钵（第38页）。

② 郑建华：《越窑青瓷装烧工艺的初步总结》，浙江省博物馆编：《东方博物》第二辑，杭州大学出版社1998年版。

图4-30　叠烧玉壁底碗（上林湖窑址采集，慈溪市博物馆藏）

瓜子形或三角形。受装烧方式的制约，同一匣钵内的数件碗，仅最上面的一件通体施釉并在支垫泥点处刮釉，其余外施半釉、内底有泥点痕。值得指出的是，部分敞口玉壁底碗也可能采用过明火叠烧方式（图4-30）。直口玉壁底碗，产量相对较少，多采用匣钵单件装烧的方式，也有置于匣钵多件装烧组合最上端的。

其他器物，如撇口浅弧腹小碗、花口高圈足盏、盘、盒、盏托、水盂等通常置于上述敞口玉壁底碗和撇口浅宽圈足碗装烧组合的最上端烧成。盘也有直接采用明火叠烧方式的。壶瓶类琢器较多地采用匣钵单件装烧方式，所用匣钵深腹、平底。灯盏的装烧方式略特殊，多先一仰一覆组成仰覆烧组合，然后置于其他产品明火叠烧组合的最上端入窑。此外，大件器物对口合烧、里面套烧小件器物的装烧方式也少量可见。

碗盘类圆器的造型特征与装烧方式有关。第一，器形矮、腹壁斜坦便于碗坯彼此相叠；第二，底部厚重可以增加碗坯的抗压性能，减轻单位面积承受的压力，从而有可能避免足底因压迫泥点过甚而出现凹陷。

总之，本阶段的精品通常施满釉，仅在外底或足底支垫泥点处刮釉（也有刮釉一圈的），匣钵装烧时单件装盛或置于多件装烧组合的最上端。其他产品，或施半釉，或内底有叠烧痕迹，或因在明火中裸烧而成，釉色釉面不佳，成瓷质量相对较粗。

（三）越窑复兴原因

越窑青瓷生产在三国、西晋时期形成第一波高潮后，生产规模逐渐萎缩，南朝至早唐时期跌入低谷。进入盛中唐以后，开始迈向复兴之路。隋代与早唐时期的越窑窑址，寥若晨星，大约18处（其中慈溪上林湖片区9处、上虞曹娥江流域3处、诸暨2处、宁波镇海和象山各2处），到盛中唐时期增至近60处。当然，这种复兴也有一个发展的过程，不是一蹴而就的。

盛中唐时期，越窑复兴的情形，在墓葬中也能得到一定程度的反映。一方面，越窑青瓷除了在浙江及周边的南方地区墓葬中普遍有见外，北方地区，特别是隋唐中枢所在的两京和关中一带，墓葬中随葬越窑青瓷的现象早唐时期少见，本阶段多见；另一方面，北方地区随葬越窑青瓷的墓葬主人身份虽然多为官僚、贵族，但中下层人士墓葬中随葬越窑青瓷的现象也逐渐增多[①]。

本阶段越窑的复兴，体现在生产规模的扩大、产品流布范围（也就是消费市场）的拓展、消费人群（阶层）的增加等方面，更体现在生产技术的进步、产品质量的提高上。从文化结构的角度看，与此前相比，本阶段越窑青瓷的技术系统不仅表层和中间层发生了革命性变化，核心层也发生了重要变化。造型上，随着圈足器全面取代饼足（平底）器，产品由厚重向端巧转变；在装饰上，除了釉质、釉色、釉层美观度的显著提高外，本阶段产品的胎装饰（主要是刻划花）装饰明显增多。这样，在造型和装饰这些易于接受外来（比如金银器、其他窑口）影响的文化表层，越窑青瓷的适用性和美观度均发生了显著改变。装烧工艺属

---

① 参阅权奎山：《中国南方隋唐墓的分区分期》，《考古学报》1992年第2期；程义：《关中唐代墓葬初步研究》，西北大学博士学位论文，2007年；杨涛：《隋唐两京地区墓葬出土瓷器研究》，中央民族大学硕士学位论文，2010年；高义夫：《北方唐墓出土瓷器的考古学研究》，吉林大学博士学位论文，2019年。

于瓷业文化结构中的中间层，本阶段的主要进步是匣钵的普及。虽然在此之前匣钵已零星使用、本阶段明火叠烧的方式依然存在，但无论如何，本阶段的越窑实现了匣钵的普及。匣钵的使用是瓷业技术史上关键性的变革，瓷器生产在实用和审美上诸多目标的达成，无不与此密切相关，包括越窑在内，概莫能外。中国古代瓷器的胎、釉原料往往就地取材，加工与配制技术通常也是因地制宜。在瓷业文化结构中，这些均属于核心层，一般来说是相对稳定的。本阶段的越窑青瓷，在胎釉原料的选用、釉的配制等方面，与以往无明显变化，但是，胎料的加工实现了由“粗加工”到“精加工”的转变。此前产品胎体中多见的含细沙、有气孔等现象，在本阶段已较少出现。

盛中唐时期越窑再次兴起，固然与初唐时期社会重归安定、百业休养生息有关，与制瓷工艺的积累和进步有关，甚至与安史之乱以后全国经济重心南移有关，但更直接地，应该与产品需求密切相关。这种需求可能来自官方，也可能来自海外，但毫无疑问，国内的民间需求应该是推动越窑青瓷生产大发展最强劲、最持久的动力，其中，饮茶、品茶风尚的推动作用在这一时期表现得特别突出。

据孙机先生研究，我国古代的饮茶法可以分为粥茶、末茶和散茶三个阶段，其中第二阶段为唐至元代前期。盛中唐时期，饮茶已经成为大众化行为，《茶经》这一经典茶文化著作，就出现在该时期。由于《茶经》内容丰富，条理清晰，“对饮茶的传播是一个有力的推动”[①]，其对青瓷茶具特别是越窑青瓷的赞誉，无疑是当时的人们推崇越窑青瓷的真实写照，这也会进一步激发人们对越窑青瓷的需求。同时，《茶经》还是现知最早以州名命名瓷窑的文献。

对越窑青瓷，陆羽赞曰：

---

① 孙机：《中国古代物质文化》，中华书局2014年版，第55—56页。

> 碗，越州上，鼎州次，婺州次，岳州次，寿州、洪州次。或者以邢州处越州上，殊为不然。若邢瓷类银，越瓷类玉，邢不如越一也；若邢瓷类雪，则越瓷类冰，邢不如越二也；邢瓷白而茶色丹，越瓷青而茶色绿，邢不如越三也。……瓯，越州上，口唇不卷，底卷而浅，受半升已下。越州瓷、岳瓷皆青，青则益茶，茶作白红之色。邢州瓷白，茶色红；寿州瓷黄，茶色紫；洪州瓷褐，茶色黑：悉不宜茶。①

陆羽从饮茶、品茶的角度出发，赞誉越窑青瓷“类玉”“类冰”。其所处时代和此后的文人墨客对越窑青瓷的推崇备至、吟咏不绝，也大抵如此。孟郊《凭周况先辈于朝贤乞茶》“蒙茗玉花尽，越瓯荷叶空”②，顾况《茶赋》“舒铁如金之鼎，越泥似玉之瓯”③，陆龟蒙《秘色越器》“九秋风露越窑开，夺得千峰翠色来。好向中宵盛沆瀣，共嵇中散斗遗杯”④，徐夤《贡余秘色茶盏》“巧剜明月染春水，轻旋薄冰盛绿云”⑤，等等，均如此。

当时的人们，特别是中上层人士对越窑瓷质茶具的旺盛需求，既极大地推动了越窑青瓷生产的量的扩张，文人士大夫阶层对越窑青瓷“如冰似玉”的美的追求，又成为一股“塑造”越窑青瓷审美取向的强大力量。这种量的需求和质的取向，不仅从历史文献上可得到充分反映，从历年来的越窑考古发现中也能得到明确的证据，上林湖荷花芯窑址这一时期的产品就是其中的典型代表。该窑址出土的本阶段器物，除茶匙外，还有盏、盏托、执壶、罐等产品，至少部分用作茶具。从两京地区西安和洛阳该时期的遗址，特别是寺庙遗址出土的越窑青瓷看，茶具的

---

① 〔唐〕陆羽：《茶经·四之器》“碗”条，《丛书集成初编》本，中华书局1991年版。

② 《全唐诗》卷380，中华书局1979年版。

③ 《全唐文》卷528，中华书局1983年版。

④ 《全唐诗》卷629，中华书局1979年版。

⑤ 《全唐诗》卷710，中华书局1979年版。

确是其中的大宗[①]。

总之，盛中唐时期开启了越窑“如冰似玉”的秘色瓷时代，从此之后，“秘色瓷”几乎成了高档优质越窑青瓷的同义词。由此发端，越窑迎来了新的辉煌时代，其青瓷制作工艺的变与不变、潮涨潮落与登峰造极，无不与此息息相关。

四、晚唐至吴越国前期

（一）考古发现

本阶段窑址的数量比前一阶段增多，共有七十来处，上林湖一带的核心地位进一步强化，窑址数达54处。

经过正式发掘的本阶段窑址比较多。属于或部分属于本阶段的遗存有：上林湖荷花芯窑址Y37第三段（T4③②层）[②]，白洋湖石马弄窑址第二期[③]，古银锭湖寺龙口窑址第一、第二期[④]，上林湖后司岙窑址“大中”“咸通”“中和”纪年堆积层及其后的唐末至五代中期遗存[⑤]。

窑址以外地点出土的本阶段越窑青瓷也很丰富，其中有些有明确纪年。浙江海宁徐步桥唐大中七年（853）墓出土的越窑花瓣口圈足碗（盘）（图4-31）[⑥]，对于本阶段与上阶段产品风格的转换，在年代上具

---

① 高义夫：《北方唐墓出土瓷器的考古学研究》，吉林大学博士学位论文，2019年，第336—338页。

② 浙江省文物考古研究所、慈溪市文物管理委员会：《慈溪上林湖荷花芯窑址发掘简报》，《文物》2003年第11期。

③ 浙江省文物考古研究所、慈溪市文物管理委员会：《浙江慈溪市越窑石马弄窑址的发掘》，《考古》2001年第10期。

④ 浙江省文物考古研究所、北京大学考古文博学院、慈溪市文物管理委员会：《寺龙口越窑址》，文物出版社2002年版。

⑤ 浙江省文物考古研究所、慈溪市文物管理委员会办公室：《秘色越器——上林湖后司岙窑址出土唐五代秘色瓷器》，文物出版社2017年版。

⑥ 中国陶瓷编辑委员会：《中国陶瓷·越窑》，上海人民美术出版社1983年版，图143。

有一定的标志意义（图4-32）。陕西扶风法门寺地宫（封于唐咸通十五年，即874年）（图4-33、图4-34）①，以及浙江临安唐天复元年（901）水邱氏墓（图4-35、图4-36）②、五代后唐应顺元年（934）钱镠墓（图4-37）③和五代后晋天福四年（939）康陵（图4-38、图4-39）④等吴越国贵族墓出土了大批越窑青瓷。这些青瓷不仅提供了年代学标尺，更是本阶段越窑青瓷，特别是被称为“秘色瓷”的精品越窑青瓷的典型代表。

图4-31　圈足花口盘（浙江海宁唐大中七年墓出土）

① 陕西省考古研究院、法门寺博物馆、宝鸡市文物局等：《法门寺考古发掘报告》，文物出版社2007年版。

② 明堂山考古队：《临安县唐水邱氏墓发掘报告》，浙江省文物考古所编：《浙江省文物考古所学刊（1981）》，文物出版社1981年版；浙江省文物考古研究所、浙江省博物馆、杭州市文物考古研究所等：《晚唐钱宽夫妇墓》，文物出版社2012年版。

③ 钱镠墓2019年遭盗掘，随葬品被追回，现藏于临安博物馆。

④ 杭州市文物考古研究所、临安市文物馆：《五代吴越国康陵》，文物出版社2014年版。按：墓主马王后下葬已在天福四年底，实为公元940年。

图4-32　平底花口盘（后司岙窑址TN02W04②-2-9:9）（左）

图4-33　平底盆（法门寺地宫出土）（右）

图4-34　葵口盘（法门寺地宫出土）

图4-35　花口碗（临安唐天复元年水邱氏墓出土）

图4-36　油盒（临安唐天复元年水邱氏墓出土）

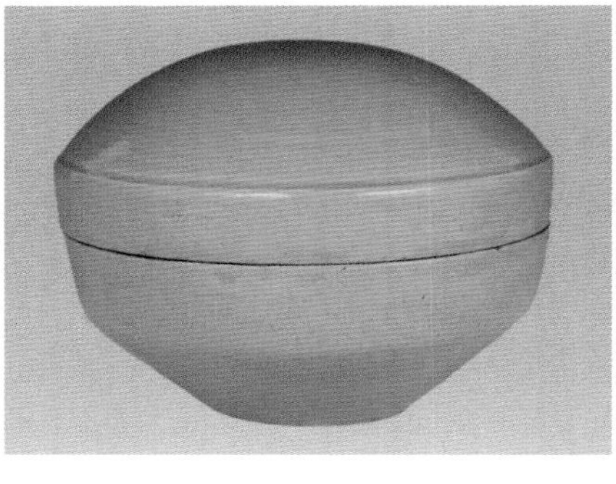

图4-37　盒（五代后唐应顺元年钱镠墓出土）（左）

图4-38　花口碗（临安五代后晋天福四年康陵出土）（右）

图4-39　盘（临安五代后晋天福四年康陵出土）

（二）产品特征

追求造型与釉面的美观、不尚刻划装饰，是本阶段越窑青瓷最突出的特点。有两大审美取向：一是在造型上，追求金银器那样的端巧轻盈，华贵秀美；二是在釉的质感上，追求玉器的精光内敛和温润柔美。虽然这两大审美取向在上一阶段就已开始，但真正达成目标，则要到本阶段。

1.胎釉

与上一阶段相比，本阶段越窑青瓷的胎体，进一步向轻巧的方向发展，底部厚重的器物已然少见。胎料的加工也进一步走向精细化，胎质比以往更加精细、致密，胎色多显得比较浅淡。受龙窑不同窑位成瓷质量参差不齐的因素制约，也因为不同装烧方式的影响，产品依然有精粗之别，但主要不是表现在施釉方式上。本阶段产品普遍施满釉，一般仅在泥点、泥条支垫或间隔处刮釉，施釉不到底的现象罕见。产品多釉层均匀，釉面光洁。釉色为湖绿、青灰或青黄。

2.器型

器型种类同上一阶段基本相同，仍以碗（图4-40、图4-41）、盘（图4-42）、盏（图4-43）、杯（图4-44、图4-45）类圆器为大宗，但出现了不少新器型，如方形委角套盒（图4-46）、长颈净瓶（图4-47、图4-48）、虎头足熏炉、平顶盖罐（图4-49）、皮囊壶、垂腹瓜棱执壶（图

图4-40 碗（后司岙窑址TN02W04⑥-1-6:37）

图4-41 玉环底碗（后司岙窑址TN02W04⑥-1-9:65）

图4-42 盘（寺龙口窑址T5③c:18）

图4-43 盏（后司岙窑址TN06W04②:16）

图4-44 平口海棠杯（后司岙窑址TN06W03①:5）

图4-45 花口海棠杯（后司岙窑址TN04W04①:4）

图4-46　委角套盒［临安五代天福四年（939）康陵出土］

图4-47　八棱净瓶（后司岙窑址TN06W04⑤-1-6:6）

图4-48　圆形净瓶（后司岙窑址TN06W04⑤-2-3:168）

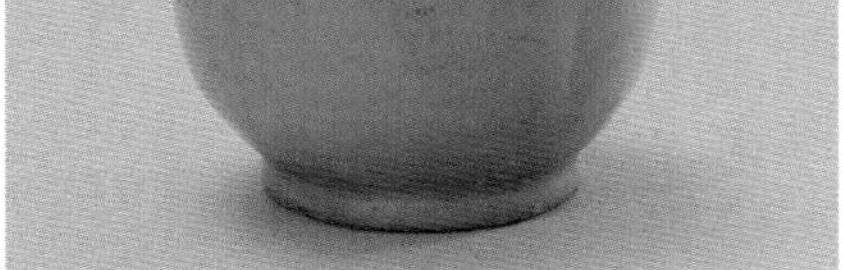

图4-49　瓜棱盖罐（临安五代天福四年康陵出土）

4-50）、橄榄形菱口折沿盘、釜形洗等。上一阶段的少数器型，比如茶匙、盘口或葫芦形小瓶、鸡首或兔首小壶等，本阶段不见或少见。

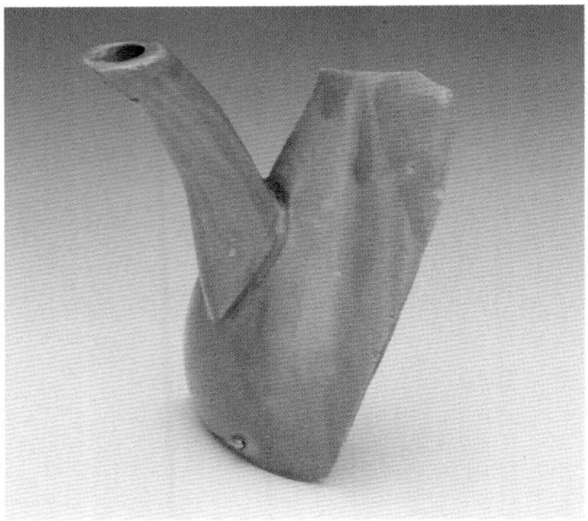

图 4-50 垂腹瓜棱执壶（后司岙窑址 TN02W04①:22）

本阶段越窑青瓷，模仿金银器的做法十分明显。碗盘类圆器，普遍胎体匀薄，葵口或花瓣口比较多见。葵口碗盘，口沿作凹口，腹部相应压凹线；上一阶段多为四出葵口，腹部凹线短；本阶段多为五出葵口，少数六出葵口，腹部凹线长。花瓣口碗、盘，是本阶段新出现的造型。这种器物，尤其是平底器，造型如同一朵盛开的荷花，非常优美（图4-51）。壶罐类琢器，作瓜棱腹的也比较多见，其中，瓜棱腹执壶的颈和肩、腹和足的相接处，往往有一圈细圆的凸棱。这种凸棱在圆腹细长颈净瓶的颈部、海棠杯喇叭足足根等部位也有所见。

图4-51 平底花口盘（法门寺地宫出土）

圈足器发达，平底器虽比圈足器少，但也很发达；碗盘类圆器如此，瓶壶类琢器亦如此。碗盘类圆器的圈足，常见的有两种：一种足壁较薄，多直圈足，也有圈足外侈的；另一种圈足比前一种矮，圈足直，足端多较平整。有些器型，比如杯、盏类，也有高喇叭足的。上一阶段常见的玉璧底碗，本阶段仍少量有见，但很快就向玉环底碗演变，并发展成为足端平整的圈足碗。浅宽圈足碗也偶有所见，杭州临安五代后唐同光四年（926）墓出土的浅宽圈足碗①，即属此类。平底的盘、盆类器物多见，是本阶段鲜明的特色之一。本段前期的在法门寺地宫有见，后期的在钱镠墓和康陵也有见。平底盘、盆，有大平底与小平底，直口、撇口、折沿等不同形态。

执壶多喇叭口，长颈，长圆腹，平底，圈足，最大腹径的位置在中上部或中部（图4-52、图4-53）。圆球腹圈足执壶和平底葫芦形执壶、垂囊形执壶等，也少量有见。执壶的把普遍作扁宽带状，侧把执壶、带系执壶少见。

罐的造型多样，常见的有大口短颈双系矮腹平底罐、直口短领双系或四系深腹平底罐和圈足盖罐。前两种罐由上一阶段的同形器发展而来。第三种罐是本阶段新出现的品种，子口直，多长圆形瓜棱腹，双

图4-52　执壶（后司岙窑址TN04W04⑤-3-8:36）

图4-53　执壶（寺龙口窑址T4⑥:142）

① 浙江省文物考古研究所、浙江省博物馆、杭州市文物考古研究所等：《临安青柯五代墓葬发掘报告》，《晚唐钱宽夫妇墓》附录一，文物出版社2012年版。

图4-54 夹耳盖罐（内蒙古辽会同四年耶律羽之墓出土）

图4-55 盏托［临安五代天福四年（939）康陵出土］

系，盖面平、盖壁开双孔。还有夹耳盖罐，圆球腹、圈足，有流和无流两种。内蒙古辽会同四年（942）耶律羽之墓①、苏州七子山五代墓出土有另一种深腹、平底夹耳盖罐②。（图4-54）

其他器型，比如钵、盏、盏托（图4-55）、盒、熏炉等，也都有多种多样的造型。

3.装饰

本阶段越窑青瓷崇尚造型和釉质釉色美，除葵口和花瓣口外，胎装饰罕见。偶见划花装饰，主要见于器盖、罂等器物，题材有荷叶、凤鸟（图4-56）、盘龙等。褐色彩绘装饰，也有少量发现。目前所知，褐彩器物集中出土于吴越国钱氏家族墓和贵族墓③，上林湖第95号窑址（上Y95）

① 内蒙古文物考古研究所：《辽耶律羽之墓发掘简报》，《文物》1996年第1期。

② 苏州市文管会、吴县文管会：《苏州七子山五代墓发掘简报》，《文物》1981年第2期。

③ 出土过褐色彩绘越窑青瓷的墓葬有：临安水邱氏墓、吴随□墓（浙江省文物管理委员会：《浙江临安板桥的五代墓》，《文物》1975年第8期），杭州钱元瓘墓。

图4-56　盒盖（后司岙窑址TN02W04⑥-2-8:31）

图4-57　褐彩云纹罂（临安五代吴随□墓出土）

中曾采集到彩绘标本①。只有体形硕大的虎头足熏炉、灯，以及罂（图4-57）等几种特殊器型，施行褐色彩绘，彩绘题材有如意云和莲花等。另外，本阶段个别器型有镂孔装饰，熏炉的镂孔则常常实用与装饰兼备。

窑址以外出土的越窑青瓷，部分另加金银装饰，比较常见的做法是，在口沿、足端、壶嘴等位置包镶银扣，多出于高等级墓葬中。法门寺地宫出土的细窄圈足碗，还在银棱外饰髹漆金银平脱鸾鸟团花。这些装饰应该是产品运离窑场后，另行加工完成的。

4. 装烧

本阶段越窑青瓷普遍采用匣钵装烧工艺，明火叠烧少见②，体形高

① 慈溪市博物馆：《上林湖越窑》，科学出版社2002年版，彩版一四：3—4。

② 杭州临安五代后唐同光四年（926）墓出土的浅宽圈足碗，满釉，内底和足底均有细密的泥点痕，釉面灰暗，釉色青灰，应该是明火叠烧产品（浙江省文物考古研究所、浙江省博物馆、杭州市文物考古研究所等：《临安青柯五代墓葬发掘报告》，《晚唐钱宽夫妇墓》附录一，文物出版社2012年版）。

大的罂、罐等器型则往往采用明火裸烧方式。匣钵胎料有粗质耐火黏土和瓷土两种，瓷质匣钵比例比上一阶段高。为追求釉的玉质感，烧造所谓的秘色瓷，用釉料密封上下两件瓷质匣钵之间或者匣钵与匣钵盖之间的接缝处，是本阶段装烧工艺的鲜明特色。

匣钵有“M”形（图4-58），平底盆形（图4-59）、筒形、桶形等多种。还有支圈式匣钵，用于装烧芒口器盖类产品。瓷质垫具，要么底部中空，要么底部或侧壁镂孔，其目的应该主要是为了瓷坯在焙烧过程中受热均匀。

图4-58　“M”形与盆形匣钵组合（后司岙窑址TN02W04③-2-1:19）

本阶段匣钵装烧，主要用泥点或者泥条支垫瓷坯。泥条质料与泥点没有差别，只是形态上呈细长条状。泥点到泥条变化的合理性在于：第一，泥条是对本阶段圈足足壁变窄的适应；第二，泥条形体长，受力均匀，一般不会在足底留下凹口，相对地比泥点更能充分间隔瓷坯与匣钵；第三，支垫一件瓷坯所需泥条个数一般比泥点少，操作起来比较快捷。总的说来，圈足器多以泥条支垫，平底器（特别是平底盘、盆类器物）仍用泥点支垫。对于平底器来说，若用泥条支垫，外底留下的支垫痕更大，对釉面美观的损害也更严重。部分大型平底盘，胎骨薄，平底过大，焙烧时略有变形就会与匣钵相粘，故在外底支垫泥点两圈。像瓷枕这样的异形器，装盛的匣钵、支垫的窑具均随形而变，

图4-59　盆形匣钵（后司岙窑址TN06W04⑤-2-4:169，“咸通”款）

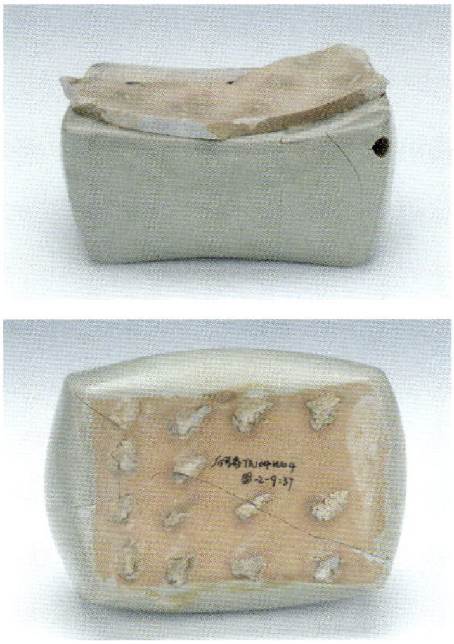

图4-60　瓷枕与垫烧痕（后司岙窑址TN04W04⑤-2-9:37）

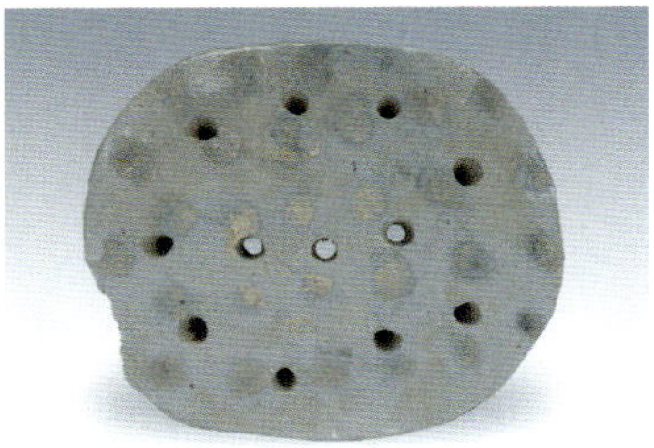

图4-61　垫烧具（后司岙窑址TN02W04⑥-1-2:67）

并不拘泥，外底支垫的泥点往往分布密集（图4-60），支垫具也布满小孔（图4-61）。

本阶段的末期，部分产品置于匣钵内装烧时改以垫圈支垫。因为垫圈与坯件之间用泥点或者泥条间隔，产品外底的支烧痕并不是完整的圆圈而是一圈断续泥点或泥条痕。这时的泥点或者泥条的功用与此前并无不同，除保证瓷坯收缩时的“自由”滑动外，还使垫圈与烧成的瓷器易于分离。

目前所知，最早采用垫圈垫烧工艺的纪年越窑青瓷，出土于钱镠墓。略晚数年的康陵，也出土过一批这样的越窑青瓷[①]。值得注意的是，这两座墓出土的越窑青瓷，都是既有采用泥点或泥条垫烧的，也有采用垫圈垫烧的。可见，这两种支垫方式存在一个并行期。或者说，这个时期是从泥点、泥条垫烧向垫圈垫烧转变的过渡期，后司岙窑址经过发掘的窑业堆积可与此相互印证。垫圈垫烧工艺的普及要到下一个阶段。之所以率先在这两座墓葬的越窑青瓷上出现，应该与墓主人的尊贵身份有关：钱镠为吴越国第一代王，康陵的主人为吴越国第二代王钱元瓘的王后。

① 这两座墓出土的垫圈垫烧越窑青瓷，多数没有使用痕迹，间隔瓷坯与垫圈的泥点完好保留，其烧成时间与埋藏时间应相当接近。

本阶段匣钵装烧工艺依然有一匣多件的。部分器物内底的泥条（也有泥点）痕迹，不是明火叠烧的结果，而是匣钵多件装烧造成的。与产品追求造型和釉面美观相适应，本阶段匣体单件装烧的比例，在上一阶段的基础上进一步提高，这从三种常见碗的特征的变化，可以得到明确反映。匣体单件装烧的进步性至少有三点：第一，由于瓷坯无须承载自身以外的重量，碗的胎体由口到底厚薄比较均匀，圈足足壁明显变薄，敞口斜腹碗的圈足细窄、足底平整、断面呈方形，直口弧腹碗和撇口碗圈足较高、足壁较薄、足端圆；第二，由于无须彼此相叠，除泥条或泥点支垫处外，碗坯普遍通体施釉，外观大为改善；第三，由于一匣一器，碗的体形加高，多比例匀称、造型美观。

葵口和花瓣口碗盘类圆器的造型特征，与装烧工艺也有关联。胎骨较薄的碗、盘仰烧时，在软化成瓷的过程中容易变形，做成葵口或花瓣口，可以掩盖这种缺陷。因为人对圆的视觉比较敏感，圆是否周正极易察觉，但是，当圆被几个缺口分割成几段相联结的弧线时，人的视觉会被搅乱①。撇口碗、盘，口沿薄，更易变形或出现坯体开裂现象，所以，多做成葵口或花瓣口。同时，为提高胎体强度，从口部到底部，腹壁逐渐加厚。

五、吴越国后期至北宋早期

（一）考古发现

本阶段越窑的生产规模比上一阶段明显扩大，窑址总数达110处左右。三大窑址群都已形成可观的生产规模，上林湖窑址群的龙头地位进一步显现，共有窑址70余处。其中，上林湖片区50处左右，上虞曹娥江流域窑址20余处，宁波东钱湖地区15处左右。除三大窑址群所在区域外，余姚市、绍兴市越城区和柯桥区等地，也发现有本阶段的窑址。

经过发掘的本阶段窑址也比较多，如慈溪古银锭湖寺龙口窑址第三

① 刘新园：《景德镇潮田窑各期典型碗类的造型特征及其成因考》，《文物》1980年第11期。

期[①]、白洋湖石马弄窑址第三期[②]、上林湖后司岙窑址五代晚至北宋早期[③]遗存；部分属于本阶段的有宁波东钱湖郭童岙窑址ⅠY1、Y2，ⅣY6、Y9、F1、T5③遗存[④]。

本阶段出土越窑青瓷并有明确纪年的高等级墓葬较多，既有吴越国王室墓，如杭州的后晋天福七年（942）钱元瓘墓、后周广顺二年（952）吴汉月墓[⑤]；也有北宋皇陵，如宋咸平三年（1000）元德李后陵[⑥]；还有辽权贵墓，如北京辽统和十三年（995）韩佚墓[⑦]、内蒙古辽开泰七年（1018）陈国公主墓[⑧]等。有纪年的佛塔中，也常有越窑青瓷出土，比如苏州虎丘云岩寺塔（宋建隆二年，即961年）[⑨]、浙江东阳南市寺塔（宋建隆二年，即961年）[⑩]、浙江黄岩灵石寺塔（宋咸平元年，即998年）[⑪]等。

---

① 浙江省文物考古研究所、北京大学考古文博学院、慈溪市文物管理委员会：《寺龙口越窑址》，文物出版社2002年版。

② 浙江省文物考古研究所、慈溪市文物管理委员会：《浙江慈溪市越窑石马弄窑址的发掘》，《考古》2001年第10期。

③ 浙江省文物考古研究所、慈溪市文物管理委员会办公室：《秘色越器——上林湖后司岙窑址出土唐五代秘色瓷器》，文物出版社2017年版；浙江省文物考古研究所、慈溪市文物管理委员会办公室：《慈溪南宋越窑址：2010—2018年调查发掘报告》第一章《前言》，文物出版社2019年版。

④ 宁波市文物考古研究所：《郭童岙——越窑遗址发掘报告》，科学出版社2011年版。

⑤ 浙江省文物管理委员会：《杭州、临安五代墓中的天文图和秘色瓷》，《考古》1975年第3期。

⑥ 河南省文物研究所、巩县文物保管所：《宋太宗元德李后陵发掘报告》，《华夏考古》1988年第3期。

⑦ 北京市文物工作队：《辽韩佚墓发掘报告》，《考古学报》1984年第3期。

⑧ 内蒙古文物考古研究所：《辽陈国公主驸马合葬墓发掘简报》，《文物》1987年第11期。

⑨ 苏州市文物保管委员会：《苏州虎丘云岩寺塔发现文物内容简报》，《文物参考资料》1957年第11期。

⑩ 贡昌：《浙江东阳南市塔出土青瓷》，《考古》1985年第1期。

⑪ 台州地区文管会、黄岩市博物馆：《浙江黄岩灵石寺塔文物清理报告》，《东南文化》1991年第5期。

（二）产品特征

与上一阶段相比，本阶段越窑青瓷最明显的变化是，釉的玻质感增强、透明度增加，盛行细线划花装饰，垫圈垫烧工艺普及。

1.胎釉

与上一阶段相比，本阶段越窑青瓷的胎质、胎色基本无异；胎体依然比较匀薄，部分器物的底部稍显厚重。釉的变化比较明显。虽然也是普遍施满釉，釉层均匀，且本段初期仍有部分产品保留了上一阶段精品的半亚光特征，但釉面玻质感较强、釉层透明度较高迅速成为本阶段釉的主要特点。上一阶段那种温润如玉的湖绿色产品已较少见，釉色以青灰、青黄为主。

总体上，产品有精、粗两路，产品特征与此密切相关。这种相关性在胎体上主要表现为轻薄与稍显厚重的差别。两路产品釉的差异要明显一些。精品一般釉面光洁，釉色比较纯正，部分精品呈青绿色。粗瓷的釉面多数也比较光洁，但釉色比较杂，泛黄者多，有的釉面偏灰暗，内底往往有叠烧痕，甚至有个别施半釉的（如寺龙口，平底灯盏）。相对胎、釉而言，在造型、装饰和装烧方式等方面，精粗之别表现更加突出。

2.器型

本阶段越窑青瓷的器型种类与上一阶段无明显差异，依然以碗、盘为大宗，另有盏、盏托、杯、钵、洗、盒、壶、罐、瓶、炉、香熏、灯盏、水盂、唾盂、枕等。出现了一些新的器型。最大的变化是，新出现了卧足器，并基本取代上一阶段比较发达的平底器。另外，板沿圈足洗（图4-62、图4-63）、莲蓬形托座盏托、摩羯形砚滴（图 4-64、图4-65 ）、带镂孔围栏台阶式高喇叭座熏炉（图4-66）等，都是以往未见的器型。

本阶段越窑青瓷在造型上仿金银器，主要做法与上一阶段相同，一是追求胎体匀薄、器体轻盈，二是圆器作葵口或花瓣口、腹部压凹线，

图4-62　板沿洗（寺龙口窑址T7④b:7）

图4-65　摩羯形砚滴残片（寺龙口窑址T7④d:16）

图4-63　划花板沿洗（印度尼西亚井里汶沉船出水）

图4-64　摩羯形砚滴（杭州城区出土，杭州市文物考古研究所藏）

图4-66　高座熏炉（寺龙口窑址T7⑤b:6）

琢器作瓜棱腹。

圈足器发达，圆器多作圈足，琢器中的执壶也多数是圈足。碗、盘、盏类圆器，精、粗两路的特征有较明显差别。精品，普遍采用垫圈支垫、匣钵单件装烧工艺，追求器体轻盈和造型多样化的条件比较优越。器物底部相对较厚，口部有直口、敞口、撇口，腹壁弧或斜弧，有的腹部较深。圈足，外侈或外撇者往往足端尖圆；直圈足的足端圆，其中细圆的圈足，乃从上一阶段足端平整的细窄圈足演变而来。（图4-67至图4-76）

粗瓷，普遍采用泥条或泥点支垫和间隔、匣钵多件装烧工艺。相较

图4-67 碗（寺龙口窑址T8④b:12）（左）

图4-68 碗（寺龙口窑址T7④a:3）（右）

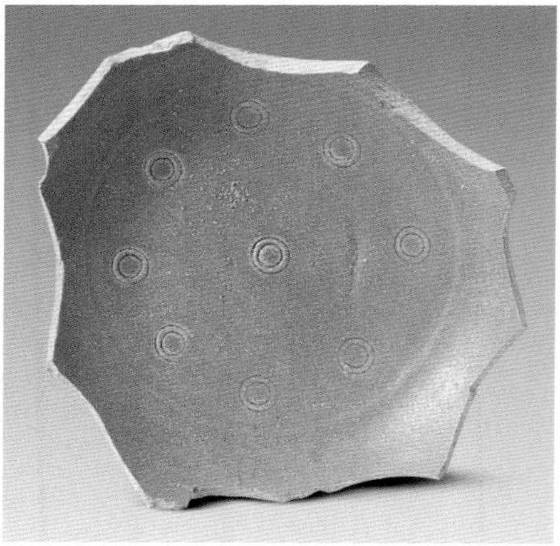

图4-69 碗（咸平三年宋元德李后陵出土）（左）

图4-70 “太平戊寅”款碗（寺龙口窑址T8④b:8）（右）

图4-71　碗［内蒙古多伦辽统和十一年（993）萧贵妃墓出土］（左）
图4-72　盏（印度尼西亚井里汶沉船出水）（右）

图4-73　盘［内蒙古辽开泰七年（1018）陈国公主墓出土］（左）
图4-74　盘（印度尼西亚井里汶沉船出水）（右）

图4-75　青瓷盘［北京西辽统和十三年（995）韩佚墓出土］（左）
图4-76　盘（印度尼西亚井里汶沉船出水）（右）

于精品，同样的器型，胎体稍显厚重，腹部较浅，腹壁坦张，敞口或撇口；多件叠烧时，除最上端一件外，着力点主要在底足，故普遍为直圈足，足壁较矮，足端平。（图4-77）

卧足器的数量仅次于圈足器，普遍为垫圈支垫、匣钵单件装烧的精品，器型以盘、碟类为多，盒次之，还有钵、盆等。本阶段的卧足一般挖足较浅，往后，有一个由浅向深演变的过程。（图4-78、图4-79）

平底器少量有见，作精粗之别，器形以花瓣口或平折沿的盘为多，还有钵、盆（图4-80）、盒、罐、水盂、灯盏等。

执壶，有圆腹和瓜棱腹两种，每一种又有喇叭口和直口之分。瓜棱腹有作四瓣的，也有六瓣的。另见圈足呈八角形的八棱执壶。直口执壶有盖，母口，宝珠钮，头盔形，侧壁开双孔（图4-81至图4-83）。

盏托常见两种造型：一种坦弧腹，筒形托座，高圈足；另一种宽沿，折腹，圈足。前者从较早时期的高圈足外撇演变为直或微内收，筒形托圈从外撇演变为微内敛（图4-84）。后者除托座作莲蓬形的新造型外，多数内底平，以单圈或双圈划线标示托座位置，但也有作凸起托圈的（图4-85）。

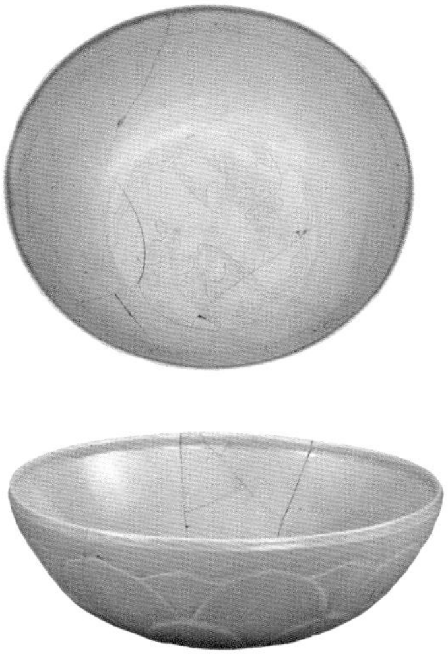

图4-77　盘（印度尼西亚井里汶沉船出水）（左）

图4-78　钵［内蒙古多伦辽统和十一年（993）萧贵妃墓出土］（右）

图4-79　盒（印度尼西亚井里汶沉船出水）（左）

图4-80　盆（内蒙古多伦辽统和十一年萧贵妃墓出土）（右）

图 4-81 执壶［杭州五代天福七年（942）钱元瓘墓出土］

图 4-82 执壶（印度尼西亚井里汶沉船出水）

图 4-83 执壶（注子）与碗（注碗）［北京西辽统和十三年（995）韩佚墓出土］

图 4-84 盏和盏托（北京西辽统和十三年韩佚墓出土）

图 4-85 盏托［河南巩义宋陵景德三年（1006）周王赵祐墓出土］

图4-86　委角套盒［杭州五代天福七年（942）钱元瓘墓出土］

图4-87　圆形套盒（寺龙口窑址T6扩⑨:218）

套盒有委角方形和圆形两种。圆形的造型有两种，一种口部和腹壁压四条凹线，一种为纯圆形。（图4-86、图4-87）

上一阶段有见的虎头足熏炉，本阶段依然可见。

3. 装饰

本阶段越窑青瓷中，粗瓷（普通产品）多数光素无纹；精品盛行细线划花和中脊凸起的莲瓣纹，前者为主。

图4-88　划花器盖（杭州五代天福七年钱元瓘墓出土）

细线划花，明显仿自金银器的錾刻工艺或受其影响。本阶段划花的线条，普遍比上一阶段偶有所见的划花更加纤细、流畅，也没有划线浮浅的感觉。目光所及的器物的任何部位，都有可能施行划花装饰，大凡碗盘类圆器的内底、内外壁，琢器的外壁，器盖的盖面（图4-88），甚至执壶的把、流、圈足外墙等位置，都是划花纹饰可能分布之处。装饰的题材丰富多彩，常见的有龙

（图4-89）、凤（图4-90）、摩羯、鹦鹉、蝴蝶、花鸟、云鹤、莲花、荷叶、缠枝花卉、团形绶带、荷叶龟心、卷草、云朵、波涛、人物等。装饰纹样通常以团形布局，位于器物内底的以内底边缘为界，施于外壁的多以单线圆圈为界。与团形布局有关，龙纹通常作盘龙状，动物类题材如凤凰、摩羯、鹦鹉、蝴蝶等，往往成对出现。在主题纹饰的周围或者器物的口沿等位置，多以卷草花纹带作为辅助纹饰，也有间以云朵、波涛的。

图4-89　龙纹盘［辽应历十年（960）辽祖陵一号陪葬墓出土］

划花多为直接施行于胎体的平面式，也有先以浅浮雕方式刻出纹饰轮廓，再以线条划细部的。这种浅浮雕式划花，多与平面划花组合使用，器形似以琢器为多，圆器亦有所见。目前所知，最早的实例是五代天福七年（942）吴越国王钱元瓘墓出土的蟠龙罂（图4-91），但主体年代应更晚，且始现年代不会早于平面式划花。浙江黄岩灵石寺塔（宋咸平元年，即998年）天宫出土的熏炉盖，透雕缠枝花卉，从细线划叶脉，装饰效果与浅浮雕式划花相似。

图4-90　青釉双凤纹洗（辽应历十年辽祖陵一号陪葬墓出土）

中脊凸起的莲瓣纹多施刻于碗、盘、唾盂等器型的外壁，既有单独使用的，也有与划花手法组合使用的。单独使用于碗类产品时，有的内底戳印莲蓬纹；组合使用时，往往外壁刻莲瓣，内底、内壁划花。莲瓣

图4-91　蟠龙罂（杭州五代天福七年钱元瓘墓出土）（左）

图4-92　扣银盏托（内蒙古多伦辽统和十一年萧贵妃墓出土）（右）

表面另加划花的也少量有见。

瓷器烧成后另行加工的金银饰做法，本阶段依然可见。钱元瓘墓出土的蟠龙罂，“出土时龙身残附着三小片贴金”①。辽统和十一年（993）萧贵妃墓出土的2件盏托（图4-92），均饰鎏金银扣，执壶的流和盖的口部扣银，凤纹钵也有金属扣口的痕迹②。

本阶段部分越窑青瓷刻有字款，多为单字款，刻于器物的外底，有“永、吉、上、大、千、内、供”以及天干地支的“乙、丁、己、子、辛”等文字。鉴于刻这种字款的瓷器普遍为精品，推测它们显然有某种标识作用。

4. 装烧

匣钵装烧是本阶段居绝对优势的装烧工艺。匣钵基本为耐火黏土质粗料，瓷质匣钵和上下匣钵接缝处抹釉密封的现象少量有见。部分匣钵

① 浙江省文物管理委员会：《杭州、临安五代墓中的天文图和秘色瓷》，《考古》1975年第3期。

② 内蒙古文物考古研究所、锡林郭勒盟文物保护管理站、多伦县文物局：《内蒙古多伦县小王力沟辽代墓葬》，《考古》2016年第10期。

外底有涂刷一层薄釉的现象，这应该是为了防止焙烧过程中匣钵的外底落沙，影响瓷器釉面美观。匣体造型以“M”形为多，另有平底钵形或桶形的。

图4-93 “M”形匣钵与垫圈（后司岙窑址TN04W04②-1-3:9）

精、粗两路产品虽然都使用匣钵装盛，但支垫方式不一样。精品普遍以垫圈支垫外底，匣钵单件装烧。垫圈胎料有瓷质的，也有含细沙耐火黏土的，但这种黏土的质地一般还是要比匣钵的胎料细。垫圈的高度随所支垫器物的足部高低不一，但因本阶段垫圈支垫的器物，除卧足器外，多是足壁不高的圈足器，故多数垫圈体形较矮，呈环形或矮筒形。（图4-93）少数较高的垫圈呈倒喇叭形，用以支垫高圈足的盏、杯、盅类器物。采用匣钵装盛、垫圈支垫工艺的，除圈足、卧足圆器外，圈足的壶类琢器也比较多见。

粗瓷（普通产品）中的圈足碗盘类产品，多以泥条或泥点支垫足底，匣钵多件装烧；上下坯件之间以泥条间隔，烧成后内底有叠烧痕。但并非内底有叠烧痕的都是采用匣钵多件装烧工艺的，也有少量产品采用了明火叠烧方式。

六、北宋中晚期

（一）考古发现与产业转移

北宋中晚期，越窑青瓷生产发生了重大变化。一方面，窑场最集中的上林湖片区，自身的生产规模明显萎缩，窑址数量从前一阶段的50处左右下降到30余处。另一方面，上林湖片区“核心区中的核心”的地位开始式微，越窑青瓷生产向外扩散，发生了“产业转移”。就近转移的承接地是白洋湖和里杜湖这两个片区。白洋湖12处窑址中，8处有北宋遗存，都属北宋中晚期。里杜湖15处窑址中，7处有北宋遗存，均属北宋晚期。此外，古银锭湖片区也有这一时期的窑址约8处。在上林湖窑址群的4个片区中，上林湖片区的生产规模虽仍大于另外3个片区，但鹤立鸡群的优势已然不再。

上虞曹娥江流域、宁波东钱湖地区，作为次核心区域，也是传统的越窑青瓷产地、中心区窑场所在。相对于上林湖片区而言，这两地中唐至北宋早期的青瓷生产规模不大，但到了北宋中晚期，生产规模并未像上林湖片区那样萎缩，甚至有所扩大。上虞曹娥江流域38处唐至北宋窑址中，22处有北宋遗存，其中多数窑址的下限可到北宋中晚期。东钱湖窑址群属于中期越窑的窑址多数包含北宋中晚期遗存，总数20余处。从这个角度看，这两个区域可算作上林湖窑址群这一主核心区向外“产业转移”的承接地。

除以上三大窑址群之外，中心区内还有余姚、象山、诸暨、新昌、嵊州等地，也发现了本阶段的窑址，其中余姚境内较多，约有8处。可见，从整个中心区看，本阶段的越窑遗址数量，实际上与上一阶段相差不远。也就是说，这一时期的越窑，生产规模下降并不特别明显，但生产活动从上林湖一带向四周扩散的现象，相当突出。

历史上的台州地域，紧邻越窑中心区，瓷业生产受越窑中心区直接辐射最为明显。北宋中晚期，这一带的瓷业生产异军突起，从毗邻越州和明州的宁海（时属台州）、三门、天台一路南下，直到临海、黄岩等地，生产越窑系青瓷的窑场纷纷建立，在临海许墅、梅浦和黄岩沙埠等地还形成了一定的生产规模。其中，黄岩沙埠、临海许墅等地窑址北宋中晚期立体感较强的刻划花青瓷，部分与东钱湖上水岙窑址同时期产品颇为相似。与中心区宁波东钱湖和上虞曹娥江流域同时期窑场不同，这些窑场并未保持产品的“纯正性”，在继承越窑系统技术要素的同时，吸纳了其他窑系的文化因素，或者一开始就如此，或者是在生产一段时间以后如此。总体而言，这些地区的青瓷产品逐渐从越窑系统转换成龙泉窑系统。台州地区与同时期的温州和金衢盆地的共同点是，均未保持瓷业面貌的“纯正性”；不同点是，台州地区的这些窑场，当地的瓷业基础并不厚实——北宋中晚期以前，这一带窑业活动相对较少，更未形成类似“瓯窑”和“婺州窑”那样有一定特色的瓷业技术传统。所以，台州的这些地域，既是承接越窑“产业转移”的重要地区，甚至可整体上算作“产业转移”承接区，也是越窑瓷业系统向龙泉窑瓷业系统转换的过渡地带，古代浙江两大青瓷技术系统——越窑和龙泉窑的时间转换与地理位移，赖此逐步实现并最终完成。在金衢盆地，也能见到这一时期越窑系统窑场数量明显增多的现象。

到目前为止，经过发掘，属于本阶段的窑业遗存主要有：上林湖荷花芯窑址北宋中晚期遗存（Y36T2、T3 第②层）①、古银锭湖寺龙口窑址第四期和第五期②等。上虞曹娥江流域这一时期的窑址未做过正式发掘。宁波东钱湖窑址群经过发掘的窑址较多，其中，于家山窑区的窑址均属本阶段，郭童岙窑区中多数窑址包含北宋中期或中晚期遗存，上水岙、花园山等窑址也包含本阶段遗存。

本阶段越窑青瓷在窑址以外地点的发现，明显少于上一阶段。现知有明确纪年的材料不多，它们是：江苏镇江宋庆历五年（1045）墓出土的刻划蕉叶纹的平底盖罐、苏州虎丘宋嘉祐八年（1063）墓出土的刻蕉叶纹的圈足盖罐、浙江慈溪出土的“嘉佑八年”（1063）铭青瓷砚、浙

---

① 20世纪90年代发掘时，已揭示部分北宋遗存，但未见报告，简报仅称：“本次发掘探沟所出标本中，T2 、T 3 的第二层所出年代较晚，质量较差，型式不同。”（浙江省文物考古研究所、慈溪市文物管理委员会：《慈溪上林湖荷花芯窑址发掘简报》，《文物》2003 年第 11 期）；2010 年前后，该窑址又做过两次发掘，但成果亦未见正式报告，浙江省文物考古研究所等单位编写的《慈溪南宋越窑址：2010—2018 年调查发掘报告》（文物出版社 2019 年版）第一章《前言》，对这两次发掘的情况作了简要介绍。

② 浙江省文物考古研究所、北京大学考古文博学院、慈溪市文物管理委员会：《寺龙口越窑址》，文物出版社 2002 年版。

江上虞出土的“绍圣五年”（1098）铭青瓷砚、①河南新密宋元祐九年（1094）墓出土的内壁刻划莲瓣纹的碗②、浙江宁波出土的宋政和年间（1111—1118）高圈足碗③。此外，东钱湖郭童岙窑址曾采集到“天圣八年”（1030）刻铭蕉叶纹炉。④浦江县博物馆藏宋“康定元年”（1040）刻铭花口青瓷碗，虽然为当地产品，被视为婺州窑青瓷⑤，但同属越窑技术系统，可作参考。

（二）产品特征

本阶段越窑青瓷在造型和装饰等方面延续了前两个阶段仿金银器的某些做法。与上一阶段相比，最明显的变化是，产品质量逐渐降低，装饰风格粗放，刻花和刻划花成为主流，明火裸烧又成为主要的装烧方式之一。

1. 胎釉

虽然在本阶段特别是前期，仍然有部分产品胎体坚致，釉面光洁，釉色青绿，成瓷质量较高，但总体来讲，成瓷质量大不如前，粗瓷比例明显增加。胎质多不如以往精细，有的显得粗糙。胎色灰，部分深灰。胎体多数比较松脆，到北宋末期尤甚。与前两个阶段相比，这一阶段的釉面多较干涩，釉色青灰、青黄，呈色灰暗者常见。

2. 装烧

匣钵单件装烧和明火裸烧是本阶段两种主要的装烧方式，精、粗两路产品的烧成大体与这两种方式相对应。随着时间推移，采用前一方式

---

① 浙江省博物馆：《青色流年——全国出土浙江纪年瓷图集》，文物出版社2017年版，第248—249页。

② 河南省文物研究所、密县文物保管所：《密县五虎庙北宋冯京夫妇合葬墓》，《中原文物》1987年第4期。

③ 郑建华：《越窑青瓷装烧工艺的初步总结》，浙江省博物馆编：《东方博物》第二辑，杭州大学出版社1998年版。

④ 王结华、罗鹏：《青瓷千年映钱湖》，宁波出版社2020年版，第205页，图176。

⑤ 贡昌：《五代北宋婺州窑的探讨》，《婺州古瓷》，紫禁城出版社1988年版，第98页。

的越来越少，而后者则反之；精、粗两路产品的比例，此消彼长，亦与此相一致。

与以往相比，第四阶段的匣钵单件装盛、垫圈支垫装烧工艺，有着诸多不尽合理的表现，主要有如下四个方面：首先，匣钵和垫圈质料多较前一段粗。这些窑具虽说耐火度高、经济实用，但毕竟用料已不如以前讲究。其次，“M”形匣钵渐少，平底盆状或桶状匣钵渐多。后者与前者相比，多体形高、口大底小，使用时两件对口相合，或需另外加盖，在窑内垒成匣钵柱时，装烧组合个数少，装盛的制品件数也少，还容易失去平衡。再次，垫圈的形体多数较高，稳定性不佳。如果说高圈足的器物采用高垫圈支垫还属合理的话，那么垫圈的高度超出足部深度过多，就明显缺乏科学性了。最后，用以间隔垫圈与瓷坯外底的泥条，往往很长，甚至围合成一个完整的圆圈，结果，不仅产品外底的支垫痕迹十分扎眼，有时还使得垫圈与烧成的瓷器难以分离。

尽管第四阶段也有部分产品（如圈足的瓶壶类琢器等）所用垫圈并不高，但高垫圈的使用显然是本段匣体单件装烧工艺与第三阶段最为突出的不同点之一。照理，垫圈的高度只需超出瓷坯足部的深度即可，但第四阶段的情形却并不完全如此，原因何在？我们观察可能与匣钵腹部过深有关。若果真如此，则高垫圈无疑是这一时期不知因器制匣，仿佛瓷器制坯与烧成两个环节已经脱节的窘境的写照。

明火裸烧在第四阶段再次成为重要装烧方式之一，到北宋末期，甚至成为主要的装烧方式，这逆转了盛中唐以来越窑青瓷装烧工艺日趋科学化、合理化的发展趋势，从一个侧面凸显了越窑走向没落的历史颓势。碗盘类产品中的粗瓷，全部采用明火叠烧方式；甚至还有部分内底、内壁带刻划纹饰的碗盘类产品，也采用明火叠烧方式。本阶段明火叠烧坯件之间，普遍以泥条间隔，泥条多数围合成完整的圆圈，中间没有间断，产品内底的釉面因此显得更加粗劣。壶罐类琢器，明火裸烧的比较多见。

3. 器型

本阶段的器类与上一阶段大体相同，但器型趋于简单，也就是说，在单一器类的造型多样化方面，逊于前两个阶段。新出现孔明碗（图4-94）、五管灯（图4-95）、高喇叭足杯（图4-96）、梅瓶（图4-97）、韩瓶（图4-98）等器型。韩瓶普遍胎体粗糙，不施釉者多见，在本阶段

图4-94　孔明碗（寺龙口窑址T1⑦:5）

图4-95　五管灯（寺龙口窑址T2⑧a:103）

图4-97　梅瓶（寺龙口窑址T7③c:29）

图4-96　高足杯（寺龙口窑址T1④:9）

图4-98　韩瓶（寺龙口窑址T1⑥:7）

特别是北宋晚期的窑场中普遍生产。它的出现，标志着越窑开始迈向低端化。

本阶段碗盘类圈足器的造型，比例失调现象明显。底部越来越厚重，底径有逐渐收小的趋势，碗的足径多明显小于器高。圈足有两大突出变化：一是碗（图4-99至图4-101）、盏（图4-102、图4-103）、盏托、水盂等器型，高圈足越来越多；与底部厚度增加有关，圈足的高度常常表现为外高内浅。一是盘（图4-104、图4-105）、盒等器型，圈足外撇的幅度越来越大，甚至呈外卷状。

除圈足越来越高外，圆器其他部位的造型也多有变化。比如，碗盘类器型，口部外撇、弧腹略呈下垂状的多见；底部越来越厚重，口部和

图4-99　碗（寺龙口窑址T2⑥a:74）

图4-100　碗（寺龙口窑址T2⑦:15）

图4-101　碗（寺龙口窑址寺龙口T7③c:8）

图4-102　盏（寺龙口窑址T1④:61）

图4-103　盏（寺龙口窑址T1④:66）

图4-104　盘（寺龙口窑址T6扩⑤:28）

图4-105　盘（寺龙口窑址T1④:1）

图4-106　盏托（寺龙口窑址T3④:3）

腹部胎体却依然较薄。碗盘作葵口的，以六出葵口居多，但也有少量五出葵口、八出葵口。莲蓬式托座的盏托，圈足越来越高，托座也越来越高，上置盏托时，显然易致重心不稳（图4-106）。盒的外腹壁，上一阶段就已出现的方形转折，本阶段进一步发展，呈宽凸棱状（图4-107）。水盂有高直圈足，也有喇叭状高圈足（图4-108、图4-109）。台阶状高足香熏，由圈足钵形炉身、镂孔围栏式炉座，演变为子口、浅炉身、翻沿（图4-110）。荷叶形器盖有见。卧足器依然比较多见，挖足比上一阶段略深（图4-111、图4-112）。

平底器相对较少。平底灯盏，前两个阶段内底带环，到本阶段，一般内底无环。瓷枕也有平底的。

琢器中以执壶的变化最为显著。腹部内凹的瓜棱线逐渐被凸起的双

图4-107 盒（寺龙口窑址T2⑥a:33）

图4-108 水盂（寺龙口窑址T1⑥:5）

图4-109 水盂（寺龙口窑址T4③a:9）

图4-110 高座熏炉（寺龙口窑址T4③a:48）

图4-111 盘（寺龙口窑址T1③c:43）

图4-112 钵（寺龙口窑址T2③:4）

图4-113　执壶（寺龙口窑址T2采集:26）

图4-114　执壶（东钱湖郭童岙窑址出土）

棱线取代[①]，有的颈肩相接处粘接两个印花的立耳，折肩的多见（图4-113），也有圆肩的（图4-114）。北宋晚期，出现了主烧执壶的窑场。这一时期浙江慈溪里杜湖一带的窑址，产品即以执壶为主[②]。

此外，在上虞曹娥江流域的傅家岭和盘口湾窑址，还有瓷质筒瓦和板瓦，部分施釉[③]。

4.装饰

本阶段越窑青瓷，部分光素无饰，明火裸烧的产品多数如此。上一阶段流行的细线划花依然有见，但划花产品所占比例明显降低，纹饰趋于简化乃至草率。盛行刻花和刻划花装饰，这也是装饰方面与上一阶段最主要的差别。

刻花的装饰手法使用普遍，有单独使用的，但更多的是与划线结合

---

① 腹部双凸棱线的执壶在上一阶段晚期已经出现，东钱湖小白市窑址曾采集到“大中祥符”（1008—1016）刻铭残件。（参见《青瓷千年映钱湖》图175）

② 慈溪市博物馆：《上林湖越窑》，文物出版社2002年版，第196页。

③ 浙江省文物考古研究所、慈溪市文物管理委员会办公室：《慈溪南宋越窑址》第一章《前言》，文物出版社2019年版，第19页。

使用。刻、划兼施时，要么以粗线刻出纹饰轮廓、以细线划叶脉或纹饰的细部，要么主题纹刻花、辅助纹饰划花。

装饰题材比较丰富。蕉叶纹多见（图4-115至图4-119），其他常见题材有菊瓣、牡丹（图4-120、图4-121）、折枝花草、荷花、莲叶、太阳纹、摩羯、龙、凤、鹦鹉、蝴蝶、团形绶带、荷叶龟心、波涛（福山寿海）等。另有卷草、云朵等，多作为辅助纹饰。

上一阶段比较多见的刻于外壁或器表的莲瓣纹，到本阶段向瘦长方向发展。碗盘类产品，内底戳印莲蓬纹，外壁刻莲瓣的依然有见。部分器物的刻划花装饰采用了开光手法，碗、执壶、水盂、盖罐的外壁和器盖的盖面比较多见。除刻、划装饰外，还有印花、镂孔（图4-122）、贴

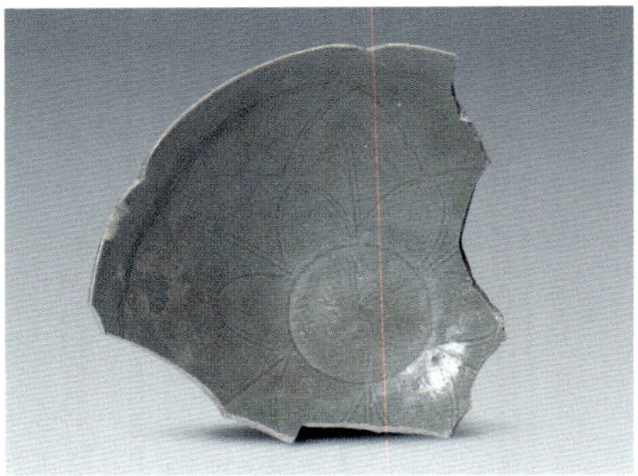

图4-115　蕉叶纹碗（寺龙口窑址T6③b:14）

图4-116　蕉叶纹盘（东钱湖郭童岙窑址出土）

图4-117　蕉叶纹杯（东钱湖郭童岙窑址出土）

图4-118　蕉叶纹杯（上虞帐子山窑址出土）

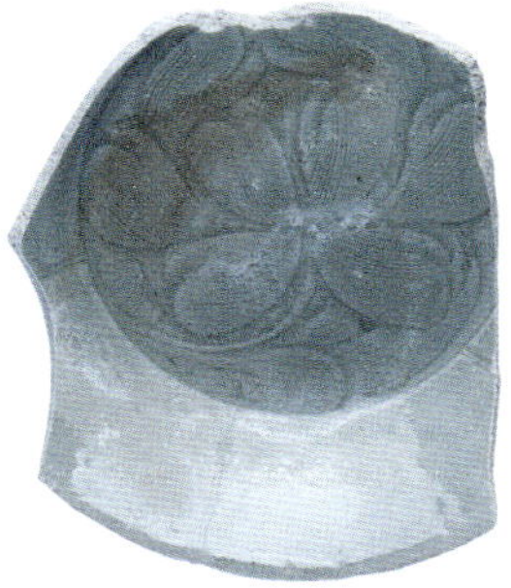

图4-119　蕉叶纹盖罐［苏州虎丘宋嘉祐八年（1063）墓出土］（左）
图4-120　牡丹纹盘（寺龙口窑址T1③b:48）（右）

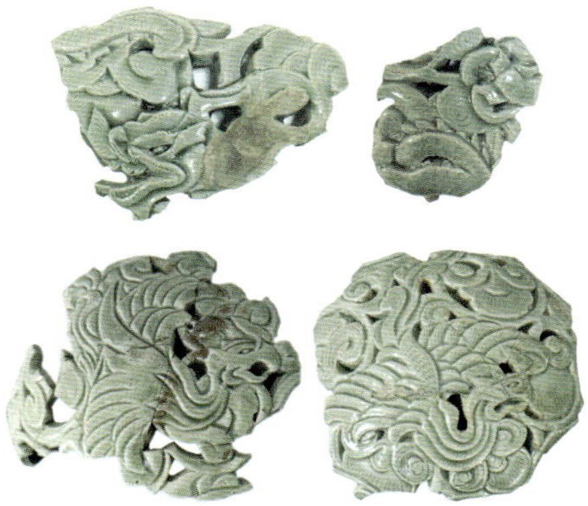

图4-121　牡丹纹盒盖（上水岙窑址出土，宁波市文化遗产管理研究院藏）（左）
图4-122　透雕龙纹、凤纹香熏盖（上水岙窑址出土，采自《青瓷千年映钱湖》图161）（右）

塑等。

值得指出的是，与产品质量的差异性相关，不同窑场之间产品的装饰风格不尽一致。有的窑场，比如上林湖的荷花芯、东钱湖的于家山等窑址，本阶段产品多光素无纹。而有装饰的产品，不同窑场的风格也各有异同。总体来说，在中心区三大窑址群中，上虞曹娥江流域与慈溪上林湖一带比较接近，而宁波东钱湖的部分窑址，特别是上水岙和郭童岙窑址，则有不少产品的刻划纹饰立体感相对较强（图4-123、图4-124）。

外围区的窑址，比如黄岩沙埠窑址出土的青瓷中，也有刻划花立体感较强的产品。其中，部分与东钱湖越窑青瓷相似（图 4-125、图 4-126），部分采取了近乎剔地的刻花方式，与越窑青瓷有别，而与耀州窑青瓷的风格接近（图 4-127、图 4-128）。

图 4-123 花口尊（上水岙窑址出土，采自《青瓷千年映钱湖》图 167）

图 4-124 瓶（上水岙窑址出土，宁波市文化遗产管理研究院藏）

图 4-125 覆莲瓣盏托（宁波东钱湖郭童岙窑址出土）

图 4-126 覆莲瓣盏托（黄岩沙埠凤凰山窑址出土，浙江省文物考古研究所发掘资料）

图 4-127 卧足钵（东钱湖上水岙窑址出土，采自《青瓷千年映钱湖》图 169）

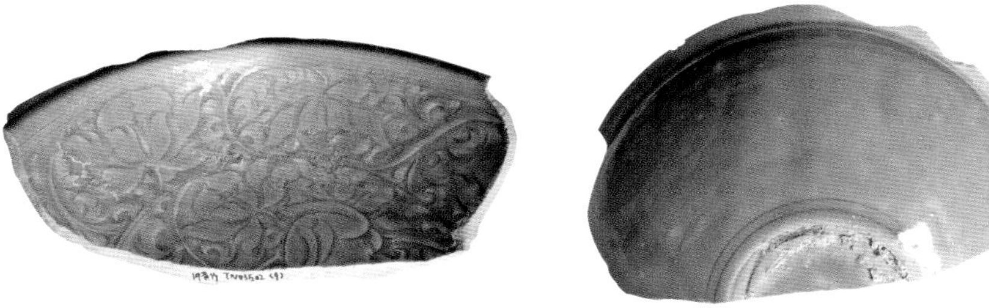

图4-128　卧足钵（黄岩沙埠竹家岭窑址出土，浙江省文物考古研究所发掘资料）

（三）越窑的衰落

北宋中晚期，越窑产品质量逐渐下降，衰落趋势明显，在核心区上林湖一带如此，在核心区之外也大抵如此。然而，越窑的产品质量，也并非从北宋中期开始就急转直下，而是有一个逐渐下降的过程。北宋中期的生产规模虽然比以往有所缩小，但青瓷生产仍然比较兴旺，而且不乏精品，这已经是被考古发现证明了的。除此之外，还有不少历史文献可为佐证。其中，最直接也最重要的，当数《观上林埴器》诗：

作灶长如丘，取土深于堑。
踏轮飞为模，覆灰色乃绀。
力疲手足病，欲憩不敢暂。
发窑火以坚，百裁一二占。
里中售高价，斗合渐收敛。
持归示北人，难得曾罔念。
贱用或弃扑，争乞宁有厌。
鄙事圣犹能，今予乃亲觇。[①]

① 〔宋〕孔延之：《会稽掇英总集》卷十三，影印文渊阁《四库全书》本。

该诗作者谢景初，宋仁宗庆历六年至八年（1046—1048）任余姚知县，其间，曾到访上林湖（时属余姚）[①]。该诗乃作者在上林湖亲历亲见亲感的产物，记载了当时越窑窑场从龙窑砌筑、原料采取到产品拉坯成型、施釉、烧成、出窑的整个生产过程，在对窑工劳作之艰辛发出由衷感慨的同时，形象地描绘了当时的越窑青瓷精品价值不菲、为世所珍的情形。可见，当时的上林湖越窑窑场，生产依然红火，产品仍备受青睐。部分“官样”款青瓷产于此时，看来并非意外。

到了北宋晚期哲宗朝以后，越窑产品质量呈加速下滑之势。不仅产品胎粗釉劣现象多见，造型比例趋于失调，在装烧方式方面，也表现出越来越明显的追求产量而不重质量的倾向。与此形成鲜明反差的是，部分产品特别注重装饰尤其是刻划装饰。与第三阶段相比，刻、划两种手法，无论是单独使用，还是同时使用，都常常失之于粗犷、草率；从装饰部位看，碗盘类圆器的内底、内壁、外壁常常满布纹饰，给人过于繁缛之感。总之，这些产品给人“质量不佳纹饰补”的强烈观感。

实际上，越窑的衰败过程一直延续到南宋早期。只不过，因为官方特殊需求的刺激，进入南宋以后，不仅出现了乳浊釉青瓷这一非传统的崭新产品类型，而且传统的越窑青瓷生产，在总体上颓势难改的同时，还是产出了一批堪称精品的瓷器，从而使得南宋早期的气象反而超过了北宋晚期，堪称回光返照。

北宋中晚期，越窑走向衰落，固然可能有官方需求停顿、其他瓷业产品比如青白瓷挤占市场等原因，但最根本的原因，应该不是越窑系青瓷需求端的根本逆转，而是中心区的瓷业生产资源枯竭，难以继续维持大规模生产；或者是资源、人力等方面的生产成本过高，挤占了利润空间。否则，同一时期，在距离越窑中心区不远的浙西南地区，龙泉窑青

① 厉祖浩：《珍贵的越窑史料——谢景初〈观上林埴器〉》，《中国文物报》2001年12月26日第5版。

瓷生产异军突起，就难以理解了。

第三节 龙泉窑的兴起

浙江有着悠久的青瓷制作传统，青瓷文化土壤深厚。继越窑以后，龙泉窑又在这块美丽富饶的土地上崛起，并逐渐发展成为古代世界最庞大的青瓷窑业体系。龙泉窑的兴起，既标志着浙江古代瓷业中心再次发生了由北向南的历史性空间转换，实现了由浙东宁绍地区向浙西南瓯江流域的地理位置转移，也翻开了浙江古代青瓷文化发展史的崭新篇章，开启了中国古代青瓷生产波澜壮阔的新时代。龙泉窑的发端与繁盛，无疑得益于浙江地区厚实的青瓷工艺基础，得益于浙西南一带优越的瓷业资源禀赋。中国古代崇尚青瓷的悠久文化传统，来自官方（包括但不限于朝廷、皇室）和民间两个方面、境内和海外两种市场的持续需求，则是推动龙泉窑发生、发展，并一步一步迈向巅峰的强大外驱动力。

一、龙泉窑的地域范围

对于龙泉窑的地域范围，学术界有不同看法。产生分歧的原因，固然与对龙泉窑时间跨度的认识有关，但说到底，是一个如何认识龙泉窑的固有内涵、自身特色的问题。龙泉窑不等于在龙泉境内的窑，这一点应该不会有异议。从龙泉窑存续阶段的历史状况和人文地理角度看，结合自然地理因素，可将龙泉窑的分布范围划分为中心区和外围区，其中，中心区内又有核心区。

瓯江上游的龙泉及其邻近的庆元、云和两县境内，有两大片区域龙泉窑遗址数量众多、分布密集。浙江的考古学者们常常将龙泉南部大窑、溪口、金村一带称为“龙泉南区”，将龙泉东部紧水滩水库一带称为“龙泉东区”。庆元西北部上垟一带的窑址与龙泉金村的窑址连成一片，实属同一窑址群。20世纪50年代文物考古工作者调查龙泉、庆元一带的窑址时，庆元地域隶属龙泉县，因此，所谓“龙泉南区”实际上包含了现庆元县上垟、枫堂、竹口、新窑一带的窑址。云和西部紧水滩水库库区的窑址与龙泉东部的窑址连成一体，是“龙泉东区”的一部分。龙泉窑核心区即由“龙泉南区”和“龙泉东区”构成（图4-129）。

自核心区向外延伸，历史上的处州地域，包括今丽水市所辖各县（市、区）以及历史上的宣平县①，可称为中心区。中心区之外，包括浙江省境内的温州、永嘉、文成、泰顺、黄岩、金华、武义、东阳、江山，以及福建北部南平的浦城、建阳、松溪等地分布的龙泉窑遗址，可纳入外围区②。（参见图1-20）

中心区与外围区的显著差别是：第一，从自然地理角度看，中心区的窑址绝大部分位于瓯江流域上游。第二，从人文地理角度看，它们基本分布于历史上的处州地域范围内。第三，从产品类型看，中心区的窑场，青瓷产品居绝对优势地位，几乎全部生产青瓷，简直可称“青一色”③；而在外围区，生产龙泉窑系青瓷的窑场，往往与生产其他窑系青瓷、青白瓷、黑釉瓷、青花瓷、窑变釉瓷的窑场，在同一区域“杂处”，甚至龙泉窑系青瓷与其他品种瓷器同窑“共生”，不分“彼此”。第四，从装饰工艺看，同样类型的青瓷刻划装饰，中心区的多较为精

---

① 宣平县，自然地理上属于瓯江流域，历史上曾属于处州。明景泰三年（1452）析处州丽水县部分地域设立。1958年撤销，所辖区域分别划归毗邻的丽水县（现丽水市莲都区）、松阳县和武义县。

② 栗建安先生认为，闽北地区生产龙泉窑系青瓷的窑场，以使用的匣钵为重要标志物，一部分属龙泉窑，另一部分则是仿龙泉窑（《宋元时期福建北部的青瓷及其相关问题》，沈岳明、郑建明主编：《北宋龙泉窑纵论》，文物出版社2018年版，第27—47页）。

③ 目前，仅发现庆元潘里垄窑址以黑釉产品为主，有个别窑场在烧造青瓷的同时兼烧少量黑釉盏。明清时期，龙泉窑没落，有几处窑场烧造青花瓷，或同时生产青瓷和青花瓷。

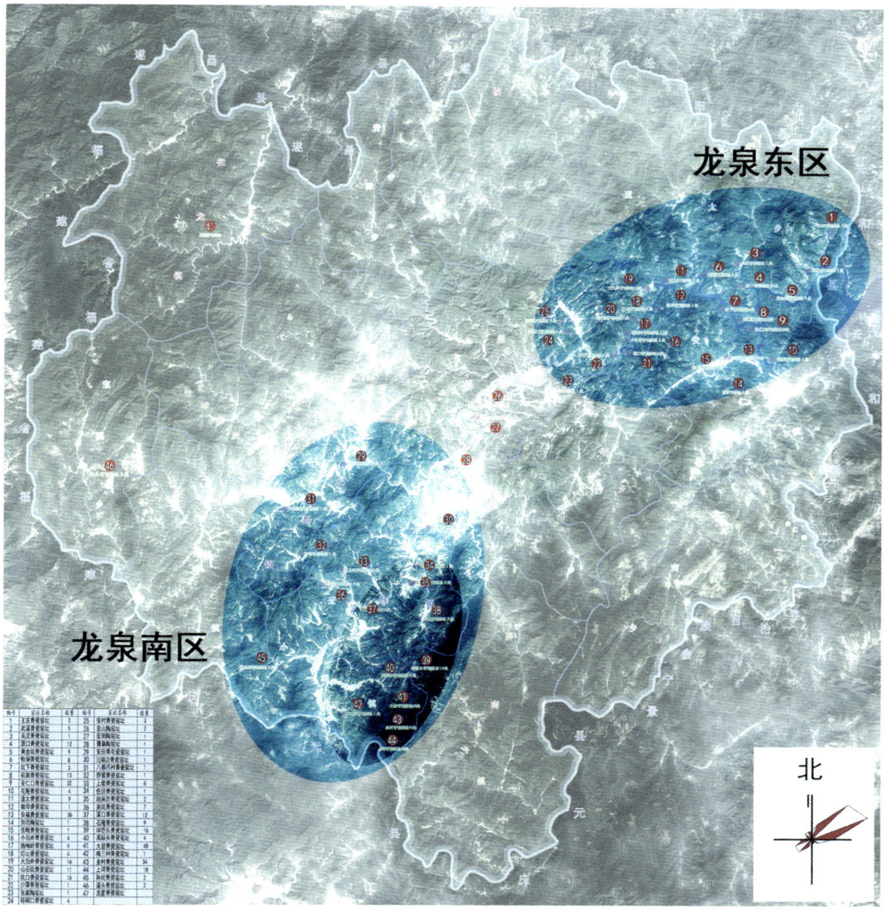

图4-129　龙泉窑核心区窑址分布图（据《大窑龙泉窑遗址保护规划》修改）

致，外围区的则往往草率、简约①。第五，从装烧工具看，中心区窑场普遍使用“M”形匣钵，鲜有例外；外围区有些窑场，“M”形之外，还

① 谢西营：《龙泉窑双面刻划花工艺的流布及相关问题》，复旦大学科技考古研究院、慈溪市博物馆编：《两宋之际的中国制瓷业》，文物出版社2019年版；栗建安：《宋元时期福建北部的青瓷及其相关问题》，沈岳明、郑建明主编：《北宋龙泉窑纵论》，文物出版社2018年版。

有漏斗（“V”）形的[①]。

在中心区内，核心区又有其自身特点：第一，窑址分布非常密集，多成片分布；核心区之外，除个别地点外，窑址的分布多比较零散。第二，核心区的产品年代覆盖龙泉窑从早到晚的各个时期，可以说是“全链条”式的；核心区之外窑场往往只是在其中的部分时期进行过生产。第三，虽然核心区内部各窑场的产品质量，也有参差不齐的现象，但总体上要高于包括外围区在内的其他区域。第四，核心区产品的面貌与其他区域也存在差别，这种差别既体现在产品类型上（比如黑胎青瓷目前仅见于核心区），也体现在相同类型产品的特征上。当然，在核心区范围内，还可以进一步细分，比如，龙泉南区与龙泉东区有别，龙泉南区内大窑、金村、溪口、石隆等片区各有特点。实际上，可将大窑片区看作龙泉窑众窑场中核心中的核心。大窑之于龙泉窑，正如上林湖之于越窑。

中心区和外围区之外的其他区域，比如浙江省最北端的长兴县，江西、福建南部、广东、湖南等地，历史上有些窑场曾经生产过与龙泉窑青瓷相似的产品。这些窑场的生产多数可能是当地人对龙泉窑青瓷的仿制，但也有窑场是由处州移民直接兴建的[②]。从文化分析的角度看，将这些青瓷看作龙泉窑系的产品似无不妥。但是，从自然地理的角度看，这些区域与龙泉窑中心区并不毗邻，有的还相距遥远。从人文地理的视角看，这些区域与龙泉窑中心区所在的处州亦无关联。从产品面貌看，这些区域窑场生产的龙泉窑系青瓷，多数与中心区特别是核心区的产品还是有比较明显的差别的。因此，将这些区域视作龙泉窑的辐射区比较

① 闽北的情况，参阅栗建安《宋元时期福建北部的青瓷及其相关问题》，沈岳明、郑建明主编：《北宋龙泉窑纵论》，文物出版社2018年版。

② 朱伯谦：《龙泉青瓷简史》，浙江省轻工业厅编：《龙泉青瓷研究》，文物出版社1989年版，第35页。

适宜[①]。

由于龙泉窑和“仿龙泉”青瓷在海外市场销售旺盛，影响深远，东亚、东南亚以及中东地区都曾经出现过仿烧龙泉窑青瓷的窑场。但无论这些窑场的产品与龙泉窑青瓷的相似度如何，这些地方都只能视作龙泉窑青瓷文化的波及区域。

二、龙泉窑的考古发现与研究

龙泉窑考古工作始于20世纪二三十年代，陈万里先生是筚路蓝缕的开拓者[②]，但主要的考古工作还是新中国成立以后进行的。新中国的龙泉窑考古工作历程，可以划分为三个时期，即20世纪50年代到70年代前段、20世纪70年代到世纪之交、21世纪初到现在[③]。

（一）20世纪50年代到70年代前段

这个时期的考古工作在1956—1961年间开展得相对频繁，尤其是1957—1960年，开展频率最高，涉及范围最广，收获最显著。在这一阶段，连同第一次全国文物普查在内，文物考古工作者对龙泉窑遗址进行了多次较全面的调查，范围遍及龙泉、庆元、景宁、丽水、云和、[④]松阳、遂昌、永嘉等地，并对数处窑址进行了小规模发掘。比较重要的调

---

① 栗建安先生主张，将闽北使用“M”形匣钵的窑址归入龙泉窑系统，将使用漏斗（“V”）形匣钵的归入仿龙泉窑系统（参见栗建安：《宋元时期福建北部的青瓷及其相关问题》，《北宋龙泉窑纵论》，第43页），颇有见地。但在面对两种匣钵同时使用的窑场时，这种划分还是让人困惑的。

② 20世纪20年代后期到40年代初期，陈万里先生曾先后九次赴龙泉调查窑址（《龙泉访古记》，《陈万里陶瓷考古文集》，紫禁城出版社1997年版）。

③ 郑建华：《新中国龙泉窑的考古发现与研究》，《南方文物》2021年第2期。

④ 龙泉、庆元两县历史上多次分合。新中国成立后，庆元县曾于1958年并入龙泉，1973年分置。云和、景宁两县的建制也多有变动。1958年，云和并入丽水县。1960年，景宁并入丽水县。1962年，原云和、景宁两县析出，复建云和县。1984年，云和县又分为云和、景宁两县。

查和发掘工作有：

1. 1957年，龙泉南区专题调查，范围涉及龙泉境内的大窑、金村、溪口，以及庆元境内的枫堂、竹口、黄坛等地点。通过调查，认识到大窑（含金村）、溪口是两个产品风格有异的瓷业中心，枫堂、竹口的窑址年代相对较晚、产品质量较次①。除此之外，还在庆元黄坛发现了唐代窑址②。

2. 1958年，紧水滩水库库区第一次调查，发现窑址73处，初步掌握了龙泉东区窑址的时间跨度和产品面貌③。

3. 1959年，瓯江水库库区文物调查以及保（宝）定、吕步坑两处窑址发掘，认识到吕步坑为南朝至唐代的遗存④。

4. 1959年冬和1960年，配合龙泉青瓷恢复生产开展的调查和发掘。这是新中国龙泉窑考古工作的第一个高潮。文物工作者对龙泉南区的窑址进行反复调查，在此基础上，对大窑的几个地点进行小规模发掘，获得明确的地层叠压关系（图4-130），揭露部分窑炉和窑场作坊遗迹，出

---

① 牟永抗：《龙泉窑调查发掘的若干往事——〈龙泉青瓷研究〉读后》，《牟永抗考古学文集》，科学出版社2009年版，第292—302页。

② 浙江省文物管理委员会：《龙泉调查散记》，浙江省文物考古研究所编：《浙江省文物考古研究所学刊（第七辑）》，杭州出版社2005年版，第491页。

③ 关于这一时期调查的龙泉东区窑址数量，有三种说法：

A. 浙江省文物管理委员会《龙泉调查散记》载“调查到窑址共73处”。（浙江省文物考古研究所：《浙江省文物考古研究所学刊（第七辑）》，杭州出版社2005年版，第492页）

B. 牟永抗《龙泉窑调查发掘的若干往事——〈龙泉青瓷研究〉读后》称，“发现古窑址72处”。（《牟永抗考古学文集》，科学出版社2009年版，第294页）

C. 浙江省文物管理委员会：《浙江省龙泉东区青瓷窑址调查报告》则称，“共发现窑址80余处”。（浙江省文物考古研究所：《浙江省文物考古研究所学刊（第七辑）》，杭州出版社2005年版，第496页）

④ 浙江省文物管理委员会：《丽水青瓷调查发掘记》，浙江省文物考古研究所编：《浙江省文物考古研究所学刊（第七辑）》，杭州出版社2005年版，第509—517页。

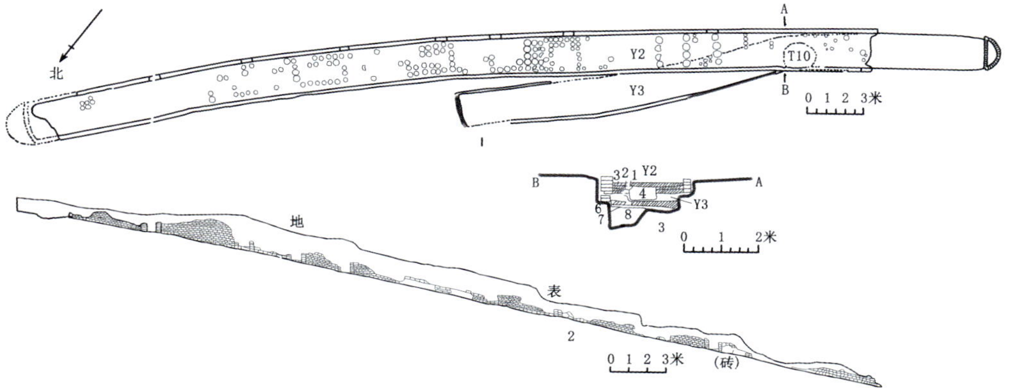

图4-130 大窑窑址龙窑遗迹与地层图（1960年发掘，采自《龙泉大窑古瓷窑遗址发掘报告》图二）

土大量瓷器和窑具标本①。对溪口瓦窑垟窑址也进行了小规模试掘，确认南宋时期存在黑胎、白胎两种类型的青瓷产品②。除田野考古外，陶瓷科技工作者对龙泉窑青瓷的胎、釉成分，显微结构，烧成温度和气氛，以及制作和烧成工艺等，进行了系统的研究，还对龙泉窑历史上的原料特别是瓷土和紫金土开采地点做了比较系统的实地调查③。

5. 1960年，金村窑址发掘与调查。对金村的一处窑址（当时编为第16号窑址）进行发掘，获取窑业堆积“三叠层”。发掘结束后，又对金村一带的窑址开展了“为时两天”的“全面调查”④。

这一时期的考古工作，使学者们对于龙泉南区和东区窑业状况的了解比以往前进了一大步：对于龙泉窑制作、烧成工艺和产品特征等，有

---

① 朱伯谦：《龙泉大窑古瓷窑遗址发掘报告》，浙江省轻工业厅编：《龙泉青瓷研究》，文物出版社1989年版。

② 金祖明：《龙泉溪口青瓷窑址调查纪略》，《考古》1962年第10期。

③ 这一时期的龙泉窑科技考古成果，集中发表于《龙泉青瓷研究》（文物出版社1989年版）一书。

④ 张翔：《龙泉金村古瓷窑址调查发掘报告》，浙江省轻工业厅编：《龙泉青瓷研究》，文物出版社1989年版，第68—91页。

了初步认识；初步建立起龙泉窑的年代框架；对龙泉窑青瓷的胎、釉原料以及生产、烧制工艺等，有了基本认识。尤为难得的是，这一阶段龙泉窑的田野考古调查和发掘实践，为此后的瓷窑遗址考古，积累了经验，探索了方法，打下了可贵的基础。

（二）20世纪70年代到世纪之交

20世纪最后二三十年，文物工作者通过第二次全国文物普查，对全省范围内的龙泉窑遗址进行了全面调查。与此同时，在龙泉东区和外围区域开展了多项考古工作，主要有：

1. 龙泉东区——紧水滩水库库区的两次调查和大规模发掘。1974年，因紧水滩水库再次动议建设，文物工作者对库区的瓷窑遗址进行了复查，发现的窑址数量比第一次有较大幅度增长，仅“行将被水淹没”的窑址就有100余处。[①]1979年初到1983年5月，因紧水滩水库工程建设的正式实施，考古工作者对库区开展第三次调查，并进行了大规模的窑址发掘。浙江省博物馆（后段为浙江省文物考古所）、中国社会科学院考古研究所、中国历史博物馆、故宫博物院、上海博物馆等单位，共同参与，盛况空前。南京博物院也参与了部分工作。（图4-131）作为东道主，浙江省的考古工作者不仅发掘时间最长——持续近5年之久，而且对库区窑址再一次进行了全面的复查，窑址编号达218处（图4-132）。[②]

这一时期的紧水滩水库库区考古工作，是新中国龙泉窑考古的第二个高潮，也是迄今为止的巅峰。考古工作者不仅对库区窑址进行了全面深入的调查，而且对其中的一大批窑址做了正式发掘。发掘不仅获取了地层关系明确的蔚为大观的宋、元、明各时期的瓷器和窑具标本，还对窑炉和作坊遗迹做了大规模的系统揭示。

---

① 浙江省文物考古研究所：《龙泉东区窑址发掘报告》绪论，文物出版社2005年版，第44页。

② 浙江省文物考古研究所：《龙泉东区窑址发掘报告》，文物出版社2005年版，第47—58页。

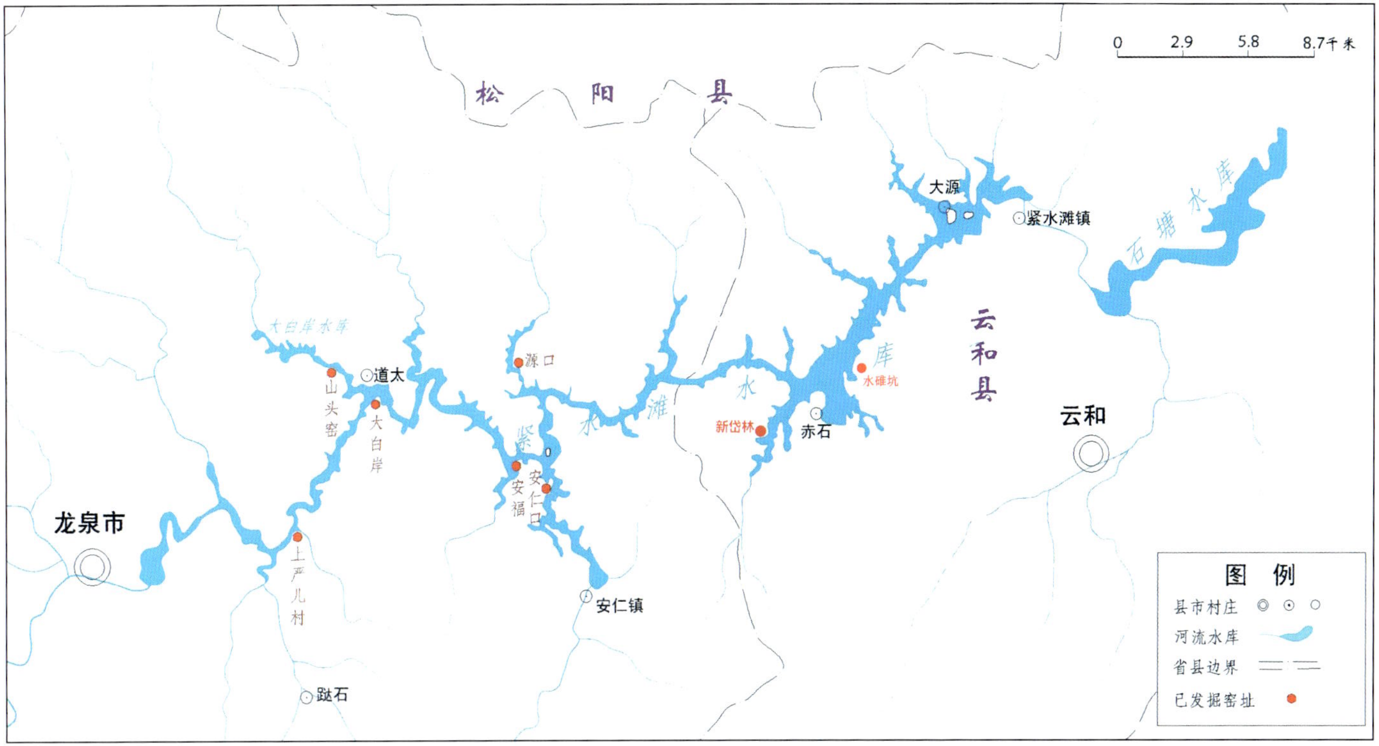

图4-131 龙泉东区已发掘窑址示意图（据《龙泉大窑枫洞岩窑址》前言“图六：紧水滩地区已发掘窑址”增补）

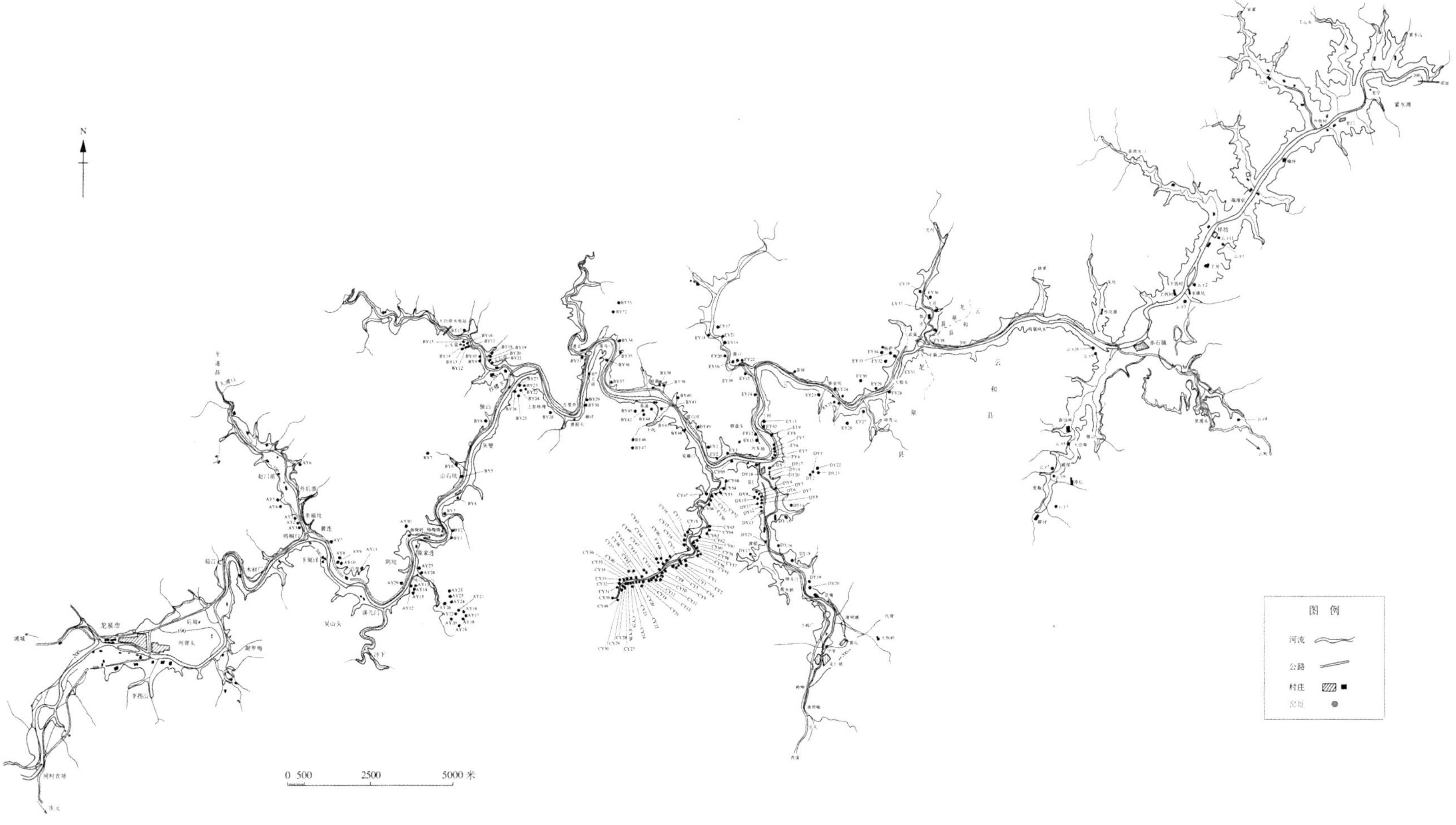

图4-132　龙泉东区（紧水滩水库库区）窑址分布图（采自《龙泉东区窑址发掘报告》图二）

2.外围区域的调查与发掘。重要的有四项：

（1）1997年，温州珊溪水库淹没区的调查与发掘。窑址分布在泰顺、文成两县。这些窑址有的单见龙泉窑系青瓷，有的可见龙泉窑系青瓷与青白瓷、黑釉瓷共烧①。

（2）1992—1993年，江山碗窑水库库区窑址的调查与发掘。其中，坝头窑址的龙泉窑系青瓷与青白瓷、黑釉瓷共烧②。

（3）2000—2002年，武义县陈大塘坑窑址调查与发掘。其中，缸窑口窑址出土龙泉窑系青瓷，有少量窑变釉瓷器共出。③

（4）1985—1986年，浙南瓷窑遗址专题调查。涵盖瓯江、飞云江、鳌江、椒江等江河流域，行政区划上位于丽水、温州和台州三个地区辖境内。这次专题调查是浙江考古工作者开展古代瓷业文化类型研究的一次可贵尝试，取得了可喜的成果。其中一项成果得出这样的结论："宋元时期浙南地区的瓷业分布格局"是由"龙泉青瓷、釉上彩绘青瓷和青白瓷三大制品类型"构成的④。这使得人们对龙泉窑特别是温州和台州地域内的龙泉窑遗址有了更为清晰的认识。

规模较小的工作还有：1997年云和县规溪上孔窑址发掘，2000年丽水吕步坑窑址第二次发掘⑤，以及龙泉住龙潘床口、查田石隆等地的专题窑址调查⑥。

---

① 浙江省文物考古研究所发掘资料。

② 浙江省文物考古研究所、江山市博物馆：《江山碗窑窑址发掘报告》，浙江省文物考古研究所编：《浙江省文物考古研究所学刊》，长征出版社1997年版。

③ 浙江省文物考古研究所：《武义陈大塘坑婺州窑址》，文物出版社2014年版。

④ 任世龙：《浙南瓷业遗存类型初析》，《瓷路人生——浙江瓷窑址考古的实践与认识》，文物出版社2017年版。

⑤ 浙江省文物考古研究所、丽水市文化局：《浙江省丽水县吕步坑窑址发掘简报》，浙江省文物考古研究所编：《浙江省文物考古研究所学刊（第七辑）》，杭州出版社2005年版。

⑥ 尹福生：《龙泉明代潘床口窑址的调查》，浙江省博物馆编：《东方博物》第二十六辑，浙江大学出版社2008年版；尹福生：《龙泉窑石隆窑址调查》，《杭州文博》2008年第1期。

到20世纪末，属于龙泉窑系的遗址发现数量增加至500余处，遍布浙西南和浙南的丽水、温州的十几个县（市、区）。其中，瓯江上游龙泉、庆元、云和三县（市）境内的窑址分布最为集中，龙泉南区和东区尤为密集①。台州、金华、衢州所辖部分县（市、区）也有分布。

基于丰富的考古工作成果，朱伯谦先生撰写了《龙泉青瓷简史》，这是迄今综合性最强的龙泉窑研究著作。任世龙先生将龙泉窑青瓷归纳为“两路、三类、六期”，这是迄今为止关于龙泉窑青瓷类型和分期的最经典的学术见解②。对于龙泉窑的窑炉特征及演变规律，作坊遗迹的类型、布局与工艺流程，产品的胎、釉特征，制作与烧成工艺等，认识也更加充分、系统。

这一时期的龙泉窑考古工作空前活跃，龙泉窑考古被视为我国考古学中一个新的分支学科——“陶瓷窑考古”崛起的重要标志③。除上述主要从田野考古的角度总结的成就外，国内外专家学者对龙泉窑的研究，范围比以前要广泛得多，领域更趋多样化——既有综合性研究，更有大量专题研究，涉及龙泉窑黑胎瓷器及其与官窑、哥窑的关系，龙泉窑的上下限年代，龙泉窑与国内其他窑系或其他区域瓷业生产的关系，龙泉窑青瓷的器型和工艺特征等。科技考古方面，虽然没有像第一阶段那样集中力量攻关，但也有不少成果问世，特别是中心区以外的龙泉窑青瓷研究，成果更加明显。

（三）21世纪初至今

进入21世纪以来，龙泉窑考古工作的重心又回到了核心区域，特别是龙泉南区（图4-133）。主要围绕两个方面展开。

---

① 国家文物局：《中国文物地图集》浙江分册“专题文物图说明”之“浙江省龙泉窑遗存”，第115页。

② 任世龙：《龙泉青瓷的类型与分期试论》《龙泉窑的双线生产——再论龙泉青瓷的两大系列》，《瓷路人生——浙江瓷窑址考古的实践与认识》，文物出版社2017年版。

③ 任世龙：《龙泉窑址考古纪行》，《瓷路人生——浙江瓷窑址考古的实践与认识》，文物出版社2017年版。

图4-133　龙泉南区窑址分布图（据《大窑龙泉窑遗址保护规划》修改）

1. 正式考古发掘

（1）2004年，云和县横山周窑址发掘，出土瓷器均为青瓷，年代为元代中期至明代中期①。

（2）2011年，庆元县竹口镇潘里垄窑址发掘。窑址年代为南宋，是浙江境内唯一以烧制黑釉瓷盏为主的窑址，同时发现少量龙泉窑系青瓷产品②。

（3）2014年，庆元黄坛窑址发掘。该窑址是龙泉、庆元一带唯一年代可早至唐代的青瓷窑址③。

---

① 浙江省文物考古研究所、云和县文物管理委员会：《云和县横山周窑址发掘简报》，浙江省博物馆编：《东方博物》第三十三辑，浙江大学出版社2009年版。

② 刘建安：《2011年浙江丽水庆元县潘里垄宋代窑址考古发掘》，《陶瓷考古通讯》2013年第1期。

③ 浙江省文物考古研究所、庆元县文物管理委员会办公室：《浙江省庆元县唐代黄坛窑址发掘简报》，浙江省博物馆编：《东方博物》第六十辑，中国书店2016年版。

图4-134　龙泉金村古码头遗址全景

（4）2006—2010年，龙泉大窑枫洞岩窑址发掘。枫洞岩发掘是四项发掘中规模最大的，对作坊遗迹进行了大规模揭露，废品堆积也做了发掘，出土的瓷器标本数以吨计①。

此外，为配合海上丝绸之路申遗工作，还对金村的瓯江支流古码头遗址进行了清理发掘（图4-134）②。

2. 专题调查和试掘

（1）2010年11月至2011年9月，龙泉溪口窑址群调查和瓦窑垟窑址发掘。结果表明，这一带窑址的年代集中在南宋至元代，以元代为多。

① 浙江省文物考古研究所、北京大学考古文博学院、龙泉青瓷博物馆：《龙泉大窑枫洞岩窑址》，文物出版社2015年版。

② 谢西营、杨瑞生、周光贵：《浙江龙泉金村发现古代码头遗址》，《中国文物报》2017年8月25日第8版。

有3处南宋窑址可见黑胎青瓷①。

（2）2011年9月至2012年5月，庆元竹口溪流域窑址调查。共有12处窑址，年代为南宋至明代。其中，产品为青瓷、属龙泉窑系统的窑址有8处，唐代的黄坛窑址和另外3处产品非青瓷的窑址则不宜纳入龙泉窑系统②。

（3）2011年10月，龙泉小梅镇瓦窑路窑址试掘。因有现代建筑占压，仅清理了一段龙窑窑炉和部分废品堆积。该窑文化内涵单纯，除2件粉青釉瓷器外，其他产品均为黑胎青瓷，年代为南宋③。

（4）2012年6月至2013年8月，龙泉大窑窑址群的调查与试掘。不仅获得了从北宋至明代的系统的标本资料，也对这一区域黑胎青瓷的生产情况有了一定程度的了解。特别是瓦窑坑窑址的试掘，尤为可贵，其中第⑥层出土了“绍兴拾叁年”等纪年器物，与其共出的既有传统的透明釉青瓷，也有乳浊釉较强的青瓷器④。

（5）2013年9月至2014年4月，金村窑址群⑤调查，其中后岙和大窑犇两处窑址进行了试掘。调查试掘者认为，金村窑址群的窑业生产始于北宋中晚期，终于元明时期。根据试掘获得的地层关系，可以初步建立起金村窑址群两宋遗存的年代序列⑥。

---

① 徐军：《龙泉窑近年来考古调查和发掘成果简报》，《陶瓷考古通讯》2013年第2期。

② 20世纪90年代后段，笔者与庆元县文物部门同行调查窑址时，曾在竹口的一处窑址采集到青瓷与青花瓷合烧的标本，其中的青瓷可视为龙泉窑存续末期——清代的遗存。

③ 浙江省文物考古研究所发掘资料。

④ 浙江省文物考古研究所发掘资料。该地层既有“绍兴拾叁年”铭文器物，又有“癸酉□月廿日”铭文器物，而离“绍兴十三年”最近的“癸酉”年为“绍兴二十三年”，将该地层认定为“绍兴二十三年”地层似乎更为妥当。

⑤ 金村窑址群，除龙泉境内的以外，还包括庆元县境内上垟一带的窑址。这些窑址分布在瓯江支流龙泉溪两岸，地理上属于瓯江流域。以其南部的洞宫山锅帽尖为分水岭，庆元县竹口溪一带属于闽江流域。

⑥ 浙江省文物考古研究所、龙泉青瓷博物馆：《龙泉金村窑址群——2013—2014年调查试掘报告》，文物出版社2019年版。

（6）2014年5月至8月，龙泉石隆窑址群调查，其中一处窑址进行了试掘。该窑址群的年代从北宋持续到元明，产品除白胎青瓷外，还有黑胎青瓷。有一类黑胎青瓷被认为与传世哥窑相似[①]。

此外，2013年和2014年，还在龙泉东区进行了调查。其中，在龙泉市龙渊街道张村苦种湾山的东南坡发现了一处烧造黑胎青瓷的窑址。

经过这个时期的努力，特别是第三次全国文物普查，龙泉窑遗址的发现数量增加至600余处。大窑枫洞岩窑址的发掘，是这一时期龙泉窑考古工作的高潮[②]。与此同时，学者们对龙泉窑的起始年代、产品类型和分期、乳浊釉青瓷和黑胎青瓷等问题，又进行了新的卓有成效的探索。

除窑址考古发现外，还有大量龙泉窑青瓷见于国内外的遗址（城址）、墓葬、窖藏和沉船等地点，这为龙泉窑研究提供了丰富多彩的资料。在田野考古和科技考古之外，龙泉窑青瓷外销与生产技术外传的研究，也取得了重要进展。

总之，通过多种形式的田野考古调查，科学规范的考古发掘，多视角、多层次的学术研究，学者们对于龙泉窑遗址的分布地域、龙泉窑瓷业生产的持续时间与发展阶段、各时期产品的基本特征和生产工艺等，都有了日渐清晰的认识。

三、龙泉窑的起始时间与发展阶段

（一）淡青釉青瓷与龙泉窑的起始时间

关于龙泉窑的起始时间，有三国西晋、唐、五代、北宋早期、北宋中期等多种不同说法。之所以有这么多不同的观点，从根本上说，是因

---

① 浙江省文物考古研究所调查发掘资料。

② 浙江省文物考古研究所、北京大学考古文博学院、龙泉青瓷博物馆：《龙泉大窑枫洞岩窑址》，文物出版社2015年版。

为如何界定一个窑系的内涵和外延，还没有一个大家普遍认可的标准。就龙泉窑来说，直接的原因主要在两个方面：一是对于龙泉窑自身风格的形成要到何时，学界看法颇不一致；二是对相同器物或遗存的年代持论有异。

认为龙泉窑始于三国时期，主要依据是丽水地区墓葬出土了三国西晋时期青瓷[①]。但迄今为止，这一地区尚未发现三国西晋时期的窑址。

目前所知，丽水地区最早的窑址是丽水市莲都区的吕步坑窑址。该窑址分别于1959年和2000年进行过考古发掘，从出土遗物看，下限年代为中晚唐，上限为初唐或稍早[②]。年代可早至唐代的窑址，还有青田石帆、松阳水井岭头以及位于龙泉南区的庆元黄坛窑址等。黄坛窑址20世纪五六十年代就已发现[③]，2014年正式发掘，是龙泉、庆元一带唯一年代可早至唐代的窑址[④]。虽然这些唐代窑址均位于龙泉窑中心区（其中黄坛窑址还位于核心区），产品皆为青瓷，但从文化内涵看，看不出宋元时期龙泉窑由此发展而来的明确依据。因此，它们均不宜纳入龙泉窑范畴[⑤]。

1.淡青釉青瓷与龙泉窑的关系

认为龙泉窑始于五代至北宋时期的学者较多，但究竟是五代还是北

---

① 朱伯谦：《龙泉窑青瓷》，（台北）艺术家出版社1998年版。

② 浙江省文物考古研究所、丽水市文化局：《浙江省丽水县吕步坑窑址发掘简报》，浙江省文物考古研究所编：《浙江省文物考古研究所学刊（第七辑）》，杭州出版社2005年版。

③ 浙江省文物管理委员会：《龙泉调查散记》，浙江省文物考古研究所编：《浙江省文物考古研究所学刊（第七辑）》，杭州出版社2005年版，第491页。

④ 浙江省文物考古研究所、庆元县文物管理委员会办公室：《浙江省庆元县唐代黄坛窑址发掘简报》，浙江省博物馆编：《东方博物》第六十辑，中国书店2016年版。

⑤ 沈岳明先生认为："龙泉窑唐代开始生产，经过五代、北宋早期的不断发展，至北宋中期已初具规模。"同时又认为，将龙泉"淡青釉产品的年代划为五代，则是没有任何依据的臆测"。（《北宋时期的龙泉窑业》，沈岳明、郑建明主编：《北宋龙泉窑纵论》，文物出版社2018年版，第2、6页）

宋，甚或是北宋的哪个阶段，还是众说纷纭。这里最核心的问题就在于，如何看待所谓的淡青釉青瓷产品[①]，这类青瓷的年代究竟如何，到底能否纳入龙泉窑范畴。

淡青釉青瓷，胎色灰白，釉色浅淡，但与传统越窑青瓷比较，确有某些相似之处。在装烧方式上，二者除烧成窑炉均为浙江本土传统的龙窑外，都有产品满釉、垫圈支垫、“M”形匣钵装烧工艺；在装饰工艺上，同样都存在细线划花和刻划兼施（指斜刀刻线或粗刻线与细划线同时使用，后者往往作为前者的附属部分或是其细部）两种手法；在某些器物特别是碗盘类的造型等方面，二者也存在诸多相似之处。正因为存在这些相似性，这类青瓷有时也被看作越窑的一部分或者是它的一个类型。

然而，淡青釉青瓷与越窑青瓷的差异性也是明显的。淡青釉青瓷，胎质更细，胎色更浅、近白色；胎体更坚致，部分施刻花装饰的器物，胎薄几可透光。釉色浅淡，釉层相对较薄，有施半釉或外底露胎者。器型方面，不仅器物造型存在差别，有些器类，比如随葬用的多管瓶、盘口壶，越窑则不见或相异。即便是装饰方面，划花的题材、风格，刻划花的手法、题材等，均有程度不同的差异。装烧方式上，淡青釉青瓷的圈足器有施半釉或外底露胎叠烧的，越窑圈足器即使叠烧，也往往只是足底露胎；至于外底露胎、垫饼外底垫烧，则为越窑所不见。总之，“要想找出两者之间相同的器物也是难事，只是风格类似罢了”[②]。

从北宋中晚期开始出现的翠青釉青瓷[③]，也是厚胎薄釉的玻质釉青

---

① 这种淡青釉青瓷，属于厚胎薄釉青瓷，釉为透明的玻质釉，釉色浅淡，以往学者将其称作“淡青釉青瓷”，是为了与其他呈色较深的青瓷区别开来。

② 沈岳明：《北宋时期的龙泉窑业》，沈岳明、郑建明主编：《北宋龙泉窑纵论》，文物出版社2018年版。

③ 为与淡青釉青瓷区别开来，这里借用“翠青釉青瓷”，称呼北宋中晚期以后开始流行的另一种厚胎薄釉青瓷。相较于淡青釉青瓷，这种青瓷同属玻质釉，但釉层稍厚，釉色略深，多呈色青绿或青黄；胎质亦稍粗，胎色一般要略灰一些，不过通常还是被归类为龙泉窑白胎青瓷。

瓷，但釉层比淡青釉青瓷略厚，釉色偏青翠。翠青釉青瓷普遍被视为龙泉窑的主流产品之一。如果认为淡青釉青瓷风格与其有所不同，不宜纳入龙泉窑范畴的话，那么，南宋时兴起的乳浊釉青瓷也与翠青釉青瓷不同，其中的黑胎青瓷更是堪称“殊异”，是否也不宜纳入龙泉窑范畴？

任世龙先生认为，淡青釉青瓷的胎质、釉色与瓯窑青瓷颇相近似，以往曾把它划为受瓯窑影响的五代作品①。但细察器物造型、装饰风格，普遍采用瓷质垫圈和白色泥点间隔支垫的装烧方法，确实与北宋早期的瓯窑和越窑具有许多相同之处；在瓶壶类肩腹部还往往饰以婺州窑产品所习见的皱褶状泥条印捺纹，说明它深受当时浙江瓯、越、婺三大名窑的影响②。

基于以上分析，综合考虑考古学文化因素与传统上的瓷窑地域概念，笔者认为，将这种“似越非越、似瓯非瓯、似婺非婺”的淡青釉青瓷归入龙泉窑系统，还是比较合理的。

2.淡青釉青瓷的年代上限

淡青釉产品的年代，一般认为是北宋早期。近些年来，有学者主要根据龙泉金村一带的窑址考古成果，提出了修正性的判断，认为这类产品的年代要晚到北宋中期③。诚然，根据这一考古成果，可以得出这样的认识：北宋中期乃至更晚，龙泉金村一带存在生产淡青釉青瓷的窑

---

① 朱伯谦先生主张，淡青釉青瓷是受瓯窑影响的，但明确其发现于“北宋早期”的堆积。（参阅《龙泉青瓷简史》，浙江省轻工业厅编：《龙泉青瓷研究》，文物出版社1989年版，第5页）

② 任世龙：《龙泉青瓷的类型与分期试论》，《中国考古学会第三次年会论文集（1981）》，文物出版社1984年版。

③ 《龙泉金村窑址群：2013—2014年调查试掘报告》（浙江省文物考古研究所、龙泉青瓷博物馆编，文物出版社2019年版）对于金村淡青釉产品的年代判断，似乎前后不太一致。在出土遗物描述和金村窑业分期两部分，均将淡青釉青瓷的年代定在“北宋早中期”，但在结语部分讨论淡青釉产品年代时，又认为“龙泉窑早期淡青釉产品的年代当在北宋中期的1020—1080年前后”。

场，但是，据此将这类产品的上限推定在北宋中期，似乎尚需斟酌。原因至少有以下几点：

第一，迄今为止，对于生产这类淡青釉产品的窑址，考古工作还比较有限，其成果恐怕难以反映淡青釉产品的全貌。调查所见，仅在龙泉金村及毗邻的庆元上垟一带发现此类窑址4处[①]。这类窑址都未经正式发掘，仅大窑犇和后岙两处做过小面积试掘[②]。值得注意的是，有一种泥点支烧的饼足斜腹碗，与其他淡青釉青瓷同窑共出，但具有相对较早的时代特征[③]。当然，这种饼足碗与黄坛窑址见到的明显有别，年代早至唐代的可能性甚小。

第二，将这类淡青釉青瓷与越窑青瓷进行比较，对于其年代判断应该有所帮助。从装饰工艺看，越窑青瓷细线划花装饰手法流行于吴越国后期至北宋早期。由墓葬纪年材料，可清晰看到划花工艺开始流行的起始时段。杭州五代天福七年（942）钱元瓘墓，出土越窑青瓷十余件，其中划花产品有4件。年代稍早的临安五代天福四年（墓主下葬时间为阴历年底，实已进入公元940年）康陵，见有大批越窑青瓷，但不见一件划花产品。临安五代应顺元年（934）钱镠墓，出有数量甚巨的越窑青瓷，细线划花只见于蟠龙罂这件特殊随葬品的龙纹，且风格与后来流

---

① 这4处窑址分别是：溪东（YA3-14）、下会（YA3-16）、后岙（YA3-17）以及大窑犇（包括YA3-22、YA3-23、YA3-24三个窑址编号，其中，YA3-23地属庆元县竹口镇上垟村）（参见浙江省文物考古研究所、龙泉青瓷博物馆：《龙泉金村窑址群：2013—2014年调查试掘报告》）。朱伯谦《龙泉青瓷简史》的说法是5处（《龙泉青瓷研究》，文物出版社1989年版，第5页）。《中国文物地图集·浙江卷》之《浙江省龙泉窑遗存》：见于龙泉、庆元交界处金村、上垟的8个地点。此处的数据差异，可能是统计口径不同造成的，因为在以往的调查过程中，同一个地点可能会根据地形地貌和堆积形态，标示两个或多个编号的窑址。

② 浙江省文物考古研究所、龙泉青瓷博物馆：《龙泉金村窑址群：2013—2014年调查试掘报告》，文物出版社2019年版，第6—11页。

③ 沈岳明：《北宋时期的龙泉窑业》，沈岳明、郑建明主编：《北宋龙泉窑纵论》，文物出版社2018年版。

行的划花不同。吴越国后期到北宋早期，越窑青瓷在划花之外，还有中脊稍凸起的宽莲瓣刻花装饰，也有同一器物外壁刻莲瓣、内底或内壁划花的，但细线划花施于莲瓣之上的罕见。大约从北宋中期开始，越窑青瓷主流的装饰工艺开始从细线划花向刻划兼施转变。龙泉淡青釉青瓷，也有划花和刻划兼施两种主要装饰手法，其由早到晚的演进过程当与越窑相类。

从装烧工艺看，钱镠墓、康陵的越窑青瓷，开始出现垫圈垫烧工艺，在此之前的纪年墓则不见这种现象。龙泉窑淡青釉产品也存在垫圈垫烧工艺，而且从层位关系看，其出现年代明确要比垫饼垫烧工艺早。这两种装烧工艺的早晚关系，在经过正式发掘的黄岩沙埠窑址堆积层中也有发现。从越窑的情况看，细线划花装饰工艺与垫圈垫烧装烧工艺出现时间大体一致或略晚，龙泉窑淡青釉产品的情况应该也是如此。

从器型看，尽管龙泉窑淡青釉青瓷与越窑青瓷存在差异，但也可见到相似度颇高的产品。比如，松阳县博物馆收藏的一件葵口碗，与五代天福七年（942）钱元瓘墓出土的同类碗造型接近，内底划花、垫圈垫烧（图4-135、图4-136）。缙云县博物馆藏划花执壶①，风格介于五代天福四年十二月（940）杭州临安康陵出土越窑执壶与北京辽统和十五年（997）韩佚墓出土越窑执壶之间，三件执壶均采用垫圈垫烧方式（图4-137至图4-139）。

图4-135　淡青釉葵口碗（松阳县博物馆藏）

图4-136　越窑青瓷葵口碗（杭州钱元瓘墓出土）

① 朱伯谦：《龙泉窑青瓷》，（台北）艺术家出版社1998年版，第88页。

综上，可以认为，龙泉窑早期淡青釉青瓷与吴越国后期到北宋早期的越窑青瓷风格相近，即便其年代相对有所滞后，但也不会“延时”太久。

第三，讨论淡青釉产品的起始年代时，有几则纪年材料不能不提及。一件是温州市出土的“开宝三年”（970）铭文碑（图4-140），一件是上海博物馆藏（代管）“太平戊寅”（978）铭盘口壶（图4-141），还有一件是英国阿什莫林博物馆藏北宋“天圣”年间（1023—1031）的斜腹碗[1]。

从胎、釉、器形、装饰、装烧等多种因素考虑，“开宝三年”碑和“太平戊寅”瓶为越窑产品的可能性当可排除，产地在瓯江流域之外的可能性也可排除。具体说来，“开宝三年”碑产自瓯窑的可能性大。“太平戊寅”盘口壶产地在瓯江上游、属龙泉窑产品的可能性大，其造型、双粗线刻莲瓣的风格见于龙

图4-137　越窑青瓷执壶（临安康陵出土）

图4-138　淡青釉青瓷执壶（缙云县博物馆藏）

图4-139　越窑青瓷执壶（北京韩佚墓出土）

① 朱伯谦：《龙泉窑青瓷》，（台北）艺术家出版社1998年版，第11页。

图4-140　“开宝三年”青瓷铭文碑（温州博物馆藏）

泉窑淡青釉青瓷（图4-142），圈足外墙和肩部饰弦纹的做法也可找到雷同者（图4-143）。至于圈足足壁较一般淡青釉盘口壶的薄，要考虑装烧方式不同带来的差异：足底垫饼垫烧者圈足足壁厚，垫圈外底垫烧者往往较薄，这在龙泉窑常见。胎、釉特征也与龙泉窑更为相符。“天圣”款碗，无论是从胎、釉、器形特征看，还是从划花装饰和垫圈垫烧工艺看，均与龙泉窑淡青釉产品特征相符①（图4-144）。

2013年，考古工作者在试掘金村窑址时，曾发现一件淡青釉器盖，上有“甲申”年铭文。该“甲申”年被认为是北宋庆历四年（1044），但这件青瓷器盖面刻划莲瓣纹，装饰手法已经是刻划兼施②，属于较晚阶段的淡青釉青瓷了（图4-145）。此外，龙泉青瓷博物馆藏有一件双系带盖盘口壶（参见图8-25），划花，肩、腹粘贴褶皱泥条纹，造型和装饰与福建建瓯北宋大中祥符八年（1015）墓出土的青釉褐彩双耳魂瓶有相似之处（图4-146）③。

根据以上分析，笔者判断，龙泉窑淡青釉青瓷的上限年代可早到吴越国后期，晚至北宋中期的可能性可以排除。作出这种判断的佐证，还有宋人庄绰《鸡肋编》“钱氏所贡盖取于此”的记载和金村窑址发现的

---

① 郑建明先生认为，这件带“天圣”款的斗笠碗纹饰较为潦草，年代较精细类细线划花产品略晚。（浙江省文物考古研究所、龙泉青瓷博物馆：《龙泉金村窑址群：2013—2014年调查试掘报告》，文物出版社2019年版，第444页）

② 谢西营：《龙泉窑早期淡青釉瓷器初步研究》，北京艺术博物馆编：《中国古代瓷窑大系·中国龙泉窑》，华侨出版社2015年版，第282—291页。

③ 张家、徐冰：《福建建瓯县水南宋元墓葬》，《考古》1995年第2期。按：该墓纪年来自铜镜上使用期间的刻划文字，有一定的参考价值。

图4-141　淡青釉“太平戊寅”款青瓷盘口壶（上海博物馆藏，陈杰供图）

图4-142　淡青釉多管瓶［金村Y22TG1(1):36］

图4-143　淡青釉青瓷盘口壶（庆元廊桥博物馆藏）

图4-144　“天圣”款淡青釉青瓷碗（英国牛津大学阿什莫林博物馆藏）

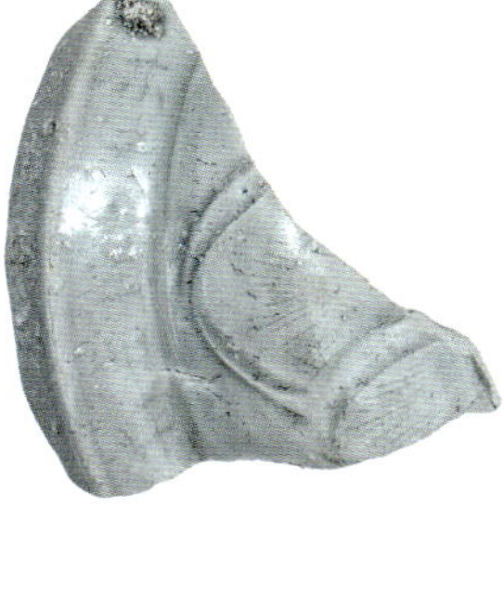

图4-145　淡青釉“甲申”年铭器盖（金村YA3-22TG1②:49）（左）

图4-146　青釉褐彩魂瓶（福建建瓯出土）（右）

“天福”年款四系瓶①。

龙泉窑淡青釉产品的装饰风格从划花向刻划兼施转换，时间节点应该与越窑相似，在北宋中期。前述划花的“天圣”碗和刻划花的“甲申”器盖，可以提供参照系。

将龙泉窑的上限界定在北宋中晚期的，还有另外一批学者。之所以持有此论，是因为他们认为，淡青釉青瓷不能纳入龙泉窑系统，釉色更深的刻划花青瓷（也就是所谓翠青釉青瓷）才是龙泉窑最早的产品，其上限在北宋中期或更晚②。

（二）龙泉窑的产品类型与发展阶段

龙泉窑兴起于五代北宋之际，南宋时期获得长足发展，工艺高妙；元代生产规模达到顶峰，盛况空前；从明代中期开始，日渐衰落；入清以后，生产规模进一步萎缩，清中晚期零星的瓷业只能算是最后的一抹残阳余晖了。

1. 以往的研究

20世纪80年代前段，任世龙先生对龙泉窑青瓷的类型和分期作了精彩的总结与归纳。他认为，龙泉窑青瓷总体上可以划分为厚胎薄釉刻划花和薄胎厚釉两路，它们以各自不同阶段构成龙泉青瓷的两大序列。而龙泉窑厚釉产品又存在着各具特征的黑、白两种类型。龙泉窑产品可分为六个时期：

第一期，白胎、淡青色薄釉，以纤细划花为主要装饰，与同时期的瓯、越、婺诸窑具有相似特点，约相当于北宋早期。

第二期，灰白胎，青绿色薄釉，多内外双面刻划花和篦点、篦线衬底的繁密纹饰，约相当于北宋中晚期。

---

① 参阅本书第七章第二节二（一）。

② 王光尧、沈琼华：《天下龙泉——龙泉青瓷与全球化》，故宫博物院、浙江省博物馆、丽水市人民政府编：《天下龙泉——龙泉青瓷与全球化》卷一《千年龙泉》，故宫出版社2019年版，第15页。

第三期，厚胎薄釉，盛行器里刻划荷花纹，此外流行“S”形复线与卷云纹相结合的刻花，与“葵口出筋”装饰共存，约当两宋之际至南宋中期。

第四期，盛行外壁单面刻花，厚胎薄釉与薄胎厚釉两路共存，外壁刻半浮雕式莲瓣为两路制品所共饰，约当南宋中期以后至元代早期。

第五期，产品分粗精高低两档，表现为前期产品两路的继续。低档产品相对减弱，制作更显粗糙简单；高档产品胎质坚密白净，釉色葱翠，釉层相应减薄而胎壁明显增厚，大件器物大量出现，刻、划、印、贴、镂、雕、堆、塑和釉面开光、露胎印花、釉上贴花、加点褐彩等，种种手法一应俱全，几种装饰共器并施。约当元代中期至明代早期或稍晚。

第六期，胎质粗劣，坯体笨重，釉色灰绿，即如文献所说“化治以后，质粗色恶”“制不甚雅，仅可适用。种种器具不法古，而工匠也拙”。这应是明中期以后由于青花器的流行，龙泉青瓷走向衰落的表现[①]。

进入21世纪以后，随着龙泉窑遗址考古，特别是核心区考古工作的不断深入，龙泉窑考古研究不断获得新成果。其中，2006—2010年的大窑枫洞岩窑址发掘，成果最为丰硕。考古工作者将该窑址遗存划分为四期：第一期，南宋晚期到元代早期，约为13世纪下半叶；第二期，元代中晚期，约为14世纪上半叶；第三期，明代前三朝前后，即14世纪下半叶到15世纪初；第四期，明正统至成化年间[②]。

此后，龙泉窑核心区一系列的专题调查和试掘，又积累了一大批新资料，并有若干重要发现。主要依托这些新的发现，有学者对龙泉窑核

① 任世龙：《龙泉青瓷的类型与分期试论》，《中国考古学会第三次年会论文集（1981）》，文物出版社1984年版。

② 浙江省文物考古研究所、北京大学考古文博学院、龙泉青瓷博物馆：《龙泉大窑枫洞岩窑址》，文物出版社2015年版。

心区的时空框架提出新的认识。他们认为，（核心区）龙泉窑的发展并不是单线演进的，而是多线发展的，各片区保持着自身的特色各自发展，又相互影响。从目前的材料来看，龙泉地区的龙泉窑至少可以划分成三个区域：大窑区、金村区与龙泉东区，溪口和石隆可归入大窑区。三个区的窑业分别代表了三个不同的类型。他们还认为，在这三个类型的分区基础上再进行分期研究，可能意义会更大[①]。对于金村地区的窑业，他们主张，大致可以划分成九期：（1）北宋早中期的淡青釉时期，又可分成两期；（2）北宋晚期的翠青釉时期，也可以分成两期；（3）南宋时期，至少可以划分成早、中、晚三期；（4）元明时期，可以分成两期，即元代早期和元代晚期至明代[②]。

从现有材料看，大窑、金村和龙泉东区这三个片区，彼此之间的确是有些差异的，比如产品类型有一定差异，再比如某些类型产品的始烧年代、延续时间、生产规模、成瓷质量等有所不同，但三者都位于龙泉窑的核心区之内。总体说来，它们之间是此起彼伏、各领风骚的关系。同一时期生产的同一类型产品，在不同片区，除了始烧时间、产量大小、质量高低等可能有所差别之外，基本面貌，如胎釉特征、装烧工艺、造型、装饰风格等，还是一致的。毕竟，这三片区域在地理位置上几乎是彼此相连的，而且前两个片区都属于龙泉南区。当然，在条件具备的情况下，先分别对各个片区的产品类型和分期进行研究，再做综合研究，对于更加全面、系统、准确地掌握核心区的龙泉窑瓷业遗存内涵，无疑是有益的。

核心区之外的龙泉窑系窑场，唯核心区马首是瞻，几乎都是核心区辐射、影响的结果。至于为何核心区，特别是大窑片区的产品类型最丰

---

① 郑建明先生持此论，见浙江省文物考古研究所、龙泉青瓷博物馆编《龙泉金村窑址群：2013—2014年调查试掘报告》，第453页。

② 浙江省文物考古研究所、龙泉青瓷博物馆：《龙泉金村窑址群：2013—2014年调查试掘报告》，文物出版社2019年版，第6—11页。

富、质量最高，有的品种如乳浊釉青瓷出现最早，有的类型如黑胎青瓷具有唯一性，则既有可能与制瓷传统、瓷业资源条件等因素相关，更有可能与官方或者其他的特殊需求有关。而某一区域，比如龙泉东区，大众化产品生产规模特别大，其原因更可能是市场需求特别是海外市场需求发生作用的结果。龙泉东区水路交通条件更优越，从产地到市场，相较于南区，更加便捷。

2. 龙泉窑的七个阶段

基于现有认识，下文对于龙泉窑的论述，将以时间轴线为主，分阶段进行。考虑到核心区的龙泉窑瓷业遗存产品类型最为齐全、发展阶段最为完备、产品质量最能反映龙泉窑的发展水平、考古工作开展得相对比较充分，对龙泉窑做分阶段论述时，将以核心区的考古发现和研究成果为基础，兼顾中心区，外围区和其他区域仅作参考。

综合考虑产品类型与特征、烧制工艺和生产规模等要素，可以将龙泉窑划分为七个发展阶段：

第一阶段，吴越国后期到北宋中期前段；

第二阶段，北宋中期后段到两宋之交；

第三阶段，南宋早中期；

第四阶段，南宋中晚期到元代早期；

第五阶段，元代中晚期；

第六阶段，明初到明代中期前段；

第七阶段，明中晚期至清代。

四、吴越国后期至北宋早中期

吴越国后期到北宋中期前段属龙泉窑第一阶段，是龙泉窑的初创期，产品只有淡青釉青瓷一种。

（一）淡青釉青瓷的发现

从目前的考古发现来看，龙泉窑淡青釉产品的生产规模很小，偏于龙泉南区的金村—上垟一隅。由于生产规模小，考古工作特别是发掘工作开展得不充分，研究淡青釉青瓷时，可资凭依、有明确层位关系的窑址材料尚不丰富。可能与生产规模小相关，淡青釉的产品流布范围也很有限①。龙泉、庆元、松阳等地的文物单位收藏了一批来自窑址以外地点的淡青釉瓷器。由于发现时间和工作条件的限制，这些瓷器多数不是正式发掘出土的。不过，因为大都是在当地生产建设过程中发现的，其中还有部分经过了当地文物部门的随机清理（可以看作不太正式的抢救性发掘），这些青瓷，特别是出土地点明确的，也是研究淡青釉产品时的重要对象。

早在20世纪60年代，浙江省老一辈考古工作者调查、发掘金村窑址时，就已经发现淡青釉青瓷标本，但都是调查采集所得，并非出自经过发掘的“三叠层”。由于没有地层依据，调查发掘报告执笔者在报告初稿草成以后，曾对金村窑址做“进一步复查”，并得出了这类产品“盛于北宋早期，上限可能追溯到五代吴越末期”的结论②。

20世纪80年代，任世龙先生等在调查金村窑址时，发现在龙泉金村和与之地域相连的庆元上垟窑址群中，明确存在着与北宋前期越窑瓷器风格面貌雷同的一类遗存，并认为可视作未被吸收的外来因素，或者说成是越窑的“龙泉地域类型”。在金村的一处堆积断面上，其清晰的五叠层位关系表明，它和另一种以“双面刻划花”为特征的碎片堆积分处在五、四两个层位③。第五层的这类遗存，就是《龙泉青瓷的类型与

---

① 据谢西营《龙泉窑早期淡青釉瓷器初步研究》统计，窑址以外出土淡青釉青瓷的地点基本在龙泉及其周边地区，例外的只有江西南丰一例。限于有些材料未曾发表，淡青釉青瓷的流布范围可能还要稍大一些。承蒙罗冠群馆长惠示，笔者在福建建阳博物馆就见到一件六出葵口淡青釉青瓷碗，系当地墓葬出土。

② 张翔：《龙泉金村古瓷窑址调查发掘报告》，浙江省轻工业厅编：《龙泉青瓷研究》，文物出版社1989年版，第86、90页。

③ 任世龙：《龙泉窑考古的历程——〈瓷器与浙江〉重读有感》，浙江省博物馆编：《东方博物》第三辑，杭州大学出版社1999年版。

分期试论》一文中所指“约当北宋早期”的淡青釉产品，而叠压其上的“双面刻划花”产品就属于所谓的翠青釉青瓷。这是首次在地层上明确淡青釉和翠青釉两类产品的年代关系，惜乎这个“五叠层”堆积未经发掘。

2013年9月至2014年4月，浙江省文物考古研究所与龙泉青瓷博物馆联合对龙泉窑金村片区窑址进行详细的考古调查，对金村片区（包括上垟一带）的34处窑址点逐一踏查和采集标本，并选择重点区域做了小规模试掘。明确有淡青釉瓷器的4处窑址，分布在溪东、下会、大窑犇及其对岸地区。可见，龙泉窑淡青釉瓷器的生产范围和规模的确是相当狭小的。大窑犇（Y22）和后岙（Y17）两处窑址进行了试掘。大窑犇开探沟4条，其中3条发现淡青釉产品堆积。后岙窑址的试掘，只开了一条探沟，限于工作条件，堆积发掘没有到底，但在翠青釉青瓷堆积之下也发现了淡青釉青瓷。试掘不仅揭示了淡青釉和翠青釉两类产品之间的地层关系，还发现了淡青釉青瓷堆积本身的早晚地层叠压关系[①]。

（二）第一阶段淡青釉青瓷的特征

第一阶段的龙泉窑淡青釉产品，经过发掘的典型窑业堆积是大窑犇窑址YA3-22TG2⑩—⑦b层[②]。由于发掘面积过小，发掘地点太少，要想勾勒龙泉窑第一阶段淡青釉青瓷的全貌，尚需结合窑址之外的材料进行分析。比如，墓葬中常见的执壶、多管瓶、盘口壶这三种器形，在大窑犇窑址出土遗物中就比较少见，后两种尤其如此。再比如，从窑址以外出土材料看，第一阶段的上限可能要比《2013—2014年金村窑址群调查试掘报告》中“金村九期”的第一期早。

---

① 浙江省文物考古研究所、龙泉青瓷博物馆：《龙泉金村窑址群：2013—2014年调查试掘报告》，文物出版社2019年版，第75—80、189—210页。

② 浙江省文物考古研究所、龙泉青瓷博物馆：《龙泉金村窑址群：2013—2014年调查试掘报告》，文物出版社2019年版，第75—80、189—210页。

第一阶段的龙泉窑青瓷，有两大突出特点：一是以纤细划花作为主要装饰手法，二是垫圈垫烧是标志性的装烧方式①。

第一阶段的龙泉窑淡青釉瓷，胎质普遍比较细腻，胎色较浅，有的近白色。与此相关，青釉呈色浅，釉面多较光洁。

1. 器型

器型以碗、盘、执壶、盘口壶、多管瓶、罐等常见，另有盏、盏托、钵、盒、灯、熏炉等。

碗，主要有深弧腹和斜弧腹两种。深弧腹碗大多作侈口，部分直口。斜弧腹碗也是侈口较多，敞口其次。采用叠烧方式的碗的圈足多较粗矮，足壁较直，足端较为方平。垫圈垫烧的碗，深弧腹的圈足多较高直，斜弧腹碗圈足多较矮、足端部分较圆。松阳县博物馆收藏的一件葵口弧腹碗（图4–147）及共出的敞口斜腹碗（图4–148），均内底划花，垫圈垫烧。同出的还有同属北宋早期风格的外壁刻莲瓣的弧腹碗（图4–149）和六出葵口圈足盘（图4–150）。前者是否淡青釉青瓷不明，后者显非龙泉窑青瓷。松阳县博物馆收藏的另一件弧腹碗和共出的斜腹碗（图4–151、图4–152），造型与这两件相似，虽均外底露胎，但观察到的垫烧痕迹均在足底，可能是装烧时叠烧组合最上层的产品，这种做法在金村大窑犇窑址（YA3–22）出土的淡青釉产品中多见。

见有少量饼足碗，有的唇口。饼足器和唇口器是龙泉窑有别于越窑的特点之一，有的碗既有饼足，又有唇口（图4–153），还有唇口圈足碗（图4–154）。在金村窑址中，泥点支烧或间隔、叠烧的饼足产品与垫圈支垫的圈足器存在同窑同烧的现象。饼足器在金村的淡青釉窑业堆积中并非偶然一见的孤例，与唇口器结合起来考察，则地域特色更加明显。

---

① 任世龙：《龙泉青瓷的类型与分期试论》，《中国考古学会第三次年会论文集（1981）》，文物出版社1984年版。

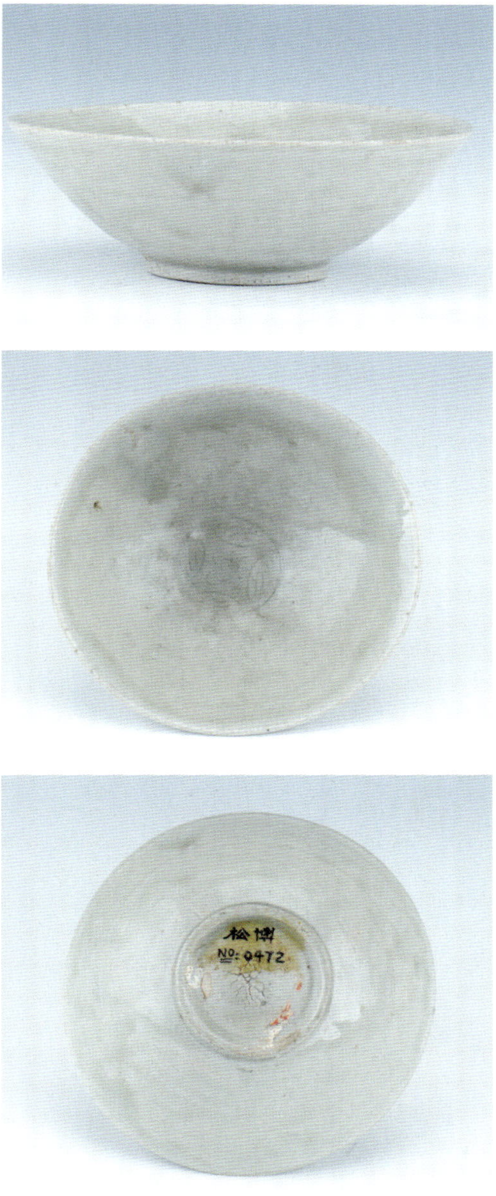

图4-147　外底满釉淡青釉弧腹碗（松阳县博物馆藏）（左）

图4-148　外底满釉淡青釉斜腹碗（松阳县博物馆藏）（右）

图4-149　莲瓣纹青瓷碗（松阳县博物馆藏）

图4-150　葵口青瓷盘（松阳县博物馆藏）

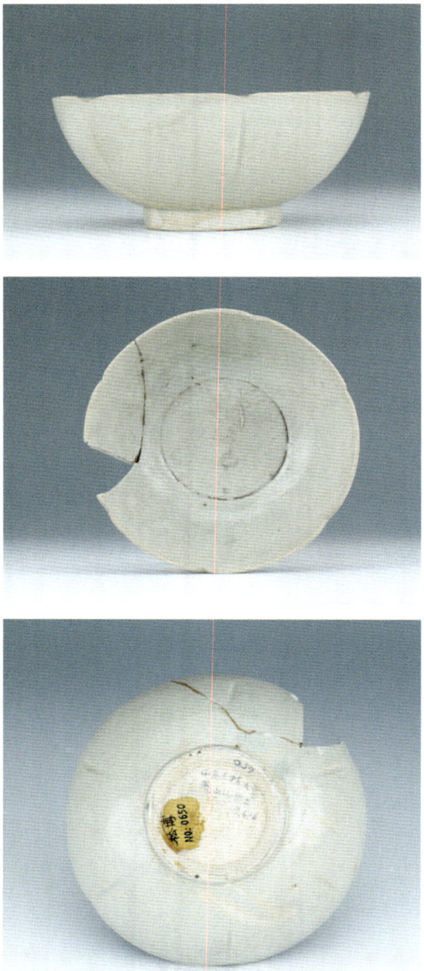

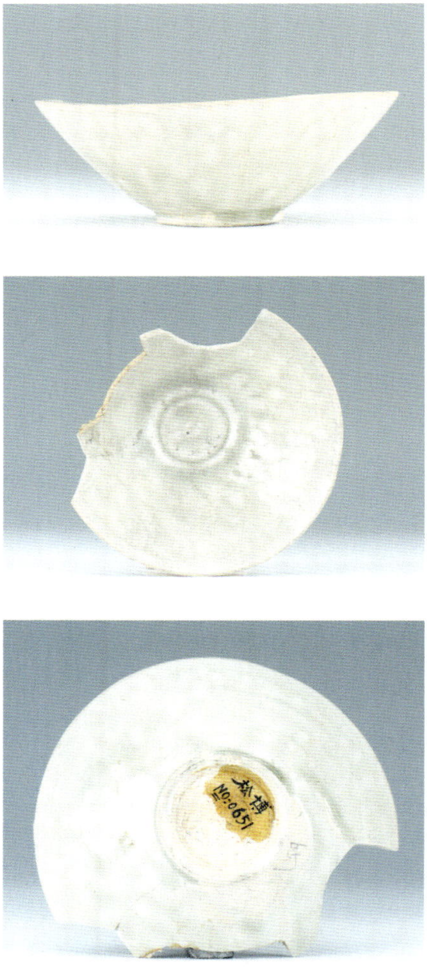

图4-151　外底露胎淡青釉弧腹碗（松阳县博物馆藏）（左）

图4-152　外底露胎淡青釉斜腹碗（松阳县博物馆藏）（右）

图4-153　唇口饼足碗（金村YA-22TG2⑨:25）（左）

图4-154　唇口圈足碗（金村YA3-22TG2⑩:1）（右）

图4-155　叠烧圈足盘（龙泉青瓷博物馆藏）

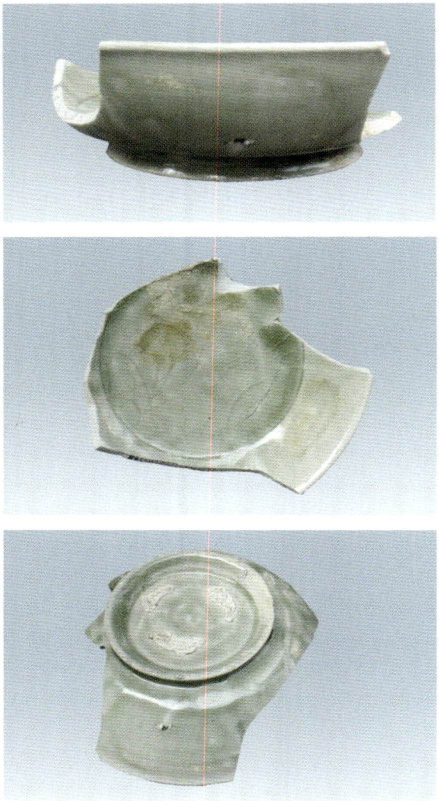

图4-156　垫圈垫烧圈足盘（金村YA3-22TG2⑨:38）（左）

图4-157　垫圈垫烧卧足盘（金村YA3-22TG2⑨:36）（右）

盘，圈足器较多，卧足少；既有侈口盘，也有敞口盘。圈足盘的足，多外撇，也有部分直圈足。（图4-155至图4-157）

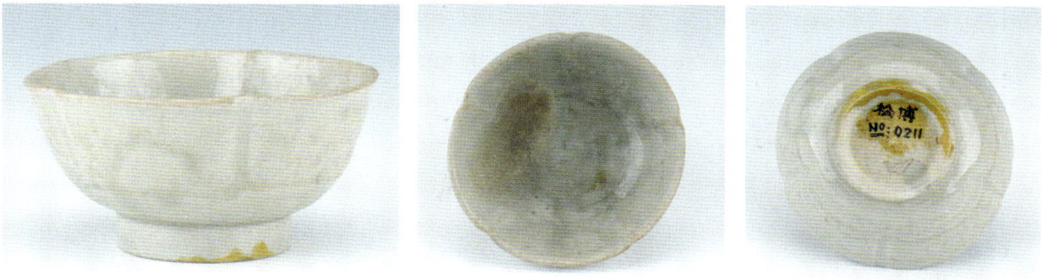

图4-158　盏（松阳县博物馆藏）

图4-159　盏托 [金村YA3-22TG2(9):44]

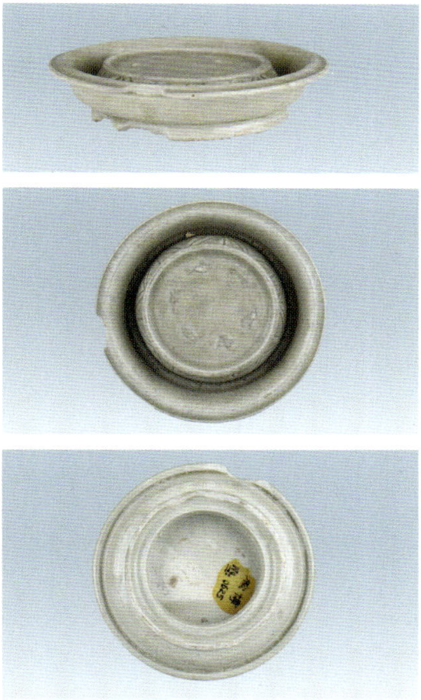

图4-160　盏托（松阳县博物馆藏）

盏，多数形似深弧腹圈足碗，但也有部分圈足高，略呈喇叭状的。见有五瓣花口盏。（图4-158）

盏托，多唇部上卷，宽折沿，浅折腹，圈足外撇；托座作覆莲式，座沿作圈足状，部分外侈，与托盘口沿齐平或略矮（图4-159）。松阳县博物馆藏一件盏托比较特别，折沿外翻，浅弧腹；托座外壁以双线划莲瓣外轮廓、单线划莲瓣茎，座面有叠烧盏的泥点痕（图4-160）。

执壶，有圆鼓腹执壶和深弧腹执壶，圈足多略外侈。前者较少，多直口带盖，有圆肩和折肩两种。后者比较多见，多喇叭口，细长颈，深弧腹，平底，圈足，流细长而弧曲，与流相对的宽泥条形柄拱曲，有的颈肩相接处两侧各有一系或耳，耳面通常模印有纹饰。外壁以竖向双凸棱将腹部分隔成几部分的做法比较常见（图4-161）。有少量执壶作盘口。部分执壶外壁以双线刻莲瓣，也有细线划花的。

盘口壶，长弧腹，圈足，多有双系、带盖，外壁多以竖向双凸棱分

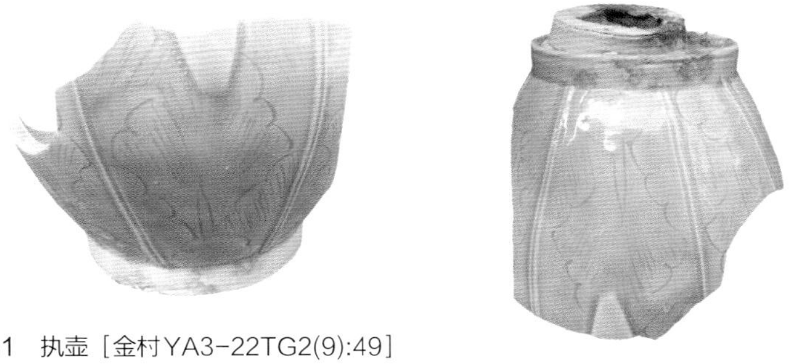

图4-161　执壶［金村YA3-22TG2(9):49］

图4-162　盘口壶（龙泉青瓷博物馆藏）

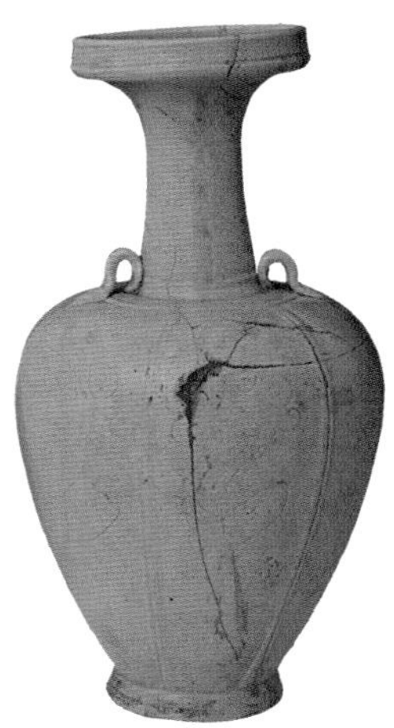

图4-163　盘口壶（龙泉青瓷博物馆藏）

成若干部分。部分外壁和盖面细线划花（图4–162），也有外壁双线刻莲瓣纹的（图4–163）。褶皱状泥条纹比较多见，粘贴于肩部和腹部的常见，也有在盖钮周围粘贴一周的。颈肩处粘接的对称双系，有的模印。

多管瓶，直口，粗颈，折肩，长弧腹，平底，圈足。带盖，有母口盖和子口盖两种。肩部和上腹部多作阶级状，也有整个腹部分成若干级的。肩部或上腹部竖向粘接多个圆管，以五个为主，也有多于五个的。外腹壁多以双线或单线刻莲瓣纹。（图4–164、图4–165）

图4–164、图4–165　多管瓶（龙泉青瓷博物馆藏）

罐，多大口，粗颈，圆肩或微折肩，圆腹，部分有双系，圈足或饼足。另见深长腹小口罐。

钵，有平底和卧足两种。多圆唇，敛口，束颈，弧腹。

盒，所见不多。丽水市博物馆藏一件盒，盖面圆弧，直口。盒身子口，上腹直，向下斜弧内收，饼足。

2. 装饰

装饰上，以细线划花为主流，碗盘类的内底、壁，盏托的托沿和托座面，瓶壶类的外壁均有所见。主要题材是花卉，云气、海涛等也有见。花卉形态，多为简约的折枝花、团花，也有盛开的花朵。除划花外，还有粗线刻的莲瓣纹，多见于壶瓶类器物的外壁。这时的莲瓣纹，有双线和单线刻花瓣轮廓两种不同手法，但尚未流行细线划叶脉的做法。堆塑、镂孔等装饰手法也少量使用。

碗、盘、盏和盏托等圆器，五出葵口装饰比较流行，多数为从口部到腹部的内压式，也有仅口部开小凹口的。瓶壶类琢器比较流行外腹壁竖向凸棱装饰；盘口壶和五管瓶的肩腹部，粘接褶皱泥条做装饰的现象比较多见。

3. 装烧

装烧方式，有施满釉、垫圈支垫、匣钵单件装烧，施满釉、底足露胎、多件叠烧，施半釉、多件叠烧，以及满釉与半釉器物混合叠烧等多种，也有在叠烧组合最上层放置满釉器物的。碗盘类圆器几种装烧方式均有采用。壶瓶类琢器的装烧方式有外底垫圈垫烧、足底泥点垫烧两种。外底露胎的器物，装烧方式主要为叠烧，但垫圈垫烧和足底泥点叠烧的，也偶有所见。窑具包括匣钵、垫圈与支烧具。匣钵以“M”形为主，少量平底钵形或筒形。垫圈多作矮筒形，亦有作“山”字形的。支烧具多为矮喇叭形[①]。

---

① 浙江省文物考古研究所、龙泉青瓷博物馆：《龙泉金村窑址群：2013—2014年调查试掘报告》，文物出版社2019年版，第75—80、189—210页。

五、北宋中晚期至两宋之交

北宋中期后段到两宋之交属龙泉窑第二阶段，是龙泉窑的勃兴期，淡青釉青瓷继续生产，与此同时，新的品种——翠青釉青瓷的烧制骤然崛起。

（一）淡青釉与翠青釉青瓷有重叠期

以往的龙泉窑青瓷分期研究，无一例外地都将翠青釉青瓷与淡青釉青瓷划分在截然不同的期别，前者晚，后者早，直接的依据就是“金村五叠层”。但正如任世龙先生早就指出的，我们“必须清醒地认识到，所谓‘金村五叠层’堆积层位关系资料，不仅并非通过正式的考古发掘所揭示，而且也是迄今为止唯一的一个具有直接依据的层位资料，因而白胎淡青釉细划花青瓷类型与双面刻划花青瓷类型的上下叠压关系，并不具备最终的结论性意义”①。从现有材料看，北宋中晚期，龙泉窑同时生产淡青釉和翠青釉两种青瓷产品，应该是比较明确的。

迄今为止，仅在龙泉南区金村一带，既发现了烧造淡青釉青瓷的窑址，也有见烧造翠青釉青瓷的窑址。若要从窑业堆积的地层上明确两类产品的相对年代关系，只能依靠在金村开展的考古工作。遗憾的是，由于各种条件的制约，这一带的考古工作开展得不太充分，烧造淡青釉青瓷的窑址实际上尚未开展过规模较大的正式的考古发掘。尽管如此，大窑犇和后岙窑址的试掘，还是提供了颇有价值的线索。

发掘报告介绍淡青釉产品堆积时，将大窑犇Y22探沟2（YA3-22TG2）作为典型单位。该探沟所见堆积，淡青釉青瓷遗存在下，翠青釉青瓷遗存在上，不见二者同层共出。但是，除了YA3-22TG2外，淡青釉产品还见于探沟1（YA3-22TG1）和探沟4（YA3-22TG4），以及后岙Y17探沟1（YA3-17TG1）。

YA3-22TG1内揭示出一段窑炉遗迹（y1），其东部垫土下有一袋状

---

① 浙江省文物考古研究所：《龙泉东区窑址发掘报告》，文物出版社2005年版，第402页。

坑，“内填以淡青釉有篦划、篦点、内外双刻划的青瓷瓷片及窑具堆积”①。据发掘者介绍，坑内既有淡青釉青瓷，也有（翠青釉）青瓷。后一种青瓷中有中脊凸起、外底露胎的南宋晚期碗，与窑床遗存的青瓷产品年代一致。因此，可以推断，这个袋状坑是在整修窑炉的过程中形成的，其中的堆积当属次生窑业堆积。

YA3-22TG4第⑩—⑦层，堆积中均包含淡青釉和翠青釉两种青瓷。其中，第⑦和第⑧层、第⑨和第⑩层包含物分别一致。第⑦层的（翠）青釉产品可分为两类，“第一类，外素面、内刻花类及少量双面刻划花器物（图）；第二类，外素面、内‘S’形复线纹及外素面、内白痕出筋纹器物”。第⑨层的（翠）青釉产品也有两类，“第一类，双面刻划花器物；第二类，外素面、内刻花器物”。发掘报告编写者认为，第⑦和第⑧层、第⑨和第⑩层各自的两类（翠青釉）青瓷，“时间跨度”都有“两个时期”②。在论及金村窑业分期时，又称：“YA3-22TG4，主要是⑩⑨两层，标本比较乱，有北宋早中期淡青釉的产品，也有北宋晚期带篦点纹双面工的器物和刻划团花的器物，最晚的为南宋早期的器物。这两个地层在南宋早期被严重扰乱，剔除早期标本，可定为南宋早期的地层。”③

在发掘报告中，YA3-22TG4作为典型探沟，10个文化层分别进行了介绍，未提到有扰乱的地层。从出土遗物看，第⑩层到第⑦层，早晚关系总体上是比较明确的，似乎并无倒错现象。第⑩⑨两层，有年代可能晚至南宋早期的青瓷。在判断地层年代时，以最晚的包含物为依据，符合考古学的一般原则，是严谨、科学的做法，但某些特殊情况也要考

① 浙江省文物考古研究所、龙泉青瓷博物馆：《龙泉金村窑址群：2013—2014年调查试掘报告》，文物出版社2019年版，第82页。

② 浙江省文物考古研究所、龙泉青瓷博物馆：《龙泉金村窑址群：2013—2014年调查试掘报告》，文物出版社2019年版，第79—80页。

③ 浙江省文物考古研究所、龙泉青瓷博物馆：《龙泉金村窑址群：2013—2014年调查试掘报告》，文物出版社2019年版，第9页。

虑。浙江古代龙窑类型窑业堆积，特别是唐代以后的堆积，往往比较疏松，堆积相呈抛物线状，在堆积形成过程中，晚期的遗物容易向下坡方向滚动，与早期遗物混杂，因此，早期堆积层的下坡位夹杂晚期遗物的可能性是存在的，龙泉窑应该也不例外。

发掘者还介绍，在YA3-17TG1已发掘部分的最下一层，也就是⑤d层，除发现大量（翠）青釉产品外，也伴出有淡青釉瓷片。只是出于安全考虑，没有继续下挖①。

“淡青釉早、翠青釉晚”是学术界的传统认识，长期以来，囿于这一认识，似乎从未考虑过这两种青瓷可能有共存期的问题。但是，这种可能性真的能够完全排除吗？何况断代问题可能也还有讨论的余地。

由以上分析可以看出，在窑址堆积中，淡青釉和翠青釉两种青瓷产品应该是有同层共出关系的。鉴于发掘工作开展得还不够充分，对于二者的共存关系，还可以通过其他的资料，特别是相关纪年材料做一番检视。

因为生产规模小，淡青釉青瓷在窑址以外的流布范围有限，加上已开展的考古工作不足，出土淡青釉青瓷的古墓葬经过正式发掘的很少，找到两种青瓷的共存关系，概率可能确实不高，但并非一例未见。浙江省松阳县西屏镇岩山下一座宋墓，出土了一批青瓷、青白瓷和黑釉瓷。其中，青瓷均为龙泉窑产品，一件平底小瓶为淡青釉瓷器（图4-166），其余为翠青釉瓷（图4-167）。该墓的年代为北宋晚期，“丁巳”“辛未”“癸酉”三个干支年号分别为熙宁十年（1077）、元祐六年（1091）和元祐八年（1093）②。

龙泉青瓷博物馆收藏的一对高圈足、重莲瓣高托座淡青釉盏托（图

① 浙江省文物考古研究所、龙泉青瓷博物馆：《龙泉金村窑址群：2013—2014年调查试掘报告》，文物出版社2019年版，第81—82页。

② 宋子军、刘鼎：《浙江松阳宋墓出土瓷器》，《文物》2015年第7期。

图4-166　淡青釉青瓷瓶（宋元祐八年墓出土，松阳县博物馆藏）

图4-167　翠青釉青瓷执壶（北宋癸酉年墓出土，松阳县博物馆藏）

图4-168　淡青釉盏托（龙泉青瓷博物馆藏）

图4-169　翠青釉执壶（龙泉青瓷博物馆藏）

4-168），属于典型的北宋中晚期产品，乃1985年竹垟乡一村民上交而来。同时上交的还有一件翠青釉执壶（图4-169），其胎釉特征、装饰风格均与松阳宋元祐八年（1093）墓出土的翠青釉执壶相同，造型也有相似之处。

前述金村窑址采集到的一件刻划莲瓣纹器盖，刻有“甲申”年铭文，该“甲申”年被认为是北宋庆历四年（1044）[①]。龙泉青瓷博物馆

① 前揭谢西营《龙泉窑早期淡青釉瓷器初步研究》。

收藏的一件淡青釉炉，敞口，粗颈，筒腹下弧收，平底，外壁刻划浅浮雕式莲瓣纹，颈部刻“□□县小梅窑匠李熟同妻陈十二娘捨□香炉□觉海”等文字（图 4-170），胎釉特征和刻划莲瓣风格与金村“甲申”铭器盖相近。与此炉风格相近的莲瓣纹炉在金村大窑犇窑址（YA3-22TG4:⑨）也有出土，唯釉色略深。

图 4-170　“小梅窑匠”铭莲瓣纹炉（龙泉青瓷博物馆藏）

庆元廊桥博物馆收藏的一件刻划蕉叶纹扁弧腹喇叭形圈足盖罐（图 4-171），与江苏镇江宋庆历五年（1045）墓出土的越窑青瓷盖罐（图 4-172）比较相似[①]。

龙泉金村窑场烧制的一对淡青釉盏托，托沿面均刻铭文。因为系残器，两件的铭文都不完整，但两相对照，发现铭文可互相补正，所记为同一事：“（处州龙泉县）小梅金村窑匠李留捨入松溪县威陵庙供养保人口求才大□戊戌十月一日题”　。[②]松溪县名始见于宋开宝八年

① 浙江省博物馆：《青色流年——全国出土浙江纪年瓷图集》，文物出版社 2017 年版，第 248 页。

② 蔡乃武先生见告。

图4-171　盖罐（庆元廊桥博物馆藏）

图4-172　越窑青瓷盖罐（江苏镇江宋庆历五年墓出土）

（975），北宋“戊戌”年有998年、1058年和1118年。这两件盏托高圈足，高托座饰浅浮雕式覆莲瓣，与慈溪寺龙口窑址第四期（约为宋仁宗至神宗熙宁年间）的Ba型Ⅱ式盏托（图4-173）相似。前述龙泉窑第一阶段的淡青釉盏托（参见图4-159），也与寺龙口窑址第三期（约为吴越国晚期至宋真宗时期）的Ba型Ⅰ式盏托相似。据此推断，此“戊戌”年，当为北宋嘉祐三年（1058）。

纪年明确、属于北宋中晚期的淡青釉龙泉窑青瓷还有：前引英国阿什莫林博物馆藏天圣年间（1023—1032）斜腹碗、江西省南丰县北宋嘉祐三年（1058）大圣舍利宝岩塔地宫出土的一件兽蹄足炉①、英国大维德中国艺术基金会收藏的自名“粮罂”的“元丰三年”（1080）铭盘口壶②（图4-174）。

---

① 据称，此件为北宋早期龙泉窑产品，可能是淡青釉青瓷。但此类作五个兽蹄足的炉，龙泉窑似迄今未见。发掘简报称之为“釉陶兽蹄炉”。参阅南丰县博物馆：《南丰大圣舍利塔地宫清理简报》，《江西文物》1989年第2期；花兴如：《南丰“大圣舍利宝岩塔”地宫龙泉青瓷兽蹄炉考》，《江西文物》1991年第4期。

② 转引自朱伯谦《龙泉青瓷简史》，浙江省轻工业厅编：《龙泉青瓷研究》，文物出版社1989年版，第6页。见载［日］小山富士夫《青磁》，《陶磁大系》36，平凡社1978年版。

图4-173　越窑莲瓣纹盏托（寺龙口窑址 T2⑧a:132）（左）
图4-174　“元丰三年”铭盘口壶（英国大维德中国艺术基金会藏）（右）

北宋中晚期的翠青釉青瓷纪年材料相对较多，择要列举如下：江西永修县云山真如寺“己亥年”僧塔地宫出土的（嘉祐四年，即1059年）刻划花碗①，龙泉墨书“庚戌”年（熙宁三年，即1070年）五管瓶②，福建建阳出土的北宋元丰三年（1080）刻花碗和划花碗③（图4-175、图4-176），日本奈良大和文华馆收藏的“元丰三年”五管瓶④，龙泉元丰年间（1078—1085）墓出土的盘口壶（图4-177）和五管瓶（图4-178）⑤，福建顺昌大坪林场元丰年间墓出土的青瓷碗⑥，松阳宋墓北宋癸酉年

① 吴圣林、魏华东：《江西永修县云山真如寺僧塔地宫出土的文物》，《江西文物》1989年第3期。
② 浙江省博物馆：《浙江纪年瓷》，文物出版社2000年版。
③ 陈邵龙：《福建纪年瓷器》，海峡书局2015年版。
④ 转引自朱伯谦《龙泉青瓷简史》，《龙泉青瓷研究》第6页。见载《大华文华馆所藏品图版目录》7，《中国陶磁》，大华文华馆1977年版。
⑤ 浙江省博物馆：《浙江纪年瓷》，文物出版社2000年版。
⑥ 曾凡：《福建顺昌大坪林场宋墓》，《文物》1983年第8期。

图4-175　龙泉窑青瓷划花碗

图4-176　龙泉窑青瓷刻划花碗

（以上两图均为福建建阳宋元丰三年墓出土，罗冠群供图）

图4-177　盘口壶（龙泉青瓷博物馆藏）

图4-178　五管瓶（龙泉青瓷博物馆藏）

（1093）刻划花碗、盘、执壶、熏炉[①]，四川阆中崇宁四年（1105）陈安祖夫人墓出土的莲花纹盘[②]，江苏镇江北宋政和二年（1112）墓出土的刻划莲瓣纹杯[③]。

综上所述，无论从窑址资料看，还是从有关纪年材料看，龙泉窑淡青釉和翠青釉两种产品在第二阶段都有共存期。

（二）淡青釉青瓷的特征

与第一阶段相比，第二阶段的淡青釉产品在胎釉特征方面无明显变化，器类也大致相同。最大的变化有两点：一是出现了垫饼支垫、匣钵装盛的装烧工艺；二是在装饰工艺上，出现了刻线与划线相结合，也就是刻划兼施的装饰手法。

《龙泉金村窑址群：2013—2014年调查试掘报告》对金村窑业遗存进行分期时，将Y22TG2⑦a层作为第二期的典型堆积。该层堆积内涵比较单薄，尚不足以反映龙泉窑第二阶段淡青釉产品的全貌，可以将该层位与Y22TG4第⑨和第⑩层的淡青釉青瓷遗存结合起来讨论。

总体看来，Y22TG4第⑨⑩两层出土的淡青釉青瓷，呈现出的年代特征要比Y22TG2⑩—⑦b出土的晚，与Y22TG2⑦a层比较接近，主体部分应该比TG2⑦a的遗存还要略晚。从器型看，Y22TG4第⑨⑩两个层位出土的碗，底部更趋厚重，圈足直径较小、足壁相对较薄、比较高直，有的略内收（图4-179、图4-180）。新出现直口深弧腹盖碗（图4-181）。圈足盘，足径有收小趋势。其中，外撇圈足的外撇幅度更大。见有圈足足端滚圆的斜弧腹碗和盏（图4-182），以及细圆圈足的大盘。饼足器似已不见。

---

① 宋子军、刘鼎：《浙江松阳宋墓出土瓷器》，《文物》2015年第7期。

② 刘涛：《宋辽金纪年瓷器》表一《宋辽金纪年墓葬及其他类型遗存出土瓷器简表》，文物出版社2004年版。

③ 浙江省博物馆：《青色流年——全国出土浙江纪年瓷图集》，文物出版社2017年版，第257页。

图4-179　碗（金村YA3-22TG4⑩:1）

图4-180　碗（金村YA3-22TG2⑦:6）

图4-181　盖碗器盖（金村YA3-22出土）（左）

图4-182　盏（金村YA3-22TG1②:11）（右）

图4-183 盘（金村YA3-22TG2⑧:1）

从施釉方式和与其相关的装烧工艺看，施半釉、叠烧的器物减少，普遍采用施满釉、外底垫圈垫烧和外底露胎、垫饼垫烧两种装烧工艺；垫饼垫烧与垫圈垫烧的器物几乎等量齐观，甚至更多。匣钵仍以“M”形为主，少量筒形。支座仍呈矮喇叭形。

从装饰风格看，虽然依然以划花为主，但刻花比例明显增高。划花装饰中，新出现碗类外壁划斜线、器盖盖面满划蕉叶纹等新手法。碗盘类的内底、内壁满划盛开的花卉者明显增多（图4-183），内底划风车形团花的也有所增加。深弧腹盖碗，往往外壁和盖面满划蕉叶纹。刻花，新出现外壁斜刀刻斜线、莲瓣等手法，也有粗线外壁刻莲瓣的。完全素面的产品较少，口沿作葵口的也明显减少。

Y22TG4第⑨⑩，连同TG2⑦a出土的遗物，依然不足以展现第二阶段淡青釉青瓷的全貌。从器型看，有些器物，如瓶壶类琢器尤其是多管瓶和盘口壶、高圈足高莲蓬式托座的盏托等，窑址发掘品中所见甚少或不见。从装饰风格看，刻划宽莲瓣纹的产品和内外双面刻划花的产品均鲜见。金村片区窑址采集或出土的其他标本，可以在一定程度上弥补这种缺憾。如外壁刻菊瓣纹、内底刻双线五瓣花、垫饼垫烧的侈口弧腹碗（图4-184），内壁刻划蕉叶纹、垫饼垫烧的斗笠盏，内底刻团花、垫饼垫烧的圈足盘（图4-185），外壁刻划中脊凸起莲瓣纹、足底泥点垫烧的隐圈足瓶等。

总体而言，迄今为止的窑址资料，特别是发掘资料，不仅对第一阶

图4-184　碗（金村YA3-22TG1②:63）

图4-185　盘（金村Y23:18）

段较早时期的龙泉窑淡青釉青瓷揭示得不够充分，对第二阶段尤其是其较晚时期的龙泉窑淡青釉青瓷面貌反映得更不全面。所幸窑址以外，龙泉及附近地区零星出土过一些淡青釉青瓷，可以部分弥补第二阶段的这种缺憾。其中，龙泉和庆元的两座宋墓作用比较突出。

龙泉茶丰墩头北宋墓　出土淡青釉执壶、五管瓶和盘口壶[①]（参见

---

① 浙江龙泉县图书馆文物管理小组：《龙泉新出土的三件北宋早期青瓷器》，《文物》1979年第11期。

本书第八章图8-24至图8-26），部分反映了龙泉窑淡青釉青瓷从第一阶段向第二阶段过渡时期的风格。这三种器型是龙泉及周边地区宋墓中的常见组合。

执壶器体较小，釉色略偏黄，盘口，细颈近肩处宽弦纹两道，双系，双股扁把手，曲流较长，圆肩弦纹一道，圆弧腹以双凸棱分成四部分，圈足外侈、足端平。外底、足端和足内壁均露胎，但从垫烧痕迹看，装烧方式还是足底泥点垫烧。

盘口壶和五管瓶皆体形较大，制作精美，造型匀称，釉色淡雅，圆肩，长弧腹由上往下渐收，平底，圈足，足外壁弦纹一道，足底泥点垫烧。

盘口壶，盘口外壁弦纹数道，细长颈近肩处三道弦纹，双系，肩部划花，上腹部褶皱状泥条纹两道。盖子口，宽平沿，盖面微弧，两道褶皱泥条纹围绕宝珠钮，使整个盖面形似盛开的花朵。

五管瓶，直口，短颈，圆肩上部一道凸弦纹、下部一道褶皱泥条纹，其间五个多棱短管，每两个短管之间划花一朵。中上腹刻划多重覆莲瓣，每瓣以凸直线作茎。下腹部一双凸棱分成六部分，每部分划花一朵。盖，母口外壁弦纹两道，其上为浮雕式覆莲瓣，瓣面刻划花，中脊略突起；盖面两道褶皱泥条纹，其间小鸟四只，宝珠钮。

庆元县大洋村宋墓　出土淡青釉青瓷5件。这些青瓷的共同特点是：制作精细，胎薄体轻，施满釉，刻划花繁密，圈足和隐圈足外壁有一道或两道弦纹。

六管瓶（图4-186），小盘口，细颈，肩颈相接处四个模印立耳；圆肩上凸弦纹两道，其间粘接六个多棱短管，管的根部各有划花一朵；腹部以双凸棱分成四部分，每部分刻划折枝花一朵，凸棱上下两端划花，下腹部刻仰莲瓣一周；足底垫烧。盖作五瓣荷花形，盖面刻划覆莲瓣，盖钮作含苞花蕾形。

图4-186　六管瓶（庆元廊桥博物馆藏）

图4-187　碗（庆元廊桥博物馆藏）

碗（图4-187），直口，弧腹，圈足较高、略外侈，外腹壁斜线刻菊瓣，圈足外墙弦纹一周，内底刻划团花，内壁刻划折枝花一对，垫圈垫烧。

瓶（图4-188），粗颈，双耳、一耳残，圆肩，长弧腹刻划多重仰莲瓣，隐圈足，足底垫烧。类似风格的瓶，在金村大窑犇窑址有出土（图4-189、图4-190）。

图4-188　瓶（庆元廊桥博物馆藏）

图4-189　瓶（金村YA3-22TG2⑧:8）

图4-190　瓶（金村YA3-22TG1①出土）

盖罐（图4-191），直口，短颈，四系，圆肩，腹部刻划多重仰莲瓣，隐圈足，足底垫烧。盖面弧隆，扁钮。

盏托托座（图4-192），托圈直，腹壁略圆鼓、刻划覆莲瓣。

与大洋村宋墓出土青瓷相似的薄胎青瓷，在龙泉也有发现。龙泉青瓷博物馆收藏的一件双系盘口壶，外壁刻中脊凸起的宽莲瓣，并以细线划叶脉，但釉色偏黄（图4-193）。

龙泉及邻近地区还零星出土了不少时代风格鲜明、比较典型的第二阶段淡青釉青瓷。云和县文物保护中心收藏的一件圈足梅瓶，外壁以双线刻莲瓣，以细线划叶脉，是对第一阶段双边线莲瓣纹装饰手法的继承和发展（图4-194）。

图4-191　盖罐（庆元廊桥博物馆藏）

图4-192　盏托托座（庆元廊桥博物馆藏）

图4-193　盘口壶（龙泉青瓷博物馆藏）

图4-194　梅瓶（云和县文物保护中心藏）

从胎、釉、器形、装饰和装烧等各个方面看，第二阶段的淡青釉青瓷都延续了第一阶段的基本特征，但是，发展、变化也是明显的。比如，器型方面，第二阶段新出现了直口深弧腹盖碗；以庆元、龙泉墓葬出土器物为代表的胎体轻薄的器形前所未有；饼足器、唇口器似已不见。装烧工艺方面，第二阶段的淡青釉青瓷延续了第一阶段的垫圈垫烧、泥点间隔叠烧和足底垫烧三种基本装烧工艺，但新出现了垫饼外底垫烧方式，并成为主流装烧工艺之一。装饰工艺方面，从第一阶段到第二阶段，有一个由简到繁的过程，从细线划花向刻划兼施发展是主流。划花装饰，由器物局部比较简洁的图案，逐渐向满布器物内壁、外壁或盖面的完整或繁密画面发展。刻花装饰，由单线或双线勾勒，向立体感较强的斜刀镌刻转变。莲瓣纹的发展演变最为典型，其过程为：瓣面平、单线或双线勾勒花瓣轮廓→瓣面平、单线或双线花瓣轮廓内细线划叶脉→瓣面作浅浮雕状、中脊凸起、细线划叶脉。

（三）翠青釉青瓷的特征

相对于淡青釉青瓷来说，研究北宋翠青釉青瓷的资料条件要好得多。由于生产规模远较淡青釉产品大，在中心区和外围区的众多地点，都发现了生产翠青釉青瓷的窑址，除了普查和专题调查取得的资料外，考古发掘工作比较深入。窑址以外地点出土的翠青釉青瓷数量也很可观，墓葬材料比较丰富。

北宋中晚期，翠青釉青瓷窑场在龙泉及周边地区骤然崛起，并大体上呈现出由核心区向外迅速扩展的趋势。翠青釉青瓷肇始于淡青釉青瓷生产持续之时，兴起于淡青釉青瓷出产之地，从一开始就打上了淡青釉青瓷的烙印，这是毋庸置疑的。但是，这一类产品的横空出世，无疑又是强大外力推动的结果。虽然这一阶段各个区域的翠青釉产品，有着基本相同的特征，但从核心区到外围区，还是不同程度地存在着若干差异。

1.翠青釉青瓷窑场的兴起

与淡青釉青瓷生产仍然规模很小、偏于金村一隅不同，翠青釉青瓷的生产并不局限于核心区，在中心区和外围区均呈遍地开花之势。中心区内，除核心区的龙泉南区大窑、金村、石隆和龙泉东区的大白岸等地窑址外，还有丽水市莲都区石牛、缙云县大溪滩、青田县万埠等地点。外围区，浙江省内有金衢盆地的金华市婺城区古方、武义县陈大塘坑，江山市碗窑等地窑址；在瓯江下游有泰顺县玉塔[①]、百丈以及文成县蟾宫埠等地窑址[②]；另有台州市黄岩区沙埠窑址。外围区，在与浙西南毗邻的闽北地区，也发现了众多窑址[③]。龙泉窑系窑场的分布甚至已经远远超出外围区的地域，在浙江北部的建德，大白山窑址的青瓷，始烧年代当在北宋晚期，下限到南宋早期[④]。

龙泉窑系翠青釉青瓷窑场的出现，并没有一个由少到多、由弱到强的渐进式发展过程，而是呈现出一种骤然勃兴、迅猛崛起的状态。虽然时序上不尽一致，但大致在北宋中晚期这一百年不到的时期内，生产这类产品的窑场，从核心区内的龙泉南区到龙泉东区，从中心区到外围区，广有分布。

生产翠青釉青瓷的窑场在龙泉地区出现，受外来因素影响、因偶然因素启动，固然可能，但在那么短的时期内，迅速达到大规模生产，肯

---

① 玉塔有龙泉窑系青瓷窑址，也有青白瓷窑址，其中青白瓷窑址经过正式发掘（浙江省考古所，温州地、市文管会：《浙江泰顺玉塔古窑址的调查与发掘》，《考古》编辑部编：《考古学集刊（第1集）》，中国社会科学出版社1981年版）。

② 泰顺百丈洪口村吴坑底、碗窑、枫树岗、番薯场，山后村上窑、大樟龙窑以及文成县蟾宫埠等窑址，有的单见龙泉窑系青瓷，有的龙泉窑系青瓷与青白瓷、黑釉瓷共烧。1997年，为配合珊溪水利枢纽工程建设，浙江省文物考古研究所等单位对这些窑址进行了调查和发掘，资料尚未发表。

③ 栗建安：《宋元时期福建北部的青瓷及其相关问题》，沈岳明、郑建明主编：《北宋龙泉窑纵论》，文物出版社2018年版。

④ 建德市第三次文物普查办公室：《建德古窑址》，西泠印社出版社2012年版。

定与当时的时代背景密不可分。这种情形的出现，必定是某些外部因素强力推动的结果，否则，如此革命性的变化是很难想象的。一般来说，生产规模的扩大往往是需求增长的结果。但是，在当时正常的市场条件下，市场力量自然而然地推动浙西南及周边地区的瓷业生产骤然扩大，是不太可能的。这种强大推动力，也就是在短时间内促发强劲瓷业需求的力量只能来自官方。而在龙泉窑翠青釉青瓷窑场崛起的时期，来自官方、与经济活动密切相关的最重大的事件要数王安石变法。

王安石变法的目的在于“富国强兵”，其中“富国”的主要举措是调整赋役制度、开辟财源、增加税收。为增加财政收入，宋神宗熙宁五年（1072），推行市易法，在汴京设立市易司，在边境和重要城市设市易司或市易务。北宋鼓励对外贸易，因陆路商道阻截，对海上贸易尤其重视。为管理对外贸易，开宝四年（971）就在广州设立市舶司，以后，又陆续在杭州、明州、泉州等地设立。市舶司原由所在地的地方行政长官与负责财政事务的转运使共同领导，为加强税收征管，元丰三年（1080），市舶司改由转运使直接负责。这些举措的实施，足证变法对国内国际贸易的重视，而瓷器一直是大宗贸易品之一。与此相关，由于雇役法的施行，将农民从繁重的州县差役负担中解放出来，保证了他们的生产时间，极大地促进了生产的发展、经济的繁荣，在商品经济发达的南方地区，这一点表现得更加充分①。对于亦工亦农的制瓷手工业人员来说，生产积极性得到空前的调动，势所当然。元丰五年，朝廷直接在景德镇设置瓷窑博易务②，对这里出产的瓷器实行专卖，并征收瓷业专项税③。由于以司马光为代表的强大保守势力的反对，王安石变法的许

① 郭学勤：《从雇役法析王安石变法受挫原因》，《淮北煤师院学报（哲学社会科学版）》，2002年第4期。

② 〔宋〕李焘：《续资治通鉴长编》卷三百二十九：“（元丰五年八月甲寅），饶州景德镇置瓷窑博易务，从宣义郎、都提举市易司勾当公事余尧臣请也。”（中华书局2004年版）

③ 邹真华：《略论“瓷窑博易”及对陶瓷业的影响》，《中国陶瓷》2011年第6期。

多措施于元丰八年后逐渐废止，但是，完全走回头路是不可能的。就制瓷行业来说，窑场已经建立，市场业已形成，发展趋势难以逆转。从朝廷和地方官府的角度看，培育成熟的税源、稳定丰厚的财政收入，要一朝放弃，也是不可能的。对于商税收入高的南方地区来说，更不可能。实际上，北宋中晚期，迎来大发展局面的并不只有龙泉窑系的窑场，烧造青白瓷的湖田窑系窑场，也在这一时期迅速拓展到江西境内其他地区以及周边的福建、浙江、安徽、湖北等广大地域。就当时的两浙路地方来说，因为越窑瓷业逐步衰落，在制瓷条件优越的浙西南地区开辟新的瓷业税源正是理想的替代方案。

2. 翠青釉青瓷的特征

经过发掘，大体属于这一阶段的翠青釉青瓷窑业遗存主要有：1960年发掘的大窑窑址T10、金村窑址第三层遗存，1979—1983年发掘的龙泉东区第一段遗存，2013—2014年调查试掘的龙泉金村窑址群“北宋晚期的翠青釉时期”遗存。

第二阶段翠青釉青瓷最鲜明的特色有两点，即碗盘类圆器流行内外双面刻划花，外底露胎、垫饼垫烧为主要的装烧方式。

（1）与淡青釉青瓷的异同

与同阶段淡青釉青瓷相比，翠青釉青瓷胎色不如前者白净，普遍呈浅灰色；胎质一般也没有那么细腻；胎体较坚致，相对比较厚重，不见淡青釉青瓷中的胎体轻薄器形。釉层比淡青釉青瓷稍厚，但依然匀薄透明，玻质感较强，罕见生烧剥釉现象，施半釉者似已罕见；釉色较深，多呈色青绿，也有青灰或青黄的。

器物外壁刻划斜线（折扇纹）、内壁（有时连同内底）刻划花纹的做法，淡青釉青瓷有见，但远没有翠青釉青瓷使用广泛。同样是刻划兼施的装饰工艺，虽然二者有相同的一面，甚至有的完全相同，但是，差异也很明显。翠青釉青瓷以篦线和篦点衬底的做法、刻划花略显粗犷乃至简省的风格、外壁斜线分成几组的布局等，淡青釉青瓷似均不见。

装烧工艺方面，二者都采用浙江本土传统的龙窑烧成，装烧时以“M”形匣钵作为主要装盛具。但翠青釉青瓷以垫饼垫烧为主流，罕见淡青釉青瓷采用较多的垫圈垫烧方式，叠烧方式亦少见。

两者器类似无明显差别，甚至地域特色浓郁的多管瓶和盘口壶，翠青釉和淡青釉两种青瓷都同时有见。

（2）基本特征

这一阶段的翠青釉青瓷，器型以碗、盘、碟、盏类圆器为主，另有罐、执壶、多管瓶、盘口壶、梅瓶、杯、盒、炉、灯等。碗撇口或直口，多弧腹向下斜内收，也有弧度稍大的，圈足多较直，底部大都比较厚重，内底向上微隆（图4-195、图4-196）。盘敞口或撇口，腹壁多微

图4-195　龙泉窑刻划花碗（浙江松阳北宋癸酉年墓出土）

图4-196　碗（金村YA3-Y22TG2④:9）

折，底较厚，圈足或平底（图4-197、图4-198）。碗盏类有见斗笠形者（图4-199）。钵多敛口、平底（图4-200）。盒多平底，也有卧足的。浙江松阳县博物馆收藏的一件子母盒，器体矮扁，小平底，盖顶平、顶面刻划菊花、里面刻划朱雀和玄武，以与道教有关的题材作装饰，非常少见（图4-201）。罐多腹部圆鼓，折肩直腹罐亦有见（图4-202）。执壶有器体较矮小者（图4-203），器体较大的盘口执壶也有见（图4-204）。多管瓶多数上腹部作阶级状，也有整个腹部作阶级状的。盘口壶多数颈部

图4-197　龙泉窑刻划花盘（浙江松阳北宋癸酉年墓出土）

图4-198　盘（金村YA3-Y22TG2④:18）

图4-199　斗笠盏（金村YA3-Y22TG2③:14）（左）

图4-200　钵（浙江松阳北宋癸酉年墓出土）（右）

图4-201　子母盒（松阳县博物馆藏）

图4-202　盖罐（龙泉青瓷博物馆藏）

较粗，无系，部分腹部有竖向凸棱，还有少量盘口壶上腹部作阶级状。灯有见筒腹圈足者。

流行刻划装饰，光素无纹产品少见。装饰普遍同时采用刻、划两种手法，也就是刻划兼施。一般的做法是：以斜刀刻出主体纹饰，以篦线划叶脉或衬底，也有以连续篦点构成纹饰细部或衬底的。碗盘类圆器普遍施行内外双面刻划装饰。通常外壁饰斜刻线或细划线，呈折扇状或分成若干组；内壁刻划花卉，也有内壁和内底同时刻划的。内底刻划的，有的以斜刀刻或篦线划风车纹，有的刻划朵花。有一种撇口弧腹碗，双面刻划花，外壁刻划莲瓣，内壁刻划蕉叶纹等花卉，可能出现于本阶段较晚时期。也有内里单面刻划花的，刻划位置有内壁和内底、内壁、内底等三种不同情形，主要见于盘碟类器物。执壶、瓶罐类琢器外壁也普遍施刻划纹饰（图 4-205）。莲瓣纹多为窄瓣、粗线刻轮廓、细线划叶脉的平面式，除见于上述撇口弧腹碗外壁外，瓶壶类的外壁也比较常见。宽瓣、中脊凸起、粗线刻轮廓、细线划叶脉的浅浮雕式莲瓣纹，少量有见。

在本阶段的较晚时期，翠青釉青瓷中出现了部分精美产品。武义县元丰六

图 4-203　执壶（金村 YA3-Y22TG2④:23）

图 4-204　执壶（龙泉青瓷博物馆藏）

图 4-205　梅瓶（松阳县博物馆藏）

图4-206　盖罐（浙江武义宋元丰六年墓出土）（左）
图4-207　盒（浙江武义宋元丰六年墓出土）（右）

年（1083）墓出土的卧足盖罐（图4-206）、卧足盒（图4-207）[①]，松阳县北宋癸酉年（1093）墓出土的执壶（参见图4-167）、熏炉（图4-208）等，都是典型代表。其中，松阳县出土的执壶和熏炉，釉色特别青翠，釉层比一般的产品稍厚，玻质感相对较弱，有半失透感。

如果说淡青釉青瓷主要地是继承了浙江本土以越窑为代表的瓷业文

① 李知宴、童炎：《浙江省武义县北宋纪年墓出土陶瓷》，《文物》1984年第8期。

图4-208 熏炉（浙江松阳北宋癸酉年墓出土）

化传统的话，那么，翠青釉青瓷则无疑既有继承又有创新。继承是基本面，包括胎釉原料的制备、龙窑、“M”形匣钵，坯体的成型方法，甚至刻、划两种最常见的装饰手法等。而它的创新显然是在吸收、消化外来文化影响的基础上实现的。对于这一阶段龙泉窑接受其他窑系文化因素的情形，有学者曾经做过专门总结：“通过与北宋晚期的耀州窑、定窑、湖田窑的对比，我们发现这一时期的龙泉窑与这些窑口在器型、装饰技法、装饰风格、装饰题材等方面，有着许多相似性，虽然我们不能完全确定其交流的途径以及他们之间的相互关系，但可以肯定的是，龙泉窑与它们之间有着大量的交集，并且在技法与风格上吸收了大量的营养素，从而扭转了与晚期越窑相似的命运，一个因南北窑业技术的激荡而成就的青瓷业集大成者就此澎礴而出。”①从瓷业文化结构看，本土文化因素的继承，既包括核心层和中间层，也包括浅表层。外来文化因素的融入，基本属于浅表层，主要是产品的外观，包括造型和装饰等方面。垫饼外底垫烧是浙江本土前所未见的装烧工艺，但只是中间层诸文化因素之一，也是同时期采用匣钵装烧工艺的众多窑场普遍使用的。可以说，龙泉窑系的形成和发展，是以越窑为工艺基础，不断融入外来瓷业

① 浙江省文物考古研究所、龙泉青瓷博物馆：《龙泉金村窑址群：2013—2014年调查试掘报告》，文物出版社2019年版，第449页。

图4-209　垫圈垫烧龙泉窑系青瓷碗（黄岩沙埠竹家岭窑址出土，浙江省文物考古研究所发掘资料）

文化因素的结果，翠青釉青瓷的烧制是其吸纳外来瓷业文化因素后掀起的第一波创新浪潮。

当然，外来文化因素的传播，并不一定是单线移动、直接发生的，不同窑系与龙泉窑交流的强度也不可能均衡一致。目前所知，最能反映这种不同窑业文化交流状况的，要数台州市黄岩区的沙埠窑址群。近几年来，浙江省文物考古研究所等单位对沙埠的竹家岭、凤凰山窑址进行了发掘，发现北宋中晚期的青瓷遗存包含越窑、耀州窑和龙泉窑（翠青釉）三大窑业文化因素，甚至某些产品已经融不同窑系的特征于一体了。部分龙泉窑系翠青釉产品，采用越窑传统的垫圈支垫的装烧工艺，但在造型和装饰，尤其是装饰上，具有浓郁的北方青瓷（耀州窑）特色——这在龙泉窑核心区非常罕见，在这里却时有发现（图4-209）。

在青瓷外，这里还生产酱釉（紫金釉）瓷器。这种酱釉瓷同样具有浓郁的北方（耀州窑）宋代酱釉瓷风格，与此前浙江本土曾经少量生产的酱釉瓷迥然不同。发掘所见匣钵，以浙江本土传统的“M”形为主①，也有主要属于中原和北方传统的漏斗形匣钵②。种种迹象表明，龙泉窑北宋翠青釉青瓷的雏形，可能首先见于黄岩沙埠一带。这种青瓷的风格

① 宋代耀州窑也曾使用“M”形匣钵，应该是受越窑影响所致，不仅如此，其坯件装烧也不是垫圈支垫外底，而是垫环或垫饼支垫足底。（陕西省考古研究所等：《宋代耀州窑址》，文物出版社1998年版）

② 浙江省文物考古研究所发掘资料，发掘还在进行中。

大体可表述为：在地胎釉原料＋越窑系统的窑炉类型和装烧工艺＋越窑基底上的外来（耀州窑）造型和装饰。从瓷业文化结构看，核心层和中间层都是浙江本土的，浅表层受到外来瓷业文化的强烈影响。黄岩沙埠一带地处浙江南北要冲，位于越窑中心产区宁绍平原和龙泉窑业中心所在浙西南的中间地带，在这一时期充当瓷业文化“北风南渐”中转站角色，自有其合理性。龙泉窑独特风格的形成与该地域的文化跳板作用密不可分。此外，历史上属台州的宁海岔路窑址，也可见到类似黄岩沙埠窑址群那样的不同瓷业文化交集现象。

3.翠青釉青瓷的地域差异

由于翠青釉青瓷生产在各地窑场出现的时间并不完全一致，各地产品之间的不同点，自然有着时代差异性的一面，但是，不同地域、生产时段相同的产品，彼此之间也程度不同地有所差别。

若暂且不将黄岩沙埠窑址群的龙泉窑系青瓷置于讨论范畴，从现有资料看，龙泉南区的大窑、金村一带，翠青釉青瓷生产出现时间最早①。龙泉东区的翠青釉青瓷生产开始时间要晚于龙泉南区，《龙泉东区窑址发掘报告》在论述龙泉东区各窑的分期与年代时，明确指出：“龙泉东区青瓷生产的历史开端，明确地晚于以龙泉大窑和金村为代表的中心产区，不仅未能见到‘金村五叠层’第五层堆积，而且也明确地晚于第四层堆积所代表的具体年代。”②从遗存内涵看，龙泉东区第一期中的第一段，大致与金村北宋“翠青釉时期”的第二期相当③，但东区发掘报告

---

① 郑建明先生认为，翠青釉产品最早出现于金村，在北宋晚期开始传播到大窑地区，在北宋末南宋初年扩散到石隆、溪口与龙泉东区，从而开始迎来龙泉窑的大发展时期（郑建明：《北宋晚期龙泉窑渊源略论》，沈岳明、郑建明主编：《北宋龙泉窑纵论》，文物出版社2018年版）。

② 浙江省文物考古研究所：《龙泉东区窑址发掘报告》，文物出版社2005年版，第402页。

③ 浙江省文物考古研究所、龙泉青瓷博物馆：《龙泉金村窑址群：2013—2014年调查试掘报告》，文物出版社2019年版。

编撰者认为其年代为“北宋晚期”。核心区之外，翠青釉青瓷出现时间基本与龙泉东区相当，个别窑场略晚。因此，从时代差异看，龙泉南区内外的翠青釉青瓷，主要的不同点在于，是否有以金村北宋“翠青釉时期”第一期为代表的瓷业遗存。

至于相同时期产品的地域差异，主要表现在成瓷质量、装烧工艺和瓷器品种三个方面。核心区特别是龙泉南区产品质量较高，“越是远离核心产区，其产品的质量越差，质量与距离是成正比的”[①]。核心区以外的翠青釉产品，胎料加工、坯体成型的精细化程度，往往不如核心区。相对来说，釉色不够纯正，有的施釉不及底；刻划纹饰多比较草率、粗放。

装烧工艺和瓷器品种的差别，鲜明地体现了中心区与外围区的分野。装烧工艺方面，中心区的翠青釉产品普遍采用“M”形匣钵装盛、垫饼垫烧，漏斗状匣钵仅偶有所见。外围区的翠青釉青瓷采用漏斗状匣钵装盛的比较常见，有的窑场（比如江山碗窑坝头）甚至全部采用漏斗状匣钵，还有采用叠烧方式的。瓷器品种方面，外围区往往还有翠青釉青瓷之外的产品，比如青白瓷，中心区不见这种现象。

第四节　其他青瓷窑场

这一时期，在越窑和龙泉窑中心区之外，浙江其他地区的制瓷业也获得蓬勃发展，其中比较有代表性的窑场主要分布在金衢盆地、温州和台州地区。

① 郑建明：《北宋晚期龙泉窑渊源略论》，沈岳明、郑建明主编：《北宋龙泉窑纵论》，文物出版社2018年版。

一、金衢地区

（一）唐代中晚期

与唐代早期相比，这一时期金衢地区的窑业生产呈现出衰落的迹象。据初步调查，明确为这一时期的窑址有金华市华南乡华南粮站窑、南干窑、下塘西窑、汉灶窑和江山鹿来窑等。

与唐代早期相似，这一时期金衢地区的窑址产品仍以青釉瓷器为主，另外还兼烧其他釉色的器物。器类较丰富，可辨器型有盘口壶、罂、罐、水盂、碗、执壶、多角瓶、小口瓶等，碗类多为玉璧底，还有葵口高圈足外撇碗等。装烧工艺方面，这一时期金衢地区的窑址开始使用匣钵装烧，但仍旧大量流行叠烧技法，器物之间以泥点间隔，显得较为粗糙。

（二）五代北宋时期

五代北宋时期是金衢地区窑业发展史上的鼎盛时期。这一时期，窑群密布，形成庞大的青瓷生产体系，其规模之大，在婺州窑历史上是空前的。

学术界对金衢地区这一时期青瓷窑址的考古调查始于1936年，以陈万里对金华古方一带窑址进行调查为标志，通过调查，认为婺州窑“釉亦青色，并有种种接近天目的变色”①。

20世纪50年代以来，文物部门开始进行系统考古调查。1963年，张翔先生对金华古方和厚大庄等地窑址进行了调查，共确认窑岗山、外山、大垅、瓦叶山一号、瓦叶山二号、窑瓶湾、叶马山、窑岗头、瓦塘山、古塘、厚大庄等11处窑址。调查资料显示，上述窑址产品均以碗、杯类器物为主，均为实用器。根据器物制作工艺，可分为精粗两类，年代为北宋时期②。1963年，朱伯谦先生对东阳象塘村南侧和东侧的9处

---

① 陈万里：《追记吴兴金华永嘉三处所发现的古代窑基》，《瓷器与浙江》，中华书局1946年版，第27—30页。

② 张翔：《浙江金华青瓷窑址调查》，《考古》1965年第5期。

窑址进行了复查，发现龙窑窑炉遗迹3座，并在骆夏山东南部发现了瓷土矿。采集标本可辨器型以碗、瓶为主，另有盘、盆、壶、盅及器盖等，胎釉质量较差，部分器物标本上可见莲瓣、荷花等纹样。窑具有匣钵、垫座、垫圈等。综合来看，该窑址始烧于唐代中晚期，延续到北宋时期①。1980年，金华地区与东阳县文管会对歌山村窑址进行了考古调查和发掘。考古发掘揭露出龙窑窑炉1处，且存在叠压关系，从唐代早期延续至北宋时期；清理出早唐、中晚唐、北宋三个时期的地层堆积，出土大量瓷片及窑具标本；揭露出瓷土洞坑遗迹1处。其中，唐代地层中出土一件带有“己未遂晨载陵乡”铭文的瓷砚，宋代窑床底部还出土一件带有“天圣六年造自使也”铭文的碾轮②。1983年，金华地区文管会对武义县泉溪乡水碓周村窑址进行了复查。调查资料显示，该窑址存在2处窑业堆积，遗存丰富，产品和时代基本相同，产品有盘、碗、杯、执壶、盒、钵等，窑具有“M”形匣钵、钵形匣钵和垫具。产品胎釉质量较高，纹样以划花、印花和刻花为主。时代为五代北宋时期③。1987年，金华地区和兰溪县文管会对嵩山窑址进行了调查。该窑址堆积丰富，瓷片可辨器型以碗为主，另有夹层碗、杯、盏托、执壶、瓶、罐、水盂、扣盒等，窑具有匣钵、支烧具和垫圈等。瓷器纹样丰富，以刻划花为主。此外还发现有残存的窑炉和作坊遗迹。年代为北宋中期④。

2000—2002年，浙江省文物考古研究所与武义县博物馆联合对陈大塘坑窑址群进行了两次抢救性考古发掘，共发掘和试掘4处窑址，分别

① 朱伯谦：《浙江东阳象塘窑址调查记》，《考古》1964年第4期。

② 贡昌：《记浙江东阳歌山唐宋窑址的发掘》，《婺州古瓷》，紫禁城出版社1998年版，第73—91页。

③ 贡昌：《浙江武义水碓周五代北宋窑的调查》，《婺州古瓷》，紫禁城出版社1998年版，第107—114页；贡昌：《浙江武义县水碓周五代北宋窑址调查》，《考古》1987年第5期。

④ 贡昌：《记浙江兰溪高山北宋瓷窑》，《婺州古瓷》，紫禁城出版社1998年版，第115—122页；周菊青、吴建新：《兰溪嵩山窑器物》，浙江省博物馆编：《东方博物》第五十三辑，中国书店2015年版，第73—76页。

为蜈蚣形山窑址、乌石岗脚窑址、缸窑口窑址和叶李坑窑址，发掘面积1050平方米①。其中，蜈蚣形山窑址发掘面积530平方米，揭露出龙窑窑炉1处（图4-210）、馒头窑1处（图4-211）；清理出较为丰富的地层堆积，出土大量瓷片和窑具标本。瓷器产品器型丰富，有碗、盏、盘、灯盏、盆、杯、盅、执壶、盏托、盒、盖、熏炉、砚、带板等。装饰手法丰富，多细线划花，也有少数模印、刻划、压印、镂空等。装饰题材以花卉、荷叶居多，另有鹦鹉纹、凤凰纹、莲瓣纹、波浪纹等。窑具以“M”形匣钵为主，支垫具以环状垫圈为多。时代为五代晚期至北宋中晚期②。缸窑口窑址出土遗物以青瓷为大宗，另有少量窑变或局部窑变的青釉瓷器。窑址年代为北宋中晚期到南宋早期③。2008年，浙江省文物考古研究所、东阳市文物办与东阳博物馆联合对伏虎山窑址进行抢救性发掘，发掘揭露龙窑1座，出土大量瓷

图4-210　武义蜈蚣形山窑址龙窑全景

① 浙江省文物考古研究所：《武义陈大塘坑婺州窑址》，文物出版社2014年版。

② 浙江省文物考古研究所：《武义陈大塘坑婺州窑址》，文物出版社2014年版，第5—70页；浙江省文物考古研究所：《武义县蜈蚣形山五代北宋瓷窑遗址发掘》，《浙江文物年鉴（2000年）》，内部资料，第143—144页。

③ 浙江省文物考古研究所：《武义陈大塘坑婺州窑址》，文物出版社2014年版，第142—163页。

图4-211　蜈蚣形山窑址馒头窑及附属遗迹

片和窑具标本。瓷器产品种类丰富，有碗、碟、壶、杯、盘、盏托、熏炉等，产品质量较高。时代为北宋中期①。2008年3月至6月，浙江省文物考古研究所对东阳葛府茶园窑址进行了考古发掘，发掘面积为1500平方米，揭露龙窑1条，并出土大量瓷器及窑具标本。瓷器产品种类丰富，有碗、盘、盏、钵、执壶、灯、熏炉、腰鼓等。装饰技法以细线划花、刻划花和镂空工艺为主，题材有鹦鹉纹、对蝶纹、龟荷纹、莲瓣纹、蕉叶纹和各式花卉等。窑具主要有匣钵、垫具、支具等。年代为北宋中期②。2015—2016年，浙江省文物考古研究所与浦江县文物保护管理所联合对前王山窑址进行抢救性考古发掘，共布设探方17个，发掘面积为

① 卢淑珍：《伏虎山窑发掘获重大成果》，《东阳年鉴（2005—2008）》，方志出版社2009年版，第419页。

② 郑嘉励：《东阳市葛府茶园北宋青瓷窑址》，中国考古学会编：《中国考古学年鉴（2009）》，文物出版社2010年版，第210页。

930平方米，发掘揭露出龙窑窑炉1条、房址1处、匣钵挡墙9道及灰坑2处，并出土大量瓷器和窑具标本。通过整理，发现前王山窑址的产品分为精、粗两类：精制产品有碗、盘、盒、钵、执壶、盏、碾臼、碾轮、炉、盏托、水盂、孔明碗、枕、盆、多管灯、瓶、器盖、罐等；粗制产品种类有碗、盘、炉、瓶等。年代为北宋中期①。

通过上述多次窑址调查工作，现在可以明确金衢地区五代北宋时期的主要青瓷窑址群有东阳葛府、苞竹、陶村、上安恬、东庄、歌山②、燕山窑址群，金华古方、琅琊、铁店、仑里、厚大、汤溪、下库、泉口窑址群，武义壶山③、白溪、寺后窑址群，浦江前王山、徐家、徐家岭、东庄垆窑址群④，永康童宅、石柱、长田、苏溪窑址群，兰溪嵩山窑址群⑤，衢州全旺、杜泽、安仁窑址群，义乌廿三里窑址群，江山县碗窑、东山窑址群，常山九都窑址群等⑥。

---

① 谢西营、张智强：《浙江浦江前王山窑址发掘获重要收获》，《中国文物报》2016年12月2日第8版；谢西营、张智强：《浦江县前王山窑址考古发掘及周边地区窑址调查主要收获与认识》，《陶瓷考古通讯》2016年第2期；浙江省文物考古研究所、浦江县文物保护管理所：《浙江浦江县前王山窑址考古发掘简报》，《华夏考古》2018年第4期。

② 贡昌：《记东阳歌山唐宋窑址的发掘》，《婺州古瓷》，紫禁城出版社1988年版，第73—91页。

③ 贡昌：《浙江武义水碓周五代北宋窑的调查》，《婺州古瓷》，紫禁城出版社1988年版，第107—114页。

④ 谢西营、张智强：《浙江浦江前王山窑址发掘获重要收获》，《中国文物报》2016年12月2日第8版；谢西营、张智强：《浦江县前王山窑址考古发掘及周边地区窑址调查主要收获与认识》，《陶瓷考古通讯》2016年第2期；浙江省文物考古研究所、浦江县文物保护管理所：《浙江省浦江县前王山窑址考古发掘简报》，《华夏考古》2018年第4期。

⑤ 贡昌：《记浙江兰溪嵩山北宋瓷窑》，《婺州古瓷》，紫禁城出版社1988年版，第115—122页；周菊青、吴建新：《兰溪嵩山窑器物》，浙江省博物馆编：《东方博物》第五十三辑，中国书店2015年版，第73—76页。

⑥ 贡昌：《五代北宋婺州窑的探讨》，《婺州古瓷》，紫禁城出版社1988年版，第92—104页；陈新华、雷国强：《婺州窑研究与鉴赏》，线装书局2009年版，第24页；雷国强、邵文礼、陈新华：《婺州窑韵》，中国书店2010年版。

这一时期婺州窑瓷器产品丰富，造型多样。五代时期器型有碗、盘、杯、粉盒、执壶、罐（图4-212）、堆塑罐、多角瓶等。其中，碗盘类产品口部多呈葵口，造型端巧规整。北宋时期器型更加丰富，器类有碗、盘、杯、粉盒（图4-213）、执壶（图4-214）、碾轮、壶（图4-215）、盖

图4-212　五代婺州窑青瓷瓜棱罐（东阳市博物馆藏）

图4-213　北宋婺州窑青瓷粉盒（浦江博物馆藏）

图4-214　北宋婺州窑青瓷执壶（兰溪市博物馆藏）

图4-215　北宋婺州窑青瓷壶（武义县博物馆藏）

罐、盏托、熏炉、多管灯、枕等。

胎釉方面，五代时期婺州窑制作较为精细，造型规整，胎质较薄而均匀，釉色呈淡青色或青中泛黄，釉层较薄，有光泽。北宋时期婺州窑造型规整精细，胎质细白，釉层较厚实，玻璃质感强，有开片，釉色以青色为主，有青黄、青灰等。此外，这一时期还生产乳浊（窑变）釉瓷、黑釉瓷和青白瓷器。

装饰方面，五代北宋时期婺州窑装饰风格与同时期越窑保持一致，五代时期以素面为主，北宋早期流行细线划花，纹样类型丰富，北宋中期开始流行粗刻划花，北宋晚期延续。

装烧工艺方面，五代北宋时期的婺州窑窑炉结构均为龙窑。以浦江县前王山窑址为例，龙窑窑炉（图4-216），保存状况较好。该龙窑由窑前工作面、火膛、窑床和排烟室构成，方向近正北方向，头南尾北。炉体斜长42.5米，水平长约42.02米，坡度大小前后段不等，前中段7°—14°，近尾部稍缓8°—12°，炉体近火膛处宽1.72米，往后逐渐加宽，中

图4-216　浦江前王山窑址龙窑全景

段宽约2.18米，此后又略窄，至后壁变成1.7米。残存最高处可达0.62米。窑前工作面位于火膛前端，残存两道墙，以匣钵和砖块砌成，作不规则八字形外撇，两墙之间区域地面残存有白色瓷土及窑渣颗粒。火膛位于窑炉前端，平面呈半圆形，后部置火膛壁。火膛内残存三个匣钵，分布较规则，应作炉栅之用。窑床位于窑炉中部。窑顶坍塌，现已无法复原其顶部结构及投柴孔的分布位置。窑床铺有细沙，烧结面较明显。窑床上残存有大量匣钵、垫柱等。其中，前段残存窑具较多，中部及后段较少，束腰形垫柱仅见于后段。窑门共发现5处，皆开于窑炉西壁。平面形状皆呈外八字形。窑尾后壁用砖平砌而成，排烟室不存。

二、温州地区

（一）唐中晚期至五代时期

这一时期，瓯窑制瓷业获得巨大发展，窑址数量众多，生产规模进一步扩大。窑址发现较多，就目前调查已发现20余处，分布地域明显扩展，除瓯江下游的永嘉东岸、罗溪、黄田三乡以外，在飞云江下游北岸，乃至鳌江南岸等地区，也陆续涌现出一些窑场，并形成了若干规模较大的窑址群落。2005年12月至2006年1月，浙江省文物考古研究所、温州市文物保护考古所与永嘉县文化馆联合对龙下窑址进行抢救性发掘，发掘面积100平方米，清理龙窑1座（图4-217），出土大量青瓷器残片。器物种类丰富，器型有壶、碗、盏、罐、盘、盆、粉盒、碟、碾轮、水盂、钵、灯盏等。器物装饰较少，偶见刻划荷叶纹，少量器物有褐斑装饰。年代为唐代晚期①。2006年4月至6月，浙江省文物考古研究所、温州文物保护考古所与永嘉县文化馆联合对启灶窑址进行考古发掘，清理出龙窑1座，出土大量青釉瓷器。器型有盆、盘、碟、钵、灯

① 浙江省文物考古研究所、温州市文物保护考古所、永嘉县文化馆：《浙江永嘉龙下唐代青瓷窑址发掘简报》，《文物》2012年第11期。

图4-217　龙下窑址窑炉遗迹

盏、盂、壶、瓶、罐等品种。装饰纹样有刻划莲瓣纹和鱼纹，另有褐色点彩装饰。年代为唐代晚期①。2014年10月至2015年5月，浙江省文物考古研究所与永嘉县文物馆联合对乌牛溪下游流域古窑址进行专题调查，发现窑址9处，并对龟山窑址进行了局部发掘。龟山窑址发掘揭露出龙窑3条，出土大量青瓷产品。器类丰富，有碗、盘、罐、壶、执壶、钵、洗、盏、盏托、炉、粉盒、器盖、擂钵、甑具、茶碾和碾轮等。窑具有匣钵、垫圈、支具等。纹饰多样，多为刻划花，种类有荷花、蕉叶、垂云等。窑址年代为晚唐至五代时期②。2017年5月至12月，浙江省文物考古研究所、温州市文物保护考古所与永嘉县文化馆联合对坦头窑址进行发掘（图4-218），发掘面积950平方米。考古发掘揭露出较为丰富的遗迹，包括龙窑、贮泥池、辘轳坑、釉料缸、窑炉、房子、石砌地面等，出土大量青瓷残片及各类窑具。产品以碗类为主，另有执壶（图4-219）、罐、瓶、钵、盆、盒、碟、灯盏、盏、碾轮等。纹样装饰较少，少量器物有刻划荷花荷叶纹

① 孟国平、刘惠民、周圣玉：《温州永嘉发掘启灶窑址》，《浙江文物》2006年第5期。

② 郑嘉励、周圣玉、楼泽鸣：《浙江永嘉乌牛溪流域古窑址的调查与发掘》，《陶瓷考古通讯》2015年第1期；周开阳、林时友：《浙江乐清龟山五代十国窑址出土器物文化综述》，《北方文学（下）》2016年第2期。

图4–218　坦头窑址发掘区全景

和褐彩装饰。此外窑址中还出土铭文字款，如“□中十一年”和“罗七官作碗”等。年代为晚唐时期[①]。

从永嘉县罗溪乡启灶窑址采集的标本观察，唐五代时期，制品种类较多，产品种类主要是碗、盘、瓶、壶、罐、盆、灯盏等日常生活用器，碗、盘尤为多见。胎骨细腻致密，呈色灰白，具有良好的烧结形态；釉色匀薄、滋润，呈现淡青色调；器物造型周正，体态端庄，碗盘类产品或作平底，或作浅圈足，偶见玉璧形足；一般通体施釉，唯底足部分露胎；器物多数通体光素，但也有碗内壁与内底作纤细的划花，布满展开的荷叶图案[②]。

图4-219 坦头窑址出土执壶

从墓葬出土器物观察，唐五代时期瓯窑产品种类繁多，与越窑大体相同，有壶、罐（图4-220、图4-221）、碟、盘、碗（图4-222）、洗、砚、盒、盂、盏、熏炉、唾壶、执壶（图4-223）、钵（图4-224）及明器桌、磨、灶、椅、杵、臼等模型，瓷器使用范围更为宽广。唐早期器物的造型特点为浑圆饱满，厚重大器较多；晚唐五代则突破前期稳重古板的格局，创造出精巧匀称、明快活泼的造型风格。胎体渐趋细薄，精致的小型器物增多。装饰工艺主要有印花、刻花、褐彩、堆贴和捏塑等，其中装饰题材有莲瓣、荷花、卷草、葵花、朵云、牡丹、缠枝花卉、双鱼和飞天等。至于釉色，唐早中期部分偏黄，晚唐至五代

① 郑建明、周圣玉、许洁琼、张馨月：《东瓯缥碧》，《中国文物报》2018年1月26日第4版。

② 蔡钢铁：《温州陶瓷考古与温州博物馆藏陶瓷器》，温州博物馆编：《温州古陶瓷》，文物出版社2001年版，第1—14页；伍显军：《瓯窑概论》，《中国文物报》2012年12月26日第4版。

图4-220 青釉褐彩双系罐（1986年温州市区景山出土）

图4-221 青釉褐彩双系异形罐（温州博物馆藏）

图4-222 唐代青釉双鱼纹瓷碗（苍南县博物馆藏）

图4-224 唐至五代青釉条纹瓷钵（苍南县博物馆藏）

图4-223 唐至五代青釉鱼纹瓜棱执壶（温州市区杨府山出土）

时期大多为灰绿和淡绿。釉质滋润如玉，胎骨细密，胎面平整光滑，呈色较白，胎釉结合紧密。除青釉瓷器外，还有部分为褐釉、黑釉和黄釉。

从永嘉龙下晚唐窑址①发掘情况来看，该窑址出土器物种类有碗、盏、执壶、罐、盘、盆、粉盒、碟、碾轮、水盂、钵、灯盏、瓶等。该类器型均可见于越窑同时期产品中，但尚不及越窑丰富；胎质细腻，胎色灰白，较越窑器物胎色为浅，由此衬托出一类较越窑釉色更为浅淡的淡青釉。装饰方式，该窑址主要有两类：一类是在碗、盏、盆、粉盒盖等器物上采用刻划花卉装饰，其技法、图案内容、装饰风格均与越窑相似；另一类是执壶、罐、水盂等器物上采用条带状或块状褐彩装饰。龙下窑址的褐彩装饰较为发达，其A型壶均施有彩斑，形态各异，有呈钩形，有近“山”字形，也有近“V”形，一般三组等距分布于壶身；罐、水盂等器物在近口沿外及腹部饰以大块圆斑状褐彩，壶盖盖面褐彩则多呈点状，侧把壶等器身上也偶见不规则点状褐彩。绝大部分器物外腹施釉不及底，仅少量精品施满釉，也有别于同时期荷花芯等越窑窑址以满釉器物为主的施釉方式。

唐代褐彩装饰有了新的发展，除褐斑与条带纹外，还出现了写意的植物类纹样。根据调查资料，除龙下窑址外，在附近的启灶、坦头坟山、箬隆、下坦、黄田、南湖、七星殿后山等窑址亦普遍出现②。

（二）北宋时期

北宋时期是瓯窑发展高峰时期。窑址分布以西山为中心，窑场面积分布很广，此外瑞安潮基港与飞云江夹角地带也是窑址密集区。1986

---

① 浙江省文物考古研究所、温州市文物保护考古所、永嘉县文化馆：《浙江永嘉龙下唐代青瓷窑址发掘简报》，《文物》2012年第11期。

② 永嘉县政协文史资料委员会、永嘉县文化馆：《永嘉文物》，中国特区出版社2001年版，第10—38页；浙江省文物考古研究所、温州市文物保护考古所、永嘉县文化馆：《浙江永嘉龙下唐代青瓷窑址发掘简报》，《文物》2012年第11期。

图4-225　宋代青釉褐彩执壶（温州市鹿城区天窗巷西侧建筑工地出土）

图4-226　北宋青釉婴戏纹王记铭瓷粉盒（苍南县博物馆藏）

年，浙江省文物考古研究所与温州市文物处对西山窑址进行了调查和抢救性考古发掘。经调查，西山窑址群范围包括护国岭脚、乌岩庙、小山儿和正和堂等多处窑址。主要器型有碗、盘、盏、钵、罐、壶、器盖等。釉色淡青。装饰纹样有莲瓣纹、牡丹、蕉叶、朵云等。窑具有匣钵、垫饼、垫圈、支烧具等。年代为晚唐至北宋时期①。

北宋时期，产品制作精巧，造型丰富。其中，碗、壶（图4-225）类产品造型多样，罐类器物可分为球形、瓜形和腰鼓形等多种。其他器类还有盒、盏、盏托、碑等。器物胎体坚硬细薄，里外均施薄釉，均匀润泽。纹饰富于变化，比前期繁复，有莲花、卷草、葵花、牡丹、菊花、蕉叶、双蝶、婴戏（图4-226）、鹦鹉（图4-227）、山字、如意、朵云、弦纹等纹样类型。温州博物馆藏青釉褐彩蕨草纹执壶（图4-228）即为这一时期产品的典型代表。

① 瓯海区文化广电新闻出版局、瓯海区文博馆：《遗珍：瓯海区第三次全国文物普查成果选粹》，西泠印社出版社2011年版，第29页。

图4-227　北宋青釉鹦鹉纹粉盒（温州博物馆藏）（左）
图4-228　北宋青釉褐彩蕨草纹执壶（温州市区景山出土）（右）

三、台州地区

（一）唐代中晚期

唐代中晚期，台州地区窑址分布范围继续扩大，大致可以分为三个地区，包括临海地区、黄岩地区[①]和温岭地区。据不完全统计，这一时期的窑址共计8处[②]。具体而言，临海地区窑址主要分布在大洋街道、古城街道和城关镇一带，窑址有3处，分别为五孔岙窑址、王安山窑址和西洋里窑址；黄岩地区窑址主要分布在沙埠镇和高桥街道一带，窑址有2处，分别为窑坦窑址（图4-229、图4-230）和金家岙堂窑址

① 宋梁：《简析浙江黄岩古窑址分布及其发展状况》，浙江省博物馆编：《东方博物》第二辑，杭州大学出版社1998年版，第113—121页；黄岩博物馆：《黄岩博物馆馆藏精品图录》，西泠印社出版社2017年版。

② 金祖明：《台州窑新论》，《东南文化》1990年第6期；国家文物局：《中国文物地图集：浙江分册（下）》，文物出版社2009年版；黄岩博物馆：《黄岩博物馆馆藏精品图录》，西泠印社出版社2017年版。

（图4-231）；温岭地区窑址主要分布在山市镇一带，窑址有1处，即下圆山窑址（图4-232）。其中，下圆山窑址是温岭地区中分布最为集中、产品种类最为丰富、质量最好、年代最早的窑址群，包括塘下、岭口、岭脚、黄泥园、屿背头、前门山、西山和鱼山等8处窑址点。

这一时期，台州地区窑址产品以碗类为主，以玉璧底碗、玉环底碗最为常见，另有少量碟、盘、瓶、罐、执壶、罂、穿带壶、唾壶、熏炉、水盂、盒、灯盏、多角罐等。依口部特征区分，碗类产品又可分为敞口、侈口和敛口三类。这一时期，台州地区窑址从选料、淘洗、成型、施釉到装饰等均较之前有了很大进步。器物装烧已经开始大量使用匣钵，但碗类产品普遍流行叠烧工艺，碗内心处留有松子状叠烧痕迹。

图4-229　窑坦窑址采集标本

图4-230　窑坦窑址采集标本（底部）

图4-231　黄岩沙埠金家岙堂窑址采集标本

图4-232　温岭下圆山窑址采集标本

内腹部偶见刻划纹或模印纹。其中，刻划纹饰一般较深，工艺水平较高，纹饰类型有鱼藻、荷莲、双鱼、牡丹、几何纹、弦纹和篦纹等；模印纹饰类型有花卉（如葵花、宝相花、莲花等）、龙凤、双鱼、鸳鸯、吴牛喘月、胡人乐舞、博戏图等，设计精巧、形态生动。

（二）北宋中期至南宋早期

截至目前，限于材料，台州地区尚未发现明确为五代至北宋早期的窑业遗存。

北宋中晚期至南宋早期，台州地区制瓷业步入繁荣时期。窑址分布范围更为扩大，几乎遍及整个台州地区。目前已经发现的窑址点有临海西郊的许墅窑址和松树坦窑址，梅浦的凤凰山窑址、岭下窑址、马尾坑窑址、瓦窑头窑址和西泽里窑址，黄岩沙埠镇和高桥街道的竹家岭窑址、凤凰山窑址、下余窑址、瓦瓷窑窑址、下山头窑址、窑坦窑址、金家岙堂窑址、岙口窑址和牌坊山窑址，院桥镇的蓝田山窑址、大滕坤山窑址①，头陀镇的上路窑址，平田乡的庄前瓦窑湾窑址，温岭大溪镇的高桥西坡窑址、桥里村后山头窑址、照洋向东岸窑址、唐岭村南窑山窑址和老屋山窑址，天台县崔岙黄家塘窑址、紫凝缸窑湾窑址、凉帽山窑址和坦头瓶窑窑址，三门县亭旁上鲍窑址，仙居横溪后墩头窑址、埠头树庄窑址和白塔上叶窑址等。其中，最具代表性的窑址群为黄岩沙埠青瓷窑址群（图4-233）、温岭大溪窑址群和临海梅浦窑址群。

北宋中晚期至南宋初期，台州地区窑业面貌呈现出百花齐放的态势，各地窑业风格迥异。

这一时期，黄岩沙埠青瓷窑址群产品以青瓷为主，此外少数窑址还兼烧酱釉瓷器。其中，北宋中期属越窑瓷业技术，岙口窑址即为这一时期的代表性窑址。岙口窑址调查资料显示，窑址产品种类丰富，瓷器可

① 宋梁：《黄岩宋代青瓷窑址调查》，浙江省博物馆编：《东方博物》第四十二辑，浙江大学出版社2012年版，第39—46页。

图4-233　沙埠青瓷窑址群分布示意图

辨器型有碗、盘、钵、盏、杯、灯盏、执壶等，窑具可辨者有“M”形匣钵、钵形匣钵、筒形匣钵、圆形垫圈和喇叭形垫圈等。胎釉质量较高，灰白色胎，青釉。器物内腹部及内心处饰刻划花卉纹，可辨纹样有蕉叶纹、水波纹等。装烧工艺可分为两类：一类为叠烧，器物内心处有叠烧痕迹；一类为单件烧，垫圈垫烧，匣钵装烧。从北宋晚期开始，黄岩沙埠青瓷窑址群风格转变，开始烧造龙泉窑风格瓷器，竹家岭、凤凰山和下山头等窑址即为这一时期的代表性窑址。下山头窑址调查资料显示，这一时期产品器类丰富，瓷器可辨器型有碗、盘、执壶、盏、杯、钵等，窑具可辨者有“M”形匣钵、钵形匣钵、筒形匣钵、圆形垫圈和喇叭形垫圈等。胎釉质量较高，灰白色胎，青釉。碗类产品普遍流行双面刻划花工艺，外腹饰折扇纹，内腹篦划纹或篦点纹；盘类产品内腹及内心满饰花卉纹，间以篦点纹或篦划纹。从窑址现场调查情况来看，装烧工艺基本为单件烧、垫圈垫烧、匣钵装烧。

与此同时，温岭大溪窑址群开始呈现出衰落的态势，产品规格和品质已大不如前。产品器类主要以瓶、壶、罐、碗、碟、盆等日常生活用器为主，且多数造型粗犷。胎质较粗，釉色青中泛白，少数瓶、壶、罐类产品整器满布铁锈斑点。装饰风格粗犷，大量流行褐彩装饰，主要将褐彩饰于瓶、罐、盆等青瓷器表。这一时期，大溪窑青瓷彩绘的主要成就表现为两个方面：第一，用褐彩在青瓷上描绘精巧的装饰图案和美术绘画，或在瓶、罐等肩部描绘艺术水平高超的画面。题材以菊花、兰花、蔓草为主，还有少量文字。第二，大量采用褐彩结合刻划花的手法，在壶、瓶、罐的肩腹部，先刻划写意的花卉纹，再在纹饰的阴刻线处施以褐彩为地，产生出独具地方特色的视觉效果①。

调查资料显示，临海梅浦窑址群窑业面貌与沙埠青瓷窑址群北宋中期较为一致，可归入广义的越窑瓷业技术范畴内。调查资料显示，这一区域内窑址以王岸山窑址年代最早，后门山窑址堆积最为丰富，凤凰山窑址质量最好。据考古调查资料，后门山窑址和凤凰山窑址器物种类有碗、钵、盘、杯、罐、壶、粉盒、执壶、盏托、熏炉等。器物胎骨坚致细腻，胎色呈白色、灰白色或青灰色，釉色青翠，玻璃质感强，还有少量器物为黑釉。装饰技法有刻花、划花、刻划花、镂空等多种，其中以刻划花为主，流行粗刻花，刻划技巧娴熟流畅。纹样类型有荷花、蝴蝶、牡丹、莲瓣、缠枝花草、飞鸟人物等。器物制作以拉坯成型为主，窑具有凹底、钵形匣钵、垫圈、垫饼、垫柱等。

2019—2021年，经由国家文物局批准，浙江省文物考古研究所联合黄岩区博物馆、北京大学、故宫博物院等单位对沙埠窑址群内的竹家岭窑址（图4-234）和凤凰山窑址（图4-235）进行主动性考古发掘，取得了重要收获。

竹家岭窑址和凤凰山窑址均揭露出规模庞大的龙窑窑炉。其中，竹

① 台州市文化和广电旅游体育局、台州窑陶瓷研究课题组：《丹丘瓷韵：台州窑陶瓷简史》，文物出版社2020年版，第215页。

图4-234　沙埠竹家岭窑址发掘区全景（左）
图4-235　沙埠凤凰山窑址发掘区全景（右）

家岭窑址窑炉遗迹（编号为Y1）为浙江地区目前已发掘的两宋时期保存最为完好、结构最为清晰的窑炉遗迹。竹家岭窑址窑炉（图4-236），炉体斜长72.32米，由窑前操作间、火门、火膛、窑室、窑门、排烟室及窑床两侧的柱础石、护墙等部位构成。坡度前后段不等，前段约11°，中部11°—14°，后段约13°。炉体近火膛处宽1.16米，往后逐渐加宽，中段最宽约2.22米，此后又略窄，至后壁变成1.28米，残高0.82米。

竹家岭窑址和凤凰山窑址废品堆积区揭露出丰厚的地层堆积，出土大量瓷器和窑具标本，基本构建起沙埠青瓷北宋中期至南宋早期的年代序列，为探索沙埠窑址产品结构、生产年代、窑业生产技术等方面问题

图4-236 竹家岭窑址龙窑窑炉

提供了充分资料。结合竹家岭窑址和凤凰山窑址废品堆积区地层堆积情况，可分为七期。第一期，北宋中期早段。器类较丰富，可辨器型有敞口碗（图4-237）、侈口碗、花口碗（图4-238）、敞口盘、侈口盘、执壶、炉、器盖、韩瓶等。基本为素面，胎釉质量较差。窑具可辨者有“M”形匣钵、钵形匣钵、直壁形匣钵、垫圈（圆形、喇叭形）、垫柱等。器物装烧以叠烧为主，并有少量单件烧器物。第二期，北宋中期晚段①。产品面貌和窑业技术与同时期以上林湖为中心的越窑产区保持一致。器类丰富，可辨器型有敞口碗、侈口碗、直口碗、花口碗、敞口盘、侈口盘、执壶、炉、枕、孔明碗、盏、盏托（图4-239）、多管灯（图4-240）、

图4-237　凤凰山窑址出土敞口碗

图4-238　凤凰山窑址出土花口碗

图4-239　凤凰山窑址出土盏托

图4-240　凤凰山窑址出土多管灯

① 本期产品面貌与慈溪寺龙口窑址第四期（约为宋仁宗至神宗熙宁年间，即1023—1077年）基本一致；又鉴于东钱湖郭童岙窑址刻铭“天圣八年”（1030）的镂孔高喇叭足炉，已见立体感较强的刻划花装饰（参见《青瓷千年映钱湖》图176），本期遗存的年代可能稍早于北宋中期晚段。凤凰山和竹家岭的窑业遗存，主体年代当在北宋中晚期。——郑建华

瓶、器盖、盒等。流行内腹粗刻划花装饰，并有少量细线划花装饰。窑具可辨者有“M”形匣钵、钵形匣钵、平底椭圆形匣钵、直壁形匣钵、圆形垫圈、喇叭形垫圈、垫柱等。器物装烧以一匣一器为主，并有少量叠烧器物。第三期，北宋中期末段。器类主要为碗、盘、执壶、折沿盆、罐等，器物装饰流行内腹单面刻划花，尤以盘内心刻划的婴戏纹（图4-241）、凤凰纹（图4-242）、鹦鹉纹（图4-243）、龙纹（图4-244）等纹样最为精美。窑具分为匣钵和垫具两类，匣钵可分为“M”形、钵形、筒形等，垫具可分为垫圈和垫钵。装烧方式均为一匣一器，单件装烧，以垫圈和垫钵支烧。第四期，北宋中期末段至北宋晚期前段。器类有碗、盘、执壶、夹层碗、罐、盏等，器物装饰仍以内腹单面刻划花装饰为主，并开始出现双面刻划花，即内腹刻划花、外腹刻划折扇纹，其中折扇纹布局规则清晰。窑具分为匣钵和垫具两类，匣钵可分为“M”

图4-241 竹家岭窑址出土婴戏纹大盘

图4-242 竹家岭窑址出土凤凰纹大盘

图4-243 竹家岭窑址出土鹦鹉纹大盘

图4-244 竹家岭窑址出土龙纹大盘

图4-245 竹家岭窑址出土碗

图4-246 竹家岭窑址出土碗

图4-247 竹家岭窑址出土碗

图4-248 竹家岭窑址出土碗（底部）

形、钵形、筒形等，垫具可分为垫圈和垫钵。装烧方式均为一匣一器，单件装烧，以垫圈和垫钵支烧。第五期，北宋晚期后段。器类有碗（图4-245）、盘、夹层碗、熏炉、多管形器等，器物装饰普遍流行双面刻划花工艺，内腹刻划花，外腹刻划折扇纹，其中折扇纹布局清晰。窑具分为匣钵和垫具两类，匣钵可分为“M”形、钵形、筒形等，垫具可分为垫圈和垫钵。装烧方式均为一匣一器，单件装烧，以垫圈支烧。第六期，北宋末期至南宋初。青釉瓷器器类单一，主要为碗（图4-246）和盘，仍流行双面刻划花工艺，内腹刻划花，外腹刻划折扇纹，但外腹折扇纹布局变化，多为四至六条成一组，等距分布。窑具分为匣钵和垫具两类，匣钵发现多为“M”形，并有少量钵形和筒形，垫具主要为垫圈。装烧方式均为一匣一器，单件装烧，以垫圈和垫钵支烧。第七期，南宋早期。青釉器物器类单一，主要为碗（图4-247、图4-248）。器物装饰流行内腹单面刻划花，纹样主要为菊瓣纹。窑具分为匣钵和垫具两类，匣钵主要发现为“M”形，钵形和筒形也有少量发现，垫具主要为垫圈。装烧方式均为一匣一器，单件装烧，以垫圈支烧。

除上述青瓷产品以外，还发现有酱釉瓷器和釉下褐彩瓷器。其中，酱釉瓷器第三期就已少量出现，一直延续至第七期；褐彩瓷器仅限于第三期和第四期。

结合上述考古发掘收获，笔者认为，北宋中晚期是沙埠窑址窑业面貌最为复杂，同时也是最具学术价值的重要时期。按照文化因素分析方法来看，北宋中期沙埠窑址群的青瓷类产品可归为越窑系，该类产品无论是从器型、纹样，还是从装烧工艺来看，均与越窑核心区（以上林湖为中心）的窑业保持一致；酱釉类产品或与同时期定窑酱釉类器物（紫定）存在某种窑业技术交流。北宋晚期窑业面貌发生变化，青瓷类产品装烧工艺仍延续之前的垫圈支烧方式，但是装饰技法已演变为双面刻划花（外腹折扇纹，内腹篦划纹或篦点纹），而该类装饰技法为北宋晚期龙泉窑典型工艺。同时该类装饰纹样或与耀州窑也存在着某种窑业技术方面交流。总之，沙埠窑址群是越窑和龙泉窑瓷业技术衔接和过渡的重要地带，是探索越窑瓷业技术南传与龙泉窑瓷业技术渊源的重要地区，同时对于探索北宋时期越窑、龙泉窑、定窑、耀州窑等瓷业技术交流模式与途径具有重要学术价值。

第五节　工艺成就

盛中唐至北宋时期，浙江古代青瓷生产的核心层技术，也就是胎、釉原料的制备，基本保持稳定；中间层，也就是产品烧成特别是装烧工艺，则变化显著。

一、胎釉制备

从盛中唐开始，越窑青瓷实现了胎料加工的“精细化”，汉六朝至早唐时期那种胎体粗厚现象走向终结，产品胎质更加精细、洁净，釉色、釉面也更加美观。从上林湖后司岙窑址出土的标本看，晚唐五代时期的精品（秘色瓷）胎料的选择或加工，比普通瓷器和瓷质匣钵还要略微精细一些[①]。从东汉至北宋，在上千年的生产历史中，越窑青瓷胎的化学组成变动不大，SiO_2的含量一般在72.55%—80.65%之间，Al_2O_3含量在12.61%—18.87%之间，熔剂总量在6.74%—8.65%之间，其中Fe_2O_3和TiO_2含量多数分别在2%和1%上下波动。釉的化学组成变化更小。不仅早晚胎、釉变化小，越窑中心区各窑场之间胎、釉的差别也不大。总之，都是瓷石制胎，具有高硅低铝、铁和钛含量高的特点。釉属于钙釉，用瓷石、石灰石和草木灰配制而成[②]。

龙泉窑、瓯窑和婺州窑青瓷的胎、釉，类型与越窑相同，成分总体上与越窑相近，仅略有差别。龙泉窑青瓷中，有一部分的胎和釉Fe_2O_3含量略低于越窑，TiO_2的含量则普遍低于越窑，淡青釉青瓷呈色的特征应该与此相关。据研究，北宋龙泉窑青瓷胎的配制主要是粉碎加工的瓷石，加入少量的紫金土；釉的配制主要是瓷石、草木灰和少量的紫金土[③]。果真如此，则表明龙泉窑青瓷胎釉的配制，比越窑有所改进，但该结论可能仅适用于产量大的翠青釉青瓷。

---

① 丁银忠、谢西营、沈岳明等：《上林湖后司岙窑址出土秘色瓷工艺特征的研究》，《南方文物》2020年第5期。

② 李家治：《中国科学技术史・陶瓷卷》，科学出版社1998年版，第116—123页；张福康：《中国古陶瓷的科学》，上海人民美术出版社2000年版，第44—45页。宁波东钱湖窑址青瓷的胎、釉成分，还可参阅刘松等：《于家山窑址出土青瓷样品无损测试分析报告》（见《于家山——越窑遗址发掘报告》附录）、《宁波市东钱湖郭童岙窑址瓷器样品分析测试报告》（见《郭童岙——越窑遗址发掘报告》附录）。

③ 周仁、张福康、郑永圃：《龙泉历代青瓷烧制工艺的科学总结》，《考古学报》1973年第1期；郭演仪、邹绎如：《古代龙泉青瓷和瓷石》，《考古》1992年第4期。

与越窑相比，瓯窑瓷胎多数Al_2O_3含量略高，Fe_2O_3略低，部分瓷釉Fe_2O_3和TiO_2的含量也要略低一些。瓯窑青瓷的釉色普遍比越窑浅淡，原因当在于此。婺州窑的情况比较复杂，唐宋时期金衢盆地生产的青瓷，多数面貌与越窑相似，胎、釉成分总体上应与越窑比较接近，但胎、釉的Fe_2O_3和TiO_2含量比较高，部分瓷胎的Fe_2O_3的含量高达3%，明显比越窑高，因而，青瓷呈色比越窑要深。另外，婺州窑早在唐代就烧制了所谓的乳光釉瓷，这种瓷器的釉与传统青瓷的单色釉不同，属于分相釉，这是具有重要意义的工艺成就[①]。

二、产品烧成

盛中唐至北宋时期的浙江青瓷，胎、釉原料的化学成分基本稳定，与汉六朝至早唐时期相比，总体上如此；在这一时期内各个阶段之间进行比较，也是如此。这一时期各阶段的精、粗产品，胎釉原料同样无明显差别。可见，这一时期浙江青瓷质量的高低，与原料的配制并无直接关联。而从产品烧成技术的角度看，则能清楚地观察到这方面的技术因素与成瓷质量之间的密切关系。在烧成技术的诸多因素中，窑炉是重要的变量之一。这一时期烧制青瓷的浙江各地窑场，依然普遍使用斜坡窑床式统间龙窑，除长度、宽度、坡度、弯曲度等方面有细微变化外，结构与以往一样，无实质性差别，分段烧成技术也早已成熟。这一时期烧成技术的变化，主要表现在瓷坯的装盛和支垫方式以及温度的控制等方面。

（一）匣钵的使用

1.匣钵的普及

现知最早的匣钵发现于湖南湘阴的马王墈窑址，年代为东晋[②]。越

① 李家治：《中国科学技术史·陶瓷卷》，科学出版社1998年版，第137—138页。

② 周世荣、周晓赤：《岳州窑》，湖南美术出版社2011年版，第9页。

窑开始使用匣钵的时间，要稍晚。南朝和早唐时期，越窑开始零星使用匣钵；盛中唐以后，匣钵的使用迅速普及。匣体装烧是瓷器烧成技术的历史性突破，对于其他瓷业生产如此，对于越窑和同时期浙江境内其他青瓷窑场来说，也是如此。匣钵装烧工艺的进步性主要体现在：第一，匣钵可以垒叠使用，组成装烧柱，用以装盛坯件时，既能有效提高窑炉内热能的利用率，又能提高竖向空间的装烧量，为增加窑炉高度从而扩大产能，创造了条件。第二，用匣钵装盛瓷坯时，匣钵单件装烧的瓷坯和匣钵多件装烧组合内最上面的瓷坯，无须负载自身以外的重量。这不仅使得产品不易变形，还为瓷器超越厚重、走向端巧开辟了广阔的道路。第三，用匣钵装盛瓷坯，不但有助于克服落渣、火刺等烧成缺陷，而且匣钵内相对密闭的烧成空间，也有利于烧成气氛的控制，为强还原焰的出现创造了条件。可以说，这一时期，以越窑为代表的浙江青瓷，之所以能走出南朝至早唐时期的低谷，迅速崛起，生产规模快速扩大，产品质量快速提高，与匣钵的大规模使用和不断改进，息息相关。

2. 瓷质匣钵与刷釉密封

瓷质匣钵在越窑的使用时间很早，匣钵出现之初即已有见。中晚唐到五代吴越国时期，在使用粗料耐火黏土质匣钵的同时，大量使用瓷质匣钵，并在上下匣钵接缝处刷釉密封（图4-249）。这些匣钵与所装烧的瓷器的胎料的化学成分相同，只是略显粗糙而已①。由于瓷质匣钵只能一次性使用，瓷器烧成后，必须破匣取器，费料耗工，使用成本甚高，因而显然是用来烧成某些特殊用途瓷器的，在普通商品瓷生产中广泛使用不太可能。采用这种特殊装烧工艺的优点是：第一，因为胎料相同，瓷坯与匣钵的膨胀系数相同，有利于减少烧成过程中瓷坯的移位、变形现象。第二，瓷质匣钵上下接缝处刷釉密封，在升温的过程中，具有透

① 朱伯谦、陈克伦、承焕生：《上林湖窑晚唐时期秘色瓷生产工艺的初步探讨》，汪庆正主编：《越窑、秘色瓷》，上海古籍出版社1996年版。

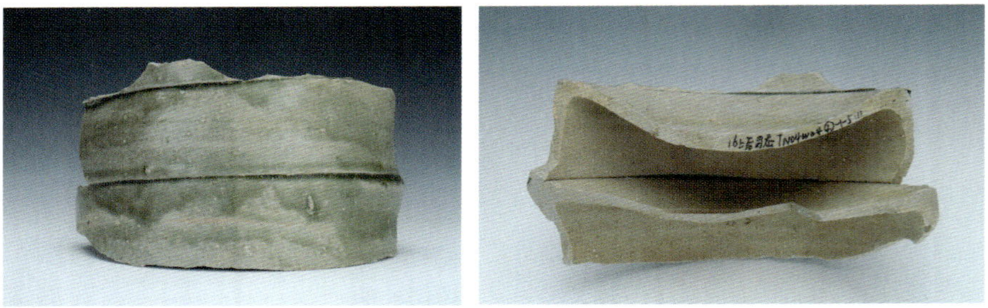

图4-249　刷釉密封瓷质匣钵（上林湖后司岙窑址TN04W04②-1-5:11）

气性，可使匣钵内保持较强的还原气氛，有利于烧成纯正的青色釉。降温时，刷釉密封的瓷质匣钵与瓷器一样烧结，不透气，又能避免空气进入匣钵、致使瓷坯因二次氧化而釉色发黄。如果在采用这种装烧工艺的同时，又能选取理想窑位的话，就能烧造出造型优美、呈色湖绿、釉面光洁的高质量青瓷。从窑址考古发现看，采用这种特殊装烧工艺烧成的瓷器，往往都是“如冰类玉”越窑青瓷中的极品——秘色瓷。

（二）支垫方式的改进

1. 垫圈

使用匣钵装烧工艺时，在匣体与瓷坯之间，必须有支垫物承托坯件，同时作为“缓冲器”，使瓷坯既能在受热过程中“自如”收缩，又不会与匣钵相黏连。在使用匣钵装烧工艺的早期阶段，也就是唐代至五代吴越国前期，越窑较少使用专门的支垫窑具，多在瓷坯与匣钵之间，用泥点或泥条间隔。从吴越国后期开始，垫圈开始出现并逐渐普及。同时期浙江其他青瓷窑场，也大致经历了同样的历程。垫圈，特别是瓷质垫圈的使用，是浙江古代青瓷独特的装烧工艺之一，是具有重要意义的技术改良。与泥点和泥条不同，垫圈是专门的窑具，可以重复使用。采用这种支垫方式烧成瓷器，至少有三方面优点：第一，焙烧过程中，瓷坯被垫圈架空，与匣钵发生黏连的可能性进一步降低。有部分平底器也采用垫圈垫烧方式，原因可能正在于此。第二，垫圈支垫的圈足器和卧足器，装烧痕迹隐而不显，达到藏瑕疵于内而显美于外的效果。第三，因为有釉层包裹，器物足端光洁，使用时手感会更加舒适。此外，如果是瓷质垫圈的话，因与垫圈的膨胀系数相同，瓷坯在烧成过程中，稳定性更好，变形的可能性更低。

2. 垫饼

北宋中晚期，以龙泉窑为代表的部分浙江青瓷窑场，坯件装烧时的支垫方式开始由垫圈转换为垫饼。与南宋时期开始流行的垫于器物足底的垫饼窑具不同，此时的垫饼实际上并非真正的窑具，使用时，往往是将团状耐火泥料直接塞在器物的足内，支垫瓷坯。相对垫圈而言，使用这种垫饼比较简单快捷：第一，垫饼无须专门制作，可直接随手捏成。第二，使用垫圈支垫时，既要用泥条或泥点将垫圈与瓷坯间隔开来，又要用泥条或其他辅助材料将垫圈固定在匣钵中；使用垫饼时，这些工序均可省略。第三，正是因为垫饼使用时比较便捷，匣钵单件装烧工艺的普及率迅速提高，龙泉窑匣钵单件装烧的普及率就明显要比越窑高。当然，垫饼支垫的产品，往往外底和足内壁不施釉，精细度要略逊于垫圈垫烧瓷器。不仅如此，垫圈垫烧工艺可以说是古代浙江瓷业的传统和特色，垫饼垫烧则是中国南北方古代瓷业窑场广泛使用的工艺。

（三）烧成温度的控制

汉六朝到唐宋时期，越窑青瓷烧成温度多数在1050℃—1300℃之间，波动幅度较大。总体来讲，唐宋时期的烧成温度要低于汉六朝时期。这种现象可能与龙窑长度增加，温度控制难度加大有关，也可能与汉六朝时期的越窑青瓷胎体厚重、胎质较粗、耐火度较高有关。但是，唐宋越窑青瓷烧成温度偏低现象，至少在某些情况下，是当时的人们追求“如冰似玉”的秘色瓷产品的结果。研究表明，上林湖后司岙窑址出土的晚唐五代时期秘色瓷和普通越窑青瓷，釉料配方比较接近，但烧成温度有差异。普通越窑青瓷胎体烧成温度不低于1220℃，秘色瓷的烧成温度处于1120℃—1200℃之间，而用以装盛秘色瓷的瓷质匣钵的烧成温度则处于两者之间。普通越窑青瓷胎体烧成温度比较接近胎体的理论烧结温度值，表明胎体基本上已烧结；秘色瓷的烧成温度低于普通越窑青瓷，致密度略低于普通越窑青瓷，处于微“生烧”的状态①。从外观观察，秘色瓷往往釉色湖绿，釉面色调柔和，呈半亚光状，仔细观察能看到分布均匀的细小黑点

图4-250 秘色瓷盒盖釉面（上林湖后司岙窑址TN06W03①:1）

（图4-250）。这些小黑点可能是烧成过程中沉积在釉面“针孔”内的游离碳，或者是烧成后进入“针孔”的杂质。“针孔”的形成很可能与烧成温度偏低、微“生烧”有关，游离碳沉积则可能与瓷质匣钵密封、还原气氛过重有关②。显而易见，秘色瓷的微“生烧”状态并非偶然现象，而是人为控制温度、刻意为之的结果。

北宋龙泉窑青瓷的烧成温度在1200℃—1300℃之间③，比同期越窑略高。

除上述三个主要方面外，越窑覆烧支圈的使用，也是一项开创性的装烧工艺成就。上林湖后司岙窑址（Y66）曾出土瓷质组合支圈，接缝处刷釉密封（图4-251、图4-252）④，上林湖Y21、Y65、Y41等窑址也采集到过这类组合支圈⑤。可见，至迟晚唐五代时期，越窑就已经开始

---

① 丁银忠、谢西营、沈岳明等：《上林湖后司岙窑址出土秘色瓷工艺特征的研究》，《南方文物》2020年第5期。

② 张福康：《中国古陶瓷的科学》，上海人民美术出版社2000年版，第47—48页。

③ 故宫博物院、浙江省文物考古研究所、龙泉青瓷博物馆：《宋元明时期龙泉窑青瓷胎釉成分和烧成温度的测定研究》，《故宫博物院院刊》2019年第7期。

④ 浙江省文物考古研究所、慈溪市文物管理委员会办公室：《秘色越器——上林湖后司岙窑址出土唐五代秘色瓷器》，文物出版社2017年版，第149页，图版150。

⑤ 慈溪市博物馆：《上林湖越窑》，科学出版社2002年版，第114—115页。

图4-251　瓷质组合支圈（上林湖后司岙窑址TN02W04③-2-8:16）（左）
图4-252　支圈装烧芒口器盖示意（上林湖后司岙窑址出土）（右）

使用组合支圈覆烧工艺，这比定窑、湖田窑等窑系采用此类工艺的时间要早得多。不过，从现有考古发现看，越窑的组合支圈覆烧工艺仅见于这一段时间，而且都是装烧秘色瓷的瓷质窑具。这说明，越窑的组合支圈覆烧工艺，很可能是与晚唐五代时期特别流行的秘色瓷金银扣装饰工艺配套使用的。因为覆烧器物的芒口可以用金银扣另行包裹，这种秘色瓷能够做到通体不见任何装烧痕迹，显得特别精致华贵。当然，多数金银扣秘色瓷并非芒口器（图4-253）。

图4-253　越窑青瓷银扣碗（苏州七子山五代墓出土）

浙江文化研究工程成果文库

浙江古代青瓷

【下】

郑建华　谢西营　张馨月　著

浙江人民出版社

图书在版编目（CIP）数据

浙江古代青瓷 / 郑建华，谢西营，张馨月著．— 杭州：浙江人民出版社，2022.10
ISBN 978-7-213-10752-8

Ⅰ．①浙… Ⅱ．①郑… ②谢… ③张… Ⅲ．①青瓷（考古）-研究-浙江 Ⅳ．①K878.54

中国版本图书馆CIP数据核字(2022)第157682号

地图审核号：浙S〔2022〕39号

浙江古代青瓷

郑建华　谢西营　张馨月　著

出版发行　浙江人民出版社（杭州市体育场路347号　邮编　310006）
市场部电话:(0571)85061682　85176516
丛书组稿　王利波
项目统筹　李　信　吴玲霞
责任编辑　李　信
责任校对　杨　帆　王欢燕　陈　春
责任印务　程　琳
封面设计　毛勇梅　希　溪　厉　琳
电脑制版　杭州天一图文制作有限公司
印　　刷　浙江新华数码印务有限公司
开　　本　710毫米×1000毫米　1/16
印　　张　46.25
字　　数　588千字
插　　页　8
版　　次　2022年10月第1版
印　　次　2022年10月第1次印刷
书　　号　ISBN 978-7-213-10752-8
定　　价　258.00元(全二册)

目录
[下册]

第五章　鼎盛期

第一节　概述 356

第二节　晚期越窑——南宋早期 360

一、考古发现 360

二、产品特征 364

三、阶段与年代 375

第三节　龙泉窑的兴盛 376

一、南宋早中期 379

二、南宋中晚期至元代早期 389

三、元代中晚期 411

四、明代早中期 420

第四节　杭州乌龟山窑与老虎洞窑 428

一、乌龟山窑址 428

二、老虎洞窑址 438

第五节　其他瓷业窑场 456

一、杭嘉湖地区 456

二、金衢地区 464

三、温州地区 472

四、台州地区 473

第六节　工艺成就 473

一、胎釉制备 473

二、产品烧成 481

第六章　衰落期

第一节　概述 496

第二节　龙泉窑的没落——明代中晚期至晚清 497

一、窑址分布 497

二、产品特征 500

第三节　青花瓷业的兴起 502

一、窑址分布 502

二、青花瓷业兴起的原因 511

第七章　贡瓷、官窑与哥窑

第一节　概述 516

第二节　贡瓷 517

一、越窑贡瓷 521

二、龙泉窑贡瓷 546

三、贡窑、官样与置官监窑 553

第三节　官窑 565

一、吴越国官窑 565

二、南宋地方官窑 576

三、南宋官窑 588

四、明代龙泉窑御器厂 612

第四节　哥窑 618

一、从文献记载看哥窑 619

二、老虎洞窑与哥窑 624

三、龙泉窑与哥窑 632

第八章　青瓷的输出与制作工艺的传播
第一节　概述 644
第二节　在境内的输出 646
一、原始瓷器的输出 646
二、越窑瓷器的输出 650
三、龙泉窑瓷器的输出 666
第三节　对海外的输出 675
一、越窑瓷器的输出 675
二、龙泉窑瓷器的输出 684
三、其他窑口瓷器的输出 689
第四节　浙江古代青瓷制作工艺的传播 689
一、境内传播 689
二、海外传播 692

后　记 694

第五章 鼎盛期

第一节 概述

中国古代历史上有三次人口大迁徙。前两次分别发生在西晋八王之乱和唐代安史之乱以后，第三次大迁徙是北宋末年靖康之难造成的。三次人口迁徙，都是从黄河流域向长江流域及其以南地区流动。与前两次主要是部分人口和经济要素南移不同，第三次迁徙是伴随宋室南渡发生的，由此造成了政治、经济、文化重心的全面变动和发展格局的大规模调整。以临安城（杭州）为中心的东南地区，成为中枢所在。在已厚植千年的经济、文化基础上，南方，尤其是东南地区，在南下诸发展要素的加持下，经济繁荣、文化昌明更胜既往。此一时期，浙江古代青瓷生产赓续久远的文化传统，秉持深厚的工艺传承，兼收并蓄，革故鼎新，进入了繁荣的鼎盛时期，并逐渐形成了古代青瓷文化史的第四个高峰。

如果说汉六朝至北宋的浙江青瓷，以越窑为代表的话，那么南宋到明清，则是龙泉窑独步天下的时期。南宋官窑，作为皇家窑场，生产并不直接受市场需求制约，烧制技艺同越窑和龙泉窑均有着千丝万缕的联系。鼎盛期的浙江青瓷生产，一方面，矢志不渝地追求“如冰似玉”的审美境界，始终如一地运用龙窑烧成技艺；另一方面，因应官民两系的强劲需求，面向境内外的广阔市场，以海纳百川的胸怀，吸收、消化外来瓷业文化因素，推陈出新，取得了前所未有的辉煌成就。从瓷业文化结构看，这一时期的青瓷，核心层、中间层和浅表层均发生了明显的变化。也就是说，无论是胎、釉制备，还是产品烧成，甚至是器物成型与装饰，都发生了显著的变化。从低岭头类型到南宋官窑，从越窑到龙泉窑，青瓷产品无不展现出新的面貌，呈现出新的特征。其中，失透或半失透的乳浊釉取代玻质透明釉，厚釉青瓷特别是薄胎厚釉青瓷的烧成，为这一时期最为显著的成就。

青瓷产品的审美取向，虽一如既往，追求“温润如玉”，但从南宋开始，“粉青”“梅子青”，特别是“粉青”，逐渐取代“秘色”，成为上品青瓷的代名词。浙江古代青瓷在以越窑为代表的时期，特别是晚唐以后，对金银器造型和装饰亦步亦趋。到以龙泉窑为代表的时期后，这种做法逐步隐退，在造型和装饰上，凸显青瓷自身主体地位的趋势日渐明朗，青瓷礼器、陈设器的大量出现，“紫口铁足、金丝铁线”文人意趣的衍化，正是这种趋势的典型表现。

如果说低岭头类型的出现、越窑于南宋早期的短暂复兴，更多的是历史偶然促成的话，那么从越窑到龙泉窑、从浙东到浙西南，浙江古代青瓷生产的空间转换、产业转移和技术传播，则是蕴含着历史必然的生动场景、壮丽史诗。如果说这一恢宏史诗在前一发展阶段，也就是北宋时期就已揭开序幕的话，那么其全剧展开则要到南宋时期。浙江古代青瓷生产中心，在此一时期，完成了第三次大规模转移。

从青瓷生产的角度看，第三次转移在文化同一性和地域集中度两个方面，都要比前两次彻底。

东汉中晚期至南朝，早期青瓷生产核心区在上虞曹娥江流域形成以前，该地区已经有了比较久远的原始青瓷和印纹硬陶烧制历史。唐宋时期，核心区转移到慈溪上林湖地区以后，上虞曹娥江流域仍然出产青瓷，保持着次核心地位。与此同时，宁波东钱湖地区也成为次核心之一。汉六朝至北宋，除浙东地区越窑青瓷窑场外，浙北、浙南、浙西的许多地域，都有早晚不同时段的窑址发现，德清窑、瓯窑、婺州窑生产的青瓷，在基本面貌与越窑青瓷类似甚至相同的同时，程度不同地存在着若干地域特色。南宋早期，越窑青瓷生产完成自身历史使命，走向终结。此后，历史上的越窑中心产区，就只剩下零星的窑场，烧制韩瓶和其他缸胎坛罐类陶瓷品了。浙北传统的德清窑区域，也仅南宋时期尚有少量生产粗质陶瓷品的窑场。第三次生产中心转移发生以后，情形与以往颇不相同。南宋至元明时期，浙江古代青瓷窑场，除南宋官窑等特殊窑场之外，几乎无一例外，都可纳入龙泉窑系统。不仅如此，地域高度集中，瓯江上游的浙西南地区，窑场分布最为密集。

从北宋中晚期起，以浙江西南部、福建北部和江西东北部为中心，开始分别形成以龙泉窑为中心的青瓷文化圈、以建窑为中心的黑釉瓷文化圈和以景德镇湖田窑为中心的青白瓷文化圈。由于它们彼此之间地缘相近，相互影响，在各文化圈的核心区维持相对比较纯正的瓷业文化特色的同时，越往外围区，"纯正性"越弱，形成了两种或两种以上的瓷业文化的重叠区。这种不同瓷业文化圈彼此交叉重叠的现象，在南宋时达到高潮，并一直持续到了元代。（图5-1）总体来说，三大文化圈中，以青白瓷文化圈最为强势，青瓷文化圈其次，黑釉瓷文化圈因为产品的单一性，影响最弱。实际上，青白瓷文化因素对龙泉窑外围区特别是浙南地区的渗入，有的是经由黑釉瓷文化圈中心区——闽北一带的第二次传播。龙泉窑青瓷文化因素对黑釉瓷文化圈的渗透比较深入，对青白瓷文化圈则影响甚微。

就龙泉窑本身而言，从核心区到中心区，再到外围区，其瓷业文化的纯正性依次递减，离核心区越远，龙泉窑的影响力越小；在重叠区域，龙泉窑的文化影响往往被另一个窑系或两个窑系的瓷业文化抵消或吸收。龙泉窑中心区的窑场，普遍只生产青瓷一种产品，仅个别窑场搭烧极少量黑釉盏。外围区的窑场，相当普遍地在青釉产品之外，生产其他釉色瓷器。有的是不同瓷系产品同窑共烧；有的是同一片区存在烧造不同瓷系产品的窑场。南宋和元代，浙南传统的瓯窑区域，受外来影响，出现了为数可观的青白瓷窑场；青瓷窑场依然数量较多，但均属龙泉窑系统，不复自身特色了。泰顺县洪口村吴坑底见有龙泉窑系青瓷与

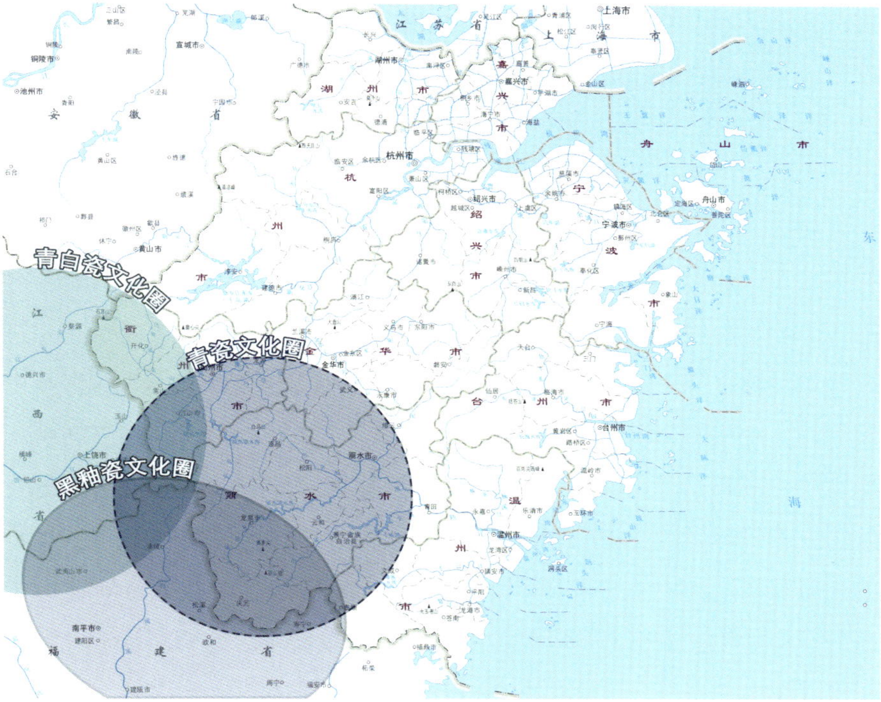

图5-1　宋元浙闽赣瓷业文化圈交汇示意图

黑釉瓷共烧；玉塔在青瓷窑址外，有青白瓷窑址。闽北的窑址，也存在类似情形。金衢盆地的婺州窑区域，情形与浙南地区颇为相似，但受外来影响更加强烈。虽有不少窑场生产龙泉窑系青瓷，但单纯烧造龙泉窑系青瓷的窑场仅元代有所发现，其他窑场多同时生产青白瓷、黑（酱）釉瓷、窑变釉（乳浊釉）瓷等品种。江山碗窑，在青瓷之外，生产青白瓷和黑釉瓷。[1]武义陈大塘坑的缸窑口窑址，在出土龙泉窑系青瓷的同时，有少量窑变釉瓷器共出。不仅如此，金衢一带还出产彩绘瓷等本地

---

① 为便于进行类型分析，在编写发掘报告时，笔者曾将该地瓷业产品分成了青绿、青灰、淡青、青白、黑等多种类型。若按瓷系划分，所谓青灰、淡青釉瓷实际上就是呈色不够纯正的青白瓷（浙江省文物考古研究所、江山市博物馆：《江山碗窑窑址发掘报告》，浙江省文物考古研究所编：《浙江省文物考古研究所学刊》，长征出版社1997年版，第178—218页）。

前所未见的新品种。如果还将此一时期金衢盆地的瓷业冠以婺州窑之名的话，其特色就是：工艺系出多源，产品丰富多彩。

第二节　晚期越窑——南宋早期

越窑的下限年代，在相当长的一段时间内被认为是北宋。经典古陶瓷著作《中国陶瓷史》论及越窑时，称“早在公元三四世纪，今浙江东部宁绍地区以绍兴、上虞为中心，已经形成了一个早期越窑青瓷体系，五代、北宋初期又以余姚为中心，再度形成一个（以）烧制所谓秘色瓷的越窑体系”①。另一部经典——《中国陶瓷》的论述也仅到北宋早期②。从20世纪八九十年代开始，越窑考古特别是窑址的调查、发掘工作持续深入推进，大家逐渐认识到，直至北宋中晚期，越窑依然保持了相当的生产规模，而其下限则要延续至南宋时期。与此前各阶段越窑遗址数量动辄数十上百处相比，南宋时期的越窑，生产规模非常有限，窑场仅见于浙江省慈溪市古银锭湖这一狭小区域的几个地点，已然是残阳迫近西山，晚曲唯有余韵了。

一、考古发现

迄今为止，在古银锭湖地区的低岭头、寺龙口、岑家山、张家地、开刀山等地点，共发现南宋越窑遗址8处③。

---

① 中国硅酸盐学会：《中国陶瓷史》，文物出版社1982年版，第273页。

② 冯先铭：《中国陶瓷》，上海古籍出版社1994年版，第416—418页。

③ 据金祖明《浙江余姚青瓷窑址调查报告》（《考古学报》1959年第3期），古银锭湖的雉鸡山窑址曾采集到钟类器物，在寺龙口南宋地层中亦能找到同形器。但据慈溪市博物馆编《上林湖越窑》（科学出版社2002年版），雉鸡山4处编号窑址的年代为2处唐代、2处五代。

南宋越窑遗址的发现，始于20世纪80年代。在第二次全国文物普查的过程中，文物工作者在古银锭湖地区的低岭头、开刀山一带，发现了与传统越窑风格不同的产品。“当时朱伯谦先生指出，这是越窑衰落以后，再兴起的一类制品，其时代当不在北宋之内。”①1986年，张翔先生提出了“低岭头类型”问题，并称该类型指的是慈溪古银锭湖地区的“南宋青瓷窑址群”②。

1990年，浙江省文物考古研究所和慈溪市文物管理委员会办公室在开展窑址专题调查的过程中，对低岭头窑址（彭Y13）进行了试掘，获得了明确的二叠层资料。“下层遗物与传统的越窑制品具有明确的承继关系……。上层遗物则有明显的不同，特别是一类薄胎厚釉青瓷与支钉窑具，为下层所未见。”③此后不久，两单位又对残存的龙窑遗迹做了局部清理，并出土三钉饼形支钉窑具。2010年，因剩余的窑业堆积面临破坏危险，当地文物部门进行抢救性清理，再次获取了明确的二叠层堆积资料。低岭头下层堆积的年代，被推断为南宋早期，约公元1127年至12世纪中叶；上层的年代为12世纪中后叶。④

南宋越窑经过正式考古发掘的遗址有2处，一处为寺龙口（彭Y14），另一处为张家地（彭Y22）。

---

① 林士民：《青瓷与越窑》，上海古籍出版社1999年版，第163页。

② “低岭头类型”因浙江省慈溪市低岭头窑址而得名，窑业遗存分布于慈溪市古银锭湖一带，年代为南宋。除传统的越窑青瓷外，还有非浙江本土传统的产品，其中包括乳浊釉青瓷。最早提出“低岭头类型”的是张翔先生（《南宋余姚窑窑址的发现——记低岭头类型古窑址调查》，中国古陶瓷研究会1986年西安年会论文）。此后，任世龙先生进一步指出，“所谓‘低岭头类型’遗存，应是‘低岭头上层’堆积为代表的一种瓷业类型”（《论“越窑”和“越窑体系”》，《东南文化》1994年增刊第1期）。

③ 任世龙：《浙江瓷窑址考古十年论述》，浙江省文物考古研究所编：《浙江省文物考古研究所学刊——建所十周年纪念（1980—1990）》，科学出版社1993年版。

④ 浙江省文物考古研究所、慈溪市文物管理委员会办公室：《慈溪南宋越窑址：2010—2018调查发掘报告》，文物出版社2019年版，第180页。

1998年和1999年，浙江省文物考古研究所、北京大学考古文博学院和慈溪市文物管理委员会办公室对寺龙口窑址进行了两期发掘，揭露龙窑遗迹1处（参见图4-7），作坊遗迹2处，并对废品堆积进行了大规模发掘（图5-2），出土瓷器和窑具标本5万余件。该窑场使用时间长，遗存年代从晚唐到南宋。发掘报告将遗存分作六个期别，其中第六期的年代推断为南宋早期，即公元1127年至12世纪中叶。[①]

2018年2月，浙江省文物考古研究所和慈溪市文物管理委员会办公室对张家地窑址进行抢救性发掘，揭露龙窑遗迹1处（图5-3），发掘废

图5-2　寺龙口窑址堆积剖面

① 浙江省文物考古研究所、北京大学考古文博学院、慈溪市文物管理委员会：《寺龙口越窑址》，文物出版社2002年版。后引寺龙口窑址资料，若非特别注明，皆引自该发掘报告。

图5-3　张家地窑址龙窑遗迹

品堆积探沟1条，出土了一批瓷器和窑具标本。发掘者认为，该窑址的年代与低岭头上层相当，约在12世纪中后叶。①

2013年，慈溪市文物工作者调查岑家山窑址（彭Y20）时，发现一处废品堆积二叠层断面，分层采集了标本，但因未经正式发掘，文化内涵的早晚变化还是难以在此处的地层关系上得到反映。从采集标本的面貌看，大部分遗物具有北宋晚期风格，只有少量产品具有南宋早期特征。②

开刀山有5个编号的窑址（彭Y23—Y27），其中，彭Y27的遗物年代早于南宋；彭Y23的遗物面貌与岑家山彭Y20相似，但有乳浊釉青瓷；彭Y24—Y26遗存面貌与张家地窑址比较接近。③

二、产品特征

南宋越窑的产品特征，实际上就是所谓“低岭头类型”的产品特征，其与此前越窑最大的变化是，出现了与传统越窑青瓷面貌迥然有别的新的产品类型，正因为如此，才有了“后越窑”的说法④。

低岭头类型的产品特征，笔者曾经进行过总结。归纳起来有两大类产品，即传统的玻质釉青瓷和非越窑传统的乳浊釉青瓷。玻质釉青瓷有两路，一路仍然属于传统的越窑青瓷，另一路在传统越窑青瓷中融入了

① 浙江省文物考古研究所、慈溪市文物管理委员会办公室：《慈溪南宋越窑址：2010—2018调查发掘报告》，文物出版社2019年版。

② 浙江省文物考古研究所、慈溪市文物管理委员会办公室：《慈溪南宋越窑址：2010—2018调查发掘报告》，文物出版社2019年版，第292页。

③ 浙江省文物考古研究所、慈溪市文物管理委员会办公室：《慈溪南宋越窑址：2010—2018调查发掘报告》，文物出版社2019年版，第337页。岑家山窑址的编号为彭Y20，报告的结语部分误为Y21。据《上林湖越窑》第三章《古银锭湖窑址调查表》，开刀山的彭Y23发现有乳浊釉青瓷，因早期调查时，地表可采集标本丰富，可以采信。

④ 任世龙：《论“越窑”和“越窑体系”》，《东南文化》1994年增刊第1期。

较多的外来文化因素。①

玻质釉青瓷和乳浊釉青瓷均为灰胎，但灰色深浅不一。从器类来看，二者也几乎完全相同，都是既有日常生活用瓷，也有陈设器和礼器。它们的差别主要在釉、装饰和装烧等三个方面：玻质釉青瓷釉层薄而透明，多有刻划纹饰，置于匣钵内装烧时常用垫圈支垫；乳浊釉青瓷釉层厚或较厚、失透或半失透，刻划装饰少见、外壁偶见刻饰中脊凸起的莲瓣纹，置于匣钵内装烧时常用支钉具支烧或垫饼足底垫烧。

（一）玻质釉青瓷

玻质釉青瓷有精、粗两路产品。精品多胎质致密，胎体匀薄。釉面光亮，釉色多青中泛灰，也见青绿、青黄等色。造型普遍比较端巧，圈足规整，多矮直或略内收，碗盘类圆器的圈足多较细圆，卧足也比较多见。盛行刻划装饰，手法精细，以细线划花和刻划兼施两种基本手法为主，单纯的粗线刻花少量有见。装烧方式以匣钵装盛、垫圈垫烧为主。胎、釉、造型、装饰、装烧等方面的基本特征与北宋晚期的越窑青瓷一脉相承，但出现了陈设器、礼器和其他一些新的器型，部分刻划装饰的题材和手法承接了外来影响。

粗制产品胎质普遍较粗，有的能看见明显的颗粒。往往釉面干涩，釉色发灰或发黄，少量有窑变现象。除普通的碗盘类产品与部分精品相同外，胎体厚重的器物较多，精致小巧的器型很少。刻划花装饰也比较盛行，但多风格粗放。单纯的粗线刻花明显比精品多，刻划兼施也属常见，细线划花罕见，偶见单用篦线划花者。装烧方式以明火裸烧为主，碗盘类圆器普遍明火叠烧。从文化结构看，无论是核心层的胎、釉特征，中间层的装烧工艺，还是造型和装饰等浅表层的文化因素，粗制产品与传统越窑青瓷都有一定的差异。

---

① 郑建华：《越窑贡瓷与有关问题》，浙江省文物考古研究所编：《纪念浙江省文物考古研究所建所二十周年论文集（1979—1999）》，西泠印社1999年版。

玻质釉青瓷器型丰富，每一种器型往往又有多种造型。精、粗两路产品的部分器型相同，大宗产品碗盘类圆器更是如此。碗盏类有直口深弧腹（或带盖）（图5-4）、直口浅弧腹、敞口斜弧腹（图5-5）、撇口斜弧腹（图5-6）等多种造型。

盘碟类多折腹或圆折腹，口部或直或敞，足有圈足、卧足两种（图5-7至图5-9），也有敞口斜弧腹盘、直口撇足盘等。

瓶多圈足，也有隐圈足的，有直口、侈口、撇口、喇叭口、盘口或

图5-4　直口深弧腹碗（张家地TG1②:76）（左）

图5-5　敞口斜弧腹碗（张家地TG1②:17）（中）

图5-6　撇口斜弧腹碗（张家地TG1②:14）（右）

图5-7　直口圈足盘（张家地TG1②:117）（左）

图5-8　直口卧足盘（低岭头窑址Y13②:39）（中）

图5-9　敞口折腹圈足盘（低岭头窑址Y13②:32）（右）

折沿玉壶春瓶（图5-10），折肩纸槌瓶（图5-11），铺首衔环圆腹瓶（图5-12）、喇叭口瓜棱腹瓶、镂孔套瓶（图5-13）、梅瓶等。

图5-10　玉壶春瓶（寺龙口T4①a:56）

图5-11　纸槌瓶（张家地TG1②:70）

图5-12　铺首衔环瓶（低岭头窑址Y13②:49）

图5-13　镂孔套瓶（寺龙口T3①b:51、T3①b:61）

炉的造型最为丰富，有兽头足鼎式炉、圆锥足鼎式炉、圆管足鼎式炉、铺首衔环鼎式炉、盘口筒腹鼎式炉、方唇立耳鼎式炉、方唇筒腹平底三足炉（图5-14）、子口浅筒腹三足炉、宽折沿浅筒腹五足炉（图5-15）、渣斗式炉、鬲式炉（图5-16）等。

器盖有圆钮（图5-17）、花蕾钮（图5-18）、桥形钮、瓜蒂钮、无钮或圈足钮等圆边平沿器盖，也有荷叶形器盖（图5-19）、镂空香熏盖、梅瓶盖等多种。

器座有镂孔（图5-20）和不镂孔（图5-21）两种。

此外，还有执壶、水盂、卧足粉盒、盆、唾盂、盏托、六管灯（图5-22）、灯盏、杯、孔明碗（图5-23）、鸟食罐、钟（图5-24）、觚（图5-25）等。

图5-14　方唇筒腹平底三足炉（寺龙口窑址T1①:1）（左）
图5-15　宽折沿浅筒腹五足炉（寺龙口T8①b:29）（中）
图5-16　鬲式炉（低岭头窑址Y13①:57）（右）

图5-17　圆钮器盖（寺龙口T8①b:1）（左）
图5-18　花蕾钮器盖（张家地TG1②:83）（中）
图5-19　荷叶形器盖（寺龙口窑址T1①:27）（右）

图5-20 镂孔器座（寺龙口窑址Y1:45）（左）
图5-21 不镂孔器座（寺龙口T8①b:6）（中）
图5-22 六管灯（寺龙口T5①c：20）（右）

图5-23 孔明碗（寺龙口T7②:18）（左）
图5-24 钟（寺龙口T4①b:6）（中）
图5-25 觚（寺龙口T1②a:43）（右）

总的说来，精品的器型要更丰富一些。有些器型，比如炉、钟、器座、镂孔套瓶等，见于精品，不见于粗瓷。但见于粗瓷、不见于精品的器型也不少，比如喇叭口折肩瓶、口沿粘接褶皱泥条纹的花盆（图5-26）、梅瓶（图5-27）、卷沿粗短颈卧足罐、盘口执壶、荷叶形器盖、圈足形钮的卷折沿器盖、腰鼓、墨斗、象棋子、埙、韩瓶等。

玻质釉青瓷刻划装饰的题材，最常见的有牡丹花、荷花、兰草花（图5-28），多见折枝，也有缠枝，部分采用开光手法（图5-29）。莲瓣纹也很常见，有单独使用于碗盘外壁、器盖盖面的，作为其他题材的辅助纹饰的更多，一般为粗线刻划轮廓、细线划叶脉，也有仅用双线或单线刻划轮廓的。碗的内壁有刻“S”形复线的。另有荷叶、菊瓣、波涛、摩羯（图5-30）、蝶恋花、太阳纹、锦地纹、回纹、短直线等。花卉的叶脉与北宋时期不同，不再是每一条线分别划出，而是普遍采用成组的篦线，例外的情况仅偶有所见，比如寺龙口窑址出土的一件鼎式炉，外壁下部莲瓣纹的叶脉即用单线一一划出。除刻划外，还有模印、戳印、堆贴、镂孔、捏塑和口沿作葵口等装饰手法。最特殊的是寺龙口窑址出土的一件腰鼓，采用褐色彩绘装饰，器型和装饰均非越窑传统。

图5-26　花盆（张家地TG1②:47）

图5-27　梅瓶（寺龙口T4①b:36）

图5-28　兰草花刻划装饰（寺龙口T3①a:19）

图5-29　开光装饰（寺龙口T8①b:74）

图5-30　摩羯纹（寺龙口窑址T8②:35）

（二）乳浊釉青瓷

乳浊釉青瓷的器型与玻质釉青瓷相似，也是以碗盘类圆器为大宗（图5-31至图5-35），另有罐、执壶、洗、瓶（图5-36、图5-37）、炉、樽、觚（图5-38）、器座、花盆、水盂、鸟食罐、渣斗（图5-39）、唾盂、器盖等，但有自己的特色。胎体厚重、体形大的器物少见，有些器型不见于玻质釉青瓷或造型更加丰富多彩。

洗，有直口浅弧腹撇足洗、直口浅弧腹直圈足洗、宽折沿卧足洗、宽折沿细圆圈足洗（图5-40）。

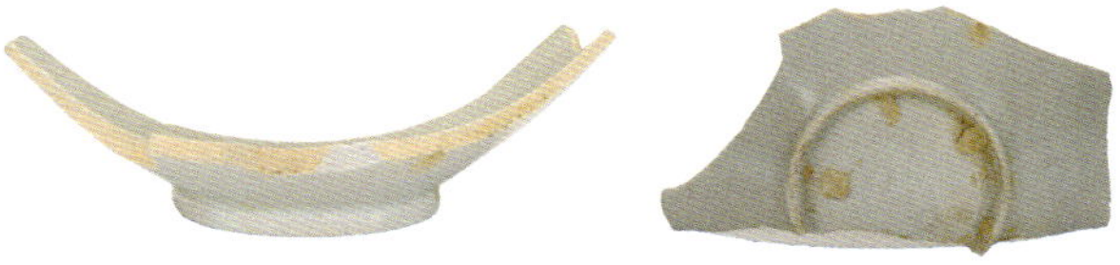

图5-31　直口深弧腹碗（张家地窑址PY22TG1②:120）（左）
图5-32　斜腹碗（低岭头窑址Y13①:34）（右）

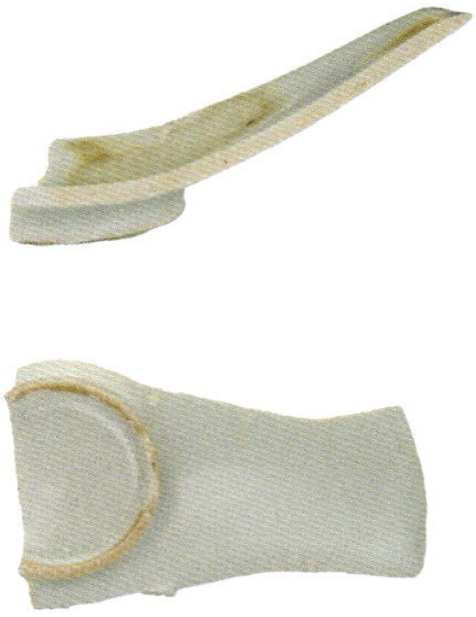

图5-33　折腹盘（张家地窑址PY22TG1②:246）（左）
图5-34　斜腹盘（低岭头窑址Y13①:35）（中）
图5-35　弧腹撇足盘（张家地窑址PY22y1:1）（右）

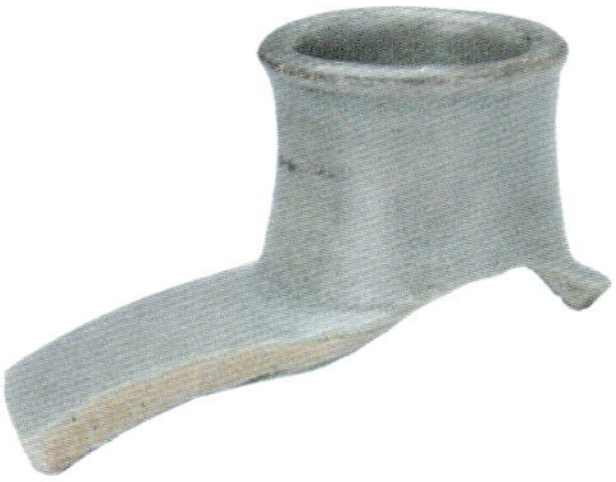

图5-36　瓶（张家地窑址PY22TG1②:158）
图5-37　梅瓶（张家地窑址PY22TG1②:196）
图5-38　觚（张家地窑址PY22TG1②:217）

图5-39　渣斗（低岭头窑址Y13①:112）（左）
图5-40　洗（低岭头窑址Y13①:115）（右）

炉，多见鬲式炉（图5-41），另有兽头足筒腹炉、渣斗式炉、管状足炉、三足鼓钉炉（图5-42）等。

花盆，除常见的口沿饰褶皱泥条纹的撇口盆（图5-43）外，还有方唇花盆、三足筒腹花盆。

鸟食罐，造型多样，有小口平底球腹盂形、敛口平底扁圆腹盂形、敛口长圆腹平底罐形、直口短领小平底罐形、直腹平底筒形或矮筒形、直口圈足瓶形等（图5-44至图5-46）。

此外，带系樽等器型也比较有特色。

乳浊釉青瓷多次施釉比较普遍，但不同器型采用不同的方式。碗盘类圆器和其他大口器型，往往内外施釉次数一致，而瓶盂类小口器物常常内壁单次施釉、外壁多次施釉。经过发掘的窑址均未见素烧炉和素烧坯，结合厚釉产品坍塌变形者较多的现象看，此时的多次施釉产品烧制

图5-41　鬲式炉（低岭头窑址Y13①:58）（左）

图5-42　三足鼓钉炉（张家地窑址PY22TG1②:200）（中）

图5-43　花盆（低岭头窑址Y13①:54）（右）

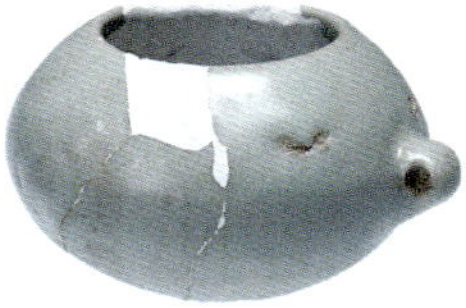

图5-44　鸟食罐（张家地窑址PY22TG1②:230）（左）

图5-45　鸟食罐（张家地窑址PY22TG1②:239）（中）

图5-46　鸟食罐（寺龙口T3①a:21）（右）

工艺可能还不太成熟。

乳浊釉青瓷以釉取胜，除鬲式炉的凸棱，觚的扉棱，炉、樽、花盆等器物的凸弦纹、鼓钉纹等装饰外，仅偶见碗盘外壁刻饰立体感较强的莲瓣纹（图5-47）。

图5-47　莲瓣纹盘（张家地窑址PY22TG1②:128）

乳浊釉青瓷的基本装烧方式是支钉具外底支烧和垫饼足底垫烧两种。支钉具绝大多数作锯齿口筒形，胎料较粗（图5-48）；饼形支钉具胎料较细，但数量很少（图5-49）。值得注意的是，

图5-48　圆筒齿口支钉具（寺龙口窑址南宋地层出土）

图5-49　饼形支钉窑具（寺龙口窑址T4）（左）

图5-50　垫饼（低岭头窑址Y13①:73）（中）

图5-51　“T”形垫具（低岭头窑址Y13①:115）（右）

并非采用支烧方式的就一定是乳浊釉青瓷，低岭头窑址的下层就出土过一件玻质釉莲瓣纹圈足盘，采用筒形锯齿状支烧具支烧。垫饼一般中间有圆孔，胎料多较粗（图5-50）。有一种“T”形垫具，多件层叠使用，托烧鸟食罐类小型器物（图5-51）。有些碗盘类圆器腹部较为浅坦，内底有叠烧痕迹，但釉色较为纯正，可能采用了匣钵多件装烧方式。

图5-52　罐炉套烧（张家地窑址PY22TG1②:203）

乳浊釉青瓷与玻质釉青瓷都有采用套烧方式的，既有粗制玻质釉青瓷充当匣钵用途的，也有精品玻质釉青瓷或乳浊釉青瓷置于匣钵装烧时，在内底再套烧一件小型器物的做法（图5-52）。

三、阶段与年代

从目前的考古发现看，南宋越窑瓷业遗存可分为早、晚两个小的阶段。早段包括岑家山窑址南宋遗存、开刀山之彭Y23、低岭头窑址下层堆积和寺龙口窑址第六期遗存，晚段包括张家地窑址、低岭头窑址上层堆积以及开刀山之彭Y24—Y26等3处窑址。

早段产品以玻质透明釉青瓷为主，乳浊釉青瓷占比很小；晚段产品中，乳浊釉青瓷与玻质透明釉青瓷产量相当，甚至已经超出。瓶、炉类陈设祭祀用器，早段主要是玻质釉产品，晚段以乳浊釉的为主。越窑技术系统的典型匣钵——“M”形匣钵，早段依然使用，晚段基本不见。

就乳浊釉青瓷而言，早段器型种类相对较少，晚段更为丰富，鬲式炉、三足鼓钉炉、樽、高领扁圆腹渣斗等器型仅见于晚段。外壁刻莲瓣纹的器物也仅见于晚段。釉层厚度，早段普遍较薄，很少观察到多次施釉的现象；晚段釉层普遍较厚，多次施釉者常见。碗盘类圆器的装烧方式，早晚段都有支钉外底支烧和垫饼足底垫烧两种，但早段支烧较多，晚段垫烧更为常见。这应该与施釉方式有关，一般来说，薄釉的支烧多，厚釉的垫烧多。

玻质透明釉青瓷，从早段到晚段，也可以看到一些变化。比如，口沿贴饰褶皱泥条纹的花盆演变：从腹部无装饰（图5-53）到上下腹各一道凸弦纹（图5-54）或褶皱泥条纹（图5-55）；镂孔器座的器身，由矮到高。另外，早段篦线划叶脉的莲瓣纹较为多见，晚段似乎双轮廓线无叶脉的莲瓣纹比较多见。但总体看来，玻质釉产品的面貌早晚段较为一致，这也说明了低岭头类型早晚段的年代颇为接近。将低岭头类型瓷业遗存的年代界定在南宋早期，应该是恰当的。

图5-53 花盆（低岭头窑址Y13②:75）

图5-54 花盆（张家地窑址PY22TG1②:90）

图5-55 花盆（张家地窑址PY22TG1②:105）

第三节 龙泉窑的兴盛

从南宋开始，龙泉窑进入了繁荣兴旺的全盛时期。在厚胎薄釉的翠青釉青瓷继续生产的同时，在南宋时期出现了釉层厚、乳浊感强的新的青瓷品种。与传统的钙釉不同，这种厚釉青瓷的釉为钙碱釉，釉层气泡多，透影性弱，玉质感强。这种新品种的出现，是继翠青釉青瓷之后，龙泉窑又一创新之举，标志着龙泉窑青瓷的审美取向开始从注重胎装饰向崇尚釉装饰转变，从追求胎体装饰美向侧重釉质釉色美发展。从此，粉青和梅子青日渐成为人们对于龙泉窑青瓷釉念兹在兹的审美追求。至迟南宋中期，在白胎（包括浅灰胎）青瓷之外，又出现了黑胎青瓷。这是龙泉窑发展历史上的第三次重大创新，反映其窑业生产在满足一般市场需求的同时，走向贵族化的另一面。有元一代，龙泉窑窑场数量空前，产品在海内外行销的区域也最为辽阔，在融合厚胎薄釉与薄胎厚釉工艺的基础上，成功烧制了厚胎厚釉青瓷，并渐成主流。这是龙泉窑历史上最后一次创新。如果说，施钙釉的薄釉青瓷是浙江本土传统的瓷业产品的话，施钙碱釉的厚釉青瓷，则毫无疑问是外来影响下出现的新品种。而厚胎厚釉青瓷正是本土与外来因素融合发展的产物，是龙泉窑引进、消化、吸收外来文化因素后的“原创”之作。从这个角度看，龙泉窑历史上的前三次“创新”，也可以看作“革新”，只有最后一次才是革新基础上真正意义上的“创造”。由此，将厚胎厚釉青瓷工艺视为龙泉窑发展史上的巅峰，也是自成一理的。①不仅如此，厚胎厚釉青瓷开创的繁盛局面一直延续到明代早中期，铸就了龙泉窑最后的辉煌。

第三至第六阶段，也就是南宋早期到明代早中期，是龙泉窑历史的主体部分。在此期间，龙泉窑瓷业兴旺发达，窑场数量众多，地域广阔。与此相应，龙泉窑瓷业遗存丰富，考古发现多，工作成果丰硕。最重要的考古发掘有三项。

（1）1960年进行的大窑窑址发掘，在龙泉窑考古史上具有开创意义。虽然发掘规模不大，但依据明确的地层关系，初步建立起了从北宋中晚期到明代早中期的瓷业遗存年代序列，各发掘单元从早到晚的“时代顺序是：T10→Y4、Y3→Y2、T1—T3→T13、Y7 →Y5和Y6”。除T10

---

① 任世龙：《龙泉窑的双线生产——再论龙泉青瓷的两大系列》，浙江省文物局、浙江省博物馆编：《浙江文博七十年文萃》，浙江大学出版社1999年版。

的遗存年代被推定为北宋中期外，其他的年代都在龙泉窑第三至第六阶段的区间内。Y4、Y3被推定为南宋前期，Y2和T1—T3为南宋后期，T13、T14和Y7“约在宋末到元代”，Y5和Y6“约为元末明初”。[①]本次发掘初步明确了薄釉青瓷与厚釉青瓷、白胎青瓷与黑胎青瓷的相对年代关系。相对于南宋和元代而言，这次发掘获得的明代地层资料比较单薄。

（2）20世纪七八十年代紧水滩水库库区的窑址发掘，取得了从北宋晚期到明代中期的瓷业地层资料。从产品类型看，薄釉青瓷的年代序列完整，厚釉青瓷则断断续续。从胎色看，均为白胎青瓷，黑胎青瓷不见报道。在参与发掘的几个单位中，以浙江省文物考古研究所在山头窑、大白岸和源口三大窑址群获取的资料年代序列最为完整，相关遗存被分成了四期八段，除第一段外，均在龙泉窑第三至第六阶段的时间范围内。[②]其次是中国社会科学院考古研究所发掘的安福窑址群，年代最早可到两宋之际，最晚到明代早中期。[③]其他的窑址遗存，涵盖年代相对较短，山头窑窑址为北宋末至南宋早期[④]，上严儿[⑤]和安仁口窑址[⑥]年代均为南宋和元代。

（3）2006—2007年大窑枫洞岩窑址发掘，获得了从南宋晚期到明代早中期的地层资料，其中元代中晚期到明代早中期的遗存相对丰富，明代早期的“官用”瓷器资料尤其珍贵。[⑦]

---

① 朱伯谦：《龙泉大窑古瓷窑遗址发掘报告》，浙江省轻工业厅编：《龙泉青瓷研究》，文物出版社1989年版，第38—67页。

② 浙江省文物考古研究所：《龙泉东区窑址发掘报告》，文物出版社2005年版。

③ 中国社会科学院考古研究所浙江工作队：《浙江龙泉县安福龙泉窑址发掘简报》，《考古》1986年第6期。

④ 故宫博物院发掘组：《浙江龙泉青瓷山头窑发掘的主要收获》，《文物》1981年第10期。

⑤ 中国历史博物馆考古部：《浙江龙泉青瓷上严儿村窑址发掘报告》，《中国国家博物馆馆刊》1986年总第8期。

⑥ 上海博物馆考古部：《浙江龙泉安仁口古瓷窑址发掘报告》，《上海博物馆集刊》第三期，上海古籍出版社1986年版。

⑦ 浙江省文物考古研究所等：《龙泉大窑枫洞岩窑址》，文物出版社2015年版。

以窑址考古资料尤其是窑址发掘资料为基础，结合其他地点的出土（出水）材料，参考各地收藏的龙泉窑青瓷，可以梳理出第三至第六阶段龙泉窑青瓷的基本面貌。

一、南宋早中期

南宋早中期（前期）属龙泉窑第三阶段，是龙泉窑的发展期，淡青釉青瓷似已不见，厚胎薄釉的翠青釉青瓷继续生产，新出现具有一定乳浊感的青瓷，生产规模继续扩大，窑场数量明显比前一阶段多。

（一）龙泉窑乳浊釉青瓷的孕育与发展

2012年6月至2013年8月，浙江省文物考古研究所等单位对大窑窑址群进行调查，并对部分窑址进行了试掘。其中，瓦窑坑窑址⑥层（Y38TG2⑥）出土的青瓷，除日常生活用器外，另见钟、鼎式炉（图5-56、图5-57）等陈设类器；既有玻质感较强的传统的翠青釉青瓷，也有釉层略厚、有一定乳浊感的新的青瓷品种。该地层出土的一件平底盏托，盘面刻铭“绍兴拾叁年癸亥九月□”（图5-58）；另一件器物，内底刻“癸酉□月廿日置充丕尊”等字（图5-59）。鉴于与绍兴十三年最近的“癸酉”年是绍兴二十三年（1153），称该地层为“绍兴二十三年地层”似更为妥当。为与已发表资料保持一致，暂且沿用“绍兴十三年地层”的说法。由该地层的包含物，我们可以明确认知，南宋早期，龙泉窑已经开始生产釉层具有一定乳浊感的青瓷。值得指出的是，1960年大窑发掘，Y4出土了兽头足鼎式炉，Y3出土了葱管足鼎式炉和弦纹樽式炉等陈设器，朱伯谦先生将Y4、Y3的年代，分别推断为南宋前期的早段和晚段①。

1970年，新昌“绍兴乙卯年”（1135）墓出土了一件葵口出筋青瓷

① 朱伯谦：《龙泉大窑古瓷窑遗址发掘报告》，浙江省轻工业厅编：《龙泉青瓷研究》，文物出版社1989年版，第38—67页。

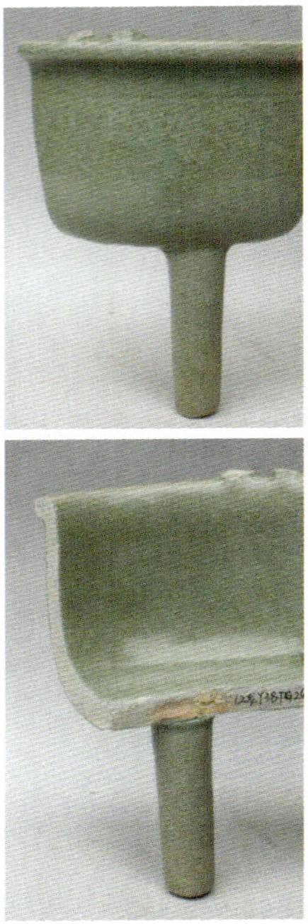

图5-56　龙泉窑青瓷鼎式炉（大窑瓦窑坑Y38TG2⑥:81，浙江省文物考古研究所发掘资料）（左）

图5-57　鼎式炉残件（大窑瓦窑坑Y38TG2⑥:84，浙江省文物考古研究所发掘资料）（右）

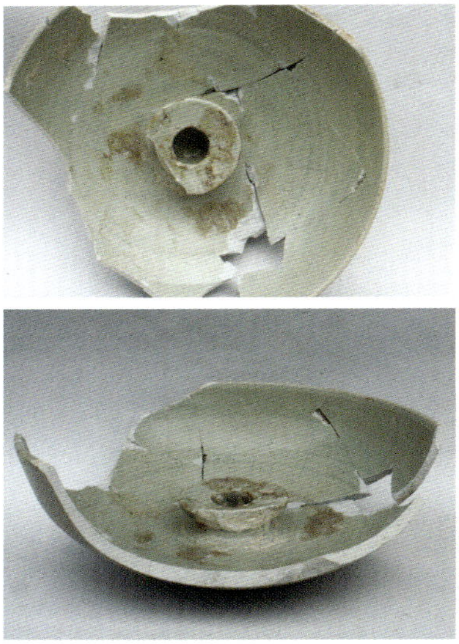

图5-58　“绍兴拾叁年”铭青瓷盏托（大窑瓦窑坑Y38TG2⑥:87，浙江省文物考古研究所发掘资料）（左）

图5-59　“癸酉”款青瓷“丕尊”（大窑瓦窑坑Y38TG2⑥:86，浙江省文物考古研究所发掘资料）（右）

图5-60　葵口出筋青瓷碗（浙江新昌“绍兴乙卯年”墓出土）

碗，撇口，弧腹，直圈足，无刻划纹饰，釉层较厚，有乳浊感，外底无釉，装烧方式应该是垫饼垫烧（图5-60）。[①]该碗曾被视作越窑产品，实为龙泉窑青瓷，其釉质釉色与瓦窑坑“绍兴十三年”地层出土的具有一定乳浊感的青瓷相近。与该碗器形相近的葵口出筋碗，见于2013—2014年发掘的金村YA3-17TG1③，在1960年发掘的大窑Y4、金村第二层中亦有见。根据1960年金村窑址发掘报告，金村第二层的年代与大窑Y3、Y4相当，而该层出土的葵口出筋碗，有的带“河滨遗范”字款。

由上论可知，南宋早期，龙泉窑已经开始生产陈设器类产品，并已开始生产具有较强乳浊感的青瓷，其中有葵口出筋装饰者。但是，这些所谓的乳浊釉青瓷，虽然釉层比普通的翠青釉青瓷厚，有一定的乳浊感，但并无多次施釉迹象。釉层有一定乳浊感的类似现象，在北宋晚期的翠青釉青瓷精品中，也能看到“影子”，比如松阳北宋癸酉年（元祐八年，即1093年）墓出土的执壶、熏炉、敛口钵，2011年浙江省文物考古研究所试掘的大窑山头埕窑址出土的标本等。[②]

武义县柳城镇是原处州宣平县的县城。1979年，柳城犁耙厂一座墓葬（M53）出土瓷器9件，除1件青白瓷、2件黑（酱）釉瓷外，均为龙泉窑青瓷。其中，双面刻划花的翠青釉青瓷盏1件（图5-61），敞口斜弧腹碗1件（图5-62），光素无纹的直口深弧腹盖碗4件（图5-63、图

① 该墓葬未经正式发掘，随葬品在基建施工过程中已被取出，但因当时的工地仅此一座墓葬发现，因此，这件龙泉窑青瓷碗出于该墓，应该是可以采信的。参阅新昌文物志编纂委员会：《新昌文物志》，当代中国出版社2001年版，第67—68页。

② 浙江省文物考古研究所发掘资料。

图5-61 龙泉窑青瓷盏（浙江武义柳城宋墓M53出土）（左）

图5-62 龙泉窑青瓷碗（浙江武义柳城宋墓M53出土）（右）

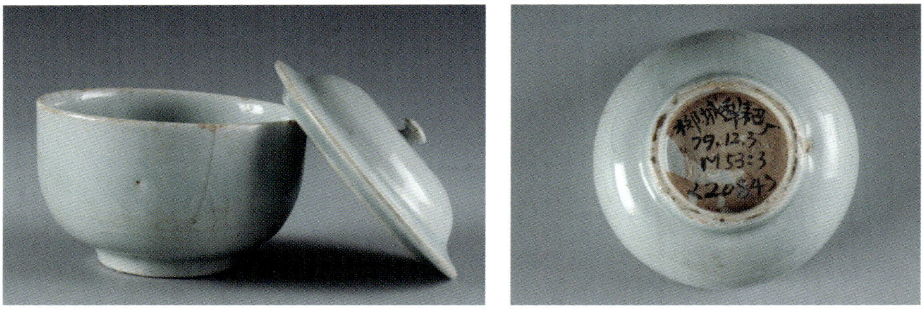

图5-63 龙泉窑青瓷盖碗（浙江武义柳城宋墓M53出土）

图5-64　龙泉窑青瓷盖碗（浙江武义柳城宋墓M53出土）

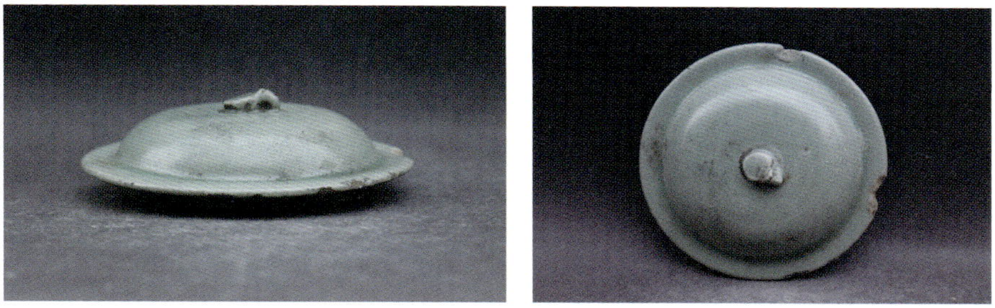

图5-65　器盖（龙泉金村Y17TG1④:155）

5-64）。①刻划花的翠青釉盏非常精致，外底垫饼垫烧。5件素面青瓷均釉层布满小气泡，有乳浊感，但未观察到多次施釉现象；装烧方式，3件为外底垫饼垫烧，2件足底垫饼垫烧。4件盖碗的造型一致，与1960年发掘的大窑Y4和金村第二层出土的盖碗相似。有2件盖碗的釉色、釉质与2013—2014年金村Y17TG1③④层出土的器盖相近，盖的造型除钮之外也与其比较接近（图5-65）。②该墓出土的龙泉窑青瓷，双面刻划花的翠青釉产品与素面无饰有乳浊感的产品共出；外底无釉、垫饼垫于外底和圈足端无釉、垫饼垫于足底的两种装烧方式同见，从一定意义上可视为第三阶段偏晚时期龙泉窑产品面貌的缩影。

---

① 这批瓷器现藏武义县博物馆。

② 浙江省文物考古研究所、龙泉青瓷博物馆：《龙泉金村窑址群：2013—2014年调查试掘报告》，文物出版社2019年版，第397页，彩版5-100。

（二）产品特征

基本属于这个阶段、经过发掘的窑业遗存主要有：1960年发掘的大窑窑址Y3、Y4，金村窑址第二层遗存；1979—1983年发掘的龙泉东区第二段、第三段遗存；2013—2014年调查试掘的龙泉金村窑址群“南宋早期”和“南宋中期”的遗存。本阶段有厚胎薄釉釉层透明的翠青釉青瓷和釉层较厚的乳浊釉青瓷两类产品。从各片区产品的质量看，大窑一带最高，其次金村，再次龙泉东区，核心区以外的普遍质量一般，但可与龙泉东区媲美的并不少见。

器型依然以碗（图5-66、图5-67）、盘（图5-68）为主，另有盏、钵、盒、洗、杯、孔明碗、炉、罐、梅瓶（图5-69）、瓶、执壶、盏托等。本阶段三足炉、钮钟、长颈瓶等陈设器新出现或数量大增，三足炉有折沿束颈扁弧腹兽蹄足鼎式炉、环耳折沿筒腹葱管足鼎式炉、八角印

图5-66　龙泉窑“河滨遗范”碗（“庚戌”年款，安徽博物院藏）

图5-67　龙泉窑“河滨遗范”碗（大窑山头埕TG1①:1，浙江省文物考古研究所发掘资料）

图5-68　盘（大窑瓦窑坑Y38TG2⑥:11，浙江省文物考古研究所发掘资料）

图5-69　梅瓶［浙江丽水淳熙五年（1178）何偁墓出土］

花八卦兽蹄足鼎式炉、直筒腹樽式炉等多种形态。钟形似现代铜钟，圆穹顶有钮，敞口略呈喇叭形，下缘作连续弧形。长颈瓶多垂弧腹，圈足，有喇叭口细颈和直口粗颈等不同形态，有光素无纹和刻划花两种（图5-70）。多管瓶、盘口壶还少量有见，但造型趋于丰满，瓶钮作鸡、犬类动物造型的比较多见（图5-71、图5-72）。

与上一阶段相比，本阶段产品胎体多趋于厚重，碗的圈足多挖足较浅，腹部弧度变大，重心下移。釉色趋于纯正，釉色青黄或青灰者减少。装饰趋于简洁，光素无纹者增多，刻划纹饰布局趋于单面。垫饼外底垫烧依然是主流装烧方式，新出现足底垫烧工艺。

釉层透明的翠青釉青瓷，也就是所谓厚胎薄釉青瓷，普遍采用垫饼外底垫烧的装烧工艺，与此相关，器物胎体普遍比较厚重。正因为所施为透明的薄釉，胎装饰特别是刻划装饰依然比较多见。

图5-71

图5-70

图5-72

图5-70　垂腹瓶（龙泉金村Y17TG1④:1）

图5-71　五管瓶（故宫博物院藏）

图5-72　盘口壶（故宫博物院藏）

本阶段翠青釉青瓷与上一阶段同类产品的差异，在刻划装饰方面表现得最为明显。本阶段盛行单面装饰，瓶壶类琢器刻划装饰自然在外面，碗盘类圆器的装饰往往在内面。因为碗盘类是主要产品，内底和内壁单面装饰显得特别流行。

内外双面刻划纹饰的产品依然占一定比例，但风格有所变化，以往流行的外壁刻划几组斜线、内面刻划花的做法少见，外壁刻划瓣面扁平莲瓣纹、内壁刻划花卉的反而比以往多。

器物内底、内壁单面装饰主要有三种形式。最常见的还是刻划纹饰，不过布局比以往的疏朗，图案趋于简洁，莲荷依然是主要题材，但篦线衬底的做法逐渐减少。碗和圈足盘往往内底和内壁同时刻划纹饰，平底折腹盘多仅在内底刻划一朵折枝花或团花（图5-73、图5-74）。“S”形复线结合卷云纹的刻划花与“葵口出筋”是本阶段新出现的装饰手法。前者的做法通常是：口沿作葵口，与葵口相呼应，在内壁刻划“S”形复线并且上端彼此相连，如此将内壁分成若干部分，每一部分内刻划卷云一朵，内底有的刻划朵花（图5-75）。后者的做法是：口沿也作葵口，与每一个凹口相对应，用料浆在内壁画出粗短直线，然后敷釉，烧

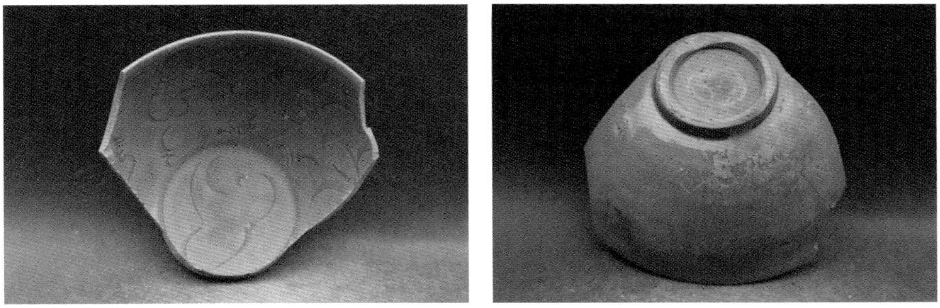

图5-73　刻划花碗（龙泉金村Y17TG1④:32）

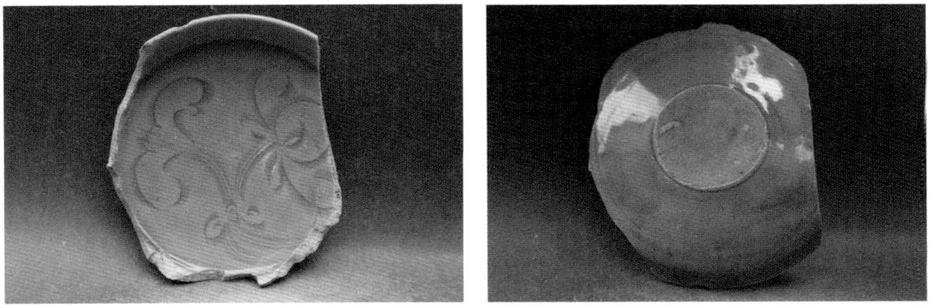

图5-74　刻划花盘（龙泉金村Y17TG1④:70）

图5-75 “S”形复线装饰碗（“开禧”年款，龙泉青瓷博物馆藏）

成后由于釉层的流离而呈现出条条白痕。除三种常见装饰外，外壁刻划宽瓣或窄瓣莲瓣纹的也有所见（部分中脊略凸起），还有印花、“河滨遗范”印章款等装饰方式。

相对翠青釉产品来说，本阶段具有一定乳浊感的青瓷胎体相对比较均匀。与此相关联，装烧方式除外底垫饼垫烧外，较多地采用足底垫饼垫烧的方式，就是装烧时将专门制作的圆饼形窑具垫于已经刮掉釉层的坯件足底。由于主要追求釉质、釉色美，乳浊釉青瓷虽见有刻划、葵口出筋等纹饰，但风格向光素无纹转换的趋势明显。

此外，本阶段产品的成型方式在拉坯之外，新出现了采用模制成型方式的产品，比如八卦纹鼎式炉、钟等陈设器。

总之，第三阶段属于龙泉窑从传统到新生的过渡期，产品类型从单一走向多样，器形品种从单调走向繁复，装饰风格从注重胎装饰转向注重釉装饰，釉从玻质感强的透明釉向有一定乳浊感的半失透釉发展，可以说，没有第三阶段的探索和积累，就不可能有第四阶段繁荣兴旺局面的到来。

值得特别指出的是，第三阶段龙泉窑的显著变化与越窑低岭头类型的影响密不可分。这不仅表现在乳浊釉青瓷这一非传统类型产品的出现上，也表现在器类、造型和装饰等方面。大窑瓦窑坑“绍兴十三年”地层中的有些器形与低岭头类型的器物相似。甚至以往被视为南宋龙泉窑

图5-76　越窑低岭头类型青瓷钟（寺龙口窑址T6扩②:48）

图5-77　龙泉窑青瓷钟（大窑瓦窑坑Y38TG2⑥:85，浙江省文物考古研究所发掘资料）

图5-78　越窑低岭头类型“S”形复线装饰（张家地窑址PY22TG1②:25）

图5-79　龙泉窑“S”形复线装饰（龙泉金村Y17TG1④:48）

青瓷典型装饰之一的“S”形复线，在慈溪古银锭湖的窑址中都有出土（图5-76至图5-79）。近些年来，在大窑片区的窑址中，还采集到釉色较浅、胎体较薄，与低岭头类型乳浊釉青瓷更为相近的标本。

二、南宋中晚期至元代早期

南宋中晚期（后期）到元代早期属龙泉窑第四阶段，是龙泉窑工艺成就最高的时期，也就是高峰期。龙泉窑的“两路三类”产品在本阶段最为齐备。本阶段产品器型丰富，胎釉加工精细，普遍胎体比较匀薄，造型优美。乳浊釉青瓷的“薄胎厚釉”特征在本阶段体现得最明显，生产规模最大，产品占比最高。生产乳浊釉青瓷的窑场众多，其中大窑最集中，产品质量最好。龙泉窑对釉质釉色美的追求，在本阶段臻于至善，粉青釉产品常见，即便被概括为“厚胎薄釉刻划花”的翠青釉青瓷，釉的玻质感、釉层的透影性也明显减弱，大有与乳浊釉合流之势。黑胎青瓷是本阶段最鲜明的特色。

（一）《菽园杂记》关于龙泉窑的记载

本阶段初期龙泉窑核心区的青瓷生产状况，明代陆容《菽园杂记》所引南宋嘉定《龙泉志》“青瓷”条有精彩描述。

对于《菽园杂记》“青瓷”条的来源，学术界曾有不同看法。该书卷十四在采铜、采银、青瓷、韶粉、香蕈等五条后，注云“已上五条出龙泉县志”。近些年来，有学者考证，《菽园杂记》成书以前，龙泉县志有南宋嘉定志和明永乐志，包括“青瓷”条在内的这五条内容来源于南宋嘉定《龙泉志》。至于嘉定志的编撰者，则确认为龙泉县丞潘桧、知县林应辰。①

《菽园杂记》引嘉定《龙泉志》云：

青瓷初出于刘田，去县六十里。次则有金村窑，与刘田相去五里余。外则白雁、梧桐、安仁、安福、绿绕等处皆有之。然泥油精

① 王菱菱：《明代陆容〈菽园杂记〉所引〈龙泉县志〉的作者及时代——兼论宋代铜矿的开采冶炼技术》，《中国经济史研究》2001年第4期。关于嘉定《龙泉志》的编撰者，王菱菱前文考证有误，后在《对南宋〈龙泉志〉及其作者的重新解读——兼论南宋〈青田志〉〈缙云志〉的编纂》一文中予以纠正（《宋史研究论丛》2016年第2期）。对于陆容所引龙泉县志的内容源自嘉定志的考证，还可参阅芦笛：《对明代〈菽园杂记〉所引香菇栽培史料的研究回顾和补充》（《食药用菌》2014年第1期）、《再论明陆容〈菽园杂记〉所引龙泉县志源出嘉定志》（《食药用菌》2014年第5期）。

> 细，模范端巧，俱不若刘田。泥则取于窑之近地，其他处皆不及。油则取诸山中，蓄木叶烧炼成灰，并白石末澄取细者，合而为油。大率取泥贵细，合油贵精。匠作先以钧运成器，或模范成形。候泥干，则蘸油涂饰，用泥筒盛之。置诸窑内，端正排定，以柴篠日夜烧变。候火色红焰无烟，即以泥封闭火门，火气绝而后启。凡绿豆色莹净无瑕者为上，生菜色者次之。然上等价高，皆转货他处，县官未尝见也。①

该志成书于嘉定二年（1209），《菽园杂记》“青瓷”条的记载与南宋中期前段（或包含稍早阶段）龙泉县境内的青瓷生产状况是否相符呢？从现有考古成果看，是完全吻合的。其所提到的青瓷生产地点，刘田（指大窑）、金村位于龙泉南区，其余地点均位于龙泉东区，在嘉定《龙泉志》成书以前那段时间，均窑场众多，青瓷生产活跃，其中成瓷质量最高的要数大窑片区的窑场。假若《菽园杂记》“青瓷”条内容来源于明永乐县志，那么，金村就不可能排到仅次于大窑的位置，因为金村一带的青瓷生产到元明之际已经基本结束了。②

至于“上等价高，皆转货他处”的说法，显然说的是质量好的青瓷价格高，都贩卖到龙泉以外的地方去了。这种情形从墓葬出土情况可以得到印证。南宋中期前段的龙泉窑青瓷精品，在各地墓葬中广有出土。龙泉附近的，如松阳县庆元元年（1195）出土的梅瓶（图5-80、图

---

① 〔明〕陆容：《菽园杂记》卷十四，中华书局1985年版。

② 第三次全国文物普查，未在金村片区发现明代窑址（丽水市文化广电新闻出版局：《河滨遗范》，浙江古籍出版社2011年版，第46页）；据浙江省文物考古研究所、龙泉青瓷博物馆编著《龙泉金村窑址群：2013～2014年调查试掘报告》（文物出版社2019年版）介绍，金村YA-3、YA-7、YA-15等三处窑址下限可到明代，但从内容描述看，似乎仅YA-3可能晚到明永乐《龙泉县志》成书前夕（永乐十四至十九年，即1416—1421年）。

图5-80　梅瓶（浙江松阳宋庆元元年墓出土）

图5-81　梅瓶（浙江松阳宋庆元元年墓出土）

5-81）[①]，庆元县嘉泰三年（1203）胡纮墓、开禧元年（1205）胡纮夫人墓出土的象钮盖罐、梅瓶（图5-82）、花口盏、盘等[②]；距离较远的，如四川彭山庆元六年（1200）墓出土的罐[③]、江西省清江县（现樟树市）开禧元年（1205）墓出土的长颈瓶（图5-83）等[④]。

假如“青瓷”条描述的是明代早期的情形，则显然与当时的窑业生产状况不符。明代洪武、永乐时期，龙泉大窑枫洞岩一带窑场曾为朝廷生产御用瓷[⑤]，毫无疑问，御用青瓷是当时龙泉窑青瓷中的“上等”货，

① 宋子军、刘鼎：《浙江松阳宋墓出土瓷器》，《文物》2015年第7期。

② 浙江省文物考古研究所、庆元县文物管理委员会：《浙江庆元会溪南宋胡纮夫妇合葬墓发掘简报》，《文物》2015年第7期。

③ 四川省文物管理委员会：《南宋虞公著夫妇合葬墓》，《考古学报》1985年第3期。

④ 黄冬梅：《清江南宋纪年墓出土的瓷器》，《江西历史文物》1987年第1期。

⑤ 参阅本书第七章第三节四“明代龙泉窑御器厂”。

图5-82　梅瓶（浙江庆元开禧元年胡纮夫人墓出土）

图5-83　长颈瓶（江西清江开禧元年墓出土）

但很明显，这些产品是不可能都“转货他处”的。当然，“皆转货他处”的“皆”，也只是一般的描述性用词，从南宋临安城遗址和宋六陵考古的情况看，南宋中期，高质量的龙泉窑确实曾经上贡过朝廷，但这也改变不了当时的龙泉窑为民营窑场、生产的主要是商品瓷的事实。或许，正是因为修志者的身份为“县官”，才会感慨当时的龙泉青瓷，“上等价高，皆转货他处，县官未尝见也”。

《菽园杂记》“青瓷”条的这段文字，不仅记载了南宋中叶龙泉窑核心区的窑场分布状况，还详细描述了青瓷生产从胎料采取、釉料加工、成型、晾坯、上釉到装匣、入窑、烧成、出窑，乃至流通的完整过程，从一个侧面反映了当时龙泉窑青瓷生产的盛况，史料价值弥足珍贵。

（二）成熟的乳浊釉青瓷——薄胎厚釉青瓷的出现

属于本阶段、经过发掘的窑业遗存主要有：1960年发掘的大窑Y2、

T1、T2、T3[①]，1979—1983年发掘的龙泉东区第四段和第五段遗存[②]，2006—2007年大窑枫洞岩发掘第一期遗存[③]，2013—2014年调查试掘的龙泉金村窑址群“南宋晚期”遗存[④]。此外，1979—1980年发掘的龙泉东区安福窑址[⑤]、1979年发掘的上严儿窑址[⑥]和安仁口（入窑湾3号窑址）[⑦]也有本阶段的遗存。

无论龙泉南区还是龙泉东区，厚胎薄釉和薄胎厚釉两路青瓷都有生产，但薄胎厚釉青瓷生产主要集中在大窑片区，金村一带也很发达，所以，大窑、金村的历次发掘，都有大批薄胎厚釉青瓷标本出土。龙泉东区显然以生产厚胎薄釉青瓷为主，但薄胎厚釉青瓷在安福大栗山和上严儿等窑址堆积中也有发现。毫不夸张地说，仅在大窑，就可以排出龙泉窑厚釉青瓷的发展序列；单凭龙泉东区的窑业遗存，就能基本排出龙泉窑薄釉青瓷的发展序列。

目前所知，有明确纪年的最早的薄胎厚釉龙泉窑青瓷出土于浙江省庆元县的胡纮夫妇墓。胡纮及其夫人墓出土的龙泉窑青瓷，造型精巧，胎体匀薄，无刻划装饰，全部满釉、仅足底刮釉，采用足底垫饼垫烧的装烧工艺，几乎件件是精品，应该是多次施釉的成熟的龙泉窑乳浊釉青

---

① 朱伯谦：《龙泉大窑古瓷窑遗址发掘报告》，浙江省轻工业厅编：《龙泉青瓷研究》，文物出版社1989年版。

② 浙江省文物考古研究所：《龙泉东区窑址发掘报告》，文物出版社2005年版。

③ 浙江省文物考古研究所、北京大学考古文博学院、龙泉青瓷博物馆：《龙泉大窑枫洞岩窑址》，文物出版社2015年版。

④ 浙江省文物考古研究所、龙泉青瓷博物馆：《龙泉金村窑址群：2013—2014年调查试掘报告》，文物出版社2019年版。

⑤ 中国社会科学院考古研究所浙江工作队：《浙江龙泉县安福龙泉窑址发掘简报》，《考古》1986年第6期。

⑥ 中国历史博物馆考古部：《浙江龙泉青瓷上严儿村窑址发掘报告》，《中国国家博物馆馆刊》1986年总第8期。

⑦ 上海博物馆考古部：《浙江龙泉安仁口古瓷窑址发掘报告》，《上海博物馆集刊》第三期，上海古籍出版社1986年版。

图5-84　花口盏（浙江庆元开禧元年胡纮夫人墓出土）

瓷，也就是真正的薄胎厚釉青瓷。胡纮墓遭施工破坏，残存龙泉窑青瓷5件，其中象钮盖罐3件（套）、梅瓶1件（套）、六瓣花口盘1件。胡纮夫人墓保存完好，出土瓷器12件，除3件青白瓷外，另外9件均为龙泉窑青瓷，包括象钮盖罐6件（套）、梅瓶1件（套）、六瓣花口盏1件（图5-84）和六瓣花口盘1件。①高质量厚釉青瓷成批出现，说明龙泉窑乳浊釉青瓷不仅生产已成规模，而且其制作工艺此时已经成熟。

龙泉窑乳浊釉青瓷，经过第三阶段的孕育，到本阶段，终于十月怀胎、一朝分娩，其孕育到成熟的过程，可以简单归纳为：南宋早期乳浊釉青瓷（一次施釉）→南宋中期成熟乳浊釉青瓷（多次施釉）。

（三）产品特征

本阶段产品仍然以碗（图5-85、图5-86）、盘（图5-87、图5-88）类为大宗，但器型更加丰富多彩。盖碗腹部加深（图5-89），其他的碗腹部趋向浅坦。宽折沿圈足盘多，折腹盘似已少见。平折沿折腹圈足小洗大量出现（图5-90）。八角盘、菱花口盘、八角盏、海棠形杯（图5-91）、把杯、荷叶盖罐等造型别致。器体矮小的执壶，腹部多印花或作瓜瓣形（图5-92）。陈设器特别发达。瓶类有贯耳瓶（图5-93）、鱼耳瓶、凤耳瓶（图5-94）、环耳瓶、纸槌瓶、弦纹瓶、穿带瓶、琮式瓶

① 浙江省文物考古研究所、庆元县文物管理委员会：《浙江庆元会溪南宋胡纮夫妇合葬墓发掘简报》，《文物》2015年第7期。

图5-85　碗（龙泉金村YA3-22TG③1）（左）

图5-86　莲瓣纹碗（故宫博物院藏）（右）

图5-87　盘（龙泉金村YA3-22TG③2）

图5-88　盘（故宫博物院藏）

图5-89　盖碗（四川遂宁窖藏出土）

图5-90　洗（故宫博物院藏）（左）
图5-91　海棠形杯（浙江丽水城西路出土，丽水市博物馆藏）（中）
图5-92　执壶［江西樟树宋景定四年（1263）墓出土］（右）

图5-93　长腹贯耳瓶（大窑瓦窑坑Y38TG2④出土，浙江省文物考古研究所发掘资料）（左）
图5-94　凤耳瓶（松阳县博物馆藏）（右）

（图5-95）、白菜瓶、蒜头瓶、方瓶、大吉瓶、壁挂瓶等多种。炉类有簋式炉、鬲式炉（图5-96）、竖环耳鼎式炉、八卦纹鼎式炉、鼓钉三足炉（图5-97）、圈足底三足炉等器型。觚形尊、蔗段洗、砚滴、花盆、渣斗、鸟食罐（图5-98、图5-99）、五管花插（图5-100）、局部露胎人物造像（图5-101）等富有特色。地域特色鲜明、在龙泉及其周边地区墓葬中常见出土的多管瓶和盘口壶，已被成对出现的龙瓶、虎瓶替代。遂昌县妙高镇梅村茶果山出土的一对龙虎瓶，从多管瓶、盘口壶向龙、虎

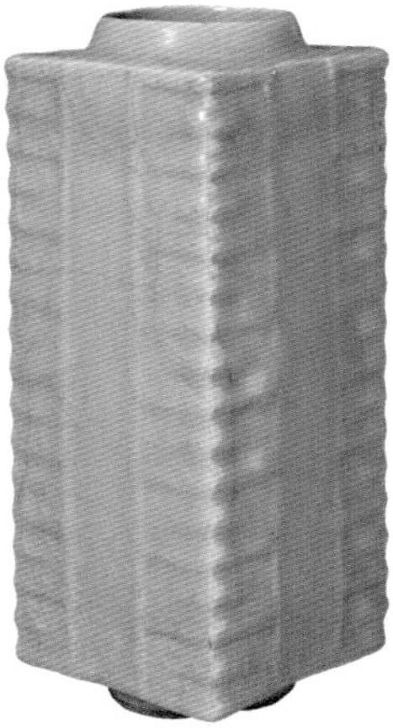

图5-95　琮式瓶（故宫博物院藏）

图5-96　鬲式炉［浙江德清宋咸淳四年（1268）墓出土］

图5-97　鼓钉三足炉［浙江丽水宋嘉定壬午年（1222）墓出土］

图5-98　盂形鸟食罐（故宫博物院藏）

图5-99　花蕾式鸟食罐（故宫博物院藏）

图5-100　花插（四川遂宁窖藏出土）

图5-101　露胎人物像（浙江省博物馆藏）

瓶过渡的形态明显。它们均厚釉，盖带子口，长弧腹，圈足。龙瓶，直口，肩部盘龙，上腹部作两级，其下粘接五管，盖钮作鸡形（图5-102）。虎瓶，盘口，肩部盘虎，盖钮作犬形[①]（图5-103）。

由于追求釉质釉色和造型美，刻划类胎装饰急剧减少，整体趋于简洁。外壁单面刻中脊凸起莲瓣纹是本阶段最流行的装饰手法，内壁单面刻划花产品少量有见。印花、贴花也比较多见，有时这两种装饰手法结合使用，比如器物内底贴双鱼、梅花，筒腹炉外壁贴折枝花等，均是先行模印，然后再粘贴在器体上（图5-104、图5-105）。另见局部露胎、内底印字以及与模制、捏塑成型方法相关的装饰等。

本阶段的产品成型方式除了拉坯这一传统做法外，还大量采用了模制成型方法。采用模制成型方法的，既有整个器物，也有器物局部。整

① 朱伯谦：《龙泉窑青瓷》，（台北）艺术家出版社1998年版，第133、134页。

图5-102 龙瓶（浙江遂昌妙高镇出土）

图5-103 虎瓶（浙江遂昌妙高镇出土）

图5-104 梅花碗（大窑枫洞岩窑址TN9W3③N:2）

图5-105 鱼纹盘（大窑枫洞岩窑址TN8W3④S:2）

器均为模制的，既包括白菜瓶、觚形器、琮式瓶、鸟食罐、执壶等造型特别的器类或琢器，也包括胎体轻薄或作花瓣形态的盘、盏类器形。模制的器物局部，包括瓶、炉类器形的耳，炉类器形的足等。另外，也有捏塑成型方法，比如人物造像、动物造型的盖钮等。

装烧方式主要有两种。一种是从前两个阶段延续下来的外底垫饼垫烧工艺，一种是上一阶段已少量出现的足底垫饼垫烧工艺。采用前一种装烧方式的产品，往往胎体厚重，圈足器挖足浅，显得较为粗笨。采用后一种装烧方式的产品，多为精品，胎体较轻盈，加工精细，全器满釉，仅足端刮釉。垫于足底的垫饼乃专门制作的窑具，多以瓷土做原料，直径大于其垫烧产品的足径；碟形多见，一种为内底略下凹的饼足碟形，另一种为内底略下凹的柱状足碟形。所用匣钵以“M”形为主，足底垫饼垫烧的产品一匣一器，外底垫饼垫烧的产品亦以一匣一器为主，但龙泉东区见有一匣多器的。①

（四）龙泉窑黑胎青瓷

据现有资料，龙泉窑发现黑胎青瓷的窑址有近30处，均位于核心区。其中，龙泉南区大窑最多，有20余处②，溪口3处③，石隆1处④，

① 中国社会科学院考古研究所浙江工作队：《浙江龙泉县安福龙泉窑址发掘简报》，《考古》1986年第6期。

② 浙江省文物考古研究所调查资料。又见郑建明：《南宋时期的越窑》，沈岳明、郑建明主编：《两宋之际的中国制瓷业》，文物出版社2019年版。

③ 溪口发现黑胎青瓷的窑址，虽不同来源的材料都称有3处，但窑址的地名，除瓦窑垟外，另2处颇不一致。朱伯谦《龙泉青瓷简史》为“骷髅湾、李家山”，郑建明《南宋时期的越窑》为“瓦窑洞、大磨涧边”，第三次全国文物普查登记表为“上墩金罐、泉坑茶塆”，而瓦窑洞、大磨涧边两处窑址只记录了灰白胎青瓷。

④ 谢西营：《龙泉窑石隆片区窑址群考古调查的主要收获与认识》，故宫博物院、浙江省博物馆、丽水市人民政府编：《天下龙泉——龙泉青瓷与全球化国际学术研讨会论文集》，文物出版社2021年版。

小梅镇1处；龙泉东区仅发现张村1处[①]。

1.考古工作

龙泉窑黑胎青瓷窑址的考古工作，重要的有三次。第一次是1960年的大窑[②]和溪口窑址[③]调查与发掘。主要根据本次考古成果，朱伯谦先生曾对龙泉窑黑胎青瓷作过总结，结论有四点：第一，“黑胎青瓷数量不多，在本期（指南宋后期）青瓷的总产量中只占很小的一部分”。第二，发现黑胎青瓷的窑址有“大窑新亭、杉树连山、亭后山、牛头颈山和溪口瓦窑垟、骷髅湾、李家山”等7个地点。第三，黑胎青瓷与白胎青瓷共烧，“与白胎青瓷堆积在同一个层次里，既没有全烧黑胎青瓷的窑场，也没有单独的堆积层”。第四，在7处窑址中，“溪口瓦窑垟以烧黑胎青瓷为主”，其他几处“以烧白胎青瓷为主，兼烧少量黑胎青瓷”。[④]

第二次是2010—2011年溪口窑址群调查和瓦窑垟窑址发掘。瓦窑垟窑址发掘揭露龙窑遗迹2处，其中1处存在4条龙窑的叠压打破关系。调查与发掘的结果表明，溪口一带的窑址，年代集中在南宋至元代，元代占多数；南宋时期的仅有4处，其中3处窑址可见黑胎青瓷。南宋青瓷有厚胎薄釉白胎、薄胎厚釉白胎和薄胎厚釉黑胎三种类型，元代青瓷为厚胎厚釉白胎类型，不见黑胎。[⑤]

第三次是2011年10月小梅瓦窑路窑址发掘[⑥]。清理了一段龙窑窑炉

---

① 周光贵、裘晓翔、段鸿莺：《浙江龙泉东区张村窑址黑胎青瓷考察纪略》，故宫博物院、浙江省博物馆、丽水市人民政府编：《天下龙泉——龙泉青瓷与全球化国际学术研讨会论文集》，文物出版社2021年版。

② 朱伯谦：《龙泉大窑古瓷窑遗址发掘报告》，浙江省轻工业厅编：《龙泉青瓷研究》，文物出版社1989年版。

③ 金祖明：《龙泉溪口青瓷窑址调查纪略》，《考古》1962年第10期。

④ 朱伯谦：《龙泉青瓷简史》，浙江省轻工业厅编：《龙泉青瓷研究》，文物出版社1989年版。

⑤ 徐军：《龙泉窑近年来考古调查和发掘成果简报》，《陶瓷考古通讯》2013年第2期。

⑥ 浙江省文物考古研究所：《浙江龙泉小梅瓦窑路南宋窑址发掘简报》，《文物》2022年第7期。又见郑建华：《新中国龙泉窑的考古发现与研究》，《南方文物》2021年第2期。

和少量废品堆积。从出土瓷器标本看，该窑文化内涵单纯，除极少量标本外，产品均为黑胎青瓷。因为有较高比例的生烧坯发现，曾经使用素烧工艺的可能性不能排除。从出土遗物看，该窑址年代应在南宋。

大窑山头埕、瓦窑坑窑址分别于2011年和2012年做过试掘，黑胎青瓷年代均属南宋。

2.产品特征

黑胎青瓷的基本特征是，器型丰富，胎体轻薄，釉层较厚，釉质乳浊，紫口铁足，釉面开片，大都采用足底垫饼垫烧方式（图5-106）。器型与白胎青瓷基本相同，有碗、杯、盘（图5-107至图5-109）、盏（图5-110）、罐等日常生活用器，洗（图5-111）、炉（图5-112、图5-113）、尊（图5-114）、瓶（图5-115）、鸟食罐、砚滴等陈设瓷和文房用具亦多。黑胎青瓷胎体薄，与瓷土中加入紫金土、胎料可塑性增强有关；鲜

图5-106　黑胎青瓷标本（龙泉溪口瓦窑垟窑址出土）

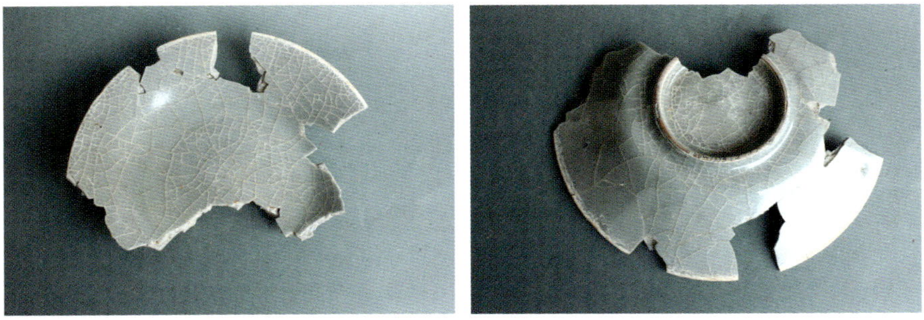

图5-107　盘（龙泉溪口瓦窑垟窑址出土）

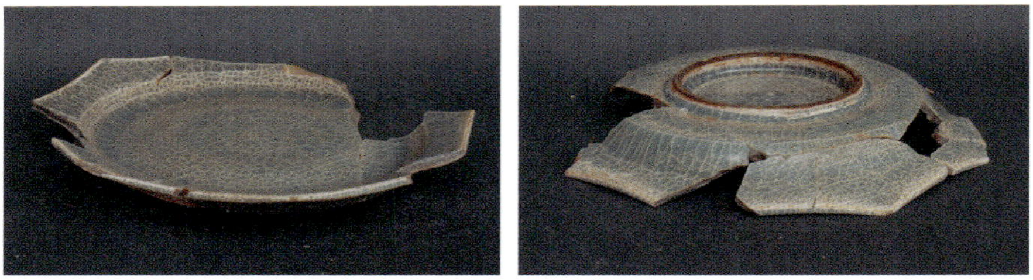

图5-108　八角盘（小梅瓦窑路窑址出土）

图5-109　菱口盘（小梅瓦窑路窑址出土）（左）

图5-110　八角盏（小梅瓦窑路窑址出土）（右）

图5-111　洗（小梅瓦窑路窑址出土）

图 5-112　鬲式炉（小梅瓦窑路窑址出土）

图 5-113　圈足底三足炉（溪口瓦窑垟窑址出土）

图 5-114　觚式尊（小梅瓦窑路窑址出土）

图 5-115　垂腹瓶（大窑瓦窑坑 Y38TG2④出土）

见胎体厚重的大型器物，可能与其主要是用于满足上层社会的雅好有关，与其采用的装烧方式应该也有关系。龙虎瓶类的明器似不见有黑胎者。

“铁足”是器物足底露胎烧成的结果。“紫口”有两种情形。通常是在器物烧成过程中，口部的釉下垂，釉层变薄，使得深色胎体隐显；在土壤中埋藏期间，釉层薄的口沿部位，往往受浸蚀最严重，“紫口”现象会由此显得更加突出。另一种情形是，带盖器物，如盖碗、盖罐等，口沿露胎，呈现出紫红色。

龙泉窑青瓷的“厚釉”是相对于传统的厚胎薄釉青瓷而言的。由钙釉转向钙碱釉，是厚釉青瓷出现的基本条件。黑胎青瓷普遍釉层较厚，乳浊感较强。部分玻质感较强的，应该与烧成温度偏高有关。黑胎青瓷多次施釉工艺流行，但确实也不能排除一次性施釉的可能性。[①]釉色多青中泛灰（蟹壳青），部分泛黄，真正呈色粉青的少。釉面开片情形复杂，不同的出土地点、不同的烧成窑位、不同的烧成温度和不同的器形等，都会产生差异。同一件器物，不同部位的开片密度，也差别明显，口沿、转折部位通常开片比较密集。

器物足底垫烧所用垫饼多为瓷质，也有用耐火粗料的；除垫饼外，也见有支垫外底的支钉窑具。所用匣钵多为“M”形，也有平底筒形的。一匣一器普遍，但1960年发掘大窑时，在Y2上层发现3件叠烧的黑胎八角碗（盏），是否匣钵多件装烧不明。[②]

3. 年代

据现有资料，龙泉窑黑胎青瓷的年代主要在南宋中晚期，最晚可能到元代早期。目前所见，年代较早的龙泉窑黑胎青瓷的纪年材料，有浙江长兴韩秋墓出土的鬲式炉。据墓志，墓主人韩秋乃南宋名臣韩世忠之孙，卒于嘉定三年（1210）。[③]杭州老和山宋墓出土的一件盖碗，发掘者

① 段鸿莺、郑建明、王光尧等：《浙江龙泉黑胎青瓷的原料及工艺研究》（《博物院》2019年第4期）一文指出，瓦窑垟黑胎青瓷一般施2—3层釉，“虽同为薄胎厚釉产品，多层釉结构在我们取回的小梅瓦窑路窑址瓷片中未发现”。

② 朱伯谦：《龙泉大窑古瓷窑遗址发掘报告》，浙江省轻工业厅编：《龙泉青瓷研究》，文物出版社1989年版。

③ 浙江省文物考古研究所发掘资料，徐军先生见告。参阅徐军：《2015韩秋墓发掘年鉴》，中国考古学会编：《中国考古学年鉴2015》，中国社会科学出版社2016年版。

图5-116　龙泉窑黑胎青瓷盖碗（河北石家庄史天泽墓出土，黄信供图）

图5-117　龙泉窑白胎青瓷荷叶形器盖（河北石家庄史天泽墓出土，黄信供图）

判断很可能是乌龟山南宋官窑的产品，从胎釉和形制特征看，还是龙泉窑黑胎青瓷的可能性更大。该墓曾出土一方铁质墓志，但锈蚀严重，文字难觅。不过，出土铜钱甚多，其中最晚的是淳熙元宝。可见，年代不会早于淳熙元年（1174）。①该墓共出的定窑白瓷与长兴韩杕墓出土的相似，两墓年代应该相当，都属南宋中期。年代较晚的龙泉窑黑胎青瓷纪年材料，有河北石家庄史天泽墓（M1）出土的盖碗（图5-116），同墓共出的还有宋元之交的龙泉窑白胎青瓷碗和荷叶罐盖（图5-117）。这件盖碗出土时缺盖，器形与杭州老和山宋墓出土的盖碗接近，口沿亦刮釉作芒口，但圈足略高，外腹壁刻中脊凸起的莲瓣纹。②杭州老和山宋墓和史天泽墓出土的盖碗反映了南宋中期和晚期龙泉窑黑胎青瓷的部分特点。史天泽，《元史》有传，是元初著名将领，在对金、对宋战争中，功勋卓著，官拜中书右丞

① 浙江省文物考古研究所：《杭州老和山唐、宋墓》，《浙江省文物考古研究所学刊——建所十周年纪念（1980—1990）》，科学出版社1993年版。

② 河北省文物研究所：《石家庄市后太保元代史氏墓群发掘简报》，《文物》1996年第9期。发掘者判断，这件盖碗可能是官窑。从其特征看，以龙泉窑黑胎青瓷的可能性为大。

相，卒于至元十二年（1275）。

判断龙泉窑黑胎青瓷年代，可资凭据的窑址地层资料比较有限。在做过正式发掘的黑胎青瓷窑址中，溪口瓦窑垟的窑业堆积，历史上特别是民国时期遭盗掘扰动严重，最下层的窑炉遗迹可能未曾扰动，但仅出土青瓷标本2件。小梅瓦窑路窑址的保存状况亦不佳，且发掘规模小，所见产品面貌比较单纯，时间跨度不明显，无纪年材料发现。1960年发掘的大窑乙区Y2，黑胎青瓷出土时，有大批白胎青瓷共出，而白胎青瓷可资比较的纪年材料相对丰富。朱伯谦先生根据相关纪年材料，将Y2的年代推断为南宋后期（相对南宋前期而言）。①以此为基础，可以对龙泉窑黑胎青瓷的年代再作分析。在大窑发掘报告列举的纪年材料外，还有江西清江开禧元年（1205）墓出土的白胎长颈瓶②与Y2出土的一件白胎侈口长颈瓶③相似。Y2出土的黑胎八角碗（大窑报告图八：6）与瓦窑路窑址出土的黑胎八角盏相同。如果不论胎色，仅作器形比较，四川彭山庆元六年（1200）墓出土的罐④，浙江庆元嘉泰三年（1203）胡纮墓和开禧元年（1205）胡纮夫人墓出土的六瓣花口盘、胡纮夫人墓出土的六瓣花口盏⑤，均可在瓦窑路窑址找到同形器。瓦窑路窑址出土的青瓷器，大部分在1960年发掘的大窑Y2出土器物中能找到同形器。瓦窑路窑炉遗迹中出土的莲瓣纹碗、盘，与龙泉窑白胎青瓷的同类器形相同，白胎青瓷的此类器形流行于南宋中晚期。瓦窑垟出土的黑胎青瓷中，也见有与胡纮夫妇墓出土的六瓣花口盏、六瓣花口盘相同的器形，

---

① 朱伯谦：《龙泉大窑古瓷窑遗址发掘报告》，浙江省轻工业厅编：《龙泉青瓷研究》，文物出版社1989年版。

② 黄冬梅：《清江南宋纪年墓出土的瓷器》，《江西历史文物》1987年第1期。

③ 朱伯谦：《龙泉大窑古瓷窑遗址发掘报告》图一〇：10，浙江省轻工业厅编：《龙泉青瓷研究》，文物出版社1989年版。

④ 四川省文物管理委员会：《南宋虞公著夫妇合葬墓》，《考古学报》1985年第3期。

⑤ 浙江省文物考古研究所、庆元县文物管理委员会：《浙江庆元会溪南宋胡纮夫妇合葬墓发掘简报》，《文物》2015年第7期。

不过，瓦窑路大量出土的菱花口盘似乎不见于瓦窑垟。瓦窑路出土的黑胎青瓷的玻质感普遍比瓦窑垟的强。对于瓦窑垟和瓦窑路这两处窑址的相对年代，有专家主张，瓦窑路窑址的年代略早。①

由以上分析可知，龙泉窑黑胎青瓷的上限确实可能早到南宋中期。至于黑胎青瓷的下限，由于在大窑岙底的窑址中，发现了与八思巴文款器物粘连的瓷片，可晚至元代应该是明确的。②

学术界对于何为龙泉窑黑胎青瓷，有约定俗成的概念，若脱离了这种“约定俗成”，那大家讨论时针对的就不是同一问题了。浙江古代青瓷传统上以瓷石为胎料，胎色多泛灰，灰色的深浅同含铁量多少密切相关，含铁量越高，胎色越灰，龙泉窑也如此。由于瓷石原料往往就地取材，即便同一窑区，不同窑场的产品胎色深浅都可能颇不一致；甚至同一窑场不同时期的产品，胎色都可能有明显差异。还有烧成温度和气氛等因素的影响。因此，有些青瓷器，哪怕胎色偏灰，也可能仅仅是胎料的含铁量较高而已，还不是瓷石和紫金土二元配方的结果。③龙泉窑黑胎青瓷中确实有少量产品釉面基本不开片或开片稀疏，也无“紫口”特征或者该特征不突出，质优者釉色粉青或近粉青，但釉层失透或半失透，“薄胎厚釉”和“铁足”的特征一般还是相当明显的。当然，这里的“薄胎厚釉”是相对于传统的厚胎薄釉青瓷而言的，黑胎青瓷的胎体和釉层，本身有厚有薄，并不整齐划一。基于以上认识，讨论龙泉窑黑胎青瓷的上限是否有可能比南宋中期更早时，恐怕需要更加慎重，到底能否有此结论，还有待于今后的考古工作，特别是小梅窑和大窑的考古

---

① 沈岳明、郑建明：《哥窑的新发现》，文物出版社2018年版，第82页。

② 沈岳明、郑建明：《哥窑的新发现》，文物出版社2018年版，第110页。

③ 段鸿莺、郑建明、王光尧等：《浙江龙泉黑胎青瓷的原料及工艺研究》（《博物院》2019年第4期）：“溪口瓦窑垟和小梅瓦窑路窑址黑胎青瓷胎体所含 Fe_2O_3 和 TiO_2 均值分别为3.65%和0.30%、3.91%和0.61%，单独用瓷土无法满足上述元素要求组成，推测两个窑址瓷片胎体均使用瓷石、紫金土二元配方。”

工作进一步验证。

总而言之，从工艺的角度看，第四阶段是龙泉窑发展史上的高峰。中国古代多种青瓷制作技艺，以龙泉窑为舞台，彼此激荡，相互交融，营造了百花争艳的青瓷艺苑，展现出了青春般蓬勃活力，对当时和后世的瓷业文化发展都产生了深远的影响。然而，历史总有其复杂的另一面。在中心区，尤其是以大窑为代表的核心区，龙泉窑青瓷生产大放异彩，而与此同时，在北宋中晚期开始形成的青瓷、青白瓷和黑釉瓷三大文化圈中，却似乎并未见到龙泉窑外向进取的旺盛生命力。相反，青白瓷窑场在浙南、浙西和浙北，形成了三大生产区域，其中浙南和浙西还是以往龙泉窑外围区中的青瓷生产重地。[①]黑釉瓷文化虽然整体影响力弱，但局部渗透性较强，不仅部分龙泉窑窑场在生产青瓷的同时，兼烧少量黑釉盏，甚至在核心区、距离大窑不远的庆元县竹口镇潘里垄，还出现了以烧制黑釉瓷盏为主（图5-118、图5-119）、仅少量生产龙泉窑系青瓷的窑场。[②]

图5-118　黑釉盏（庆元潘里垄窑址出土）

图5-119　黑釉盏（庆元潘里垄窑址出土）

① 这三大区域的青白瓷生产，主要集中在这一阶段，其中江山碗窑龙头山（Y9）出土的青白瓷盒，上限年代可上推至南宋晚期。参阅郑建华：《浙江青白瓷业遗存初论》，中国古陶瓷研究会编：《中国古陶瓷研究》第五辑，紫禁城出版社1999年版。

② 刘建安：《2011年浙江丽水庆元县潘里垄宋代窑址发掘》，《陶瓷考古通讯》2013年第1期。

三、元代中晚期

元代中晚期属龙泉窑第五阶段，是龙泉窑的鼎盛期，生产规模达到极盛，无论中心区还是外围区，均窑场遍布。这一阶段新出现了“厚胎厚釉”青瓷品种，真正的薄胎厚釉产品少见，上一阶段盛行的薄胎厚釉黑胎青瓷似已不见[①]。产品胎体多较厚重，大型器物明显增多。装饰风格由注重釉装饰向注重胎装饰回归，与以往相比，装饰手法更加丰富多彩。

（一）龙泉窑生产规模的顶峰

元代中晚期，以大窑为中心的龙泉南区继续保持着高质量的生产水准和庞大的生产规模。据第三次全国文物普查资料[②]，属于这一阶段的窑址，大窑有40余处，溪口有10余处，金村一带有10余处，龙泉石隆和庆元竹口等地也有零星分布。仅从生产规模论，这一时期的龙泉窑生产重心，已从大窑一带的龙泉南区转移到了龙泉东区，第三次全国文物普查登录的属于这一阶段的龙泉东区窑址总数达90处以上。

这一阶段的龙泉窑，恢复了外向性进取精神。这种进取精神与第二阶段颇为相似，但表现得似乎更为强烈。其生产规模的扩大，不仅表现为核心区窑场数量的增加，更表现在核心区之外生产区域的大范围拓展上。在属于中心区的丽水莲都保定、缙云大溪滩、遂昌湖山等地，在属于外围区的瓯江下游的永嘉桥头、金衢盆地的武义溪里等地，均形成了规模不等的次生产中心。除中心区和外围区外，还有很多地域受龙泉窑影响生产龙泉窑系青瓷，其中，浙江省域内、距离核心区最远的要数湖州长兴县顾渚村一带的窑址。根据第三次全国文物普查资料初步统计，

---

① 2014年，浙江省文物考古研究所等单位调查石隆一带的窑址，发现了与传世哥窑相似的黑胎青瓷。中国历史博物馆考古部《浙江龙泉青瓷上严儿村窑址发掘报告》描述所谓“细瓷”时，称有一类产品釉色“白如月色，有的比较浅，开裂出大小相错的纹片，后人所谓的‘哥瓷’釉，就是这类作品”（《中国国家博物馆馆刊》1986年总第8期）。

② 多种统计口径，数据颇不一致。本书根据考古学命名遗址的惯例，按第三次全国文物普查登录序号计算，每个序号对应一处以小地名命名的窑址。

全省范围内属于这一阶段的龙泉窑系窑址，总数有300处左右。

这一阶段龙泉窑生产规模的庞大，从海内外龙泉窑青瓷的出土（出水）状况，也有所体现。国内的发现，范围广泛，数量惊人。从北方的内蒙古、吉林到华南的广西和福建，从东面的江苏、山东到西部的四川、新疆，这一时期的龙泉窑青瓷在多数省份都有发现，广见于遗址、墓葬、窖藏和沉船。其中，江苏太仓樊村泾遗址出土龙泉窑青瓷达150吨之巨，绝大部分的年代属于元代中晚期。[①]国际上的发现也很广泛，从东亚的日本和朝鲜半岛到东南亚的印度尼西亚、泰国、越南，从南亚的斯里兰卡、印度、巴基斯坦到东非的埃及、肯尼亚，这一时期的龙泉窑青瓷均大量出土或出水，数量远超南宋时期。其中，仅韩国新安海底沉船出水的龙泉窑青瓷就达上万件。[②]

这一阶段的龙泉窑生产规模之所以能达到空前绝后的境界，固然基于雄厚的工艺基础，也就是"'厚胎厚釉'这一釉色葱翠，集青瓷装饰工艺技法于一身的新型青瓷品种的发生并得到空前普及"[③]，更有其深厚的政治、经济和文化背景。元朝结束了中国宋、金（辽）、西夏长期分裂的局面，加之在此之前，蒙古帝国曾经控制了从东亚到中东、东欧的广阔大陆，使得地域辽阔、纵横亚欧、覆盖中外的统一市场得以形成。元王朝是少数民族建立的政权，对中国古代传统的重农抑商弊病有着"天生"的免疫力，自立国之初，即高度重视商业发展，施行"重商主义"政策。《元典章》："斡脱户，见奉圣旨、诸王令旨，随路做买卖之人，钦依先帝圣旨，见住处与民一体当差。"[④]可见，当时商人的社会地位得到了政府的保障。为加强海外贸易，元朝先后在沿海的泉州、庆

① 张志清、张照根：《江苏太仓樊村泾元代遗址》，《大众考古》2017年第12期。

② 李德金、蒋忠义、关甲堃：《朝鲜新安海底沉船中的中国瓷器》，《考古学报》1979年第2期。

③ 任世龙：《龙泉窑的双线生产——再论龙泉青瓷的两大系列》，浙江省文物局、浙江省博物馆编：《浙江文博七十年文萃》，浙江大学出版社1999年版。

④ 《元典章·户部·户计·籍册》，中华书局、天津古籍出版社2011年版。

元（今宁波市）、上海、澉浦、杭州、温州、广州等地设立市舶司，“（至元）二十一年，设市舶都转运司于杭、泉二州，官自具船、给本，选人入番，贸易诸货。其所获之息，以十分为率，官取其七，所易人得其三……。其诸蕃客旅，就官船卖买者，依例倒抽之”[①]。瓷器自唐宋以来，一直是对外贸易的大宗商品。龙泉窑地近东南沿海，有地利之优、水路交通之便。元朝征服南宋、在江南地区建立巩固的统治后，龙泉窑青瓷成为贸易瓷中的翘楚，势所必然。由此，需求决定生产，“龙泉青瓷手工业得到蓬勃的发展，生产能力超过以往任何一代”[②]。

（二）产品特征

属于本阶段、经过发掘的窑业遗存主要有：1960年发掘的大窑Y7、T13、T14[③]，1979—1983年发掘的龙泉东区第六段和第七段遗存[④]，2006—2007年大窑枫洞岩发掘第二期遗存[⑤]。1979—1980年发掘的龙泉东区安福窑址[⑥]、1979年发掘的上严儿窑址[⑦]和安仁口窑址[⑧]都有属于本阶段的遗存。此外，泰顺碗窑[⑨]、云和横山周[⑩]、武义溪里[⑪]、永嘉马鞍

---

① 〔明〕宋濂等：《元史》卷九十四《志》第四十三《食货》二“市舶”条，中华书局1976年版。

② 朱伯谦：《龙泉青瓷简史》，浙江省轻工业厅编：《龙泉青瓷研究》，文物出版社1989年版。

③ 朱伯谦：《龙泉大窑古瓷窑遗址发掘报告》，浙江省轻工业厅编：《龙泉青瓷研究》，文物出版社1989年版。

④ 浙江省文物考古研究所：《龙泉东区窑址发掘报告》，文物出版社2005年版。

⑤ 浙江省文物考古研究所等：《龙泉大窑枫洞岩窑址》，文物出版社2015年版。

⑥ 中国社会科学院考古研究所浙江工作队：《浙江龙泉县安福龙泉窑址发掘简报》，《考古》1986年第6期。

⑦ 中国历史博物馆考古部：《浙江龙泉青瓷上严儿村窑址发掘报告》，《中国国家博物馆馆刊》1986年总第8期。

⑧ 上海博物馆考古部：《浙江龙泉安仁口古瓷窑址发掘报告》，《上海博物馆集刊》第三期，上海古籍出版社1986年版。

⑨ 浙江省文物考古研究所等单位1997年发掘。

⑩ 浙江省文物考古研究所、云和县文物管理委员会：《云和县横山周窑址发掘简报》，浙江省博物馆编：《东方博物》第三十三辑，浙江大学出版社2009年版。

⑪ 浙江省文物考古研究所等单位2019年发掘。

山①等窑址，也有本阶段遗存。

这一阶段的龙泉窑青瓷，器型非常丰富，有碗、盏、盅、碟、盘、钵、洗、杯、执壶、罐、瓶、炉、尊、鸟食罐、盒、盏托、渣斗、砚滴、水盂、匜、灯、烛台、镂孔器座、漏斗、格盘、造像等。同一器型又往往有多种造型。常见的，碗有撇口弧腹碗、直口弧腹碗、直口深弧腹碗、敞口斜腹碗、荷叶口碗等（图5-120至图5-122），盘有折沿弧腹大盘、撇口弧腹盘、直口弧腹盘、撇口折腹盘、八角盘等（图5-123、图5-124），杯有撇口弧腹圈足杯、高足杯、卧足杯、平底把杯等（图5-125、图5-126），罐有荷叶盖罐（图5-127）、平口无钮盖罐、小口圆弧腹平底小罐、鼓形盖罐、双系深弧腹罐等，洗有折腹洗、蔗段洗（图5-128）、桃形洗等，瓶有梅瓶、玉壶春瓶、大吉瓶、葫芦瓶、环耳瓶、贯耳瓶、凤耳瓶、鱼耳瓶、盘口瓶、蒜头瓶等（图5-129至图5-131），炉有兽足鼎式炉、葱管足鼎式炉、仿琮腹鼎式

图5-120　碗（新疆霍城县阿力麻里古城出土）

图5-121　碗（大窑枫洞岩窑址TN10W6③a:25）

① 温州市文物保护考古所等单位2020年发掘。

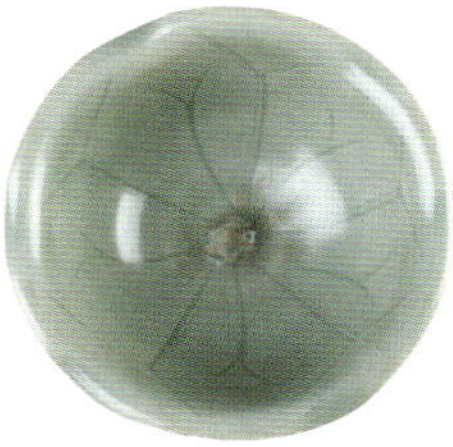

图5-122　荷叶龟纹碗（河北省定兴县河内村张弘范家族墓M9出土）

图5-123　折沿大盘（浙江省博物馆藏）

图5-124　露胎贴花盘［河北保定元贞二年（1296）张弘略墓出土］

图5-125　高足杯（山东菏泽国贸工地出土）

图5-126　把杯（浙江泰顺窖藏出土）

图5-127　荷叶盖罐（韩国新安海底沉船出水）

图5-128　蔗段洗（河北省定兴县河内村张弘范家族墓M9出土）

图5-129 玉壶春瓶（浙江泰顺窖藏出土）（左）
图5-130 带座大吉瓶（浙江青田窖藏出土）（中）
图5-131 贯耳瓶［杭州元大德六年（1302）鲜于枢墓出土］（右）

炉、鼓钉三足炉、圈足底筒腹三足炉、鬲式炉、樽式炉、夔龙衔环耳簋式炉等（图5-132、图5-133），砚滴有鱼形、船形、牧牛童子、人物等多种造型（图5-134、图5-135）。有些器型是本阶段出现的新品种，比如菊瓣形大碗、内壁刻月映梅花纹斗笠碗、圈足内斜收近似卧足的折沿大盘（图5-136）、边线内弧八角盘、高足杯、平底把杯、小口圆弧腹平底小罐、凤尾尊（图5-137）、鱼形砚滴、器内梅花带三子盒的粉盒等。

造型小巧的产品依然有见，但总体上，本阶段产品胎体趋于厚重，体形明显比以往大。大碗口径多15—20厘米，最大的可达40厘米左右；折沿大盘口径40—50厘米的常见，最大的可达60—70厘米；凤尾尊高度60—70厘米屡见不鲜，最高的可达1米左右。碗盏类器形，有腹部加

图5-132　鬲式炉（大窑枫洞岩窑址 TN9W3③N:23）

图5-133　圈足底筒腹三足炉（韩国新安海底沉船出水）

图5-134　鱼形砚滴（浙江义乌窖藏出土）

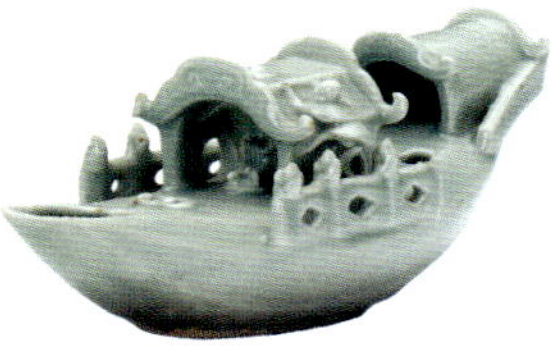

图5-135　龙泉窑青瓷舟形砚滴（浙江省博物馆藏）

图5-136　盘（故宫博物院藏）

图5-137　凤尾尊（故宫博物院藏）

深、圈足足径变小的趋势，外底心尖凸者多见。盘碟类器形，有腹部变浅、圈足足径逐渐变大的趋势。器体矮圆的执壶依然可见，但深弧腹的执壶明显增多。坯体成型方式主要是拉坯和模制两种，与前一阶段相比，后一种有所增加。有些成型方式是本阶段新出现的独特做法，比如，有的大型罐瓶类器物，底部成型不是采用传统的拉坯、挖足方式，而是在内壁下部粘接圆片的方式做出底部，内底下凹、略呈圜底状；有的圈足器外底中间下凹，外底呈现二层台式样；还有菊瓣纹大碗，底心镂孔，在内底贴印花团菊封堵。

多次施釉的厚釉产品依然占相当比例，源口窑址发掘出4座素烧炉，应该与多次施釉的工艺有关。[①]在胎壁增厚的同时，釉层一般地相应变薄，形成所谓“厚胎厚釉”。釉色粉青、梅子青的仍然有见，多数釉色较以往深，偏于青绿、青黄或青灰。普遍施满釉，施釉不及底者亦有见。

装饰工艺手法繁多，题材丰富，呈现出百花齐放的景象。有刻划、印、贴、镂、雕刻、捏塑和褐彩等多种装饰手法，有一件器物只使用一种手法的，也有同时使用两种甚至两种以上手法于一器的。以刻划花和印花最为常见，贴花次之，褐彩和其他手法相对较少。刻划花多数比较简洁、疏朗，有的显得随意、草率，有内外双面施行的，也有单面的。外壁刻划莲瓣的，中脊凸起大都无以往明显，碗钵类，或莲瓣较细长、瓣缘双线勾勒，或下腹部刻划莲瓣、上部刻划其他纹饰；盘碟类，莲瓣的瓣缘有的双线勾勒。印花，有模印、戳印、贴印三种。模印，有内模和外模之分，与产品成型方式有关。戳印，主要在圆器的内底，有阳印和阴印之别；跟施釉方式有关，有釉下印和露胎印两种，前者为主。贴印的做法是：先用印模印出装饰纹样，再贴到器物上，有釉下贴和露胎釉上贴两种。釉下褐彩，以点彩或斑块的形式施行，有的颜色泛红。刻

① 浙江省文物考古研究所：《龙泉东区窑址发掘报告》，文物出版社2005年版。

划花草率，印花盛行，都与追求效率、提高产量有关。露胎贴花、内底戳印花卉、褐彩等装饰，是本阶段新出现的装饰手法。

刻划花手法的减省，特别是印花手法的普遍使用，为装饰题材多样化提供了便利条件。本阶段产品装饰题材非常广泛，植物有菊花、牡丹、梅花、荷花、葵花、茶花、芍药、石榴、桃花、兰花、牵牛花、灵芝、卷草、松叶、团花、云纹等，动物有龙、凤、鱼、乌龟、鹤、鹿、马、麒麟等，另有金刚杵、杂八宝、八卦、古钱、卍字符、八仙、马上封侯、童子戏竹马等寓意吉祥的题材。还流行以文字作为装饰题材，一般都是表达吉祥寓意的。有器物成型时模印的文字，如扁腹瓶两侧的“福”和“寿”，碗盘内壁的“四海进宝”“长命富贵”“金玉满堂”“天下太平”等。更为常见的是器物内底的戳印文字，如“福”“禄”“寿”“禧”“吉”“福寿”“玉山青”“国器”“日月”“长命富贵”“福如东海”“寿比南山”“风调雨顺”“国泰民安”“和合利市”等。另有印八思巴文的。还见有刻戏曲文字的，如浙江省博物馆收藏的一件元代敞口洗，口沿刻“万水千山望你归，待归后清河济苦也个”。[①]以上各种装饰题材，有时组合使用，单独使用的，植物题材较多，文字题材少。

本阶段的常用匣钵与以往无明显变化，依然以“M”形匣钵为主，另有平底筒形匣钵等。一匣一器多见，但龙泉东区的安福[②]、源口[③]等窑址均见到一匣多器的装盛方式。装烧工艺主要有两种，一种是从上一阶段延续下来的足端刮釉、垫饼垫烧方式，另一种是外底刮釉一圈、垫托支烧的工艺。后一种装烧工艺既可保证产品圈足裹釉，也尽可能减少了外底的露胎面，比前一种和此前流行的外底垫饼垫烧的工艺都要先进，因此逐渐成为主流。本阶段采用该装烧工艺的产品，外底刮釉圈较窄，

---

① 朱伯谦：《龙泉青瓷简史》，浙江省轻工业厅编：《龙泉青瓷研究》，文物出版社1989年版。

② 中国社会科学院考古研究所浙江工作队：《浙江龙泉县安福龙泉窑址发掘简报》，《考古》1986年第6期。

③ 浙江省文物考古研究所：《龙泉东区发掘报告》，文物出版社2005年版，第348页。

刮釉位置比较靠近足壁。用于支垫外底的垫托，多数瓷质，有碗形、钵形、杯形、盘形、盘口高座式多种，源口等窑址还见有组合使用的。①除两种常见的装烧方式外，还有采用叠烧、套烧方式的，有的产品内底露胎，有的圈足器外底和足部无釉，有的圈足器的足端和内底有泥点痕，原因在此。

本阶段的龙泉窑，在“友好型”历史条件下，依靠最适用的商品瓷制作技术，批量生产出数量惊人的适销对路的青瓷产品，开辟了最为广阔的市场，生产规模达到青瓷生产史的顶峰。可以说，这个阶段的龙泉窑是浙江古代青瓷也是中国古代青瓷最后的高峰，此“峰”过后，中国古代青瓷就迈向江河日下的最后征程了。

四、明代早中期

明初到明代中期前段属龙泉窑第六阶段，龙泉窑与皇家用瓷的关系最为密切，从这个角度看，可以说该阶段是龙泉窑的荣耀期。本阶段只有白胎青瓷，产品有精、粗两路，分野明显。

（一）生产规模收缩

明朝是中国古代最后一个以汉族为主体建立的帝国，推翻元朝、建立政权以后，它以中华道统的正宗继承者自居，在“拨乱反正”的同时，也延续了农耕文明保守的一面。明朝实行重农抑商、闭关锁国政策，立国之后不久，就开始推行严厉的海禁法令，并长期执行。洪武四年（1371）十二月丙戌，“诏吴王左相靖海侯吴祯籍方国珍所部，……仍禁滨海民不得私出海”②。虽然此禁令有一定的政治原因，但唐宋以来的对外贸易管理制度，除部分被继承外，其实已经发生了实质性变

① 浙江省文物考古研究所：《龙泉东区发掘报告》，文物出版社2005年版，第350—351页。

② 《明实录》第三册，《太祖实录》卷之七十，“中央研究院”历史语言研究所校印，中华书局2016年版，第1300页。

化。在浙江（明州）、福建（泉州）、广东（广州）等地设立的市舶司，职责与宋元相比，发生了重大变化。明早中期的市舶司，主要负责朝贡贸易管理，至于民间的对外贸易，则在严防之列。[①]像元代那样鼓励、提倡对外贸易的做法，此时已是明日黄花了。因此，尽管还存在朝贡贸易，但一方面，这种贸易形式渠道狭窄，运营僵化，规模有限，另一方面，除走私之外的民间贸易被完全禁绝，严重抑制了市场活力，对工商业，特别是倚重外贸的工商业，造成了沉重打击。

龙泉窑青瓷的销售，虽然国内、国外市场相对平衡，但在南宋和元代，尤其是元代，海外市场的销售特别旺盛，其生产对外贸政策的变化非常敏感。明初就开始施行的严厉的海禁法令，对龙泉窑青瓷出口造成了严重影响。加之以青花瓷为代表的景德镇瓷业迅速崛起，其国内市场空间也逐渐被挤占。龙泉窑的生产规模，从上一阶段的高峰迅速向下滑落。根据第三次全国文物普查资料，大窑片区的窑址总数，从前一阶段的40余处减少到20余处。金村一带有着悠久的青瓷生产传统，到这一阶段几乎完全停止生产。[②]溪口一带已不见这个阶段的窑址，石隆片区仅零星有见。从生产规模看，龙泉东区依然是整个龙泉窑生产体系的中心所在，但窑址总数也已从上一阶段高峰时期的90多处，滑落到40余处。

核心区之外的情形颇相类似，缙云大溪滩，明代窑址几乎绝迹；瓯江下游的永嘉，上一阶段的窑址有十来处，明代窑址仅3处。有的窑场，进入明朝以后，瓷业生产几乎戛然而止，比如永嘉的马鞍山、武义的溪

---

① 《明史》卷七十五《志》第五十一《职官》四：“市舶提举司，……掌海外诸蕃朝贡市易之事，辨其使人表文勘合之真伪，禁通番，征私货，平交易，闲其出入而慎馆谷之。”（中华书局1974年版）

② 第三次全国文物普查登录的金村窑址，最晚到元代。但浙江省文物考古研究所等单位此后调查金村时，记录了3处明代窑址（《龙泉金村窑址群：2013—2014年调查试掘报告》，文物出版社2019年版），其中，有1处可能属于本阶段。

里。不仅如此，有些窑场虽然进入明代以后依然生产，但仅维持相当短暂的一段时间就关门停业了，云和横山周窑址即是其中的典型代表。

本阶段生产规模的急剧萎缩，从龙泉窑青瓷在国内外的出土（出水）状况，也可得到明证。上一阶段，龙泉窑青瓷在遗址、墓葬、窖藏、沉船等广泛发现，这样的盛况，本阶段已不复再现，国内如此，国外更加如此。太仓黄渡市舶司于吴元年（1367）设立，洪武三年（1370）即撤销[①]，太仓樊村泾仅出土少量明初龙泉窑青瓷，应该与此直接相关。本来该地有优越的区位条件、良好的港口设施、便利的水路交通，即便不再作为外贸仓储之地，移作内贸之用，应该也是上上之选。但事实是，这里明代龙泉窑青瓷出土量很少，从一个侧面也反映了当时的生产状况。龙泉窑青瓷在国内外的流布，本书第八章有专门的论述。

（二）产品特征

属于本阶段经过发掘的遗存主要有：2006—2007年发掘的枫洞岩窑址第三期、第四期[②]，1960年发掘的大窑Y5、Y6[③]，1979—1983年发掘的龙泉东区第八段遗存[④]；1979—1980年发掘的安福窑址[⑤]、2004年发掘的云和横山周窑址[⑥]等，也有本阶段的遗存。总体而言，大窑产品质量高，龙泉东区包括安福和横山周窑址的产品质量一般。属于本阶段的枫

---

① 《明实录》：吴元年十二月"置市舶提举司，以浙东按察使陈宁等为提举"（第二册，《太祖实录》卷之二十八下，第474页）；洪武三年二月"罢太仓黄渡市舶司"（第三册，《太祖实录》卷之四十九，第969页）。

② 浙江省文物考古研究所、北京大学考古文博学院、龙泉青瓷博物馆：《龙泉大窑枫洞岩窑址》，文物出版社2015年版。

③ 朱伯谦：《龙泉大窑古瓷窑遗址发掘报告》，浙江省轻工业厅编：《龙泉青瓷研究》，文物出版社1989年版。

④ 浙江省文物考古研究所：《龙泉东区窑址发掘报告》，文物出版社2005年版。

⑤ 中国社会科学院考古研究所浙江工作队：《浙江龙泉县安福龙泉窑址发掘简报》，《考古》1986年第6期。

⑥ 浙江省文物考古研究所、云和县文物管理委员会：《云和县横山周窑址发掘简报》，浙江省博物馆编：《东方博物》第三十三辑，浙江大学出版社2009年版。

洞岩窑址遗存非常丰富，发掘者将出土的瓷器分为“官用”和“民用”两类，这两类产品质量也有精粗之别，但普遍比龙泉东区出土的要高。

本阶段基本延续了上一阶段器型丰富的特点，主要器型有碗、盘、碟、钵、盅、洗、卷缸、高足杯、爵杯、盏托、盒、瓶、执壶、盖罐、炉、凤尾尊、花盆、笔架、笔筒、人物及动物塑像、灯、烛台、器座、砚台、砚滴、碾钵、饰件等。有些器型的造型品种多样。碗有撇口卷沿弧腹碗、敞口弧腹碗、直口弧腹碗、花口弧腹碗等（图5-138至图5-140）。

图5-138 碗（大窑枫洞岩窑址TN16W3⑦:14）

图5-139 碗（大窑枫洞岩窑址TN10W3⑤N:2）

图5-140 碗（大窑枫洞岩窑址TN16W3⑥a:39）

盘有折沿弧腹圈足盘、直口卷沿弧腹圈足盘、敞口卷沿弧腹圈足盘、敞口斜弧腹圈足盘、敞口折腹圈足盘等（图5-141、图5-142）。洗有圈足和卧足两种（图5-143）。盏托有中空高托圈式（图5-144）和平底卧足浅托圈式。高足杯多作竹节形高足（图5-145），口部有撇口、敞口、直口、敛口等不同形式，多平口，也有花口的；腹部有弧腹、折腹两种，折腹杯有作八棱形的。瓶有福寿环耳瓶（图5-146）、玉壶春瓶（图5-147）、细长颈瓶、梅瓶、镂孔套瓶等。炉，有筒腹三足樽式炉、鼓钉纹敛口钵形腹三足炉、绳索形耳鬲式炉、鼎式炉、簋式炉等。花盆有敞

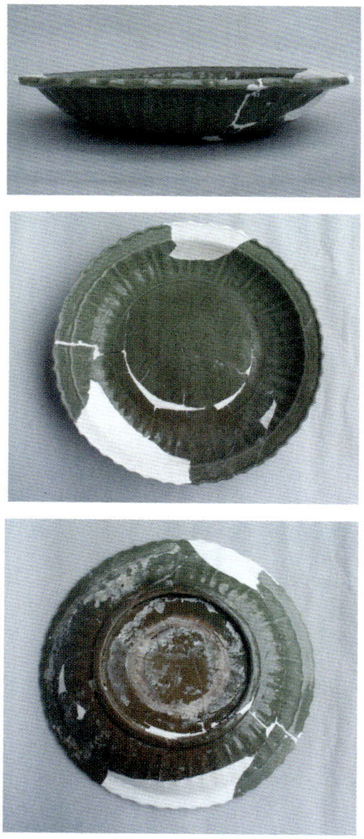

图5-141　盘（大窑枫洞岩窑址TN16W3⑥a:103）（左）

图5-142　盘（大窑枫洞岩窑址TN16W3⑦:115）（中）

图5-143　洗（大窑枫洞岩窑址TN10W3③N:5）（右）

图 5-144　盏托（大窑枫洞岩窑址TN12W3⑤N:74）（左）
图 5-145　高足杯（大窑枫洞岩窑址TN10W3③N:1）（右）

图5-146　“福寿”瓶［山东邹城明正统六年（1441）墓出土］（左）
图5-147　玉壶春瓶［安徽合肥明永乐十二年（1414）墓出土］（右）

口粗长颈扁弧腹圈足花盆、折沿弧腹卧足花盆、平折沿方形花盆、平折沿长方形花盆（花鉴）（图 5-148）等。烛台也有多种造型。有些器型是本阶段的特色产品，比如敞口折腹圈足刻花碟、葵口卧足的大型洗、八角高足杯、爵杯（图 5-149）、卧足盏托、深筒腹盖罐（壮罐）（图 5-150）、腹部印“美酒清香”类文字的盖罐、石榴尊、绣墩（图 5-151）等。

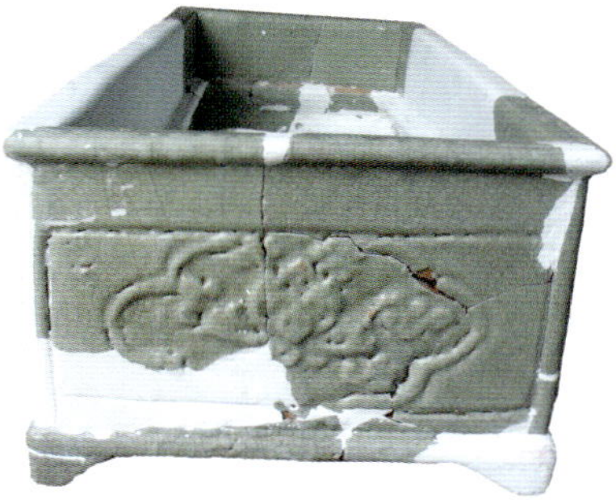

图5-148 花鉴（大窑枫洞岩窑址TN17E5①:119）

图5-149 爵杯（浙江省博物馆藏）（左）
图5-150 壮罐（故宫博物院藏）（中）
图5-151 绣墩（故宫博物院藏）（右）

本阶段依然以拉坯和模制为主要的成型方式。产品大体继承了前一阶段胎体厚重、体形硕大的特点。有些产品，比如墩式碗，显得尤其厚重。故宫收藏的一件卷沿直口浅弧腹圈足盘，口径竟然有70厘米之巨。本段后期，大约从正统朝（1436—1449）开始，风格逐渐发生变化，有些器型特别是碗盘类圆器，胎体开始变薄，体形有所缩小。

本阶段所谓精品，实际上就是对前一阶段厚胎厚釉产品的继承和发展，但釉色更显深沉，釉层的透影性进一步减弱。粗制产品，特别是龙泉东区的产品，显得工艺相对草率，釉色泛灰和泛黄的较常见。

与前一阶段相比，本阶段精瓷与粗瓷之间的分野更加明显。精品特别是所谓“官用”瓷器，往往器形更规整，修坯更精细，釉层更厚，釉质更温润，甚至在装烧痕迹上也存在差别。器底刮釉一圈、垫托支垫的装烧方式，在本阶段比上一阶段更加流行，刮釉位置距足壁多相对较远。不过，本阶段的精瓷和粗瓷，采用这一装烧方式的做法有所不同。精品的刮釉圈多数较窄，刮痕边缘比较齐整；粗制产品，刮釉圈宽，刮痕毛糙，经常可见外底仅中心部位有釉点的现象。与此相关，二者使用的托具也不相同，前者多使用托口较尖的托钵，后者使用中心带凹洞的垫饼。粗瓷还有采用叠烧、套烧方式的。

本阶段的装饰工艺，在继承前一阶段的基础上，有了明显的变化。刻划花和印花依然为主要装饰手法，贴花少见，褐彩似已不见。刻划花工艺中，刀痕普遍较深，采用剔地方式的逐渐增多；花纹布局往往比较繁密。中脊凸起的莲瓣纹不见。印花有模印和戳印两种；戳印多见，其中又以阴印为主，广泛应用于民用瓷器的内底。本阶段的装饰题材主要有菊花、牡丹、荷花、葵花、茶花、梅花、团花、卷草、蕉叶、荔枝、桃子、枇杷，人物故事、荷下卧童，龙、凤、鱼、马，金刚杵、杂八宝、八卦、回文、三角几何纹、波涛纹、锦地纹、鼓钉纹等。植物题材中，以折枝花果、缠枝莲和菊瓣最为常见。文字题材也很流行，常见的有“福”“寿”“福如东海”“寿比南山”“清香美酒”“金玉满堂”“顾氏”“石林”等。此外，人物造像以露胎作为装饰方式，也比较多见。

本阶段的龙泉窑，在历史惯性与官方需求的交互作用下，铸就了浙江古代青瓷也是中国古代青瓷最后的辉煌，但这已是长河奔流、没于沧海前最后的激荡，群峰耸立中发散最后光芒的落日，大势已去，衰落之势已然不可扭转了。

第四节 杭州乌龟山窑与老虎洞窑

南宋官窑是皇家窑场，在浙江古代青瓷史乃至中国古代瓷业发展史上具有特殊重要地位。杭州乌龟山窑址和老虎洞窑址都经过正式的考古发掘，学术界普遍认为，这两个地点是南宋官窑窑场所在，但是，这两个地点的窑业遗存并非全部属于南宋官窑。

一、乌龟山窑址

乌龟山窑址位于杭州市上城区闸口乌龟山西麓，东距钱塘江约500米，西邻八卦田，东北距南宋皇城遗址约2千米。20世纪20年代发现并被确认为南宋官窑的郊坛下窑址，50年代和80年代两次发掘（图5-152）。

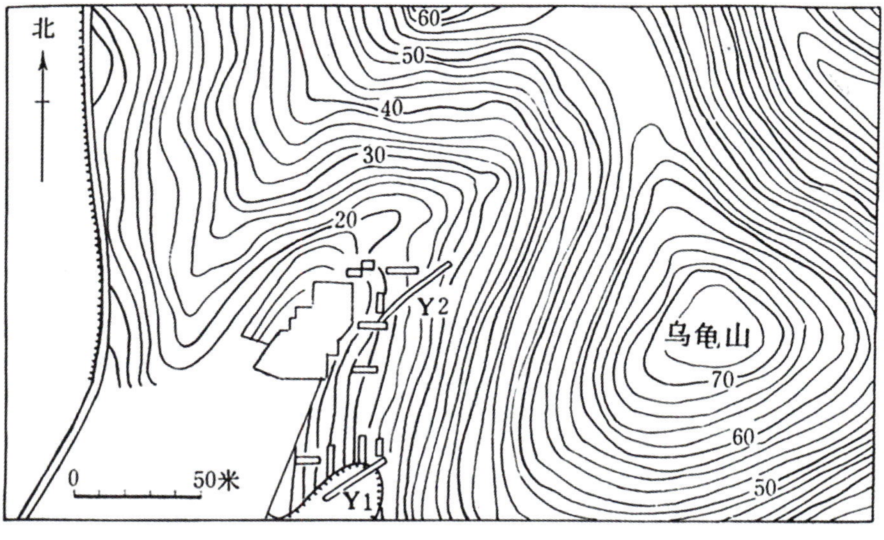

图5-152 乌龟山窑址地形及遗迹、探方分布图（中国社会科学院考古研究所等：《南宋官窑》图二，中国大百科全书出版社1996年版）

（一）考古发掘

1956年春，浙江省文物管理委员会对乌龟山窑址进行了第一次发掘，清理龙窑窑炉1座（编号Y1），并对窑炉旁的部分堆积做了发掘。龙窑遗迹比较完整，窑长23米。出土的青瓷产品有精、粗两档。精品器型丰富，“制作规整，胎质细腻，釉层丰厚，乳浊性良好，晶莹类玉，有的坯体厚度在1毫米以下”。“低档品的胎质粗厚，制作不精，釉层薄而呈黄褐色”；器型“仅见碗一种，内壁有粗放的刻划花草纹”；采用一匣多件的装饰方式，内底多有涩圈；“低档品多见于窑室后段”。①

1985年10月至1986年1月，由中国社会科学院考古研究所、浙江省文物考古研究所和杭州市园林文物局组成的南宋临安城考古队对乌龟山窑址进行了第二次发掘，1988年冬又对作坊遗迹部分做了补充发掘。这次发掘规模比第一次大，发掘面积1400平方米，清理龙窑窑炉1座（编号Y2）、作坊遗迹1处。共计开探方、探沟22个，其中16个位于Y2西侧、西南侧，2个位于Y2窑头南侧，4个位于Y1的西侧。Y2位于Y1北60余米处，长37.5米。作坊区位于Y2西南侧，揭示出的遗迹有房基、练泥池、辘轳坑、釉料缸、堆料坑、素烧炉、排水沟、道路以及素烧坯堆等（图5-153）。出土瓷片3万余片，制瓷工具和窑具数千件。②

（二）产品特征

1956年的发掘成果未见正式报告，20世纪80年代的第二次发掘，虽然规模较大，但除部分遗迹单位外，发掘的堆积均非原生窑业堆积，因此，对于该窑址产品面貌的介绍，主要依赖于对出土标本的类型学研究结果。根据Y1和Y2的相对位置、所处的地形条件、受后期破坏和占

① 浙江省博物馆：《三十年来浙江文物考古工作》，文物编辑委员会编：《文物考古工作三十年》，文物出版社1979年版，第223页。

② 中国社会科学院考古研究所、浙江省文物考古研究所、杭州市园林文物局：《南宋官窑》，中国大百科全书出版社1996年版。若无特别注明，本节涉及的乌龟山窑址资料，均源于该发掘报告，后不详注。

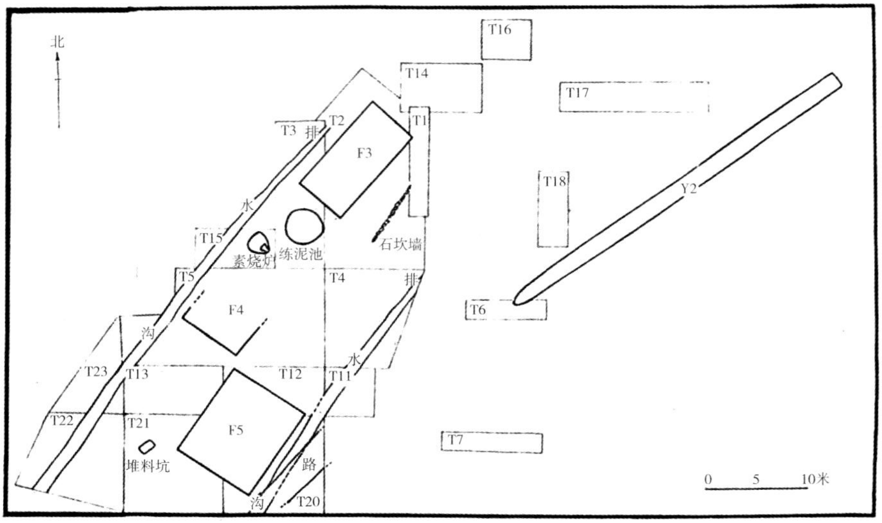

图5-153 乌龟山窑址发掘坑位与遗迹分布图（不含Y1及其西侧的探沟）（中国社会科学院考古研究所等：《南宋官窑》图三，中国大百科全书出版社1996年版）

压的情况等多种因素判断，第二次发掘揭示的作坊遗迹、出土的标本应该主要与Y2相关。第二次发掘在紧挨Y1西侧的位置开了4条探沟，这些探沟出土的瓷器标本应该主要与Y1相关，这从所谓“粗瓷”的出土情况也能得到佐证。Y1西侧4条探沟中有3条“零星”发现“粗瓷”，面貌与1956年发掘时Y1窑室后段出土的“低档品”相同，且同样只见碗一种器型。可见，虽然窑址保存状况不甚理想，但《南宋官窑》发掘报告还是大体能够反映Y1和Y2产品的基本面貌的。发掘报告将乌龟山窑址出土的瓷器分为“官窑瓷器”和“其他窑系瓷器”两类。

1. 官窑瓷器

经过整理修复，共有23种器型，既有碗、盘、碟、盏、盆、杯、壶、罐、钵、坛、盒、唾盂、灯、水盂、熏炉、洗等日常生活用器，也有仿古铜器和玉器的瓶、炉、花盆、器座等陈设器与祭器，还有鸟食罐、象棋（模与范）、弹丸等娱乐用器。多数器型又有不同造型，总计有70余种。比如，碗有敞口斜腹碗、直口弧腹碗、撇口弧腹碗等不同造型，圈足又有撇足和直足之分（图5-154、图5-155）；盘有直口弧腹盘（图5-156）、撇口折腹盘（图5-157）、直口折腹盘、折沿弧腹盘、三足盘等，圈足也有撇足与直足之分；洗有圆形和六角形等（图5-158、图5-159）。瓶有玉壶春瓶、八棱扁腹弦纹瓶、琮式瓶、贯耳瓶（图5-160）、白菜瓶（图5-161）等；炉有鬲式炉、鼎式炉、簋式炉（图5-162）、樽式炉（图5-163）等。另有盖碗盖（图5-164）、香熏盖等。

根据胎、釉、造型和装烧工艺等方面特征，乌龟山窑址第二次发掘

图5-154　碗（乌龟山窑址出土）

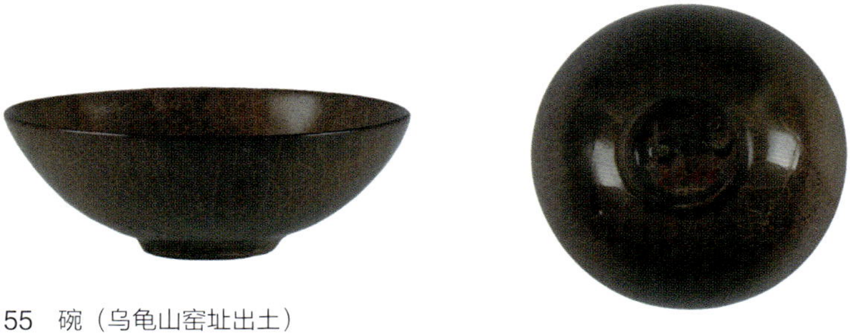

图5-155　碗（乌龟山窑址出土）

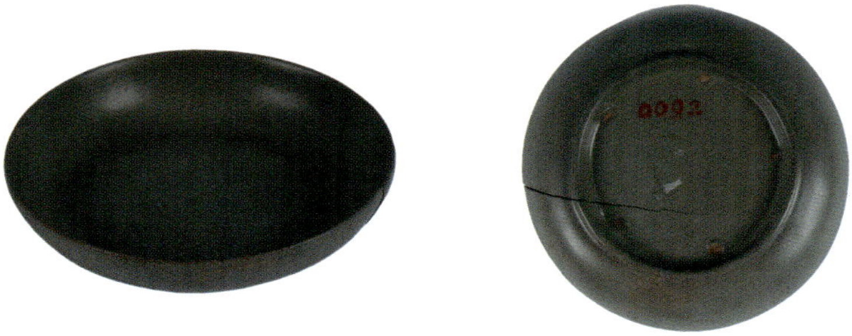

图5-156　盘（乌龟山窑址出土）

图5-157　盘（乌龟山窑址出土）

图5-158　圆形洗（乌龟山窑址，1996年出土，杭州市文物考古研究所藏）

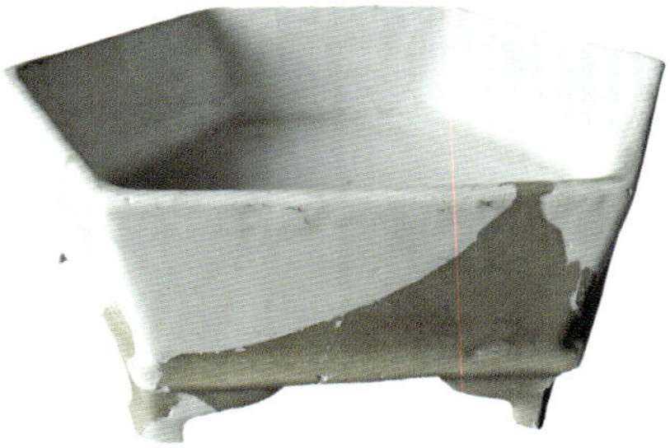

图5-159　六角洗（乌龟山窑址，1996年出土，杭州市文物考古研究所藏）

图5-160　贯耳瓶（乌龟山窑址出土）

图5-161　白菜瓶（乌龟山窑址出土）

图5-162　簋式炉（乌龟山窑址出土）

图5-163　樽式炉（乌龟山窑址出土）

图5-164　盖碗盖（乌龟山窑址出土）

的主要参加者之一——陈元甫先生将出土的官窑瓷器分为早、晚两期。早、晚两期产品的器型种类无明显差别。胎、釉相较，早期产品胎体较厚，釉层较薄，往往一次性施釉，未见釉层厚度超过胎体的现象。晚期产品多胎体较薄，釉层较厚。碗、盘类大口的圆器，往往内外壁均多次施釉，有的胎体厚度低于单面釉层的厚度；瓶、壶类小口的琢器，多内壁单次施釉，外壁多次施釉。多次施釉的釉层厚度，多在1毫米以上。由于素烧炉和大批素烧坯的发现，可见多次施釉产品在装窑高温烧成之前，经过了低温素烧环节。从造型上看，早期产品中碗、盘、盏、杯等带圈足的圆器，圈足往往外撇；与此相关，通体施釉，圈足裹釉，采用匣钵单件装盛、支钉具支垫器物外底的方式装烧。壶、罐类器体较大的琢器，则采用足底刮釉，垫饼或垫钵在足底垫烧的装烧方式。晚期产品，碗、盘、洗等带圈足的圆器，多为直圈足，或圈足内外壁均斜收，断面呈倒三角形。装烧方式与早期变化较大，普遍采用垫饼或垫钵在足底垫烧的装烧方式。有一件樽式炉，外底有支钉痕，兽蹄足底也无釉，这应该是支烧与垫烧组合装烧工艺的实例。①与施釉和装烧方式相关，产品的外观特征早晚有别。虽胎料均为瓷石紫金土二元配方，施钙碱釉，但相对而言，早期产品乳浊性、玉质感较弱，釉色青中泛灰者多，另有部分米黄色，真正呈色粉青的少，“紫口铁足”现象罕见；晚期产品乳浊性好，玉质感强，釉色依然以青灰为主，但粉青釉明显比早期多，青黄也占一定比例，有“紫口铁足”现象。“概而言之，乌龟山官窑经历了一次釉→多次釉、支烧→垫烧、无紫口铁足→有紫口铁足这样的发展过程，产生这一发展过程的核心是施釉工艺技术的变革”。②

由于主要崇尚釉美和形美，胎装饰相对不太发达。装饰技法主要有刻花、模印、堆贴、捏塑、镂孔等，装饰题材中立体感较强的莲瓣纹比较多见，另有蕉叶纹、荷叶、夔、龙、弦纹（凹或凸）、八卦纹、回纹、乳钉纹等。鉴于透明薄釉产品的存在，部分刻划纤细纹饰的生烧坯残片

① 中国社会科学院考古研究所、浙江省文物考古研究所、杭州市园林文物局：《南宋官窑》，中国大百科全书出版社1996年版，图二七：1，图版二〇：4。

② 陈元甫：《乌龟山南宋官窑产品类型及分期》，中国古陶瓷研究会等编：《中国古陶瓷研究》第三辑，紫禁城出版社1990年版。

可能并非官窑产品。

制瓷工具，除荡箍、轴顶碗之类常见器物外，范模比较多见。一件内折沿束腰筒形范模残件，内壁所刻阳文，以双弦纹分成三段，上、下段分别刻凤纹和夔纹，中间刻篆体文字“无养颐之患”①。一件碾钵残件，外壁刻“不可丢失”，外底刻“欠□五分”。一件轴顶碗，外壁刻“高师古”。

图5-165　支钉窑具（乌龟山窑址出土）

图5-166　支钉窑具（乌龟山窑址出土）

窑具中，匣钵有“M”形匣钵、平底钵形或桶形匣钵、直腹平底匣钵等。支烧具以圆饼形的为多，也有方形、三叉形、圆筒形、浅腹钵形等造型的，圆饼形支钉具带钉的一面正中，可见“天”“地”“玄”“黄”“元”“花”“大”“上”“中”等字（图5-165）。垫烧具主要是圆饼形和钵形两种，其中一件圆形垫饼面刻“大宋国物”四字（图5-166）。

2. 其他窑系瓷器

乌龟山窑址发掘时，还出土了与上述官窑瓷器不同的瓷器标本3000余片，发掘报告将它们统称为“其他窑系瓷器”，釉色有青、白、青白、黑、酱褐等，分属越窑、龙泉窑、景德镇窑、定窑等窑系，年代有宋和元。由于堆积在历史上遭到严重扰乱，从已经发表的材料只能看出，该

① 这五个篆体字，发掘报告识读为“璧玉照月明”，现据邓禾颖主编《南宋官窑》（浙江摄影出版社2009年版，第28页，图025）更改。

窑场在生产官窑青瓷之外，曾经生产过越窑和龙泉窑技术系统的青瓷（图5–167）。

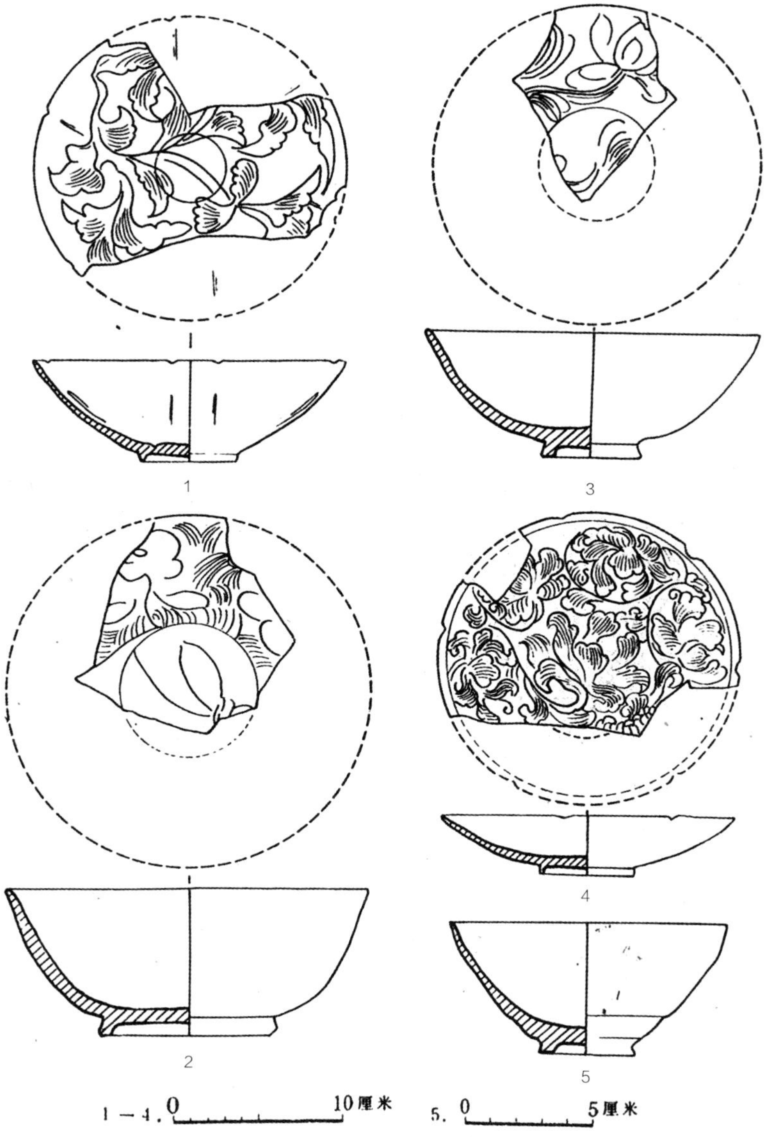

图5–167　越窑系和龙泉窑系青瓷（1、4为越窑系，2、3、5为龙泉窑系）

（1）越窑系青瓷

朱伯谦先生在《南宋官窑》报告的结语部分专门提到，“在探方、探沟的最下层，即紧贴生土层面上，出土少量北宋晚期越窑刻花碗的残片，灰胎，施青黄色釉，釉层透明有浮光，内壁刻划篦纹和花草纹。其中有几只仿越窑系碗的口沿被釉粘住的，显然是烧坏后被丢弃的。……乌龟山在建立官窑前可能有生产越窑系青瓷的民窑”。《南宋官窑》“地层堆积情况”部分介绍窑炉（Y2）地层时，对第3层的堆积包含物也作了相似的描述。发掘报告“其他窑系瓷器”部分介绍的越窑系青瓷，出土于T2、T3、T14、T17，均位于Y2西侧区域。这些瓷器，除一件平顶盒盖（T2②B:62）应为青白瓷外，均可在越窑低岭头类型南宋早期遗存中找到相同器形。可见，朱伯谦先生所言极是，该窑场（Y2）曾经，而且可能是建窑之初，生产过与低岭头类型越窑系青瓷相同的薄釉青瓷。

（2）龙泉窑系青瓷

1956年发掘时从Y1窑床上清理出的“低档品”，与20世纪80年代发掘时Y1西侧的三条探沟（T8—T10）出土的“粗瓷”相同。虽然因为发掘报告介绍“其他窑系瓷器”时，仅限于“南宋以前的可复原器物”，未涉及这类瓷器。但是，朱伯谦先生在《南宋官窑》结语部分特意指出，“这类粗瓷仅见碗一种，胎质粗厚，施黄褐色薄釉，内壁刻划花。有的内底划莲花荷叶，外壁刻狭长莲瓣，刻花粗放。多数碗的内底有一圈无釉的涩圈，……这类碗的制作工艺，……与元代龙泉窑的刻花碗相似，是元代的产品”。可见，该窑场（Y1）至少在末期生产过与龙泉窑厚胎薄釉青瓷相似的产品。至于《南宋官窑》介绍“其他窑系青瓷”时描述的3件龙泉窑系青瓷，均出土于Y2西侧的T2和T3，其中除1件（T3②:12）难以确定外，另2件碗，从特征看，为南宋早期龙泉窑青瓷，但从发掘资料看，没有这些青瓷为本窑场产品的迹象。

综上所述，乌龟山窑场除生产乳浊釉“官窑瓷器”外，在首、尾两个时期，分别由Y2和Y1生产过越窑系、龙泉窑系薄釉青瓷。

二、老虎洞窑址

杭州市上城区万松岭路以南、凤凰山与九华山之间有一条大体呈东西走向的狭长山岙，地势西高东低，老虎洞窑址就位于山岙最西端。此处有一块面积约2000平方米的小平地，东南距南宋皇城北城墙100余米，向东距万松岭东口约800米。

（一）考古发掘

遗址发现于1996年，同年11—12月，杭州市文物考古所进行了为期两个月的调查勘探。1998年5—12月、1999年10月至2001年3月，进行了两次大规模发掘，除因保护展示需要而保留者外，该窑址的文化层作了全面揭示，发掘面积2300平方米。正式的发掘报告尚未出版，但发掘成果先后以不同形式作了初步披露。1999年初，首次对外公布发掘的阶段性成果。[①]2002年，发掘简报在《文物》发表[②]，比较全面地介绍了发掘的重要收获，并将原判断为“元代前期”的遗存调整为南宋时期，“元代后期”改为元代。几乎与此同时和此后一段时间，参加发掘或资料整理的几位学者又先后发表论著披露了若干资料，但说法不尽一致。

1.遗迹

根据发掘简报，该窑址有北宋、南宋和元代三个时期的遗存。为了保护重要遗迹，北宋的地层“仅清理了少部分，未发现重要的遗迹，出土了少量越窑类型的青瓷器”，初步判断不是本地生产的。[③]简报介绍T47第⑤层时，指出“此层下压着一处有砖墙和水沟的房屋残址”。

在南宋和元代文化层中，揭露出丰富的遗迹，出土大量遗物。发掘清理的遗迹主要有：龙窑窑炉3座，作坊（建筑房基）10座，素烧炉4座，澄泥池4个，辘轳坑12个，釉料缸2口，原料开采坑2个。这些遗

---

① 杭州市文物保护管理所、杭州市文物考古所：《杭州老虎洞窑址考古获重要成果》，《中国文物报》1999年1月6日第1版。

② 杭州市文物考古所：《杭州老虎洞南宋窑址》，《文物》2002年第10期。

③ 杭州市文物考古所：《杭州老虎洞南宋窑址》，《文物》2002年第10期。

图5-168 老虎洞窑址素烧炉（杭州市文物考古研究所发掘资料）

迹大部分属于南宋，推断属于元代的有龙窑1座、作坊房基4座、采矿坑1个，辘轳坑可能也有部分是元代遗存。①龙窑保存状况不甚理想，其中Y1保存相对较好，斜长约15米，宽1.35—1.98米。鉴于窑床残存匣钵中“留置叠烧的褐釉碗”与“发掘区西部的上层堆积中出土的褐釉碗相同，叠烧的方法也相同”②，该窑最后的产品当属元代。如此，则无论该窑始用时间是否能早到南宋，元代曾经有过烧造活动应属无疑。素烧炉均为馒头窑。素烧炉（图5-168）和南宋作坊建筑及相关制瓷设施的砌筑均非常讲究，建筑材料有香糕砖、条石、石块、板瓦、筒瓦等，房基甚至挡土墙外侧都有砖砌散水。

① 据发掘简报和杜正贤《杭州老虎洞南宋官窑窑址的考古学研究》（《故宫博物院院刊》2002年第5期）描述的南宋层遗迹推算。按邓禾颖、唐俊杰《南宋官窑》（杭州出版社2008年版，第41页），老虎洞南宋官窑的马蹄形馒头窑为3座，如此，则另一座属于元代。

② 张玉兰：《关于老虎洞窑的几个问题》，浙江省博物馆编：《东方博物》第十四辑，浙江大学出版社2005年版。

2.南宋瓷片坑

南宋的瓷器和窑具标本从地层堆积中出土的很少，瓷片主要出土于24个“瓷片坑”，而窑具除了少量出于瓷片堆积坑外，大部分出于发掘区东侧的一个大型灰坑内。[①]浙江地区的龙窑，在烧成过程中产生的废品，往往就近倾倒在窑炉一侧或两侧，从而形成废品堆积。老虎洞南宋层的废品处理则完全不同，采取的是土坑掩埋的方式。瓷片坑中的包含物大量的是瓷片，但也有窑具等遗物，因此实际上是废品堆积坑。瓷片坑分布于作坊区东部和南部，可以分成三个类型。第一种位于作坊区东部，形状规整，呈方形或长方形，坑壁直，坑底平，堆积上的坑口以纯净的黄土覆盖，如H2、H3（图5-169）。第二种位于作坊区南侧山坡上，呈不规则圆形或椭圆形，自东向西一线排列，部分坑彼此有打破关系，大部分坑上部被元代层扰乱，也有开在生土上、保存较好的，如H7。第

图5-169　老虎洞窑址瓷片堆积坑（H2、H3）

① 唐俊杰：《关于杭州老虎洞南宋窑址性质的探讨》，秦大树、杜正贤主编：《南宋官窑与哥窑——杭州南宋官窑老虎洞窑址国际学术研讨会论文集》，浙江大学出版社2004年版，第18页。

三种位于作坊区南部偏西处，是利用自然地势低洼处形成的堆积坑，如H20，堆积上以碎瓦片和残砖覆盖。①

瓷片坑中的瓷片，同一坑出土的普遍可复原率很高。再从瓷器上明显的人为敲击点和周围放射状裂纹，以及堆积上的坑口以黄土或其他材料覆盖的做法看，这些土坑无论是人为开挖的还是自然低洼处的利用，均是有意识地被用来填埋瓷器残次品和窑具类废品的。联想到景德镇明清御窑厂集中掩埋废品的做法，一般认为，老虎洞南宋层的这种废品处理方式是出于官窑制瓷技术保密和产品垄断使用的考虑。但也有学者认为，可能是该窑场场地局促的原因。②不过，该窑场所在位置固然面积狭小，如果在龙窑一侧辟一向外小径，附近山地就有充裕的空间可供倾倒窑业废品。很可能，两种因素都发挥了作用，但很显然，官窑的垄断性是主要的。

这些堆积坑年代有早晚之分。发掘简报称，其中4个坑的年代属早期，并举H3和H20为例；其余20个坑属晚期，举H4、H5、H7为例。不过对于“瓷片坑”的早晚阶段划分，还有不同的见解。比如，有学者主张，“根据瓷片堆积坑中不同器类的组合关系及器物形式的差异、瓷器产品制作工艺和釉色的不同，以及……各坑之间存在的瓷片可以拼对复原的联系，……分布于发掘区西南角编号为H20、H21和H24三个瓷片堆积，可以归属于早段”，“其他瓷片堆积坑均可归属于晚段”。③另有学者认为，“根据地层及产品的特征变化”，前述三类瓷片坑中，“第一类所处年代最早，第三类最晚”，并“客观反映了老虎洞官窑在不同时期对废品处理的不同方式”。④

从发掘简报介绍的典型地层T84的地层关系看，H2、H3开口在第④层下，打破出土越窑类型青瓷片，也就是本窑址年代最早的文化层——

① 邓禾颖、唐俊杰：《南宋官窑》，杭州出版社2008年版，第43—44页。

② 邓禾颖、唐俊杰：《南宋官窑》，杭州出版社2008年版，第44页。

③ 张玉兰：《关于老虎洞窑的几个问题》，浙江省博物馆编：《东方博物》第十四辑，浙江大学出版社2005年版。

④ 邓禾颖、唐俊杰：《南宋官窑》，杭州出版社2008年版，第44页。

第⑤层，而H2、H3毗邻，坑内瓷片彼此可拼对比例甚高。T61的第②、③两层可与T84第③层对应，H7—H11等5个瓷片坑压在第③层下。可见，H2、H3属于早段，H7—H11等5个瓷片坑的年代相对较晚。

H3边长2米×1.8米，深0.45米，是所有瓷片坑中最大的，出土瓷片1万余片，可复原器有20多种器型，700余件。加上边长1米的H2出土的器物，对南宋层较早阶段的产品特征，可以有基本的了解。有了对较早阶段产品面貌的了解，相对地，对于晚段产品特征也可以有大体把握。

3.元代堆积层

元代的遗物均出土于堆积层，没有发现元代的瓷片坑。老虎洞窑场废弃后，该地逐渐成为人迹罕至之处。元代末年张士诚占据杭州后，沿现万松岭路北侧筑南城墙，这一带遂沦为城外荒野。此后，这里慢慢成为杭州的一处墓地。老虎洞元代的窑业遗迹和堆积，因为遭到密集的墓葬破坏，加上树木生长、溪水冲刷等，保存不甚理想，扰动比较严重，出土的瓷片标本等遗物也比较残破。由于大家的关注点主要在南宋官窑上，有关老虎洞元代窑业遗存的材料发表和披露得非常有限，以致给人元代遗存单薄的错觉。实际上，元代遗存非常丰富，瓷器产品虽然总体上不如南宋的精美，并有精、粗两类，但数量甚巨。据发掘简报，该时期的遗物遍布“各探方第2层”，“部分探方第1层中也有出土”。据主要发掘者之一唐俊杰先生介绍，元代文化层（上文化层）“遍布整个发掘区”，“其范围分别向西和东面延伸，该文化层的包含物很丰富，既有所谓‘哥窑’类的仿官瓷片，也有明显具有龙泉窑风格的遗存。其中有许多具有典型的元代龙泉窑风格，如大量内底带有涩圈，外底无釉，十几个相互叠烧的敞口碗。胎体厚重，制作粗糙的尊式瓶等”。因为有八思巴文和“大元□六年”铭文支钉窑具出土，年代也是明确的①。

---

① 唐俊杰：《关于杭州老虎洞南宋窑址性质的探讨》，秦大树、杜正贤主编：《南宋官窑与哥窑——杭州南宋官窑老虎洞窑址国际学术研讨会论文集》，浙江大学出版社2004年版，第17页。

（二）产品特征

由于尚无全面系统的发掘材料发表，目前对于老虎洞窑址产品特征的了解还只能是初步的，其中，对于南宋产品的了解相对丰富一些，元代的比较薄弱。至于前述官窑置窑之初或官窑设置之前的越窑系玻质釉青瓷，只能暂付阙如。

1.南宋

（1）器型

因为残次品多采用人为砸碎、集中掩埋方式，南宋层瓷片可复原率高，器型非常丰富，既有日常生活用器，也有陈设和祭祀用器。主要器型有碗、盘、碟、盏、盏托、杯、盆、钵、洗、盒、瓶、炉、尊、觚、壶、罐、花盆、器座、笔架等。每一种器型往往又有多种造型。比如，碗既有常见的敞口弧腹撇足碗、直口或撇口弧腹直圈足碗，也有盖碗、孔明碗等特殊碗类器形（图5-170、图5-171）。盘有敞口弧腹撇足或直

图5-170　碗（老虎洞窑址南宋层出土）

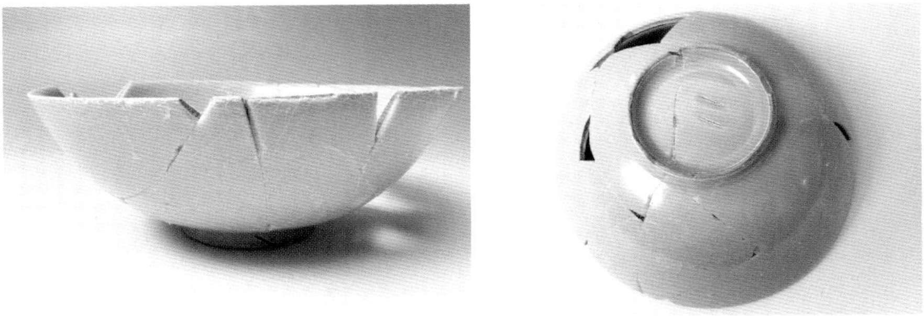

图5-171　碗（老虎洞窑址南宋层出土）

圈足盘、直口弧腹撇足盘、撇口或敞口微折腹直圈足盘等（图5-172、图5-173）。盏托有实底和空底之分，空底盏托托面又有圆形和花瓣形两种（图5-174）。盆多宽折沿，有平折沿和凹折沿、平底和圈足之别。盒有粉盒和套盒，套盒又有圆形和委角两种（图5-175）。瓶的造型最为丰富，有梅瓶、鹅颈瓶、纸槌瓶、弦纹瓶、翻沿圆腹瓶、侈口垂腹穿带

图5-172　盘（老虎洞窑址南宋层出土）

图5-173　盘（老虎洞窑址南宋层出土）

图5-174　盏托（老虎洞窑址南宋层出土）

图5-175　套盒（老虎洞窑址南宋层出土）

瓶、环耳瓶、琮式瓶等。其中，鹅颈瓶还有镂孔套瓶，纸槌瓶有折肩和圆折肩之分（图5-176、图5-177）。炉有樽式炉、鬲式炉、鼎式炉、簋式炉等。其中，樽式炉除常见的直口弦纹炉外，还有内折沿八卦炉、镂孔套炉等（图5-178）；鼎式炉除常见的圆形外，还有方形的。花盆有渣斗式、方斗式和樽式等多种。

图5-176　折肩瓶（老虎洞窑址南宋层出土）（左）

图5-177　镂孔鹅颈套瓶（老虎洞窑址南宋层出土）（右）

图5-178　樽式炉（老虎洞窑址南宋层出土）

（2）胎釉

由于胎料里有紫金土，产品胎色普遍较深，呈灰色或灰黑色。胎料虽然是瓷土与紫金土二元配方，但并不意味着配料过程中一定有一个向瓷土中掺紫金土的工序，老虎洞窑址附近的山坡上发现了瓷土紫金土混合矿原料。①产品的釉色以青中泛灰居多，部分青灰釉泛绿，米黄次之，真正呈色粉青的少。有一次性施釉的薄釉产品，但绝对数明显比厚釉产品少。厚釉为多次施釉的结果，从标本断层能直观地观察到施釉两次、三次甚至三次以上的现象，素烧炉和素烧坯的发现也是明证。碗盘类圆器和其他大口器物，多次施釉时往往内外一致；瓶壶类琢器和其他小口器物往往外壁多次施釉，内壁仅施釉一次，但有在口沿内侧加施一层釉的现象。龙窑的不同窑位，在瓷坯烧成过程中容易出现温度或烧成气氛的差别，加上胎体和釉层厚度的差异，同一件器物，特别是形体大的器物，有时会出现胎色深浅不一、釉色呈色多样的现象。这种胎色和釉色的不一致现象，在老虎洞南宋产品中有比较明显的表现，既有同一器物上下部位的不一致，也有左右（前后）甚至内外不一致的情形。

① 唐俊杰：《南宋郊坛下官窑与老虎洞官窑的比较研究》，杭州南宋官窑博物馆：《南宋官窑文集》，文物出版社2004年版，第75页。

（3）成型方式

老虎洞窑址的南宋产品主要采取拉坯和模制两种成型方式，或每一种单独使用，或两种结合使用。有学者认为，老虎洞南宋产品模制成型比较普遍，虽然未发现可看出器型的范模，但从两种现象可以看出这一点，一是有些产品同一种器型，造型、大小完全相同；一是碗盘类圈足器多见接足现象，即器身和足先分别成型，再彼此粘接[①]。一般来说，某些器物的附件或组成部分，如炉的足、耳、环，壶罐类的系或耳，器盖的钮，琮式瓶的四个方角，某些造型特殊的器物的器身如觚形器、器座乃至瓶壶类琢器，采用模制方式成型都是合理可行的。某些带圈足的瓶壶类琢器，器身拉坯或模制成型，圈足需要另外成型，然后与器身粘接，这也是多见的。但是，碗盘类圆器的成型，采用先拉坯、再挖足修坯的方式非常简便易行，若器身与圈足先分别模制成型，再粘接成器，反而显得多此一举。虽然官窑器的尺寸和造型有严格标准，因而存在不得不采用模制方式的可能性，但在已做全面发掘的情况下，碗盘类作为最大宗的产品，却不见范模出土，实在让人难以置信。或许存在另一种可能性，碗盘类圆器先拉坯成型，然后粘接圈足。再考虑到，如果挖足时圈足足跟挖削过深，或者坯件烧成温度低，圈足都容易从器身脱落。对碗盘类圈足器采用模制和接底方式成型这一点，暂且存疑。

（4）装饰与字款

因为以釉质釉色和造型取胜，老虎洞南宋产品的胎装饰不发达。比较常见的是莲瓣纹，主要见于碗盘类圆器外壁，瓣面宽，中脊凸起，立体感比较强，因为釉层厚，有时比较模糊。套瓶的莲瓣纹瓣面相对较平，外壁上下各一排，中间镂孔刻缠枝花。炉壶类琢器外壁凸弦纹比较多见，其中樽式炉最为典型。通常樽式炉外壁从口沿下到近底处等距离

---

① 唐俊杰：《关于杭州老虎洞南宋窑址性质的探讨》，秦大树、杜正贤主编：《南宋官窑与哥窑——杭州南宋官窑老虎洞窑址国际学术研讨会论文集》，浙江大学出版社2004年版，第20页。

分布三组凸弦纹，每组三条，器腹较深的樽式炉往往有四组，镂孔樽式套炉则是每两组凸弦纹之间饰镂孔缠枝花。鼎式炉、鬲式炉和觚形器的足部或腹部，多见凸脊或扉棱装饰。渣斗形花盆常见口沿和上下腹各饰一道褶皱泥条纹，或口沿为泥条纹，上下腹各一道凸弦纹。还有以葵口和花瓣造型作为装饰的。另外，可视为一种装饰的“紫口铁足”，在老虎洞南宋产品中表现得并不突出。

带刻款的瓷器标本在十几个瓷片坑中有见，多刻于瓶、碗、盘、盏托等器型的外底心。以“戌、亥、巳”等地支款为常见，其中，“戌”字款仅见于H2、H3，“巳”字款仅见于H2、H3、H4。另见少量“玄、合、真”等字款。[①]

（5）装烧

图5-179　圆饼形支钉窑具（老虎洞窑址南宋层出土）

图5-180　齿口支钉窑具（老虎洞窑址南宋层出土）

老虎洞南宋产品烧成时的装盛方式多为一匣一器，匣钵常见的有“M”形、盆形、钵形、碗形、筒形等，胎料多为夹砂粗料，也有用瓷土作胎料的。匣钵内坯件的装烧方式主要有四种，即支烧、垫烧、支垫烧、垫圈垫烧。支烧为支钉窑具支垫器物外底的装烧方式。支钉窑具以圆饼形最为多见，支钉呈圆锥形，五钉者常见，也有三钉和单钉的。饼面模印文字者少见，有见带“戌记”和“祥青”（简报称“粉青”）者。还有支钉呈锯齿状口的

① 张玉兰：《关于老虎洞窑的几个问题》，浙江省博物馆编：《东方博物》第十四辑，浙江大学出版社2005年版。

图5-181 垫饼（老虎洞窑址南宋层出土）

圆筒形或钵形的支钉窑具，钉数从三个到十三个不等，以六钉、七钉最为常见（图5-179、图5-180）。另有内外双圈支钉的，主要用于支垫分量重或底径大的器型。垫烧是指器物足底刮釉、垫饼垫烧的方式（图5-181），这里讲的足底包括圈足、隐圈足的足端和三足器的足端。老虎洞窑址出土了3件带“坤宁殿□”铭文的垫饼，虽出于第①、第②层，但应属南宋遗物。支垫烧是将垫饼和支钉窑具组合使用的方式，具体做法是：采用垫烧方式的同时，为弥补坯体容易塌底的缺陷，以支钉具支垫外底作为辅助措施。严格来说，这不能算作一种单独的装烧方式，可以看作垫烧方式的亚种。垫圈垫烧方式的做法是：器物外底刮釉一圈，用圆筒形窑具支垫。采用这种装烧方式的有平底器，有圈足器，也有三足器。发掘简报称，第三期“器物中以垫圈支烧的为多”。另外，还有采用套烧方式的，比如方斗形花盆，隐圈足足底刮釉、垫烧，内底有支钉痕，可见其内另外套烧了一件较小的器物。支钉具和垫饼的原料多较细，垫圈的原料多较粗。

（6）演变规律

根据地层关系，综合考虑造型、装烧工艺、胎釉和装饰等方面因素，大致可以看出南宋产品的早晚变化。以比较常见、造型与胎釉特征对装烧工艺和施釉方式比较敏感的碗盘类圈足器为例，总的变化规律是：圈足外撇→直，足径大→小，胎体尤其是底部相对较厚→薄，釉层相对较薄→厚，无胎装饰→外壁莲瓣纹，支烧→垫烧（支垫烧）→垫圈垫烧。

当然，造型、装烧工艺、胎釉和装饰等方面因素，特别是前三种因素的变化，是彼此密切相关的。浙江古代青瓷包括南宋官窑青瓷的胎料高硅低铝，若胎体过薄，则易于变形，因此，采用支钉支烧工艺的器物，底部要有一定的厚度，才能在高温烧成过程中，保持足够的强度。而釉层厚的产品，如果采用支烧工艺的话，在烧成过程中，支钉容易与器物粘连，烧成后不易分离。因此，若要追求器形端巧秀美、青釉温润如玉，除了采用多次施釉、低温素烧等工艺外，从支烧转变为垫烧就成了必然的选择。但是在采用垫烧工艺的情况下，如果圈足外撇的话，烧成过程中就容易变形，这时垂直受力的直圈足显然更为理想。而受力面在圈足的足端，又为器物胎壁尤其是底部厚度变薄、足径收小，创造了条件。所以也可以说，薄釉到厚釉、一次施釉到多次施釉的工艺变化，是上述所有变化因素的核心。至于瓶壶类体形较大、重心较高、分量较重的器物，若采用支烧方式的话，烧成过程中容易塌底、变形甚至歪斜，所以无论在早段还是晚段，都普遍采用垫烧工艺，至为合理。

垫饼垫烧工艺之外出现的垫圈垫烧，可能既为了避免垫烧造成的足底露胎缺陷，也为了刮釉时操作更加简便，但由于垫圈支垫时坯体的受力面又回到了器底，对于薄胎厚釉的产品来说，器物底部塌陷、变形的隐患又增加了。要想器物不变形，胎体又得厚重起来。从这个角度看，垫圈垫烧工艺的出现，是器形秀美的厚釉青瓷烧制工艺走向衰败的表现。如此，龙泉窑从元代开始流行这种垫圈（垫托）垫烧工艺，其产品风格一改南宋秀雅之美，变为“厚胎厚釉”，也是必然了。

特别的是，H3还出土了少量的白（灰白）胎青瓷，釉层较薄，乳浊感不强，釉色近淡青，均素面无装饰。器型有直口浅弧腹直圈足碗、敞口斜弧腹撇足盘、盘口带盖隐圈足梅瓶等。装烧方式，碗足底刮釉，垫烧；盘外底有5个支钉痕，支烧；梅瓶比较复杂，足底刮釉，但外壁近足处垂釉线不整齐，似原本就露胎，一件外底几乎完全刮釉，另一件外底中心部位局部刮釉。

2. 元代

元代产品有精、粗两类，精品是所谓“仿官窑”厚釉青瓷，粗瓷为成瓷质量较差的薄釉青瓷。总体上，两类产品的胎都普遍呈灰色，深的近黑灰，也有浅灰或灰黄色的。

（1）精品

精品青瓷的釉层虽然也有厚薄不一的现象，但普遍较厚，有的油润如凝脂，基本色调为青灰、米黄和月白，但每一种色调往往又深浅不一。与南宋产品相比，体形较小的器物多，花口和花瓣造型的器物多，陈设用器多。器型很丰富，主要有碗、盘、盏、洗、杯、炉、瓶、鸟食罐、盒、器盖等，各种器型又有多种多样造型。比如，盘有六出葵口弧腹或折腹圈足盘（图5-182）、直口折弧腹小圈足盘、敞口折腹圈足盘、浅弧腹大平底直圈足盘、三足盘；洗有圆口隐圈足洗（图5-183）、六出

图5-182　盘（老虎洞窑址元代层出土）

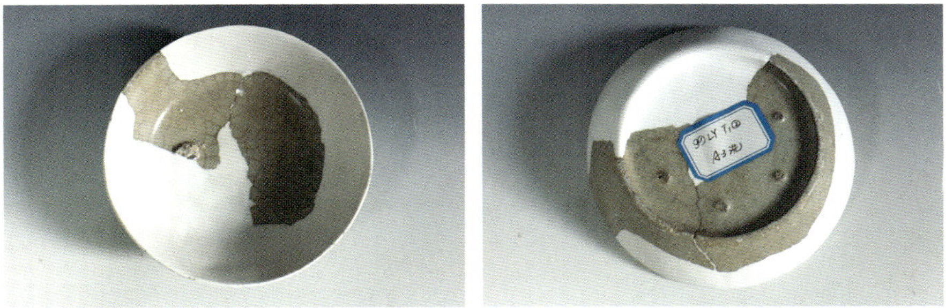

图5-183　圆口洗（老虎洞窑址元代层出土）

图5-184　花口洗（老虎洞窑址元代层出土）

花瓣形隐圈足洗（图 5-184）、蔗段洗；杯有高足杯（图 5-185）、六瓣花形圈足杯；瓶有贯耳瓶、细颈瓶；鸟食罐有扁瓜棱腹盂形、长颈瓶形、深腹筒形；炉的造型最为丰富，有袋足鬲式炉、鼎式炉、簋式炉、鼓钉炉、樽式炉等（图 5-186 至图 5-188），其中鼎式炉又有矮柱足和管状足两种，樽式炉有圈足底、平底两种。

图5-185　高足杯（老虎洞窑址元代层出土）

图5-187　鬲式炉（老虎洞窑址元代层出土）

图5-186　簋式炉（老虎洞窑址元代层出土）

图5-188　樽式炉（老虎洞窑址元代层出土）

精品青瓷主要的装烧方式，与南宋层相同，也有支烧、垫烧、支垫烧和垫圈垫烧四种，前两种更常见。有一种装烧方式与支垫烧有异曲同工之妙，可称为“垫垫烧”。具体做法是：在垫饼垫于足底的同时，外底以垫圈或垫饼托垫，垫圈垫托的见于平底圈足盘，垫饼垫托的见于平底或圈足底的樽式炉。圈足足底刮釉垫烧的器物，往往足底平整、刮釉线整齐。另见器物内部套烧的方式，内底见支钉痕、涩圈甚至露胎。套烧有两种不同的做法，一种是外垫烧、内套烧，另一种是外支垫烧、内套烧。有些器物，体形较小，却采用支垫烧方式，从工艺需求看，这种器物单独采用支烧或者垫烧一种方式，应该就能烧成，所以，有专家认为，这是对南宋官窑的刻意模仿之举。①一般而言，情况可能确实如此。但是，如果内底套烧另一件器物的话，就是有实际需要而非仅仅是“模仿之举”了。

图5-189　四种典型成釉效果（老虎洞窑址元代层出土，杭州市文物考古研究所发掘资料）

除葵口、花口和花瓣、瓜棱造型等装饰形式外，精品青瓷不尚胎装饰，其装饰的着力点显然在釉上。部分产品釉层肥厚，釉质油润（图5-189）；釉面开片有比较疏朗的，但密集的更多，有的明显呈“金丝铁线”特征。“紫口铁足”特征在一部分

① 唐俊杰：《关于杭州老虎洞南宋窑址性质的探讨》，秦大树、杜正贤主编：《南宋官窑与哥窑——杭州南宋官窑老虎洞窑址国际学术研讨会论文集》，浙江大学出版社2004年版，第21页。

器物上表现得比较突出，个别器物上似乎能观察到施护胎釉的现象。

（2）粗瓷

粗瓷在元代产品中的占比实际上要高于精品瓷器，但因为披露的材料少，往往让人产生元代产品以精品为主的错觉。由于已发表资料非常有限，粗瓷的特征只能作简略介绍。粗瓷是相对精品而言的，多数胎体较厚，釉层较薄，部分釉层略厚。釉面的玻质感一般比精品强，普遍呈色暗淡，主色调为青黄、青褐。器型以碗（图5-190至图5-193）、盘等日常生活用具为主，也有直口细长颈瓶、短颈扁圆腹瓶、樽式炉（图5-194）、弧腹三足炉、圆钮器盖、饼状钮器盖、研磨棒等。装饰方面，有碗内底刻花（图5-195）的，也有炉的筒腹外壁饰凸弦纹和八卦纹的。

图5-190　碗（老虎洞窑址元代层出土）

图5-191　碗底残片（老虎洞窑址元代层出土，杭州市文物考古研究所发掘资料）

图5-192　碗底残片（老虎洞窑址元代层出土，杭州市文物考古研究所发掘资料）

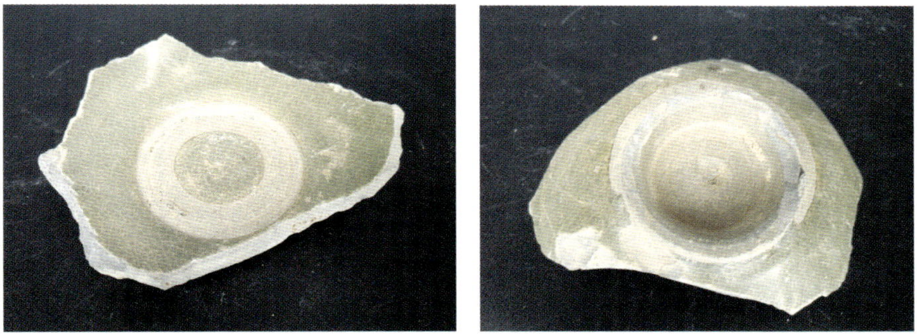

图5-193　碗底残片（老虎洞窑址元代层出土，杭州市文物考古研究所发掘资料）

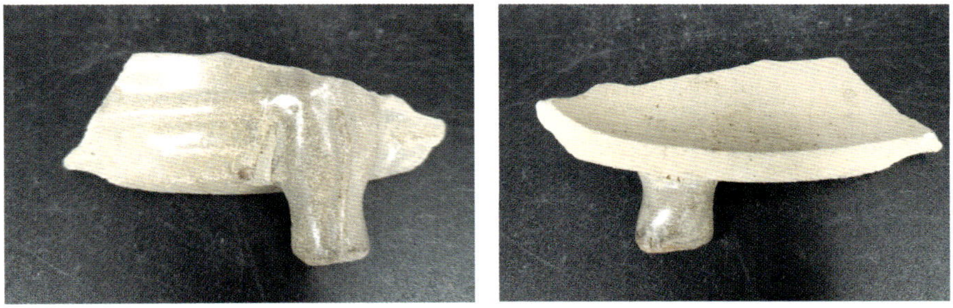

图5-194　炉（老虎洞窑址元代层出土，杭州市文物考古研究所发掘资料）

图5-195　刻花碗（老虎洞窑址元代层出土，杭州市文物考古研究所发掘资料）

见有碗的外底釉下褐书“官窑”二字。装烧工艺方面，碗盘类普遍采用叠烧方式，器物外壁施釉不及底或足底刮釉，内底多有涩圈，仅最上层的一件内底满釉。虽然有些产品可能采用了匣钵装烧的方式，但从胎、釉特征和装烧痕迹等因素判断，粗瓷可能多数是明火裸烧而成的。精、粗两类产品很有可能同窑共烧，精品坯件以匣钵装盛、放置在优等窑位，粗瓷坯件放置在次等窑位、明火裸烧为主。另外，也观察到有叠烧组合最上一件器物施厚釉的现象（图5-196）。

图5-196 碗底残片（老虎洞窑址元代层出土，杭州市文物考古研究所发掘资料）

（3）窑具

元代的匣钵有“M”形、盆形、钵形等多种，发掘报告称元代的“外装具主要是粗大的漏斗形匣钵”，均以夹砂粗料制成。支钉具以圆饼形的为主，也有平底钵状锯齿形的。支钉数以5个、6个为多，也有3钉、4钉的。圆饼形支钉具支钉围合的中间位置，有的阳印八思巴文和汉字，有的阳印虎、鹿等动物纹，有一件虎纹旁边印“乕”（虎）字。垫饼有的中心有圆孔。垫圈有规整的矮圆筒形，也有带底的圆筒形和不太规整圆筒形的。支钉具的原料普遍较细，垫饼和垫圈的原料则粗、细均有。

第五节　其他瓷业窑场

这一时期，除越窑、龙泉窑以及杭州老虎洞和乌龟山等窑场外，其他地区也有窑业生产活动。

一、杭嘉湖地区

（一）德清地区

调查资料显示，德清县武康北部阜溪沿岸地区分布着5处宋代窑址，自东向西分别为长安、成年坞、丁家浜、郭林桥和北龙山窑址，烧造产品均为壶、瓶、碗、盆、钵、罐、碟等类粗瓷产品。其中，成年坞窑址曾经过两次抢救性考古发掘工作。

2013年7月至9月，为配合德清县阜溪河道治理工程，浙江省文物考古研究所、德清县博物馆对该窑址进行了抢救性考古发掘，清理出2座龙窑窑炉，其中完整揭露出窑炉1座、储泥池遗迹1处，另外发现众多黑釉、褐釉、青釉碗及碟、瓶、灯盏等标本，但质量普遍较粗。[①]窑业废品堆积位于窑床两侧，形成巨大的窑包，其中北侧2处、南侧1处。该窑址器物大部分裸烧，未见匣钵。为了扩大装烧容量，采取最大限度的叠烧、套烧法，且纳青瓷、褐瓷于一炉。有青釉钵腹内套烧褐釉碗、盏等，大型器如盆钵类实际上起到了匣钵的作用，器物之间用泥点间隔，也有韩瓶类器物肩部叠套一小罐等。除了少数瘦高器物，如灯盏等，因要保持美观和稳定性，器物上未发现有叠烧痕外，其余几乎都有此类情况。从产品整体来看，制作不太讲究，坯料淘洗不精，显然是追求低成本、高产量。时代应为南宋时期。

2020年9月起，为配合基本建设，浙江省文物考古研究所、德清县博物馆对成年坞南部窑址又进行了考古发掘。本次发掘共发现南宋时期的龙窑窑炉2座，揭露出丰厚的窑业废品堆积，出土大量瓷器残片，其中还出土数十件完整器。[②]发掘资料显示，本次考古发掘出土的器物产品构成和器物特征与2013年发掘资料面貌较为一致。

（二）余杭地区

这一时期余杭地区的窑址主要集中于中苕溪流域的瓶窑一带，窑业面貌与上述德清地区较为相似，也具备自身窑业特色。

2018年4月到8月，为配合窑山公园建设，浙江省文物考古研究所对余杭瓶窑窑山窑址进行抢救性考古发掘。发掘面积为1000平方米

---

① 浙江省文物考古研究所、德清县博物馆：《浙江德清县宋代成年坞窑址发掘简报》，浙江省博物馆编：《东方博物》第六十七辑，中国书店2018年版。

② 浙江省文物考古研究所2020年考古发掘资料。

图5-197　窑山窑址发掘现场航拍照

（图5-197）。考古发掘揭露出龙窑窑炉3条、砖砌挡墙1道，为复原窑场布局提供了较为丰富的资料；清理出高达2米的窑业废品堆积，出土了包括瓷片和窑具在内的大量遗物（图5-198），瓷器产品类型丰富，器类以韩瓶（图5-199）为主，形制多样，另有罐、四系罐、多系执壶、急须（图5-200）、执壶（图5-201）、虎子、漏斗、碗、盏、盘、擂钵、灯等。胎质粗糙，多施半釉，釉色以青褐色为主。窑具有垫柱、垫具和轴顶碗等。装烧方式为裸烧、叠烧，少量器物套烧。该窑址的年代为南宋时期。

此外，在考古发掘过程中，浙江省文物考古研究所还对整个窑山片区进行了主动性考古调查，共发现窑址（点）12处。调查结果显示，各处窑址产品差异较大，分工较为明确（图5-202）。

图5-198　窑山窑址出土器物整理照

图5-199　韩瓶（窑山窑址出土）（左）

图5-200　急须（窑山窑址出土）（中）

图5-201　执壶（窑山窑址出土）（右）

图5-202 窑山5号地点采集器物

（三）临安地区

为配合第二次全国文物普查工作，1982年5月，杭州市文物考古研究所与临安县文物馆于临安县凌口乡松毛坞一带发现有青白瓷与黑釉瓷同窑合烧的宋元时期窑址。随着考古调查的推进，文物考古工作者又于於潜镇的松毛坞、磨石岭、敖干水库、窑厂边、大坞坪等地以及绍鲁乡、西天目乡等地发现多处窑址，窑址年代均属宋元时期。[①]由于这些

① 姚桂芳：《论天目窑》，中国古陶瓷研究会编：《中国古陶瓷研究》第四辑，紫禁城出版社1997年版，第63—75页。

瓷窑址主要集中在天目溪流域，因而学界将其命名为“天目窑”。

2013年3月至4月，为了加强对天目窑窑址群的保护，杭州市文物考古研究所与临安博物馆联合对天目溪流域瓷窑址进行了主动性考古调查。调查主要针对天目溪上游的东关溪和丰陵溪沿线进行，在东关溪上游新发现了公东坞、柯家坞、高园头等新窑址。此次调查窑址共计33处，主要分布在东关溪和丰陵溪交汇处，以山脊和敖干水库为界，可划分为东、西两个窑区，占地约6平方千米左右。东窑区主要分布在东关溪北岸，以天目寺附近的波修坞、俞家山等窑址较为集中；西窑区主要分布在丰陵溪南岸，以敖干水库附近的谢家、敖干、松毛坞等窑址较为集中。调查显示，天目窑产品有青釉、黑釉和酱褐釉三种，并以青瓷为大宗。器型有碗、盘、壶、罐、钵、盆、瓶、炉、碟、盒、灯、托、洗等。窑具主要有“M”形匣钵、支圈、支钉、垫饼、条状垫圈、筒形垫圈、鼓形垫饼、支柱等，烧造年代为南宋和元初。①

2014年4月18日至20日，杭州市文物考古研究所与临安市文物馆在对临安地区窑址考古调查过程中，于南苕溪下游沿岸的太湖源镇浪口村新发现一处窑址（倒畈窑址）。该窑址产品为青瓷，器类有碗、盏、瓶、罐等。窑具以支柱为主，可分为圆柱和钵形两类。据窑址出土瓷片和窑具特征，推断该窑址的烧制时代应该是五代至北宋时期。该窑址产品不论胎釉特征，还是装烧工艺和装饰技法，均与当地天目窑瓷器存在很大差异。②

基于上述考古调查资料，学界根据纪年墓材料和调查器物造型，推

---

① 郎旭峰：《浙江临安天目窑窑址调查》，《陶瓷考古通讯》2013年第2期；郎旭峰、王征宇、朱晓东等：《杭州市临安天目窑址2013年度考古调查简报》，浙江省博物馆编：《东方博物》第五十三辑，浙江大学出版社2014年版，第40—55页；朱晓东、郎旭峰：《天目窑窑址的调查与发现》，临安市茶文化研究会编：《“天目”国际学术研讨会论文集》，中国文史出版社2015年版，第17—23页。

② 孙媛：《杭州临安南苕溪流域窑址考古调查简报》，《杭州文博》2016年第2期。

测天目窑始烧于北宋，盛烧于南宋至元初，衰落于元代。[①]

2020年，杭州市文物考古研究所开始有计划性地对天目窑址群进行主动性考古发掘。发掘地点为敖干2号窑。该窑址位于天目窑遗址群分布区内的敖干水库西北侧。2020年度主要的发掘对象为龙窑和产品废弃堆积，发掘面积500平方米。[②]

调查资料显示，天目窑产品可分为青釉、黑釉和酱褐釉三种。[③]青釉器类有碗、碟、盏、盏托、盘、执壶、罐、擂钵、花盆、瓶、炉、盒、灯盏、洗等，主要为日常生活用器。胎质较为细密坚致，胎色多洁白，少量偏灰。大型器物釉层较厚，轻薄器类釉层较薄，釉色以淡青为主，还有少量青白、青灰、青黄和青绿色等。装饰工艺则采用刻、划、印和点彩等，以花草、禽鱼、文字、线条为主要题材，纹样有菊花、莲瓣、凤鸟、双鱼、蕉叶、垂叶、光芒、弦纹等。刻划花多见于碗、盘、钵等器物外壁和大碗内壁，在擂钵内腹及内心多见交错刻划线条。印花广泛用于碗盏类器物内底、盒盖面及盒底、灯盏、炉和执壶外壁。点彩装饰少量运用于器盖。部分碗的口沿处施有黑褐色釉，形成铜扣或银扣效果。黑釉器类以盏、碗为主，还有少量盒、壶、碟等。胎体结构坚致，胎色多为乳白色，少量灰色。碗盏有敞口和束口两种。少数黑釉盏在口沿上施青釉或青白釉，形成口沿与器壁釉色的明显差异。酱褐釉器物有壶、盒、炉、罐等，施釉和装饰手法与青釉、黑釉产品较为一致。1997年，杭州市文物考古研究所曾挑选8块天目窑黑釉瓷片和3块青白釉瓷片，送交中国科学院上海硅酸盐研究所进行科技检测。结果显示，青白釉瓷和黑釉瓷的胎体化学成分中氧化铁和氧化钛的含量均非常低，因而瓷胎白度很高。烧成温度在1300℃左右，烧结程度高。显微结构显

① 姚桂芳：《论天目窑》，临安市茶文化研究会编：《“天目”国际学术研讨会论文集》，中国文史出版社2015年版，第14页。

② 杭州市文物考古研究所2020年考古发掘资料。

③ 从现有材料看，这里所谓青瓷，主体上应该是呈色不够纯正的青白瓷。——郑建华

示，黑釉盏瓷片可观察到明显的银灰色细兔毫纹；深酱色釉可观察到明显的黄色细兔毫纹，与建窑黑釉瓷釉中兔毫的形成机理相似。

窑具有“M”形匣钵、支圈、支钉、垫饼、条状垫圈、筒形垫圈、鼓形垫饼和垫柱等。从窑址调查采集标本来看，装烧方法可分为两种。一种是用匣钵装烧。另一种是明火裸烧，即根据器物大小的不同，将青白瓷碗与黑釉瓷器同窑叠烧，多见为五六件青白瓷叠置，最上端再放置一黑釉盏。在叠烧前，器物圈足沿处都蘸粘石英砂与碗底相间隔。因此，在青白瓷碗的内底往往留有叠烧后圈足遗留下来的涩圈，而在圈足沿上，一般都粘有较多的砂粒。

窑炉形式为龙窑。2020年敖干2号窑发掘资料显示，龙窑窑床位于山谷西北侧坡地，依山势而建，坡度为6°—9°，方向约为北偏西20°。龙窑于山坡上开凿而成，长21.4米，宽2—2.7米，分室建成，前后共7间。窑室面积由北向南逐间扩大，产品主要分布在后三间窑床上。西侧窑壁保存较好，窑壁残留有一层到三层砖，东侧窑壁较残，多数仅余一层砖。窑床底部普遍垫一层黑色沙土，部分黑色沙土下还有高岭土的痕迹。窑头处内收，呈刀把形。窑尾处清理出排烟道共19个，未发现烟囱痕迹。除龙窑主体部分外，对龙窑东侧的废弃堆积也进行了全面的发掘，产品废弃堆积主要集中在后两间窑室。①

（四）萧山地区

2006年8月，萧山博物馆在所前镇东山夏村青牛湾一带发现一处窑址。瓷片可辨器型有青瓷碗、韩瓶等，另有少量支烧窑具及素烧瓷器残片。据此可大致推断该处为宋代民窑。②

---

① 杭州市文物考古研究所2020年考古发掘资料。

② 崔太金：《萧山发现宋代窑址》，《浙江文物》2006年第5期。

二、金衢地区

这一时期，婺州窑所在地区在继承以往传统的同时，开始大量吸收外来窑业技术，进行窑业生产。产品类型多样，除延续早期的青瓷和乳浊（窑变）釉产品外，青白瓷、彩绘瓷产品也有烧造。

（一）青釉瓷器

1983年，季志耀和沈华龙在对衢县大川乡、湖南乡和白坞口进行文物普查的过程中发现多处窑址。其中，青瓷窑址有大珠村广坞、庭屋村管家塘、湖南村里坞、大麦地坞、包鲁山和泥塘窑址等6处，时代为元代。①

2000—2002年，浙江省文物考古研究所与武义县博物馆联合对陈大塘坑窑址群进行了两次抢救性考古发掘，共发掘和试掘4处窑址，分别为蜈蚣形山窑址、乌石岗脚窑址、缸窑口窑址和叶李坑窑址。其中，乌石岗脚窑址发掘揭露出具有叠压打破关系的阶级式分室龙窑1座（图5-203），出土的瓷器多数为日常生活用具。产品制作较为粗糙，釉色以青釉产品为主，其次为酱釉瓷，乳光釉瓷、灰白浊釉瓷相对较少。窑址年代可能为元代早期。②叶李坑窑址器型、胎釉、釉色品种以及装烧方式都与乌石岗脚窑址相同，仅出土器类比乌石岗脚窑址少。窑址年代约在南宋晚期至元代早期。③

此外，一个有趣的现象是，这一地区于元代晚期开始，出现了很多烧造龙泉窑风格瓷器的窑址，代表性窑址点有武义溪里窑址。2018年11月到2019年5月，浙江省文物考古研究所与武义县文保所联合对该窑址进行了抢救性考古发掘（图5-204）。发掘面积650平方米，揭露龙窑1座，挡墙6道，房址1座以及人工铺筑的工作面等遗迹，同时清理厚达3

① 季志耀、沈华龙：《浙江衢县元代窑址调查》，《考古》1989年第11期。

② 浙江省文物考古研究所：《武义陈大塘坑婺州窑址》，文物出版社2014年版，第71—141页。

③ 浙江省文物考古研究所：《武义陈大塘坑婺州窑址》，文物出版社2014年版，第164—183页。

图5-203　乌石岗脚窑址阶级式分室龙窑

图5-204　溪里窑址考古发掘全景照

图5-205　溪里窑址龙窑窑炉尾部及顶部

图5-206　武义溪里窑址出土器物

米的窑业废品堆积，出土大量青瓷残片及窑具标本。龙窑窑炉全长52.3米，存在至少两个不同阶段的烧造过程；其中在第二阶段烧造过程中，窑炉后段废弃，窑炉缩短，使得第一阶段的窑尾及窑顶得以保留（图5-205）。产品器类（图5-206）以碗为主，另有少量盘、碟、罐、擂钵等器物。器物胎色灰白，釉色以青黄和青绿色为主。器物装饰以素面为主，偶见花卉纹和文字。

（二）彩绘瓷器

在青釉瓷器之外，南宋时期，衢县尚轮岗窑址和两弓塘窑址（今属衢州市衢江区）产品中还有彩绘瓷。①

以衢县尚轮岗窑址为例，该窑址器物，由于瓷土淘洗不太精细，导致胎体断面多气孔，结构松散，一般呈深灰色。釉色有青色、青褐色、黑色等，均采用浸釉法上釉，所以一般产品均内外满釉，仅外底部分无釉。青釉、青褐釉由于釉层较厚，使得部分产品产生流釉现象，不过釉面玻璃质感较强，釉光较好；部分褐釉瓷器先浸青釉，再浸青褐釉，然后一次烧成。黑釉多为厚釉，釉面均匀，但釉面光泽度较差。彩绘瓷一般施釉较薄，颜色淡青，釉面均匀光洁。刻划彩绘瓷釉层更薄，因釉料中含钙质过量，所以釉层失光，表面光亮度较差。尚轮岗窑址产品中青釉、青褐釉和黑釉瓷器多素面，仅饰几条弦纹；釉下彩绘瓷纹样类型有缠枝纹、菊花纹、牡丹纹、鱼纹等。根据瓷器种类的不同，彩绘部位也不同。执壶、壶、罐类产品多饰于腹部，盘、罐等产品多饰于器内，盘类产品多饰盘内底。彩绘风格粗犷简练，具有浓郁的民间风格。刻划彩绘瓷则以刻划花卉纹为主，刻划细腻，并在刻划纹饰主要部位绘以釉上彩。器物制作以拉坯成型为主，又根据器物造型的不同，采取不同的修整方式。此外执壶类器物把手和竖系均采用泥条贴塑，执壶流均成型后挖空贴塑。器物装烧均采用凹底匣钵，器物底部以各式垫具垫烧。此

① 贡昌：《浙江衢县尚轮岗彩绘瓷窑》，《婺州古瓷》，紫禁城出版社1988年版，第123—131页。

外，为了提高产量、增加装烧量，大量采用套烧、覆烧工艺，如大口壶、罐类产品腹内套烧小件产品，大盘类产品上叠烧小形执壶、瓶等产品，钵类产品则采用一仰一覆支以泥点合烧。

1988年9月至12月，浙江省文物考古研究所与衢县文物管理委员会对两弓塘1号窑址进行了发掘。发掘清理龙窑1座，堆积厚度约1米，可分为三个文化层。出土器物有单色釉瓷和彩绘瓷两大类，其中前者见于所有的文化层中，主要器型有执壶、瓶、碗、盆、罐等，包括青、褐、黑等各种釉色瓷器和类似紫砂器的汗釉瓷；后者仅见于第一、二两层，主要器型有盆（图5-207）、壶（图5-208）、罐、瓶、钵、盘、器盖、腰鼓等，包括施化妆土的青釉彩绘瓷和不施化妆土的银灰色釉彩绘瓷。彩绘瓷所使用的绘画手法有笔绘、平涂剔划花、划花填彩、平涂、勾绘、划花勾绘等，题材有牡丹、忍冬、鱼纹、荷花和文字等，且全部采用釉上彩一次烧成。根据对出土遗物的整理和分析，两弓塘1号窑址的年代应为元代。①

图5-207　彩绘瓷盆（两弓塘窑址出土）

图5-208　彩绘瓷双系执壶（两弓塘窑址出土）

① 浙江省文物考古研究所、衢县文物管理委员会：《衢县两弓塘绘彩瓷窑》，浙江省文物考古研究所编：《浙江省文物考古研究所学刊——建所十周年纪念（1980—1990）》，科学出版社1993年版，第275—286页。

（三）青白瓷器

南宋至元代，金华华南乡沐尘塘窑址和江山跶河流域窑址产品中有青白瓷器物。[①]金华沐尘塘窑址青白瓷产品有碗、盘、粉盒等，江山跶河窑址青白瓷产品有粉盒、器盖、八卦炉、执壶、瓶、小罐等。金华沐尘塘窑址产品均为素面。江山跶河前坞窑址产品可分为两类，一类为印花，一类为素面。碗类日常生活用器均素面无纹，瓶、壶、盒等产品则多模印装饰，纹饰有凤尾草纹、八卦纹、缠枝纹、花草纹、圆圈纹、云纹等。沐尘塘窑址均采用拉坯成型。江山前坞窑址产品如壶、瓶、罐等，采用分段模制，然后拼接而成；小瓶、执壶等，因口部较小难以操作，所以采用拼接方法。炉类产品，炉身一次模制成功，然后再将模印的兽头足安贴上去。

图5-209　碗窑龙头山窑址分室龙窑遗迹

1992年7月至9月，浙江省文物考古研究所与江山市博物馆对碗窑窑区内的坝头、龙头山窑址进行了抢救性考古发掘。其中龙头山窑址发掘面积1200平方米，清理出上下叠压龙窑遗迹3条，最上一条为分室龙窑（图5-209）。废品堆积区位于窑体南坡。瓷器产品种类较多，以釉色来区分可分为青白釉、

① 贡昌：《婺州窑系中的青白瓷窑》，《婺州古瓷》，紫禁城出版社1988年版，第133—140页。

青灰釉、黑釉和酱釉瓷四类。青白釉产品的主要器型为盒，另有壶、壶盖、炉、灯等，盛行印花。盒类产品采用塔式组合窑具托烧。年代为元代。坝头窑址仅作局部清理，产品类型有青瓷、青白瓷、黑釉瓷等，时代为北宋末到南宋晚期。①

（四）乳浊（窑变）釉瓷器

元代婺州窑生产区域内乳浊釉瓷器取得很大发展，窑址主要有金华铁店窑址②、武义水碓周和赵宅窑址、浦江礼张乡碗窑窑址、衢州大川西塘村窑址等。

学术界对婺州窑分布范围内乳浊釉瓷窑址的考古工作，始于20世纪80年代的调查。当时金华地区文管会在窑址调查过程中，首先发现金华铁店窑有乳浊釉瓷器产品，之后又于武义泉溪乡水碓周③、赵宅，浦江县礼张乡碗窑，衢县大川乡西塘村（今属柯城区）等窑址发现该类产品。1983年，季志耀与沈华龙在衢县大川乡调查时发现庭屋村管家塘窑址除了烧制黑釉、青釉等产品，还生产乳浊釉瓷器。④1983年，为全面了解乳浊釉瓷的窑口及产品面貌，金华地区文管会又对铁店窑进行了重点复查，发现铁店村共有窑址9处，其中青瓷窑址6处、乳浊釉瓷窑址3处。这三处窑址均以烧制乳浊釉瓷为主，兼烧少量黑瓷和褐色瓷。产品种类较多，有花盆、三足鼓钉洗、鬲式炉、盂、灯台、灯盏、敞口鼓钉罐、长腹罐、带流瓶、贯耳瓶、壶、高足杯、束口碗、盘、器盖等。装饰以素面为主，少量器物有纹样装饰。窑址年代为元代。1984年贡昌对

---

① 浙江省文物考古研究所、江山市博物馆：《江山碗窑窑址发掘报告》，浙江省文物考古研究所编：《浙江省文物考古研究所学刊》，长征出版社1997年版，第178—218页。

② 贡昌：《元代乳浊釉瓷窑——金华县铁店窑的调查》，《婺州古瓷》，紫禁城出版社1988年版，第141—149页。

③ 贡昌：《浙江武义水碓周五代北宋窑的调查》，《婺州古瓷》，紫禁城出版社1988年版，第107—114页；贡昌：《浙江武义县水碓周五代北宋窑址调查》，《考古》1987年第5期。

④ 季志耀、沈华龙：《浙江衢县元代窑址调查》，《考古》1989年第11期。

图5-210　乳浊釉瓷罐（龙游方坦窑址采集）

衢州地区古窑址进行重点复查，于龙游和衢州两地分别发现了唐代乳浊釉瓷窑址2处，即龙游方坦（图5-210）和衢州市上叶窑址。调查资料显示，两处窑址均以生产乳浊釉瓷器为主，同时兼烧少量褐釉瓷器。产品以碗为主，盏、罐次之，窑具有垫柱、垫珠等。装饰方面，流行堆贴和褐斑装饰。[①]2000—2002年浙江省文物考古研究所对武义陈大塘坑窑址群进行考古发掘时，在缸窑口、乌石岗脚和叶李坑窑址中也发现了少量“乳光釉”产品。[②]

以铁店窑为例，该窑址产品丰富，器类有碗、盘、鬲式炉、花盆、鼓钉三足洗、炉、瓶、盂、灯台、灯盏、敞口鼓钉罐、长腹罐、盘口罐、带流瓶、贯耳瓶、壶、高足杯、器盖等。器物胎骨厚薄不均，胎色一般呈暗紫色或深灰色，部分呈灰色，露胎部位呈淡紫红色。釉色以天青色为主，还有少量天蓝、月白色等。器物装饰技法有捏压、模印、刻划等。捏压装饰多用于花盆一类产品上，如鸡冠花纹，俗称木耳边纹，捏压在花盆口沿部分；锯齿形纹则捏压在花盆下腹部分。模印装饰多用在鼓钉三足洗上，如兽头足多模印粘贴在鼓钉三足洗上，鼓钉纹主要装饰在鼓钉三足洗口沿外和敞口罐颈上。刻划纹也多用于花盆上，纹样主要为弦纹。除此之外，大多数器物光洁素面。器物制作均采用拉坯轮制

---

① 贡昌：《唐代乳浊釉瓷窑——龙游、衢州两处古窑址的调查》，《婺州古瓷》，紫禁城出版社1998年版，第64—72页；贡昌：《浙江龙游、衢县两处唐代古窑址调查》，《考古》1989年第7期；朱土生：《浙江龙游方坦唐乳浊釉瓷窑址调查》，《考古》1995年第5期。

② 浙江省文物考古研究所：《武义陈大塘坑婺州窑址》，文物出版社2014年版，第185—186页。

成型。从采集到的标本来看，窑具中不见匣钵，仅见垫具和各类规格的垫圈，说明该窑址均采用叠烧方法烧造。

三、温州地区

南宋至元代，瓯窑渐趋衰落，窑址有乐清大荆、永嘉岩头、瑞安丰和、泰顺碗窑和市郊杨府山等。这一时期，大量窑址开始转产龙泉窑风格青瓷。该类窑址主要分布在永嘉桥头、朱涂、楠溪江岩头、港头、鲤溪和泰顺、文成交界地带，形成窑址密集区。

1981年，温州市文物管理处对永嘉桥头眠牛山和钟山窑址进行了调查。调查显示，窑址产品均为青瓷。器型有碗、盘、罐、炉、盂、盏、洗、水注、器盖及高足杯等。装饰技法有印花、刻花、划花三种。印花题材有牡丹、葵花、菊花、草花、荷花、水藻、双鱼等，刻花主要为缠枝草花或写意束花，划花主要为平行弦纹和直线纹。此外还见有褐色点彩装饰。匣钵装烧。窑址年代均为元代，属龙泉窑系。①

1984年，温州市文物管理处对文成县珊溪镇顶竹垟窑址进行了考古调查，发现龙窑1座。产品为青瓷。器型有碗、壶、盏、洗、碟、樽、缸及研碗等。纹饰有弦纹、双鱼纹和莲瓣纹等。时代为南宋，属龙泉窑系。②

2020年4月，为配合杭温高铁建设，温州博物馆和永嘉县文物馆对永嘉马鞍山窑址进行考古发掘工作，揭露面积近230平方米，揭露出龙窑1处（不同时期窑尾3处）、储泥池1处。年代为元代中晚期，产品特征与龙泉东区窑场较为相似，产品类型包括盘、碗、洗、高足杯、炉、小口罐、粉盒等。③

---

① 金柏东：《浙江永嘉桥头元代外销瓷窑址调查》，《东南文化》1991年Z1期。

② 金柏东、张如元、蔡钢铁、黄兴龙：《温州名胜古迹》，作家出版社1998年版，第75页。

③ 温州博物馆2020年发掘资料。

四、台州地区

这一时期，台州地区窑业迅速衰落，元代窑址仅于临海括苍镇岭西村马岭骆自然村发现有2处窑址点，分别为山坪头窑址和马岭坡窑址。①

临海山坪头窑址产品种类单一，以碗类为大宗。胎质粗糙，釉色偏青蓝，多窑变，釉色多呈钧瓷釉色。窑具主要为垫柱，采用叠烧、裸烧工艺。马岭坡窑址产品也以碗类为主，另兼烧少量矮圆嘴扁矮执壶、水盂、罐、瓶等。窑具仅发现垫柱，器物烧制多叠烧、裸烧。

第六节　工艺成就

南宋时期，浙江古代青瓷烧制发生了革命性变化。核心技术层面，在传统青瓷胎料之外，出现了新的制胎原料；釉料成分和施釉方式也都有了重大改进。中间层面，在产品烧成技术上，传统龙窑结构有明显变化，出现了新的龙窑类型；匣钵装盛方式虽然变动不大，但支垫方式有多种新的形式。浙江古代青瓷，在南宋时期烧制出最高质量的产品，取得最显著的成就，与烧制技术的进步和成熟密切相关。元明时期，浙江青瓷的烧制技术基本上是对南宋的继承，没有实质性变化。

一、胎釉制备

（一）胎料的创新与改进

南宋时期，龙泉窑和杭州的乌龟山、老虎洞窑场都曾烧制黑胎青

① 台州市文化和广电旅游体育局、台州窑陶瓷研究课题组：《丹丘瓷韵：台州窑陶瓷简史》，文物出版社2020年版，第308—310页。

瓷，一般认为，其胎料是瓷石掺入了一定量的紫金土。但也有可能是直接选用了瓷石与紫金土共生矿原料，杭州老虎洞窑址南侧山坡就发现过这样的采矿遗迹。[①]因为各自就地取材，龙泉窑和杭州乌龟山窑场黑胎瓷的胎的化学成分存在一定的差异。龙泉窑 SiO_2 含量较低，Al_2O_3 和 Fe_2O_3 含量较高[②]；TiO_2 含量，二者差别更大一些，龙泉窑0.71%左右，乌龟山窑1.22%左右。[③]老虎洞窑址南宋层黑胎瓷的胎的化学成分与乌龟山窑址接近。[④]以紫金土作胎料是一种技术进步，因为紫金土 Al_2O_3 含量高，能提高胎的强度，有利于薄胎器物的成型与烧制。不仅如此，胎色黑，对釉色还有一定的映衬作用，使其显得更加色泽内敛。元代，龙泉窑和杭州的老虎洞窑场都继续生产黑胎青瓷，不过，老虎洞元代瓷胎的 SiO_2 含量比南宋层要低。[⑤]据报道，慈溪古银锭湖区南宋早期的低岭头窑址上层，也有少量黑胎青瓷[⑥]，但胎料中是否也掺入了紫金土，还不确定[⑦]，因此，这种“黑胎青瓷”与龙泉窑和杭州两处窑场的黑胎青瓷是否属于同一类型，尚难明确。但无论如何，紫金土制胎的黑胎青瓷工艺是古代浙江的原创技术，应该是明确的。至于是否南宋早期低岭头

---

① 邓禾颖、唐俊杰：《南宋官窑》，杭州出版社2008年版，第94页。

② 陈显求、陈士萍、周学林等：《南宋郊坛官窑与龙泉哥窑的陶瓷学基础研究》，《硅酸盐学报》1984年第2期。

③ 李家治：《中国科学技术史·陶瓷卷》，科学出版社1998年版，第298页。

④ 周少华、梁宝鎏、杜正贤、唐俊杰：《杭州老虎洞窑青瓷原料的研究》，《南宋官窑与哥窑——杭州南宋官窑老虎洞窑址国际学术研讨会论文集》，浙江大学出版社2004年版。

⑤ 邓禾颖、唐俊杰：《南宋官窑》，杭州出版社2008年版，第103页。

⑥ 浙江省文物考古研究所、慈溪市文物管理委员会办公室：《慈溪南宋越窑址——2010—2018年调查发掘报告》，文物出版社2019年版，第221页、343页。

⑦ 有学者认为，越窑黑胎青瓷是用高 Al_2O_3 原料烧制的，“但是若用单一原料制作，该矿物中 Fe_2O_3 含量显然不能达到黑胎青瓷的要求”，因此推断，“还有一种高铁高铝的紫金土类的矿物相配而成”（周少华等：《浙江慈溪寺龙口窑址越窑原料及瓷片的X荧光分析与工艺研究》，《浙江省文物考古研究所学刊》第五辑《2002越窑国际学术讨论会专辑》，杭州出版社2002年版）。

类型就已出现，则需要更加深入的研究。

北宋时期，龙泉窑就已开始在胎料中掺入紫金土，或直接采用瓷石与紫金土混合矿原料，烧制白胎青瓷。与黑胎青瓷相比，无论是北宋还是南宋的白胎青瓷，紫金土含量都微乎其微。从胎料的化学组成看，北宋白胎、南宋白胎和南宋黑胎青瓷的SiO_2含量分别为78%、71%和64%左右，Al_2O_3含量分别为16%、22%和26%左右，Fe_2O_3含量分别为1.9%、2.2%和4.4%左右。黑胎青瓷的硅含量比白胎青瓷低，铝和铁含量高，其中，铁含量在两倍以上。黑胎青瓷TiO_2含量也普遍高于白胎青瓷。①近些年来，又有学者对龙泉窑青瓷胎料的化学组成进行研究，数据与以往的不尽一致②，但黑胎青瓷与白胎青瓷的化学组成差别明显，这个结论还是相同的。

除了紫金土作胎这一重大创新之外，在胎土原料加工上，也有明显的进步，龙泉窑白胎青瓷最具代表性。南宋龙泉窑白胎青瓷的SiO_2含量普遍比北宋的低，Al_2O_3含量则要高。据研究，这是使用经过淘洗的瓷石精泥制作的结果，平均估量，要从粉碎的瓷石粉中淘洗掉20%—30%的矿渣。③胎体中的Al_2O_3含量升高而SiO_2含量降低的趋势一直延续到元代，而到了明代，Al_2O_3含量又略有降低。通常情况下，选择风化程度深

① 参阅李家治主编：《中国科学技术史·陶瓷卷》，科学出版社1998年版，第295页“表9-4”、第297页“表9-5”，其中，“表9-5”标本S_3-4胎色灰黑，显系黑胎青瓷。

② 关于北宋和南宋龙泉窑白胎青瓷胎料的化学组成，故宫博物院等《宋元明时期龙泉窑青瓷胎釉成分和烧成温度的测定研究》（《故宫博物院院刊》2019年第7期）发表的数据，与李家治主编《中国科学技术史·陶瓷卷》的相应数据不太一致：北宋的SiO_2和南宋的Al_2O_3含量较低，南宋的SiO_2、北宋的Al_2O_3和两宋的Fe_2O_3的含量较高；TiO_2的含量，北宋的相近，南宋的较低。段鸿莺等《浙江龙泉黑胎青瓷的原料及工艺研究》（《博物院》2019年第4期）发表了一组龙泉溪口瓦窑垟和小梅瓦窑路窑址黑胎青瓷化学组成数据，与《中国科学技术史·陶瓷卷》的黑胎青瓷相应数据相比，瓦窑垟标本的SiO_2、Al_2O_3含量相当，瓦窑路SiO_2较高、Al_2O_3较低；Fe_2O_3和TiO_2普遍偏低。不同批次的数据有异，可能与工作方法有关，也可能与取样地点、产品断代等方面因素有关。

③ 李家治：《中国科学技术史·陶瓷卷》，科学出版社1998年版，第296页。

的制瓷原料，或淘洗工艺精细化，均能提高原料中Al_2O_3的含量，从而提高胎泥的可塑性和可操作性，增强胎体高温烧成过程中的力学性能，减少变形，有利于大型器物的成型和烧制。因此，从北宋至元代，胎体元素组成中Al_2O_3含量的提高，体现了龙泉青瓷在制瓷原料类型选择和淘洗工艺控制上的不断改进，龙泉窑特别是在元明时期，之所以能够烧制大体形的器物，这也是重要原因之一。①从历年来龙泉窑考古揭示的淘洗池、沉淀池和瓷石渣滓堆积层等遗迹现象看，龙泉窑确实总体上存在一个胎料淘洗工艺逐步提高的过程。

（二）厚釉工艺

1.釉的化学成分

根据现有资料，浙江古代青瓷的厚釉工艺，至迟南宋初年开始出现，首见于低岭头类型的乳浊釉青瓷。从低岭头和张家地两处窑址瓷釉的化学成分检测结果看，乳浊釉与传统透明釉的原料配方有所不同。②由于学术界对钙釉与钙碱釉还没有统一的划分标准，低岭头类型乳浊釉青瓷釉究竟是否属于钙碱釉，以不同的标准衡量，结论不太一致。如果将釉中CaO重量百分数小于10%，R_2O重量百分数大于3%，作为钙碱釉的标准的话③，低岭头窑址第一层的瓷釉和张家地窑址乳浊釉的测试数据，已经有部分标本达到这一标准④。如果K_2O/CaO比例大于0.2的釉就

① 故宫博物院、浙江省文物考古研究所、龙泉青瓷博物馆：《宋元明时期龙泉窑青瓷胎釉成分和烧成温度的测定研究》，《故宫博物院院刊》2019年第7期。

② 浙江省文物考古研究所、慈溪市文物管理委员会办公室：《慈溪南宋越窑址——2010—2018年调查发掘报告》附录《低岭头和张家地窑址出土标本的EDXRF分析》，文物出版社2019年版，第359页。

③ 刘康时：《陶瓷工艺原理》，华南理工大学出版社1990年版，第185页。

④ 浙江省文物考古研究所、慈溪市文物管理委员会办公室：《慈溪南宋越窑址——2010—2018年调查发掘报告》附录《低岭头和张家地窑址出土标本的EDXRF分析》“附表2”，文物出版社2019年版，第363—365页。

称为钙碱釉，则低岭头类型的乳浊釉无疑都可以归入钙碱釉类型。[①]当然，假如以罗宏杰等学者提出的划分标准衡量，则元代以前，包括低岭头类型乳浊釉青瓷在内的浙江青瓷釉，恐怕都算不上钙碱釉。[②]上述第一种划分钙釉和钙碱釉的标准，是学术界接受度相对较高的传统标准，也能更好地反映浙江古代青瓷釉的变化规律，我们在这里继续沿用。

通常认为，南宋以前的龙泉窑青瓷釉是钙釉，从南宋开始出现钙碱釉，并延及元、明，这也是以《中国陶瓷史》[③]和《中国科学技术史·陶瓷卷》[④]为代表的主流学术观点。近年来，有学者依据罗宏杰等人提出的标准，主张北宋、南宋的龙泉窑青瓷釉基本都是钙釉，钙碱釉的使用要到元代，至于到底始于元代的哪个阶段，尚未明确。[⑤]我们采用前一观点。

跟前述胎体化学成分测试的情况相似，近些年来对龙泉窑白胎和黑胎青瓷釉的测试，数据与以往的也不太一致，总体上看，CaO和K_2O含量的数据偏低。[⑥]但即便如此，按照传统标准衡量，不仅南宋龙泉窑多次施釉的白胎青瓷釉普遍属于钙碱釉，部分单次施釉的白胎青瓷釉也是钙碱釉，甚至北宋龙泉窑都有少量青瓷釉达到或接近钙碱釉标准，这应该就是南宋早期少量白胎龙泉窑青瓷（如大窑瓦窑坑“绍兴十三年”地

---

① 梁宝鎏、周少华、沈岳明：《浙江慈溪寺龙口窑址越窑原料及瓷片的X荧光分析与工艺研究》，《浙江省文物考古研究所学刊》第五辑《2002越窑国际学术讨论会专辑》，杭州出版社2002年版。

② 罗宏杰、李家治、高力明：《中国古瓷中钙系釉类型划分标准及其在瓷釉研究中的应用》，《硅酸盐通报》1995年第2期。

③ 中国硅酸盐学会：《中国陶瓷史》，文物出版社1997年版，第275—276页。

④ 李家治：《中国科学技术史·陶瓷卷》，科学出版社1998年版，第299—301页。

⑤ 故宫博物院、浙江省文物考古研究所、龙泉青瓷博物馆：《宋元明时期龙泉窑青瓷胎釉成分和烧成温度的测定研究》，《故宫博物院院刊》2019年第7期。

⑥ 参阅故宫博物院等《宋元明时期龙泉窑青瓷胎釉成分和烧成温度的测定研究》（《故宫博物院院刊》2019第7期）和段鸿莺等《浙江龙泉黑胎青瓷的原料及工艺研究》（《博物院》2019年第4期）。

层出土者）、北宋晚期个别白胎龙泉窑青瓷，釉具有一定乳浊感的重要原因。南宋龙泉窑和杭州乌龟山窑址的黑胎青瓷釉，根据以往的测试数据，普遍为钙釉①，但根据近些年来的测试数据，则多数达到了钙碱釉标准。②老虎洞窑址南宋层出土的黑胎瓷，釉的测试数据部分达到了钙碱釉标准③；元代层青瓷釉CaO含量均值为6.45%，K_2O（Na_2O）含量均值为6.35%④，属钙碱釉。

浙江古代青瓷釉从钙釉到钙碱釉的演变，是非常可贵的技术进步，意义非凡。南宋以前，浙江青瓷釉普遍为钙釉。钙釉的高温黏度小，在烧成过程中容易流釉，玻质感强，釉层薄，一般在0.5毫米以下。至迟从南宋开始，浙江青瓷釉的主流为钙碱釉。与钙釉相比，钙碱釉高温黏度大，在烧成过程中不易流动，可以保持一定的厚度，并增强玉质感。因为有了这些优势，钙碱釉青瓷不仅单次施釉的釉层厚度就能超过钙釉，而且在增加施釉次数、控制烧成温度和气氛的情况下，能够使釉层厚度大大超过钙釉，并提高乳浊感，做到失透或半失透。低岭头类型、龙泉窑和南宋官窑厚釉青瓷的釉层厚度达到或超过1毫米，使浙江古代青瓷在追求“如冰似玉”的境界中臻于完善，钙碱釉功不可没。但需要指出的是，尽管越窑低岭头类型、龙泉窑和杭州乌龟山、老虎洞窑场的有些青瓷釉，达不到钙碱釉标准，但是，由于釉中R_2O（K_2O、Na_2O等）

---

① 李家治：《中国科学技术史·陶瓷卷》，科学出版社1998年版，第297页“表9-5”；周仁、张福康：《关于传世“宋哥窑”烧造地点的初步研究》，《文物》1964年第6期。

② 段鸿莺、郑建明、王光尧等：《浙江龙泉黑胎青瓷的原料及工艺研究》，《博物院》2019年第4期；李家治、张志刚、邓泽群等：《杭州凤凰山麓老虎洞窑出土瓷片的工艺研究》，《建筑材料学报》2000年第4期。

③ 李家治、张治刚、邓泽群等：《杭州凤凰山麓老虎洞窑出土瓷片的工艺研究》，《建筑材料学报》2000年第4期；承焕生、张正权、杜正贤、唐俊杰：《老虎洞窑瓷片的PIXE研究》，《南宋官窑与哥窑——杭州南宋官窑老虎洞窑址国际学术研讨会论文集》，浙江大学出版社2004年版。

④ 邓禾颖、唐俊杰：《南宋官窑》，杭州出版社2008年版，第104页。

比传统钙釉高，RO（包括CaO、MgO）比较低，釉层依然可以比越窑青瓷玻质釉厚。慈溪低岭头窑址第一层经过测试的一件瓷片标本（编号DLT023），内外壁均单次施釉。外壁釉，K_2O和Na_2O含量分别为3.59%、0.49%，CaO和MgO分别为12.49%、1.00%，相对接近钙碱釉，釉层厚；内壁釉，K_2O和Na_2O含量分别为1.86%、0.50%，CaO和MgO分别为18.22%、2.48%，更接近钙釉，釉层薄。①内外对比鲜明。另外，多次施釉技术的应用，也为达成理想的厚釉效果，提供了又一技术保障。

2.多次施釉与素烧

虽然钙碱釉单次施釉的厚度就可以做到比钙釉厚，但如果一次施釉的厚度就达到1毫米左右，釉层容易在干燥时开裂和脱落，或焙烧时出现缺陷。为烧成更理想的厚釉青瓷，浙江古代工匠们发明了多次施釉技术。如果说钙碱釉最早出现在龙泉窑的可能性不能排除的话，多次施釉技术的发明权可能属于越窑的低岭头类型。从现有考古资料看，南宋初年，低岭头类型的乳浊釉青瓷就已经开始采用多次施釉技术，而龙泉窑南宋早期乃至北宋晚期有一定乳浊感的青瓷，尚未观察到有多次施釉迹象。除低岭头类型之外，多次施釉工艺在南宋中期到元、明时期的龙泉窑，以及杭州乌龟山南宋窑场、老虎洞南宋和元代窑场，均广泛采用。在各处窑址的多次施釉产品中，几乎都能发现同一器物内外施釉次数不一致的现象，特别是瓶壶类琢器，往往内壁单次施釉或施釉次数少于外壁。

素烧炉和素烧坯的考古发现表明，杭州乌龟山和老虎洞窑场以及龙泉窑②的厚釉青瓷，都曾使用过素烧工艺。低岭头类型的多次施釉青瓷，至今尚未发现素烧的迹象。素烧工艺对于厚釉瓷器烧成有多种好处：第

① 浙江省文物考古研究所、慈溪市文物管理委员会办公室：《慈溪南宋越窑址——2010—2018年调查发掘报告》附录《低岭头和张家地窑址出土标本的EDXRF分析》，文物出版社2019年版，第357—358页。

② 浙江省文物考古研究所：《龙泉东区窑址发掘报告》，文物出版社2005年版，第311页“图二二四”、第321页“图版一四：2、3”。

一，素烧后的瓷坯，机械强度和吸水率都会增强，不仅便于烧制薄胎器物，加大釉层厚度，还能有效提高釉的吸附速度和均匀度。第二，瓷坯经过素烧后，胎体中的有机质和水分会大量挥发，盐类也能部分分解，有利于改进釉面的烧成质量。第三，素烧可以避免生釉层在没有达到理想厚度以前出现开裂、剥落等缺陷。

北宋晚期，河南宝丰清凉寺汝窑就已采用素烧工艺，窑址中发现了大量素烧坯，也发现了素烧炉。①但经过素烧的汝窑瓷坯，依然是单次施釉，瓷片断面未见多次施釉现象。②从现有资料看，将素烧与多次施釉结合起来的工艺，始创者应该是浙江古代青瓷窑场，可能最早出现于南宋官窑，龙泉窑也曾广泛采用。学术界通常认为，这种工艺是通过多次素烧与多次施釉交替进行完成的。到21世纪初，有学者提出，素烧针对的只是未施釉的瓷坯，在第一次施釉后和最后高温烧成前，可能是经过若干次中温釉烧和施釉环节完成多次施釉工序的；由于龙窑的不同窑位存在温度、压力和气氛等方面的差异，恰好有条件满足这种需求。③且备一说。

有必要特别指出的是，无论是汝窑的“素烧＋单次施釉”工艺，还是越窑低岭头类型的“多次施釉（不素烧）”工艺，虽然都能使青瓷达成一定的厚釉效果④，但不及“素烧＋多次施釉”的工艺成熟。从考古发现看，“素烧＋多次施釉”工艺烧制的瓷器，在成品率、成瓷质量稳

---

① 河南省文物考古研究所：《宝丰清凉寺汝窑》，大象出版社2008年版。

② 丁银忠、李合、孙新民等：《清凉寺窑出土汝官瓷与民汝青瓷胎釉配方及工艺的对比研究》，《故宫博物院院刊》2013年第3期。

③ 周少华：《从黑胎青瓷的工艺学研究入手探讨“南宋官窑”与浙江地区的“类官窑”关系》，《南宋官窑与哥窑——杭州南宋官窑老虎洞窑址国际学术研讨会论文集》，浙江大学出版社2004年版。

④ 河南宝丰清凉寺汝窑址出土的青瓷，釉层有厚有薄，厚釉主要见于天青釉青瓷（汝官）（参阅丁银忠、李合、孙新民等：《清凉寺窑出土汝官瓷与民汝青瓷胎釉配方及工艺的对比研究》，《故宫博物院院刊》2003年第3期；河南省文物考古研究所：《宝丰清凉寺汝窑》，大象出版社2008年版）。

定性和釉面玉质感等方面，均表现出了明显优势。

二、产品烧成

（一）窑炉

对于古代龙窑的变化规律，朱伯谦先生曾作过精辟的总结，即“窑身由短到长，窑室由矮到高，窑门从无到有，坡度由陡到平缓，结构由不完善到完善”①，浙江古代龙窑的发展演变情况大致如此。南宋至元、明时期，除上述素烧炉通常采用马蹄形窑外，浙江主流的窑炉依然是龙窑，新出现了阶级窑（初级）和分室龙窑等龙窑类型。根据窑室是否作多间分隔，可将这一时期的龙窑分成统间龙窑和分室龙窑两大类，以前者为主。

1.统间龙窑

统间龙窑的窑床有斜坡式和阶级式两种（表5-1）。

所谓阶级式窑床，就是将窑床的全部或部分做成台阶状。这种龙窑可以看作初起阶段的阶级窑或者阶级窑的雏形，数量很少。由于窑床做成台阶状，有利于延缓火力流动，保持烧成温度，所以坡度比斜坡式窑床稍大。或许正是因为建窑位置山体坡度过大，窑工们才随机应变，将窑床修筑成台阶状，龙泉东区安福金坝佗龙窑（y18），仅中部一段窑床作三级台阶状，缘由可能正在于此。

斜坡式窑床的龙窑，是浙江古代制瓷业最传统、最主要的窑炉形式，从原始瓷出现时期起就开始使用，两千余年绵延不绝。南宋至元明时期，浙江古代窑工对统间龙窑烧成技术的掌握，特别是在窑炉建造、装窑和分段烧成等方面，已经非常娴熟。为充分发挥龙窑装烧空间大、平焰升温快等优点，克服不同窑位的烧成温度和气氛难以保持均衡等缺陷，构建龙窑时，窑工们往往会根据不同需求，在考虑地形、地质和小

---

① 朱伯谦：《试论我国古代的龙窑》，《文物》1984年第3期。

表5-1　宋、元、明时期的统间龙窑

序号	年代	地点	窑长（米）	窑床类型		窑床宽度（米）			窑床坡度（°）			弯曲		备注
				斜坡	阶级	前	中	后	前	中	后	是	否	
1	北宋	武义蜈蚣形山（y1）	34.8	√		1.6		2.3	5	12	5			
2	北宋	东钱湖郭童岙（Y1）	41.95	√		1.78	2.05	1.75	6—11		4—6			
3	北宋	上林湖荷花芯（Y36）	45.9	√		窄于中部	2.7	2.1	12（中前段大，后段小）					
4	南宋	慈溪寺龙口	49.5	√		1.64	2	1.8	9—12		4—6			
5	南宋	黄岩沙埠竹家岭	72.32	√		1.16	2.22	1.28	11	14	约13			
6	南宋	龙泉山头窑上段山（BY13）	82	√		1.48	2	2.5	15	12.5	15	√		
7	南宋	龙泉大窑（Y2）	残46.5	√			2.5—2.58					√		1960年发掘
8	南宋	龙泉大窑（Y3）	30	√		1.85—2						√		1960年发掘
9	南宋	龙泉安福金坝佗（y18）	72		√	1.85	2.2	2.3	16			√		中段窑床作台阶状
10	南宋	龙泉金村大窑犇（YA-22y1）			√	约2.2			约18					仅发掘中段部分窑炉遗迹

续表

序号	年代	地点	窑长（米）	窑床类型		窑床宽度（米）			窑床坡度（°）			弯曲		备注
				斜坡	阶级	前	中	后	前	中	后	是	否	
11	南宋—元	杭州老虎洞（98LYY1）	约15	√		1.35—1.98								
12	南宋	杭州乌龟山Y2	37.5	√		1.34—1.80			前段11.5 后段13.5					
13	元	龙泉安仁口入窑湾2号窑	45.5			火膛后壁宽1.54 排烟坑前壁宽1.95			10—15					
14	元	龙泉安福金岙弯y17	49.6	√		1.55	2.35		11.6					
15	元	龙泉大白岸碗圾山（BY24y2）	34	√		1	2	1.5	15	13				
16	元	龙泉源口杉木林（EY16y3）	28.3	√		1.25	2	1.9	14	16	14			
17	明	龙泉安福y32	43.15	√		1.2—2			13.5					
18	明	龙泉大白岸碗圾山（BY24y1）	35.4	√		1.26	2.25	2.3	15	13	12			
19	明	龙泉大窑枫洞岩（y1）	29.6	√		1.25—2.25			13					

说明：本表仅选取各时段部分代表性统间龙窑的数据，意在举例说明。列举部分北宋数据，目的在于同南宋和元明时期进行比较。窑长，一般指“斜长”，部分发掘报告标为“总长”“全长”。坡度，多数发掘报告明指为窑床的坡度，少数报告未注明；也有将“坡度”称为“斜度”或“倾斜度”的。窑身弯曲情况，只标注弯曲明显和依据明确的。资料来源：除黄岩沙埠竹家岭为浙江省文物考古研究所发掘资料，由谢西营提供外，其余均据相关发掘报告或简报。

气候条件等因素的同时，对龙窑的长度、宽度、坡度、弯曲度等，作出灵活多变的安排。在这些因素中，长度的变化起着主导性作用，并呈现出一定的时代规律，坡度随之变动，弯曲度有时也做相应的调整。

南宋至元明时期，统间龙窑窑床宽度的变化不太明显，最宽处多数在2米左右，2.5米以上的少见，超过3米的似不见，但窑床前、中、后各段的宽度，会根据需要做出幅度不等的变化。

因为窑室是龙窑的主体部分，龙窑长度的变化实际上主要就是窑室长度的变化。总体看来，浙江古代龙窑的长度是逐步增加的，到北宋时，长度达40—50米的龙窑已属常见。长度增加是龙窑烧成技术成熟的重要标志，意味着分段烧成技术的发明与进步。要想分段烧成，就必须分段设置投柴孔，并辅之以分段开设窑门。窑室加长以后，前端火膛的火力难以抵达后段窑室，或抵达的火力不足，无法保障瓷器烧成所需高温条件。采取分段烧成技术以后，不仅能有效保证不同窑位的瓷坯均获得高温烧成条件，而且因为是从前段向后段依次点火，前段窑室焙烧瓷坯时，可以对后段窑室进行预热，而后段焙烧时，又可以对前段起到保温作用，这样，热效能的利用率就得到了进一步的提高。窑室增长以后，若装窑和出窑时继续从窑头或窑尾进出，会十分不便，通过分段开设窑门，既能克服这种弊端，提高劳动效率，也便于窑室的整修和窑床的清理。

浙江长度最大的龙窑出现于南宋时期。现知最长的龙窑为龙泉上段山窑址的龙窑（BY13），总长达82米；其次为黄岩沙埠竹家岭窑址的龙窑，斜长72.32米；都是斜坡式窑床的统间龙窑。龙泉安福金坝佗窑址（y18）为阶级式窑床的统间龙窑，长72米。南宋的分室龙窑也有长达70余米的，安福石大门山龙窑（y58）的实际长度，据发掘者推断，就在70米以上。龙窑长度于南宋时期达到顶峰以后，逐渐缩短。元、明时期的龙窑，长度一般在30—50米之间。

龙窑的长度，除了具有一定的时代特色、建造时需要因地制宜之外，应该与产品的供应对象和窑场性质有一定关系。南宋时期，虽然长50—80米的龙窑多见，但位于都城临安的官窑窑场，其龙窑不仅宽度较小，均在2米以下，长度也明显较小，杭州老虎洞Y1和乌龟山Y1、Y2的长度，分别为15米、23米和37.5米。龙泉大窑枫洞岩窑址的y1，乃明早期承命烧造“官用瓷器”的龙窑，长29.6米。[①]官窑性质的窑场，龙窑长度小，固然可能与产品的定量需求有关，但更可能是因为窑室短，烧成过程中的温度和气氛易于掌控，能够烧制出高质量的青瓷。

南宋时期，龙泉东区的龙窑普遍较长，现知浙江古代最长的龙窑也多见于该时期、该区域。由此可见，这一带的窑场生产规模大，产量高。据推算，仅安福金坝佗窑址（y18）一条龙窑，就可一次性装烧瓷器4万件。[②]一般认为，龙泉东区的龙泉窑窑场，商品生产属性明确，其生产面向海内外市场，规模浩大。相对龙泉大窑一带的窑场而言，东区产品质量总体上要稍逊一筹。同一时期，大窑的龙窑长度普遍比东区短，使用的制瓷原料也比龙泉东区质量高[③]，这说明大窑窑场对产品质量有更高的要求，对产量的追求反而没有龙泉东区那么迫切。很有可能，大窑和东区窑场产品的供给对象有所不同。1960年发掘的龙泉大窑杉树连窑址的Y3，长度仅30米，在同时期龙泉窑的龙窑中，显得非常特殊，再考虑到该窑出土厚釉青瓷精品较多，并有瓶、炉类陈设器[④]，其产品的需求端很可能与官方有关。

---

① 浙江省文物考古研究所、北京大学考古文博学院、龙泉青瓷博物馆：《龙泉大窑枫洞岩窑址》，文物出版社2015年版，第20页，图3-4。

② 中国社会科学院考古研究所浙江工作队：《浙江龙泉县安福龙泉窑址发掘简报》，《考古》1981年第6期。

③ 故宫博物院、浙江省文物考古研究所、龙泉青瓷博物馆《龙泉青瓷胎釉特征成分研究》（《故宫博物院院刊》2019年第7期）结论：大窑地区所用制瓷原料最好，金村次之，东区更次之。

④ 朱伯谦：《龙泉大窑古瓷窑遗址发掘报告》，浙江省轻工业厅编：《龙泉青瓷研究》，文物出版社1989年版。

商品瓷生产要保证产量，赚取利润，对于装烧空间——窑室，天然有趋大避小的倾向。但是，龙窑的窑身越长，自然抽力越大，火焰流速越快，不利于瓷器烧成。为了避免这种缺陷，在修建窑身较长的龙窑时，通常会在坡度、弯曲度和宽度等三个方面采取措施，以降低不利影响。第一，调整坡度，通常将窑床的前、中、后各段做成不同的坡度，多数是前、中段的坡度大，后段坡度小。第二，将窑身修建成弯曲的形状，多为前段直，后段弯曲，也有中、后段作两次甚至两次以上弯曲、呈“S”形的。第三，将各段窑室做成不同的宽度，多数为前段较窄，中段较宽，后段又略窄，平面上呈橄榄形的。这三种措施单独使用的似少见，多为两种或三种措施组合使用，在宋、元、明各个时期的龙窑上均有所见，南宋的长龙窑体现得最鲜明。

黄岩沙埠竹家岭窑址揭示的第一条龙窑特别长（72.32米），窑身又比较直，为增加火焰在窑内流动的阻力，在坡度和窑床宽度两方面采取了措施。窑床坡度前段小（11°），中段渐增至14°，后段又降到约13°。窑床前、中、后段宽度的变化，作用可能更明显。近火膛处宽度仅1.16米，往后逐渐加宽，中段最宽处约2.22米；再向后，窑床收窄幅度比一般的龙窑要大得多，至窑室后壁（应该就是排烟坑挡火墙）处，宽度仅有1.28米，与最宽处相比，收窄幅度在40%以上。①

龙泉东区上段山窑址的BY13，总长82米，窑床头部（前段）、中部、尾部宽度分别为1.48米、2米、2.5米，在减慢火焰流速方面，似乎不太有利。不过，窑床坡度有比较特别的处理，前、后段坡度较大（15°），中段较小（12.5°）。窑身的处理，也更加讲究，在中前段多处略弯曲的同时，中后段明显向南摆动，然后又向北偏回，整体略呈“S”形。②

---

① 谢西营：《黄岩沙埠窑址群考古调查与发掘的主要收获与认识》，《黄岩文博》（内部刊物）2019年第1期。

② 浙江省文物考古研究所：《龙泉东区窑址发掘报告》，文物出版社2005年版，第61—72页。

阶级式窑床的统间龙窑，也会采用上述措施。长达72米的龙泉东区安福金坝佗龙窑（y18），窑室前、中、后段的宽度分别为1.85米、2.2米和2.3米；“前半段笔直，后半段修筑成弯曲形”①。

2.分室龙窑

相较统间龙窑来说，分室龙窑的出现是重大的技术进步。因为有若干道挡火墙分隔，从统间龙窑的分段烧成发展为分室烧成，将窑室内的火焰由原来的平焰转变成倒焰，使火焰流速和温度的掌控更为便捷，烧成气氛也更加容易调节，这对于提高瓷器的烧成质量非常有利。跟统间龙窑类似，浙江的分室龙窑，窑床也有斜坡式和阶级式两种（表5-2）。窑室之间的挡火墙，有单道和双道两种，但是否与窑床的形式有关，尚不明确。

龙泉东区安福石大门山窑址的南宋分室龙窑（y58），是现知浙江最早的分室龙窑。从窑室结构看，不仅窑室分隔成多间，窑床还相应做成阶级式，已经是一种比较成熟的分室龙窑了。

由于分成了若干个空间更小的窑室，温度和气氛更加容易掌控，分室龙窑的窑床宽度和坡度，都可以比统间龙窑大。窑室宽度加大，有利于提高装烧量，也更便于装窑和出窑时的操作。坡度的增加，则不仅有利于提高对窑内火焰的自然抽力，也有利于降低山区地形对龙窑建构的局限。龙泉石大门山分室龙窑的坡度有22°，武义乌石岗脚分室龙窑窑床的最大宽度达3.4米。如果统间龙窑长达数十米，做出这么大坡度或宽度的窑床，肯定是不太理想的。窑身长的分室龙窑（如石大门山龙窑），也跟统间龙窑一样，有做成弯曲状的。

统间龙窑在浙江古代青瓷烧造历史上，使用时间最久，可以说，贯穿了整个浙江青瓷史。用于烧造青瓷的分室龙窑，仅见于龙泉窑系窑

① 中国社会科学院考古研究所浙江工作队：《浙江省龙泉县安福龙泉窑址发掘简报》，《考古》1981年第6期。

表5-2　宋、元、明时期的分室龙窑

序号	年代	地点	窑长（米）	窑室间数	挡火墙		窑床类型		窑床宽度（米）			窑床坡度（°）	弯曲		备注
					单	双	斜坡	阶级	前	中	后		是	否	
1	南宋	龙泉安福石大门山（y58）	残长42.9	6	√			√	2.3			22	√		前段被元代龙窑打破，实长70余米
2	元	武义乌石岗脚（2001WSy1）	33.25	11	√			√	1.6—3.4			10	√		产品有青、酱、乳光釉瓷等
3	元	江山龙头山（Y9y1）	残长43.5	残存14		√	√		1.9	3	2.9	14	√		产品有青、青白、黑釉瓷等
4	明	龙泉大窑（Y6）	尾段残长11	残存2		√	不明		2.5						1960年发掘

说明：本表仅选取了各时段部分代表性分室龙窑的数据，举例说明。资料来源：均据相关发掘报告或简报。

场，数量很少。其他使用分室龙窑的窑场，通常有青白瓷、青瓷、黑（酱）釉瓷和乳光釉瓷等多种产品。这些产品大都与浙江本土传统的青瓷差别甚大，即便是青瓷，也往往有所不同。可见，尽管早在南宋时期，浙江传统青瓷产区就有了比较成熟的分室龙窑，但此后使用这种窑炉的窑场，主要还是受到了外来瓷业文化影响。浙江古代的分室龙窑，以元代最为多见，除表5-2所列外，发现分室龙窑的还有江山清湖后周窑山嘴窑址和临安天目窑敖干2号窑址，两处窑址均有多种类型产品。

1960年发掘的龙泉大窑Y6，为明初的分室龙窑，窑室之间有两道挡火墙。前墙上部向前弧收，与窑顶相连；下部有7个烟火弄，为加大两侧火焰流量，使窑室内的火力分布更为均匀，靠近窑壁的2个烟火弄做得比中间的5个要宽大。后墙下部不见烟火弄，上部不封顶。这是一种非常成熟的分室龙窑，能更加有效地形成倒焰，使窑室内的温度更加均衡，气氛更加一致，对提高成瓷质量特别是烧成大体形器物非常有利。①

（二）支垫方式

1.支钉具支烧

浙江古代青瓷窑场使用支钉窑具的时间，可以上溯到东汉、三国时期，但那时的三钉圆饼形窑具，乃放置于叠烧的瓷坯之间，起间隔作用。台州路桥茅草山东晋窑址，出土过满釉垫烧的青瓷碗。从外底的垫烧痕迹看，垫具可能是齿口盂形窑具，这种窑具通常也是作间隔具使用的。嵊州东晋墓出土过满釉、外底带支烧痕迹的圈足碗、三足灯、三足香熏等青瓷器，外底垫烧痕有两种，一种与路桥茅草山窑址的青瓷碗相同，如义熙二年（406）墓青瓷碗；另一种为略呈三角形的泥点，永和七年（351）墓的圈足碗的泥点依然粘连在外底上。从窑址和墓葬出土

① 朱伯谦：《龙泉大窑古瓷窑遗址发掘报告》，浙江省轻工业厅编：《龙泉青瓷研究》，文物出版社1989年版。

情况看，这种采用支钉窑具的垫烧方式当时并未普及，此后似乎也未沿用。

南宋初年，越窑低岭头类型开始出现用以支垫瓷坯的专门的支钉窑具。此后，这种类型的窑具也为南宋官窑和龙泉窑所采用。从现有考古资料看，这种垫烧方式并非直接诞生于越窑传统装烧工艺，而是像乳浊青瓷釉工艺一样，源自河南的汝窑。不过，从支钉窑具的形态来看，这种装烧工艺出现之初，还是吸纳了越窑的传统因素的。低岭头类型的支钉窑具大都为圆筒形，其中多数是在圆筒的上端切割成锯齿状的，这种造型显然是对越窑垫圈窑具的改造。从质地看，既有瓷质的，也有耐火黏土质的，与越窑垫圈窑具也颇为一致。南宋官窑也有锯齿口筒形或钵形支钉具（乌龟山、老虎洞），均为瓷质。

圆饼形支钉具，低岭头类型少量有见，南宋官窑和龙泉窑使用较多。除圆饼形这一主要形态外，南宋官窑（乌龟山）还有方形、三叉形、钵形等形状的，这里统称饼状支钉具。在材质上，饼状支钉具有三种不同做法，即饼与钉采用同一种耐火黏土，饼与钉都用瓷土，饼用耐火黏土、钉用瓷土。若支钉的原料为瓷土，则其收缩系数与瓷坯相同或相近，这有利于降低瓷器在烧成过程中的变形率。从这个角度看，后两种制作方式，要比第一种进步。以第三种方式制作的支钉具，支钉为瓷土质，具备前述优点；饼为耐火黏土质，膨胀系数与匣钵比较一致，耐火度又高于瓷土，对于保障瓷坯在烧成过程中的稳定性更加有利。

支钉具垫烧工艺的进步性在于：第一，以支钉具支垫瓷坯，不仅能像垫圈和垫饼那样，为瓷器足端（或器盖类口沿）裹釉创造条件，而且因为留下的垫烧痕更小，瓷器的美观度和使用时的舒适度更高。第二，钙碱釉或其他 K_2O 和 Na_2O 含量高的釉，高温黏度大，在烧成过程中，容易与支垫具相粘连，支钉具与瓷坯的接触面小，可以降低这种可能性。

相对于汝窑的制瓷原料而言，浙江青瓷传统制瓷原料硅含量高，铝含量低，胎体轻薄的器物，如果像汝窑那样以支钉具垫烧，容易变形，低岭头类型的大底径盘、盆类器型，变形现象就比较多见。此后，随着瓷胎中 Al_2O_3 含量的逐步提高，以及支钉窑具支钉数的增加，特别是支垫大底径器物的支钉具支钉圈数的增加，包括南宋官窑和龙泉窑在内，采用这种垫烧方式的青瓷，变形率明显降低。

2. 垫饼足底垫烧

足底垫烧是浙江古代青瓷传统的垫烧方式，垫圈窑具出现之前曾长期使用。随着垫圈和垫饼支垫器物外底工艺的先后流行，除部分器体厚重的器物特别是壶罐类琢器外，采用足底垫烧方式的越来越少。进入南宋以后，越窑低岭头类型、南宋官窑和龙泉窑等窑场，先后开始大量采用垫饼窑具支垫器物外底的方式。这种垫烧方式的广泛使用，应该与乳浊釉青瓷特别是薄胎厚釉青瓷的烧造有关，也就是与精品烧造有关。南宋官窑除支钉具垫烧外，大量采用垫饼足底垫烧方式。低岭头类型青瓷，除支钉具垫烧外，还普遍采用垫圈垫烧甚至明火叠烧方式，但乳浊釉青瓷大都采用支钉具垫烧和垫饼足底垫烧的方式烧成。龙泉窑在采用垫饼足底垫烧方式的同时，大量使用垫饼外底垫烧的方式，采用前一方式烧成的青瓷普遍为厚釉精品。老虎洞元代窑场有支钉具垫烧、垫饼足底垫烧、垫饼外底垫烧、明火叠烧等多种方式，采用前两种方式烧成的青瓷多为厚釉精品。

为什么支钉具支烧工艺没有在乳浊釉青瓷尤其是多次施釉的厚釉青瓷烧造中普遍使用呢？除了支钉窑具制作比垫圈和垫饼类窑具要复杂外，主要还是因为这种支垫方式不能很好地适应各窑场青瓷生产对薄胎厚釉工艺的要求。尽管至迟从南宋开始，上述窑场的青瓷胎料中 Al_2O_3 含量有所提高，但化学成分依然既未达到北方瓷土那样的高铝低硅，也未做到元代以后景德镇瓷胎那样的中硅中铝，高硅低铝性质并未从根本上改变。加之崇尚胎体轻薄的器形，以支钉窑具垫烧的瓷坯（特别是底部），在烧成过程中还是容易变形。釉的高温黏度大，瓷坯在烧成过程中又容易与支钉相粘连，多次施釉时，这种缺陷愈加明显。相对来说，以垫饼垫于器物的足底，因为着力点在足部，烧成过程中，瓷坯变形的可能性会降低。当然，这也与器物造型的变化，尤其是圈足由撇到直的变化有关。鉴于胎体薄、底径大的器物在烧成过程中容易塌底，南宋官窑和老虎洞元代窑场，在使用垫饼垫托足底的同时，还用支钉具或垫圈支垫器物外底，形成一种组合支垫烧方式，体现了装烧方式的精细化水平。垫饼垫于足底以前，瓷坯的足端必须刮釉，虽然在一定程度上牺牲了瓷器的美观，也多少要影响到端拿时的舒适度，但瓷坯容易与支垫窑具粘连的问题，确实较好地得到了解决。

南宋至元明之际，除上述两种支垫方式具有比较突出的进步意义外，还有另外三种方式，也有一定的进步性。第一种，瓷坯（通常是外底）刮釉一圈、以垫钵或垫圈垫烧。这种方式既能较好地满足器物足底裹釉需求，又能避免瓷坯与支垫具粘连，操作起来也比较简单快捷。始见于老虎洞南宋窑场，元、明时期，龙泉窑大量采用。第二种，以一种伞状组合窑具，托烧鸟食罐类小型器物。这种方式较好地解决了小型器物的烧成问题，提高了烧成空间的有效利用率。始见于南宋初的低岭头类型，也见于南宋官窑（乌龟山）。江山碗窑坝头（Y8）和龙头山（Y9）窑址，宋元之际也有类似的装烧方式。第三种，瓷坯内底刮釉一圈，形成所谓涩圈的明火叠烧方式。这种方式用于烧制大众化的普通青瓷，操作方便，有利于扩大生产，提高产量。南宋开始在多地窑场出现，元代及其以后使用范围更加广泛。

除窑炉和支垫方式外，南宋至元明时期的烧成技术，在烧成温度和气氛控制上，也取得了较大的成就。这一时期，以龙泉窑和南宋官窑为代表的浙江青瓷，继续追求釉的玉质感，成就非凡。不仅在胎体颜色、釉的化学成分和施釉方式等方面，技艺高超，而且对烧成气氛与温度的掌控，也达到了炉火纯青的境界。釉层之所以能形成半透明状态的玉质感，主要是因为残留少量未熔石英颗粒以及第二相晶体颗粒，即针状的钙长石晶体和硅灰石析晶群，还有大量细小气泡。若想达成这种效果，就要求釉在烧成过程中处于正烧温度范围内，因为生烧釉几乎不透明，过烧釉又会接近完全玻化透明。而要达成理想的釉色，并使釉具有碧玉一般的质感，烧成气氛也必须恰到好处。龙泉窑青瓷的梅子青釉和粉青釉，前者烧成时多处于正烧温度范围的上限，强还原焰；后者则接近正烧温度范围的下限，还原气氛稍弱。[①]南宋官窑青瓷烧成温度总体低于龙泉窑，其中，粉青釉的烧成温度最高，灰青釉次之，米黄釉再次之；还原气氛的强度也是依次递减。[②]

南宋到元代的龙泉窑和杭州乌龟山、老虎洞窑的黑胎青瓷，釉面开片、紫口铁足原本是烧成缺陷，但逐渐被视为特别的装饰形式。达成这两种特殊装饰效果，也需要相应的工艺技术。釉面开片的形成，有烧成温度和冷却速度的影响，但主要是胎、釉膨胀系数不同的缘故。因为胎料依然是高硅低铝类型，胎体的膨胀系数比釉小；与传统的钙釉相比，釉中 K_2O 和 Na_2O 的含量高，CaO 和 MgO 的含量低，膨胀系数加大，如此，在冷却阶段，黑胎青瓷釉层容易形成开片。“紫口”的形成，主要是利用了釉在烧成过程中的流动性，使器物口沿部位釉层变薄，隐显出黑胎的颜色。“铁足”的形成，与选择垫饼足底垫烧的方式有关。足端刮釉露胎，烧成后氧化成褐红色，就会形成所谓“铁足”。

---

① 李家治：《中国科学技术史 · 陶瓷卷》，科学出版社1998年版，第301页。

② 邓禾颖、唐俊杰：《南宋官窑》，杭州出版社2008年版，第98页。

第六章

衰落期

第一节 概述

浙江古代青瓷生产的衰落，是与青花瓷业兴起同步发生的。

明代中期以后，以龙泉窑为代表的浙江古代青瓷逐渐走向衰落，产品质量普遍下降，多数器物粗糙厚重。这一时期的青瓷窑业生产主要集中在浙江南部的庆元地区，窑址散布于竹口溪流域。清乾隆《龙泉县志》卷之三《赋役志》“物产”条，叙述龙泉窑的生产情况中提到：“青瓷窑，一都琉田：瓷窑昔属剑川，自析乡立庆元县，窑地遂属庆元，去龙邑几二百里。明正统时，顾仕成所制者，已不及生二章远甚。化治以后，质粗色恶，难充雅玩矣。”①

受制于多方面因素，与明代早期相比，这一时期龙泉窑瓷器已经失去宫廷的青睐。与同时期景德镇地区生产的精美产品相比较，龙泉窑质量已经明显下降，除窑址临近地区以外，国内市场很难见到龙泉窑瓷器的踪影。就全国来看，明代中期以后窑业生产面貌已经呈现出精致产品由景德镇生产，粗大笨重器物由各地窑场承造的分工模式，龙泉窑基于各种因素也已经基本被划分到供给粗路产品的地方窑业生产区域。②此外，海外市场的需求也已经从数百年来对青瓷的青睐转向青花瓷。种种

① 〔清〕《龙泉县志》卷之三《赋役志》“物产”条，第十八页、十九页，乾隆刊本。

② 秦大树、刘净贤：《梅青水碧、美艳青瓷——龙泉窑的历史与成就》，首都博物馆编：《温温玉色照瓷瓯：龙泉窑青瓷艺术》，北京燕山出版社2012年版，第16—17页。

因素使得龙泉窑的生产环境变得极为恶劣，“价高而微课逐厚，自后器之出于琉田者，已粗陋利微，而课额不减，民甚病焉”①。或许正是在上述环境的影响下，龙泉窑窑址数量大大减少，使得龙泉窑走向式微。

伴随着青瓷窑业的衰亡，在青花瓷盛行天下的大环境下，浙南、浙西等地开始吸收江西和福建地区的青花瓷烧制技艺，利用当地资源烧造青花瓷器。

第二节　龙泉窑的没落——明代中晚期至晚清

明代中期以后，直到清代晚期，是古代龙泉窑青瓷生产史的最后一个阶段，也就是第七阶段。龙泉窑于此一时期，迈向了没落的不归路。

一、窑址分布

明代中期以后，龙泉南区除大窑仍在小规模生产外，金村、溪口、石隆等地均已停烧，龙泉窑青瓷生产的中心已经逐渐转移到以竹口溪流域为中心的庆元地区，并且窑业规模显著缩小。竹口溪流域一带的窑址主要分布在竹口镇的竹上村、竹中村、竹下村、岩后村和新窑村，据统计有窑址9处，分布在桥头山、枫堂、后窑甑、后窑许、后门山、练泥碓和新窑村等地。②其中，练泥碓窑址在生产龙泉窑青瓷的同时，或许还同时

① 〔明〕胡宗宪修、〔明〕薛应旂等纂：《浙江通志》明嘉靖四十年刊本影印，成文出版社有限公司印行。

② 叶海：《菇乡遗韵：庆元县第三次全国文物普查成果专辑》，西泠印社出版社2012年版，第14—15、18、20页。

烧造青花瓷器。[1]此外，这一时期的窑址在龙泉东区也有少量分布。

陈万里先生曾于民国二十三年（1934）调查庆元古窑时说，“（竹口）许君今天告诉我说他的祖先从江西迁来，在明末时候，已有两代，如此推算起来，大概在天启年间移家来此，为的是做瓷器”，“许氏在此聚族而居，所住的后面山上有窑”，故名“后窑许”。[2]实际上，根据《许氏宗谱》，最早迁于竹口的许氏始祖是明代弘治年间的许绍琳，“初于成化丁酉游庆元，生理获息十倍，仍回故里。后弘治丙辰，复就庆元竹口，市地宅居起立户籍”，“本支溯其迁徙，由浙而西江右，时代讵谨十传，自临川而竹溪，人口几以千计”。龙泉青瓷博物馆收藏有一件这一时期的牡丹纹大瓶（图6-1），该瓶继承了元代龙泉窑的传统风格，又融入了江西景德镇的某些工艺特征，是一件典型的龙泉窑承前启后的作品。[3]

图6-1 牡丹纹瓶

此外，《大明崇祯八年竹口许氏原序》中记述，“以今皇上八年，赍诏庆元，归途问窑，始得亲炙宗姓之皇发森森”，从中可知崇祯时期这一地区窑业生产仍较兴盛。1994年版《龙泉县志》记载：“崇祯十四年（1641）七月，由福州运往日本瓷器27000件，同年10月有大小97艘船舶运出龙泉青瓷

① 叶海：《菇乡遗韵：庆元县第三次全国文物普查成果专辑》，西泠印社出版社2012年版，第18页。

② 陈万里：《龙泉访古记》，《陈万里陶瓷考古文集》，紫禁城出版社1997年版，第74页。

③ 丽水市文化广电新闻出版局：《河滨遗范》，浙江古籍出版社2011年版，第24页。

30000件，在日本长崎上岸。”[①]这些外运的瓷器应该主要是竹口溪一带窑场生产的，通过闽江南下福州，然后运往日本。而这也是这一时期竹口窑瓷器烧造景况的例证。

清代早期，庆元竹口许氏仍在竹口、新窑一带烧制青瓷，如浙江省博物馆收藏有一件三足炉，釉色青中微泛黄，釉色透明，玻璃质感强，颈部刻有“康熙丙子秋月吉旦，竹口许门吴氏谆娘，供奉仙岩寺三宝佛前香炉一完，祈保自身迪吉，寿命延迟”39字，说明窑业生产仍在继续。乾隆中叶，孙坑窑为范姓村民经营开始烧造青瓷，该范姓村民于明代中叶外迁福建，后“康乾盛世”其后裔返乡重操旧业烧制青瓷，其产品多以花卉纹饰居多，刻花粗犷而呆板，艺术效果差，底部露胎处多呈火石红色。就其制瓷风格而言，已与传统龙泉青瓷相去甚远，但国内外民间收藏量很大。

图6-2　孙坑窑刻花瓶

清代中晚期，龙泉仅剩少数地点还进行窑业生产，产品曾被称为“乍浦龙泉”。但随着孙坑窑址的发现与认识，以往一度在古玩界流行的“乍浦龙泉”瓷器说法得到了纠正，这类产品也应该是孙坑窑产品（图6-2）。只是这一时期孙坑窑烧造的瓷器经由乍浦港出海，出于某种原因遭废弃于乍浦附近地区，后人在乍浦港发现此类瓷器残片因而误认为当地曾烧过窑。该类产品器型仍较为丰富，有瓶、盘、缸、壶、炉、笔筒、帽筒、高足茶盏等，以陈设器居多。胎体普遍厚重，釉层薄透，釉色青中泛黄或泛灰，釉层薄，玻

① 浙江省龙泉县志编纂委员会：《龙泉县志》，汉语大词典出版社1994年版，第310页。

璃质感强。[①]这一时期的产品面貌，与高峰时期的龙泉窑青瓷相比，质量高低之别，可谓在天地之间。

到清嘉庆年间，庆元县儒学司训王壇为重修《许氏宗谱》作序时说："余膺简命司训濛洲，路经县北竹溪……见其聚族于白泥山下古家窑之前比屋而居。"由此可知，此时许氏窑业生产已经停止。[②]

此外，故宫博物院藏有一件"植碧殿大王弟子江崇义拜。大清光绪十九年"铭青釉刻花瓶，可能是迄今发现的龙泉窑最晚的纪年瓷，应为孙坑窑所制产品。[③]

二、产品特征

明代中期以后，龙泉窑产品质量普遍下降。这一时期器物胎体更趋厚重，胎料淘洗程度也不及早期精细，故而使得胎质粗糙。器物釉层厚薄均有，釉厚者器物质量相对精细，釉色润泽；釉薄者玻璃质感更强。釉色仍显光亮，釉色以淡青、灰绿等为主色调。

装饰技法仍以刻划花、戳印、剔地刻花为主。刻划花构图较为简洁，但线条显得凝滞。纹饰题材丰富多样，其中许多同样的图案题材在刻划花和剔地刻花装饰中都能见到。题材以缠枝莲纹为主，此外还多见菊花、牡丹、茶花、葵花、荷花、荔枝、桃子和琵琶等折枝植物花果纹样以及吉祥语"清香美酒""福如东海""寿比南山"等。明代晚期还有一类器物多以大株的花卉作为装饰，花头硕大，枝繁叶茂，花茎肆意弯曲盘旋。描绘图案时先用剔地手法刻画出花卉的轮廓，而后再刻划细部线条。图案整体大气开阔、潇洒率意，配以清冽透亮的青绿色或淡青色釉水，气质清新，别具一格，与龙泉青瓷传统的刻划花风格迥异，应是

① 丽水市文化广电新闻出版局：《河滨遗范》，浙江古籍出版社2011年版，第26—28页。

② 沈岳明：《序》，庆元廊桥博物馆编：《土火遗韵：庆元廊桥博物馆藏瓷器精品集》，西泠印社出版社2016年版，第3页。

③ 丽水市文化广电新闻出版局：《河滨遗范》，浙江古籍出版社2011年版，第28页。

吸收了外来的装饰因素。戳印纹饰更加丰富，有各式花纹，如人物纹、福鹿纹、钱纹、金刚杵纹、杂宝纹、“金玉满堂”、“顾氏”、“王氏”、“石林”铭等。[①]雕塑、镂孔等方法也有应用。[②]

本期产品的主要器型有碗、盘、盏、碟、盆、花尊、盖罐、执壶、梅瓶、玉壶春、福寿瓶、鱼耳瓶、方瓶、凤尾尊、爵杯、筒式炉、樽式炉、洗式炉、鬲式炉、梅瓶盖、荷叶形盖、素胎狮钮盖、八角形盖、菱口形盖、镂孔器座、卷缸、投壶、盏托、高足杯、菇芯烛台、高圈足烛台、碾钵、水注等。明代中期以后特别流行雕塑器物，包括各类儒佛道的造像，以及仿生的文玩和香具，种类十分丰富。器物总体造型向深圆瘦长发展，呈口小腹深状，给人不稳重之感。[③]

装烧工艺方面，这一时期除沿用早期垫具外，碗盘类器物更多的使用一种带凹洞的泥质垫饼，致使某些器物外底心有点釉。[④]绝大多数器物用粗制的垫饼、垫圈承托器底，器底无釉或一圈无釉[⑤]。

清代产品胎骨坚硬，呈灰或灰白色，施青色透明薄釉，釉色以青灰为主，也有青或青黄色。纹饰有梅、兰、竹、菊、牡丹、荷叶、莲瓣、云、龙、鱼、宝珠、八卦、鼓钉纹等，图案常对称分布，多数为刻划而成。图案的纹样布局简单、呆板并且程式化，具有鲜明的时代风格。同

---

① 徐军：《从枫洞岩窑址的发掘试析元明龙泉青瓷分期和特征》，浙江省文物考古研究所、北京大学考古文博学院、龙泉青瓷博物馆编：《龙泉大窑枫洞岩窑址出土瓷器》，文物出版社2009年版，第15页。

② 秦大树、刘净贤：《梅青水碧、美艳青瓷——龙泉窑的历史与成就》，首都博物馆编：《温温玉色照瓷瓯：龙泉窑青瓷艺术》，北京燕山出版社2012年版。

③ 中国社会科学院考古研究所浙江工作队：《浙江龙泉县安福龙泉窑址发掘简报》，《考古》1981年第6期。

④ 徐军：《从枫洞岩窑址的发掘试析元明龙泉青瓷分期和特征》，浙江省文物考古研究所、北京大学考古文博学院、龙泉青瓷博物馆编：《龙泉大窑枫洞岩窑址出土瓷器》，文物出版社2009年版，第15页。

⑤ 中国社会科学院考古研究所浙江工作队：《浙江龙泉县安福龙泉窑址发掘简报》，《考古》1981年第6期。

一图案普遍应用于不同器物之上。除刻划花外，镂空和剔地的装饰手法也有发现。瓶类器物多见，如凤尾尊、筒式瓶等。有些器物上下比例失当，给人重心不稳之感。这类产品应当是融合了其他地区的制瓷风格。前述提及的“乍浦龙泉”类器物即为该类产品。

第三节　青花瓷业的兴起

明代中期至清代是浙江古代青瓷生产的末期，基于多种因素的制约，以龙泉窑为代表的青瓷窑业生产已经趋于衰落，窑址数量急剧减少，产品质量明显下降。与之相对，浙江境内的青花瓷窑业却异军突起。这一点在传统龙泉窑烧造地区表现得更为明显，如前所述庆元地区出现了若干个这一时期的青花瓷窑址。从某种意义上来看，这一时期是浙江地区瓷窑业由青瓷向青花瓷转换的重要时期。据初步统计，明清时期浙江地区共有青花瓷窑址31处。但是与景德镇相比，窑业规模还是偏小的，浙江古代制瓷业的急剧萎缩由此可见一斑。

一、窑址分布

据目前考古资料，浙江地区青花瓷窑业生产可追溯至明代中期。2017年，浙江省文物考古研究所与开化县文管所联合发掘开化龙坦青花瓷窑址，在地层堆积中发现有“正德庚午年造”字款瓷器（图6-3），从而将该窑

图6-3　“正德庚午年造”

址青花瓷器的年代框定在明代正德年间（1506—1521）。[①]

龙坦窑址考古发掘揭露出包括龙窑窑炉、储泥坑、淘洗池、工作面及匣钵挡墙等遗迹，为窑址布局与复原提供了丰富资料。龙窑窑炉（图6-4），位于发掘区中部，编号为Y1，头南尾北，方向为353°。窑炉（残）斜长15.86米，水平长约15.32米，前后段坡度大小不等，前中段约13°—21°，残存后段稍缓，约10°—12°。窑炉前端近窑头处宽1.08米，往后逐渐加宽，中段宽约1.96米，往后有收窄的趋势，后段仅存窑炉西壁，东壁不存，具体宽度不详。窑顶坍塌，无法复原窑顶及投柴孔的分布情况。窑壁由砖块及筒形匣钵错缝平砌，残存0—3层不等，高度0—0.76米，窑壁内侧有坚硬的烧结面。该窑炉保存情况相对较好，现存火膛、窑床、窑门、柱础石等结构，窑尾段不存。火膛位于窑炉前端，平面形状呈半圆形，形制特殊，与窑床没有明显分界。窑床底部铺沙，烧结面较明显，近窑壁处略厚。窑床上残存有少量匣钵，其中前段较少，中部较多但较杂乱，后段不存。窑尾不存，无法复原排烟室等情况。窑门残存2处，分处窑炉东、西两壁。其中东壁窑门保存情况较好，平面呈外八字形，宽0.46—0.85米，门道墙由砖块、石块及匣钵砌成，门道底部有较为坚硬的烧结面。柱础石位于窑炉西部，距窑炉西壁约0.6米，应为护窑棚所遗留。柱础石分两阶，南（下）、北（上）各一块，且南部平铺，北部侧立。南部柱础石长0.31米、宽0.26米、厚0.17米，北部柱础石长0.3米、宽0.14米、厚0.25米。储泥坑，位于发掘区西部，编号为K1。平面呈不规则半圆形。坑口东西长1.48—1.83米，南北长1.08—1.46，深度为0.24—0.36米。坑壁竖直，残见加工痕迹。坑内储存有大量瓷土原料。淘洗池，位于发掘区东部，西部临近窑炉，编号为CH1。平面呈不规则长方形，长1.92—3.06米，宽2.24—3.04米，最大深

① 谢西营、沈岳明、陆苏军：《浙江开化龙坦明代青花瓷窑址考古发掘取得重要收获》，《中国文物报》2018年6月20日第8版。

图6-4　龙坦窑址龙窑遗迹（由南向北）

度为0.55米。坑壁竖直，平底。北壁以匣钵及石块砌筑，底部残存细瓷土颗粒薄层。匣钵挡墙，分处发掘区东部和西部，分别编号为DQ1和DQ2。DQ1平面呈不规则直线形，长3.2米。墙壁分为南、北两排，由筒形匣钵和石块砌成，并以泥土填充。DQ2平面呈不规则直线形，长2.12米。墙体由筒形匣钵砌成，间以碎匣钵及瓷片填充。两道挡墙均应起分割窑业生产作坊和废品堆积的作用。

此外，龙坦窑址考古发掘揭露出较为理想的地层堆积，出土了包括瓷器、窑具等在内的大量遗物，为探索窑场烧造历史、产品结构及窑业技术等方面问题提供了翔实资料。瓷器产品类型丰富，以釉色来区分，可分为青花瓷、白釉瓷、青釉瓷、紫金釉瓷等四类，此外在地面还采集到蓝釉器物3件，从造型等方面综合来看也应为此窑产品。在考古发掘的过程中曾对各地层中出土的遗物进行了多维度统计，结果显示：青花瓷占51.2%、白釉瓷占38.7%、青釉瓷占7.4%、紫金釉瓷占3.7%，以青花瓷占绝大比例。从器类统计来看，青花瓷产品有碗（图6–5）、盘（图6–6）、盏、器盖、高足杯、执壶、砚、炉（图6–7）、瓶（图6–8）、笔架（图6–9）、罐、钵等12种，白釉瓷产品有碗、盘、擂钵、研磨棒（图6–10）、高足杯、盒、瓶、砚、瓶、炉、钵、器盖等12种，青釉瓷产品有碗、盘、钵、擂钵、炉（图6–11）等5种，紫金釉瓷有碗（图6–12）、盘、盏、器盖等4种。其中，尤以青花瓷质量最高，装饰纹样丰富，纹样类型有蝴蝶纹、折枝花卉纹、缠枝莲花纹（图6–13）、鱼藻纹、牡丹纹（图6–14）、蕉叶纹（图6–15）、狮子纹、西番莲纹等。窑具有匣钵、垫饼、轴顶碗、火照、荡箍等。从装烧工艺来看，该窑场产品为了提高产量，所有产品均采用涩圈叠烧、匣钵装烧的工艺。尤其值得注意的是，该窑场产品字款丰富，据不完全统计有90余类。以书写方式和位置为标准，可分为四类。第一类，青花料，碗、盘、盏，内心处。可辨文字有福、俞、锪、三、旭、閏、姜、松、好、方（图6–16）、诚、瑗、謙、朱、十、忠、江、侖、崇、周、鳳、柏、小、關、仁、善、五十、

图6-5　青花瓷碗

图6-6　青花瓷盘

图6-7　青花瓷炉

图6-8　青花瓷瓶

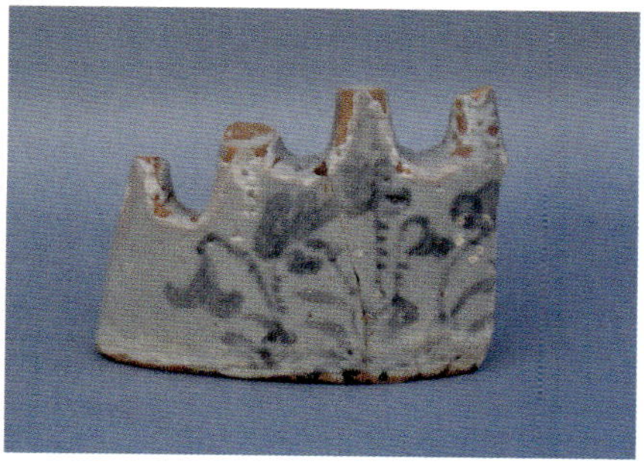
图6-9　青花瓷笔架

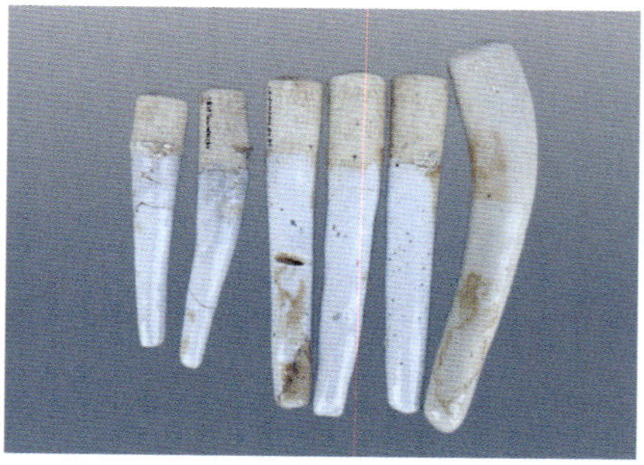
图6-10　白瓷研磨棒

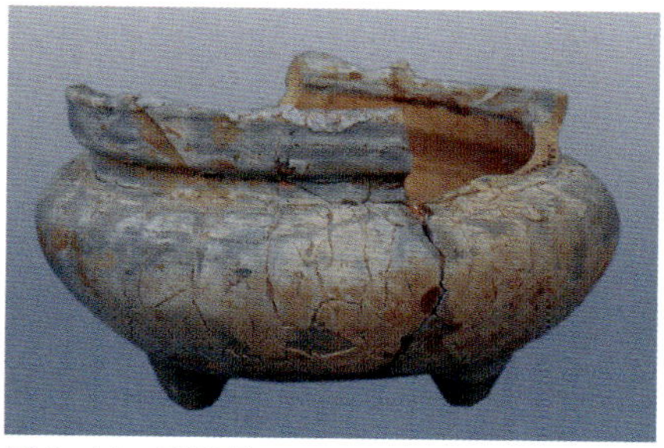
图6-11　青瓷炉

图6-12　紫金釉瓷碗

图6-13　缠枝莲花纹

图6-14　牡丹纹

图6-15　蕉叶纹

图6-16　“方”字款

图6-17　“杨昇店用”字款

昇、杨昇店用（图6-17）、炉、琳、七、茂、進、娘、嶽、廿二、德、杀、仙、三七、一、佛、汀、勝、三九、九、傑、白、仔、岳、瑞、太、珠、宝、俊、溉、祯、运、二、高、務、程店、姜□用、珍、四八、真、张、珙、鸿、文等近80种。第二类，青花料，盏、砚，外底心处。可辨文字有五、卿、王、十九4种。第三类，青花料，碗，外腹部。可辨文字有寿、福2种，其中尤以前者为多。第四类，刻款，碗，内心处。可辨文字有掮、三九2种。

图6-18　下济窑址采集器物

自明正德年间开始，浙江地区青花瓷窑址数量不断增多，分布范围逐步扩大。据不完全统计，除上述开化龙坦窑址以外，浙江地域内目前发现的青花瓷窑址点有安吉县洪家村窑址①，鄞州区三夹岙窑址②，义乌市大麦园窑址③，松阳县碗寮村窑址④，龙泉市孙坑北⑤、孙坑南⑥、金村碗厂窑址，庆元县下济（图6-18）⑦、樟坑（图6-19）⑧、练泥碓⑨窑址，景宁县大张坑⑩、油田村窑址⑪，

① 程亦胜：《浙江安吉发现清代青花瓷窑址》，《景德镇陶瓷》1990年第2期。

② 国家文物局：《中国文物地图集：浙江分册（下）》，文物出版社2009年版，第128页；宁波市第三次全国文物普查领导小组办公室、宁波市文物保护管理所：《品释七千年：宁波市第三次全国文物普查成果图录》，宁波出版社2013年版，第66页。

③ 国家文物局：《中国文物地图集：浙江分册（下）》，文物出版社2009年版，第491页。

④ 国家文物局：《中国文物地图集：浙江分册（下）》，文物出版社2009年版，第759页。

⑤ 国家文物局：《中国文物地图集：浙江分册（下）》，文物出版社2009年版，第694页。

⑥ 国家文物局：《中国文物地图集：浙江分册（下）》，文物出版社2009年版，第694页。

⑦ 国家文物局：《中国文物地图集：浙江分册（下）》，文物出版社2009年版，第728页；叶海：《菇乡遗韵：庆元县第三次全国文物普查成果专辑》，西泠印社出版社2012年版，第20页；叶海、刘建安：《庆元县下济清代窑址调查简报》，浙江省博物馆编：《东方博物》第五十辑，浙江大学出版社2014年版，第38—45页。

⑧ 叶海：《菇乡遗韵：庆元县第三次全国文物普查成果专辑》，西泠印社出版社2012年版，第16页。

⑨ 叶海：《菇乡遗韵：庆元县第三次全国文物普查成果专辑》，西泠印社出版社2012年版，第18页。

⑩ 国家文物局：《中国文物地图集：浙江分册（下）》，文物出版社2009年版，第769页。

⑪ 国家文物局：《中国文物地图集：浙江分册（下）》，文物出版社2009年版，第769页。

图6-19　樟坑窑址采集器物

苍南县樟岙村①、碗窑村②、竹篮头岗③、后门山窑址④，泰顺县泥塘坑⑤、碗窑窑址⑥，瑞安市碗窑村窑址⑦，衢江区塘湖村⑧、前林村⑨、碗厂内、碗厂外窑址⑩，江山市桐子坞⑪、米碓顶⑫、洋槽窑址⑬，

① 国家文物局：《中国文物地图集：浙江分册（下）》，文物出版社2009年版，第266页。
② 国家文物局：《中国文物地图集：浙江分册（下）》，文物出版社2009年版，第266页。
③ 国家文物局：《中国文物地图集：浙江分册（下）》，文物出版社2009年版，第266页。
④ 国家文物局：《中国文物地图集：浙江分册（下）》，文物出版社2009年版，第266页。
⑤ 国家文物局：《中国文物地图集：浙江分册（下）》，文物出版社2009年版，第252页。
⑥ 国家文物局：《中国文物地图集：浙江分册（下）》，文物出版社2009年版，第252页。
⑦ 浙江省文物局：《浙江省第三次全国文物普查新发现丛书：古窑址》，浙江古籍出版社2012年版，第238—239页。
⑧ 国家文物局：《中国文物地图集：浙江分册（下）》，文物出版社2009年版，第548页；柴福有：《衢州古陶瓷探秘》，浙江人民美术出版社2012年版，第382页。
⑨ 国家文物局：《中国文物地图集：浙江分册（下）》，文物出版社2009年版，第548页；柴福有：《衢州古陶瓷探秘》，浙江人民美术出版社2012年版，第382页。
⑩ 浙江省文物局：《浙江省第三次全国文物普查新发现丛书：古窑址》，浙江古籍出版社2012年版，第240—241页。
⑪ 浙江省文物考古研究所、江山市博物馆：《江山碗窑窑址发掘报告》，长征出版社1997年版，第178—218页；国家文物局：《中国文物地图集：浙江分册（下）》，文物出版社2009年版，第558页；柴福有：《衢州古陶瓷探秘》，浙江人民美术出版社2012年版，第384页。
⑫ 国家文物局：《中国文物地图集：浙江分册（下）》，文物出版社2009年版，第558页；柴福有：《衢州古陶瓷探秘》，浙江人民美术出版社2012年版，第382页；国家文物局：《中国文物地图集：浙江分册（上）》，文物出版社2009年版，第469页。
⑬ 国家文物局：《中国文物地图集：浙江分册（下）》，文物出版社2009年版，第558页；柴福有：《衢州古陶瓷探秘》，浙江人民美术出版社2012年版，第384页。

开化县太官岭、窑墩、韩家坊、碗垃山窑址等30处。对于这批窑址，文博机构公布的材料很少，仅有江山市桐籽山窑址进行过考古发掘和庆元县下济窑址进行过主动性考古调查，资料也已经刊布，窑址情况报道较为详细。下以两处窑址点为例对这一时期浙江青花瓷窑址进行概述。

桐籽山位于趾河溪的东岸，大致由东北向西南倾斜，坡势较陡。窑址位于山麓较平缓处，由于现代民居对烧成区的破坏甚为严重，1992年主要对制瓷工场区进行了发掘，此外还对废品堆积区做了小范围的探沟清理，惜无明显的地层区分，仅采集了大量瓷器标本。该次发掘揭露出上下叠压的两层作坊遗迹。上层工场遗迹位于发掘区东部，残存面积约200平方米。这是一处朝向西南的院落，东部已毁，地面由东向西略有倾斜。尚存遗迹有房基3处、卵石路面和院墙基各1段、陶车坑2个、淘洗池和储泥池各1个。下层工场遗迹位于发掘区中部和东部，残存面积约430平方米，以东南—西北走向的石坎为界，可分为东、西两区。两区发现的遗迹主要为陶车坑和陶缸。其中，东区陶车坑10个，可分为5组；西区陶车坑10个，可分为6组。东区陶缸2个；西区陶缸15个，分为5组。出土瓷器以青花瓷为主，另有青瓷和青白瓷。青花瓷产品有盅、碗、盘、碟、炉、壶、罐、器盖等。胎色灰白，釉色青灰或青白。青花色调略暗，偏紫。画法草率。题材以花卉为主，另有“福”（图6-20）、“状元”等字样。普遍采用明火叠烧方式，窑具仅见圆柱形黏土支座一种窑具。青瓷和青白瓷，除了不饰青花外，与青花瓷无明显区别。时代为明末至清代中期。①

下济窑址位于庆元县黄田镇，该村四周为山地，村西有下济溪自北向南贯流，汇入竹口溪。窑址分布区域内有大量民房存在，似遭到严重

① 浙江省文物考古研究所、江山市博物馆：《江山碗窑窑址发掘报告》，长征出版社1997年版，第178—218页；国家文物局：《中国文物地图集：浙江分册（下）》，文物出版社2009年版，第558页；柴福有：《衢州古陶瓷探秘》，浙江人民美术出版社2012年版，第384页。

破坏。2012年在配合潘里垄窑址的抢救性考古发掘过程中，浙江省文物考古研究所工作人员对竹口溪流域内的窑址进行了专题性区域调查。从调查情况来看，窑炉本体未发现，其形制不明。废品堆积呈东西向条带状分布。窑址现场采集遗物可分为瓷器和窑具两类。瓷器产品均为白胎青花瓷器。器类有碗、盘、盏、盖罐等。胎色白，质地细腻致密。釉色略泛青，质量较高。青花纹饰有人物故事（图6-21）、花果、水波弦纹、点线纹和吉祥语等，部分器物外底绘印图记款。器物底部残见泥点痕。时代为清代早中期。[①]

图6-20　“福”字款

图6-21　人物故事纹

二、青花瓷业兴起的原因

综观浙江地区发现的青花瓷窑址，可以发现一个明显的分布规律，即青花瓷窑址大多位于浙西南和浙南地区，这些地区也是与江西、福建的交界地带。青花瓷烧制

① 国家文物局：《中国文物地图集：浙江分册（下）》，文物出版社2009年版，第728页；叶海：《菇乡遗韵：庆元县第三次全国文物普查成果专辑》，西泠印社出版社2012年版，第20页；叶海、刘建安：《庆元县下济清代窑址调查简报》，浙江省博物馆编：《东方博物》第五十辑，浙江大学出版社2014年版，第38—45页。

技艺并非浙江传统，浙江地区青花瓷窑址的出现是基于外来技术的引入，主要是江西、福建青花瓷技术的传入所致。①

前述庆元竹口许氏，据《许氏宗谱》可知其家族由江西地区迁入，最早迁入此地的许氏始祖为许绍琳，年代可上溯至明弘治年间。又如江山三卿口黄氏家族，据《须江窑村黄氏宗谱》记载，“……学赵于乾隆间由闽省连城南坂迁浙巨邑廿九都紫灵庵，与福昌公裔孙同居住。……生于乾隆十八年癸酉三月十六日，终于道光十三年癸巳十月廿二日……”该村三面环山，中间一条宽约5米的小溪随山势落差，自东向西贯穿于制瓷作坊。现有黄氏居民42户，历代以制瓷为业。该制瓷作坊占地面积约41340平方米。现存分阶龙窑一条，长约35米，分27个台阶。水碓房11座，面积约800平方米。拉坯房40余处，面积约700平方米。淘洗池7组，面积约1000平方米，拉坯转轮及工具若干套。社庙，三开间，面积约26.22平方米。黄氏宗祠，二进三开间，面积约500平方米。②

当然，青花瓷窑业技术的传入，应当是基于一定的自然和社会经济因素的。最为重要的一点应该是自然资源条件，即具备一定的原料、燃料和水源，其中前者应该居于首位。对于青花瓷来说，青花料的存在与否，或许直接决定了青花瓷窑址的选址与分布。

目前所见文献中最早提及“青花浙料”为《明神宗实录》卷四一九，“（三十四年三月）乙亥，江西矿税太监潘相，以矿撤觖望移住景德镇，上疏请专理窑务。又言，描画瓷器须用土青，惟浙青为上，其余庐陵、永丰、玉山县所处土青颜色浅淡，请变价以进，从之”③。此文

---

① 谢西营、沈岳明：《古伊万里时代的中国瓷业》，《模仿与超越——东莞展览馆馆藏中日“伊万里”风格外销瓷鉴赏与研究》，文物出版社2021年版。

② 国家文物局：《中国文物地图集：浙江分册（下）》，文物出版社2009年版，第558页；柴福有：《衢州古陶瓷探秘》，浙江人民美术出版社2012年版，第382页。

③ 《明神宗实录》卷四一九，原国立北平图书馆红格抄本，“中央研究院”历史语言研究所，1962年。

献记载的为御窑青花采用青花浙料，万历三十四年为公元1606年。

目前相关科研机构正对开化龙坦窑址“正德庚午年（1510）造”地层出土的一大批青花瓷进行成分检测，龙坦窑址青花瓷有望成为民窑青花最早使用“浙料”的实证。初步检测结果显示，龙坦窑址所用的青花钴料具有锰高铁低的特征，应属于国产钴料，且与金华地区的钴料类似，故而推测龙坦窑址青花瓷器采用了当地的钴料烧制；龙坦窑址青花瓷器所用钴料中含有一定比例的NiO和As_2O_3，这能否成为区分浙江钴料与其他产地钴料的特征元素，尚需要进一步研究；而青花料中是否含有As_2O_3并不能作为区分进口钴料与国产钴料的判定依据。①

明代文献中对“浙料”的来源地有相关记载，其中江山地区是重要的分布地区。《明神宗实录》卷四三四：“工部右侍郎刘元震请罢新昌等县土青，不报。言浙江土青随矿暂采，无补于实用。在新昌解，本色则青竭而粗恶不堪，在东阳、永康、江山解，折色又力疲而输将难继。”②成书于崇祯十年（1637）的《天工开物》，在《陶埏·白瓷（附青瓷）》中对浙青也有详细描述：“凡饶镇所用，以衢、信两郡山中者为上料，名曰浙料。上高诸邑者为中，丰城诸处者为下也。”

① 李合、谢西营、丁银忠、沈岳明、史宁昌、王光尧：《浙江龙坦青花窑址标本的成分特征研究——兼谈青花“浙料”的相关问题》，《故宫博物院院刊》2020年第4期。

② 《明神宗实录》卷四三四，原国立北平图书馆红格抄本，“中央研究院”历史语言研究所，1962年。

第七章

贡瓷、官窑与哥窑

第一节　概述

浙江古代青瓷窑场不仅为民间社会提供产品，也曾经为朝廷提供精良瓷器。为朝廷生产瓷器，可能早在生产原始瓷的商周时期就已经开始，此后，时断时续，一直延续到明代。这一历史进程几乎与整部浙江古代青瓷发展史相始终，可谓同频共振，相生相伴。浙江古代青瓷发展史几大高峰期的形成，固然是多种因素综合作用的结果，但这种来自官方甚至最高统治集团的需求，无疑是其中最重要的变量。

朝廷用瓷的主要来源不外乎各方的贡奉和自行生产两种。就浙江古代青瓷生产体系而言，烧制贡瓷的窑场主要属于越窑和龙泉窑两大窑系，既有民窑，也有隶属州县的地方官窑。五代吴越国时期、南宋和明代早中期，曾经设立过朝廷直接或参与组织管理的中央官窑，其中南宋官窑完全由朝廷管理。从唐代开始，无论是贡瓷还是官窑青瓷，都有“样”的要求，但早期的所谓“样”，应该指的是质量标准；涉及样制要求的“样”，要到南宋时期才开始出现，最早见于越窑低岭头类型，也就是所谓的余姚官窑。起先，朝廷对于瓷器样制的要求，可能主要是针对祭器的，不涉及饮食用器，也就是所谓燕器；到了明代，龙泉御窑厂生产皇家和朝廷用瓷时，才将样制要求扩大到燕器上。

贡瓷与官窑都涉及置官监窑问题。官窑有专门的机构和官员管理，应该是肯定的。生产贡瓷的民营窑场，不一定有专门的监窑官，即便有，监窑的主要目的也应该是贡赋稽征，贡瓷的生产和取得只是监窑工作的一部分。有些时候，贡瓷与官窑的关系是相对的。地方官窑产品用于所在地方时，产品性质不在贡瓷范畴，但上贡中央政府时，就成了贡瓷。吴越国官窑的产品用于上贡中原王朝和辽国（契丹）时，属于贡瓷；自用或作其他用途时，就不属于贡瓷了。

哥窑问题非常复杂，浙江古代青瓷窑场可能与哥窑有关的有杭州老虎洞窑场和龙泉窑。哥窑不是官窑应该是明确的，未曾为朝廷生产过青瓷似乎也是事实，但哥窑产品显然是对宋官窑特别是南宋官窑的仿制，生产年代在元代。

第二节　贡瓷

“天子制贡职，所以均财用；诸侯归时事，所以陈艺极。式明上下之序，聿成经久之法。”[①]土贡是中国古代贡赋的重要形式，相传始于夏禹，所谓禹别九州，任土作贡。《文献通考》云：

> 汉唐以来，任土所贡，无代无之，著之令甲，犹曰当其租入。然叔季之世，务为苛横，往往租自租而贡自贡矣。至于珍禽、奇兽、袤服、异味，或荒淫之君降旨取索，或奸谄之臣希意创贡，往往有出于经常之外者。甚至掊留官赋，阴增民输，而命之曰“羡馀”，以供贡奉。上下相蒙，苟悦其名，而于百姓，则重困矣。[②]

① 〔宋〕王钦若等：《册府元龟》卷一九七《闰位部》“纳贡献”门，中华书局影印本，1960年版（后引同此）。

② 〔宋〕马瑞临：《文献通考·自序》，中华书局点校本，2011年版。

作为制度性安排，土贡是贡赋的重要组成部分，往往依制施行。纲振纪明时，地方土贡皆出于“当土所宜”，为贡赋的一部分，有常制、常物、常额，多每岁入贡，是为常贡。还有锡贡，所谓锡贡，史家均解为“锡命乃贡”，故为不常。①。事出“例外”，或者说并非制度性安排的贡奉，主要是臣属因进贺、谢恩等原因而进行的贡奉和藩属之贡。前一种贡奉，也可以说是依礼而行的，实代有其事。藩属纳贡，主要是意在称臣。江山一统时，多表现为周边小国的贡献；而当天下处于分崩离析状态时，则既有地方割据政权奉中原正朔而朝贡者，也有强者为“君”、弱者为“臣”的情形。当然，藩属一般也是以其所在“国”地土所宜的土产、方物、珍宝上贡。从根本上讲，这些贡品多数也出自其所属地方的贡赋。

瓷器成为土贡方物的一种，是中国瓷业走向成熟的标志之一，更是中国古代贡赋制度发展到一定阶段的产物。但是，种种迹象表明，贡瓷现象的发生，应该要早于其成为制度性安排的时间，也就是说，贡瓷制度是在贡瓷行为出现一段时间以后才逐渐形成的。贡瓷实物的认定比较复杂。一般来说，如果没有铭款和其他直接考古证据，窑址出土的瓷器很难直接与贡瓷相联系。墓葬出土的瓷器可以作为认定贡瓷的主要对象，在朝廷自行管理的官窑创设以前，朝廷和宫廷用瓷主要来自各方的贡奉，因此，帝王及其家族墓出土的瓷器，可以相对肯定地与贡瓷相联系。名宦重臣和他们的家属，因生前常接受皇（王）室的赏赐，死后又

---

① 兹举数例：A.〔唐〕杜佑《通典》卷四《食货》四《赋税》上“陶唐制”：扬州“厥包橘柚锡贡（小曰橘，大曰柚，其所包裹而致者。锡命乃贡，言不常）”（中华书局点校本，1988年版，后引同此）。

B.〔宋〕施宿等《嘉泰会稽志》卷第五《杂贡》：“当汉建武时，光武因陆闳所着越布单衣，敕会稽郡尝献，此殆所谓锡贡，非故常也。”（采鞠轩藏版，台湾成文出版社有限公司印行。后引同此）

C.〔明〕《宁波郡志》“郡贡”；“岁贡茶芽”；“锡贡海味……，果味……”（成化四年刊本）。

有赗赙礼，也可能用贡瓷。塔基出土的瓷器，与崇信释氏的帝王（或家族成员）相关者，可能属于贡瓷。城址特别是都城遗址中出土者，若出于宫殿和其他皇家（王室）建筑以及中央官署遗址，属于贡瓷的可能性也比较大。

就浙江地域古代瓷业生产体系而言，贡瓷现象可能早在商周时期就已经出现。一方面，至迟商代，中原王朝的势力就已抵达长江中下游地区。商、周王城和高等级墓葬中出土了数量不少的精美原始青瓷，虽然学术界对产地问题有不同看法，但认为产自南方地区的学者越来越多，其中，至少有一部分原始青瓷产自浙江的窑场是明确的。这些原始瓷属于某种形式的贡瓷的可能性不能排除。[①]另一方面，在浙江和江苏、安徽南部，商周特别是西周和春秋、战国时期的高等级墓葬和大规模聚落遗址中，出土大量高质量的原始青瓷。商代的原始瓷，相对于西周至战国时期，出土数量较少，但在浙北的湖州下菰城及周边地区、东苕溪流域商代原始瓷窑址群毗邻区域，出现了越是规模大、等级高的聚落遗址，出土的原始青瓷越多的现象；德清的小紫山商代土墩墓群，见有一类仅随葬原始青瓷、一类仅随葬印纹硬陶的现象。西周到战国时期，尤其是西周晚期以后，不仅高质量的原始青瓷大量出土，仿青铜器的原始瓷礼乐器随葬之风盛行，而且出现了印纹硬陶和原始青瓷生产中心随统治中心由浙北向钱塘江以南的绍兴一带扩展的现象；春秋晚期至战国，原始青瓷生产更是表现出与越国兴衰同步的现象。这些高质量的原始青瓷，显然可以归为统治阶层专用品。越国贵族墓，少见青铜器，盛行原始瓷鼎、豆、甬钟等礼乐器随葬，其功用类似于同时期中原大型墓葬的同形青铜器，明显与礼制有关，说明这些原始青瓷是身份与地位的象

---

① 郑建明：《商代原始瓷分区与分期略论》，《东南文化》2012年第2期；罗汝鹏：《从“象鼻盉”到原始瓷大口折肩尊——论夏商时期东南地区对中原王朝的一种贡赋模式》，《南方文物》2014年第1期。

征，若非越国朝廷官营作坊生产，则属于贡瓷的可能性甚大。德清亭子桥战国窑址出土的原始青瓷中，有大量礼乐器。在所有产品中，这类器物的装烧方式最讲究、烧成质量最高，恐非偶然。①

汉六朝时期，浙江地域生产的古代青瓷，应该也有一部分曾用作贡瓷。囿于考古材料和研究工作的局限，对于这个问题，目前还难以清晰阐述，相对而言，三国东吴和东晋时期的情况比较明确。这两个朝代的都城建业（又建康，即今南京）及周边地区的高等级墓葬中，出土了大量早期越窑青瓷。其中，至少王室贵族墓出土的越窑青瓷可推断为贡瓷。②在这一时期众多瓷业窑场中，以上虞曹娥江流域为中心的越窑窑场，生产规模最大，产品质量最高。不仅如此，包括上虞一带在内的会稽地区，在这一时期还有着比较特殊的政治地位。东吴黄武元年（222），孙策之子吴侯孙绍被改封为上虞侯，建衡二年（270），国除为县。太平三年（258），少帝孙亮被废为会稽国王，五年（260）国除为会稽郡。西晋太康二年（281），封孙秀于会稽，改郡为国，永宁元年（301），国除为郡。东晋咸和二年（327），徙琅琊王昱为会稽王，复为国。南朝宋永初二年（421），复为会稽郡。可见，虽屡有立废，会稽—上虞一带，六朝时期常常成为王国、侯国的封地。一方面，这一带会受到朝廷的密切关注，另一方面，被分封的王和侯，通过殷勤贡奉以示效忠的心态，当比郡守、县令们迫切。东晋晚期到南朝，为朝廷生产贡瓷的窑场发生变化，湖南湘阴窑接过了这一历史重任。湘阴窑最早开始采用匣钵装烧工艺，这一时期的产品质量高超，湘阴窑遗址和都城建康所在地出土有“太官”“上府”等字款瓷器，可为明证。正因为如此，有专家

---

① 商周时期高等级墓葬、大型聚落遗址和窑址原始青瓷出土情况，参阅本书第二章第二节和第八章第二节。

② 这一时期越窑青瓷在都城建业（建康）及附近高等级墓葬的出土情况，参阅本书第八章第二节。

认为，中国古代贡瓷制度至迟南朝时期已经出现。[①]不过，无论是南朝，还是在此之前，贡瓷已经作为贡赋的一部分成为制度性安排的产物，似乎还难以确证。

从浙江地域生产的古代青瓷看，既有墓葬、塔基（地宫）和城址等遗存出土的瓷器与窑址的发现相互印证，又能得到历史文献支持，总体上可纳入贡赋制度体系的贡瓷，唐代方才出现。

一、越窑贡瓷

史籍关于越州和吴越国贡瓷的记载涉及唐、吴越国、宋三个历史时期。无论是唐、宋的州府之贡还是吴越钱氏的藩属之贡，以越州及邻近区域的越窑窑场在当时瓷坛青瓷生产中独领风骚的地位，根据“当土所宜”的一般原则，至少多数应出自越窑。

多年来越窑窑址调查和发掘表明，虽然各窑场和各个时期的精粗产品相对比例有所不同，但越窑青瓷自始至终都有精粗之别。在龙窑内烧成，不同窑位的产品，成瓷质量有明显的差别，这是必然的。从盛中唐时期起，匣钵装烧是越窑主流的装烧工艺，但还有其他的装烧方式（如明火叠烧）存在；同为匣钵装烧，又有单件装盛和多件装盛等不同情形。与此相联系，瓷器的施釉方式、成瓷后的装烧痕迹、胎体、造型、装饰等方面都呈现出不同的质量层次。如果再将各窑的精品进行比较，又会发现，它们彼此之间的质量虽然也存在参差不齐的现象，但无实质性差异，形态相当一致。越窑贡瓷实际上就来自于各窑场烧成的精品。

（一）唐代

1. 文献记载

中国瓷业发展到唐代，出现了“南青北白”的格局。考以史籍，瓷器成为州府贡品以河南府和邢州为早。笔者所见：《唐六典》载河南府

---

① 贺云翱：《南朝“贡瓷”考——兼论早期“官窑”问题》，《东南文化》2012年第1期。

和邢州贡瓷器[①]；《元和郡县图志》载河南府“开元贡白瓷器……”[②]；《通典》载河南府“贡瓷器十五事”[③]；《新唐书》载邢州土贡“磁器”，越州土贡“瓷器”[④]。据著名史学家王永兴教授的系统考证，这些贡瓷的年代分别是：开元二十五年（737）、开元二十六至二十九年（738—741）、天宝（742—756）中、长庆年间（821—824）[⑤]。《新唐书》记载：

> 越州会稽郡，中都督府。土贡：宝花、花纹等罗，白编、交梭、十样花纹等绫，轻容、生縠、花纱、吴绢，丹沙，石蜜，橘，葛粉，瓷器，纸，笔。[⑥]

古陶瓷界一般将中唐前后河南府的贡瓷与巩县窑相联系，我们自然不敢肯定这些贡瓷都是白瓷，但《元和郡县图志》记载的“开元贡”明确提到了白瓷器。考古发现表明，巩县窑确曾生产过质量较为精美的白瓷。邢窑白瓷有“类银类雪”之誉，李肇的《国史补》（记载唐开元至贞元年间的见闻）曾着意夸奖邢州“内丘白瓷瓯”，“天下无贵贱通用之”。然而，越窑青瓷在当时人们心目中的地位似乎更为突出，故文人士大夫们赞誉不绝。考古发现，越窑至迟在中唐时期开始普遍采用匣钵装烧工艺，单件装烧或多件装烧组合内最上端的产品，普遍通体施釉，仅在支垫泥点处刮釉，釉色青翠、釉面滋润者多见，以“类冰”“类玉”

① 〔唐〕李林甫等：《唐六典》卷三《尚书户部》“户部郎中、员外郎”条，中华书局点校本，1992年版（后引同此）。

② 〔唐〕李吉甫：《元和郡县图志》卷第五《河南道》一，中华书局点校本，1983年版。

③ 《通典》卷六《食货》六《赋税》下。

④ 〔宋〕欧阳修等：《新唐书》卷三十九《志》第二十九《地理》三、卷四十一《志》第三十一《地理》五，中华书局点校本，1975年版（后引同此）。

⑤ 王永兴：《唐代土贡资料系年——唐代土贡研究之一》，《北京大学学报（哲学社会科学版）》1982年第4期。

⑥ 《新唐书》卷三十九《志》第二十九《地理》五。

之类文学语言作形象描述，甚为得当。同时期其他窑场出产的青瓷，无论从胎釉看还是从造型看，都没有能出其右者。那么，为什么文献见载的州府贡瓷，越州比河南府和邢州都要晚呢?

唐代安史之乱以前，赋役制度以租、庸、调制为基石，对州府取得的租赋、物产实行用近输远的原则。《唐六典》记载："度支郎中、员外郎掌支度国用、租赋少多之数，物产丰约之宜，水陆道路之利，每岁计其所出而支其所用。凡物之精者与地之近者以供御（谓支纳司农、太府、将作、少府等物）。物之固者与地之远者以供军（谓支纳边军及诸都督、都护府）。皆料其远近、时月、众寡、好恶，而统其务焉。"①从地域看，河南府和邢州到唐都长安的距离都比越州近得多，而河南府又比邢州要近。瓷器易碎，输之不易，地远尤难，由"地近"的州府贡瓷"以供御"的确比较便捷、合理。自然，这些州府用以进贡的瓷器肯定是当地出产的精品，它们的质量是朝廷可以接受的。

《新唐书》记载的贡瓷州府只有越州和邢州，河南府土贡方物中的"埏填盎缶"显然是所谓瓦器。②这种变化的发生，并不是由于河南府境内的窑场至长庆年间就停止了瓷器的生产。仅就巩县窑而言，一直到五代都在生产瓷器。史载"天宝以来，大盗屡起，方镇数叛"。一方面，关中、中原一带战乱频仍，烽火不息，方镇擅土，贡赋不入，以致顺宗曾有"两河、中夏贡赋之地，朝觐久废"的悲叹，原有的用近输远制度遭到破坏，供御所需只得仰给他处。另一方面，由于以租、庸、调为基础的赋役制度完全瓦解，原来奉行的"经常之法，荡然尽矣"，加以奸吏邪臣徼射恩宠，许多州府的贡赋都增加了额度和名目。③就是在这样的背景下，越州开始了贡瓷，邢州的贡瓷也恢复了。

---

① 《唐六典》卷三《尚书户部》"度支郎中、员外郎"条。

② 《新唐书》卷三十八《志》第二十八《地理》二。

③ 《新唐书》卷五十一《志》第四十一《食货》一、卷五十二《志》第四十二《食货》二。

2. 实物例证

图7-1 秘色瓷盘（陕西扶风法门寺地宫出土）

图7-2 金银平脱花鸟纹银棱秘色瓷碗（陕西扶风法门寺地宫出土）

陕西扶风法门寺唐代地宫共出越窑青瓷14件，其中13件为碗、盘类（图7-1），1件为八棱瓶。同出的《监送真身使应从重真寺随真身供养道具及恩赐金银器物宝函等并新恩赐金银宝器衣物帐》碑文明载，13件碗盘是“秘色”瓷，系唐懿宗所赐，年代当在懿宗迎佛真身到大内供养的咸通十四年（873）以前。值得注意的是，13件秘色瓷都放置在地宫中室的双重漆盒内，它们先分别用纸包裹、套叠，再用丝绸做整体包裹；其中还有两件碗饰有银棱和髹漆金银平脱鸾鸟团花（图7-2）①。显而易见，这些秘色瓷备受皇室钟爱，位在珍宝之列，不可能是普通商品瓷。鉴于越州至迟在穆宗长庆年间（821—824）即已开始贡瓷，可以判断，这些瓷器属贡瓷无疑。

唐光启二年（886），钱镠率八都兵讨平浙东观察使刘汉宏以后，越州被董昌控制。董昌起于行伍，性本贪婪，对朝廷极尽邀宠之能事，连越州裴氏书楼都要“悉取其书以贡”②，对越州名产秘色瓷自然是不会放过的。上林湖出土的光启三年（887）“贡窑”铭墓志罐③，是这一时期越窑继续烧制贡瓷的明证。

早于法门寺地宫的越窑贡瓷实例，目前难以确指，但可能性也不能

① 禚振西、韩伟、韩金科：《法门寺出土唐代秘色瓷初探》，汪庆正主编：《越窑·秘色瓷》，上海古籍出版社1996年版。

② 〔宋〕范坰等：《吴越备史》卷一《武肃王》，上海涵芬楼影印吴枚庵手抄本（后引同此）。

③ 阮平尔：《唐光启三年瓷质罐形墓志及相关问题讨论》，《东南文化》1989年第2期。

完全排除。从墓主人的身份看，西安唐总章元年（668）李爽墓出土的越窑青瓷瓶[①]和河南偃师唐大历十三年（778）郑洵夫妇墓出土的玉璧底碗、盘[②]，就有可能是某种形式的贡瓷。李爽，曾任殿中侍御史、御史大夫等职，“卒于九成宫中御府之官舍”，死后“爰降天慈，赐以棺殓，仍给灵舆，递送还京”。九成宫，为皇家离宫；龙朔二年（662），殿中省改称中御府，掌皇帝生活诸事。[③]郑洵，生前曾任监察御史，其父晖之开元年间任殿中省尚舍奉御，其妻王氏亦系名门之后，乃武后时期宰相王方庆之曾孙女。此外，2014—2015年，上林湖荷花芯窑址发掘，曾出土4件内底心模印“盈”字款的宽圈足大碗。[④]这种碗常与玉璧底碗共出，但上限早于玉璧底碗。鉴于这4件器物的内外底均有泥点痕，为不甚精致的叠烧产品，又没有窑址之外出土实物可资佐证，也不见文献记载，暂时难以将这里的“盈”字款与唐代的大盈库相联系。

（二）吴越国时期

唐乾宁三年（896），唐帝敕封钱镠为镇海镇东等军节度使，以此为标志，两浙一带进入钱氏家族的统治时期。钱镠虽然对皇室还算恭顺，但乾宁四年（897）就已号称越州为东府，不久，又称越王。其建国，“仪卫名称多如天子之制，谓所居曰宫殿，府署曰朝廷，教令下统曰制敕，将吏皆称表疏，……置百官，有丞相、侍郎、员外郎、客省等使”[⑤]。在这种情形之下，吴越所属州县自然要修其职贡，交纳贡赋。不仅如此，钱氏家族既要在乱世“以一隅捍四方”[⑥]，又要取悦强国，

---

① 陕西省文物管理委员会：《西安羊头镇唐李爽墓的发掘》，《文物》1959年第3期。

② 中国社会科学院考古研究所河南二队：《河南偃师市杏园村唐墓的发掘》，《考古》1996年第12期。

③ 陈尊祥、郭盼生：《唐李爽墓志铭补考》，《考古与文物》1995年第5期。

④ 浙江省文物考古研究所、慈溪市文物管理委员会办公室：《秘色越器》，文物出版社2017年版，第4页。

⑤ 〔清〕吴任臣：《十国春秋》卷第七十八《吴越》二《武肃王世家》下，中华书局标点本，1983年版（后引同此）。

⑥ 《十国春秋》卷第八十七《吴越》十一《江景防传》。

和好邻“邦”，保全自身，必然会“费用无艺”。考古发现和文献见载的越窑贡瓷数量巨万，其理在此。

1. 贡奉中原王朝

钱氏政权“于中原正朔”虽“或遵或废”，有时“阳用阴违”[①]，但总体上算是事之甚恭，钱镠临终前还留下遗言，嘱咐“子孙善事中国，勿以易姓废事大之礼”[②]。文献记载，钱氏向中原尽藩属之礼时，多有贡奉，土贡方物中包括瓷器的贡事，涉后梁、后唐、后晋、后周及北宋各朝。

（1）贡梁

钱氏贡瓷后梁事，见于文献记载，但比较间接。

《十国春秋·前蜀高祖本纪》载，前蜀永平二年（912）二月丁巳，梁遣光禄卿卢玭、阁门副使少府少监李元聘蜀，推蜀帝王建为兄，并备有书信、礼品。同年六月，卢玭等回汴梁，王建《答梁主书》云：

> 又谢信物等曰：右件鞍马及腰带、甲胄、枪剑、麝脐、琥珀、金棱碗、越瓷器并诸色药物等，皆大梁皇帝降使赐贶。雕鞍撼玉，坚甲烁金。十国希世之珍，六辔绝尘之用。枪森蛇擗，剑耀龙锋。金棱含宝碗之光，秘色抱青瓷之响。上药非蜀都所纪，名香从外国称奇。远有珍华，并由惠好。……[③]

宋《锦里耆旧记》也有类似记载：

> （前蜀武成三年，910年）大梁遣使通聘。书曰：“……今遣光

① 《十国春秋》卷第七十八《吴越》二《武肃王世家》下。
② 《十国春秋》卷第七十八《吴越》二《武肃王世家》下。
③ 《十国春秋》卷第三十六《前蜀》二《高祖本纪》下。

> 禄卿卢玭，阁门副使少府少监李元聊驰书币，专戒道途，兼有微礼，具在别幅。谨白。”马一十匹……银棱秘色钞锣二面[①]。

据考证，此处的秘色钞锣是一种盥洗水器，也可用作酒器和茶器，梁赠蜀的秘色瓷就是这种器皿。《锦里耆旧记》所记前蜀武成三年贡为永平二年贡之误。[②]显然，这里的秘色青瓷乃越地所产，为梁帝朱温馈赠王建的礼品。至于这些礼品的来源，朱温在给王建的书信中讲得很清楚，其“别幅”在依次列举各项礼品后说：“右件药物等或来从燕市，或贡自炎方。”炎方应该是对南方的泛称，当包括偏安东南的吴越地区。考之《册府元龟》《十国春秋》等史籍，钱氏政权在公元912年以前的梁开平三年（909）和乾化元年（911）就有贡梁之举；[③]其后的贞明二年（916）和四年，还曾因贡道阻梗，分别绕道陆路和泛舟海上，入贡京师。[④]后梁馈赠前蜀的礼物，从“别幅”的行文看，有三类，其中第二类有通犀腰带、金银装兵仗、金银装厨子、秘色瓷器等，这些名物常见于吴越小朝廷向中原进奉的土产或珍宝。可见，朱温聘送王建的“秘色”“越瓷器”应该是钱镠进献给后梁的越窑贡瓷。

朱温聘送王建秘色越器虽然现在只能见到文献记载，但钱氏贡奉后梁的越窑秘色瓷实物还是有迹可寻。洛阳后梁开平三年（909）墓出土越窑青瓷碗和平底盆，其中碗的口沿扣银，盆与朱温送给王建的秘色钞锣是同类器（图7-3），墓主高继蟾为“勋上柱国”的重臣[⑤]。这两件越窑青瓷属于贡瓷的可能性大。

---

① 〔宋〕句延庆：《锦里耆旧传》卷六，第11—14页，《丛书集成初编》本，中华书局1985年版。

② 陈洁：《秘色钞锣考》，浙江省博物馆编：《东方博物》第五十三辑，中国书店2015年版。

③ 《册府元龟》卷一九七《闰位部》“纳贡献”门。

④ 陈洁：《秘色钞锣考》，浙江省博物馆编：《东方博物》第五十三辑，中国书店2015年版。

⑤ 洛阳市文物工作队：《洛阳后梁高继蟾墓发掘简报》，《文物》1995年第8期。

（2）贡唐、贡晋、贡周

吴越涉及瓷器的贡唐、晋、周各朝事，《册府元龟》录载颇详[①]：

图7-3 越窑青瓷瓷盆（洛阳后梁高继蟾墓出土）

后唐同光二年（924）

九月，“两浙钱镠遣使钱询贡方物，银器……；进万寿节，金器盘，……金棱秘色瓷器……”

后唐清泰二年（935）九月，“杭州钱元瓘进银、绫、绢各五千两、匹，……金棱秘色瓷器二百事”。

后晋天福六年（941）十月辛卯，吴越王钱元瓘“又进象牙，……金银棱瓷器、细茶、法酒事件万余”。

后晋天福七年（942）十一月，“两浙钱弘佐遣使进铤银五千两……；又贡，……秘色瓷器……”

后周广顺二年（952）十一月甲寅，“两浙钱弘俶遣判官贡奉御衣、犀带、金银装兵仗、金银器、绫、绢、茶、香、药物、秘色瓷器、鞍屐、海味、酒等”。

后周广顺三年（953）十一月乙亥，“两浙钱弘俶贡谢恩绫、绢二万八千匹、……瓷器、银装甲仗……”

（3）贡宋

钱氏纳土归宋以前，文献记载的涉及瓷器的贡宋事，确凿可信的共

---

① 《册府元龟》卷一六九《帝王部》“纳贡献”门。又：《十国春秋》卷第三十六“宝大元年”贡，就是后唐同光二年贡，吴越国宝大元年与后唐同光二年为同一年（924）；《十国春秋》卷第八十一后汉乾祐六年贡，除年份外，月、日、贡品名色均与后周广顺二年十一月贡完全相同，疑有误。（郑建华：《越窑贡瓷与有关问题》，浙江省文物考古研究所编：《纪念浙江省文物考古研究所建所二十周年论文集（1979—1999）》，西泠印社1999年版）

四见：

> 开宝二年（969）秋八月，宋遣使至，……是时，王贡秘色瓷器于宋。①
>
> （开宝）六年（973）二月十二日，……两浙节度使钱惟濬进长春节，浑金镀银狮子一对一千两，……金棱秘色瓷器百五十事……
>
> ［开宝九年（976）］六月四日，钱俶进谢朝觐日蒙恩礼殊等，……时帝幸西京回，……明州节度使惟治进涂金银香狮子并台、重千两，……瓷器万一千事、内千事银棱。
>
> ［太平兴国三年（978）］四月二日，俶进银五万两，……瓷器五万事，……金扣瓷器百五十事……②

《宋史·吴越钱氏世家》记载的“太宗即位”，钱弘俶贡“金银扣器”等事③，《宋会要辑稿》所记在太平兴国二年正月八日④，两书所列贡品名目完全相同，唯后者称“金银棱器”，不称“扣器”罢了。《宋会要辑稿》记载的太平兴国二年三月三日贡事，钱弘俶进献的方物中又有“银涂金扣器二百事”⑤。鉴于钱氏各年所贡多有“金扣藤盘”“金扣雕象俎”“银扣大盘”等与“金扣瓷器”并列，“金银棱器”“金银扣器”是否越窑青瓷不能确定。

从吴越归宋到端拱元年（988）钱弘俶辞世，钱氏家族还曾多次向

① 《十国春秋》卷第八十二《吴越》六《忠懿王世家》下。

② ［清］徐松：《宋会要辑稿》第一百九十九册《蕃夷》七“历代朝贡”条，中华书局影印本，1957年版（如无特别注明，后引同此）。

③ ［元］脱脱等：《宋史》卷四百八十《列传》第二百三十九《世家》三《吴越钱氏》，中华书局点校本，1985年版（后引同此）。

④ 《宋会要辑稿》第一百九十九册《蕃夷》七“历代朝贡”条。

⑤ 《宋会要辑稿》第一百九十九册《蕃夷》七“历代朝贡”条。

宋室纳贡，其中也有涉及陶瓷器的，如太平兴国八年（983）八月，钱弘俶遣世子惟濬上贡，贡品中就有“金银陶器五百事”①。虽然这些“陶器”中包括了部分钱氏“旧藏”越窑青瓷的可能性不能排除，但鉴于太平兴国五年时钱氏就已经以“金装定器”上贡②，太平兴国八年所贡全系越窑青瓷的可能性似乎不大。如此，《两朝贡奉录》所载钱氏所贡“金银饰陶器一十四万余事”③，可能就包括了少量非越窑系统的瓷器。

2.辽墓出土的越窑青瓷

五代越窑青瓷在辽（契丹）墓中常见，墓主身份为皇室亲属或重臣者，现知至少有4座：

内蒙古辽会同五年（942）墓，出越窑青瓷葵口碗、平口碗（图7-4）、四系罐各一。墓主耶律羽之，《辽史》有传，字寅底哂，辽太祖同祖异父兄弟，生前位至太傅、渤海国中台省左相，其卒称“薨”。④

图7-4　越窑青瓷碗（内蒙古辽耶律羽之墓出土）

北京辽应历八年（958）墓，出越窑莲瓣纹青瓷碗等，共出“官”款、“新官”款白瓷。墓主赵德钧的身份，据其夫人种氏墓志，为“辽故卢龙军节度使、太师中书令，北平王赠齐王”⑤。

内蒙古赤峰辽应历九年（959）墓，出越窑青瓷碗、盏、碟等，共出“官”款白瓷。⑥据墓志和金毓黻先生考证，墓主为辽太祖的女婿萧

① 《吴越备史》卷四《今大元帅吴越国王》。

② 《吴越备史》卷四《今大元帅吴越国王》。

③ 《吴越备史》卷四《今大元帅吴越国王》。

④ 内蒙古考古研究所：《辽耶律羽之墓发掘简报》，《文物》1996年第1期。

⑤ 北京市文物工作队：《北京南郊辽赵德钧墓》，《考古》1962年第5期。

⑥ 前热河省博物馆筹备组：《赤峰县大营子辽墓发掘报告》，《考古学报》1956年第3期。

图7-5　龙纹盘（内蒙古辽祖陵一号陪葬墓出土）

屈列，死后赠卫国王。①

内蒙古巴林左旗辽应历十年（960）辽祖陵一号陪葬墓（PM1），出越窑青瓷碗、龙纹盘（图7-5）、凤纹盘、盏托、执壶等。②

照常理推断，这些权贵墓的随葬品应系辽（契丹）皇室所赐，或生前赏赐，或死后赗赙。那么，其中的越窑青瓷是通过何种方式为辽室所得的呢？我们判断，以两种可能性最大。

第一，来自吴越国的贡奉。《辽史·地理志》载，契丹（辽）自有燕云十六州以后，"东朝高丽，西臣夏国，南子后晋，而兄弟赵宋，吴越、南唐航海输贡。嘻，其盛矣！"③据《辽史》载，吴越贡辽（契丹）实非始于石敬瑭割让燕云十六州以后，从辽太祖立国第九年（915）到太宗会同六年（943），吴越至少10次遣使入贡。④从后汉天福十二年（947）吴越用辽"会同"年号⑤

① 金毓黻：《辽国驸马赠卫国王墓志铭考证》，《考古学报》1956年第3期。

② 中国社会科学院考古研究所内蒙古第二工作队、内蒙古文物考古研究所：《内蒙古巴林左旗辽祖陵一号陪葬墓》，《考古》2016年第10期。

③ 〔元〕脱脱等：《辽史》卷三十七《志》第七《地理志》一，中华书局点校本，1974年版（后引同此）。

④ 《辽史》卷一至四《本纪》第一至四《太祖》（上、下）、《太宗》（上、下）。

⑤ 《十国春秋》卷第八十《吴越》四《忠献王世家》：后晋"开运四年（即后汉天福十二年——引者注）春正月，契丹主入东京，称会同十年，肆赦天下，废晋少主为负义侯，迁于黄龙府"。二月"辛未，晋刘知远称帝于河东，仍称天福十二年（吴越是时用会同年号），"六月乙卯，王薨于咸宁院之西堂（按钱塘大慈山甘露院牒称会同十年七月，有吴越国王押字，及镇东军节度使印文，盖是时吴越与契丹信史不绝，故吴越奉其正朔，在诸州镇之先……）"。

的情形判断，会同六年贡很可能还不是最后一次。吴越向中原进贡，从后梁贞明四年（918）开始即由海道[①]，其贡辽，贡道也不成问题。吴越国时期，钱氏家族用于贡奉的品物中，瓷器始终是大宗之一。《册府元龟》记载的吴越纳贡中原事，从后唐同光二年（924）到后周广顺三年（953）共计约15次[②]，其中6次有瓷器，这还不包括因记载不详可能遗漏者。就算吴越贡辽（契丹）只有10次，贡物中有越窑瓷器的可能性也非常大。

第二，来自中原王朝的聘送或贡奉。五代时期的中原王朝虽然与北面的辽（契丹）国争战不断，但也有“和好”之时。《辽史》载，朱温在篡唐以前就已与契丹通聘[③]，建国后更是相互报聘不断；后唐、后周亦如此。凡通聘，则既“达往来之使”，又“申其聘礼”，历来如此。后晋受辽册封，以儿臣之礼事之，屡有朝贡[④]；后汉情形大致相同。可见，中原王朝将吴越国贡奉的越窑青瓷聘送或贡献给辽（契丹）室的可能性也不能排除。

无论以何种方式到达辽（契丹）国，这些瓷器都可归入贡瓷之列。

（三）北宋

文献见载的北宋时期越窑贡瓷，均属州府岁贡。前文谈到的吴越国钱氏纳土以后的贡瓷，一方面不完全是越窑所产，另一方面，当属意在谢恩的臣下之贡，与入宋以前的藩属之贡有别，与已在大宋版图内的州府土贡也不同。结合文献记载与考古发现，可知北宋越窑贡瓷的历史从

---

① 《十国春秋》卷第七十八《吴越》二《武肃王世家》下：天宝十一年（918），“冬十一月，吴围虔州……贡道遂绝，始由海道出登、莱，入贡京师”。《吴越备史》卷一称：“冬十二月，淮人围虔州，……航海入贡自此始也。”

② 《册府元龟》卷一六九《帝王部》“纳贡献”门。

③ 《辽史》卷一《太祖本纪》上：唐天祐三年（906）二月，“汴州朱全忠遣人浮海奉书币、衣带、珍玩来聘”。

④ 《辽史》卷三《太宗本纪》上：天显十一年（936），“冬十月甲子，封敬瑭为晋王”；“十一月丁酉，册封敬瑭为大晋皇帝”；闰月壬申，“晋帝辞归，上与宴饮。酒酣，执手约为父子”。

早期一直持续到了中晚期。

1. 文献记载

《宋会要辑稿》:

> 瓷器库在建隆坊,掌受明、越、饶州、定州、青州白瓷器及漆器以给用,以京朝官三班内侍二人监库。宋太宗淳化元年诏:"瓷器库纳诸州瓷器,拣出缺璺数目,等第科罪。"……真宗景德四年九月诏:"瓷器库除拣封桩供进外,余者令本库将样赴三司行人估价出卖。"……神宗熙宁三年三月诏:"并瓷器库入杂物库管勾。"①

应该说,这条文献有两点是讲得很明确的:第一,受纳诸州贡瓷是瓷器库的主要职掌之一;第二,各州贡瓷主要用于"供进"。问题是,"青州白瓷器"几字,可能辑抄《宋会要》时有误。各地的窑址调查和发掘表明,在瓷器库存在的时期内,青瓷是明、越二州唯一的瓷器名产,青白瓷和白瓷分别以饶、定两州所产为优,而青州则似乎未见出产名瓷一说。考之其他史籍,漆器似亦不是上述各州进贡的常物。合乎史实的行文当是:"青、白瓷",或"青瓷、白瓷器"。漆器可能本来就不是由所列各州而来。瓷器库受纳的瓷器中包括越窑青瓷,当属无误。

北宋中期后段及稍后的越州土贡瓷器,史籍有明确记载。《宋会要辑稿》:

> 神宗熙宁元年十二月,尚书户部上诸道府土产贡物……越州,绫一十匹、茜绯纱一十匹、秘色瓷器五十事。②

---

① 《宋会要辑稿》第一百四十六册《食货》五二之三七。

② 《宋会要辑稿》第一百四十二册《食货》四一之四〇至四一。

《元丰九域志》所载贡瓷州府有四：河南府二百事，越、耀两州各五十事，邢州一十事。①虽然两书录载的越州土贡，方物名色有相同处，但并不意味着二者所指相同。②那么，为什么熙宁元年（1068）贡，河南府、邢州均无瓷器，到《元丰九域志》修纂时，却不仅有了，而且河南府还特别多呢？我们分析，可能有两方面的原因：第一，北宋建国后，从太祖皇帝开始，就相当注意宽舒民力、少予聚敛，但以后随着各方面用度的扩大，这种做法未能得到很好的保持；神宗即位以后，尤其注意敛财，许多州府土贡名色有所增加，连原来无须纳贡的开封府都有了土贡任务。③第二，河南府贡瓷数量大大超出其他三州，与考古工作反映出的当时各地的制瓷工艺水平并不相称，这应与那时的贡赋制度有关。《宋史·职官志》“发运使”条记载：“熙宁初，辅臣陈升之、王安石制置三司条例司，建言：……凡上供之物，皆得徙贵就贱、用近易远……”④

《嘉泰会稽志》也曾列举北宋越州土贡，名目和数量都与《元丰九域志》所载相同，编志者又称，还“恭考”了《祥符图经》，“承下之久”，越州土贡只不过“微有增益”而已。⑤《元丰九域志》所载，已较熙宁元年贡有所增加，而较之《祥符图经》所录，也才“微有增益”。看来，越州“祥符贡”当与熙宁贡相近，也有瓷器一项。

《宋史·地理志》记载各州府土贡时，除福建和两广路之外，均列于“崇宁户”后，贡品中有瓷器的只有河南府、信德府（本邢州）、耀

---

① 〔宋〕王存：《元丰九域志》卷第一《西京》、卷第二《河北西路》、卷第三《陕西路》、卷第五《两浙路》，中华书局点校本，1984年版。

② 郑建华：《越窑贡瓷与相关问题》，浙江省文物考古研究所编：《纪念浙江省文物考古研究所建所二十周年论文集（1979—1999）》，西泠印社1999年版。

③ 《宋会要辑稿》第一百四十二册《食货》四一至四二。

④ 《宋史》卷一百六十七《志》第一百二十《职官》七。

⑤ 《嘉泰会稽志》卷第五《杂贡》。

州，没有越州和邻近州府。[①]

2.实物例证

宋太宗元德李后陵出土划花碗、划龙纹卧足盘（图7-6）和划云鹤纹套盒等越窑青瓷，并共出“官”款白瓷。元德李后为太宗妃、真宗生母，卒于太平兴国二年（977），初葬普安院。真宗即位后，李后母以子贵，被追尊为皇太后，于咸平三年（1000）附葬于太宗永熙陵西北。[②]贵为皇太后，当时皇帝的生母，李后陵随葬的瓷器当属贡瓷无疑。

图7-6　划龙纹卧足盘（宋太宗元德李后陵出土）

现知可能为越窑贡瓷的实物，以冯京夫妇合葬墓出土的葵口刻划莲瓣纹碗最晚。冯京，《宋史》有传，是仁、英、神、哲四朝元老，生前位至枢密副使，其卒，称“薨”。据墓志，冯京阶金紫光禄大夫，勋上柱国开国始平郡公、食邑八千七百户，实封二千七百户。天子曾为其“特行临奠之礼”，“赠赙有加”。再据其再续妻富氏墓志，富氏生前“入见内庭慈圣光献皇后，尤遇之厚”，赏赐“比他人特异”。富氏先冯京八年卒，二人合葬于绍圣元年（1094）。[③]从窑址发掘的成果看，冯京夫妇墓随葬的那种越窑青瓷碗，生产年代大约在神宗元丰年间。

北宋时的宋辽关系，时战时和，澶渊之盟后，名义上彼此约为兄

① 《宋史》卷八十五至九十《志》第三十八至四十三《地理》一至六。

② 河南省文物研究所、巩县文物保管所：《宋太宗元德李后陵发掘报告》，《华夏考古》1988年第3期。

③ 河南省文物研究所、密县文物保管所：《密县五虎庙北宋冯京夫妇合葬墓》，《中原文物》1987年第4期；孙新民：《试论北宋早期的越窑秘色瓷》，《江西文物》1991年第4期。

弟，实则宋廷屈膝，不仅岁输辽银绢巨万，而且凡遣使往聘或辽使返国，都有厚礼相送。这一时期的辽皇室和勋贵墓，出土了为数可观的精美越窑青瓷，除通过贸易的渠道进入辽境外，其中可能有一部分是宋廷转赠的贡瓷。例举如下：

内蒙古巴林左旗辽统和十一年（993）韩匡嗣夫妇合葬墓（M3），出土越窑青瓷划花碗。墓主人韩匡嗣身份显赫，为辽之秦王，子韩德让官至大丞相。[①]

内蒙古多伦辽统和十一年（993）辽贵妃墓（M2），出土越窑青瓷碗、釜（带银盖）、凤纹洗、盆以及银扣执壶（图7-7）、盏托等。[②]

图7-7　银扣越窑青瓷执壶（内蒙古辽贵妃墓出土）

北京西郊八宝山辽统和二十九年（1011）韩佚夫妇墓，出土越窑青瓷碗、注子、注碗、盘、盏托等。墓主人韩佚，家世不凡，为辽尚书令韩延徽之孙，“应历中，以名家子特授权辽兴军节度副使，银青崇禄大夫，检校国子祭酒兼监察御史、武骑尉”[③]。

内蒙古辽开泰七年（1018）陈国公主墓，出土越窑青瓷盘4件，其中1件外底刻“官”字款（图7-8）。陈国公主乃辽帝王之族，高祖为太祖皇太子、东丹人皇王，曾祖世宗，祖父景宗，父皇太弟耶律隆庆，夫

① 内蒙古文物考古研究所、赤峰市博物馆、巴林左旗博物馆：《白音罕山辽代韩氏家族墓地发掘报告》，《内蒙古文物考古》2002年第2期。

② 内蒙古文物考古研究所、锡林郭勒盟文物保护管理站、多伦县文物局：《内蒙古多伦县小王力沟辽代墓葬》，《考古》2016年第10期。

③ 北京市文物工作队：《辽韩佚墓发掘报告》，《考古学报》1984年第3期。

图7-8　越窑青瓷盘（内蒙古辽陈国公主墓出土）

萧绍矩为皇后之兄。墓志称，公主薨，帝特遣使营葬事，“至于追封之命，赙赠之仪并加于常典”①。

（四）南宋

一般而论，越窑贡瓷历史到北宋中晚期即告终结。然而，考古发现常常出乎人的意料。慈溪古银锭湖低岭头类型瓷业遗存的发现，不仅让我们认识到越窑瓷业的下限可延续到南宋早期，也不仅让我们在越窑中心区见到了非越窑系统的乳浊釉青瓷，还让我们领略到了越窑贡瓷似乎已成绝响后的余韵。

学术界曾经对低岭头类型瓷业遗存有过一些解释，大致有“余姚窑”②、“后越窑”③、南宋早期朝廷“搭烧”④和修内司窑⑤等四种不同

① 内蒙古自治区文物考古研究所、哲里木盟博物馆：《辽陈国公主墓》，文物出版社1993年版。

② 张翔：《南宋余姚窑窑址的发现——记低岭头类型古窑址调查》，中国古陶研究会1986年西安年会论文。

③ 任世龙：《论“越窑”和“越窑体系”》，《中国古陶研究会'94年会论文集》，《东南文化》1994年增刊1号。

④ 李刚：《宋代官窑探索》，《东南文化》1996年第1期。

⑤ 沈岳明：《修内司窑的考古学观察——从低岭头谈起》，中国古陶瓷研究会编：《中国古陶瓷研究》第四辑，紫禁城出版社1997年版。

说法。1994年《宋官窑论稿》[1]发表以后，大家逐渐将该类型瓷业遗存与南宋初期的贡瓷相联系。

据史料记载，南宋早期，越州（绍兴府）余姚县曾经受命为朝廷烧制瓷器。这些瓷器既有祭器，也有饮食用器；烧制时间，至少从绍兴初年延续到了绍兴十七年（1147）。

余姚县烧造陶瓷祭器事，见诸文献记载的，有绍兴元年和绍兴四年两次。《中兴礼书》：

> （绍兴元年）四月三日，太常寺言："条具到明堂合行事件下项：一、祀天并配位用匏爵陶器，乞令太常寺具数下越州制造，仍乞依见今竹木祭器样制烧造；一、将来大礼，依仪，皇帝盥洗合用盘匜，饮福合用玉爵，欲乞下工部指挥所属，仿旧制随宜制造。"诏祭器候讨论定合设神位，仰太常寺具合用数目，令临安府制造。余依。[2]

绍兴四年余姚县烧造祭器事，《中兴礼书》也有记载[3]。《宋会要辑稿》的记录更加翔实：

> 绍兴四年四月六日，……太常丞张公荐、太常博士刘登奏：

---

① 李民举：《宋官窑论稿》，《文物》1994年第8期。

② 〔宋〕礼部太常寺纂修，〔清〕徐松辑：《中兴礼书》卷五十九《明堂祭器》，《续修四库全书》编纂委员会编：《续修四库全书》，上海古籍出版社2002年版（后引同此）。

③ 《中兴礼书》卷五十九《明堂祭器》："（绍兴）四年四月十九日，权工部侍郎苏迟等言：'勘会近奉圣旨，陶器令绍兴府余姚县烧造，余并令文思院制造……'二十七日，……工部言：'据太常寺申，契勘今来明堂大礼，正、配四位合用陶器，已降指挥下绍兴府余姚县烧造，其从祀……欲乞申明朝廷，令指挥两浙转运司行下绍兴府余姚县，一就烧造瓦太尊二十四只供使。'诏依。七月二十八日，礼部太常寺言：'将来明堂大礼合用祭器等约九千余件，见今绍兴府烧造陶器，临安府、文思院制造竹木器等，将欲毕备，委实别无安顿去处，乞下临安府指挥所属，权令置库安顿。'诏依。"

“……今岁若且祀明堂，实得权时之宜。”又贴黄称：“……祭器共计七百七十一位，合用陶器：豆六十只并盖、内十二只准备，簠十二只并盖、内四只准备，簋十二只并盖、内四只准备，尊五十只、内十只准备，罍五十只、内十只准备，榫杓一百只，登四百三十二只并盖、内二十只准备。……昨绍兴元年明堂大礼，绍兴府烧变制造到殿上正、配四位祭器，并文思院铸造到牛羊豕鼎等，昨绍兴府沿火烧毁不存。今来开坐到祭器名件，并合创造，乞令太常寺图画样制，下两浙转运司，令所属州军均摊制造，所有陶器，乞下绍兴府余姚县烧变，并乞于大礼前十六日起发赴太常寺送纳……”诏：陶器令绍兴府余姚县烧变，余令文思院制造，余从之。①

余姚县为朝廷烧制饮食用瓷器的史料，有一则。熊彦诗《应诏上皇帝陈利害书》：

左迪功郎特差温州瑞安县令……臣熊某谨昧死再拜献书于皇帝陛下。臣伏奉诏书，许守令各言所职的确利害者……臣切见近有以应奉髹漆之器以进者，陛下命亟毁之……臣尚有得于耳目之间者：永嘉养兵置局，织造锦袍；余姚呼集陶工，坯冶秘色；钱塘村落，辇致花窠。方陛下衣裳在笥，敝袴不假，则锦袍何用？日昃不食，土铏致膳，则秘色何求？《诗》《书》为园，仁义为圃，则花木何观？是必供奉之臣举其职而陛下不之知也。若此之类，臣愿陛下绝其萌，杜其微，一豪不以概下于宸衷，则省费、裕国、强兵、息民之道已在陛下心术之间矣。②

① 刘琳等点校：《宋会要辑稿》，上海古籍出版社2014年版，第1187—1188页。

② 佚名：《新刊国朝二百家名贤文萃》卷七六，北京图书馆出版社2006年版。

按：熊彦诗于绍兴二年（1132）任瑞安县令，宋高宗下诏求书时间为绍兴二年五月丙戌，熊氏上书时间当在此后不久。显然，这里讲到的是，余姚烧造秘色瓷，供皇上饮食之用。其所指究竟是绍兴元年那次烧造活动，还是另外一次，不好确定。如果指的是前者，则说明当时同时生产了祭器和燕器，只不过《中兴礼书》所记为“礼”事，只言及祭器而已。无论如何，余姚县在绍兴初年为朝廷烧造过日常饮食用器，是明确的。

史浩《祭窑神祝文》证明，余姚官方从绍兴初年起为朝廷烧造青瓷的活动，持续了近二十年之久。祭文曰：

> 比者，宪台有命，埏埴是营。鸠工弥月，巧历必呈。惟是火齐，造化杳冥。端圆缥碧，乃气之精。兹匪人力，实繄神明。是用奔走，来输其诚。有酒既旨，有肴既馨。惟神克享，大侈厥灵。山川辑瑞，日月将晶。俾无苦窳，以迄有成。[①]

从史浩出仕时间和为官经历看，该祭文应该是他任余姚县尉时所作。其任职时间大约在绍兴十七年至二十年（1147—1150）。宪台是地方官吏对知府以上长官的尊称。既然开展的是“埏埴”窑业活动，产品又造型“端圆”，呈色“缥碧”，说明烧造的是青瓷，至于是祭器还是燕器，还是两者均有，难以明指。

宋代，余姚县一直隶属越州。绍兴元年，越州升为绍兴府。从目前的考古材料看，越州和余姚县承命为朝廷烧制青瓷的遗存，只能是低岭头类型（图7-9、图7-10）。其所在的古银锭湖一带宋时一直是余姚县辖境。从低岭头类型的产品内涵及其年代看，与文献所载的越州和余姚县承命制瓷相联系的确是合乎逻辑的。宋室南渡之初，局势尚且动荡，事

① 〔宋〕史浩：《鄮峰真隐漫录》卷四二，文渊阁《四库全书》本。

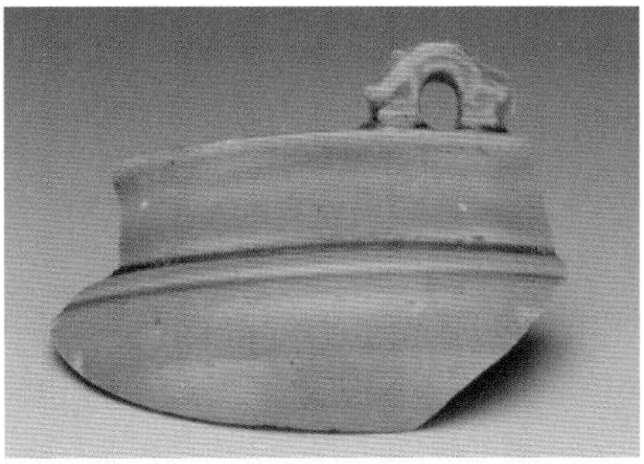

图7-9 玻质釉青瓷炉（低岭头窑址Y13②:71）（左）
图7-10 乳浊釉青瓷盂（低岭头窑址Y13①:108）（右）

事都讲俭省，命地域相近、瓷业活动一直没有停止的越窑中心产区烧造朝廷用瓷，应是情理中事。无疑，这是一种用瓷制度中的派造方式。地方官府承命制瓷的方式本来就有先例，北宋朝廷“自置烧造”以前，就曾有“命汝州造青窑器”之举。但既然这些瓷器是由地方官府承命烧成的，其实质依然是贡瓷，只不过贡进方式是“锡命乃贡”罢了。

低岭头类型瓷业遗存的存续时间，包括整个南宋早期，但余姚县承命制瓷的历史持续到绍兴二十年以后的可能性似乎不大。余姚当地窑工在为朝廷烧制瓷器的过程中，掌握了先进的青瓷制作技艺，在停止为官方服务后，很有可能还继续生产与官物瓷器面貌相同或相似的青瓷。只不过，在官方的产品需求和技术支持不复存在的情况下，在当地瓷业生产条件和综合比较优势几近荡然的形势下，乳浊釉青瓷等非传统越窑风格的制瓷技艺，虽然先进，但毕竟不够成熟，加之生产成本高企，这种民间自行生产持续的时间，必定是短暂的。

综上所述，确凿可信的越窑贡瓷历史，从中唐后段到北宋中晚期，几乎无有中断。南宋初年之贡是特殊历史条件下的特别事件，若无宋室南渡，兴许不会出现这种回光返照现象。由于迄今尚未见到（或识别）晚于“低岭头类型”的越窑青瓷遗存，更晚的越窑贡瓷也就无从谈起。

（五）越窑贡瓷与秘色瓷

毋庸置疑，唐宋越窑贡瓷与秘色瓷关系密切，但二者关系如何、秘色瓷究竟作何理解，学界长期争论不休，至今理解也不尽相同。笔者认为，对秘色瓷的含义的理解，应该注意有两个“不一样”。

图7-11 “罗湖师秘色椀”（后司岙窑址采集，浙江省文物考古研究所藏）

第一个不一样，指的是生产端与使用端不一样。上林湖后司岙窑址曾出土过一件平底盆形瓷质匣钵，外壁刻“罗湖师秘色椀”（图7-11）。可见，在生产环节，人们是知道所要烧造的产品哪些是秘色瓷的。结合瓷质匣钵的使用、上下匣钵接缝处刷釉密封（图7-12）、部分匣钵刻“官”字款（图7-13），特别是高质量木光（半亚光）瓷器的大量出土，可知在生产环节就被视为秘色瓷的青瓷精品（图7-14），其核心品质追求是：金银器般端巧的造型、美玉般色泽和温润的质感。但是，龙窑的烧成温度和气氛不易掌控，精品烧成率不高，想将某些特定的瓷坯烧成精品，理想地达成殊属不易。不仅如此，在生产环节，即便是那些被视作秘色瓷的精品已经烧成，也不会一一明确标示。所以，此时的秘色瓷与非秘色瓷，并无严格界线。其中部分用于上贡，其余的用作他途，实属正常。

图7-12 接缝处刷釉密封的匣钵（后司岙窑址TN04W04②-1-5:4）

在生产环节被视作秘色瓷的越窑青瓷精品，在上贡之外，还有贸易、礼佛等用

图7-13 “官”字款匣钵（后司岙窑址TN02W04⑧-1-5:31）（左）
图7-14 越窑秘色瓷盒盖（后司岙窑址TN01W01⑤-2-8:41）（右）

图7-15 “南庙”款凤纹盘（上虞傅家岭窑址出土，浙江省文物考古研究所发掘资料）

途。吴越国时期，曾经将大量越窑青瓷精品用于对外贸易。井里汶沉船出水的越窑青瓷，与吴越国王室和高等级贵族墓出土的秘色瓷，难分伯仲，可为明证。民间人士订制越窑青瓷作为礼佛器物，舍入寺庙，也很常见。上林湖、上虞（图7-15）、东钱湖等地窑址，都发现过“供养”款或供养用途的青瓷。黄岩灵石寺塔出土的越窑青瓷熏炉，内壁墨书“当寺僧绍光舍入塔……咸平（丰）元年戊戌十一月廿四日，童行奉询弟子姜彦从同舍（利）永充供养”①（图7-16）。这些礼佛越窑青瓷都是精品，与同时期高等级墓葬出土的秘色瓷，并无二致。当然，精品越窑青瓷还可以有其他用途，不一而足。总之，从生产端看，秘色瓷民间虽不易得，但并未禁绝，所谓“臣庶不得用”，

① 台州地区文管会、黄岩市博物馆：《浙江黄岩灵石寺塔文物清理报告》，《东南文化》1991年第5期。

图7-16　越窑青瓷熏炉（黄岩北宋灵石寺塔出土）

应该没有那么严格。

图7-17　越窑秘色瓷盆（法门寺地宫出土）

图7-18　越窑秘色瓷银扣盘（临安吴越国王钱镠墓出土）

从使用端看，秘色瓷的指向比较明确。文献记载的唐宋特别是吴越国时期的越窑贡瓷，往往被称为秘色瓷。陕西扶风法门寺地宫出土的越窑青瓷（图7-17），衣物帐明载为“瓷秘色”，是为确证。也就是说，到了使用端，秘色瓷确实比较普遍地具有“供奉之物，不得臣庶用之，故云秘色”的性质（图7-18）。所以，尚刚教授认为，此处的“秘色”，所指为入贡的品类①，是有一定道理的。换言之，同样的越窑青瓷精品，若用作贡

① 尚刚：《古瓷札记两则》，《文物》2012年第11期。

瓷，常常被称作秘色瓷；如果别做他用，一般来说，就不大可能被称为秘色瓷。

第二个不一样，指的是早期秘色瓷的含义和晚期秘色瓷的不一样。早期秘色瓷，如上所述，实际上指的是特意制作的某种越窑青瓷精品，只不过生产端与消费端有所不同。至迟从南宋开始，秘色瓷含义逐渐泛化，成了优质青瓷的代名词。赵彦卫《云麓漫钞》：

> 青瓷器，皆云出自李王，号秘色，又曰出钱王。今处之龙溪出者，色粉青，越乃艾色。唐陆龟蒙有《进越器诗》……则知始于江南与钱王皆非也。近临安亦自烧之，殊胜二处。[1]

赵彦卫《云麓漫钞》十卷本刊于嘉泰二年至四年（1202—1204），十五卷本刊于开禧二年（1206）。赵彦卫乃宋室赵氏后裔，隆兴元年（1163）进士，久历宦海，并于隆兴至乾道初、淳熙年间（四年之后）、庆元四年到六年（1198—1200），居临安，或为“临安幕府”，或为朝官，所记可信度甚高。有三点需要特别注意：第一，这里似将处之“粉青”、越之“艾色”、“近临安亦自烧”之青瓷器，均视作秘色瓷。第二，“李王”与“江南”相对，与“钱王”并称，所指为南唐李煜。宋开宝四年（971），李煜去唐国号，改称“江南国主”。这可能也是所谓“江南秘色”最早的说法。第三，“粉青”与“秘色”一样，在南宋时就被文人士大夫阶层追捧，并非到明清时才是文人的雅好。

正是因为秘色瓷含义的泛化，才有了耀州青瓷器“类余姚县秘色”[2]、

---

① 〔宋〕赵彦卫：《云麓漫钞》卷十，《唐宋史料笔记丛刊》本，中华书局1996年版，第171页。

② 〔宋〕陆游《老学庵笔记》卷二：“耀州出青瓷器，谓之越器，似以其类余姚县秘色也。”（中华书局点校本，1979年版）

汝瓷"秘色"[①]、"龙泉青秘"[②]等说法。

总之，秘色瓷是晚唐到南宋早期有意识烧制的越窑青瓷精品，但在生产环节，秘色与非秘色的界线并不严格；等到成为贡瓷、"秘色"被赋予特殊的含义后，才与非秘色有了某种不可逾越的"界线"。越窑之后，因"秘色瓷"概念泛化，秘色与非秘色就已经没有清晰的界线了。

二、龙泉窑贡瓷

龙泉窑贡瓷的历史没有越窑的清晰，但文献记载和实物资料都有迹可寻。

（一）吴越国时期

庄绰《鸡肋编》：

> 处州龙泉县多佳树，地名豫章，以木而著也。山中尤多古枫树，其根破之，文若花锦，人多取为几案盘器……。又出青瓷器，谓之秘色，钱氏所贡，盖取于此。宣和中，禁庭制样须索，益加工巧。[③]

庄绰《鸡肋编》，自序为绍兴三年。庄绰，两宋之际为官。其父乃进士出身，曾官至淮南转运副使，与"苏门四学士"有交集，与苏轼、米芾等人交厚。可见，庄绰虽仅任地方官员，职级不高，但算是世家

---

① 〔金〕赵秉文《汝瓷酒尊》："秘色创尊形，中泓贮醁醽。缩肩潜蝘蜓，蟠腹涨青宁。巧琢晴岚古，圆瑳碧玉莹。银杯犹羽化，风雨慎缄扃。"（《闲闲老人滏水文集》附补遗，中华书局1985年版）赵秉文（1159—1232），字周臣，号闲闲居士，晚号闲闲老人，金代著名学者，书法家。

② 〔宋〕蒋祈《陶记》："景德陶，昔三百余座。埏埴之器，洁白不疵，故鬻于他所，皆有'饶玉'之称。其视真定红磁，龙泉青秘相竞奇矣。"（据康熙二十一年《浮梁县志》，转引自白焜：《宋·蒋祈〈陶记〉校注》，《景德镇陶瓷》1981年第12期）

③ 〔宋〕庄绰《鸡肋编》卷上，《唐宋史料笔记丛刊》本，中华书局1983年版，第5页。

子弟，所闻所记，恐非全属道听途说。但这里说吴越国钱氏用以贡奉的秘色瓷可能产自龙泉，确实容易让人产生匪夷所思的感觉。如前所述，钱氏家族以越窑烧造的秘色瓷作为贡奉之物，史实确凿。那么，庄绰是否一定张冠李戴了呢？基于以下几点，笔者认为，可能并不尽然。

第一，从现有考古发现看，吴越国后期，龙泉金村一带确实已经开始了青瓷生产，产品面貌与同时期越窑青瓷相似，以致有人称之为越窑“龙泉类型”。

第二，龙泉金村至庆元上垟一带的青瓷窑场，于吴越国晚期兴起，有一定的突然性，很可能与官方的直接推动有关。

第三，吴越国后期，钱氏家族用于贡奉的秘色瓷需求量越来越大，越窑的精品青瓷生产量不敷所用，是可以想见的。在这种情况下，开辟新的货源势所必然。

第四，龙泉金村窑址曾发现一件四系小瓶，腹部刻铭“天福秋，修建窑炉，试烧官物，大吉”①。“官物”瓷器当然不能等同于贡瓷，但以官物进贡，亦属常例。

自然，钱氏家族用于贡奉的青瓷全部产自龙泉，是不可能的，但有部分产自龙泉，看来也并非全无可能。

（二）宋代

庄绰在《鸡肋编》中还说到，龙泉窑青瓷“宣和中，禁庭制样须索”。这种说法是否可靠呢？从其他的文献记载和考古资料中，暂时还难以找到支持这一说法的明确证据。

从前引赵彦卫《云麓漫钞》关于青瓷器的记载看，龙泉窑粉青瓷是与用于贡奉的越窑秘色瓷和“临安”自烧的南宋官窑相提并论的，这似乎暗示龙泉窑也曾经烧造朝廷用瓷，但其所指时间至多到南宋早中期，

---

① 丽水市文化广电新闻出版局：《河滨遗范》，浙江古籍出版社2011年版，第16页。

不可能早到庄绰《鸡肋编》讲到的北宋末年“宣和中”。

陶宗仪《南村辍耕录》转引宋叶寘《坦斋笔衡》云：

> 末俗尚靡，不贵金玉，而贵铜磁，遂有秘色窑器。世言钱氏有国日，越州烧进，不得臣庶用，故云秘色。……本朝以定州白瓷器有芒，不堪用，遂命汝州造青窑器，故河北唐、邓、耀州悉有之，汝窑为魁，江南则处州龙泉县窑，质颇粗厚。政和间，京师自置窑烧造，名曰官窑。①

从这则记载看，在朝廷命汝州制瓷以后、政和年间官窑设置以前，龙泉窑已经生产青瓷了。但越窑、定窑、耀州窑和汝窑为朝廷烧制过瓷器，史实是清晰的，而唐州、邓州为朝廷烧制瓷器的证据，至今未见。据此则文献推断龙泉窑生产过贡瓷，难以成立，何况作者对龙泉窑青瓷的评判还是“质颇粗厚”。

从实物材料看，龙泉窑遗址迄今尚未发现北宋时期烧制贡瓷的证据，也未见到北宋王室和权贵墓出土可归为贡瓷的北宋龙泉窑青瓷的报道。看来北宋时期的龙泉窑青瓷，还没有进入朝廷的视野。

南宋时，龙泉窑烧制过贡瓷，是明确的。虽然未见确凿的文献记载，但出土资料能够提供可靠依据。至少可以从三个方面来看。

几十年来，随着南宋临安城考古的深入推进，在南宋皇城城墙、太庙、御街、杨皇后宅、德寿宫等遗址以及南宋中央官署聚集的杭州六部桥一带出土了大批南宋龙泉窑青瓷（图7-19）。这些遗址要么与南宋皇城有关，要么是皇室成员的宅邸所在，要么是重要的皇家祭祀场所，要么是朝廷的中枢机关或府库重地。南宋临安城遗址，特别是皇城遗址周边地区，还零星出土了“德寿（宫）”“慈福（宫）”“太后殿”“坤宁

① 〔元〕陶宗仪：《南村辍耕录》卷二十九，《元明史料笔记丛刊》本，中华书局1997年版。

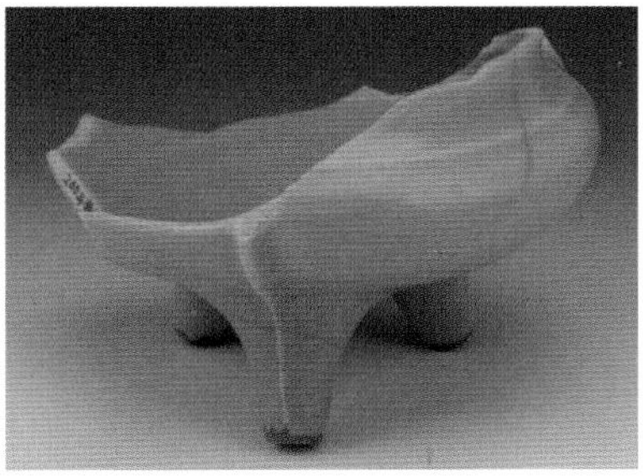

图7-19　龙泉窑青瓷鬲式炉（南宋临安城严官巷遗址出土，杭州市文物考古研究所藏）

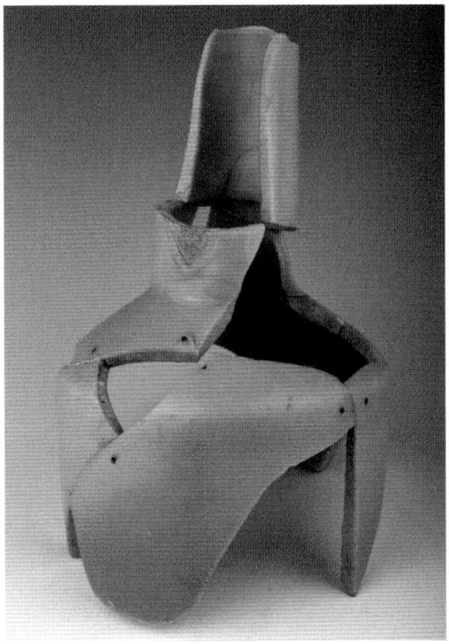

图7-20　龙泉窑青瓷瓶（绍兴宋六陵出土，浙江省文物考古研究所发掘资料）

殿”“寿圣殿”等铭款的青瓷。虽然这些铭款多数为使用环节的釉上刻款，而且窑口归属可能要比已知的情况复杂，但其中有一部分是南宋龙泉窑青瓷并曾为皇室或朝廷所用，应该是可以肯定的。①

20世纪八九十年代至21世纪初，文物工作者对位于绍兴的南宋皇陵——宋六陵，曾经做过多次调查。②从2012年开始，浙江省文物考古研究所等单位对该遗址进行了全面的调查和勘探。2018年以来，又对一号和二号陵园进行了持续深入的发掘。从出土的南宋遗物看，龙泉窑白胎青瓷残器不仅数量甚多，而且多数质量精美③（图7-20）。虽然宋六陵曾于至元十五年（1278）遭元朝江淮释教都总统杨琏真加盗掘破坏，不能肯定该地出土的南宋龙泉窑青瓷均为宋陵的随葬品，但其中多数是随葬、祭祀用品或守护人员使用的器皿是无疑

① 胡云法：《试论龙泉青瓷在南宋宫廷用瓷中的历史地位》，故宫博物院、浙江省博物馆、丽水市人民政府编：《天下龙泉——龙泉青瓷与全球化国际学术研讨会论文集》，文物出版社2021年版。

② 绍兴县文化发展中心、越国文化博物馆等：《宋六陵遗物萃编》，西泠印社出版社2011年版。

③ 浙江省文物考古研究所发掘资料，李晖达先生提供。

的。无论属于哪一种用途，应该都可归入贡瓷范畴。

南宋龙泉窑青瓷在勋贵家族墓中也有出土。比如，四川彭山虞公著夫妇合葬墓出土有龙泉窑青瓷罐。据墓志，虞公著为宋中奉大夫知渠州军州兼管内劝农使，仁寿县开国男，食邑三百户，赐紫金鱼袋。地位似乎并不特别显贵，但其父乃南宋名臣虞允文，生前位高权重，任左丞相、武安军节度使、四川宣抚使，封雍国公，累赠太师。《宋史》有传，其卒称薨，死后诏赠太傅，赐谥忠肃。①此墓盗毁严重，出土随葬品只是劫后残余。又比如，浙江长兴韩枤墓出土了龙泉窑鬲式炉。据墓志，墓主人韩枤乃南宋名臣韩世忠之孙，韩彦直之子，累官至中奉大夫，赐三品服，累爵至敷政县开国伯，食邑七百户。②照常理，虞、韩两姓之类的勋贵家族常常能得到皇家赏赐，随葬的龙泉窑青瓷属于贡瓷的可能性不能完全排除。只不过，韩枤墓随葬的是龙泉窑黑胎青瓷。龙泉窑黑胎青瓷不见于宋六陵，在南宋临安城遗址也十分罕见，这也可能意味着韩枤墓随葬的龙泉窑黑胎青瓷原本不是贡瓷。

此外，据称龙泉大窑杉树连曾经出土一件米黄色釉瓶残件，外底刻“官”字款。这或可作为南宋龙泉窑贡瓷的一个旁证。③

（三）元代

元代龙泉窑贡瓷见于文献记载，也有出土资料印证。

《元史》卷七十二《志》第二十三《祭祀》一《郊祀》上：

> 南郊之礼，其始为告祭，继而有大祀，皆摄事也，故摄祀之仪

---

① 四川省文物管理委员会：《南宋虞公著夫妇合葬墓》，《考古学报》1985年第3期。

② 浙江省文物考古研究所发掘资料，徐军先生见告。参阅徐军：《2015韩枤墓发掘年鉴》，中国考古学会编：《中国考古学年鉴（2015）》，中国社会科学出版社2016年版。

③ 胡云法：《试论龙泉青瓷在南宋宫廷用瓷中的历史地位》，故宫博物院、浙江省博物馆、丽水市人民政府编：《天下龙泉——龙泉青瓷与全球化国际学术研讨会论文集》，文物出版社2021年版。

特详。……器物之等，其目有八：……五曰牲齐庶器，毛血盛以豆，或青瓷盘，馔未入置俎上，馔入彻去之……

卷七十四《志》第二十五《祭祀》三《宗庙》上：

祭器……中统以来，杂金、宋祭器而用之。至治初，始造青器于江浙行省，其旧器悉置几阁。[1]

元代，江浙行省辖境内生产青瓷的窑系，龙泉窑一家独大，无能出其右者，这里的青瓷盘和所谓“青器”，指的应该就是龙泉窑青瓷。虽然上引文献记载的是祭器事，但从常理推断，既为朝廷烧制祭器，烧制日常生活用器也完全可能。从元大都和元上都的出土情况看，元代龙泉窑曾经烧造贡瓷是比较明确的，只是两地出土的器类有所差异——元上都发现的几乎都是饮食器具，元大都则陈设器的比例较高。[2]

元代龙泉窑青瓷在勋贵及其家族墓葬中常有出土，其中有可能部分属于贡瓷。比如，甘肃省漳县汪世显家族墓[3]（图7-21）、河北省定兴县张弘范家族墓[4]、北京市崇文区（今属东城区）铁可墓和朝阳区张弘纲墓[5]、河北省保定满城张弘略墓[6]（图7-22）等，均有精美的龙泉窑青瓷出土。至于韩国新安海底沉船出水的“使司帅府公用”铭瓷器（图7-

① 〔明〕宋濂等：《元史》，中华书局点校本，1976年版。

② 吴闻达等：《元大都出土的龙泉窑瓷器及相关问题》，故宫博物院、浙江省博物馆、丽水市人民政府编：《天下龙泉——龙泉青瓷与全球化国际学术研讨会论文集》，文物出版社2021年版。

③ 甘肃省博物馆、漳县文化馆：《甘肃漳县元代汪世显家族墓葬简报之一》，漳县文化馆：《甘肃漳县元代汪世显家族墓葬简报之二》，《文物》1982年第2期。

④ 浙江省博物馆：《青色流年——全国出土浙江纪年瓷图集》，文物出版社2017年版，第311页。

⑤ 北京市文物研究所：《元铁可父子墓和张弘纲墓》，《考古学报》1986年第1期。

⑥ 任亚珊：《元代张弘略及夫人墓清理报告》，《文物春秋》2013年第5期。

图7-21　龙泉窑高足杯（甘肃省漳县元汪世显家族墓出土）

图7-22　龙泉窑龙纹瓶（河北省保定满城元张弘略墓出土）

图7-23　龙泉窑“使司帅府公用”铭青瓷盘（韩国新安海底沉船出水）

23），乃龙泉窑为地方官府烧制的瓷器，不在贡瓷之列。

龙泉窑为朝廷烧制瓷器的历史延续到了明代，但其性质已经不是一般意义上的贡瓷了。后文另述。

越窑和龙泉窑以外，其他的浙江古代青瓷窑场，也可能曾经烧制过贡瓷，比如，温州永嘉县坦头晚唐瓯窑遗址出土过一件“罗七官作碗”铭款瓷碗[①]，就暗示了这种可能性。不过，由于瓷窑遗址考古工作还有待于进一步深化，窑址以外考古发现的局限性，特别是产品面貌与越窑

① 参阅本书第四章第四节二（一）。

和龙泉窑的相似性，其他窑场烧制的贡瓷实例，目前还难以判别。

三、贡窑、官样与置官监窑

烧制贡瓷的窑场自然要与官府发生关系，也就是说，官府可能有某种形式的监管。“贡窑”铭墓志罐、“官”款和“官样”款瓷器以及“官”款窑具的发现，都应该是来自官方的某些监管形式的表现，但这既不意味着一定有专门的监窑官存在，也不意味着贡瓷就是监窑的唯一目的。

图7-24 越窑唐光启三年“贡窑”铭墓志罐（上林湖出土）

（一）贡窑

1977年，上林湖吴家溪出土一件青瓷墓志罐（图7-24），铭文明确提到当地有“贡窑”。其铭曰：

> 府君凌倜，……中和五年岁在乙巳三月五日，终于明州慈溪县上林乡石仁里石贵保。……光启三年岁在丁未二月五日，殡于当保贡窑之北山，其坟丙向……①

显然，至迟唐光启三年（887），上林湖一带已经存在贡窑。那么，这里的贡窑应该作何解呢？“贡窑”既被当作墓葬方位的标志，照字面理解，其位置就在凌倜墓之南。但问题似乎并非如此简单。墓志罐铭文的撰刻者在“贡窑”之前赫然加有“当保”二字以为限定。显而易见，被作为墓葬方位标志的是“当保贡窑”，也就是石贵保内的贡

① 阮平尔：《唐光启三年瓷质罐形墓志及相关问题讨论》，《东南文化》1989年第2期。

窑。[1]如果当时仅有一处贡窑，便无须啰嗦累赘地在“贡窑”前加“当保”二字。唐以五里为乡、百户为里、四家一邻、五家一保[2]，一保之地极为狭小。上林湖一带的自然地理范围在4平方千米以上，统为一保所辖应无可能。上林湖吴家溪南约900米的焦家湾，曾出土唐光化三年（900）瓷质墓志罐1件。从墓志铭文可知，墓主马氏夫人生前居地是“上林乡石仁里三渎保”（今王家埭一带），葬于“当乡湖内山北保”，墓地是其夫王弘达从马氏堂弟马弁处购得的“当湖山北保内荒废桑园”[3]。可见，晚唐时石贵保南另有山北保。焦家湾再向南约700米有一铁锚山，1958年也曾出土瓷质墓志罐1件，纪年为五代后梁龙德二年（922），据志文，墓主葬地在上林乡“湖东保”内[4]。以上三个墓志罐出土地点都在上林湖西岸，当时的保是否地跨湖东、西两岸暂且存疑，晚唐时上林湖至少有2—3个保，应该可以认定。

根据王永兴先生的研究，唐代土贡制度下，有往往“世袭其业”的“特定的贡户”，“诸州上贡品”是“特定的贡户生产的，最少，贡物中的特殊物品是如此”。[5]我们认为，上林湖唐代所谓贡窑，就是有贡瓷生产任务的特定贡户所主之窑场，“贡窑”之名可能是当时当地人对这些窑场的俗称。据保名推断，晚唐时，上林湖至少有2—3处“贡窑”。

根据窑址调查和发掘结果，晚唐瓷业遗存在上林湖东、南、西三面山麓广有分布，总数在40处左右，上述三个地点及其周围均属密集区，

---

① 吴家溪北约500米处有一山，名石匮山，宋《嘉泰会稽志》卷第九《山》和清光绪《余姚县志》卷二《山川》均有载。石贵保可能是石匮保之误，或其俗称。

② 唐代的保、邻“家”数说法有异，现采用《唐六典》和《通典》的说法。参阅《唐六典》卷三《尚书户部》“户部郎中、员外郎”条，校勘记112；《通典》卷四《食货》三“乡党”条，校勘记47。

③ 章钧立：《上林湖地区出土两件唐代瓷刻墓志》，《文物》1988年第12期。

④ 王士伦：《余姚窑瓷器探讨》，《文物参考材料》1958年8期。

⑤ 王永兴：《唐代土贡资料系年——唐代土贡研究之一》，《北京大学学报（哲学社会科学版）》1982年第4期。

都具备遴选“贡窑”的条件。

既然要确定专门的贡窑户，说明官方对于贡瓷的烧制已经有一定程度的监管，对于贡瓷的质量，应该有一定的要求。这一点，虽无直接证据，但有旁证可引。《通典》：

> 开元八年二月，制曰：“顷者以庸调无凭，好恶须准，故遣作样，以颁诸州，令其好不得过精，恶不得过滥。任土作贡，防源斯在……”①

中唐诗人王建的《织锦曲》云：

> 大（一作一）女身为织锦户，名在县家供进簿。长头起样呈作官，闻道官家中苦难……②

由以上两则文献可知，至迟盛中唐时期，朝廷对州府贡进的物品就有明确的质量要求；贡户完成贡品制作以前，必须先制作样品送官府确认。瓷器作为土贡物产的一种，可能也实行了类似的质量管理制度，而“官”款瓷器和窑具的出现，应该是这种制度进一步发展的结果。

（二）“官”与“官样”

1.“官”款、“官样”款器物的发现

“官”字款青瓷和窑具在浙江古代青瓷窑址多有发现，年代最早的可到晚唐，最晚的要到明代早期。在上林湖越窑遗址，还发现了“官样”款青瓷。

“官”字款青瓷和窑具，以越窑发现数量最多，分布范围最广。

---

① 《通典》卷六《食货》六《赋税》下。

② 《全唐诗》第九册卷二百九十八《王建》二，中华书局点校本，1960年版。

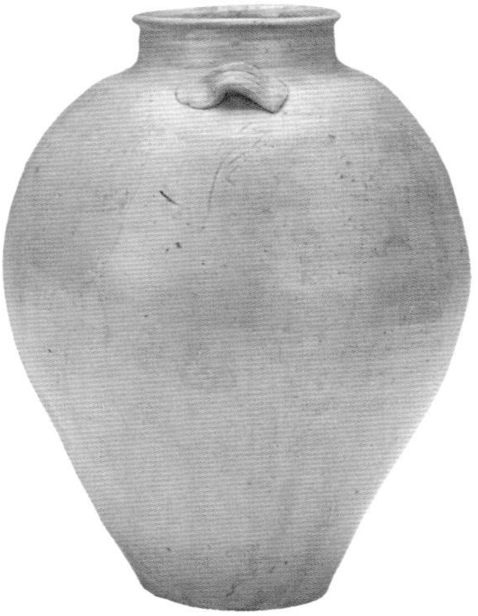

图7-25　越窑“官”字款青瓷罐（浙江临安板桥五代吴随□君墓出土）

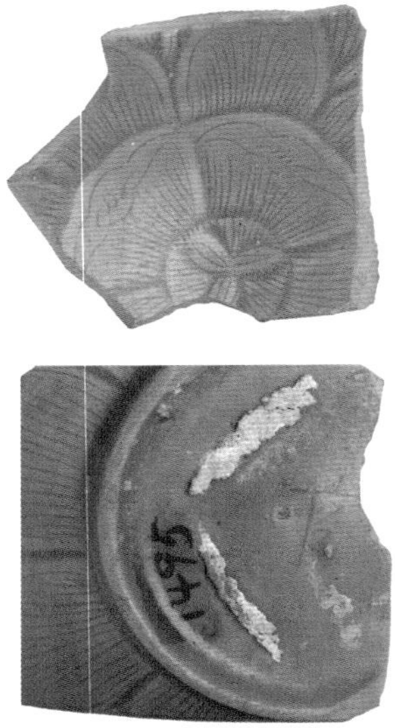

图7-26　越窑“官”字款青瓷盏（上林湖北宋窑址采集）

“官”字款越窑青瓷，目前所知至少有7件。其中，浙江临安板桥五代吴随□君墓双系罐1件[1]（图7-25），内蒙古辽开泰七年（1018）陈国公主墓划花盘1件[2]，上林湖越窑遗址采集北宋中晚期刻划花盏1件[3]（图7-26）、狗头颈窑址（C上Y55）采集吴越国晚期圈足盘1件[4]，东钱湖花园山窑址采集菊花纹碗、盘各1件（图7-27），上水岙窑址出土盘1件，另有1碗外底刻“官上水”[5]。

“官样”款青瓷仅见于上林湖，年代为北宋早期至中晚期，器型多

---

① 浙江省文物管理委员会：《浙江临安板桥五代墓》，《文物》1975年第8期。

② 内蒙古自治区文物考古研究所、哲里木盟博物馆：《辽陈国公主墓》，文物出版社1993年版。

③ 现藏慈溪市博物馆，谢纯龙同志见告。

④ 童兆良同志采集，现藏慈溪市博物馆。

⑤ 王结华、罗鹏：《青瓷千年映钱湖》，宁波出版社2020年版，第107页。

图7-27　越窑青瓷“官”字款碗、盘（宁波东钱湖花园山窑址采集）

图7-28　越窑“官样”款青瓷盏

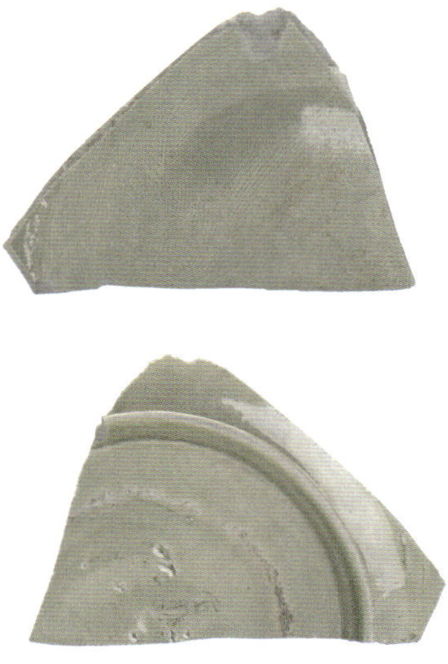

图7-29　越窑“官样”款青瓷盘

数为盏（图7-28），也有碗、盘（图7-29），现知有10件左右。窑址地点明确的有：菱白湾窑址（C上Y21）采集青瓷盏1件，马溪滩窑址出土碗、盘、盏各1件，张家埭（一说后司岙）窑址采集盏1件，上林湖（窑址）采集盏2件。

图7-30　越窑“官”字款匣钵（上林湖狗头颈窑址出土）

越窑“官”字款窑具，目前所见，均为匣钵，至少有9件。其中，上林湖后司岙窑址采集（C上Y66）4件，出土1件；胎料既有瓷质的，也有粗料耐火黏土质的；“官”字款多刻于外壁，但也有刻于内底的；年代从晚唐到北宋早期。[①]上林湖狗头颈窑址出土2件，夹粗砂瓷质，年代为吴越国时期（图7-30）。[②]古银锭湖的寺龙口窑址出土1件，年代为南宋初年。[③]上虞傅家岭窑址采集1件（图7-31），年代为五代北宋之际。[④]

图7-31　越窑“官”字款匣钵（上虞傅家岭窑址采集）

龙泉窑“官”字款青瓷，目前所

① 2015—2017年发掘时，出土1件，采集1件；其余3件为以往调查时采集，现藏慈溪市博物馆（参阅浙江省文物考古研究所、慈溪市文物管理委员会办公室：《秘色越器》，文物出版社2017年版，第31页）。

② 2019年出土，浙江省文物考古研究所发掘资料。

③ 浙江省文物考古研究所、北京大学考古文博学院、慈溪市文物管理委员会：《寺龙口越窑址》，文物出版社2002年版。

④ 杜伟先生见告，现藏上虞博物馆。

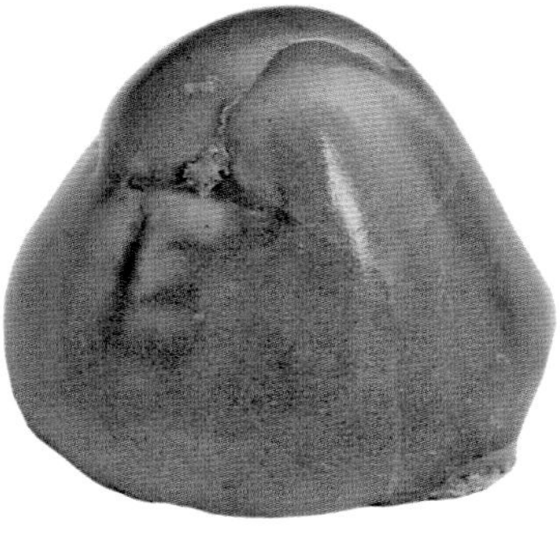
图7–32　龙泉窑“官”字款火照（大窑枫洞岩窑址出土）

知，仅2件，一件为南宋的瓶类产品残件[①]，另一件为大窑枫洞岩窑址出土的明代鱼纹洗。“官”字款窑具，有枫洞岩窑址出土的明代早期火照（图7–32）。[②]

此外，杭州卷烟厂一带，发现过南宋早期“官”字款窑具。温州永嘉县坦头唐代瓯窑遗址出土过“官作”铭款瓷碗。

2.“官”款、“官样”款释义

对于“官”款、“官样”款的含义以及这些瓷器和窑具的功用，笔者曾做过专门的研究[③]。这些字款刻在瓷器与刻在窑具上，所起的作用是有所不同的。

瓷器上的“官”款与“官样”款，含义是相同或相近的。这种瓷器代表的是官府认可的质量标准，它们是大批量生产官物瓷器的质量参照系。鉴于质量达到官方认可标准的产品发现十分广泛，可能并非所有质量达到“官样”水平的产品都在官物之列。也就是说，在一般瓷器的生产中，若要参照官方认可的质量标准，应该没有受到限制；而所有的官物瓷器都被要求达到“官样”水平。

匣钵类窑具上的“官”字款，并非标示这些窑具为官方所有，而是标示这些窑具所在窑位装烧的是官物瓷器，说到底，这也是一种质量管理的手段。要想瓷器成瓷质量良好，除入窑前各道工序的讲究外，还需

① 胡云法：《试论龙泉青瓷在南宋宫廷用瓷中的历史地位》，故宫博物院、浙江省博物馆、丽水市人民政府编：《天下龙泉——龙泉青瓷与全球化国际学术研讨会论文集》，文物出版社2021年版。

② 浙江省文物考古研究所、北京大学考古文博学院、龙泉青瓷博物馆：《龙泉大窑枫洞岩窑址》，文物出版社2015年版。

③ 郑建华：《越窑贡瓷与相关问题》，浙江省文物考古研究所编：《纪念浙江省文物考古研究所建所二十周年论文集（1979—1999）》，西泠印社1999年版。

烧成条件（如理想窑位）的保证。正是因为官物瓷器有一定的质量要求，所以，既需要坯件制作精细，也有必要在窑具上做出明确的标记，以便装窑和出窑者都能清楚知道，这些窑具或它们标示的某个窑位的若干窑具装烧的是官物瓷器。窑具大都可以多次使用，这样，“官”款匣钵等因为有了标记，就能够保证多次装窑和出窑时，官物瓷器都不会与其他瓷器相混淆。在上林湖越窑遗址，我们发现过“官”字款刻于内底的匣钵，也发现有些瓷质“M”形匣钵，“官”字款刻于外底。因为瓷质匣钵是一次性使用的窑具，入窑时上下接缝处刷釉密封，这样，“官”字款被密封在匣钵柱内，从外面是看不见的。显然，这些“官”字款的作用，是防止出窑时官物瓷器与其他产品相混。

窑具上的“官”字款出现时间早于瓷器。现知最早的“官”款窑具是湖南湘阴马王墈窑址出土的隋唐之际的匣钵。[①]浙江最早出现“官”款匣钵的是晚唐时的越窑，出现时间也略早于“官”字款瓷器。出现时间早晚有别，应该也是“官”款瓷器与“官”款窑具的功用有所不同的证据之一。

唐宋时期，官物的取得和支用是在贡赋制度下实现的，地方土贡一般都以官物“充”。但是，官物一词的含意十分宽泛，并非所有的官物都会成为贡品。浙江古代青瓷窑场生产的官物瓷器，用途应与其他官物相类，有一部分被用于土贡，实在是非常自然的事。

总之，“官”款窑具在烧成环节起着标示官物瓷器窑位的作用，虽然我们不能完全排除“官”款瓷器在某些情况下发挥类似作用的可能性，但一般来说，“官”款和“官样”款瓷器应该是官物瓷器质量的标准器。无论是“官”款、“官样”款青瓷，还是“官”款窑具，都是官方加强官物瓷器产品质量管理的重要标志。如果说在窑具上刻“官”字款是官物瓷器质量管理的一种手段的话，那么，“官”款和“官样”款瓷器的出现，则说明官方的质量管理越来越严，有走向精细化、标准化

① 周世荣：《岳州窑源流考》，《金石瓷币考古论丛》，岳麓书社1998年版。

的趋势。瓷器“官”字款的出现，与当时的历史背景密切相关。晚唐五代时，纲纪废弛，各地藩镇及其所属官府对瓷器的需求量急剧增加，质量要求也更高，少量窑场已无力承担全部官物瓷器的生产任务，而官府又是以无偿征敛的方式取瓷于民，为保证官物瓷器的质量，向有此类瓷器生产任务的窑场“提供”标志明显的“官样”，做出更严格的要求，成了必然的选择。

因为贡瓷来源于官物，对官物瓷器质量管理的加强，实际上也是对贡瓷生产管理的加强。随着这种强有力的管理手段的逐步实施，官方派遣官员甚至设置专门机构进行监管，势所必然。

（三）置官监窑与贡瓷

浙江古代青瓷窑场置官监窑的历史始于何时，尚不明确。在以官物充贡的情况下，官物瓷器的取得方式，实质上就是贡瓷的取得方式，官府对其烧成的监管也就是对贡瓷烧成的监管。

1.唐代

唐代，正常情况下，贡瓷由“贡窑”户进行生产，并有一定的质量要求，但尚未发现设立专门机构或官员进行监管的迹象。①然而，存在例外情况的可能性也是有的。2017年，浙江省文物考古研究所等单位对永嘉县坦头晚唐瓯窑遗址进行发掘，发现了“官作”字款瓷碗、刻“余王监”三字的匣钵，也发现了接缝处用釉密封的瓷质匣钵，还有一件匣钵刻“大中十一年”铭款。②可见，该窑场可能曾经烧制官用瓷器，并有监窑官；从使用刷釉密封的瓷质匣钵情况看，其官物瓷器的烧制也十分讲究。

2.吴越国时期

吴越国统治浙江期间，在慈溪上林湖、上虞窑寺前等越窑窑场集中

① 郑建华：《越窑贡瓷与相关问题》，浙江省文物考古研究所编：《纪念浙江省文物考古研究所建所二十周年论文集（1979—1999）》，西泠印社1999年版。

② 郑建明、周圣玉、许洁琼、张馨月：《东瓯缥碧》，《中国文物报》2018年1月26日第4版。

区域，曾经设置监窑机构，在宁波东钱湖和龙泉金村等地也可能设置过。这种置官监窑，可能与某种形式的官窑有关，后文另论。

3.北宋

宋建国以后，虽“所下之国，必诏蠲省”，但前朝商税之制仍沿袭不废。《宋史·食货志》载：

> 凡州县皆置务，关镇亦或有之，大则专置官监临，小则令、佐兼领，诸州仍令都督、监押同掌。……其名物各随地宜而不一焉。①

北宋时期的浙江青瓷窑业应该在商税的征算范围，其中，越窑区域曾经置官监窑，这有明确的文献和实物证据。越州及其邻近区域，入宋以后的瓷业生产依然兴旺发达，越窑青瓷此时不仅是“地宜”的“名物”，而且还应该是大宗。宋廷正式接管越州地方后，很快就派出了专门的窑务官员，正与这种历史事实相符合。《志雅堂杂钞》有一则记载：

> 李公略所藏雷威百衲琴，……腹内两傍题云：“大宋兴国七年岁次壬午六月望日，殿前承旨监越州瓷窑务赵仁济，再补修吴越国王百衲雷威琴。”至今壬午恰三百六十年，俨然如新。②

赵仁济受命监越州瓷窑务，应该不会迟至吴越纳土以后的第四年——太平兴国七年，瓷窑务可能本来就是宋廷全面接管吴越国政权的一部分。宋立国后，为戒五代藩镇擅留财赋之弊，凡“藩郡有阙”，即“稍命文臣权知所在场院，或遣京朝官廷臣监临”③。

---

① 《宋史》卷一百八十六《志》第一百三十九《食货》（下）八“商税”条。

② 〔宋〕周密：《志雅堂杂钞》卷上《诸玩》，《粤雅堂丛书》初编第一集。

③ 《宋史》卷一百七十九《志》第一百三十二《食货》（下）一“会计”条。

如果说赵仁济并非专门的驻地窑务官员的话，另一则文献则说明，当时的越窑所在区域存在专门的窑务机构。《嘉泰会稽志》：

> （余姚县）普济院在县东北六十里。唐大中元年建号上林院，大中祥符改赐今额。在上林湖山之西麓，俗称之西寺。……陈康肃公为漕，案行窑所，尝来游，有诗云："山远峰峰碧，林疏叶叶红，凭阑对僧语，如在画图中。"今刻石寺中。[①]

按：陈康肃即陈尧咨，卒后谥曰康肃。但据考证，此处的陈尧咨乃其仲兄陈尧佐之误。[②]有两点是明确的：第一，陈尧佐是漕臣，曾于大中祥符年间（1008—1016）任两浙转运副使，督察贡赋；第二，上林湖一带当时设有专门的窑务机构——窑所。

图7-33 越窑"上林窑"铭青瓷盘（上林湖皮刀山窑址采集）

北宋在越窑区域置官监窑，如果说不能直接以"官"款和"官样"款青瓷或"官"款匣钵作为实物证据的话，上林湖发现的另一件标本则可为明证。上林湖皮刀山窑址（C上Y_{43}）发现的一件北宋中期卧足盘残片，外壁竖向刻铭文三行："上林窑[直]"，"年之内一窑之民[值]于监"、"[交]代窑民"；外底刻三字："其灶□"[③]。（图7-33）

① 《嘉泰会稽志》卷第八《寺院》"余姚县"。

② 郑嘉励：《越窑"置官监窑"史事辨析》，浙江省博物馆编：《东方博物》第九辑，中国文化艺术出版社2003年版。

③ 童兆良同志采集，现藏慈溪市博物馆。

上林湖业经调查的北宋中期窑址数以十计，这里用上林窑统称之，并将“民值”与“监”联系在一起，显然说明这些窑场当时都被置于某种形式的监管之下。“灶”对于监窑官的重要性，《舍人官箴》有一段记载非常生动：“仁庙朝有为京西转运使者，一日问监窑官：‘日所烧柴凡几灶？’曰：‘十八九灶。’曰：‘吾所见者十一灶，何也？’窑官愕然。盖转运使者晨起望窑中所出烟几道知之。”①这里的窑是否是瓷窑，暂且不论。转运使的职掌在于“经度一路财赋，而察其登耗有无”，对日烧柴几灶如此关注，只能说明灶数多少事关财赋收入。

北宋在越窑区域置官监窑还有另外一件实物资料可为佐证：上虞帐子山窑址曾发现过一件执壶残件，外底刻“窑官”二字②（图7-34）。

图7-34　越窑“窑官”款青瓷执壶（上虞帐子山窑址采集）

宋制，商税除“过税”“住税”名目外，还有“抽税”，凡所征之物，“有官须者十取其一”。③也就是说，所有应征商税的商品，只要官方需要，皆可以实物形式抽税。只有“官须”物值超应征税额时，才有另行收购的可能。可见，监窑官的职责，除一般形式征税之外，还可能需以实物商税的形式获取官物瓷器。如此，以瓷器“官样”的认定来保证官方所需瓷器的烧成质量，便构成了监窑官应该履行的职责之一。

南宋朝廷用瓷，初期曾有越州（绍兴府）余姚县和临安府承命制

---

① 〔宋〕吕祖谦：《舍人官箴》，《吕东莱文集》卷十，《金华丛书》本。

② 杜伟先生见告。

③ 《宋史》卷一百八十六《志》第一百三十九《食货》（下）八“商税”条。

瓷，这涉及地方官窑问题；其后有朝廷设置的官窑，这又涉及中央官窑问题，后文将作专门论述。除此之外的窑场，可能延续了北宋时期的监管制度。元代的浙江青瓷窑场应该也曾置官监窑，但具体情形如何，尚待研究。明代早中期，在龙泉大窑设置御窑、曾经置官监窑是明确的，后文另述。

总之，虽然置官监窑的主要目的未必是获取瓷器，但至迟从吴越国时期起，贡瓷的生产及其被征敛，是在置官监窑的形式下完成的。

值得特别指出是，从南宋初年的地方官窑开始，到南宋官窑和明代的龙泉御窑，都执行了“样”的要求。这种“样”的含义与前述“官样”之样有所不同，不但有质量要求，还有式样的规定。在这种情况下，监窑官所需履行的职责已经大不相同了。

第三节　官窑

官窑是相对于民窑而言的。从狭义上说，朝廷直接举办的窑场才是官窑。从广义上说，凡是官方所办的窑场，均属官窑。从现有资料看，古代浙江的青瓷窑场不仅有狭义的官窑，也有广义的官窑。

一、吴越国官窑

唐末至宋初，钱氏统治东南时期，为获取瓷业利税、保障自身的瓷器用度、满足对外交往和供奉等方面需求，曾在慈溪上林湖、上虞窑寺前等地，设置某种形式的官窑或官坊。龙泉金村一带，也有可能设置过。这些官营窑场或作坊，不是一般意义上的官窑，而是吴越小朝廷直接控制的官营手工业，产品既满足朝廷的用瓷需求，也作为官营商品销售获利，其中，外销可能是举足轻重的贸易形式。“官物”本来既可自用，亦可售卖，但一般销售的是官方使用剩余的“官物”。吴越时期的官窑产品也应该是官物，但其销售并不完全是出售剩余品，主要还是一种谋利手段。这种官营作坊的在地管理机构，应该有直接组织瓷器生产和征收瓷业赋税的双重职能，还有可能曾对瓷业产品实行某种形式的垄断销售（专卖）。

唐代末年，随着割据局面的最终形成，各地军阀为增强实力，满足自身的贪欲，竞相增辟财货来源，横征暴敛，“有形之类，无税不加”。[①]进入五代以后，变本加厉。史载，“自唐室藩镇多便宜从事，擅其征利，以及五季，诸国益务掊聚财货以自赡，故征算尤繁”[②]。为加强财赋掌控，各地藩镇常常采取直接管理的手段，“率令部曲主场院，其属三司者，补大吏以临之，输额之外亦私有焉”[③]。钱氏据有两浙以后，也不例外，“常重敛其民，以事奢僭，下至鸡鱼卵瀫，必家至而日取”[④]。瓷业也在其重敛之列。

（一）省瓷窑务与上林湖官坊

据有两浙期间，吴越小朝廷在境内的瓷业生产中心，也是越窑的核心区慈溪上林湖设置了“省瓷窑务”（图7-35）。据厉祖浩先生考证，该窑务直接隶属于钱氏政权的中央财政机构即

图7-35-1　越窑“省瓷窑都勾押”俞府君墓志［宋开宝三年（970）］

① 《册府元龟》卷四八八《邦计部》《赋税》二。

② 《宋史》卷一百八十六《志》第一百三十九《食货》（下）八“商税”条。

③ 《宋史》卷一百七十九《志》第一百三十二《食货》（下）一“会计”条。

④ 〔宋〕欧阳修：《新五代史》卷六十七《吴越世家》第七《钱镠》，中华书局点校本，1974年版（后引同此）。

图7-35-2　越窑“省瓷窑都勾押”俞府君墓志铭文展开图（宋开宝三年）

盐铁发运使系统，在钱镠奄有两浙之初就已创设，时在唐乾宁三年（896）与后梁开平二年（908）之间；存续时间至少到了宋太平兴国二年（977），也就是吴越纳土归宋的前一年。“务”是中晚唐开始出现的财政机构，至唐末五代时，各地普遍设置。上林湖的“省瓷窑务”有被称作“使司”的衙署，有组织管理手工业生产的低级别窑务官，又有“官坊”存在，其职责除赋税征收外，显然还有瓷器生产的组织管理。①

图7-36　越窑“新窑官坊”铭耶卅九郎食瓶盖（宋太平兴国二年）

厉祖浩文介绍的宋太平兴国二年（977）耶卅九郎青瓷食瓶盖，盖面刻“新窑官坊”等文字②（图7-36）。这件器物证明了吴越国时期“官坊”的存在。鉴于“新窑”在宋建隆三年（962）时已用作

① 厉祖浩：《吴越时期“省瓷窑务”考》，《故宫博物院院刊》2013年第3期。

② 铭文刻在瓶盖面上：“上林乡闻陆保俞仁福为卅九郎去太平兴国二年岁次丁丑其年闰七月六月十六日在新窑官坊造此食瓶盖，祝求无管系。”

"保"的名称①,"新窑官坊"的建造时间无疑在此之前。不仅如此,新窑之得名,肯定是相对于"旧窑"的,这说明有"旧窑官坊"存在的可能。该"官坊"铭遗物并非孤例。上林湖荷花芯窑址,曾采集到一件火照,上刻"官坊"二字(图7-37)②。荷花芯窑址已经发掘,遗存年代为中晚唐至五代早期、北宋中晚期两段。这件火照当为唐末五代遗物。

图7-37 越窑"官坊"铭火照
(上林湖荷花芯窑址采集)

已故慈溪市文物管理委员会的童兆良先生,曾在上林湖后司岙窑址(C上Y66)采集到一件垫圈窑具,外壁刻"美头人鲍五郎者用烧官物,不得乱将恶用"③(图7-38)。该窑址经过发掘,证实晚唐五代时期大量烧造秘色瓷。这种瓷质、直径达7—10厘米的环形垫圈,在已经发掘的窑址的五代层位中有大量发现。目前所知,有明确纪年的垫圈垫烧的越窑青瓷,最早的是后唐应顺元年(934)钱镠墓的秘色瓷。我们判断,这件垫圈的年代属吴越国后期。从铭文内容看,瓷器入窑烧造时,就已经知道其性质为官物了。可见,此时的官物瓷器,并非拣选于已经烧成的民窑瓷器。这印证了"省瓷窑务"设立"官坊",官坊制作的瓷器占用民窑窑位烧成的推断。④如此,则说明,存在部分官营化的窑场。

晚唐至吴越国前期的越窑遗址,有70来处,其中上林湖地区就有50余处,再加上吴越国晚期新增部分,钱氏统治两浙时期,这一带的

① 宋建隆三年(962)《马思邽妻闻氏三十娘墓志》:"言定今于当乡……买得杨梅岙岭东新窑保内北山脚下地一片。"(厉祖浩:《越窑瓷墓志》,上海古籍出版社2013年版,第190页)
② 该火照为慈溪市博物馆征集,据称采集于荷花芯窑址,厉祖浩先生见告。
③ 童兆良:《官字款窑具》,《检点上林文明》,中国文联出版社2003年版,第147页。
④ 厉祖浩:《吴越时期"省瓷窑务"考》,《故宫博物院院刊》2013年第3期。

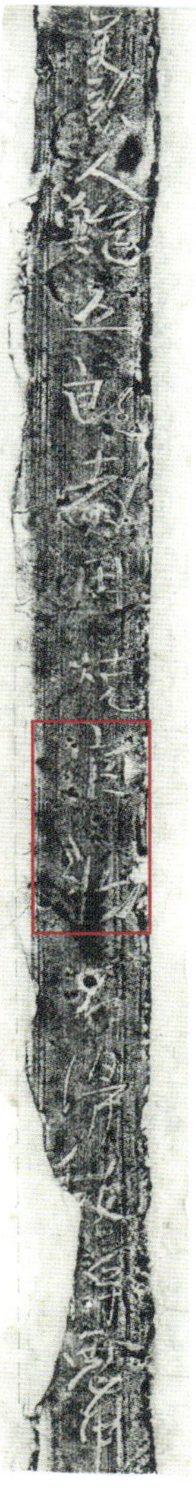

图 7-38　越窑“官物”铭垫圈铭文

窑场数量更加庞大。上林湖“省瓷窑务”和“官坊”的设立，与其作为越窑中心窑场的地位完全相称。

（二）窑寺前官窑

随着国家统一进程的加快，特别是宋朝的建立，吴越国面临的压力越来越大。虽然说奉行保境安民的政策，但面对严峻的外部形势，向内，要整军备战，以策万一；向外，对中原王朝尤其是大宋，更是小心侍奉、殷勤备至。在这种情势下，财赋需求势必大增，供奉所需方物也大为增加。

正如《新五代史》所言，钱氏虽“贡奉中国不绝”，但要到“（周）世宗平淮南，宋兴，荆楚诸国相次归命”以后，“始倾其国以事贡献”。①《十国春秋》也有“自宋革命，王贡奉加常数，奇器精缣皆制于官，以充朝贡”的记载。②吴越时期，越窑秘色瓷是钱氏家族用于贡奉中原王朝的大宗物产之一。史籍所载，宋立国以前的吴越贡瓷，仅后唐清泰二年（935）贡有确切数量，以“百事”计而已；宋立国以后的开宝六年（973）贡，依然只有“百五十事”，到开宝九年（976）和太平兴国三年（978）时，急剧增加至万余事和五万余事。宋《两朝贡奉录》所载吴越国末代王钱弘俶所贡“金银饰陶器”竟达“一十四万余事”之巨。在短时间内，需要数量如此巨大的越窑青瓷用于朝贡，完全依赖上林湖窑场是不可能的。从钱弘俶“每修贡”于宋，“必焚香而遣”的虔诚态度

① 《新五代史》卷六十七《吴越世家》第七《钱镠》。

② 《十国春秋》卷第八十一《吴越》五《忠懿王世家》上。

看[①]，降质以求，恐怕也是不可能的。在这种情况下，进一步加强对瓷业生产的控制，将“奇器精缣皆制于官”的做法推行于上林湖之外的窑场，势所必然。上虞窑寺前及其附近的寺山、坳前山、傅家岭、道士山、帐子山等地，有大量的五代末北宋初窑址，产品面貌与上林湖同时期产品雷同，质量亦与其相伯仲，应该是与当时的历史状况相契合的。

《嘉泰会稽志》卷第八《寺院》云：

> （上虞县）广教院，在县西四十里。开宝四年，有僧筑庵山下，镇国军节度使□事治因建为寺，易名保安。治平三年，赐今额。国初尝置官窑三十六所于此，有官院故址尚存。[②]

这则文献的内容与明万历《上虞县志》“广教寺”条基本相同，唯后者明载“华州节度使钱惟治”建保安寺，并有“俗仍呼窑寺”的说法。据《十国春秋·彭城郡王钱惟治传》，惟治入宋后，被授陕西路华州镇国军节度使，并“领华州节钺二十年”[③]。可见，两志所记建寺人其实相同。《嘉泰会稽志》的编撰者施宿等人，曾出任宋绍兴府（越州）地方官，称钱惟治入宋以后的正授官职，实属常理，并不意味着他“因建”保安寺的时间在太平兴国三年之后；从钱惟治历任的宋朝官职看，亦无入宋后再到上虞建寺设院的可能。“国初”是宋代史志撰修者经常使用的时间概念，径指宋朝立国之初：其时，越州尚在吴越国的统治之下，此处的“国初”，实指吴越国末期，这也是身为宋朝官员的施宿等人修志时着意隐讳的阶段。

《嘉泰会稽志》的记载不称“昔置”“官坊”，而称“官窑”，可能意味着，在这里，不仅作坊是官方设立的，瓷器也不再占用民窑窑位，而

---

① 《吴越备史》卷四：“王在藩日，每有朝廷使至，接奉勤厚；进贡之物，制作精妙，将遣使，必列陈于庭，北向焚香，再拜而遣之。”

② 《嘉泰会稽志》卷第八《寺院》“上虞县”。

③ 《十国春秋》卷第八十三《吴越》七《列传》。

是在官方直接掌控的窑炉内烧成的。若果真如此，则说明，吴越国末期，为最大限度地从瓷业领域获利，并满足庞大的贡瓷需求，朝廷建立了一批完全官营化的窑场。上虞曹娥江流域，此前的五代时期窑址数量很少，到吴越国后期至北宋早期，窑址突然增加至20余处，其原因可能正在于此。不过，这里的“官窑”是否真的有“三十六所”之多，似不宜过于顶真。至于“官院”，应该是指与上林湖“省瓷窑务”的衙署相类似的场所。

（三）吴越国官窑产品部分出口海外

限于龙窑的结构特点，同一窑烧成的瓷器，质量总是参差不齐的。只有将瓷坯放置在最理想窑位，烧成温度和气氛又掌控得恰到好处，才有可能烧成高质量的精品。吴越国朝廷自用和贡奉所需的越窑青瓷，自然必须是精品，但每一窑产品中，毕竟只有少数能够达到精品的要求。上述“窑寺前”官窑烧制的青瓷，用于进御、贡奉之外，肯定是要销售牟利的。吴越国晚期，朝廷加强对越窑瓷业生产的控制，主要目的本来就是牟利。由于当时的中国瓷器在海外居于垄断地位，外销获利远比内销丰厚，外销可能是这一时期官方销售牟利的主要贸易形式。尽管官方外销的越窑青瓷不一定完全出自官窑和官坊，但外销规模在短时期内猛然扩大，如果没有官方的直接推动，是不可能实现的。

越窑青瓷外销规模的变化，从黑石号、印坦沉船和井里汶沉船出水越窑青瓷的数量与比例，可以得到明确的反映。晚唐的黑石号，出水瓷器多为长沙窑产品，越窑青瓷有200余件，在整批货物中仅占0.2%。五代时期、略早于井里汶沉船的印坦沉船，出水越窑青瓷2000余件，在正式发掘登记的瓷器中，比例约为20%—30%。井里汶沉船出水瓷器49万余件，其中，越窑青瓷多达30余万件。一件越窑青瓷碗，外壁刻莲瓣纹，为典型的五代北宋之际产品，外底刻“戊辰徐记烧”①。此“戊辰”

---

① 秦大树：《拾遗南海 补阙中土——谈井里汶沉船的出水瓷器》，《故宫博物院院刊》2007年第6期。

年当为宋开宝元年（968）。从井里汶沉船越窑青瓷的面貌看，时间上有一定的延续性，这些青瓷可能并非同一批外销的产品，或者并非出自同一沉船，但多数青瓷的年代与“戊辰”碗相近，可见吴越国晚期越窑青瓷出口规模之大。部分青瓷的面貌，与同时期吴越国王室和贵族墓出土的秘色瓷惊人地相似，质量之精也不遑多让，甚至有些器型，他处罕见，却同时见于吴越权贵墓和井里汶沉船（图7-39），这可能是部分外销瓷产自官营窑场的又一佐证。类似情况也见于明初御器厂的瓷器，只不过那时的贸易形式是朝贡贸易而已。当然，因为有“徐记烧”字款的存在，证明至少有部分井里汶沉船青瓷，烧成环节是在民营窑场完成的。如此看来，“官坊”＋民营窑炉，仍然是吴越国晚期越窑官营手工业的主要模式，上虞窑寺前“官窑”乃特殊时期的特别安排。

图7-39　越窑青瓷套盒（印度尼西亚井里汶沉船出水）

（四）吴越国朝廷自用越窑青瓷产自官窑

因为设置有官窑，吴越国朝廷自用的青瓷应该主要来自于官窑。文献关于钱氏家族用瓷的记载，语焉不详，《十国春秋》仅提到“王居处务期节俭，衣衾杂用绸布，常膳惟瓷漆器……”①对这部分越窑青瓷的认识只能依赖于考古发掘的出土品。近几十年来，杭州、临安、苏

图7-40　越窑青瓷唾盂（临安吴越国康陵出土）

① 《十国春秋》卷第七十八《吴越》二《武肃王世家》下。

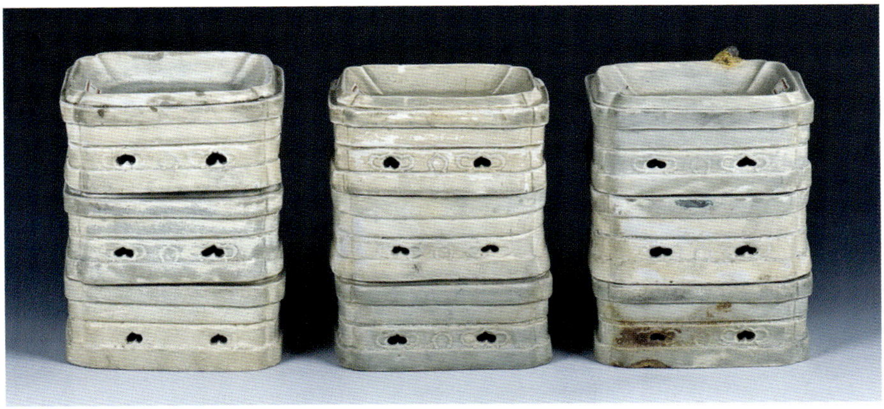

图7-41　越窑青瓷套盒（苏州七子山五代墓出土）

州等地的钱氏家族墓和吴越重臣墓陆续有越窑青瓷出土（图7-40、图7-41），大致可以代表吴越国朝廷自用瓷器的面貌（表7-1）。

表7-1　吴越国王室与勋贵墓出土青瓷

地点	墓主身份	器　型	同出“官”字款瓷器	年代	可曾被盗
临安①	钱宽（钱镠之父）	碗、盆、罐等	“官”款白瓷	唐光化三年（900）	√
临安②	水邱氏（钱镠之母）	碗、盒、褐彩灯、炉、罂、罐、坛等	“官”款、“新官”款白瓷	唐天复元年（901）	
临安③	吴随□君（王国功臣，外戚）	碗、盆、钵、罐、釜形器、褐彩盖钮等	“官”款越窑青瓷罐	五代早期	√

① 浙江省博物馆、杭州市文管会：《浙江临安晚唐钱宽墓出土天文图及“官”字款白瓷》，《文物》1979年第12期。

② 明堂山考古队：《临安县唐水邱氏墓发掘报告》，浙江省文物考古研究所编：《浙江省文物考古所学刊（1981）》，文物出版社1981年版。

③ 浙江省文物管理委员会：《浙江临安板桥五代墓》，《文物》1975年第8期。

续表

地点	墓主身份	器　型	同出"官"字款瓷器	年代	可曾被盗
临安①	钱镠（武肃王）	碗、盘、盆、执壶、瓶、委角套盒、皮囊壶、香熏等		后唐应顺元年（934）	√
临安②	马王后（文穆王钱元瓘之妻）	碗、盘、杯、盏托、委角套盒、粉盒、罐、唾盂等		后晋天福四年（939）	√
杭州③	钱元瓘（文穆王）	委角套盒、执壶、浮雕龙纹罂等		后晋天福七年（942）	√
杭州④	吴汉月（文穆王次妃）	执壶等		后周广顺二年（952）	√
临安⑤	钱元玩（文穆王之弟）	碟、洗、巨型缸等		五代晚期	
苏州⑥	广陵郡王钱元璙系贵族	金扣碗、盆、委角套盒等		吴越国末期	

除用于贡奉、销售牟利和自用等三个主要方面外，吴越国官窑青瓷还可能有其他用途，如被崇信释氏的吴越王或其亲属舍入寺庙⑦，作为

① 本墓遭盗掘，被追回的随葬品现藏临安博物馆。

② 杭州市文物考古研究所、临安市文物馆：《五代吴越国康陵》，文物出版社2014年版。

③ 浙江省文物管理委员会：《杭州、临安五代墓中的天文图和秘色瓷》，《考古》1975年第3期。

④ 浙江省文物管理委员会、杭州师范学院历史系考古组：《杭州郊区施家山古墓发掘报告》，《杭州师范学院学报》1960年第1期。

⑤ 浙江省文物管理委员会：《杭州、临安五代墓中的天文图和秘色瓷》，《考古》1975年第3期。

⑥ 苏州市文管会、吴县文管会：《苏州七子山五代墓发掘简报》，《文物》1981年第2期。

⑦ 吴越国王崇信释氏者，如忠懿王钱弘俶，"崇信释氏，前后造寺无算；入宋后，又以爱子为僧"［《十国春秋·忠懿王世家》（下）］。苏州虎丘云岩寺塔始建于后周显德六年（959），成于北宋建隆二年（961），其时苏州仍在吴越国治下，主政吴中的钱文奉又是"禅流法齐辈亦籍以取给"之人。疑塔中所出精美越窑秘色瓷乃钱氏家族所舍（参阅苏州市文管会：《苏州虎丘云岩寺塔发现文物内容简报》，《文物参考资料》1957年第11期）。

聘礼赠予其他小国[1]，贿赂中原朝官[2]等。

钱氏纳土归宋以后，吴越国的官营手工业应该也在赵宋政权接收的范围之内。官营瓷业生产自接收之日起，就戛然而止，似乎也不符合常理。宋朝的地方政府接管并继续经营这些官营作坊或窑场的可能性，不能完全排除，但没有可靠证据。太平兴国七年（982）时“监越州瓷窑务”的赵仁济，职责显然是瓷窑税收事务。稍晚时期，“案行窑所”于上林湖的陈尧佐是“漕臣”，巡视的目的也在赋税的稽查。虽然此时上林湖设有“窑所”，但是否在征收窑业赋税的同时，像吴越时期的“省瓷窑务”那样，直接组织瓷业生产，不得而知。鉴于朝廷所需越窑青瓷，这时是通过州府土贡形式获得的，“窑所”即便有瓷业生产的组织管理职责，也应该是完成地方官府下达的任务。

吴越国后期，龙泉金村一带可能也曾设立官营窑场。从前文所引四系小瓶的铭文看，至迟后晋天福年间，这里就建有窑炉烧制“官物”瓷器[3]。既然“官物”铭文是制坯环节所刻，说明当时的工匠们在瓷坯装烧以前就知道了其官物性质。很有可能，这里与上林湖一样，曾有“官坊”存在，这些坯件乃“官坊”所作。这一带的青瓷窑场，在这一时期突然兴起，恐非完全属于民间自发行为，这些窑场带有某种官营性质，

---

① 后唐同光元年（923），徐寅奉闽王王审知之命入唐朝贡，作《贡余秘色茶盏》诗，云：“捩翠融青瑞色新，陶成先得贡吾君。”按《十国春秋·武肃王世家》（下），天宝九年（916），“王命子牙内先锋都指挥使传珦逆妇于闽，自是与闽修好”。闽王用以贡唐的秘色瓷，很可能来自吴越钱氏的馈赠（参阅傅振伦：《秘色瓷器考辨》，《中国古陶瓷研究》创刊号，紫禁城出版社1987年版）。闽王王审知墓出土的越窑青瓷，也很有可能来自吴越国的馈赠（陈邵龙：《福建纪年瓷器》，海峡书局2015年版，第183—184页）。

② 吴越钱氏贿赂中原朝官事，后唐时即有，《十国春秋·武肃王世家》（下）在记载钱镠于宝大元年（即后唐同光二年）遣使贡唐秘色瓷等方物时，称“王既厚贡献，复赂唐权要”。《忠懿王世家》（下）谈到钱弘俶贡宋“金银饰陶器”等数量巨万时，也说“举朝文武阉寺多有馈遗”。《吴越备史》卷四还曾录载钱弘俶的话，谓：“我入朝之初，荷蒙主上殊常之遇，故上右大臣咸有馈物。”

③ 参阅第七章第二节二。

看来是有可能的。此外，宁波东钱湖花园山、上水岙等窑址也有可能存在吴越国晚期的官营瓷业遗存。

二、南宋地方官窑

宋代由朝廷直接管理的官窑，可称为“中央官窑”。也有由地方官府组织和管理的官窑，可称为“地方官窑”。①说起官窑，往往有神秘化倾向。其实，中央官窑也不仅仅是北宋官窑和南宋官窑那样烧制精美瓷器的窑场，朝廷也曾设置所谓官窑，烧制砖瓦类建筑材料和缸坛类存贮器等产品。地方官窑也有类似情况。对于古陶瓷研究领域来说，南宋官窑通常指的是浙江境内烧制瓷器的中央官窑，包括修内司官窑和郊坛下官窑，均位于临安城（杭州）。除中央官窑外，南宋时，浙江还有部分或全部由地方官府运营的制瓷窑场。

（一）低岭头类型与余姚地方官窑

余姚县曾经承命烧制朝廷用瓷是肯定的，问题是，这些窑场是官窑还是民窑呢？我们判断，很有可能采取了官坊制坯、民窑烧成的组织形式。与吴越时期上林湖窑场烧制官物瓷器的部分官营化模式相似，但生产组织由地方官府负责，官营的成分更低，出发点也仅在于完成朝廷下达的制瓷任务，牟利应该不是目的。

1. 民窑烧成

民窑烧成的依据是：第一，慈溪古银锭湖一带共有8处窑址有南宋瓷业遗存，其中，仅上限年代最早的岑家山窑址没有发现乳浊釉青瓷，其玻质釉青瓷属于传统越窑风格，但也发现了陈设器和祭器类器型。这说明，8处窑场都曾经烧制过朝廷用瓷。窑场数量既众，一般来说，它们的性质应该是民窑。

第二，低岭头类型的窑炉都是龙窑，这种窑炉是包括越窑在内的浙

---

① 王光尧：《宋代官窑制度初探》，《文物》2005年第5期。

图7-42 “官”字款匣钵（寺龙口窑址南宋地层出土）

图7-43 玻质釉青瓷盘（寺龙口窑址南宋地层出土）

图7-44 玻质釉青瓷碗（寺龙口窑址南宋地层出土）

江本土传统的窑炉形式，因为装烧空间大，具备腾出理想窑位烧成官物瓷器的条件。从晚唐到南宋初，寺龙口窑场延烧不断，但南宋初的地层出土了“官”字款匣钵（图7-42），说明当时的窑炉虽为民营窑炉，但某些窑位烧成的器物是官物瓷器。

第三，低岭头类型有乳浊釉和玻质釉两种产品，总体上，仍以玻质釉传统越窑青瓷为主，其胎、釉特征，主要器型和主流装饰风格均与北宋越窑青瓷一脉相承（图7-43、图7-44）。

第四，南宋初年，局势动荡，赵宋政权四处奔波，直到绍兴八年（1138）才定都临安（今杭州）。定都前后，万事草创，朝廷用度“惟务俭省”，但基本需求不可或缺。在这种情况下，供应朝廷用瓷的任务由距离朝廷所在地近、有良好瓷业基础的地方承担，合情合理。从建炎三年（1129）十月到绍兴二年正月（1132），宋高宗曾多次驻跸越州（绍兴府）。余姚为绍兴府（越州）属县，距离都城临安也比较近，作为唐宋越窑青瓷的生产中心，虽然瓷业生产不复高峰时期的盛况，但依然有少量窑场在从事瓷业生产，具备承命制瓷的条件。

第五，无论是熊彦诗《应诏上皇帝陈利害书》“呼集陶工”的“陶工”，还是史浩《祭窑神祝文》“鸠工”的“工”，都应该是指有一定制瓷技艺的窑工，来源至少主要是当地的民营窑场。在当时那种情况下，由这些窑工熟悉的民窑窑炉承接官物瓷器的烧成任务，而不是另行新建窑炉，是最简便、最可靠的路径。

2. 官坊制坯

笔者判断可能存在某种形式的官坊，主要基于以下几点考虑：

第一，低岭头类型包含有越窑青瓷产区乃至整个浙江地域前所未有的崭新产品类型，特别是乳浊釉青瓷，从釉料配方到施釉方式，从装烧方式到器物种类与造型等，核心层、中间层和浅表层的瓷业文化因素，主要的均非浙江本土传统。即便越窑传统的玻质釉青瓷，在产品种类、造型、装饰等方面，也出现了明显的变化。据《中兴礼记》关于绍兴元年余姚县烧制祭器的记载，须“依今见竹木祭器样制烧造”。尽管“样制”主要体现在外观和形态上，属于浅表层文化因素，通过模仿等简单的学习方式，就有可能掌握，但装烧工艺等中间层技术，特别是胎釉制备等核心层的技术，如果没有熟悉这些关键技术的外来人员直接参与，当地的窑工要想在短期内领悟并自主运用，是不可能的。（图 7-45、图 7-46）

图7-45　玻质釉青瓷鼎式炉（寺龙口窑址南宋地层出土）

图7-46　乳浊釉青瓷盘（外底支烧，寺龙口窑址南宋地层出土）

第二，如前所述，绍兴年间余姚承命制瓷的时间近二十年，并非临时措置，地方官府设立固定的作坊，完成坯件入窑烧成前的制作，应属必要之举。由于早先有北宋官窑之设，虽然此时是地方官府承命制瓷，但朝廷派遣懂制作的官员参与其中，是完全可能的。宋室南渡之初，身怀乳浊釉青瓷制作技艺的工匠，只可能来自于汝窑或北宋官窑等中原地区窑场，即便他们南下后流散在民间，也有可能受雇参加朝廷用瓷制作，但因为是余姚县领命，所以雇佣他们的也只可能是当地官府或其所属机构，雇佣方式当为“和雇”。如此，这些工匠加入的必定是余姚地方设立的“官坊”。低岭头类型的乳浊釉青瓷，早段在所有产品中占比小，晚段占比高，应该反映了如下情形：在懂制作的窑务官员或者官雇工匠指导下，掌握这类青瓷制作技艺的当地工匠越来越多，官坊因此具备做大做强条件，能更好地满足朝廷的用瓷需求。

第三，《应诏上皇帝陈利害书》云“余姚呼集陶工”，余姚县尉史浩的《祭窑神祝文》也称“鸠工弥月”，既说明参与官物瓷器制作的窑工是余姚官方召集起来的，也从一个侧面证明了官坊的存在，否则，如果只需分派任务到民营窑场，又何必官方出面召集窑工呢？至于为什么说“鸠工弥月”，应该是因为上级下达制瓷任务是分批次的，最近一批次的坯件制作费时一个月完成。

第四，从《祭窑神祝文》的内容看，祭窑神仪式的举行时间，在瓷坯制作并装窑完毕、点火烧窑之前，目的在于祈求神灵保佑，烧成青瓷精品。余姚地方官府如此郑重其事，不仅强烈暗示了瓷坯制作环节是在官方的直接组织下完成的，甚至让人觉得烧成过程都在官方的直接掌控之下。从目前的考古资料看，古银锭湖的8处南宋窑址中，岑家山、寺龙口和开刀山之Y23等3处窑址有北宋晚期和南宋早期遗存，低岭头、张家地和开刀山之Y24—Y26等5处窑址仅见南宋早期遗存。前3处窑址和低岭头下层的南宋早期前段遗存，乳浊釉青瓷在产品总量中的比例很小或没有；低岭头上层和另外4处窑址，也就是南宋早期后段遗存，乳浊釉青瓷的比例接近甚至超过越窑传统的玻质釉青瓷，质量总体上也超过前段。可见，除了某种形式的官营作坊与民营窑炉的合作方式外，余姚官方曾择地自行建窑烧造的可能性也不能完全排除，南宋新建、乳浊釉产品比例高的窑场尤其如此。

综上所述，南宋早期，越州（绍兴府）地方官府曾经参与过朝廷用瓷制作，应该是明确的，但直接参与的是余姚县官府。所谓州府一级的官窑，在此时此地的制瓷活动中是不存在的。即便有所谓地方官窑，亦乃余姚县所辖。

（二）临安府官窑

南宋官窑设立以前，临安府曾受命为朝廷烧制瓷器，完成烧造任务的这些窑场，性质应该是地方官府的官窑。

1. 文献记载

《中兴礼书》对南宋早期临安府受命为朝廷烧制瓷器，有明确记载。该书卷十《郊祀祭器》二：

（绍兴十九年）四月二十一日，工部状，都督省批下，太常寺申："……昨绍兴十六年应副大礼，合用陶、铜、竹木礼器、景钟、大乐等，厨什物等名件，申工部，乞行下军器所、临安府修整，及数内有系当年礼器局创行添造祭器、景钟、大乐等未经官司修整名件，乞下军器所一就修整。后据军器所状，称：宫架乐系属本所添修，外有祭器自来不曾造过，亦不曾添修。本寺契勘，昨系礼器局添造到大礼陶、铜、竹木礼器并景钟、大乐等，未经官司雅饰。伏乞朝廷指挥，令工部军器所一就修整施行。"批：送工部，依所申。

五月二十五日，工部状："据辖军器所申，契勘见承指挥，添修太常寺景钟等，数内铜（器）、陶器、祭器等共二万七千五百九十三件，缘上件礼器元系礼器局制造，今来除铜器、竹木器，本所差人编检相验可以添修外，有陶器共二千二百三十八件，内有不堪四百六十件，难以添修，窃见太庙陶器，见委临安府添修，伏乞朝廷指挥，一就令临安府添修制造。”后批：送工部，依所申施行。七月十一日，都省批状指挥：太庙金、玉、铜祭器亦令临安府修整。[①]

根据以上记载，在郊祀礼器制作上，临安府与军器所和礼器局有所分工。礼器局似乎承担了部分礼器特别是景钟、大乐之类的制作，但主要是制度上的把握（这一点后文还要论及），具体制作事务由军器所和临安府负责。军器所负责制作铜器、竹木器和乐器等；临安府负责制造“陶器”“厨什物”等，后又增加了太庙用的金、玉、铜祭器的制作。临安府受命为朝廷烧造陶瓷器，有绍兴十六年（1146）和十九年两次。这些陶瓷器除礼器外，还有与祭祀相关的厨用器皿。

南宋官窑设置以后，地方官府向朝廷上贡瓷器的做法，应该没有完全停止。但在官窑创设以前，朝廷用瓷无疑主要是仰仗地方贡瓷的。南宋初年，临安府和余姚县受命制瓷，时间上有先有后，但并非彼此替代的关系。临安府至迟绍兴十六年开始为朝廷制瓷，余姚县的贡瓷烧造至少延续到了绍兴十七年。此后，直到南宋官窑建造完成，朝廷用瓷的主要来源地看来逐渐转到了临安府。这应该与局势逐渐稳定，特别是宋金和议达成有关，也与宋代上供之物用近易远的制度有关。

2.窑址发现

从考古发现看，临安府为朝廷烧制瓷器应该不只绍兴十六年和十九年两次。迄今为止，临安城范围发现的与低岭头类型相近的瓷业遗存有3处左右。乌龟山和八蟠岭东北麓两处是明确的，老虎洞的基本明确。万松岭东段、清平山口，靠近杭州卷烟厂一带，不太确定。

本书第五章论及杭州乌龟山窑址时，依据发掘报告，在所谓“官窑瓷器”之外，介绍了越窑系青瓷。这些青瓷是该窑址最早的产品，应该

① 《中兴礼书》卷十《郊祀祭器》二。“都督省”系“都省”之误。都省乃尚书省的别称。

是在较早的那座龙窑（Y2）中烧成，或在该龙窑建成之初烧成的。由于乌龟山窑址发掘时，人们对越窑低岭头类型的认识还不够深入，发掘报告将这些青瓷的年代断为北宋晚期，并认为“乌龟山在建立官窑前可能有生产越窑系青瓷的民窑”。从产品面貌看，这些青瓷与低岭头类型南宋初期的同类产品极为接近，属于南宋早期的遗存无疑。

老虎洞窑址发掘简报称，该窑址存在北宋的地层，出土了少量越窑类型的青瓷器，但为了保护叠压其上的重要遗迹，“仅清理了少部分”，初步判断不是本地生产的。又据简报介绍，该窑址T47第⑤层下，“压着一处有砖墙和水沟的房屋残址”①。参加发掘的唐俊杰先生指出，“在老虎洞官窑置窑之初”，“汝官或北宋官式产品”出现以前，“还曾烧制一些带有明显南方特色或越窑特色的产品。这类产品主要为碗、盘、洗等日用器，其圈足形态矮直，足缘细圆，胎壁较薄，有的碗盘有六出花口，与南宋初越窑为朝廷烧制的带有‘御厨’款的同类器很接近”。②这很容易让人将此类遗存与所谓“北宋的地层”联系起来，但据唐俊杰先生介绍，北宋地层并非窑业遗存。不管怎样，老虎洞置窑之初，烧制过与越窑低岭头类型玻质釉青瓷同类的产品，应该是肯定的。这与乌龟山的情形相同。

1991年，南宋临安城考古队曾在老虎洞之东、八蟠岭东北麓、南宋皇城北城墙的北侧山坡上，发现瓷业堆积。产品主要是碗、盘等日用瓷，胎骨轻薄坚致，施满釉，釉下刻划龙纹、云气纹、篦线划叶脉的缠枝牡丹等纹饰，垫圈垫烧，极似“秘色瓷”。与清平山东麓、杭州卷烟厂发现的“御厨”款青釉碗，在造型、釉色和刻划纹饰等方面都相似。③

---

① 杭州市文物考古所：《杭州老虎洞南宋窑址》，《文物》2002年第10期。

② 唐俊杰：《关于杭州老虎洞南宋窑址性质的探讨》，秦大树、杜正贤主编：《南宋官窑与哥窑——杭州南宋官窑老虎洞窑址国际学术研讨会论文集》，浙江大学出版社2004年版，第23页。

③ 唐俊杰：《南宋郊坛下官窑与老虎洞官窑的比较研究》，杭州南宋官窑博物馆：《南宋官窑文集》，文物出版社2004年版。

万松岭东段、清平山口一带，与八蟠岭东北麓南北相望，两者之间距离甚近，南宋前期，应是彼此相连的缓坡地带。这一带东部的杭州卷烟厂工地，曾经出土官窑瓷片与窑业废弃物。[①]此处窑业废弃物的来源，有来自老虎洞和原在本地两种不同的说法。鉴于卷烟厂工地出土的青瓷，有部分不见于老虎洞；印阳文“官”“内司”“修内司”等文字的支钉窑具，见于卷烟厂，不见于老虎洞；再考虑到老虎洞到卷烟厂的距离和地形因素，这里的窑业废弃物来自附近的可能性似乎更大，一般来说，应来自其西部毗邻位置、地势更高处。来自八蟠岭东北部窑址的可能性，当然要比来自老虎洞的可能性大，但无论来自这两处中的哪一处，非人力搬动，似均无可能。至于厂区东部新食堂和厂区中部综合楼工地出土的、与老虎洞官窑器相同的青瓷，情况则比较复杂。非窑业废弃物的青瓷，可能与此地曾经有内司东库和阁子库等皇家仓库有关（参见图7-47）；因为位置相对较低，老虎洞的窑业废弃物因溪水常年冲刷、被带至此处的可能性也不能完全排除。

3.“御厨”款类越窑系玻质釉青瓷

“御厨”款青瓷器，目前已知的有10件，除绍兴市曾发现1件外，均发现于南宋临安城所在地杭州。杭州市文物考古研究所发掘的2件，均出土于杭州卷烟厂，一件出于新食堂工地，另一件出于综合楼基建工地，两者均为烧成后刻款，后者的刻痕内残留朱红色颜料。[②]此外7件，20世纪80年代至21世纪前10年，陆续发现于中河路、杭州卷烟厂、万

---

① 吴战垒：《图说中国陶瓷史》（第七章）也指出，“吴山南麓与凤凰山万松岭交界处”，即“修内司营另一所在”，“在近年基建工程中，出土了大量官窑瓷片和窑具”，并见有印阳文“修内司”“官”等字样的支钉窑具（浙江教育出版社2001年版）；邓禾颖、唐俊杰《南宋官窑》结语：凤凰山、万松岭一带，发现有宋代民窑与官窑的合烧粘连残片，应该属窑址烧造的废品无疑；蔡乃武：《王朝梦碎》，《中国收藏》2012年第3期。

② 梁宝华：《杭州卷烟厂南宋船坞遗迹发掘报告》，《杭州文博》第二辑，杭州出版社2005年版。

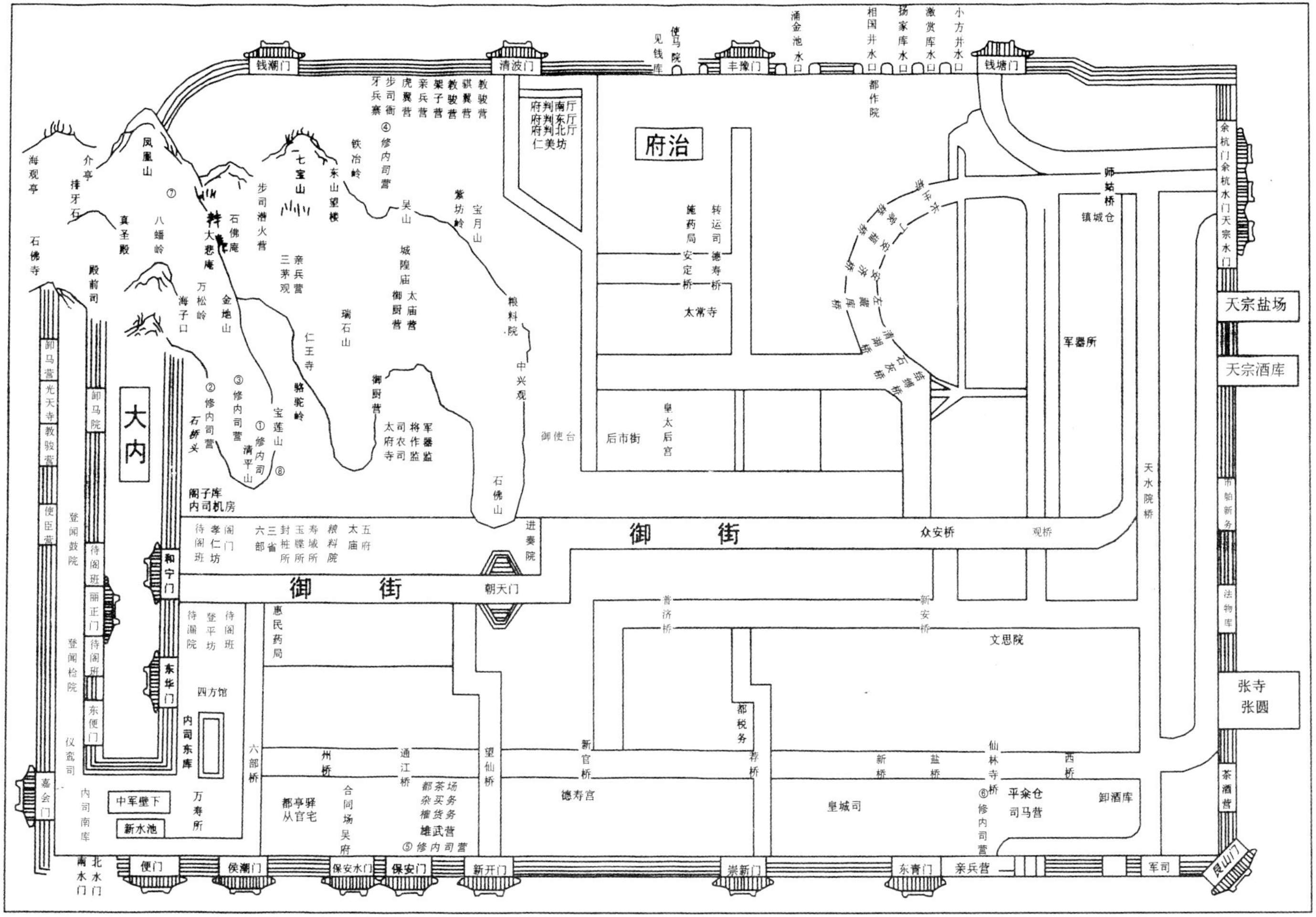

图7-47 南宋皇城图（后期）

（注：1.本图以清道光版《咸淳临安志》所附《京城图》为底图，以该志《皇城图》、宋版《咸淳临安志》附图、明嘉靖版《西湖游览志》附图补勘；

2.带圆圈阿拉伯数字标示的位置，分别为：①修内司、②—⑥修内司营、⑦老虎洞窑址、⑧杭州卷烟厂）

松岭西侧杭州师范学校、原杭州东南化工厂等地点。[①]“御厨”款多数乃瓷器烧成以前的刻款，少数为烧成后砣刻。器型多为折腹盘，少数为碗，均圈足矮直，足端圆，内底、壁刻划花卉，垫圈垫烧（图7–48），产品面貌与低岭头类型玻质釉刻划花青瓷风格相近（图7–49），属南宋

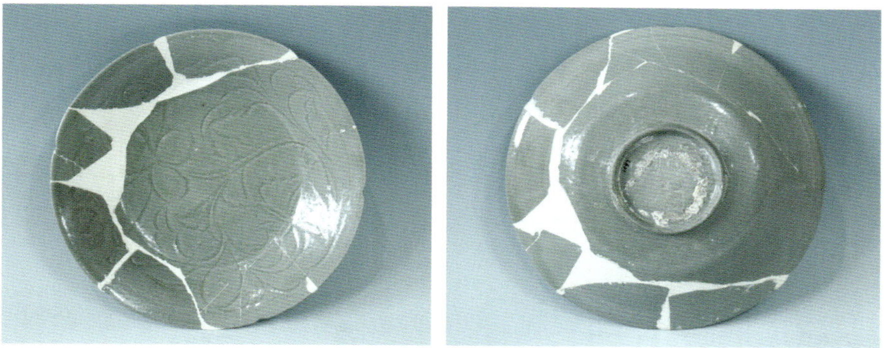

图7–48　“御厨”款越窑系玻质釉青瓷盘（临安城遗址出土，西湖博物馆总馆南宋官窑馆区藏）

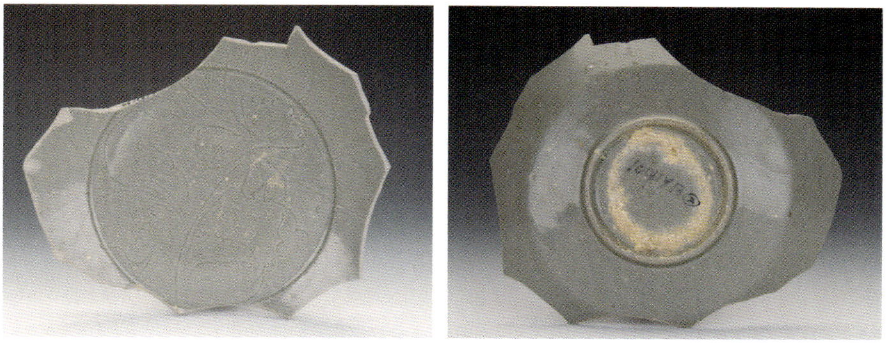

图7–49　越窑低岭头类型玻质釉青瓷盘（低岭头窑址Y13②:30）

---

① 金志伟：《“御厨”字款越瓷之我见》，郭景坤主编：《’99古陶瓷科学技术国际讨论会论文集》，上海科学技术文献出版社1999年版；《“御厨”字款越瓷再探》，《故宫博物院院刊》2001年第1期；《南宋宫廷所用越瓷的几个问题》，浙江省文物考古研究所编：《浙江省文物考古研究所学刊》第五辑《2022越窑国际学术讨论会专辑》，杭州出版社2002年版。邓禾颖：《南宋宫廷早期用瓷及相关问题探析——从原杭州东南化工厂出土瓷器谈起》，浙江省博物馆编：《东方博物》第四十二辑，浙江大学出版社2012年版。

早期产品。“御厨”款标本，在已经大规模发掘和调查的低岭头类型瓷业遗存中至今未见一例，而考古发现表明，南宋“行在”临安城是慈溪古银锭湖片区之外，烧造此类风格青瓷的唯一区域，“御厨”款，特别是烧成以前刻款的青瓷，产自临安城的窑场的可能性极大。至于绍兴发现的那件“御厨”款青瓷标本，即便确实出土于当地，考虑到绍兴府当时实际上的陪都地位，亦属正常。临安城遗址出土的这种类型的玻质釉青瓷，虽然基本面貌与越窑低岭头类型的同类产品相同或相似，但也常常能够见到存在一定差异的器物。这种差异性在造型和装饰上都有所表现。比如，“御厨”类折腹盘的圈足足径和折腹形成的内底径，往往要比越窑低岭头类型折腹盘小。再比如，虽然同样使用划花和刻划花装饰手法，但临安城出土的“御厨”类折腹盘有见划花线条稍粗、划痕更深和刻花立体感相对较强的产品；同样的装饰题材，布局和构图也有所不同（图7-50）。临安城遗址出土的“甲申殿”款碗盘类残器，也属同类风格，圈足细圆，内底划龙纹，外底铭款为烧成前所刻（图7-51）。据《续资治通鉴》记载，南宋朝廷曾于绍兴十九年“五月，甲申，创太庙斋殿”①。若此甲申殿即太庙斋殿，其创建时间恰好在前引《中兴礼书》

图7-50　越窑系玻质釉青瓷龙纹盘（临安城遗址出土，西湖博物馆总馆南宋官窑馆区藏）

① 〔清〕毕沅：《续资治通鉴》卷一百二十八《宋纪》一百二十八，中华书局标点本，1957年版。

图7-51 “甲申殿”款越窑系青瓷残器（临安城遗址出土，西湖博物馆总馆南宋官窑馆区藏）

所载临安府受命添修“太庙陶器”前夕。如此，此件“甲申殿”款青瓷器，就有可能乃临安府受命烧制的。

《中兴礼书》有关临安府受命为朝廷烧制陶祭器的记载，谈到的虽然仅仅是祭器，但并不意味着当时烧制的就只有祭器。对于朝廷来说，祭器之外，生活用器亦必不可少。临安府受命制瓷，只做祭器不做燕器，应无可能。何况燕器本身也可以用于祭祀。①《中兴礼书》所记均为“礼事”，仅谈及祭器，完全正常。前述余姚受命制瓷，就是既生产祭器，也生产饮食器具的。

综上所述，可以相信，南宋早期的乌龟山、老虎洞和八蟠岭窑场，曾经担当过为朝廷烧制瓷器的重任，是隶属临安府的地方官窑。②我们之所以作出这样的判断，除上述文献记载与考古发现的相互印证外，还基于以下三点考虑：第一，临安城原无任何瓷业基础，接到制瓷的指令后，

① 《宋会要辑稿》第十四册《礼》一二：“（淳熙）六年，工部言，将作监申，文思院提辖熊克等札子：‘契勘本院见承指挥，铸造故韩世忠家庙祭器，数目浩瀚……今缘禁止铜器，街市即无匠人。虽有会解之人，往往多系官司等处拘占身役，难以和雇。今欲乞……时暂差借赴院造作。’诏依。臣僚上言：‘……今太庙、景灵宫皆宗庙也，唯太庙用祭器，至景灵宫朝献，则用瓶、盏、盘、盂之属，皆燕器也。人臣家庙何独不可？’……”

② 邓禾颖认为，郊坛下官窑可分为两个阶段，前期系临安府所辖的瓷窑（《南宋官窑探微》，杭州南宋官窑博物馆编：《南宋官窑文集》，文物出版社2004年版，第27页）。

只能是自行建造窑场，方能践行使命。第二，临安府自行建造窑场不可能数量众多，目前所见3处左右，正与这种情形相符。第三，乌龟山和老虎洞建有南宋官窑窑场，是确凿无疑的。从它们建窑之初均生产过传统越窑风格玻质釉青瓷的情况看，这两处南宋官窑窑场都应该是在原有老窑场的基础上建立的，这些老窑场除了属于临安府外，别无可能。八蟠岭东北麓，或许可以与万松岭东段、杭州卷烟厂西部一带联系起来考虑。八蟠岭东北麓据称只有越窑传统的玻质釉青瓷，而万松岭东段至杭州卷烟厂一带，则既出土越窑系玻质釉青瓷，也出土乳浊釉的官窑型青瓷；既出"官"款支钉窑具，也出"修内司"款支钉窑具。这一带的情形，也有可能与乌龟山和老虎洞相似。应该说，在地方官窑的基础上建造中央官窑，不仅有可资利用的设施条件，还有可靠的工艺技术基础，简便快捷，经济实用。

三、南宋官窑

宋代，为朝廷烧制瓷器的中央官窑，包括北宋官窑和南宋官窑。北宋官窑尚未得到考古发现确证。南宋官窑，由于文献记载和考古发现能够相互印证，其窑场地望、隶属关系、设置时间和工艺来源等，已基本明晰。

（一）地望与隶属关系

1.地望

叶寘的《坦斋笔衡》和顾文荐的《负暄杂录》是现知记载宋官窑最详细、最明确的史料，它们有关"窑器"的论述，乃学者们论及南宋官窑时所必引。二者的有关内容，大同小异，兹引《坦斋笔衡》"窑器"条如下（《负暄杂录》说法有异者，在括号内注出）：

> 本朝以定州白磁器有芒，不堪用，遂命汝州造青窑器，故河北、唐、邓、耀州悉有之，汝窑为魁。江南则处州龙泉县窑，质颇粗厚。政和（宣政）间，京师自置窑（《杂录》无）烧造，名曰官窑。中兴渡江，有邵成章提举后苑，号邵局，袭故京（徽宗）遗

制，置窑于修内司，造青器，名内窑，……后郊坛（郊）下别立新窑，（《杂录》加“亦曰官窑，”）比旧窑大不侔也。余如乌泥窑、余杭（余姚）窑、续窑，皆非官窑比。若谓旧越窑，不复见矣。①

《坦斋笔衡》和《负暄杂录》有关“窑器”的记述，过于雷同，甚至出现的讹误都彼此相同，系出同源的可能性的确不能排除。学界曾有人质疑这则文献的史料价值。然而，稍作考证，即可明鉴：两书的确都是南宋人所作，所载南宋官窑事，应属可信。这也是考古发现证明了的。

叶寘，字子真，号坦斋，池州青阳人。叶氏并非普通的民间文人，青年时期尤称活跃。曾为嘉定十二年（1219）三学诸生伏阙论工部尚书胡榘事，作《三学义举颂并序》。理宗端嘉（端平、嘉熙）以后，“监司论荐，补迪功郎、本州签判”。②叶寘存世的另一著作——《爱日斋丛钞》论先儒从祀条，记有咸淳年间（1265—1274）事。③可见，将《坦斋笔衡》的成书年代，推定在南宋晚期应属恰当。④

顾文荐的《负暄杂录》见录于《说郛》，不载撰年。通览全篇，书中所及年份，以“金石毒”条提到的理宗景定庚申年（1260）最晚。⑤显然，成书时间当稍晚于此年。鉴于作者称宋为“本朝”，该书撰成应

① 〔元〕陶宗仪：《南村辍耕录》卷二十九，《元明史料笔记丛刊》本，中华书局1997年版。《负暄杂录》见陶宗仪编《说郛》卷十八，《说郛三种》，上海古籍出版社1988年版。

② 参阅余嘉锡：《四库提要辨证》，中华书局1980年版。

③ 该书卷二云：“又咸淳，而司马邵氏始亦从祀。”（《丛书集成初编》本，中华书局1985年版）按：该书作者，《丛书集成初编》本题撰人未详，《说郛》卷十七所录《爱日斋丛钞》署为宋叶□□，余嘉锡《四库提要辨证》（中华书局1980年版）考定为叶寘（字子真）。

④ 刘未《邵谔、王晋锡与修内司窑》（《故宫博物院院刊》2010年第5期）疑，陶宗仪《辍耕录》误将《负暄杂录》“窑器”条录入《坦斋笔衡》名下。然亦系推测，不知《坦斋笔衡》有全本存世否？无论如何，叶寘为南宋人，当无大谬。况且，两书的“窑器”条，一并引用，应属可靠。

⑤ 此条提到作者于景定庚申年访陈德公事，见《说郛》卷十八之十九。

该不会晚至元代。

依上述“窑器”条记载，很明确，与“政和间京师自置”之窑一样，宋廷“中兴渡江”以后设置的“内窑”和“新窑”，都是“官窑”，也就是构成南宋官窑的所谓修内司官窑和郊坛下官窑。实际上，在这段史料中，“质颇粗厚”之后、“余如乌泥窑”之前的文字，所述皆两宋官窑事。《负暄杂录》在“别立新窑”后加上了“亦曰官窑”，画龙点睛；不称“余杭窑”，谓“余姚窑”，也与窑址的发现更相吻合。①

由于杭州乌龟山窑址的发现和发掘，郊坛下官窑的地望率先明确。修内司官窑的情况则比较复杂。

在杭州老虎洞窑址发现以前，有学者鉴于邵成章未曾到过临安城，质疑“邵局”的真实性，进而怀疑《坦斋笔衡》“窑器”条的可靠性，主张南宋官窑只有“郊坛”一处，别无所谓修内司官窑。②另有部分学者，虽未直接否定修内司官窑的存在，但对其作出了另类的解释，并提出它的地点不在临安城。③此后，随着邵成章乃邵谔之误、邵局确有其事的厘清④，特别是老虎洞窑址的发现，持前一种观点的学者马上纠正

① 迄今为止的考古发现，在宋余杭县境内，未见任何可与“官窑比”的瓷业遗存。而在余姚县境内，则有著名的低岭头类型瓷业遗存，张翔先生曾直指其为史籍记载的余姚窑所在（参阅张翔：《南宋余姚窑窑址的发现——记低岭头类型古窑址调查》，中国古陶瓷研究会1986年西安年会论文）。

② 沙孟海：《南宋官窑修内司窑址问题的商榷》，《考古与文物》1986年第6期；朱伯谦：《谈南宋官窑》，《中国古陶瓷研究》创刊号，紫禁城出版社1987年版。

③ 阮平尔《南宋官窑新探》一文，提出了“内窑”（修内司官窑）在龙泉、乃“龙泉仿北官”的主张（见李刚、王惠娟：《越瓷论集》，浙江人民出版社1988年版）；李刚也曾认为，“南宋官窑是由龙泉官窑和郊坛下官窑两个主要部分组成的”，从而实际上支持了修内司官窑在龙泉的观点（《古瓷新探》，浙江人民出版社1990年版）；沈岳明：《修内司窑的考古学观察——从低岭头谈起》，中国古陶瓷研究会编：《中国古陶瓷研究》第四辑，紫禁城出版社1997年版。

④ 沙孟海先生曾因邵成章未到过临安，误以为《坦斋笔衡》有关邵局的记载有误，但不久，他即撰文指出，邵成章乃邵谔之误，邵局确有其事。参见沙孟海：《再谈南宋官窑窑址和有关资料》，《浙江省博物馆馆刊》第1期，纪念浙江省博物馆建馆六十周年专辑。

了自己的说法，持后一种观点的声音也日渐低微。因为有南宋地层的存在、做工考究的作坊建筑遗迹的发现、大量精美厚釉青瓷的出土等，多数学者认为，老虎洞窑址确实是修内司官窑的遗址。但是，对于“置窑于修内司”究竟是指地望，还是指隶属关系，甚或修内司官窑窑场是否仅此一处等，依然有不同的主张。

照正常语意理解，《坦斋笔衡》所谓“置窑于修内司”应该具有地望含义。曾有学者指出，修内司是官署，不可能于此“置窑”。①这是一种颇具迷惑性的说法，多年来困扰了不少学者。从逻辑上讲，官署并不完全排斥窑场的设置，究竟是否适合设置窑场，要看该官署的性质及其所处地点。

宋室南渡之初，百废待兴，万事草创，官署多有省并，一个官署行北宋时两个或两个以上官署所行事务的现象常见。此时，在修内司设置窑场，使其在营缮事务之外，兼负瓷器制作之责，似非全然与其性质不符。主要地，还是要检视其所处地理位置是否合适。

据《乾道临安志》，南宋前期，修内司与多数其他内诸司机构一样，“并在禁中”②，要在那里设置窑场，显然是匪夷所思的。不少学者依据《咸淳临安志》的记载，断言南宋修内司所处位置，乃六部官署所在，绝不可能设置窑场。殊不知，《咸淳临安志》反映的是南宋后期的状况，而南宋六部官署建筑是逐步发展起来的。更何况，万松岭东段、清平山口一带，乃六部官署之西的山地，南宋后期的修内司在此附近，并有修内司营驻扎；南宋前期，那里也是修内司营驻地。③既有修内司营的兵

---

① 李刚：《论宋代官窑的形成》，《东南文化》1989年第6期。

② 〔宋〕周淙：《乾道临安志》卷一《行在所·内诸司》，《南宋临安两志》标点本，浙江人民出版社1983年版。

③ 《乾道临安志》卷一《行在所·军营》：“修内司壮役等指挥，在万松岭下。”《乾道临安志》录载行在所军营时，凡一“营”有多个驻地者，均一一列出；修内司营后只注有“万松岭下”一个地点。

士可提供力役，地形又是山前缓坡地带，这一带恰恰是适合设置窑场的，至少南宋前期如此。这一带的东部，现部分被杭州卷烟厂的建筑占压（参见图7-47:⑧）。杭州卷烟厂建筑工地，曾经出土过大量乳浊釉青瓷标本和窑业废弃物，发现过"御厨"款玻质釉青瓷，"内司""修内司"等阳文的支钉窑具。[①]

那么，为什么《坦斋笔衡》称"置窑于修内司"，而不是修内司营呢？我们考虑，这既与"内窑"的地望有关，也与其隶属关系有关。

至迟嘉泰四年（1204），修内司已从"禁中"迁出[②]，移至"孝仁坊内、青平山口"[③]（图7-47:①）。这一带正是南宋前期修内司营所在位置。如前所述，无论是《坦斋笔衡》还是《负暄杂录》，皆成书于南宋晚期，记载的修内司官窑地点，指的应该是作者所处时代的修内司所在地。而南宋前期的修内司营正在此地或附近，修内司营为修内司所辖。"窑器"条所记，无误。

需要指出的是，有人将"置窑于修内司"直接理解为置窑于修内司营，并依成书于咸淳四年（1268）的《咸淳临安志》，指修内司官窑的地望在万松岭一带，恐非得当。南宋晚期，修内司营的驻地有4—5处之

① 唐俊杰：《南宋郊坛下官窑与老虎洞官窑的比较研究》；邓禾颖等：《南宋官窑》结语；吴战垒：《图说中国陶瓷史》第七章；蔡乃武：《王朝梦碎》，《中国收藏》2012年第3期。

② 〔宋〕佚名《续编两朝纲目备要》（中华书局点校本，1995年版）卷八：嘉泰四年"三月丁卯，临安府大火。其夜二更后，行在粮料院后八条巷内、右丞相府大程官刘庆家遗火，自太庙南墙外通衢延烧粮料院及左右丞相府、尚书省、枢密院、制敕院……尚书六部……。次烧万松岭、清平山、仁王寺、石佛庵、枢密院亲兵营、修内司，沿烧至学士院、内酒库及内中宫门廊屋。……是夕，……火及和宁门外，焚祝子门。戊辰旦，和宁门螭吻上火忽起，……时火西至三茅观大门，南至御街，北至太庙巷，上及七宝山一带，所焚居民甚众，至未刻乃灭"。这段记载将火灾波及范围交代得非常清楚，修内司的位置显然在太庙以南，御街之西，皇城和宁门之北的万松岭、清平山一带。

③ 〔宋〕潜说友：《咸淳临安志》卷十《行在所录·内诸司》，道光庚寅钱塘振绮堂汪氏仿宋本。

多[①]（参见图7-47:②—⑥），以其说明地望，难以确指。

2. 隶属关系

修内司官窑与修内司之间，应该存在一定的隶属关系，至少在南宋前期如此。宋室南渡之初，官司多有省并，局势稳定以后，虽逐步进入正轨，但有的恢复了北宋制度，有的并未恢复。因此，判断南宋早期各部监司实际履行的职能，引用史籍时，殊堪审慎。就笔者所见，南宋官窑之创设，当由“邵局”召集、协调，工部文思院具体组织并和雇工匠，修内司提供地盘和士兵力役。

（1）邵局

邵局乃当时人对邵谔主持礼器浑仪制作时所领“百工”的统称。《研北杂志》云：

> 宋绍兴中，秦桧修礼乐以文太平，用内侍邵谔主之。时方造玉辂及卤簿仪仗，百工皆隶之，谓之邵局，故浑礼仪器犹铸谔名。[②]

宋代后苑属内诸司，隶入内内侍省，曾领有专为内廷制作加工各色器用的后苑作（又称后苑造作所）。《宋会要辑稿》记载，后苑作下辖七十四作（以后又有增置），服役兵校、人匠众达数百人。[③]绍兴二年（1132），南宋朝廷罢去后苑作，只留少数老工匠制作军器[④]。这意味着，后苑所辖制作日常器用的诸多作坊，概遭裁省。绍兴三十二年，随着邵

---

① 郑建华：《关于修内司官窑问题的思考》，杭州南宋官窑博物馆编：《南宋官窑文集》，文物出版社2004年版。

② 〔元〕陆友（一说陆友仁）：《研北杂志》卷上，《四库笔记小说丛书》本，上海古籍出版社1993年版。

③ 《宋会要辑稿》第七十八册《职官》三六之七二至七六。

④ 《建炎以来系年要录》卷五十三：绍兴二年闰四月丁酉“罢后苑作，惟留老工数人，作弓铠以为武备”。按《宋史》卷二十七《本纪》第二十七《高宗》四，亦称绍兴二年闰月丁酉“罢后苑工作”，“工”字衍。

谔职务的罢去，邵局亦不复存在。[①]可见，邵谔“提举后苑”，“置窑于修内司”，只是权宜担当。邵局是临时协调机构，顶多是组织者的角色，并不具备单独承领官窑事务的条件。

（2）文思院

南宋早期，官署罢置频繁。隶属工部、与器用制作有关的机构有军器所和文思院。军器所的本职原是军器制作，但在这一特殊历史时期，它也承担过铜、竹木等质料礼器的制作。[②]文思院和后苑作一样，是负责器用制作的专门机构，它们彼此之间多有相同或相通处，这主要表现在三个方面：（1）服务对象方面，后苑作基本上只服务于宫廷，文思院则既为宫廷服务，又为朝廷百司服务；（2）监官身份方面，后苑作监官以内侍充，文思院的监官有内侍，也有京朝官；（3）作坊名目方面，《宋会要辑稿》所载多有相同者，甚至还有后苑作作坊割属文思院的现象。[③]可见，就军器所和文思院而言，参与修内司官窑事务的可能性，以文思院为大。

（3）修内司

北宋熙宁以后，修内司隶属将作监。将作监掌管监造官房屋建筑和手工业。“建炎三年，诏将作监并归工部。绍兴三年，复置丞，仍兼总少府之事。……隆兴初，宫室无所营缮，职务简省，百工器用属之文思院，以隶工部；本监惟置丞一员，余官虚而不除。”[④]可见，南宋早期，工部掌管营缮与器用制作之类事务，修内司属之。这符合当时“诸事草创，惟务俭省”的原则。

至迟绍兴元年（1131），修内司已开始以临安府治为基础，展开行

---

① 《宋会要辑稿》第五十三册《运历》二之一八：“……其后委内侍邵谔专主之，后浑仪虽成，至绍兴三十二年，谔亦罢职，遂以浑仪付太史局安设焉。”

② 参阅《宋会要辑稿》第二十二册《礼》二四之八八至九四，《宋史》卷一百三十《志》第八十三《乐》五、卷一百四十《志》第九十三《乐》十五，《中兴礼书》卷十《郊祀祭器》二。

③ 参阅《宋会要辑稿》第七十五册《职官》二九之一至六。

④ 《宋史》卷一百六十五《志》第一百一十八《职官》五“将作监”条。

宫和其他宫廷建筑的营缮。[①]绍兴和议尤其是定都临安以前，抗敌最为紧迫，修内司在本职工作之外，又承担了军器制作任务[②]，并至少持续到了孝宗淳熙十一年（1184）[③]。随着局势的稳定，宫省营缮也大体就绪，修内司作为直接服务朝廷的机构，具备了承担更多的官窑组织管理事务的条件。

关于修内司参与南宋官窑烧造活动，最直接的南宋史料，大概是《百宝总珍集》。该书卷九“青器”条云：

> 汝窑土脉偏滋媚，高丽新窑皆相类。
> 高庙在日赡直钱，今时押眼看价例。

随后又解释道：“汝窑土脉滋媚，与高丽器物相类，有鸡爪纹者认真，无纹者尤好，此物出北地。新窑，修内司自烧者。自后伪者皆是龙泉烧造者。”[④]在这里，作者讲得很明确，“新窑”器是修内司烧造的。因为作者的叙事顺序是：汝窑、高丽瓷、“新窑”器，并说高宗在世时［高宗卒于淳熙十四年（1187）］，这三种瓷器都很值钱。所以，虽然该

---

① 《建炎以来系年要录》卷四十九：绍兴元年十一月戊戌，“命两浙转运副使徐康国兼权临安府，与内侍杨公弼先营公室。既而康国奏为屋百楹以充大内，公弼请增之，上不许”。按《咸淳临安志》卷一《宫阙》一“大内”：“时修内司乞造三百间，诏减二百。”可见，其时内侍杨公弼任职修内司。

② 修内司制作军器至迟绍兴三年已开始，《宋会要辑稿》第七十五册《职官》三〇之二：“（绍兴）三年正月十二日，诏修内司见造御前军器，其掌管官物使臣人吏等……”

③ 《宋会要辑稿》第七十五册《职官》三〇之五：“（淳熙十一年）八月十九日，诏入内内侍省合同凭由司出给合同凭由，前去封桩库，取会子二万五千贯文，充修内司制造点纲凿子神劲弩箭一百万只第四料工物钱使用。”

④ 〔宋〕佚名《百宝总珍集》（外四种）卷九“青器”条，上海书店出版社2015年版。按该书卷八“龙涎香”条，有“今时韩太师府修合阅古龙涎花子”之语。韩侂胄嘉泰二年（1203）十二月加太师，开禧三年（1207）十一月被诛。该书编成当在此时段或稍晚，大约在南宋中期或略晚。

书肯定成于高宗去世（已有庙号）以后，但此“新窑”，究竟是相对于北宋官窑新设立的南宋官窑（“内窑”），还是《坦斋笔衡》所谓“后郊坛下别立新窑”之“新窑”，未敢确指。但无论如何，均说明，那时的南宋官窑与修内司关系紧密。

当然，修内司直接参与南宋官窑事务，更确凿的证据来自于考古发现。现知最明确的考古证据，来自两个方面。一是万松岭路口杭州卷烟厂出土的支钉窑具，印阳文“内司”“修内司”字款。一是老虎洞窑址出土的一件荡箍，上刻文字一圈“修内司窑置庚子年……匠师……记”[①]（图7–52）。这件荡箍虽然出土于元代地层，但应该是南宋官窑的制瓷工具。一方面，其铭文自称“修内司窑”；另一方面，其胎、釉成分经科学检测，都落入了南宋层瓷片范围。[②]此外，2000年6月13日，在老虎洞窑址发掘区南侧山坡（T31）的南宋地层中，发现一方石界碑，碑面阴刻“邵衙界”三字[③]。若此“邵衙”即邵谔所主之“邵局”，则无疑“置窑于修内司”的窑场就在老虎洞。需要指出的是，此窑场地点，若以整个临安城为参照系，称其距《乾道临安志》所载修内司营较近，似属尚可，但如果说两者位置相合，恐误差不小。

图7–52 “修内司”铭荡箍（杭州老虎洞窑址出土）

① 邓禾颖、唐俊杰：《南宋官窑》，杭州出版社2008年版，第34页。

② 崔剑锋、吴小红、唐俊杰：《杭州老虎洞窑址出土“修内司窑”铭款荡箍的化学成分分析》，《文物》2009年第12期。

③ 唐俊杰：《关于杭州老虎洞南宋窑址性质的探讨》，秦大树、杜正贤主编：《南宋官窑与哥窑——杭州南宋官窑老虎洞窑址国际学术研讨会论文集》，浙江大学出版社2004年版。

如上述，老虎洞窑场曾经属修内司官窑无疑。问题是，修内司官窑的窑场是否仅此一处。从产品特征看，乌龟山窑址早期乳浊釉青瓷遗存的上限，比老虎洞南宋层同类遗存的要早。如果老虎洞是最早的南宋官窑窑场，或者说修内司官窑（内窑）仅此一处，那么，早期的乌龟山窑场就是临安府官窑。至于卷烟厂西部一带，要么确实从来没有建造过窑场，窑业废弃物均来自他处，要么就是该地与附近的八蟠岭窑场一起，曾经构成了临安府官窑的一部分，但问题是，这里见有“官”“内司”“修内司”款窑具。

总而言之，南宋官窑的地望，老虎洞和乌龟山是确定的，八蟠岭到万松岭路东段、杭州卷烟厂西部一带尚难明确。南宋官窑与修内司有一定的隶属关系是清晰的，但至少在早期，它也与后苑有关，而文思院担当的角色则更加直接。我们不能将临安城范围内，有厚釉（乳浊釉）青瓷窑业遗存的地点直接等同于南宋官窑，因为在越窑低岭头类型（余姚官窑）与南宋官窑之间，还有临安府官窑。要厘清南宋官窑窑场的地望及其隶属关系，并不简单。

（二）设置年代

南宋官窑包括修内司官窑和郊坛下官窑，其设置涉及两个关键时间点：一是修内司官窑的创设时间，一是郊坛下官窑的建造时间。

1. 修内司官窑

（1）创设于绍兴十九至二十六年间

根据史料分析和考古发现，可以推定，修内司官窑的创设时间，不早于绍兴十九年（1149），不晚于绍兴二十六年。

依《坦斋笔衡》的说法，修内司官窑的创设，应在“中兴渡江”以后。高宗渡江之事，发生于建炎三年（1129），史有明载。南渡之初，南宋君臣在金兵的穷追不舍之下，喘息未定，直到绍兴八年（1138），才定都临安。在此期间，抵御强敌，稳定局势，乃第一要务，设置官窑之类事务，一时难行。

如前所述，“中兴渡江”以后，“置窑于修内司”的是“邵局”。所谓邵局，乃邵谔主持礼器、浑仪制作时所领“百工”的统称。秦桧修礼乐、文太平，始于绍兴和议之后。邵谔等人受命制作常行仪仗，在和议签订后的第二年，即绍兴十二年（1142）[①]。至于邵谔承命制造浑仪，各史书所载均在绍兴十四年。可见，邵局之名，最早出现于绍兴十二年，可能要到绍兴十四年。修内司官窑的创设不会早于绍兴十二年。

从绍兴元年到十九年，朝廷曾多次命地方官府烧造礼用陶（瓷）器。照常理，这应该意味着，朝廷设置修内司官窑不会早于绍兴十九年。然而，因为绍兴十四年有礼器局之设，而礼器局的负责人中又有修内司的官员，曾有学者提出礼器局参与的陶瓷礼器烧造，实由“修内司官窑完成”的主张。[②]实际上，高宗设立礼器局的目的，在于礼器制度的制订和执行，而不是器物的制作。在宋室南渡之初的十多年间，高宗一直为礼器制度不合古而耿耿于怀，这才有礼器局之设。[③]

礼器局与邵局一样，也不是常设机构。两者出现的时间和历史背景接近，但人员构成不同，职事也不同。礼器、浑仪制作乃“命工部尚书莫将、户部侍郎张澄与内侍邵谔董治”，是为邵局。礼器局则是由给事中段拂、户部侍郎王铁、内侍王晋锡等“通晓礼器之人”，“董其事”。从两“局”的人员及其所属部门看，均有负责经费物资保障的户部官员和管理宫廷事务的内官，但“牵头部门”不一样。邵局由负责营造工程和器用制作的工部牵头，而礼器局则是负责政令驳正的给事中牵头。前

---

① 〔宋〕李心传《建炎以来系年要录》卷一百四十六：“（绍兴十有二年秋七月）己酉，命有司制常行仪仗。上自南巡，仪物草创，……石延庆以仪卫未讲为请。乃命工部尚书莫将、户部侍郎张澄与内侍邵谔董治。将等乞先造玉辂，及黄麾仗二千二百六十五人。从之。”按《宋会要辑稿》第四十三册《舆服》一之二〇，张澄其时为户部尚书。

② 李民举：《宋官窑论稿》，《文物》1994年第8期。

③ 《宋会要辑稿》第十五册《礼》一四之八一记载：“（绍兴）十四年七月八日，上谕宰执曰：‘国有大礼，器用宜称，如郊坛须用陶器，宗庙之器亦当用古制度，卿等可访求通晓礼器之人，令董其事。’既而命给事中段拂、户部侍郎王铁、内侍王晋锡充。”

者的工作成果主要体现在车辂、仪仗、礼器等制作的完成上，后者则主要是纠正礼器制度不合古的倾向，制订并颁行《绍兴制造礼器图》等。可见，修内司官窑的设立时间，与礼器局成立没有直接关系。也就是说，不能因为有礼器局之设，就反推修内司官窑那时已经成立。实际上，绍兴十四年礼器局成立，直到绍兴十九年，朝廷需要的陶瓷祭器，还是由地方官府负责烧制的，日用陶瓷器应该也是如此。

宋代朝廷的用瓷制度，北宋时，先有汝州承命制瓷，后有官窑“自置烧造”。南宋时，也是命临安府等地方官府制瓷在先，“置窑于修内司”在后的。修内司官窑的创设，不会早于绍兴十九年。[①]

前已有言，修内司官窑的创设，在邵局存在的时期内。而邵局的终结，肯定与邵谔去职有关，依《宋会要辑稿》，邵谔的罢职在绍兴三十二年（1162）。[②]邵局的存在，不会晚于邵谔去职。然而，我们有理由相信，修内司官窑的创设不至迟及此时。绍兴二十六年，朝廷给赐杨存中家庙祭器，已由工部“行下所属依样制造”，这些祭器中包括了陶登。[③]此后，吴璘、秦桧、韩世忠等名宦重臣的家庙祭器，质地、品类、数量、式样等，均循此先例，并由工部所属机构制作。甚至还因为存在群臣家庙祭器比照朝廷祭器的现象，引起朝臣异议，被质疑：为何景灵宫祭祀都能用瓶、盏、盘、盂之类燕器，人臣家庙反而不行？[④]结合前文对修内司官窑隶属关系的梳理，可以判断，至迟绍兴二十六年时，朝廷

---

① 郑建华：《关于修内司官窑问题的思考》，杭州南宋官窑博物馆编：《南宋官窑文集》，文物出版社2004年版。

② 《宋会要辑稿》第五十三册《运历》二之一八：“……其后委内侍邵谔专主之，后浑仪虽成，至绍兴三十二年，谔亦罢职，遂以浑仪付太史局安设焉。”

③ 《中兴礼书》卷一百六十九《群臣家庙》一：“（绍兴）二十六年五月十五日，礼部、太常寺言：‘勘会已降指挥，少傅杨存中许立家庙，系正一品，其合用祭器，……陶登一十只，并盖……。所有合用祭器，欲乞令工部行下所属依样制造给付。’诏依。自后，吴璘、虞允文家庙祭器，并依此制。”

④ 参阅《中兴礼书》卷一百六十九、一百七十《群臣家庙》一、二。

已自行设窑烧造陶瓷器，修内司官窑已经设立。

（2）修内司官窑老虎洞窑场始于南宋早中期

如前所论，老虎洞窑址应属修内司官窑窑场无疑。但问题是，该窑址南宋层遗存的上限是否能早到绍兴二十六年（1156）呢？从现有出土资料看，我们不敢肯定。老虎洞窑场设立之初，曾经烧制与低岭头类型玻质釉越窑系青瓷同类的产品，这类遗存的年代为南宋早期。本来从这一点看，创设之初的修内司官窑就在此地的可能性是存在的，然而，从产品特征看，老虎洞南宋层的乳浊釉青瓷的上限年代，似乎没有那么早。

细加分析可以看到，老虎洞南宋层乳浊釉青瓷的上限年代应略晚于乌龟山早期同类遗存。老虎洞窑址南宋层的青瓷标本集中出土于24个瓷片坑，其中，H3年代最早，也是最大的一个，出土瓷片1万余片，完整或可复原器700余件，有20多种器型。如果不计生烧、过烧类残次品，将老虎洞H3与乌龟山窑址早期正烧的乳浊釉青瓷进行比较，可以发现，二者之间存在差异，在胎、釉、造型和装烧方式等方面，都有明显的表现。

据发掘简报，老虎洞H3出土的青瓷，以“厚胎厚釉为主，薄胎厚釉少见”①。正烧品的釉层普遍失透或半失透，釉色多粉青或灰青。乌龟山窑址早期产品，以厚胎薄釉的为主，部分产品釉面玻质感较强，釉色多青灰、青黄。

从造型看，老虎洞第二期到第三期，也就是南宋遗存早段到晚段的碗、盘，“器足从外撇变成直足”，例举的H3与H4、H5之间的差别确实如此。这与乌龟山窑址早晚期的变化相同，但仔细观察，可以发现，老虎洞H3的青瓷碗、盘，圈足外撇程度多数要比乌龟山早期的小（图7–53）。

图7–53　青瓷碗（老虎洞窑址H3出土）

① 杭州市文物考古所：《杭州老虎洞南宋官窑址》，《文物》2002年第10期。

从装烧方式看，老虎洞采用支垫方式的少，采用垫烧方式的多。据邓禾颖、唐俊杰《南宋官窑》，“地层所处年代最早的H2和H3中，有支烧和垫烧两类产品”。支烧产品主要见于时代最早的H3，“以数量最多的碗、盘为例”，支烧仅见于H3，其余23个坑出土的碗、盘均为垫烧。发掘简报与邓、唐《南宋官窑》的说法不尽一致，但碗盘类产品支烧者少、垫烧者多，结论基本相同。乌龟山窑址早期碗盘类产品的装烧方式以支烧为主，这与老虎洞南宋层早段（发掘简报的第二期）情形相似，但老虎洞采用支烧方式的碗、盘实际上只见于H3。从乌龟山窑址的情况看，厚釉的圈足器采用支烧方式，是一次性施釉产品向多次施釉产品过渡时期的做法[①]；老虎洞H3出土的采用支烧方式的圈足器，有大量的厚釉产品，应该就是这种过渡期的产物。

总之，若以南宋时期高档青瓷的粉青、厚釉取向为参照系，老虎洞窑址H3出土的青瓷，总体上显得比乌龟山窑址早期乳浊釉青瓷成熟。若与越窑低岭头类型的乳浊釉青瓷比较，乌龟山早期乳浊釉青瓷表现出的“原始型”与其更加接近，而老虎洞H3的青瓷则显得更成熟一些。

老虎洞窑址出土过3件“坤宁殿□”铭的垫饼。鉴于元代无“坤宁殿”之名，南宋坤宁殿的存在时间大约在淳熙十二年（1185）至庆元六年（1200）之间，又鉴于这三件“坤宁殿”铭的窑具皆为垫饼，且直径小，用于垫烧小圈足的器物，当为老虎洞南宋层较晚段遗物。南宋临安城遗址发现过多件“坤宁殿”铭南宋官窑瓷器[②]，其中至少有一件为釉下款[③]，

---

① 陈元甫：《杭州老虎洞南宋修内司官窑发现的启示》，杭州南宋官窑博物馆编：《南宋官窑文集》，文物出版社2004年版。

② 唐俊杰：《关于杭州老虎洞南宋窑址性质的探讨》，秦大树、杜正贤主编：《南宋官窑与哥窑——杭州南宋官窑老虎洞窑址国际学术研讨会论文集》，浙江大学出版社2004年版，第19页。

③ 金志伟、胡云法：《南宋官窑刻款瓷器研究浅见》，杭州南宋官窑博物馆编：《南宋官窑文集》，文物出版社2004年版。

可以与老虎洞出土的“坤宁殿”铭垫饼相互印证。这说明，老虎洞南宋官窑烧造活动的开始时间，应该早于，至少不晚于南宋中期。至于南宋早期老虎洞生产玻质釉越窑系青瓷的窑场，则可能曾经是临安府官窑的一部分。

2.郊坛下官窑

至于郊坛下官窑的建造时间，既是有“后郊坛下别立新窑”的说法，自然是先有郊坛，后有“新窑”，但南宋郊坛建于绍兴十三年（1143），以其作为郊坛下官窑建造时间的上限，意义不大。不过，修内司官窑创建在前，郊坛下官窑别立在后，是明确的，还可以作进一步的分析。

赵彦卫《云麓漫钞》云：

> 青瓷器，皆云出自李王，号秘色；又曰出钱王。今处之龙溪出者色粉青，越乃艾色。……近临安亦自烧之，殊胜二处。①

该书自序于宁宗开禧二年（1206）。据点校者傅根清先生所作《赵彦卫生平考索》（见该书附录一），赵彦卫为宋朝宗室，隆兴元年（1163）举进士，后曾任职江阴、乌程、天台、苏州、随州、徽州等地，除随州外，均在临安附近。尤其重要的是，他曾分别于隆兴年间、淳熙年间和庆元四年至六年留居或任职临安，庆元年间（1195—1200），曾出任朝散大夫干办行在诸司粮料院。《云麓漫钞》成书时，知徽州。从他的经历看，“近临安亦自烧之”的说法当属可信。赵彦卫所讲的青瓷器窑，应该是指郊坛下官窑。修内司官窑至迟绍兴二十六年（1156）已经设立，到《云麓漫钞》成书，还有50年之久。

20世纪80年代发掘乌龟山窑址时，T14③层曾出土一件青瓷钵

① 赵彦卫：《云麓漫钞》卷十，中华书局点校本，1996年版。

(T14③:165)，外底刻铭“己亥”[①]。南宋己亥年共两个，一为孝宗淳熙六年（1179），一为理宗嘉熙三年（1239）。此钵出土于作坊区“南宋官窑作坊层”，该地层被“元明时期建筑层”叠压。鉴于该钵釉层厚，外壁刻“双线凸莲瓣纹”，属于乌龟山窑址晚期特征。我们判断，此己亥年为理宗嘉熙三年。如此，可以证明乌龟山窑场至少到嘉熙三年时还在烧造官窑器，而对于分析郊坛下官窑的上限则实际帮助不大。

不过，结合《云麓漫钞》的记载，再考虑到乌龟山窑址早期乳浊釉青瓷遗存的上限要略早于老虎洞南宋同类遗存，还是可以推断，乌龟山窑场创建于南宋早期。鉴于此处南宋早期窑场是临安府官窑的一部分，说明郊坛下官窑的“别立”，确实要晚于老虎洞的修内司官窑始建。

图7-54　南宋官窑垫烧碗、盘（老虎洞窑址H4出土）

需要注意的是，郊坛下官窑的建造，并不意味着修内司官窑停烧。郊坛下官窑建造后，老虎洞窑场的瓷器生产正如日中天。老虎洞南宋层后段遗存的特征，特别是青瓷产品多次施釉工艺、造型特征、垫烧为主的装烧方式以及碗盘类器物部分外壁刻饰莲瓣纹等方面（图7-54），与乌龟山窑址晚期遗存相同，该窑场生产持续到了南宋晚期是无疑的。

① 中国社会科学院考古研究所、浙江省文物考古研究所、杭州市园林文物局：《南宋官窑》，中国大百科全书出版社1996年版。

南宋朝廷之所以要在郊坛下另建新窑，应该是用瓷需求扩大，修内司官窑的产品不敷使用的缘故。

综上所述，南宋官窑各窑场的始建时间顺序，可能是：万松岭东段＋老虎洞→乌龟山晚期。乌龟山窑址早期和老虎洞窑址初期遗存为临安府官窑的一部分，万松岭东段建窑之初也可能为临安府所掌。老虎洞与乌龟山两大窑场的烧造活动，存在明显的重叠期。八蟠岭东北麓-万松岭东段一带，因为距离皇城和中央官署近，地形又不够隐蔽，缺乏扩大生产的空间，瓷器生产可能在南宋的较早阶段就已经停止。

（三）工艺来源

南宋官窑的设立，乃“袭故京遗制”，其工艺来源自然应追溯到北宋官窑。但是，宋室南渡以后，不可能、实际上也没有马上恢复官窑的设置，修内司官窑的设立，已经是南渡二三十年以后的事了。如此，两宋官窑之间的工艺传承，必然需要沟通的桥梁。显而易见，越窑低岭头类型（余姚官窑）和临安府官窑就曾经担当过这种桥梁角色。由于北宋官窑至今尚未在考古上得到确证，其工艺特征如何，难以准确把握。河南汝州张公巷窑址的发现，是瓷窑遗址考古的一项重要突破，也让部分学者联想到了苦苦寻觅的北宋官窑，但对该窑址的年代与性质，学术界争议极大。[①]不过幸运的是，河南宝丰清凉寺窑址发现了丰富的汝官窑遗存，而汝官窑是北宋官窑的源头，得到了学术界的普遍认同。

前已有言，南宋官窑可能是在临安府官窑的基础上设立的，南宋官窑直接的工艺来源当然首推临安府官窑。从现有考古发现和研究成果

① 孙新民认为，张公巷窑可能是北宋官窑（《汝州张公巷窑的发现与认识》，《文物》2006年第7期）；赵文军认为，张公巷窑瓷器生产经宋、金、元，明代停烧，最精良的瓷器出于金代，与北宋官窑无关（《对汝州张公巷窑址的几点认识》，《收藏》2010年第9期）；秦大树也主张，张公巷窑不是北宋官窑，而是金元时期生产类似汝窑器物的青瓷窑场，元代至元年间成为为官府生产礼制性器物的官窑（《宋代官窑的主要特点——兼谈元汝州青瓷器》，《文物》2009年第12期）。

看，临安府官窑的直接工艺来源只能是越窑低岭头类型；低岭头类型乳浊釉青瓷是全新的外来品种，能构成其工艺来源的，只有汝官窑遗存明确可靠。

1.低岭头类型与汝官窑

低岭头类型既继承了传统的越窑工艺传统，又具备与汝官窑相类的某些重要特征。概括说来，其所保持的越窑传统工艺特征有：多数产品施玻质感强的薄釉，器型以日常生活用器居多，盛行划花和刻划花装饰；窑炉是龙窑，吴越国晚期以来普遍采用的匣钵装盛、垫圈支垫装烧工艺，依然是主要装烧方式。不过，对于传统的玻质釉越窑青瓷制作工艺，也不是简单地继承，主要表现在：北宋中晚期以来越窑青瓷质量日渐下滑的趋势被按下暂停键，部分产品的成瓷质量得以恢复，大致可与北宋早中期的产品相媲美。最突出的是细线划花装饰手法的采用。这种装饰于吴越国晚期开始出现，北宋早期盛行，北宋中晚期逐渐被刻花尤其是刻划花取代，但是，到了南宋早期的低岭头类型，因应朝廷用瓷需求，这种越窑“压箱底”的技艺一度复兴，与主流的刻划花装饰并行。装饰手法如此，传统题材如龙、鹦鹉、海水摩羯、花卉等（图7-55）也如此。以往临安城考古过程中，这类越窑系青瓷的年代，常常被断为吴越国时期或者北宋，可能这是主要原因之一。

图7-55　低岭头类型玻质釉青瓷刻划花盘（寺龙口窑址T3①a:31）

低岭头类型吸纳的汝官窑制瓷工艺，突出表现在乳浊釉青瓷这种越窑产区前所未见的产品上。这种青瓷釉层相对较厚，失透或半失透，精品呈天青色。器型除日常生活用器外，鼎式炉、鬲式炉、觚、钟、花

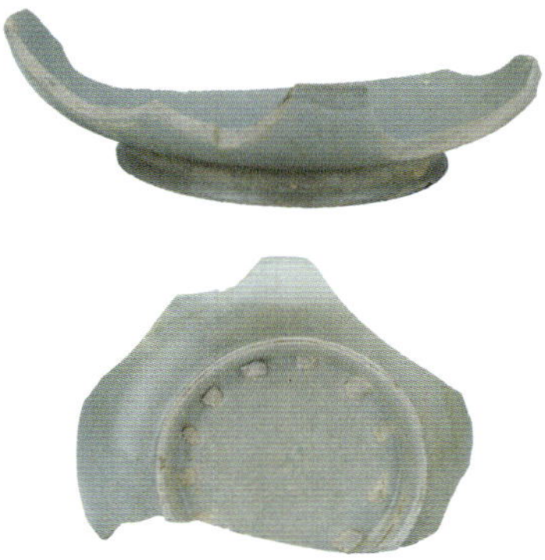

图7-56　低岭头类型乳浊釉青瓷盘（张家地窑址PY22y1:1）

图7-57　褐彩青瓷腰鼓（寺龙口窑址T1①:20）

盆、鸟食罐、镂孔器座等祭器和陈设器多见。少量产品的造型和装饰风格与汝窑同类器型相近。普遍采用支钉具支垫的装烧方式（图7-56），部分采用足底垫烧方式，其中有少量外底露胎。除乳浊釉青瓷外，玻质釉青瓷也受到了汝官窑和其他北方窑口的影响。出现了祭器和陈设器等前所未见的器型。装饰上出现了与定窑白瓷相似的刻划手法和题材，尤其是相对粗犷的刻划花工艺，不仅碗盘类圆器有见，体形较大的罐、瓶类器物亦有见，甚至还有褐彩腰鼓（图7-57）等特别器型。个别玻质釉青瓷器采用了支烧工艺。

2. 临安府官窑与低岭头类型

目前所见，可能属于临安府官窑的窑场有乌龟山、老虎洞和八蟠岭东北麓等3处。笔者作出这样的判断，主要是因为这3个地点均发现有与南宋早期低岭头类型玻质釉越窑青瓷风格一致的窑业遗存（图7-58）。临安城本身没有瓷业基础，在临安府官窑为朝廷烧造陶瓷器期间，越窑

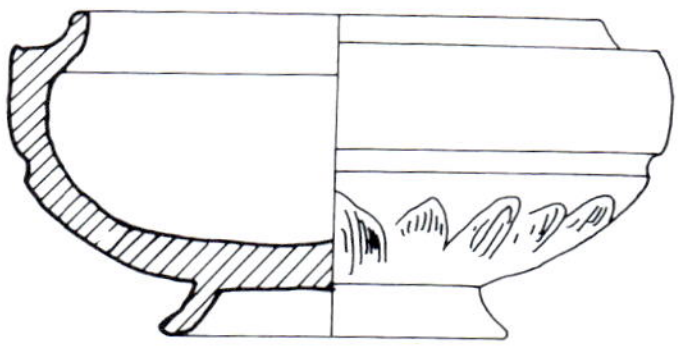

图7-58　越窑系青瓷盒（杭州乌龟山窑址出土）

低岭头类型的瓷器生产一直在持续进行，这样，不仅可以为其提供直接的工艺来源，甚至还可能提供了工匠来源，当时余姚县制瓷窑场的工匠很有可能通过和雇的方式为临安府官窑提供了技术服务。

不仅如此，既然上限年代更早的低岭头类型存在乳浊釉青瓷遗存，年代在后的南宋官窑窑场更是普遍生产乳浊釉青瓷，临安府官窑的产品就不可能只有传统的越窑玻质釉青瓷一类产品，与低岭头类型乳浊釉青瓷相似的釉层失透或半失透的青瓷，一定也曾生产，只不过遗存保留不佳，尚未充分发掘或明确识别而已。低岭头类型晚段的乳浊釉青瓷比例达到甚至超过了玻质釉青瓷，而老虎洞南宋层和乌龟山晚期的产品普遍为乳浊釉青瓷，据此推断，临安府官窑产品，大部分应该是乳浊釉青瓷，以薄釉、刻划花为鲜明特征的越窑系青瓷应该不是主流。当然，我们也不能断言，南宋官窑创设之初，越窑系玻质釉青瓷就已经完全不生产了，只不过，即便曾有生产，产量也应该是占比小的，历时也应该是短暂的。

如前所论，乌龟山窑址早期乳浊釉产品，比老虎洞南宋层早段同类产品更接近于低岭头类型的乳浊釉青瓷。这是否意味着Y2或其前期是临安府官窑的窑炉，Y1是“后郊坛下别立新窑”的南宋官窑窑炉呢？由于该地点的瓷业堆积受后期扰动破坏严重，而作坊区的发掘，因为遗迹保护展示的需要，并未全面揭示、发掘到底，情形是否如此，似难定断。假如Y2或其前期属于临安府官窑，乌龟山窑址早期遗存至少能部分反映临安府官窑的面貌。

相对于汝官窑而言，乌龟山窑址早期遗存与低岭头类型瓷业遗存有着更多的相似处。第一，虽然比例有所不同，但它们都在乳浊釉青瓷之外，又有越窑系玻质釉青瓷。第二，无论是乳浊釉青瓷，还是越窑系青瓷，它们都有许多相同的器类和风格特征，后者尽管在乌龟山发现不多，但从造型到刻划装饰，几乎都可以在低岭头类型瓷业遗存中找到类似者。第三，二者所用窑炉都是南方传统的龙窑。第四，它们所用窑具，匣钵都以平底盆形和凹面矮筒形为主，支钉具都有圆饼和圆筒形两种，甚至瓷坯装烧时置于窑底的大型支托具都多有相同者。

3. 朝廷的样制要求对工艺的影响

除乳浊感强、釉层较厚的青釉制备以及与此相关的支钉具支垫装烧工艺之外，朝廷的样制要求，对低岭头类型、临安府官窑和南宋官窑的瓷器，特别是礼用瓷器的生产也产生了重要影响。就是说，朝廷的样制要求构成了这些窑场工艺来源的另一个侧面。

南宋初期，高宗君臣对礼器制度不合古可谓深恶痛绝，他们一再诟病聂崇义集注的《三礼图》，主张依徽宗政和新礼，参照《宣和博古图》，改造礼器。礼器的改造，从绍兴十三年（1143）太常寺仿《博古图》制定礼器样制开始①，绍兴十四年又成立了礼器局予以加强。随着《绍兴制造礼器图》的制订与颁行，朝廷祭器样制基本稳定下来。此后，无论是地方官府承命烧制陶瓷祭器，还是南宋官窑自行烧制，都有了基本遵循。

从临安城遗址出土大量陶瓷祭器情况看，我们不能想当然地将史载南宋时期“陶”祭器直接与南宋官窑甚至此前的地方窑场制瓷活动相联系。一方面，这些祭器既有陶质的，也有瓷质的；另一方面，朝廷所用祭器有严格的样制要求。

依《中兴礼书》，南宋初期，受命为朝廷烧制祭器的地方官府，除余姚县、临安府之外，还有平江府。②平江府烧造的是陶质祭器，未见

① 《宋会要辑稿》第十五册《礼》一四之八〇。

② 《中兴礼书》卷九《郊祀祭器》一：“（绍兴十三年）四月二十九日，礼部太常寺言……今看详，欲乞先次将圆坛上正、配四位合用陶器，并今来所添从祀爵、坫，并依新成礼器仿《博古图》，内陶器下平江府烧变，铜爵、坫令建康府铸造。其竹木祭器，令临安府制造。所有其余从祀合用祭器，候过大礼，申请改造施行。诏依。”

烧制瓷器和燕器的证据。绍兴十三年（1143）平江府烧造陶祭器时，《绍兴制造礼器图》尚未制订，但样制按朝廷的要求，仿自《博古图》。南宋时平江府烧制陶祭器事，除文献记载外，临安城遗址出土“平江谢兴祖塑”“平江谢荣昌塑”等印文陶塑，苏州与临安城遗址（杭州）出土相同的陶祭器，可为物证。[①]尽管我们不能确定这些陶器的年代是否能够早到南宋初年，但平江府具备烧造条件并且为朝廷烧制过陶祭器，是明确的。平江府烧制陶祭器的窑场，虽然因为产品为陶器，不可能成为临安府官窑或南宋官窑主要的工艺来源，但曾经对它们有所影响，是可能的。

乌龟山和老虎洞窑址中，目前所见，至少乌龟山窑场曾经烧制过陶质祭器，该窑址出土的一件陶范，颈部阴刻反体篆书文字“无养颐之患”[②]，与临安城遗址出土的一件陶质贯耳壶残件完全相合[③]。乌龟山窑址出土的外壁模印夔龙阳纹的所谓生烧器座，可能也属于陶质祭器之类。[④]

图7-59　陶质祭器（杭州市严官巷出土，杭州市文物考古研究所藏）

窑址以外，南宋临安城遗址不仅出土过陶质祭器（图7-59），器形与《博古图》所载青铜器相同，也出土过瓷质祭器。其中，外底模印“太叔作鼎”“作宝彝”等文字的南宋官窑青瓷鼎、簋等

① 蔡乃武：《南宋故都出土的陶瓷》，《昆山片玉——中国陶瓷文化巡礼》，浙江摄影出版社2015年版。

② 发掘报告原解读为：“璧玉照月明”（中国社会科学院考古研究所：《南宋官窑》，中国大百科全书出版社1996年版，第54页）。

③ 沈一东：《南宋官窑陶质祭器探索》，浙江省博物馆编：《东方博物》第二十四辑，浙江大学出版社2007年版。

④ 中国社会科学院考古研究所、浙江省文物考古研究所、杭州市园林文物局：《南宋官窑》，中国大百科全书出版社1996年版，第41页，第43页图三六：3、4。

器物，甚至在北宋王黼的《重修宣和博古图》中都能找到相应铭款的青铜器①，它们显然是严格按照《绍兴制造礼器图》样制烧制的。

4. 和雇工匠与南宋官窑的工艺来源

宋代官营手工业的用工主要采取和雇制度。早期南宋官窑可能与临安府官窑一样，工匠主要来自于越窑。南宋早期或略晚，越窑的烧造活动完全终结，此后的南宋官窑工匠来源可能主要是龙泉窑。龙泉窑与南宋官窑青瓷的相似处甚多，黑胎青瓷甚至到了彼此神似的地步。老虎洞H3出土过一组白胎青瓷碗、盘和梅瓶，白胎、略具乳浊感的透明釉，与龙泉窑较为相似，器形则与汝窑比较接近（图7-60），可能是官窑的试烧品或样品。由此联想到，“修内司平江谢兴祖”刻铭的龙泉窑系白胎青瓷盘，也不一定产自龙泉，因为南宋官窑和雇平江工匠，制作白胎龙泉窑系青瓷作为生产的样品或试制品，可能性也是存在的。乌龟山和老虎洞的官窑窑场随着南宋的灭亡，也结束了自身的历史使命，但到元代时，龙泉窑系青瓷在这两个地点又继续烧制。可见，中晚期的南宋官窑和雇了来自龙泉窑的工匠，龙泉窑因此成为南宋官窑的工艺来源之一，应该是明确的。

图7-60　白胎青瓷梅瓶（老虎洞窑址H3出土，杭州市文物考古研究所藏）

当然，受雇于官窑的工匠带来的

① 蔡乃武：《王朝梦碎》，《中国收藏》2012年第3期。

影响应该是双向的。一方面，南宋官窑早期和中晚期不可避免地要分别打上越窑（低岭头类型）和龙泉窑的烙印；反过来，官窑的制瓷工艺，特别是其先进与高端的工艺，势必也会影响到越窑和龙泉窑，其中，受到更多影响的显然是龙泉窑。龙泉窑和南宋官窑的烧制工艺相同处如此之多，特别是黑胎青瓷相似度如此之高，应该与工匠来源相同有着密切的关系。

南宋官窑和雇的工匠主要应该来自越窑和龙泉窑，这从其产品特色能够得到佐证。但是，因为和雇制度的普遍推行，当时瓷业生产兴旺的湖田窑、吉州窑和建窑等窑场，同样曾经有工匠受雇于南宋官窑的可能性也不能完全排除，甚至流落到南方的北方制瓷工匠，受雇于官窑的可能性都不能说完全没有。老虎洞窑址、乌龟山窑址和万松岭东段的窑业废弃物中，除南宋官窑、越窑系和龙泉窑系青瓷标本外，还发现有青白瓷、黑釉瓷和白瓷等其他瓷系残片，是否就意味着官窑和雇的工匠有越窑和龙泉窑以外的来源呢？

5.南宋官窑系青瓷工艺演进的三个阶段

对于南宋朝廷而言，因为有北宋官窑设置旧制，南宋官窑的设立乃官窑复置，因此，包括样制在内的制瓷工艺，都有一种回归北宋官窑的追求，如同恢复中原乃政治正确一样。从这个角度看，南宋官窑系青瓷制瓷工艺的演进明显存在三个阶段。

低岭头类型（余姚官窑）属于激活与接纳阶段。本土的越窑制瓷工艺被激活，同时接收了外来的主要源出汝官窑的制瓷工艺，产品从本土传统的玻质釉青瓷为主，逐渐变化为外来风格的乳浊釉青瓷占比，达到甚至超过玻质釉青瓷。

乌龟山窑址早期（临安府官窑）属于消化吸收阶段。外来的青瓷制作工艺被消化吸收，制瓷工匠们以就地取材的胎、釉原料，本土传统的窑炉和匣钵类窑具，烧制出了以乳浊釉青瓷为主的青瓷产品，在基本实现乳浊釉青瓷制作工艺本土化的同时，开启了以紫金土制胎为重要标志的创新进程。

老虎洞窑址南宋层（修内司官窑）和乌龟山窑址晚期（郊坛下官窑）属于推陈出新阶段。实现了产品的全面乳浊化，乳浊釉青瓷制作工艺的彻底本土化，多次施釉、薄胎厚釉、釉色粉青、垫饼垫烧、紫口铁足等特征，使得此时的乳浊釉青瓷，已然不复以汝官窑为代表的早期乳浊釉青瓷旧貌了。

总之，虽然南宋官窑的设置是承袭北宋旧制，但其烧制工艺并不是直接脱胎于北宋官窑。正是低岭头类型窑场（余姚官窑）和临安府官窑，为朝廷直接控制的第一个南宋官窑——修内司官窑的诞生，预留了必要的生成时段，打下了包括式样制度在内的工艺基础。历史尚属短暂的朝廷用瓷中央官窑制度，亦赖此峰回路转，重新步入了发展的正轨。南宋官窑的工艺来源可以概括为：汝官窑→（北宋官窑）→越窑低岭头类型（余姚官窑）→临安府官窑→南宋官窑（早期），中晚期，又进一步融入了其他窑系特别是龙泉窑的技术因素。

四、明代龙泉窑御器厂

（一）文献记载与考古发现

明代龙泉窑烧造皇家用瓷，既有明确的史料记载，也有确凿的考古证据。

《明会典》卷一九四《工部》一四《窑冶》“陶器”条：

> 洪武二十六年定，凡烧造供用器皿等物，须要定夺样制，计算人工物料。如果数多，起取人匠赴京，置窑兴工。或数少，行移饶、处等府烧造。

2006—2007年发掘的龙泉大窑枫洞岩窑址，出土了一批制作工整、纹样精细、釉色滋润、器体硕大的明代瓷器。这批青瓷的地层关系明确，又有“永乐九年”（1411）（图7-61）、“永乐秋辛卯太岁”、“乙卯”

图7-61　“永乐九年”铭印模（大窑枫洞岩窑址TN12W3⑥N:1）

图7-62　龙纹盘（大窑枫洞岩窑址TN16W3⑨a:14）

[洪武八年（1375）]等纪年器物共出，属明代早期无疑。发掘者认为，这些青瓷是官用瓷器，年代在洪武、永乐年间。[①]这批瓷器成瓷质量高，在造型、纹饰乃至尺寸等方面，与景德镇珠山御窑遗址出土的明代早期青花瓷极为相似，不少器物能在清宫旧藏中找到相同或相类者，见有刻划五爪龙纹的盘（图7-62）、高足杯以及“官”字款双鱼洗（图7-63）、圆锥形火照等特别的器物。不仅如此，一件瓷质垫钵刻有“三样三个花，三样三个内花一个、二样二个光，四样二个光、二样碗五个花”等文字（图7-64），应该是文献记载的官用瓷器生产“须要定夺样制”的确切实例。

明代龙泉窑为朝廷烧造瓷器，至少延续到了天顺年间（1457—1464）。

① 浙江省文物考古研究所、北京大学考古文博学院、龙泉青瓷博物馆：《龙泉大窑枫洞岩窑址》，文物出版社2015年版。

图7-63 “官”字款双鱼洗（大窑枫洞岩窑址TN10W3③N:32）（左）
图7-64 “三样三个花”垫钵（大窑枫洞岩窑址TN16W3②:4）（右）

《明宪宗实录》天顺八年（1464）正月条：

江西饶州府、浙江处州府，见差内官在彼烧造磁器，诏书到日，除已烧完者照数起解，未完者悉皆停止。差去官员即便回京，违者罪之。

1960年发掘大窑窑址时，丙区T9曾出土一批精致的青瓷。这批瓷器与枫洞岩窑址出土的洪武至永乐时期的官用瓷器一样，是少见的精品，但特征有所不同。器体没有那么硕大，多数比较端巧，胎体相对较薄。釉多呈豆青色。碗盘内外满布刻划装饰，题材以缠枝和折枝莲宝相花为常见，莲花亦有，圈足外墙多刻回纹。碗盘类器型普遍全器满釉，

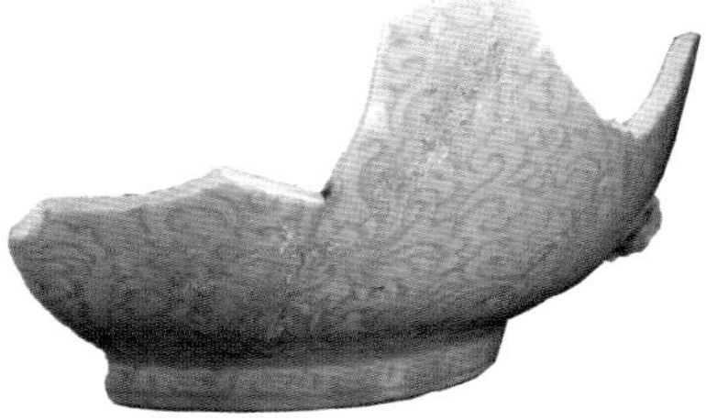

图7-66　明龙泉窑青瓷碗（故宫博物院藏，采自《天下龙泉》卷二图164）

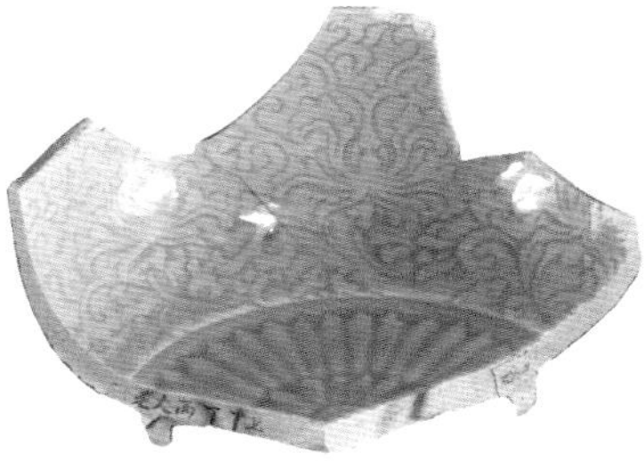

图7-65　明龙泉窑青瓷碗（1960年大窑丙区T9出土，温州博物馆藏）

图7-67　明龙泉窑青瓷盘（大窑窑址标本，浙江省博物馆藏）

仅外底刮釉一圈以便垫烧，刮釉圈窄，刮痕比较规整；足底刮釉垫烧的，亦少量有见。这批青瓷不但做工精细，成瓷质量高，而且风格统一，造型和装饰与景德镇珠山御窑遗址出土的明代正统至天顺年间的青花瓷和仿龙泉釉青瓷相似，在清宫旧藏中也能找到面貌一致的器物，显然与枫洞岩出土的"官用瓷器"一样，为龙泉窑烧造的皇家用瓷。（图7-65至图7-67，参阅《天下龙泉》卷二图163—165）因为发掘时丙区为二次堆积，所以地层关系不明确，但从产品面貌看，这些瓷器的年代应该晚于枫洞岩的官用瓷器，主体属于"空白期"的可能性大，部分年代略早。迄今为止，未见天顺年间以后龙泉窑烧造皇家用瓷的证据，这批青瓷在龙泉窑烧制的皇家用瓷中，很有可能是晚段的产品。

（二）组织管理与运作方式

由上论可知，明代早中期，龙泉窑曾经烧造皇家用瓷是明确的。从现有考古发现看，承命制瓷的窑场应该在大窑一带。问题是，这些窑场性质如何，姓“官”还是姓“民”呢?

在前引两则史料中，处州与饶州都是并列的，这说明，在承命制瓷事务上，处州龙泉窑与饶州景德镇窑是处于同等地位的。对于明代御器厂的始置时间，学界有不同看法，但有相当一部分学者已形成共识：既然景德镇烧造皇家用瓷的是御器厂，同时期、同地位、承担相同使命的龙泉窑，自然也应该有御器厂之设。龙泉大窑岙底一带，至今仍以“官厂”作地名，应该不是空穴来风。

基于以下几点考虑，我们认为，明代早中期，龙泉大窑一带御器厂的运作，采取了“官厂”与民窑的合作方式，也就是官厂制坯，民窑烧成。

第一，明代初年，官营手工业工场由中央政府的工部、户部和内府有关监局以及地方官府等部门监督和管理。从上引文献可知，龙泉窑烧造皇家用瓷，朝廷曾遣官督陶。无论督陶官来自工部还是内府，职责都是监造瓷器，与唐宋以来广泛设置的以课税为目的的督陶官不同，而与南宋官窑在组织管理人员的构成上有相似之处。只不过，因为窑场地点不在京师，所在地的官府势必要担当重要角色。景德镇御窑厂遗址珠山东麓洪武地层出土的板瓦，既题写“监工浮梁县丞赵万初”，又有“提举监造周成”等，同层出土的还有“官匣”印文款匣钵[①]，实属正常。当然，不同时期，督陶官身份不同，可能意味着管理方式有所变化，与地方官府的关系也可能不是一成不变的。

第二，无论从文献记载看，还是从出土实物看，朝廷对瓷器的样制都有高标准、严要求。如果仅仅是下发“官样”，完全由民窑照样烧制，

① 北京大学考古文博学院、江西省文物考古研究所、景德镇市陶瓷考古研究所：《江西景德镇明清御窑遗址发掘简报》，《文物》2007年第5期；炎黄美术馆：《景德镇出土元明官窑》，文物出版社1999年版，图版38。

恐怕难以达到规范，烧成的产品风格也不可能那么整齐划一。枫洞岩窑址出土的那件刻写各“样”瓷器需要数量的垫钵，也形象地展现了当时“官样”执行的复杂性。

第三，枫洞岩窑址明早期地层有“官”字款瓷器和火照出土，瓷器有官用、民用之分，既跟制度性安排有关，也应该与龙窑的特点有关。龙窑装烧量大，但温度、气氛不易控制，即便控制得当，同一窑产品也无法避免良莠不齐，真正的精品只占少数，多数产品的成瓷质量是不可能达到朝廷的要求的。实际上，龙窑能烧成精品的理想窑位，往往只有中部的一段窑室。如此，“官”字款器物也是督陶官的一种管理手段。正因为窑炉结构不同，明代早中期，龙泉窑与景德镇的御器厂生产组织形式可能也存在一定的差别。

第四，明朝建立后，承袭了元代的手工业匠籍制度，手工业者的人身依附关系虽逐步有所放松，但仍然有为官府服役的义务。龙泉尤其是大窑一带，元明之际的瓷器生产，规模浩大，技艺高超，登记在匠籍、可供劳役的制瓷工匠来源充分，其中，技艺精湛者应不在少数，这为明代御器厂的设置提供了可靠的技术和人力保障。

值得注意的是，龙泉窑御器厂烧制的青瓷，并非仅供皇家和朝廷使用。尽管民间贸易完全禁绝也不可能，但由于实行了严格的海禁制度，当时瓷器外销的正常渠道主要是朝贡贸易。龙泉窑青瓷作为朝贡贸易的商品之一，见诸文献记载的不在少数，从肯尼亚格迪古城遗址等地点出土的龙泉窑青瓷看，至少有部分产自御器厂。①

中国古代的官营手工业，早在商周时期就已出现，此后，可以说无代无之。瓷器制作成为官营手工业的一部分，究竟始于何时，难以确考。从窑址和高等级墓葬出土的制作精良的原始青瓷和早期青瓷看，从部分窑址器物类型特别（如礼器）、产品精美的窑址分布地域集中的情

---

① 参见本书第八章第三节二“龙泉窑瓷器的输出”。

况看，商周和六朝时期，浙江地域的瓷业生产是否有官方参与其中，是值得深入研究的问题。元代实行严格的匠籍制度，各种形式的官营手工业遍布全国各地。这一时期的龙泉窑，存在官营作坊的可能性是很大的，只不过到目前为止，我们还缺乏确凿可信的考古学证据。至于杭州老虎洞元代窑场是否具有官营性质，恐需谨慎，这一点在下一节讨论哥窑问题时，还要谈到。

总而言之，至少在吴越国时期、南宋和明代，浙江地域曾经设置过烧制青瓷的官窑。从隶属关系和组织管理形式看，这些官窑既有地方官窑，也有中央官窑，但这只是大致分类，实际上，各时期官窑的“官营”成分颇不相同。完全官营化的只有南宋官窑。龙泉窑御器厂虽有中央官窑性质，但组织体系应该是“央、地”共管，运营方式应该是“官、民”协同。地方官窑中，低岭头类型（余姚官窑）的官营成分相对较低，同朝廷的关系也没有临安府官窑那么密切。吴越国官窑是特定意义上的中央官窑，也存在官、民协作，但属于朝廷直管。其设置的初衷虽然也同其他的官窑一样，要获取官用瓷器，但通过官营的方式牟利，可能是更加重要的着力点，这是它与其余官窑最大的不同点。

第四节　哥窑

官、哥、汝、钧、定，宋代五大名窑，在古陶瓷界耳熟能详，但见诸记录的最早的历史文献要到明代。[①]随着考古研究的深入推进，五大

① 一般认为，宋代五大名窑之说，最早见于明吕震的《宣德鼎彝谱》。但吕震卒于宣德元年，该书成于宣德三年不确，实为嘉靖年间。张应文《清秘藏》也载有五大名窑，但成书于嘉靖、万历年间，时间比前者应该还要略晚（李民举：《陈设类钧窑瓷器年代考辨——兼论钧台窑的年代问题》，北京大学考古系：《考古学研究（三）》，科学出版社1997年版）。

名窑的内涵逐步清晰，不过并未彻底厘清。官窑问题已部分解决，至少南宋官窑已基本廓清。汝窑和定窑的考古发现与研究也比较深入。通过钧台窑的发掘和多年来的研究，学术界对于钧窑的了解取得了不小的进展，而对于其年代和性质，则依然争议甚大。哥窑是五大名窑中最扑朔迷离的，何为哥窑、窑场何在、产品面貌到底怎样认识等等，大家少有共识。浙江古代青瓷窑场中，杭州老虎洞窑和龙泉窑与哥窑的关系，值得深入探讨。我们可以将窑址的考古成果，与史料记载以及墓葬、城址和窖藏等窑址以外地点的出土材料结合起来，做初步梳理。

一、从文献记载看哥窑

（一）哥窑的烧造活动在元代

与哥窑有关的文献记载，现知最早的为元代。孔齐《至正直记》卷四“窑器不足珍”条：

> 乙未冬，在杭州时，市哥哥洞窑器者一香鼎，质细，虽新，其色莹润如旧造，识者尤疑之。会荆溪王德翁亦云：近日哥哥窑绝类古官窑，不可不细辨也。今在庆元见一寻常青器菜盆，质虽粗，其色亦如旧窑，不过街市所货下等低物，使其质更加以细腻，兼以岁久，则乱真矣。……至正癸卯冬记。①

由这则文献可知，孔齐在杭州购买的哥哥洞窑香鼎是新的，烧制时间应该在元至正乙未年（1355）或此前不久；当时哥哥洞窑又称哥哥窑，产品特征与“古官窑”相似；至正癸卯年（1363）时，似乎也有类似产品烧制，色泽与“旧窑”相似，但胎质不够细腻。

---

① 〔元〕孔齐：《至正直记》，《丛书集成初编》本，据《粤雅堂丛书》本排印，中华书局1991年版。

曹昭《格古要论》卷下《古窑器论》:

> 官窑：宋修内司烧者，土脉细润，色青带粉红，浓淡不一，有蟹爪纹、紫口铁足，色好者与汝窑相类，有黑土者谓之乌泥窑，伪者皆龙泉烧者，无纹路。
>
> 董窑：淡青色，细纹多，亦有紫口铁足。……不逮官窑多矣，今亦少。
>
> 哥窑：旧哥窑，色青，浓淡不一，亦有紫口铁足，色好者类董窑，今亦少有成群队者。元末新烧者，土脉粗燥，色亦不好。[①]

《格古要论》成书于明洪武二十年（1387），明确记载：元朝末年有新烧制的哥窑器；在此之前，已经有"旧哥窑"器了，与南宋修内司官窑一样，也有紫口铁足的特征，但数量不多；元末新烧的，质量较次。

明景泰七年至天顺三年（1456—1459），王佐曾对《格古要论》进行增补校订，"哥窑"作"哥哥窑"。[②]吴琉《三才广志》"哥哥窑"条，内容与《格古要论》"哥窑"条完全相同，唯"哥窑"作"哥哥窑"。[③]据浙江长兴县出土的墓志，吴琉生于明景泰五年（1454），卒于正德十六年（1521）[④]，《三才广志》的成书时间以正德年间（1506—1521）可能性大。可见，明代早中期，"哥窑"与"哥哥窑"是彼此通用的。

从《至正直记》和《格古要论》的记载看，元代末年，哥窑曾经烧造青瓷，但质量不及此前的"旧（哥）窑"。看来，元代晚期至明代中期，人们对于哥窑的名称叫法比较随意，哥窑、哥哥窑或哥哥洞窑，所

---

① 〔明〕曹昭：《格古要论》，影印文渊阁《四库全书》本，见《四库笔记小说丛书》之《洞天清录》（外五种），上海古籍出版社1993年版。

② 〔明〕王佐：《新增格古要论》卷七，浙江人民美术出版社2011年版。

③ 〔明〕吴琉：《三才广志》卷一千一百六十五，北京大学图书馆藏本。

④ 浙江省文物考古研究所发掘资料，徐军先生见告。

指相同。至于窑场地点，《至正直记》提及杭州、庆元[①]，似暗指哥窑的窑场位于杭州。

（二）龙泉宋哥窑难以确信

明清时期的地方志对哥窑常有描述，文人笔记有关哥窑的记载更是屡见不鲜，但多彼此摘引、传抄。有几则文献较为重要。

将哥窑与龙泉联系起来的文献，要晚于《格古要论》一百余年。目前所见，最早的是陆深的《春风堂随笔》：

> 哥窑，浅白断纹，号百圾碎，宋时，有章生一、生二兄弟，皆处州人，主龙泉之琉田窑。生二所陶青器，纯粹如美玉，为世所贵，即官窑之类。生一所陶者，色淡，故名哥窑。[②]

该书的成书年代不明，但作者陆深生于成化十四年（1478），卒于嘉靖二十三年（1544），弘治十八年（1505）进士，应大致成于其中晚年[③]。此处明确地将哥窑器的年代定为宋，并指为处州章氏兄弟中的兄长在龙泉琉田窑（今大窑）的产品。

创修于嘉靖三十年（1551）、刊行于嘉靖四十年的《浙江通志》，为官修方志，由浙江总督胡宗宪等主持修撰，年代略晚于《春风堂随笔》，其有关哥窑的记载，也有章氏兄弟主琉田窑的说法，但说法谨慎：

> （龙泉）县南七十里，曰琉华山……山下即琉田，居民多以陶为业。相传旧有章生一、生二兄弟，二人未详何时人，主琉田窑，

---

① 此处庆元当指庆元路（今宁波）。

② 〔明〕陆深：《春风堂随笔》，转引自《说郛续》卷二十，〔明〕陶宗仪等编：《说郛三种》，上海古籍出版社1988年版。

③ 钟凤文先生考证，《春风堂随笔》的“哥窑”条，乃后人添补，时间大致在崇祯十四年（1641）以前（《哥哥洞窑与哥窑现象》，文物出版社2019年版）。未敢确信。

造青器，粹美冠绝当世。兄曰哥窑，弟曰生二窑。价高而征课遂厚。自后，器之出于琉田者，已粗陋利微，而课额不减，民甚病焉。然则为工者，亦何贵于精也。①

这里的表述非常清晰，过去有章生一、章生二两兄弟，是相传的说法，而且具体是什么时候人，还不清楚。也没有“生二所陶青器，……即官窑之类”的不靠谱的表述。

此后，直至清末，除清顺治《龙泉县志》未提及外，包括《浙江通志》和《龙泉县志》在内的方志，多记哥窑在龙泉，但对于章生一、章生二，众口一词称“不知何时人”。与此形成鲜明反差的是，文人笔记不仅多数称哥窑在龙泉，而且普遍指章氏兄弟为宋人或南宋人。但也有例外，高濂《遵生八笺》：

高子曰：论窑器必曰柴、汝、官、哥。……官窑品格，大率与哥窑相同，色取粉青为上，淡白次之，油灰色，色之下也；纹取冰裂鳝血为上，梅花片墨纹次之，细碎纹，纹之下也。……所谓官者，烧于宋修内司中，为官家造也，窑在杭之凤凰山下，其土紫，故胎色若铁。时云紫口铁足。紫口乃器口上仰，釉水流下，比周身较浅，故口微露紫痕，此何足贵？惟尚铁足，以他处之土咸不及此。哥窑烧于私家，取土俱在此地。官窑质之隐纹如蟹爪，哥窑质之隐纹如鱼子，但汁料不如官料佳耳。②

该书刊刻于万历十九年（1591），按其所述，哥窑和宋修内司官窑

① 明嘉靖《浙江通志》卷八《地理志》，上海古籍出版社1991年版。

② 〔明〕高濂：《遵生八笺》卷十四《燕闲清赏笺》“论官哥窑器”条，影印文渊阁《四库全书》本，见《四库笔记小说丛书》之《洞天清录》（外五种），上海古籍出版社1993年版。

的地点相同，都在杭州的凤凰山下。哥窑的年代，没有明言，但是按照行文顺序，当晚于宋修内司窑。明确记载哥窑与修内司官窑同在杭州凤凰山下，这是现知最早的文献。作者高濂为学养深厚的明代文人，乃杭州本土人士，长期隐居于西湖。成书年代稍晚的《广志绎》也说“官、哥二窑”在凤凰山下，并指年代为“宋时”。[①]初刊于崇祯十年（1637）的《天工开物》，笼统地称哥窑年代为“宋元时”，但又说窑在龙泉琉华山下，乃章氏所造。[②]

《菽园杂记》关于龙泉青瓷的记载，引自宋嘉定《龙泉志》，内容颇为详备，但无哥窑以及章生一、章生二兄弟的任何文字。成书于南宋晚期的《坦斋笔衡》和《负暄杂录》，记载了龙泉窑，也提到了乌泥窑、余姚（杭）窑、续窑以及宋代一众名窑，但哥窑只字未提。像这样的情况，难道会纯属偶然吗？实际上，清末修撰《龙泉县志》时，已认识到：“章窑之在南宋时，似非确证也。”[③]

（三）哥窑在明代已是仿制作伪对象

至迟从明代早期起，哥窑器已经成为复制的对象。皇甫录《皇明纪略》：

> 都太仆言：仁宗监国，问谕德杨士奇曰：哥窑器可复陶否？士奇恐启玩好心，答云：此窑之变，不可陶。他日以问赞善王汝玉，汝玉曰：殿下陶之则立成，何不可之有？仁宗善，命陶之，果成。[④]

按：仁宗即朱高炽，永乐二年（1404）立为太子，永乐二十二年登基，其以太子身份监国，在此期间。王汝玉（1349—1415），曾为仁宗东宫赞善。可见，朱高炽要求的哥窑器复制，大概在永乐十三年以前就

---

① 〔明〕王士性：《广志绎》卷之四《江南诸省》，中华书局点校本，1981年版。

② 〔明〕宋应星：《天工开物》卷七《陶埏》，岳麓书社2002年版。

③ 清光绪《龙泉县志》卷一《舆地·古迹》“生二章青器”条。

④ 〔明〕皇甫录：《皇明纪略》，《丛书集成初编》据《历代小史》本影印，1985年版。

已完成。

作为珍玩，哥窑残器在明代时就已成为古董从业者复烧做旧的对象。《遵生八笺》：

> 更有一种复烧，取旧官、哥磁器，如炉欠足、耳，瓶损口棱者，以旧补旧，加以釉药，裹以泥合，入窑一起烧成，如旧制无异……①

从以上两则文献的记载看，结合成书于洪武年间的《格古要论》也仅提到哥窑器元末新烧，我们判断，哥窑烧造活动的下限，很有可能就在元末。明清时期烧造类似器物，均属于仿哥窑了。

总之，从历史文献看，所谓哥窑，有三点比较明确：第一，烧造活动在元代，早到宋、晚及明的可能性都很小；第二，产品面貌与南宋官窑相似，多紫口铁足、釉面开片；第三，窑场地点有杭州和龙泉两说。

二、老虎洞窑与哥窑

（一）老虎洞元代窑场是龙泉窑工“仿官”之地

杭州老虎洞窑址元代层出土的青瓷，精、粗分野明显。既有“仿官”青瓷精品，也有大量龙泉窑风格的粗瓷，且占比超过精品。粗瓷以碗、盘、壶、罐类日常生活用瓷为主，也有少量陈设器。产品质量总体上不及同时期龙泉窑中心区烧制的青瓷，胎体普遍比较粗糙、厚重，釉面干涩者较多，釉色青灰或青黄，多采用明火裸烧方式，大量碗盘类产品外底无釉，内底刮釉一圈，形成所谓涩圈。这说明，该元代窑场并非纯粹的“仿官”窑场，其产品以满足普通民众日常需求为主，同时生产面向中上层社会的“仿官”精品。

---

① 〔明〕高濂：《遵生八笺》卷十四《燕闲清赏笺》“论官哥窑器”条。

图7-68　褐书“官窑”铭青瓷碗（老虎洞窑址元代层出土）

图7-69　八思巴文支钉窑具（老虎洞窑址元代层出土）

老虎洞窑址元代层，出土过几件“官窑”铭瓷器残件（图7-68），有学者将其看作这里存在元代官府窑场的直接证据[①]。不过，褐书“官窑”款的青瓷均属于元代层的粗瓷，同层出土的支钉窑具上的八思巴文，意为“章（张）记”[②]（图7-69），显系民营商号。而且，若此处当时确系官窑，自我标注似无必要。该地乃南宋官窑的窑场所在，元代层的精品为乳浊釉青瓷，刻意模仿南宋官窑的做法明显，标榜“官窑”恐怕恰恰是在自抬身价。

如前所述，南宋官窑中晚期，和雇工匠的主要来源应该是龙泉窑。从老虎洞窑址元代层青瓷的特征看，原受雇于南宋官窑的部分龙泉窑工匠，重回故地、再续前业的可能性甚大，只不过此一时、彼一时，原为“因公”，现为“因私”。元代层与南宋层之间有一层厚薄不一的积沙，比较纯净，观察系近旁山体遭雨水冲刷所致，说明修内司官窑烧造活动

① 杜正贤：《杭州老虎洞瓷窑址的考古学研究》，秦大树、杜正贤主编：《南宋官窑与哥窑——杭州南宋官窑老虎洞窑址国际学术研讨会论文集》，浙江大学出版社2004年版。

② 照那斯图：《杭州老虎洞窑址出土窑具八思巴字译释》，秦大树、杜正贤主编：《南宋官窑与哥窑——杭州南宋官窑老虎洞窑址国际学术研讨会论文集》，浙江大学出版社2004年版。

结束以后，此地沉寂了一段时间，方才窑火重燃。元朝接管南宋，与赵宋接管吴越国的和平方式不同，是以战争方式实现的。宋元交替之际，南宋官窑不间断维持生产的可能性是不存在的。

那么，为什么这些龙泉窑工匠要回到这里重操旧业呢？根本的原因肯定还是有需求、能盈利。若仅生产面向普罗大众的日用粗瓷，固然市场广阔，但因为定价只能大众化，单位产品的利润一般都比较微薄，这样，似无须从生产条件佳、生活成本低的浙西南来到杭州城。重回宋修内司官窑故址，大量烧制“仿官”青瓷，显然是为了满足某种特别需求，并且能够实现更佳盈利。分析起来，重回官窑故地，原因有三：第一，可借用南宋官窑的号召力；第二，原有设施和原料采集地有修复再利用之便；第三，传统手工艺制瓷，在烧制技术相同的情况下，采用相同地点的相同原料，更容易仿制出相似的产品。这种特别需求，最初可能来自文化修养较高的中上层南宋遗民。对故国的怀旧心理、对清雅意趣的精神追求，使得江南的文人们对南宋官窑有着特殊的崇尚，无奈官窑难觅、实不易得，于是，“仿官”之器成为替代品。这应该就是哥窑的由来。无疑，修内司官窑故地的“仿官”之作，最能迎合当时文人们的消费心理，如此看来，自我标榜为“官窑”，也就可以理解了。明清时期，从民间文人到皇室贵族，均视哥窑器为珍玩，实乃元时流风所及，渐成风尚。

（二）元代老虎洞乃哥窑窑场所在

从现有材料看，元代的老虎洞窑场至少是烧制哥窑器的窑场之一。从时间和地点看，老虎洞元代窑场与前引元、明文献关于哥窑的记载，能够相互印证。

1.窑址出土的哥窑型青瓷

从产品特征看，老虎洞窑址元代层精品青瓷的器型、胎、釉和装烧方式等方面，均与该窑址出土的南宋官窑器有诸多相似处，但又不尽相同。以文献记载的描述相对照，其中部分产品的特征与哥窑相符。对于南宋官窑的模仿，“刻意”而为的痕迹相当明显。比如，有些器物，体

图7-70　乳浊釉青瓷小罐（老虎洞窑址元代层出土，杭州市文物考古研究所发掘资料）

图7-71　乳浊釉青瓷盘（老虎洞窑址元代层出土，杭州市文物考古研究所发掘资料）

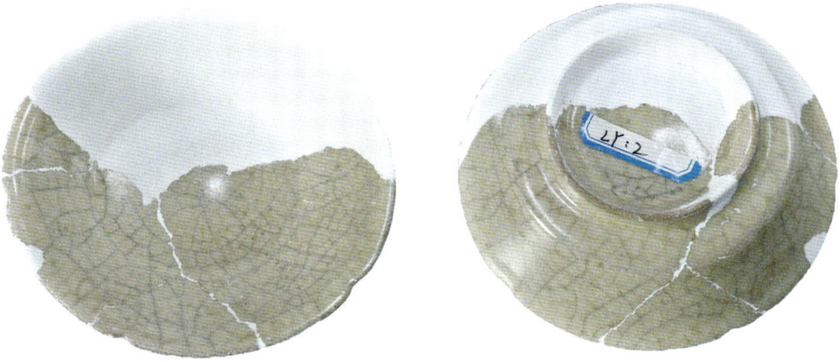

图7-72　乳浊釉青瓷花口盘（老虎洞窑址元代层出土）

形本较小，也无器内套烧其他坯件的痕迹，从受力的合理性看，明明采用垫烧或者支烧一种装烧方式即可，却采用了支、垫结合的方式；为追求“铁足”效果，少数器物足底露胎处似有护胎釉（图7-70）。在着意“求同”的同时，精品瓷呈现出的面貌又与南宋官窑明显“有异”。比如，圈足足底较宽、底端平整、刮釉线整齐（图7-71）；器形小巧的陈设器多，作葵口或花瓣口的多（图7-72）；釉层凝脂感强者较多，开片细密者较多，部分呈“金丝铁线”特征[①]（图7-73）；釉色粉青者罕见，

① “金丝铁线”乃后人总结出来的说法，从元、明、清文献看，这种特征当时并未受到特别关注。

呈色灰青、米黄、月白的较多等[①]。总之，既刻意“仿官”，又迎合贵族士大夫阶层的“官窑印象”，用心良苦。

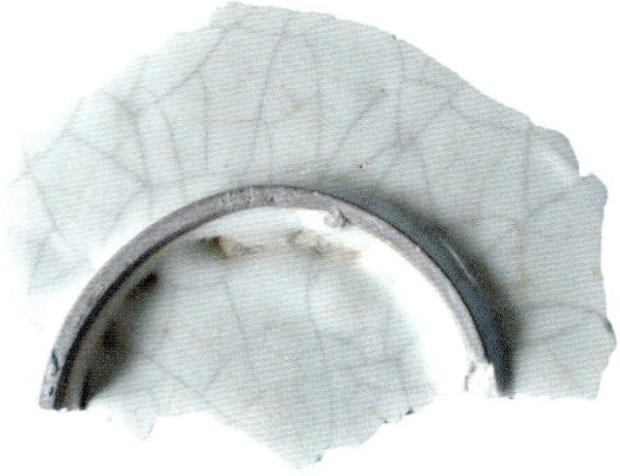

图7-73 乳浊釉青瓷盘（老虎洞窑址元代层出土）

2. 窑址以外地点出土的老虎洞类型哥窑器

窑址以外的元代和明初的墓葬、窖藏、城址和沉船，曾出土（水）过一些黑胎青瓷，类官窑而非官窑、类龙泉而非龙泉，而在老虎洞窑址元代层，能找到相同或相似的器物，与元明文献描述的哥窑特征也颇为相符（表7-2，图7-74、图7-75）。

图7-74 乳浊釉青瓷贯耳瓶（上海任仁发家族墓出土）（左）
图7-75 乳浊釉青瓷贯耳瓶（老虎洞窑址元代层出土）（右）

① 老虎洞窑址元代层产品与南宋层的异同，请参阅第五章第四节的有关内容。

表7-2　元代、明初窑址以外地点出土（出水）老虎洞类型哥窑器

地点	遗存类型	主要器型	年代	备注
上海青浦①	墓葬	胆式瓶、贯耳瓶、双耳鬲式炉、簋式炉	元	元代名臣、画家任仁发家族墓
江苏溧水②	窖藏	长颈瓶、鬲式炉、鸟食罐	元	
安徽安庆③	窖藏	盘、盏、把杯	元	
安徽繁昌④	窖藏	六方贯耳瓶	元	
北京⑤	城址	瓶炉类残片	元	元大都遗址
韩国⑥	沉船	贯耳瓶、胆式瓶、簋式炉、柱足鼎式炉、乳丁足鼎式炉	元	新安海底沉船
江苏南京⑦	墓葬	葵瓣口盘	明洪武四年（1371）	东胜侯汪兴祖墓
浙江长兴⑧	墓葬	双耳鬲式炉、贯耳瓶	明	长兴望族吴氏家族墓

从表7-2可以看出，与老虎洞元代层产品相同、相类的这些哥窑型青瓷（暂称老虎洞类型哥窑器），主要出土于长江下游地区，器型多为

① 何继英：《上海唐宋元墓》，科学出版社2014年版。

② 高茂松：《江苏溧水永阳镇元代窖藏出土的瓷器与初步认识》，《东南文化》2011年第2期；杨正宏、肖梦龙、刘丽文：《镇江出土陶瓷器》，文物出版社2010年版。

③ 胡悦谦：《安庆市出土的几件瓷器》，《文物》1986年第6期；安徽省博物馆：《元瓷之珍》，文物出版社2009年版。

④ 刘新权：《繁昌出土元代珍贵文物》，《中国文物报》2000年9月20日第1版；安徽省博物馆：《元瓷之珍》，文物出版社2009年版。

⑤ 张宁：《记元大都出土文物》，《考古》1972年第6期。

⑥ 金英美：《新安沉船与海上丝绸之路》，沈琼华主编：《大元帆影——韩国新安沉船出水文物精华》，文物出版社2012年版；冯先铭：《韩国新安沉船及瓷器问题探讨》，《故宫博物院院刊》1985年第3期。

⑦ 南京市博物馆：《南京明汪兴祖墓清理简报》，《考古》1972年第4期。

⑧ 浙江省文物考古研究所、长兴县文物保护管理所：《浙江长兴石泉明墓发掘简报》，《文物》2015年第7期。该墓年代晚于明初，鉴于出土的老虎洞类型哥窑青瓷均为陈设器，故而亦收入表中。

瓶、炉类陈设器，墓葬出土者，其主人均身份高贵。元大都为元朝首都，窖藏同出的其他窑口瓷器均为上品。从宁波出发的新安海底沉船所载瓷器也主要是在日本社会地位较高的僧侣收购的。①显然，老虎洞类型哥窑器的主要消费群体是权贵和文人雅士，满足的是他们古雅的生活审美追求，消费圈集中分布于南宋的心腹地带——江南地区。

3. 理化测试数据

除出土材料外，老虎洞元代窑场生产哥窑型青瓷，还可以从理化测试数据上得到佐证。故宫博物院曾提供4件元大都出土的哥窑型瓷片进行科学测试，结果表明，其胎、釉的化学组成和显微结构，都与老虎洞窑址元代堆积层出土瓷片较为接近，进一步证明了元大都出土的哥窑型青瓷就是老虎洞窑元代时烧制的。②近年来，有学者对故宫博物院收藏的“高钾低钙”类传世宋代官窑器，也就是所谓“官哥不分”类型瓷器，以及老虎洞窑址南宋、元代地层出土的青瓷标本的釉层元素组成含量，进行了无损分析，结果表明，“高钾低钙”类传世宋代官窑器可能烧制于元代早期，“属于从典型的南宋官窑瓷器向元末新烧的典型传世哥窑器转变过程中的过渡产品”。③由此看来，老虎洞也有可能是文献记载所谓“旧哥窑”的窑场所在。

两岸故宫和其他收藏机构的所谓传世哥窑，至少有一部分的产地是老虎洞元代窑场。传世哥窑来源复杂，即便是清宫旧藏，也多是清朝时通过各种贡奉方式进宫的。④正如冯先铭先生所言，这些哥窑器的年代应

① 金英美：《新安沉船与海上丝绸之路》，沈琼华主编：《大元帆影——韩国新安沉船出水文物精华》，文物出版社2012年版。

② 李家治、张志刚、邓泽群等：《杭州凤凰山麓老虎洞窑出土瓷片的工艺研究》，《建筑材料学报》2000年第3期。

③ 李合、唐俊杰、王光尧：《从釉的配方角度论故宫博物院藏传世宋代官窑瓷器中“高钾低钙”类瓷器的烧制年代》，《故宫博物院院刊》2021年第12期。

④ 韩倩：《清宫视野下的哥窑——以故宫博物院清宫旧藏传世哥窑瓷器为例》，故宫博物院编：《哥瓷雅集——故宫博物院珍藏及出土哥窑瓷器荟萃》，故宫出版社2017年版。

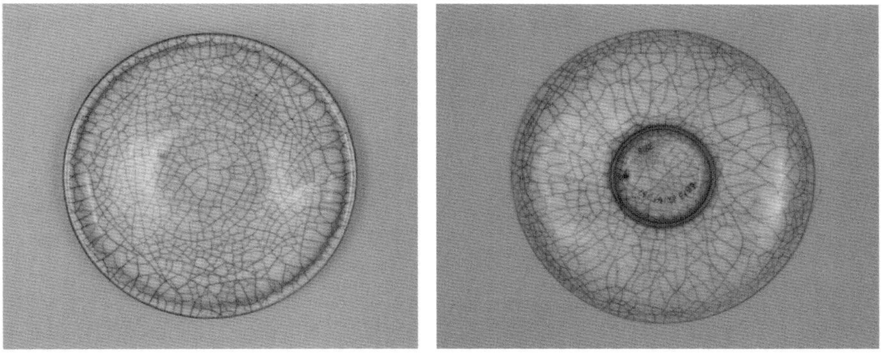

图7-76　哥窑浅腹盘（故宫博物院藏，王光尧供图）

图7-77　乳浊釉青瓷浅腹盘（老虎洞窑址99LYT58①出土）

该有早晚之别，产地也可能并不单一。[①]从外观特征看，传世哥窑中的部分器物，可以在老虎洞元代层出土的青瓷中找到相同或相似者（图7-76、图7-77）。此外，科学测试也能提供一定的旁证。故宫博物院曾从几位私人藏家处借得几件传世哥窑标本，进行无损测试。据称这几件标本系出土物，尤其是圆明园出土的一件青釉盘残片，外底錾刻乾隆御题“咏哥窑盘子诗”。据测试，这些青瓷的胎、釉元素组成，均与杭州地区南宋官

① 冯先铭：《“哥窑”问题质疑》，《故宫博物院院刊》1981年第3期。

窑粉青釉瓷比较接近[①]，这至少从一个侧面证明了其产地很可能是杭州。故宫博物院还曾提供另一件所谓传世哥窑瓷片进行测试，所得数据与上述元大都出土瓷片相当，但据说该标本乃孙瀛洲先生收购所得，又仅此一片，科学性不足。无疑，传世哥窑的科学研究还有待于进一步加强。

杭州乌龟山窑址遗存清楚地表明，郊坛下官窑烧造活动终结后，该地点在元代时也存在窑业活动，产品也具有龙泉窑风格。但是，由于该窑址保存状况差，堆积扰动严重，无法确定这里是否也像老虎洞一样，元代时有仿制宋官窑青瓷的窑场。

三、龙泉窑与哥窑

（一）龙泉窑黑胎青瓷与哥窑

要讨论龙泉窑与哥窑的关系，当然首先要谈到黑胎青瓷问题。

迄今为止的考古发现和研究表明，龙泉窑生产的黑胎青瓷，上限可至南宋中期，下限要到元代。多年来，对于如何认识龙泉窑黑胎青瓷尤其是宋代的黑胎青瓷，学术界意见纷纭。主流的见解有两种。传统观点认为，南宋龙泉窑黑胎青瓷就是文献记载所称的哥窑，乃章生一、章生二两兄弟中兄长所主之窑的产品。随着龙泉窑和南宋官窑考古工作的逐步深入，学术界越来越倾向于认为，龙泉窑受南宋官窑影响烧制的厚釉青瓷，特别是黑胎青瓷，属于仿南宋官窑的产品。

1. 龙泉窑黑胎青瓷乃“仿官”之作

依目前所见，龙泉窑黑胎青瓷仿自南宋官窑是明确的。

第一，如前所述，南宋官窑的创设不晚于绍兴二十六年（1156），无论临安城的哪一处窑场被认定为始设的修内司官窑，其上限都在南宋早期。龙泉窑黑胎青瓷的上限，根据现有的考古材料，只可能到南宋中期。

---

① 吕成龙：《试论哥窑的几个问题》，故宫博物院编：《哥瓷雅集——故宫博物院珍藏及出土哥窑瓷器荟萃》，故宫出版社2017年版。

第二，迄今为止，龙泉共发现烧造黑胎青瓷的窑址近30处，其中，大部分为南宋中晚期遗存。除小梅瓦窑路窑址外，产品均以白胎青瓷为主。窑场数量众多，产品以龙泉窑自身特色为主，类似南宋官窑的黑胎青瓷总体上只是少量兼烧，仿制的特点明显。

第三，按前引南宋史料《百宝总珍集》，南宋中期或稍后，当时人就知道龙泉窑在仿制南宋官窑青瓷了。[①]明初的《格古要论》亦称："宋修内司烧者，土脉细润……，有黑土者谓之乌泥窑，伪者皆龙泉烧者。"[②]

第四，乳浊釉青瓷非浙江本土传统，最早承接外来乳浊釉青瓷烧制工艺的是越窑低岭头类型。南宋官窑早段的制瓷工艺和工匠来源应该主要是越窑及其后续的临安府官窑。尽管南宋官窑中晚阶段，和雇工匠的主要来源是龙泉窑，其制瓷工艺一定程度受到龙泉窑影响的可能性不能排除，但在中国古代悠久的青瓷生产历史中，黑胎青瓷实属另类。对于浙江古代青瓷生产而言，黑胎＋乳浊釉的青瓷，更是另类。它们显然不是青瓷制作工艺发展到某个阶段后，自然而然孕育而出的，假如没有某种外力催生，黑胎青瓷的出现实在难以想象。黑胎乳浊釉青瓷烧制工艺在当时应该属于高端技术。一般来说，在当时的历史条件下，高端技术首先为官方掌握的可能性更大。从现有考古材料看，龙泉窑白胎乳浊釉青瓷的出现，可能受到了越窑低岭头类型的影响，在龙泉窑，这类青瓷有一个在地发生、发展的过程。但相对于白胎青瓷尤其是厚胎薄釉的白胎青瓷，黑胎青瓷在龙泉窑的出现却是一种突变，它的工艺来源只能是南宋官窑。合理的解释是，因为南宋朝廷政策开明，官方掌握的高端技术，通过工匠的渠道流向了民间。

第五，龙泉地区的瓷土Fe_2O_3含量普遍较低，想烧制南宋官窑那样的

---

① 〔宋〕佚名：《百宝总珍集》（上海书店出版社2015年版）卷九"青器"条："新窑，修内司自烧者。自后伪者皆是龙泉烧造者。"

② 〔明〕曹昭：《格古要论》卷下《古窑器论》"官窑"条，影印文渊阁《四库全书》本，见《四库笔记小说丛书》之《洞天清录》（外五种），上海古籍出版社1993年版。

黑胎青瓷，就要掺入一定量的紫金土。[①]而南宋官窑特别是老虎洞窑场所在地，存在瓷土与紫金土的混合原料，具备采用天然材料烧制出黑胎青瓷的条件。[②]龙泉窑黑胎青瓷釉的化学组成与郊坛下官窑也非常接近。[③]陶瓷科技工作者的研究成果，是龙泉窑黑胎青瓷“仿官”的又一佐证。

那么，南宋龙泉窑“仿官”黑胎瓷是否文献记载的哥窑器呢？紫口铁足、釉面开片的基本特征倒是具备的，但正如前文所述，现知文献有哥窑一说的，最早只能到元代，而首次将哥窑与龙泉窑联系起来的文献，更是要迟至明代中晚期。不仅如此，官修地方志从一开始就对这一说法持保留态度。若将传世哥窑器与龙泉窑“仿官”黑胎瓷进行对照，也会发现，两者的面貌差异还是明显的。看来，如果实在要将龙泉窑南宋黑胎瓷说成是“宋哥窑”的话，也只能说，它们是明清时期部分人心目中的“宋哥窑”了。

2.龙泉窑黑胎青瓷是高档商品瓷

既然有生产，就一定是因为有需求，所谓“需求决定生产”。龙泉窑仿烧南宋官窑黑胎瓷，有某种需求驱动是一定的。这些黑胎青瓷是为谁生产的呢？或者说，针对的消费群体是哪些人呢？在窑址以外的地点，龙泉窑黑胎青瓷出土很少。龙泉窑白胎青瓷精品在临安城遗址和宋六陵（南宋皇陵），均有大量出土；黑胎青瓷在临安城只有零星出土，在宋六陵则至今未见[④]。这仅仅是因为白胎青瓷的产量大于黑胎青瓷吗？

---

① 周仁、张福康、郑永圃：《历代龙泉青瓷烧制工艺的科学总结》，《考古学报》1973年第1期。

② 周少华、林正贤：《南宋官窑青瓷原料的研究与中国瓷器二元配方起源的探讨》，《'02古陶瓷科学技术 5 国际讨论会论文集》，上海科学技术文献出版社2002年版。

③ 李家治、吴瑞：《科技研究为官哥等窑的时空定位提供新思路》，《文物保护与考古科学》2006年第4期。

④ 绍兴县文化发展中心、越国文化博物馆：《宋六陵遗物萃编》，西泠印社出版社2011年版。又：近十年来，浙江省文物考古研究所等单位对宋六陵进行了持续的考古勘探和发掘，出土物中均未见黑胎青瓷。

图7-78 龙泉窑黑胎青瓷鬲式炉（浙江长兴韩枤墓出土，浙江省文物考古研究所发掘资料）

图7-79 龙泉窑黑胎青瓷把杯（湖州吴兴皇坟山宋墓出土）

很有可能，龙泉窑黑胎青瓷并未像白胎青瓷那样，曾经为南宋朝廷所用。对于南宋皇室和中央政府来说，既然官窑能生产黑胎青瓷，甚至质量更优，一般来说，再由龙泉窑烧制黑胎青瓷贡进，确实没有必要。龙泉窑黑胎青瓷在浙江长兴（图7-78）、杭州和河北石家庄等地的墓葬出土过[①]，在湖州下昂乡石泉村和吴兴皇坟山宋墓中（图7-79）也曾出土过[②]。除石家庄一例外，另四处宋墓均在南宋统治中枢及其周围，可见，当时的龙泉窑黑胎青瓷，不仅可以用作随葬品，而且不在民间禁用之列，只不过，此处所谓“民间”，并不普通而已。从随葬品的情况看，上述几座墓葬的主人生前都有较高的社会地位。四川遂宁窖藏有龙泉窑黑胎青瓷出土，共出的其他瓷器均为高档精品，可知当时的龙泉窑黑胎青瓷属于高档商品瓷。与此不同的是，南宋官窑青瓷用作随葬品的，目前所知仅两例，均不在南宋疆域范围内。一是甘肃漳县汪世显墓出土的多棱瓶[③]（图7-80）；二是河北省定兴县张弘范家族墓M1（墓主人很可能是张弘范）

① 参见本书第五章第三节二（四）。

② 朱伯谦：《龙泉窑青瓷》，（台北）艺术家出版社1998年版，第170页。

③ 甘肃省博物馆、漳县文化馆：《甘肃漳县元代汪世显家族墓葬简报之一》、漳县文化馆：《甘肃漳县元代汪世显家族墓葬简报之二》，《文物》1982年第2期。

图7-80　南宋官窑多棱瓶（甘肃漳县汪世显墓出土）

图7-81　南宋官窑弦纹瓶（河北省定兴县张弘范家族墓M1出土）

出土的弦纹瓶（图7-81）。与张弘范墓黑胎弦纹瓶共出的还有大批元初风格的白胎龙泉窑青瓷。①这两座墓的主人均为蒙元进攻南宋的著名将领，随葬的南宋官窑瓶或为战利品，或为元廷的赏赐。无论来源如何，这些青瓷的使用不受南宋制度约束，乃自然之理。大略言之，龙泉窑黑胎青瓷看来既非皇家用瓷，亦非平民百姓可用之物。

3. 小梅瓦窑路窑是专烧黑胎青瓷的特殊窑场

在龙泉窑黑胎青瓷窑场中，最特别的要数常常被称作“小梅窑”的小梅镇瓦窑路窑址。如果说，黑胎青瓷是包括龙泉窑在内的中国古代青瓷中的另类的话，小梅窑就是另类中的另类。相较于龙泉窑其他黑胎青瓷窑场，该窑有两个特点，卓尔不群。第一，其他黑胎青瓷窑场均位于

① 浙江省博物馆：《青色流年——全国出土浙江纪年瓷图集》，文物出版社2017年版，第311页。

各片区的窑群之中，只有它傲然独立于众窑场之外，立窑于代表龙泉窑最高水平的大窑附近而又处于一个相对独立的位置。第二，其他生产黑胎青瓷的窑场，主要生产白胎青瓷，而小梅窑几乎清一色是黑胎产品。这两个特点，充分说明了小梅窑应该是因为某种特殊需求而专门设立的窑场。虽说这里烧制黑胎青瓷也是对南宋官窑的仿制，但若仅仅是一般性仿制，需要设置专门的窑场吗？或者说，专门设置一处窑场生产“仿官”青瓷，目的何在呢？再进一步说，若小梅窑的上限年代确实稍早，那么，龙泉窑其他的窑场生产黑胎青瓷，很有可能曾经受到它的影响，至少与它有关联。然而，问题似乎还没有那么简单。因为缺乏纪年材料，小梅窑年代上限略早于其他黑胎青瓷窑场，仅仅是一种推断。值得特别注意的是，小梅瓦窑路窑址没有发现支钉窑具，也不见有支烧痕迹的瓷器，圈足器普遍使用足底刮釉、垫饼垫烧的工艺（图7-82），而被部分学者认为年代可能稍晚的瓦窑垟窑址，则见有支钉窑具出土（图7-83）。从南宋官窑的情况看，支烧方式流行在前、垫烧方式盛行在后。龙泉窑黑胎青瓷装烧工艺的演变轨迹难道与南宋官窑相反吗？看来，要厘清小梅窑的年代和性质，当务之急乃是开展进一步的考古工作、深入的综合研究。

图7-82　龙泉窑垫饼垫烧黑胎青瓷盘（小梅瓦窑路窑址出土）

图7-83　龙泉窑支钉窑具（溪口瓦窑垟窑址出土）

（二）烧造哥釉器的元代龙泉窑场

历年来的考古调查与发掘表明，元代，龙泉窑曾经少量生产釉面开片的灰胎青瓷，为区别于杭州老虎洞窑址元代层的哥窑器，我们暂称这类产品为哥釉器。烧造此类产品的窑址经过试掘或发掘的有两处。

一处是上严儿窑址。1979年，考古工作者配合紧水滩水库工程建设，发掘龙泉东区窑址时，在上严儿窑址发现了一种与同时期主流龙泉窑青瓷特征迥然有别的产品。发掘者将该窑址出土的青瓷分为精瓷和粗瓷两类。精瓷数量不多，主要出土于Y1下层堆积，年代为元代。其特点是，胎色灰或浅灰，釉面开片，釉色浅淡，多呈米黄色，被发掘者称作“哥窑”釉[①]。器型以碗、盘为多见（图7-84）。

另一处是石隆窑址（Y10）。试掘出土的青瓷标本，在主流产品白胎青瓷和黑胎青瓷之外，发现一种“米黄釉开片青瓷”[②]。这种青瓷胎色灰或浅灰，釉的色泽较浅淡，呈米黄、灰青或月白色，釉面开片细密。

图7-84　龙泉窑哥釉青瓷盘（上严儿窑址出土，龙泉青瓷博物馆藏）

① 中国历史博物馆考古部：《浙江龙泉青瓷上严儿村窑址发掘报告》，《中国国家博物馆馆刊》1986年总第8期。

② 谢西营：《龙泉窑石隆片区窑址群考古调查的主要收获与认识》，故宫博物院、浙江省博物馆、丽水市人民政府编：《天下龙泉——龙泉青瓷与全球化国际学术研讨会论文集》，文物出版社2021年版。

图 7–85　龙泉窑哥釉罐（底部残片）
（石隆窑址 Y10 出土）

器型既有碗、盘、罐等日常生活用器，也有瓶、炉类陈设器（图 7–85）。由于盗扰严重，试掘未取得原生堆积层资料，这类青瓷的相对年代不明确，从产品面貌看，应该属于该窑址最晚的遗存，年代为元代。

尽管这两处窑址的哥釉器面貌不尽相同，但胎、釉基本特征也有相似之处。胎体比较厚重，胎质多不甚细腻。圈足多较宽，足端一般都比较平整。釉层普遍较厚，乳浊感较强，部分有油脂感。釉色有米黄、月白、灰青等多种。多数器物外底露胎（部分施釉线不整齐），采用垫饼垫烧方式；常见内底心刮釉，便于叠烧另一件瓷器，应是一匣多件装烧方式的反映。普遍没有“紫口”的特征。同时期的龙泉窑青瓷流行刻划花、印花、贴花等装饰，但此类产品多数不见胎装饰，釉面布满大小不一的开片。

如前所论，曾经受雇于南宋官窑的龙泉窑窑工，有一部分入元以后重回杭州老虎洞，烧制“仿官”青瓷——哥窑器。既然这类产品有需求，有市场，工匠同源的龙泉窑窑场也烧制类似产品，亦属当然。不过，与杭州老虎洞窑址元代层的哥窑器相比，龙泉窑元代的哥釉器，总体成瓷质量要稍逊一筹。与传世哥窑器相比，龙泉窑元代哥釉器多数釉层比较肥厚，釉质酥油感较强，釉色以米黄、月白为基本色调，釉面以开片为装饰手段，颇有几分相似。与古文献描述的哥窑特征相比，所谓金丝铁线之类釉面开片纹路亦有所见（图 7–86）。或许，元代龙泉窑灰胎哥釉瓷，也曾经是元、明文献所称的哥窑的一部分？若果真如此，此类哥窑面向的消费群体，社会地位可能要略低于老虎洞哥窑。部分釉层不够肥厚、釉面比较清亮的灰青釉产品，其釉面的开片可能属于一般的冰裂纹，似乎不宜归入哥釉瓷。

图7-86 龙泉窑哥釉碗（龙泉青瓷博物馆藏）

哥窑是一个非常复杂的问题，既不能因为考古发现未予证实就轻易否定其存在，也不能以明清文献，特别是可信度不高的文献，勉强比附。关于哥窑的研究，应该着重于两个方面：一是古文献记载的哥窑究竟指的是什么？是某个具体窑场或窑场群落，还是某种风格的产品？无论作何解，要在考古学上得到确证，都必须找到产地，也就是通常所讲的窑口。差别只不过是，这些哥窑器到底是来自一个还是两个或两个以上的窑口。二是所谓传世哥窑器的窑口如何？之所以称作传世哥窑，正是因为故宫和其他机构收藏的这些“哥窑器”的窑口不明，才被笼而统之地称为“传世”。通过考古工作和深入的研究，为这些青瓷器找到回家的路并顺着这条路，找到它们的根，正是需要我辈倾心投入的。

从现有考古发现和研究成果看，所谓哥窑，最初指的应该是元朝时仿宋官窑（主要是南宋官窑）的青瓷器，产地有杭州和龙泉两说。其中，杭州的老虎洞是可以确指的窑场地点，龙泉则可能有多处。明、清以至民国时期，由于哥窑器像官窑一样，成了珍玩和收藏的对象，庙堂与江湖一体追捧，包括景德镇御器（窑）厂在内，官、民窑场竞相仿制，哥窑概念逐渐泛化，几乎所有仿“宋官”和“元哥”之作均被称作“哥窑”。这有点儿类似“秘色瓷”，从最初的确有所指，慢慢演变成了优质青瓷的代名词。在“哥窑”概念泛化的历史过程中，古玩界、收藏圈当发挥了“不可替代”的重要作用，毕竟，演义更加“精彩”的历史、塑造更加“鲜活”的人物、传播更加“动人”的故事，可以赋予古董更加“丰富”的文化内涵，拓展更加“广阔”的获利空间。传世哥窑无论年代还是产地，都显得那么庞杂，原因多少与此相关。龙泉窑南宋的“仿官”青瓷以及所谓的章氏兄弟，之所以会与哥窑挂起钩来，也有可能缘于同样的历史背景。

第八章 青瓷的输出与制作工艺的传播

第一节 概述

浙江青瓷在满足当地需求的同时，还作为商品或贡品向国内外大量输出，在产品输出的同时，还进行了制瓷工艺等方面的技术输出。

现有考古资料显示，早在夏商周时期，在河南、山东、陕西、河北等“中原文化圈”及其附近地区的高等级建筑遗址和墓葬中便出土大量原始瓷器[①]，其中就包括浙江地区生产的原始瓷，但数量较少，应该是作为贡品输入的[②]。至汉六朝时期，浙江青瓷在都城周围地区就有大量发现。这一点在六朝建康城及其附近地区表现最为明显，这一区域的都城遗址及其贵族墓葬中有大量越窑瓷器出土，其中包含大量精品。这一时期，以越窑为代表的浙江青瓷应该也主要是作为贡品输入的。唐代以来，随着制瓷手工业的发展，在“内丘白瓷瓯，端溪紫石砚，天下无贵贱通用之”[③]的社会背景下，瓷器使用阶层逐渐平民化，以越窑为代表的浙江青瓷在南北方都有大量出土，不但都城、官员墓葬中有出土，在

---

① 汤毓赟：《从北方原始瓷出土情况看南北方文化交流》，《中原文物》2012年第1期。

② 罗汝鹏：《从“象鼻盉”到原始瓷大口折肩尊——论夏商时期东南地区对中原王朝的一种贡赋模式》，《南方文物》2014年第1期。

③ 〔唐〕李肇等：《国史补・因话录》，上海古籍出版社1979年版。

平民墓葬和一般居址中也有大量出土。[①]宋代以来，瓷器商品化程度更高，以越窑和龙泉窑为代表的浙江青瓷在国内大量遗址中都有广泛发现。[②]

至于浙江青瓷对境外的输出，据现有资料，早在两晋时期越窑瓷器就已经输送到朝鲜半岛地区，但是数量较少。中国古代瓷器真正作为商品大规模外销是与中国古代海上贸易的兴起同时的，即始于8世纪后半叶到9世纪初，在9—10世纪间达到了第一个高峰，越窑在海上贸易从兴起到第一次高峰期间一直扮演着重要角色。[③]不过在9—10世纪间，越窑在外销中的地位有过重大变化，从一类从属性的产品，变为最主要的产品，而这一过程正好伴随着越窑的复苏、发展与繁荣的过程。10世纪开始，越窑瓷器开始在外销瓷中占据日益重要的地位，这主要得益于在五代十国割据局面下，位于东南沿海地区的几个王国为了维持运行和强大自我所大力开展的海上贸易活动。吴越国对海上贸易更是不遗余力，五代中期的钱佐时“航海所入，岁贡百万”[④]，规模已相当可观。因此，越窑的繁荣正好与海上贸易的发达相始终。北宋建国后，统治者亦深刻认识到海上贸易对于财政收入的重要作用。宋神宗曾诏臣子：“东南利国之大，舶商亦居其一焉。昔钱、刘窃据浙、广，内足自富、外足抗中国者，亦由笼海商得术也。”[⑤]北宋先后在广州、杭州、明州、泉州、密州等处建立市舶司，在秀州设市舶务。这使得海上的贸易活动

---

① 谢西营：《唐境内越窑瓷器流布的阶段性及相关问题研究》，《中国柯桥·越瓷文化研讨会论文集》，中国文联出版社2018年版，第119—157页；《五代时期越窑青瓷流布及相关问题——以五代十国境内考古发现为中心》，《吴越国史迹遗存发现与研究学术研讨会论文集》，现代出版社2019年版，第262—272页。

② 谢西营：《北宋龙泉窑瓷器的发现与研究——以墓葬和遗址为中心》，沈岳明、郑建明主编：《北宋龙泉窑纵论》，文物出版社2018年版，第65—81页。

③ 秦大树：《中国古代陶瓷外销的第一个高峰——9—10世纪陶瓷外销的规模与特点》，《故宫博物院院刊》2013年第5期，第32—49页。

④ 〔宋〕薛居正等：《旧五代史》，“世袭列传二”，中华书局1976年版。

⑤ 黄以周等：《续资治通鉴长编拾补》卷五，中华书局2004年版。

持续开展，相延不断。北宋中后期至南宋初期（11—12世纪中叶），从南海到印度洋地区的贸易始终在持续进行，但是总体上讲是海上贸易的一个低潮时期，尽管还有少量的发现，规模却很小。[①]12世纪中期以后再次发展起来的海上贸易，龙泉窑瓷器便成为重要角色，并完成了从“龙泉天下”到“天下龙泉”，从单纯的产品输出到技术输出的转变。[②]

第二节　在境内的输出

一、原始瓷器的输出

前已提及，早在夏商周时期，浙江地区的原始瓷器就已经输送到中原文化圈及其附近地区。此外在浙江周边的江苏南部和安徽南部地区也有大量出土。

截至目前，据不完全统计，在河南偃师二里头遗址（图8-1）[③]、郑州二里岗商代遗址[④]、郑州小双桥遗址[⑤]、安阳殷墟居址[⑥]、郑州铭功路

① 秦大树、谷艳雪：《越窑的外销及相关问题》，《2007年中国·越窑高峰论坛论文集》，文物出版社2008年，第188—189页；秦大树、谢西营：《八月湖水平，涵虚混太清——越窑的历史与成就》，北京大学中国考古研究中心、浙东越窑青瓷博物馆编著：《叠翠：浙东越窑青瓷博物馆藏青瓷精品》，文物出版社2013年版，第8—65页。

② 沈岳明：《从“龙泉天下”到“天下龙泉”——元明时期龙泉窑对外输出方式的变革》，《博物院》2020年第6期。

③ 张柏：《中国出土瓷器全集·河南》，科学出版社2008年版，第1页。

④ 中国社会科学院考古研究所：《郑州二里岗》，科学出版社1959年版，第30页。

⑤ 孙新民、孙锦：《河南地区出土原始瓷的初步研究》，浙江省博物馆编：《东方博物》第二十九辑，浙江大学出版社2008年版，第97—101页。

⑥ 中国社会科学院考古研究所：《殷墟的发现与研究》，科学出版社2001年版，第239—240页。

图8-1 原始瓷盉（偃师二里头遗址出土）

图8-2 原始瓷尊（郑州人民公园出土）

商代墓葬[①]、郑州人民公园商代墓葬（图8-2）[②]、鹿邑太清宫长子口墓[③]、洛阳北窑西周墓[④]、辉县琉璃阁商代墓葬[⑤]、郑州杜岭商代遗址、柘城孟庄商代遗址、浚县辛村西周墓、平顶山应国墓地、襄城县霍村西周墓、固始县侯古堆一号墓，山东济南大辛庄遗址[⑥]、益都苏埠屯商代墓地[⑦]、滕州前掌大墓地（图8-3）[⑧]、济阳刘台子墓地[⑨]、滕州庄里西

---

① 郑州市博物馆：《郑州市铭功路西侧的两座商代墓》，《考古》1965年第10期。

② 中国社会科学院考古研究所：《郑州二里岗》，科学出版社1959年版，第30页。

③ 河南省文物考古研究所、周口市文化局：《鹿邑太清宫长子口墓》，中州古籍出版社2000年版，第54—56页。

④ 孙新民、孙锦：《河南地区出土原始瓷的初步研究》，浙江省博物馆编：《东方博物》第二十九辑，浙江大学出版社2008年版，第97—101页。

⑤ 孙新民、孙锦：《河南地区出土原始瓷的初步研究》，浙江省博物馆编：《东方博物》第二十九辑，浙江大学出版社2008年版，第97—101页。

⑥ 山东省文物管理处：《济南大辛庄遗址试掘简报》，《考古》1959年第4期。

⑦ 梁中合：《山东地区商周时期原始瓷器的发现与研究》，《东南文化》2003年第7期。

⑧ 中国社会科学院考古研究所山东工作队：《滕州前掌大商代墓葬》，《考古学报》1992年第3期。

⑨ 梁中合：《山东地区商周时期原始瓷器的发现与研究》，《东南文化》2003年第7期。

遗址1号墓地[①]，山西夏县东下冯龙山文化遗址[②]、垣曲商城遗址[③]、曲沃北赵晋侯墓地[④]，陕西耀县北村商代遗址[⑤]、扶风召陈西周建筑群基址[⑥]、长安普渡村西周墓[⑦]、长安沣西大原村西周墓[⑧]、长安张家坡西周井叔墓[⑨]、岐山贺家西周墓[⑩]、扶风黄堆老堡西周墓[⑪]、周公庙遗址[⑫]，北京琉璃河西周墓葬[⑬]，河北藁城台西商代遗址[⑭]、邢台邢侯墓地，江苏

图8-3 原始瓷尊（滕州前掌大墓地出土）

① 梁中合：《山东地区商周时期原始瓷器的发现与研究》，《东南文化》2003年第7期。

② 黄石林：《龙山文化中出土的原始青瓷》，《景德镇陶瓷》1984年第1期。

③ 佟伟华、王睿：《1991—1992年山西垣曲商城发掘简报》，《文物》1997年第12期。

④ 孟耀虎、任志：《晋侯墓地出土原始青瓷》，《文物世界》2002年第2期。

⑤ 陕西省考古研究所商周室等：《陕西耀县北村遗址发掘简报》，《考古与文物》1988年第2期。

⑥ 陕西周原考古队：《扶风召陈西周建筑群基址发掘简报》，《文物》1981年第3期。

⑦ 陕西省文物管理委员会：《长安普渡村西周墓的发掘》，《考古学报》1959年第1期。

⑧ 中国社会科学院考古研究所沣西发掘队：《1984年沣西大原村西周墓地发掘简报》，《考古》1986年第11期。

⑨ 中国社会科学院考古研究所沣西发掘队：《长安张家坡西周井叔墓发掘简报》，《考古》1986年第1期。

⑩ 陕西省博物馆、陕西省文物管理委员会：《陕西岐山贺家村西周墓葬》，《考古》1976年第1期。

⑪ 罗红侠：《扶风黄堆老堡三座西周残墓清理简报》，《考古与文物》1994年第3期。

⑫ 徐天进：《周公庙遗址的考古所获及所思》，《文物》2006年第8期。

⑬ 北京市文物研究所、北京大学考古学系：《1995年琉璃河遗址墓葬区发掘简报》，《文物》1996年第6期。

⑭ 河北省博物馆台西发掘小组、河北省文管处台西发掘小组：《河北藁城县台西村商代遗址1973年的重要发现》，《文物》1974年第8期。

无锡鸿山越国贵族墓葬[①]，安徽屯溪土墩墓群[②]等，均有原始瓷器的出土，时代涵盖夏至两周时期，器类主要有豆、尊、罐、罍、瓮、盉、壶、瓿、簋、碗及仿青铜礼乐器等。

关于上述原始瓷器的产地，学术界有很大争议，主要表现为“南方产地说”和“北方产地说”两类。[③]但无论如何，上述原始瓷器中应该有一批产地属于浙江地区，不过相关鉴别和科技分析还有待于进一步的开展。目前可以肯定的是，临近浙江的安徽南部和江苏南部出土的原始青瓷应该是浙江越地生产的。上述两地出土的原始青瓷数量很多，在墓葬、遗址中都普遍出土，说明使用广泛，但这两个区域迄今都没有窑址发现，而从器型和纹饰等方面看，这些原始青瓷都与浙江烧造者相同。[④]前面已经提到的江苏无锡鸿山越国贵族墓葬和安徽屯溪土墩墓出土的原始瓷器，目前基本可以确定是浙江地区的产品。其中，无锡鸿山越国贵族墓出土的仿青铜礼乐器原始瓷大多数器型与德清亭子桥窑址[⑤]产品一致。

西汉至东汉早期，浙江地区生产的原始瓷器在全国各地都有发现，不论是出土的范围还是数量，都较之前有了极大的增加。据相关学者研究，汉代江东类型的高温钙釉器物曾在长江中上游、江淮之间、淮河以北至北方长城沿线等广大地区流传，如在《萧县汉墓》一书中报道的151座汉墓中共有7座墓，主要是西汉晚期墓葬，就出土了属于输入品为

---

① 南京博物院考古研究所、无锡市锡山区文物管理委员会：《无锡鸿山越国贵族墓发掘简报》，《文物》2006年第1期。

② 安徽省文化局文物工作队：《安徽屯溪西周墓葬发掘报告》，《考古学报》1959年第4期。

③ 谢西营：《商周原始瓷器研究综述》，浙江省博物馆编：《东方博物》第四十三辑，浙江大学出版社2012年版，第68—77页。

④ 蒙陈元甫先生指教。此外，可参考黎海超：《论南方地区西周时期原始瓷器的生产分区及其与北方原始瓷器的关系》，《考古与文物》2017年第5期。

⑤ 浙江省文物考古研究所、德清县博物馆：《德清亭子桥：战国原始瓷窑址发掘报告》，文物出版社2011年版。

汉代江东类型的高温钙釉器物，约占墓葬总数的4.6%；器型包括壶15件、瓿2件、罍1件，累计18件，约占这批汉墓出土陶瓷器总数的2%。[①]

二、越窑瓷器的输出

（一）东汉中晚期至六朝时期

东汉中晚期至六朝时期，以越窑为代表的浙江青瓷在南北方地区广为流布。据不完全统计，这一时期出土越窑瓷器的比较重要的墓葬有湖北武昌任加湾东吴黄武六年（227）墓[②]、江苏镇江东吴赤乌元年（238）墓[③]、安徽马鞍山东吴赤乌十二年（249）朱然墓[④]、湖北鄂城东吴赤乌十二年（249）孙邻墓[⑤]、江苏南京光华门外赵士岗东吴赤乌十四年（251）第4号墓[⑥]、江苏金坛方麓茶场东吴永安三年（260）墓[⑦]、江苏南京清凉山东吴甘露元年（265）墓[⑧]、江苏南京东北郊甘家巷东吴建衡二年（270）墓[⑨]、江苏溧阳县东王公社东吴凤凰元年（272）墓[⑩]、江苏南京光华门外赵士岗东吴凤凰二年（273）墓[⑪]、江苏金坛县白塔公社东

---

① 杨哲峰：《输入与模仿——关于〈萧县汉墓〉报道的江东类型陶瓷器及相关问题》，《江汉考古》2013年第1期。

② 武汉市文物管理委员会：《武昌任家湾六朝初期墓葬清理简报》，《文物参考资料》1955年第12期。

③ 镇江博物馆：《镇江东吴西晋墓》，《考古》1984年第6期。

④ 安徽省文物考古研究所：《安徽省马鞍山朱然墓发掘简报》，《文物》1986年第3期。

⑤ 鄂州博物馆、湖北省文物考古研究所：《湖北鄂州鄂钢饮料厂一号墓发掘报告》，《考古学报》1998年第1期。

⑥ 不详：《南京附近六朝墓葬出土文物》，《文物参考资料》1955年第8期。

⑦ 常州市博物馆、金坛县文管会：《江苏金坛县方麓东吴墓》，《文物》1989年第8期。

⑧ 李蔚然：《南京六朝墓葬》，《文物》1959年第4期。

⑨ 南京博物院、南京市文物保管委员会：《南京栖霞山甘家巷六朝墓群》，《考古》1976年第5期。

⑩ 南京博物院：《江苏溧阳孙吴凤凰元年墓》，《考古》1962年第8期。

⑪ 王志敏：《从七个纪年墓葬漫谈1955年南京附近出土的孙吴、两晋青瓷器》，《文物》1956年第11期。

图8-4　狮形插器（邹城西晋永康二年刘宝墓出土）

图8-5　虎子（邹城西晋永康二年刘宝墓出土）

吴玉玺元年（276）墓①、江苏江宁县淳化乡索墅砖瓦厂西晋太康元年（280）墓②、山东临沂洗砚池西晋太康十年（289）M1③、江苏吴县狮子山西晋墓（M1—M4）④、江苏宜兴周墓墩西晋元康七年（297）墓⑤、山东邹城西晋永康二年（301）刘宝墓（图8-4、图8-5）⑥、江苏宜兴西晋永宁二年（302）墓⑦、南京板桥镇石闸湖西晋永宁二年（302）墓⑧、南京迈皋桥西晋永嘉二年（308）墓⑨、南京北郊郭家山东晋咸和元年（326）墓和

① 镇江市博物馆、金坛县文化馆：《江苏金坛出土的青瓷》，《文物》1977年第6期。

② 南京市博物馆：《南京狮子山、江宁索墅西晋墓》，《考古》1987年第7期。

③ 山东省文物考古研究所、临沂市文化局：《山东临沂洗砚池晋墓》，《文物》2005年第7期；相启春、田洁：《山东临沂洗砚池一号晋墓出土的越窑青瓷》，《南方文物》2011年第3期。

④ 张志新：《江苏吴县狮子山西晋墓清理简报》，《文物资料丛刊（3）》，文物出版社1980年版，第130—138页；吴县文物管理委员会：《江苏吴县狮子山四号西晋墓》，《考古》1983年第8期。

⑤ 罗宗真：《江苏宜兴晋墓发掘报告——兼论出土的青瓷器》，《考古学报》1957年第4期。

⑥ 山东邹城文化局：《山东邹城西晋刘宝墓》，《文物》2005年第1期。

⑦ 南京博物院：《江苏宜兴晋墓的第二次发掘》，《考古》1977年第2期。

⑧ 南京市文物保管委员会：《南京板桥镇石闸湖晋墓清理简报》，《文物》1965年第6期。

⑨ 南京市文物保管委员会：《南京迈皋桥西晋墓清理》，《考古》1966年第4期。

永和三年（347）墓[①]、南京老虎山东晋永和元年（345）墓[②]、南京人台山东晋永和四年（348）兴之夫妇墓[③]、南京象山东晋升平二年（358）墓[④]、南京中山门外苜蓿园东晋太元九年（384）墓[⑤]、南京新民门外象山东晋太元十七年（392）[⑥]、南京雨花台南朝宋元嘉十四年（437）墓[⑦]等。

上述墓葬出土越窑青瓷器类丰富，种类有四系罐、五联罐、双耳罐、谷仓罐、双系罐、直系罐、盘口壶、双耳壶、四系壶、双系壶、鸡首壶、唾壶、扁壶、耳杯、罍、罂、簋、勺、盘、碟、盏、盆、槅、三足樽、三足奁、水盂、钵、碗、洗、提梁烘炉、澄滤器、熏炉、狮形烛台、胡人骑兽烛台、熊形灯、羊形尊、炉、兔形水注、兽形尊、灯盏、三足砚、井、灶、虎子、火盆鐎斗、猪圈、狗圈、羊圈、鹅圈、鸡笼、吊桶、牛圈、畚箕、扫帚、筛、男女俑、镇墓兽等。

通过对上述区域内出土越窑瓷器地点的梳理，我们可以发现，这一时期越窑瓷器精品主要集中发现于以南京为中心的六朝都城附近地区。

（二）唐至南宋早期

1.唐代

（1）唐代早期

唐代早期，境内各地出土的越窑瓷器数量很少。据不完全统计，这一时期各地共发现越窑瓷器28件，产品种类有碗、罐、钵、瓶、壶、

---

① 南京市博物馆：《南京北郊郭家山东晋墓葬发掘简报》，《文物》1981年第12期。

② 南京市文物保管委员会：《南京六朝墓清理简报》，《考古》1959年第5期。

③ 南京市文物保管委员会：《南京人台山东晋兴之夫妇墓发掘报告》，《文物》1965年第6期。

④ 南京市博物馆：《南京象山5号、6号、7号墓清理简报》，《文物》1972年第11期。

⑤ 南京博物院：《南京中山门外苜蓿园东晋墓清理简报》，《考古》1958年第4期。

⑥ 南京市博物馆：《南京象山5号、6号、7号墓清理简报》，《文物》1972年第11期。

⑦ 傅振伦：《中国伟大的发明——瓷器》，生活·读书·新知三联出版社1955年版。

砚、水盂、鸡首壶、盘口壶、罂等10种。[①]根据越窑瓷器发现地属性的差别，我们将发现地分为四组，并对各组内各地的发现数量、器物种类及出土地点的性质进行如下统计：

第一组　上虞4件，嵊州5件，宁波2件，即窑址周边地区，共11件；器物种类有碗、罐、水盂、砚、鸡首壶5种。

第二组　咸阳1件，西安4件，长治5件，即都城周边地区，共10件；器物种类有碗、罐、瓶、壶、砚5种。

第三组　镇江2件，余杭1件，扬州1件，即运河沿线地区，共4件；器物种类有钵、盘口壶2种。

第四组　茂名3件，即港口附近地区，共3件；器物种类有碗1种。

总体来看，这一时期越窑瓷器流布的范围很小。据统计，仅14处地点有越窑瓷器发现的报道。结合考古发现与古地图资料，我们发现，这一时期越窑瓷器开始呈现出沿窑址周边地区、都城周围地区、运河沿线地区、港口附近地区流布的规律。分析其中原因，窑址周边地区具有使用越窑瓷器得天独厚的优势，因而在这一地区发现数量最多。从都城周围地区出土越窑瓷器单位性质来看，已知明确的墓主人身份均为官员。瓷器易碎，水路是瓷器运输最理想的方式，故而在运河沿线和港口附近地区都有发现。

从出土单位性质来看，由于发表材料的局限性，我们无法完全确知窑址周边地区出土越窑瓷器的墓主身份，但从种种迹象来看，当属一般平民墓葬无疑。处于远端的北方都城周围地区和处于南方地区的几座墓葬身份较为明确，均为具有一定身份地位的官员。这一现象似乎向我们透露出一个信息——唐代早期越窑瓷器在贸易的近端以普通平民为对象，而在贸易的远端则主要是以南北方官宦权贵为主要销售对象。对此已有

① 谢西营：《唐宋境内越窑瓷器流布的阶段性研究》，北京大学硕士学位论文，2013年。以下统计资料，均参考该论文。

学者进行过相关研究[1]。此外，2009年长安城封泥坑中出土了一批唐代早期的青瓷器物，器类有钵、四系罐等。以钵类产品为例，直口，上腹竖直，下腹斜收，平底微内凹；内外腹均施半釉，下腹部露胎无釉。这批青瓷器物特征较符合越窑唐代早期的器物特征，其中或许不乏越窑瓷器，但资料尚未公布。[2]这一现象的出现，既与使用者的特殊身份有关，又与唐代早期越窑的生产状况有关。如前所述，唐代早期是越窑生产的低谷时期。正是由于这一时期越瓷生产规模小、产量低，使得越窑瓷器在这一时期比较稀缺，为远离窑业产区的一般平民所无法轻易拥有。而对于官员来说，即使相隔万里，越窑瓷器也能够为他们所拥有，这也就能解释在远距离之外的西安、茂名、长治官员墓葬中出土越窑瓷器的原因。

（2）唐代中期

唐代中期，各地发现的越窑瓷器数量明显增加。据统计，这一时期各地出土的越窑瓷器数量增加到62件，器物种类有碗、盘、罐、罐盖、瓶、执壶、壶、唾盂、水盂、罂、多角罐11种。根据越窑瓷器发现地属性的差别，笔者将发现地分为四组，并对各组内各地的发现数量、器物种类及出土地点的性质进行了如下统计：

第一组　上虞2件，绍兴8件（图8-6），嵊县2件（图8-7），诸暨2件，宁波4件，象山2件，即窑址周边地区，共20件；器物种类有碗、盘、壶、执壶、唾盂、水盂、罂、多角罐8种。

第二组　西安2件，长治3件，三门峡1件，偃师6件，洛阳6件，即都城周围地区，共18件；器物种类有碗、盘、执壶、罐、唾盂、水盂6种。

第三组　韶关2件，阳山1件，连州1件，广州3件，连云港1件，即港口附近地区，共8件；器物种类有碗、盘、罐盖3种。

---

① 康才媛：《唐代越窑青瓷研究》，台湾花木兰文化出版社2011年版，第137页。

② 谢西营：《唐两京都城遗址出土越窑瓷器及相关问题探讨》，《中原文物》2018年第2期。

图8-6　执壶（绍兴唐元和五年北海王府君夫人墓出土）

图8-7　罂［嵊州唐元和十四年（810）墓出土］

第四组　仪征1件，镇江4件，成都1件，南京10件，即运河及内河沿线地区，共16件；器物种类有碗、罐、瓶、水盂4种。

这一时期，越窑瓷器流布范围较第一阶段明显扩大，据统计有29处地点出土。这一阶段，越窑瓷器流布仍然呈现出沿窑址周边地区、都城附近地区、运河沿线地区、港口附近地区流布的规律，尤其是在运河沿线乃至内河沿线和港口附近地区有较多发现。港口附近的其他几个地点如阳山、连州、广州、连云港发现越窑瓷器，或许应该是与这几个地点临近广州港、连云港的缘故。运河沿线地区的仪征、镇江出土的越瓷应该是通过大运河输送的，而成都发现的越窑瓷器应该是通过长江水道输送的。沿水路交通线流布的规律并不限于越窑瓷器，据相关学者研究，同样的情况见于邢窑瓷器[①]、定窑瓷器[②]。此外，在较早阶段有学者在对

① 牛健哲：《邢窑的初步研究》，北京大学硕士学位论文，2010年，第69—94页。

② 喻珊：《出土定窑瓷器研究》，北京大学硕士学位论文，2010年，第85—103页。

中国南方隋唐墓进行分区分期研究的时候，也发现中原北方地区烧制的作为商品传到南方地区的陶瓷器沿水陆重要交通线流布的现象。[①]

从出土单位的性质来看，这一时期越窑瓷器使用阶层范围扩大，除高官墓葬之外，平民墓葬也有少量出土。高官墓葬出土的越窑瓷器，或许不全是贸易所得的产物，但是平民墓葬中越窑瓷器的出土反映出贸易的存在。而这也是与唐代中期以来越窑生产规模扩大、产品数量增加相适应的。此外，从文献记载来看，这一时期瓷器的使用情况日渐普及，且使用量很大[②]，如《枢要录》记载："元载凡饮食，冷物用硫黄碗，热物用泛水瓷器，器有三千事。"[③]从浙江嵊州出土的一件唐越窑青瓷四系盘龙罂[④]来看，其腹部刻"元和拾肆年四月一日造此罂一千文"，由此可见这一时期越窑瓷器价格高昂，并非一般民众所能使用，这也是仅有个别平民墓葬出土的原因所在。

（3）唐代晚期

唐代晚期，各地发现的越窑瓷器数量进一步增加。据统计，这一时期各地出土的越窑瓷器数量增加到134件，器物种类有碗、盘、盏、盏托、碟、杯、钵、盆、坛、瓶、壶、执壶、罐、器盖、盒、灯盏、急须、唾盂、砚、砚滴、洗、熏炉、盘口壶、罂、墓志、墓志罐26种。我们根据越窑瓷器发现地属性的差别，将发现地分为五组，并对各组内各地的发现数量、器物种类及出土地点的性质进行了如下统计：

第一组　慈溪13件（图8-8），嵊州3件（图8-9），绍兴11件，上虞5件，余姚1件，即窑址附近地区，共33件；器物种类有碗、盘、杯、钵、盒盖、砚、砚滴、盘口壶、罂、墓志、墓志罐11种。

---

① 权奎山：《中国南方隋唐墓的分区分期》，《考古学报》1992年第2期。

② 陈玮静：《唐代瓷器的流通——以安史乱后的越窑和长沙窑讨论为中心》，中国古陶瓷学会编：《中国古陶瓷研究》第十二辑，紫禁城出版社2006年版，第312页。

③ 〔后唐〕冯贽编，张力伟点校：《云仙散录》，中华书局标点本，1998年版，第1页。

④ 浙江省博物馆：《浙江纪年瓷》，文物出版社2000年版，图版163。

图8-8　墓志罐［慈溪唐会昌二年（842）墓出土］

图8-9　罂［嵊州甘霖镇蛟镇茶场唐太和八年（834）墓出土］

第二组　三门峡4件（图8-10），郑州1件，偃师1件，西安5件，扶风14件（图8-11、图8-12），洛阳1件，陕县1件，即都城周围地区，共27件；器物种类有碗、盘、碟、执壶、盏托、背壶、唾盂、罐、坛、盒、八棱净瓶11种。

第三组　镇江8件，海宁1件，杭州3件，临安28件（图8-13、图8-14），即运河沿线地区，共40件；器物种类有碗、盆、坛、罐、瓶、执壶、壶、盒、灯、熏炉、器盖、罂12种。

第四组　上海2件，扬州10件（图8-15），宁波8件，蓬莱1件，舟山2件，即港口附近地区，共23件；器物种类有碗、盘、钵、罐、瓶、执壶、急须、盒8种。

第五组　衢县1件，合肥4件，巢湖1件，六安1件，永春1件，建瓯1件，和林格尔2件，即内陆及边疆等边远地区，共11件；器物种类有碗、盒、唾盂、洗4种。

图8-10　穿带瓶［三门峡唐长庆四年（824）张弘庆墓出土］

图8-11　八棱净水瓶（陕西扶风法门寺地宫出土）

图8-12　葵口碗（陕西扶风法门寺地宫出土）

图8-13　褐彩熏炉［临安唐天复元年（901）水邱氏墓出土］

图8-14　粉盒（临安唐天复元年水邱氏墓出土）

图8-15　盘［扬州市跃进桥东侧月明轩饭店唐会昌元年（841）墓出土］

这一时期越窑瓷器的流布范围进一步扩大，据统计有75处地点出土。与前一阶段相比，这一阶段越窑瓷器除了仍呈现出沿窑址附近地区、都城周围地区、运河沿线地区、港口附近地区流布的规律之外，在内陆地区如衢县、合肥、巢湖、六安，边疆地区如和林格尔以及福建建瓯、永春等地都有发现。这一方面反映出长途贩运贸易的发达足以将浙东的越窑瓷器完好地输送到远达内蒙古和林格尔地区，另一方面也反映出越窑生产的扩大使其有足够的产品向外输出。

从出土单位的性质来看，这一时期大致可以划分为官员墓葬、贵族墓葬、皇家寺院及其他建筑遗址、平民墓葬等四类。唐代中期，在已知的29个出土单位里仅有1个明确为平民墓葬，平民墓葬所占比例为3.45%。而到唐代晚期，在已知的73个出土单位中有15个明确为平民墓葬，平民墓葬所占比例为20.55%。与唐代中期相比，这一时期平民墓葬所占比例大大增加，使用阶层的范围进一步扩大。从唐代中期开始，越窑瓷器的使用者呈现出由社会上层向社会中下层扩散的态势。分析其中原因，我们发现随着越窑瓷业生产规模的持续扩大、产量的不断增加，越窑瓷器价格在价值规律的作用下已经能够达到为一般平民所能承受的程度。浙江慈溪上林湖东岙曾出土一件唐代越窑盘口四系罂①，其腹刻有“维唐故大中四年岁次庚午八月丙午朔，胡珍妻朱氏四娘于此租地，自立墓在此，以恐于后代无志，故记此罂”铭文。从铭文分析来看，这件器物既是租地券，又是墓志铭，此物的拥有者居然是一个向他人租地的无土地者②，即所谓的佃户。大中四年即公元850年，联系到距此仅31年的元和十四年（819）罂尚值一千文，而到这一时期却已为一向他人租地的佃户所拥有。

---

① 金祖明：《浙江余姚青瓷窑址调查报告》，《考古学报》1959年3期。

② 康才媛：《唐代越窑青瓷研究》，台湾花木兰文化出版社2011年版，第141页。

2. 五代

与唐代相比①，五代时期各地发现的越窑瓷器数量进一步增加。器类有碗、罐、方盒、盘、执壶、盒、长颈瓶、器盖、方盘、盏托、杯、水盂、唾盂、熏炉、盆、钵、四系缸、洗、皮囊壶、托盘、罂、墓志罐、釜、枕、龙瓶、托盏、碟27种。据不完全统计，这一时期各地共发现越窑瓷器142件。从越窑瓷器出土地点分布来看，大致可以分为六组：

第一组　临安60件（图8-16、图8-17），杭州23件，苏州12件，上虞4件，慈溪1件，宁波1件，台州1件，丽水1件，镇海1件，即吴越国境内，共104件。

第二组　扬州8件（图8-18），镇江4件，连云港3件（图8-19），南通1件，即吴-南唐境内，共16件。

第三组　赤峰5件，北京1件，阿鲁科尔沁旗3件，即辽境，共9件。

第五组　福州7件，即闽国境内，共7件。

第六组　洛阳4件，巩义1件，邢台1件，即五代都城附近地区，共6件。

图8-16　盖罐（临安康陵出土）

图8-17　盏托（临安康陵出土）

总体来看，越窑瓷器流布范围很广，据统计有39处地点出土。这一时期，全国处于四分五裂、割据混战的状态。各地发现的越窑瓷器从一个侧面反

① 谢西营：《唐境内越窑瓷器流布的阶段性及相关问题研究》，《中国柯桥·越瓷文化研讨会论文集》，中国文联出版社2018年版，第119—157页；谢西营：《唐两京都城遗址出土越窑瓷器及相关问题研究》，《中原文物》2018年第2期。

图8-18　执壶（扬州市西湖乡南唐墓出土）

图8-19　执壶（连云港市锦屏山刘顶墓出土）

映出当时吴越国与周边国家如五代王朝、辽国、南唐、闽国的交往联系。

考诸历史文献，我们发现许多关于吴越国与周边国家交往的记录，如与五代王朝①、辽国②、闽国③的交往。吴越国偏居东南一隅，吴越国

① 吴越国向中原王朝贡奉越窑青瓷的史实，可参阅本书第七章第二节的相关内容。

② 据《补辽史交聘表》（张亮采编，中华书局标点本，1958年版）中有多条记载：(1)"（太祖九年）冬天十月戊申，吴越王钱镠，遣使滕彦休来贡。"(2)"（神册元年）六月庚寅，吴越王再遣滕彦休来贡。"(3)"（神册三年）吴越遣使来贡。"(4)"（神册五年）五月丙寅，吴越王又遣滕彦休来贡犀角、珊瑚。"(5)"（天赞二年）吴越遣使来聘。"(6)"（天显七年）二月壬申，拽剌迪里使吴越还。吴越王遣使从献宝器，复遣使持币往报之。"(7)"（会同二年）遣使遥折如晋，以十二月戊子至。继又便道使吴越。"(8)"（会同三年）春正月戊子，吴越遣使来贡。"(9)"（会同三年）九月戊子，吴越王遣使来贡。"(10)"（会同三年）冬十月辛丑，遣剋朗使吴越……"(11)"（会同四年八月）吴越王遣使奉蜡丸书。"(12)"（会同四年）冬十月癸卯，吴越遣使来贡。"(13)"（会同六年）三月己卯朔，吴越遣使来贡。"

③ 据《闽国史事编年》（诸葛计、银玉真编，福建人民出版社标点本，1997年版）中有多条记载：(1)"（复二年）正月，王审知遣使如杭州，致祭镇海、镇东节度使彭城王钱镠母秦国太夫人。上年九月，钱镠母秦国太夫人水丘氏卒，审知以临郊之好，遣使致祭。至是，使者抵杭州。"(2)"（贞明二年）是冬，王审知以其三女琅琊郡君妻钱传珦，自是闽、越通好。"

王为求自保，倾其所有供奉强大的中原五代王朝以及辽国，在这些进贡物品中就包括大量的越窑青瓷，在这些地区发现的越窑瓷器应该主要是通过朝贡贸易的方式进入的。限于目前资料，我们也不能排除其他贸易形式的可能性。南唐、闽国境内发现的越窑瓷器也反映出吴越国睦邻友好的外交策略。至于吴越国境内出土的大量越窑瓷器，除窑址周边地区以外，主要是在吴越钱氏贵族墓葬中发现的。在上述的统计中，仅临安、杭州和苏州三地的吴越钱氏贵族墓葬就出土95件，占这一时期出土总量的66.9%。

从出土单位的性质来看，这一时期越窑瓷器主要是在官员、贵族墓葬和官修寺院遗址中，平民墓葬中也有少量发现。考虑到这一时期特殊的政治形势，越窑瓷器作为政治交往的重要礼物之一，故而更易于在高等级出土单位中发现。

3.北宋时期

（1）北宋早期

北宋早期，各地发现的越窑瓷器数量较大。器类有碗、盘、执壶、罂、熏炉、盆、器盖、盏、盏托、套盒、盒、碟、洗、温碗、托碗、炉16种。据统计，各地共发现越瓷65件。根据出土地，大致可以分为四组：

第一组　巴林左旗5件，哲里木盟6件，义县1件，北京9件（图8-20），奈曼旗12件，阜新4件，朝阳10件，即辽境，共47件。

第二组　巩义5件（图8-21），即北宋皇陵区，共5件。

第三组　绍兴2件，黄岩1件，慈溪1件，义乌1件，上虞2件，

图8-20　执壶（北京石景山韩佚墓出土）

图8-21　套盒（河南巩义元德李后陵出土）

图8-22　托碗（苏州虎丘塔出土）

嵊县1件，即窑址附近地区，共8件。

第四组　镇江1件，苏州1件（图8-22），常州1件，杭州1件，芜湖1件，即运河沿线及长江沿线地区，共5件。

总体来看，与五代时期相比①，这一时期越窑瓷器流布范围相对缩小。据不完全统计，共计有24处地点有越窑瓷器的出土。值得注意的是，这一时期辽境成为越窑瓷器的重要分布地区。据不完全统计，辽境内出土越窑瓷器数量占这一时期出土总量的72.31%。这一时期的越窑瓷器应该主要是通过海运和陆路运输输送到辽境的。此外，与五代时期不同，这一阶段越窑瓷器流布仍呈现出沿窑址附近地区、都城周围地区、运河沿线及长江沿线地区流布的规律。

从出土单位的性质来看，辽境内越窑出土单位均为高等级契丹贵族墓，北宋皇陵区越窑瓷器的出土单位为高等级的皇室墓葬，窑址附近、

① 谢西营：《五代时期越窑青瓷流布及相关问题——以五代十国境内考古发现为中心》，《吴越国史迹遗存发现与研究学术研讨会论文集》，现代出版社2019年版，第262—272页。

运河沿线及长江沿线地区的出土单位为一般平民墓葬及寺院遗址。对于前两者来说，越窑瓷器应该主要是通过进贡的方式输入的。

（2）北宋中期

北宋中期，各地发现的越窑瓷器数量减少。器类有碗、盘口瓶、多棱瓶、盖罐、执壶、盒、碟、盏托、砚、砚滴、炉、盂、钵、盖、熏炉15种。据统计，各地共发现越窑瓷器46件。大致可以分为五组：

第一组　慈溪2件（图8-23），上虞3件，宁波1件，义乌1件，武义2件，嵊县3件，即窑址附近地区，共12件。

图8-23　嘉祐八年（1063）砚（慈溪天东西花家墓出土）

第二组　朝阳4件，即辽境，共4件。

第三组　密县1件，三门峡1件，即都城周围地区，共2件。

第四组　海宁19件，镇江3件，常州3件，上海若干件，即运河沿线地区，共25件。

第五组　宝丰1件，瑞昌1件，建瓯1件，即内陆地区，共3件。

总体来看，这一时期越窑瓷器的流布范围显著缩小，据统计有25处地点出土。与前一阶段相比，运河沿线地区成为这一时期最主要的出土地区，窑址附近地区和辽境仍作为越窑瓷器的重要分布地区。在都城周围及内陆地区也有少量发现。此外，宝丰清凉寺汝窑遗址中还出土一件，可反映这一时期窑业技术交流等方面问题。这一时期越窑瓷器出土数量的减少以及在境内流布范围的缩小应该是与北宋中期以来越窑制瓷业生产开始走向衰落有关的。

从出土单位的性质来看，这一时期亦具有辽境内出土单位均为高等级契丹贵族墓，都城周围地区出土单位为高等级的官员墓葬，窑址附近、运河沿线及内陆地区的出土单位仍多表现为一般平民墓葬的规律。

（3）北宋晚期

北宋晚期，各地出土的越窑瓷器数量很少，器类有碗、盖罐、执壶、盒、瓶5种。据统计，各地共发现越窑瓷器15件，大致分为三组：

第一组　象山7件，兰溪1件，上虞1件，杭州1件，义乌1件，宁波2件，即窑址附近地区，共13件。

第二组　大同1件，北京瓷片若干，即辽境，共1件。

第三组　南京1件，即运河沿线地区，共1件。

总体来看，这一时期越窑瓷器的流布范围很小，据统计有10处地点出土。这一时期，越窑瓷器流布仍沿袭着往昔的规律，在窑址附近地区、辽境、都城周围地区出土。

从出土单位的性质来看，均为平民墓葬及一般性遗址，在高等级墓葬中不再有越窑瓷器的发现。分析其中原因，我们不难发现，这一时期越窑瓷业生产已经没落，产品质量低下，这在窑址及各地出土的越窑瓷器产品中均有体现。随着越窑窑业生产的没落以及产品质量的低下，越窑瓷器逐渐失去了社会上层市场，仅为一般平民所使用。

4.南宋早期

南宋早期，各地发现的越窑瓷器数量很少，器类有碗、盘、盒、杯、埙、瓜形器、雕塑7种。据统计，各地共发现越窑瓷器13件，其中杭州11件、镇江2件。总体来看，这一时期越窑瓷器流布范围很小，流布范围仅限于以杭州为中心的一小块区域，据统计有12处地点出土。[①]这一时期都城所在地的杭州成为越窑瓷器主要出土地。从出土单位性质来看，主要为南宋皇家建筑遗址，如太庙遗址、恭圣仁烈皇后宅遗址、御街遗址、三省六部遗址等。据《中兴礼书》的记载，为了获得宫廷所需的祭器，南宋朝廷在建立之初命令越州和余姚县烧造祭祀用

---

① 谢西营：《唐宋境内越窑瓷器流布的阶段性研究》，北京大学硕士学位论文，2013年。

瓷。①此外，考古工作者在余姚地区的低岭头、张家地、开刀山、寺龙口等几个地点的调查中都发现了南宋早期越窑产品。②考古工作者更是在寺龙口越窑和张家地窑址的考古发掘工作中发掘出大量南宋早期的越窑产品，产品包括普通的青色釉和精细的天青色釉瓷器。③目前在杭州南宋皇家建筑遗址出土的越窑青瓷应该多是宫廷日用瓷，而非祭祀用瓷。

三、龙泉窑瓷器的输出

（一）北宋中晚期

北宋中期，勤劳智慧的窑工在龙泉金村（包括庆元上垟一带）成功烧造出独具特色的淡青釉产品。北宋末期，龙泉窑生产规模扩大，除龙泉金村、庆元上垟以外，龙泉大窑、石隆、东区等地也开始烧造青釉瓷器。④据目前考古资料，在窑址之外，北宋时期的龙泉窑瓷器流布范围很小，仅在墓葬和少数几个遗址中有发现。这一时期，在以龙泉和庆元为中心的窑址周边地区，龙泉窑瓷器的出土数量为17件，器物种类包括淡青釉和青釉产品两种，其中淡青釉产品有六管瓶、五管瓶（图8-24）、盘口壶（图8-25）、执壶（图8-26）、敞口碗、盖罐、单耳瓶和小杯8种，青釉产品有五管瓶和盘口壶2种；在窑址分布地区之外的其他地区（包括浙江松阳县、新昌县、宁波市、舟山市，江苏南京市、镇江市，

---

① 有关南宋初年越窑烧制朝廷所需瓷器的内容，请参阅本书第七章第二节。

② 沈岳明：《修内司窑的考古学观察——从低岭头谈起》，中国古陶瓷研究会编：《中国古陶瓷研究》第四辑，紫禁城出版社1997年版，第84—91页；浙江省文物考古研究所、慈溪市文物管理委员会办公室：《慈溪南宋越窑址：2010—2018年调查发掘报告》，文物出版社2019年版。

③ 浙江省文物考古研究所、北京大学考古文博学院、慈溪市文物管理委员会：《寺龙口越窑址》，文物出版社2002年版；浙江省文物考古研究所、慈溪市文物管理委员会办公室：《慈溪南宋越窑址：2010—2018年调查发掘报告》，文物出版社2019年版。

④ 对于龙泉窑淡青釉和青釉（翠青釉）产品的始烧年代，学界有不同看法，本书第四章即分别持论吴越国后期、北宋中晚期。——郑建华

图8-24　淡青釉五管瓶（龙泉茶丰公社墩头大队北宋墓出土）（左）
图8-25　淡青釉盘口壶（龙泉茶丰公社墩头大队北宋墓出土）（中）
图8-26　淡青釉执壶（龙泉茶丰公社墩头大队北宋墓出土）（右）

四川阆中市和江西南丰县）出土数量为24件，器物种类除1件为淡青釉炉外，其他均为青釉产品，种类有碗、盘、执壶、炉、杯、碟、孔明碗、盒、瓶、钵10种。[①]根据北宋时期龙泉窑瓷器在各地的出土情况，我们可以大致勾勒出这一时期龙泉窑瓷器在国内的流布范围，从中我们可以看到龙泉窑瓷器均散布在淮河以南的南方地区。除了处于窑址周边地区的龙泉和庆元地区之外，其他大部分散布在长江水系及大运河沿线乃至港口附近地区，如南京、镇江、阆中、宁波、舟山等，从中可以窥测长江水道和大运河（包括浙东运河）在龙泉窑瓷器外运中发挥的重要作用。

（二）南宋至元代

南宋至元代是龙泉窑瓷业生产史上的鼎盛时期，伴随着瓷业的发

① 谢西营：《北宋龙泉窑瓷器的发现与研究——以墓葬和遗址为中心》，沈岳明、郑建明主编：《北宋龙泉窑纵论》，文物出版社2018年版，第65—81页。

展，龙泉窑大量对外输出，在国内的大量墓葬和窖藏中都有出土。

南宋时期，出土龙泉窑瓷器的重要墓葬有山东青州黄楼镇西楼村东墓地[①]，浙江松阳南宋程大雅墓[②]、杭州北大桥宋墓[③]、仙居湫山乡下岸村和城关中桥头村宋墓[④]、德清乾元咸淳四年（1268）吴奥墓[⑤]、湖州山塘村皇坟山宋墓[⑥]、湖州下昂乡石泉村坟山头宋墓[⑦]、新昌绍兴二十九年（1159）纪年墓[⑧]、丽水丽阳路、康乐路路口南宋墓[⑨]、丽水下仓村南宋嘉定壬午年（1222）李垕妻姜氏墓[⑩]、衢州咸淳十年（1274）史绳祖墓[⑪]、丽水金桥头村德祐元年（1275）叶梦登妻潘氏墓[⑫]、温州慈山叶适墓[⑬]、丽水何偁墓[⑭]、庆元会溪胡纮夫妇合葬墓（图8-27、图8-28）[⑮]、绍兴宋六陵[⑯]，福建泉州潘山糖厂宋墓[⑰]，江西吉水南宋淳熙二年（1175）墓、樟树临江中学奶牛山南宋开禧元年（1205）墓、樟树临江镇寒山杨村南宋景定四年（1263）墓、新建县蛟桥镇南宋咸淳三年（1267）墓[⑱]等。出

① 钟惠咏：《青州市博物馆藏龙泉窑青瓷》，《文物鉴定与鉴赏》2014年第1期。

② 宋子军、刘鼎：《浙江松阳宋墓出土瓷器》，《文物》2015年第7期。

③ 浙江省文物考古研究所：《浙江考古精华》，文物出版社1999年版，第226页。

④ 华涛琛、张珣：《仙居两座宋墓出土的文物》，浙江省博物馆编：《东方博物》第四十九辑，浙江大学出版社2013年版。

⑤ 浙江省博物馆：《中兴纪胜：南宋风物观止》，中国书店2015年版，第178页。

⑥ 浙江省博物馆：《中兴纪胜：南宋风物观止》，中国书店2015年版，第113页。

⑦ 浙江省博物馆：《中兴纪胜：南宋风物观止》，中国书店2015年版，第176页。

⑧ 浙江省博物馆：《中兴纪胜：南宋风物观止》，中国书店2015年版，第192页。

⑨ 浙江省博物馆：《中兴纪胜：南宋风物观止》，中国书店2015年版，第194页。

⑩ 浙江省博物馆：《中兴纪胜：南宋风物观止》，中国书店2015年版，第194页。

⑪ 浙江省博物馆：《中兴纪胜：南宋风物观止》，中国书店2015年版，第198页。

⑫ 浙江省博物馆：《中兴纪胜：南宋风物观止》，中国书店2015年版，第198页。

⑬ 浙江省博物馆：《中兴纪胜：南宋风物观止》，中国书店2015年版，第229页。

⑭ 浙江省博物馆：《中兴纪胜：南宋风物观止》，中国书店2015年版，第277页。

⑮ 浙江省博物馆：《中兴纪胜：南宋风物观止》，中国书店2015年版，第279—280页。

⑯ 浙江省博物馆：《中兴纪胜：南宋风物观止》，中国书店2015年版，第346页。

⑰ 浙江省博物馆：《中兴纪胜：南宋风物观止》，中国书店2015年版，第177页。

⑱ 赖金明、万水标：《江西纪年墓出土的龙泉青瓷》，《收藏》2010年第3期。

图8-27　象钮盖罐（庆元会溪胡纮墓出土）

图8-28　花口盘（庆元会溪胡纮墓出土）

土龙泉窑瓷器的重要遗址有山东胶州板桥镇遗址[①]、青州北部花园小区5号楼工地[②]，浙江杭州古荡[③]、绍兴钱清环翠塔地宫[④]、新昌县巧英乡雪头下村[⑤]、新昌巧英乡雪头村[⑥]、湖州凡石桥遗址[⑦]，湖北黄陂滠口刘店大张湾遗址[⑧]，江苏镇江大市口古井[⑨]、环城路住宅开发工地[⑩]、五条街农贸工地等。出土龙泉窑瓷器的重要窖藏有四川什邡县两路公社窖藏[⑪]、

---

① 青岛市文物保护考古研究所：《胶州板桥镇遗址考古文物图集》，科学出版社2014年版。

② 钟惠咏：《青州市博物馆藏龙泉窑青瓷》，《文物鉴定与鉴赏》2014年第1期。

③ 浙江省博物馆：《中兴纪胜：南宋风物观止》，中国书店2015年版，第193页。

④ 浙江省博物馆：《中兴纪胜：南宋风物观止》，中国书店2015年版，第177页。

⑤ 浙江省博物馆：《中兴纪胜：南宋风物观止》，中国书店2015年版，第178页。

⑥ 浙江省博物馆：《中兴纪胜：南宋风物观止》，中国书店2015年版，第197页。

⑦ 昌银银：《湖州考古发掘又有大发现》，《湖州日报》2015年12月6日第2版。

⑧ 杜春华、方翔文：《黄陂文管所藏龙泉窑青瓷器简介》，《武汉文博》2007年第3期。

⑨ 刘丽文：《灵土与窑火的艺术——镇江出土瓷器研究》，江苏大学出版社2013年版，第132页；刘建国：《古城三部曲》，江苏古籍出版社1995年版，第203页。

⑩ 刘丽文：《灵土与窑火的艺术——镇江出土瓷器研究》，江苏大学出版社2013年版，第133页。

⑪ 丁祖春：《四川省什邡县出土的宋代瓷器》，《文物》1978年第3期。

成都南宋窖藏[1]、遂宁城区北星诊所工地窖藏[2]、彭山县窖藏[3]、峨眉山市罗目镇窖藏[4]、遂宁市医院工地窖藏[5]、三台县东河纸厂工地窖藏[6]、巴中县医院窖藏[7]、遂宁市金鱼村窖藏[8]、广安武胜县沿口镇窖藏[9]、成都青白江区大同镇红旗中学窖藏[10]，重庆忠县中坝窖藏[11]，湖南攸县窖藏[12]和陕西略阳县八渡河窖藏[13]等。

元代，出土龙泉窑瓷器的墓葬有浙江武义马路头元墓[14]，江西樟树山前塘源张家村至正三年（1343）墓和抚州桥东黄泥岗至正八年（1348）墓[15]等。出土龙泉窑瓷器的重要遗址有江苏淮安楚州区河下遗址[16]、太仓樊村泾遗址[17]，浙江安吉芝山寺遗址[18]等。出土龙泉窑瓷器的重要窖藏有

---

① 翁善良：《成都市发现的一处南宋窖藏》，《文物》1984年第1期。

② 何瀛中：《遂宁窖藏宋瓷探微》，《四川文物》2003年第1期。

③ 帅希彭、方明：《彭山发现南宋窖藏》，《四川文物》1996年第1期。

④ 陈黎清：《峨眉山市罗目镇出土宋代窖藏》，《四川文物》1990年第2期。

⑤ 帅希彭、方明：《彭山发现南宋窖藏》，《四川文物》1996年第1期。

⑥ 景竹友：《三台出土宋代窖藏》，《四川文物》1990年第4期。

⑦ 程崇勋：《巴中县出土宋代窖藏》，《四川文物》1989年第4期。

⑧ 遂宁市博物馆、遂宁市文物管理所：《四川遂宁金鱼村南宋窖藏》，《文物》1994年第4期。

⑨ 广安市文体局、武胜县文管所：《武胜县谷坝村宋代陶瓷器窖藏发掘简报》，《四川文物》2002年第3期。

⑩ 肖珊珊：《大规模宋代文物惊现成都宝贝均为上品》，《天府早报》2006年8月6日；何茜：《宋代文物从地下浮出》，《四川日报》2006年8月10日。

⑪ 四川省文物考古研究所、重庆市文化局三峡办、忠县文物管理所：《忠县中坝遗址宋代瓷器窖藏发掘简报》，《四川文物》2001年第2期。

⑫ 株洲市文物管理处：《湖南攸县出土龙泉青瓷》，《湖南考古辑刊》1999年，第150—152页。

⑬ 汉中地区文化馆、略阳县文化馆：《陕西省略阳县出土的宋瓷》，《文物》1976年第11期。

⑭ 薛骁百：《武义马路头元墓清理简报》，浙江省博物馆编：《东方博物》第四十三辑，浙江大学出版社2012年版，第51—55页。

⑮ 赖金明、万水标：《江西纪年墓出土的龙泉青瓷》，《收藏》2010年第3期。

⑯ 霍华等：《江苏淮安楚州区河下遗址龙泉窑堆积瓷片研究》，《东南文化》2010年第2期。

⑰ 张志清、张照根：《江苏太仓樊村泾元代遗址》，《大众考古》2017年第12期；张志清、孙明利：《江苏太仓樊村泾元代遗址2018年度考古发掘》，《大众考古》2019年第1期。

⑱ 张秋华：《安吉芝山寺出土的元代龙泉青瓷器》，浙江省博物馆编：《东方博物》第四十七辑，浙江大学出版社2013年版，第59—65页。

江苏丹徒大路公社窖藏[1]、溧水永阳镇窖藏[2]、淮阴韩城村窖藏[3]，内蒙古呼和浩特太平庄公社白塔村窖藏[4]、林西县下场乡窖藏[5]、乌兰察布盟集宁路故城窖藏[6]、集宁市集宁路窖藏[7]、赤峰大营子公社哈金沟村窖藏[8]、开鲁县三义乡得胜村窖藏[9]，河北定兴县城关公社窖藏[10]、宽城县龙须门乡窖藏[11]，广西桂平县桂平镇人民路窖藏[12]、防城潭蓬窖藏[13]，湖南澧县梦溪乡有河村窖藏[14]、衡阳环城南路窖藏[15]、桃江县马迹塘荆竹村窖藏[16]、澧县城关镇护城村窖藏[17]，新疆伊犁霍城县窖藏[18]，山东茌平县

---

① 刘兴：《江苏丹徒元代窖藏瓷器》，《文物》1982年第2期。

② 高茂松：《江苏溧水永阳镇元代窖藏出土的瓷器与初步认识》，《东南文化》2011年第2期。

③ 王剑：《淮阴市韩城发现元代瓷器窖藏》，《东南文化》1991年第3、4期。

④ 李作智：《呼和浩特市东郊出土的几件元代瓷器》，《文物》1977年第5期。

⑤ 王刚：《内蒙古林西县元代陶瓷器窖藏》，《内蒙古文物考古》2005年第2期。

⑥ 陈永志：《集宁路古城发掘集市窖藏几千件瓷器囊括元代九大窑系》，《文物天地》2003年第11期；陈永志：《发掘集宁路元代城址及第三批窖藏》，《文物天地》2004年第3期；陈永志：《内蒙古集宁路古城遗址出土瓷器》，文物出版社2004年版。

⑦ 潘行荣：《元集宁路故城出土的窖藏丝织物及其他》，《文物》1979年第8期。

⑧ 唐汉三、李福臣、张松柏：《内蒙赤峰大营子元代瓷器窖藏》，《文物》1984年第5期。

⑨ 武亚芹、王瑞青：《开鲁县三义井元代瓷器窖藏》，魏坚主编：《内蒙古文物考古文集》第二辑，中国大百科全书出版社1997年版。

⑩ 河北省文物研究所：《河北定兴元代窖藏文物》，《文物》1986年第1期。

⑪ 宽城县文保所：《河北宽城县发现瓷器窖藏》，《考古》1994年第3期。

⑫ 于风芝：《广西出土元代瓷器探讨》，中国古陶瓷学会编：《中国古陶瓷研究》第十一辑，紫禁城出版社2005年版，第367—377页。

⑬ 广西壮族自治区文物工作队：《广西防城潭蓬出土唐、元、明代文物》，《考古》1985年第9期。

⑭ 曹传松：《湖南澧县出土的一批窖藏铜、瓷器》，《考古与文物》1991年第2期。

⑮ 郑均生：《衡阳市龙泉窑瓷器窖藏》，《中国考古学年鉴（1995）》，文物出版社1997年版，第196—197页。

⑯ 张北超：《湖南桃江发现龙泉窑瓷器窖藏》，《文物》1987年第9期。

⑰ 曹传松：《湖南澧县出土的一批窖藏铜、瓷器》，《考古与文物》1991年第2期。

⑱ 新疆博物馆：《新疆伊犁地区霍城县出土的元青花瓷等文物》，《文物》1979年第8期。

肖庄王菜瓜村窖藏[①]、淄博博山区窖藏[②]，浙江嘉兴天官牌楼窖藏[③]、泰顺县南浦乡窖藏[④]、杭州市商业储运公司窖藏[⑤]、青田窖藏[⑥]，江西永新县窖藏[⑦]、宜春高士路窖藏[⑧]、赣西窖藏[⑨]、萍乡市福田乡下石村窖藏[⑩]、乐安县物资局工地窖藏[⑪]、高安窖藏[⑫]，四川成都西城区供销社窖藏[⑬]、中江县西山乡龙华村窖藏[⑭]、三台县窖藏[⑮]、雅安市文化路口窖藏[⑯]，辽宁喀左县孤山子窖藏[⑰]、朝阳自来水公司窖藏[⑱]、义县义州镇窖藏[⑲]，河南郾城县十五里店乡窖藏[⑳]，北京延庆县刘斌乡大关头村窖藏[㉑]，山西朔

---

① 聊城地区博物馆：《山东茌平县发现一处元代窖藏》，《考古》1985年第9期。

② 张光明、毕思梁：《山东淄博出土元代窖藏瓷器》，《文物》1986年第12期。

③ 陈行一：《浙江嘉兴天官牌楼元瓷窖藏》，《南方文物》2002年第2期。

④ 金柏东、夏碎香：《浙江泰顺元代窖藏瓷器》，《文物》1986年第1期。

⑤ 桑坚信：《杭州市发现的元代瓷器窖藏》，《文物》1989年第11期。

⑥ 王友忠：《浙江青田县前路街元代窖藏》，《考古》2001年第5期；王友忠：《青田出土元代窖藏》，《真如集：浙江考古学会学术论文集》，西泠印社出版社2002年版，第1—9页。

⑦ 杨后礼：《江西永新发现元代窖藏瓷器》，《文物》1983年第4期。

⑧ 谢志杰、王虹光：《江西宜春市元代窖藏清理简报》，《南方文物》1992年第2期。

⑨ 赵荣华：《探访新发现的元瓷》，《文物天地》2006年第9期。

⑩ 萍乡市博物馆：《萍乡市发现元代青花瓷器等窖藏文物》，《江西历史文物》1986年第1期。

⑪ 余家栋、张卫东、梅绍裘：《乐安发现元代瓷器窖藏》，《江西历史文物》1984年第3期；余家栋、梅绍裘：《江西乐安发现元代瓷器窖藏》，《文物》1989年第1期。

⑫ 刘裕黑、熊琳：《高安县发现一批元代窖藏瓷器》，《江西历史文物》1981年第4期；刘裕黑、熊琳：《江西高安县发现元青花、釉里红等瓷器窖藏》，《文物》1982年第4期。

⑬ 刘平、王黎明：《成都发现一批元代瓷器》，《考古与文物》1985年第6期。

⑭ 王启鹏、吴梅：《四川省中江县出土宋元窖藏》，《四川文物》2005年第3期。

⑮ 景竹友：《三台出土元代窖藏》，《四川文物》1993年第6期。

⑯ 李直祥：《雅安市发现元代窖藏瓷器》，《四川文物》1988年第5期。

⑰ 傅宗德、周成训：《辽宁喀左县孤山子出土一批元代器物》，《考古》1990年第4期。

⑱ 朝阳市博物馆（燕石）：《朝阳市发现元代窖藏瓷器》，《文物》1986年第1期。

⑲ 李红军、马云洪：《辽宁义县出土的一批瓷器》，《考古》1988年第2期。

⑳ 杨爱玲：《郾城县发现的元代窖藏瓷器》，《中原文物》1994年第4期。

㉑ 赵光林：《北京市发现一批古遗址和窖藏文物》，《考古》1989年第2期。

州城区农业局窖藏[①]、吉林省敦化市江南镇胜村窖藏[②]等。

（三）明代

明代，出土龙泉窑瓷器的墓葬有江苏淮安明弘治六年（1493）墓[③]、南京邓府山墓[④]、南京洪武四年（1371）汪兴祖墓[⑤]、戚家山洪武二十一年（1388）于氏墓[⑥]、唐家凹洪武二十八年（1395）张云墓[⑦]、南郊永乐六年（1408）郢国夫人樊氏墓[⑧]、南京中华门外明墓[⑨]、南郊宋铉夫妇合葬墓[⑩]、徐达家族墓[⑪]、尹西村明墓[⑫]、江西永修柘林水库明正统九年（1444）魏源墓、临川明正德四年（1509）墓、南城县明益庄王继妃万氏墓和益定王朱由木夫妇合葬墓[⑬]、金溪秀谷明景泰五年（1454）刘徵士墓（图8-29）[⑭]等。出土龙泉窑瓷器的重要遗址有南京明故宫遗址[⑮]等。

---

① 雨田、赵达：《朔州发现元代窖藏》，《中国文物报》1992年8月23日第1版。

② 吉林大学边疆考古研究中心、敦化市文物管理所：《吉林省敦化市双胜村元代窖藏》，《边疆考古研究》第7辑，科学出版社2008年版，第438—445页

③ 刘涛：《宋瓷笔记》，生活·读书·新知三联书店2014年版，第331页。

④ 南京市博物馆：《南京邓府山发现元末明初墓葬》，南京市博物馆编：《南京考古资料汇编》，凤凰出版社2013年版，第2048—2050页。

⑤ 南京市博物馆：《南京明汪兴祖墓清理简报》，《考古》1972年第4期。

⑥ 南京市博物馆等：《江苏南京市戚家山明墓发掘简报》，《考古》1999年第10期。

⑦ 南京市博物馆等：《江苏南京市唐家凹明代张云墓》，《考古》1999年第10期。

⑧ 南京市博物馆等：《南京南郊明郢国夫人樊氏墓》，南京市博物馆编：《南京考古资料汇编》，凤凰出版社2013年版，第2123—2126页。

⑨ 南京市文物保管委员会：《南京中华门外明墓清理简报》，《考古》1962年第9期。

⑩ 南京市博物馆：《南京南郊明墓清理简报》，《南方文物》1997年第1期。

⑪ 南京市博物馆：《明中山王徐达家族墓》，《文物》1993年第2期。

⑫ 南京市博物馆：《南京尹西村明墓》，《江汉考古》1989年第2期。

⑬ 赖金明、万水标：《江西纪年墓出土的龙泉青瓷》，《收藏》2010年第3期。

⑭ 江西省文物考古研究所、金溪县文物管理所：《江西金溪秀谷明代纪年墓发掘简报》，《文物》2017年第12期。

⑮ 张浦生、霍华：《1995年南京明故宫出土文物研究》，《东南文化》1997年第1期。

1. 青釉瓶（M1:1）

2. 青釉瓶（M1:2）

3. 青釉碗（M1:3）内底

4. 青釉碗（M1:3）外底

5. 青釉炉（M1:5）

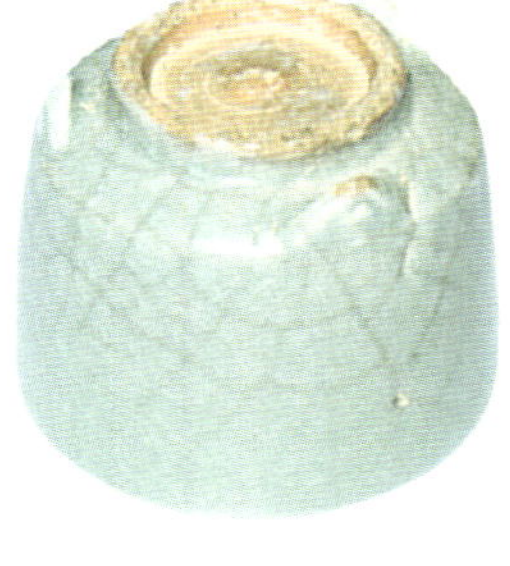

6. 青釉炉（M1:5）外底

图8-29 龙泉窑瓷器（江西金溪秀谷明代纪年墓出土）

第三节　对海外的输出

一、越窑瓷器的输出

（一）六朝时期

考古资料显示，朝鲜半岛地区已经发现有两晋南朝时期的越窑瓷器，主要集中分布在半岛西南的百济故地，如梦村古城发现有两晋时期越窑青瓷盘口壶残片、韩国首尔石村洞3号坟出土的东晋中晚期青瓷四系罐、朝鲜传开城遗址出土有青瓷虎子（图8-30）以及韩国江原道原州法泉里出土有越窑青瓷羊形器（图8-31）、韩国全罗北道扶安竹幕洞祭祀遗址出土的东晋青瓷罐残片等。①

此外，印度尼西亚国立博物馆收藏有一批南朝时期的越窑瓷器，据

图8-30　虎子（朝鲜传开城出土）

图8-31　越窑青瓷羊形器（韩国江原道原州法泉里出土）

① ［韩］赵胤宰：《略论韩国百济故地出土的中国陶瓷》，《故宫博物院院刊》2006年第2期。

报告该批瓷器都出土于爪哇岛。[①]

上述两地发现的早期越窑瓷器数量较少，尽管这些瓷器或许并不是贸易所得而是作为交流人员的日用品或是朝贡贸易品，但是也开启了越窑瓷器的对外输出之路。

（二）唐宋时期

1.东亚地区

（1）日本地区

目前在日本所见最早的中国瓷器是东京国立博物馆收藏的一件越窑盘口四系瓶，传为奈良法隆寺所藏，于明治十一年（1878）献给皇室。此器的时代应为公元7世纪，根据《法隆寺伽蓝缘起并流记资财帐》记载，该瓷器为日本船只从中国带回，原来是用于盛装香料的。[②]

越窑青瓷大致在8世纪末开始批量输往日本，9世纪初输入数量增加，晚唐五代大量外销。据统计，日本出土唐五代陶瓷的遗址有188处，出土各类陶瓷片2159片，分布在南至冲绳县，北达秋田县的广大地区，包括都城、官衙、墓葬、聚落、寺院、集市、作坊、祭祀地等各种不同性质的遗址。宋初开始递减[③]。据已有的考古发掘与研究资料显示，日本出土的越窑青瓷集中于九州地区和京畿地区，尤以九州北部福冈市（Fukuka）的太宰府址、太宰府鸿胪馆（Korokan）的发现为多[④]。鸿胪馆是日本模仿唐朝“鸿胪寺”而成立的外交机构，为太宰府所辖，主要是为了送迎遣唐使团和迎接唐、新罗使节及归化人而设。鸿胪馆大约存在

① 秦大树、谷艳雪：《越窑的外销及相关问题》，《2007年中国·越窑高峰论坛论文集》，文物出版社2008年版，第188—189页。

② ［日］长谷部乐尔、［日］金井敦：《日本出土中国陶磁》，《中国の陶磁》7，平凡社1995年版，第95—96页。

③ 刘恒武：《宁波古代对外文化交流——以历史文化遗存为中心》，海洋出版社2009年版，第39页。

④ 苌岚：《7—14世纪中日文化交流的考古学研究》，中国社会科学出版社2001年版，第24—71页。

于7—11世纪。从1987年开始发掘，出土了大量的中国瓷器，据统计，太宰府各发掘地点出土越窑瓷碗残片达400多件（片），盒、壶、水注等器物百余件（片）；鸿胪馆遗址出土的越窑青瓷多达数千件（片），8世纪晚期至11世纪的遗物均有发现，而尤以9世纪后期的越窑青瓷为多。①此外，在京都市的平安京故遗址范围内也有越窑青瓷发现，年代最早可达9世纪初期，大多为香炉、唾盂等特殊器物，年代较晚者则以碗类日常用品为主。另据冯先铭先生介绍，日本地区越窑青瓷的出土数量较三彩及白瓷为多，有三足鍑、盒子、碗、灯碗、唾壶等，出土地有福冈、京都和奈良。②

（2）朝鲜半岛

唐代，输入朝鲜半岛的越窑青瓷在数量上进一步增多。迄今发现于朝鲜半岛的唐代越窑青瓷主要集中在旧百济地区及新罗的部分区域，百济地区的益山弥勒寺和新罗地区的庆州皇龙寺两遗址出土的越窑遗物最为丰富。③此外，在庆州的拜里、雁鸭池，锦江南岸的扶余，全罗南道的清海镇等地也有唐代越窑瓷器出土。④

2. 东南亚地区

1998年在印度尼西亚勿里洞海域发现的黑石号沉船，经过一年的打捞，出水瓷器约67000件。根据出水的纪年瓷器，船货的年代应为唐宝历二年（826）前后。出水的器物主要是湖南长沙窑的瓷器，另外还有一定数量的浙江越窑器物、北方地区的白瓷（包括白釉绿彩器）和广东

---

① ［日］田中克子、［日］横田贤次郎：《太宰府鸿胪馆出土の初期贸易陶磁の检讨》，《贸易陶瓷研究》（14），1994年。

② 冯先铭：《元以前我国瓷器销行亚洲的考察》，《文物》1981年第6期，第68页。

③ ［韩］金寅圭：《韓国出土の中国陶磁——彌勒寺址出土の中国陶磁器を中心として一》，《贸易陶磁器研究》1999年第19号。

④ 刘恒武：《宁波古代对外文化交流——以历史文化遗存为中心》，海洋出版社2009年版，第39页。

图8-32　越窑方盘（黑石号沉船出水）

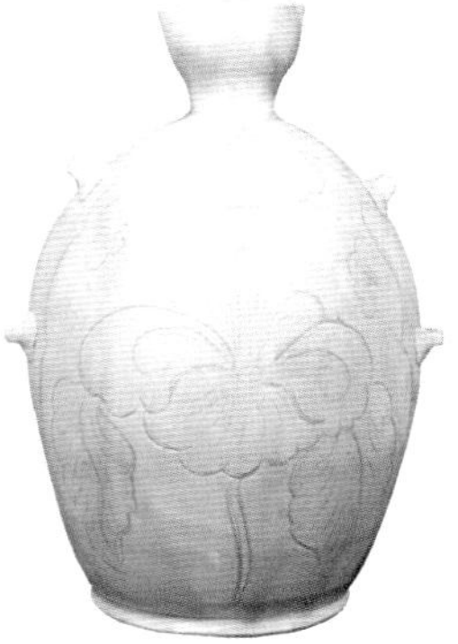

图8-33　越窑穿带瓶（黑石号沉船出水）

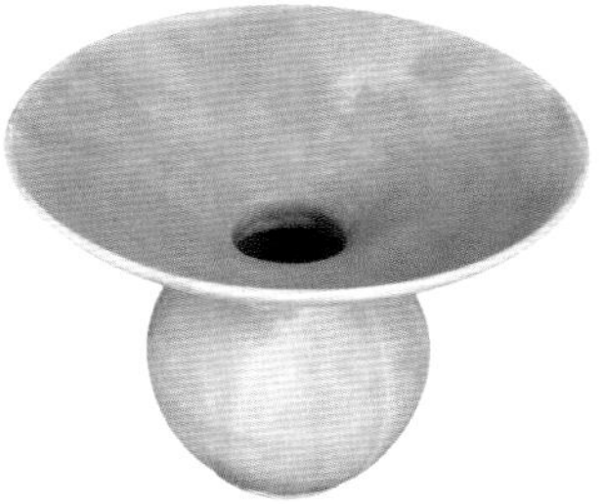

图8-34　越窑渣斗（黑石号沉船出水）

图8-35　越窑熏炉（黑石号沉船出水）

产的青瓷器。黑石号出水器物中正式通过水下考古发掘的登记在案的瓷器67000余件，这些瓷器中绝大部分是长沙窑瓷器，越窑瓷器的数量约为200件，其中包含有多曲长杯、带刻划花的方盘（图8-32）、注壶、穿带瓶（图8-33）、渣斗（图8-34）、熏炉（图8-35）等精美的器物①。总体而言，

① 谢明良：《记黑石号（Batu Hitam）沉船中的中国瓷器》，《美术史研究集刊》第13期，台湾大学艺术史研究所印行，2002年，第1—60页；John Guy, "Early ninth-century Chinese export ceramics and the Persian Gulf connection: the Belitung shipwreck evidence", *TAOCI*, No. 4, December 2005, pp. 9-20; John Guy, "Early Asian Ceramic Trade and the Belitung ('Tang') Cargo", *Transactions of the Oriental Ceramic Society*, Vol.66, 2001-2002, pp.13-27。

越窑瓷器数量并不多，在6万多件出水的瓷器中所占的比例仅为0.2%。

1997年发现的位于雅加达以北150千米印坦油田附近的一条沉船，被学者们称为印坦沉船，这条船的时代根据出水银铤上的刻款和其他资料，发掘报告认为应是公元918—960年间的，并有可能晚到960年之后数年。①杜希德、思鉴通过对沉船出水银锭产地的研究和对陶瓷的观察，认为其时代应为930—970年之间，即南汉王朝覆灭之前。②其中也出水了大批的中国瓷器，除去早期被打捞的器物，正式发掘登记的瓷器数量是7309件，但其中广东产的一种青黄釉小罐就有4855件，占了66.4%。剩余的器物中以越窑青瓷为主，还包括了少量青白瓷、白瓷、东南亚产的细陶器和中东产陶器。因此，越窑瓷器所占的比例约在20%至30%之间。

2003年至2005年10月，印度尼西亚的有关机构与西方的水下考古机构合作，按照水下考古规范对位于爪哇岛北岸井里汶外海100海里处、54米深水下的井里汶沉船进行了发掘，出土遗物达49万余件。从其中一只越窑刻花莲瓣碗上的“戊辰徐记烧”划刻铭款以及伴出的其他考古资料对比判断，我们大致可以将这批出水瓷器的年代定在10世纪的中后期，即968年前后。在这些船货中最重要的当数多达30余万件的中国瓷器，其中绝大多数为越窑瓷器。尽管我们目前还没有准确的统计数字，但根据打捞公司的报告，在出水的49万多件（片）器物中中国瓷器占了75%。其中，除了少量白瓷器以外，绝大部分是越窑青瓷器（图8-36、图8-37），数量应该在30万件以上③。

---

① Michael Flecker, *The Archaeological Excavation of the 10th Century Intan Shipwreck*, Oxford: BAR International Series 1047, 2002, p.101.

② 杜希德（Denis Twitchett）、思鉴（Janice Stargardt）：《沉船遗宝：十世纪沉船上的中国银锭》，《唐研究》第十卷，北京大学出版社2004年版，第383—431页。

③ Adi Agung：《井里汶海底十世纪沉船打捞纪实》，《故宫博物院院刊》2007年第6期；沈岳明：《越窑的发展及井里汶沉船的越窑瓷器》，《故宫博物院院刊》2007年第6期；秦大树：《拾遗南海　补阙中土——谈井里汶沉船的出水瓷器》，《故宫博物院院刊》2007年6期。

图8-36 越窑盖盒（井里汶沉船出水）

图8-37 越窑盖盒（井里汶沉船出水）

除了水下考古之外，在马来西亚婆罗洲的沙捞越出土有9—10世纪的越窑瓷器。[①]在菲律宾吕宋岛南部的八打雁地区的劳雷尔遗址出土有9—10世纪前期的越窑青瓷浅钵，在棉兰老岛西北部武端地区的安邦干、利伯特地点的沉船中也出土（水）越窑青瓷钵和罐。[②]此外，据冯先铭先生介绍，菲律宾八打雁的卡拉塔，马尼拉的圣安娜、内湖遗址也出土有宋代越窑系刻花青瓷。[③]印度尼西亚中爪哇日惹地区的帕兰邦南寺院遗址出土有越窑青瓷，西爪哇加拉璜地区出土有越窑青瓷钵，东爪哇地区古港口锦石出土有晚唐越窑青瓷，苏门答腊地区巨港及其近郊地区出土有越窑青瓷钵和四系罐，苏门答腊地区的穆阿拉、占碑遗址也有越窑青瓷的存在。[④]另外，泰国的猜也蓬地区出土有9—10世纪越窑钵、水注、壶。[⑤]

3.南亚、西亚地区

（1）南亚地区

在印度东南海港城市本地治里博物馆内藏有9—10世纪的越窑瓷器

① ［日］三上次男：《陶瓷之路》，胡德芬译，文物出版社1983年版，第229页。

② ［日］三上次男：《晚唐、五代时期的陶瓷贸易》，杨琮译，《文博》1988年第2期。

③ 冯先铭：《元以前我国瓷器销行亚洲的考察》，《文物》1981年第6期。

④ ［日］三上次男：《晚唐、五代时期的陶瓷贸易》，杨琮译，《文博》1988年第2期。

⑤ ［日］三上次男：《晚唐、五代时期的陶瓷贸易》，杨琮译，《文博》1988年第2期。

残片，这些遗物来自于附近的阿里加梅杜遗址。[①]日本学者曾于20世纪末在印度西海岸和斯里兰卡的一些遗址组织过一定规模的调查，在斯里兰卡发现了许多9—10世纪的器物，其中包括越窑瓷器。[②]斯里兰卡达迪加马发现有一批10世纪以后的越窑系大碗残片[③]；马图遗址、安努拉达普拉的阿巴亚格里佛教遗址、吉特凡那遗址、达戈遗址、波隆纳鲁瓦遗址也出土有越窑青瓷[④]。

在巴基斯坦卡拉奇东郊班布尔的古海港遗址中也发现了晚唐越窑青瓷瓶等遗物[⑤]，巴基斯坦布腊马纳巴德都市遗迹出土有9世纪越窑瓷片[⑥]。

考古工作者曾在伊朗的谢里-达吉亚努斯遗址中发现9—10世纪的越窑系青瓷[⑦]；伊朗东北部内沙布尔遗址出土有晚唐越窑遗物，其中有一些考古发掘品现藏于美国纽约的密特罗波利坦博物馆[⑧]；德黑兰附近的雷伊遗址出土有唐代后期越窑瓷盆残片，其中考古发掘品现藏于美国波士顿美术馆[⑨]；此外，在波斯湾阿拉伯古港口尸拉夫（Shiraf）遗址也有越窑青瓷的出土[⑩]。

---

① ［日］三上次男：《陶瓷之路》，胡德芬译，文物出版社1983年版，第205—207页。

② Noboru Karashima (ed.), *In Search of Chinese Ceramic-Sherds in South India and Sri Lanka*, Tokyo: Taisho University Press, 2004.

③ ［日］三上次男：《陶瓷之路》，胡德芬译，文物出版社1983年版，第216页。

④ ［日］三上次男：《斯里兰卡发现中国陶瓷和伊斯兰国家陶瓷——斯里兰卡出土的中国瓷器调查纪实》，奚国胜译，《南方文物》1986年第1期。

⑤ ［日］三上次男：《陶瓷之路》，胡德芬译，文物出版社1983年版，第192页；林梅村：《丝绸之路考古十五讲》，北京大学出版社2006年版，第236页；冯先铭：《元以前我国瓷器销行亚洲的考察》，《文物》1981年第6期。

⑥ ［日］三上次男：《陶瓷之路》，胡德芬译，文物出版社1983年版，第195页；冯先铭：《元以前我国瓷器销行亚洲的考察》，《文物》1981年第6期。

⑦ ［日］三上次男：《陶瓷之路》，胡德芬译，文物出版社1983年版，第146页。

⑧ ［日］三上次男：《陶瓷之路》，胡德芬译，文物出版社1983年版，第156—157页。

⑨ ［日］三上次男：《陶瓷之路》，胡德芬译，文物出版社1983年版，第163页。

⑩ ［日］三上次男：《陶瓷之路》，胡德芬译，文物出版社1983年版，第148页；林梅村：《丝绸之路考古十五讲》，北京大学出版社2006年版，第236—237页。

（2）西亚地区

西亚地区发现的越窑瓷器以伊拉克的萨马拉遗址为多，且最为重要。萨马拉遗址位于底格里斯河东岸，距巴格达125千米。由于哈里发与巴格达民众的冲突，阿巴斯王朝于836—892年迁都此地，有8位哈里发以此为都城，为西亚地区最重要的城市遗址。阿巴斯王朝迁回巴格达之后，这里在很长时间内是一个重要的制瓷中心。这处遗址在20世纪开展了三次大规模的考古发掘，1911—1913年弗里德里克·萨勒（Friedrich Sarre）、恩斯特·赫茨菲尔德（Ernst Herzfeld）在此进行了发掘①；之后，1936—1939年②、1963—1964年③，伊拉克政府文物局又对其进行发掘。该遗址出土了大量的波斯陶器和中国唐代的陶瓷器，其中就包括越窑青瓷器。根据弗里德里克·萨勒的报告，越窑瓷器主要是9世纪后期到10世纪的，即萨马拉作为都城的较晚时期及返迁以后的，有高足带花瓣口的碗，并有较粗的细线划花装饰。④在伊拉克的阿比尔塔遗址中也发现了9—10世纪的褐色越窑瓷片。⑤

4. 非洲地区

（1）北非地区

这一地区，以埃及的福斯塔特（Fustat）遗址最为重要。福斯塔特遗址位于今开罗市的南部，是旧开罗遗址，为埃及伊斯兰时期历史上最重要的城市之一，始建于842年，毁于1168年第二次十字军东征时。对于福斯塔特，先后有埃及文物局、开罗美国研究中心、日本早稻田大学

① Friedrich Sarre, "Die Keramik von Samarra", 1925, Berlin.

② 伊拉克政府考古局：《萨马拉的发掘1936—1939》，巴格达，1940年。转引自［日］三上次男：《陶瓷之路》，胡德芬译，文物出版社1983年版，第126页。

③ ［日］三上次男：《陶瓷之路》，胡德芬译，文物出版社1983年版，第126页。

④ 秦大树、谷艳雪：《越窑的外销及相关问题》，《2007年中国·越窑高峰论坛论文集》，文物出版社2008年版，第185页。

⑤ ［日］三上次男：《陶瓷之路》，胡德芬译，文物出版社1983年版，第133页。

和开罗法国考古研究所等单位多次对其进行发掘，出土了大量瓷片，其中以当地生产的陶瓷为主，中国瓷器的数量大约为2万件（片）。秦大树先生曾于1994年对此遗址出土的中国陶瓷进行过调查[①]，结合以前由小山富士夫率队所开展的大规模调查所刊布的资料[②]，大体可以确定这里9—10世纪的中国瓷器以越窑产品为多。通过进一步分析发现，这些出土的越窑瓷片时代主要是9世纪后半叶至10世纪间，其中又以10世纪后半叶的产品为多。此外，1966年三上次男先生对埃及库塞尔港口遗址和苏丹埃得哈布港口遗址进行了调查，两地都有唐末、宋初越窑瓷器的发现[③]。

（2）东非地区

肯尼亚的拉穆群岛上分布着许多斯瓦希里（Siwahili）文化的遗址，许多遗址都经过了正式的考古发掘。如帕泰（Pate）岛的上加遗址（Shanga），1980—1988年，英国人马克·霍顿（Mark Horton）先后对上加遗址进行过六次考古发掘，在获取大量各类文物的同时，基本搞清楚了上加聚落群的布局特点和演变历史。[④]曼达（Manda）岛上的曼达遗址是英国人詹姆斯·柯克曼（James Kirkman）于1966年进行的发掘，另外还有东多（Dondo）、西游（Siu）、塔卡瓦（Takwa）和帕泰（Pate）等遗址。[⑤]其中最大的、考古工作做得最充分的聚落遗址就是Shanga遗址。

---

① 秦大树：《埃及福斯塔特遗址发现的中国瓷器》，《海交史研究》1995年第1期。

② 出光美术馆：《陶瓷の东西交流——エジプト-フスタト遺迹出土の陶磁》，出光美术馆1984年版；Tusgio Mikami, “Chinese Ceramic from Medieval Sites in Egypt”, in *Bulletin of the Institute of Eastern Culture*, Vol.2, 1988。此文有译文，三上次男：《中国陶瓷在埃及中世纪遗址中的发现》，秦大树译，中国古代陶瓷研究会编：《中国古陶瓷研究》第五辑，紫禁城出版社1999年版，第173—178页。

③ 马文宽、孟凡人：《中国古瓷在非洲的发现》，紫禁城出版社1987年版，第5—6页。

④ Mark Horton, *Shanga: The Archaeology of a Muslim Trading Community on the Coast of East Africa*, London: The British Institute in Eastern Africa, 1996.

⑤ Neville Chitticck, *Manda: Excavations at an Island Port on the Kenya Coast*, Nairobi: The British Institute in Eastern Africa, 1984.

北京大学考古队对这个遗址出土的中国瓷器进行了调查，检视瓷器335件（片），发现了部分属于9—10世纪的瓷器，其中不乏越窑瓷器。[①]其中越窑瓷器的输入时间大体从850—920年的第三期开始，晚于上加遗址发现的长沙窑瓷器；至第四期（920—1000）为盛，持续输入到北宋后期。表明这里从唐代后期就与中国有了直接或间接的关系。[②]肯尼亚拉穆群岛的曼达遗址也出土有9—10世纪越窑瓷器。[③]

二、龙泉窑瓷器的输出

（一）北宋

据相关学者研究，北宋晚期，龙泉窑瓷器只有极少量运销到海外地区。[④]考古资料显示，东亚地区的朝鲜半岛和日本曾出土过一些早期龙泉窑瓷器；东南亚地区也发现有少量龙泉窑瓷器，如在苏门答腊北部地区曾发现碗和盘各一件。[⑤]此外，泰国的班萨拉恩攀遗址、菲律宾的一些遗址中也发现几件这一时期的瓷器残片。[⑥]此外，通过对福斯塔特遗址出土中国瓷器的调查与研究可以看到，龙泉青瓷早在法蒂玛王朝统治埃及时期（969—1168）便已传入，福斯塔特遗址曾发现少量早期龙泉

① 秦大树：《中国古代陶瓷外销的第一个高峰——9—10世纪陶瓷外销的规模与特点》，《故宫博物院院刊》2013年第5期。

② 秦大树：《肯尼亚出土中国瓷器的初步观察》，秦大树、袁旔主编：《2011年古丝绸之路：亚洲跨文化交流与文化遗产国际学术研讨会论文集》，新加坡世界科技出版公司2013年版，第47—66页。

③ Neville Chitticck, *Manda: Excavations at an Island Port on the Kenya Coast*, Nairobi: The British Institute in Eastern Africa, 1984.

④ 李刚：《中国古代外销青瓷管窥》，浙江省博物馆编：《东方博物》第二十一辑，浙江大学出版社2006年版，第33页。

⑤ 秦大树、刘净贤：《梅青水碧　美艳青瓷——龙泉窑的历史与成就》，《温温玉色照瓷瓯：龙泉窑青瓷艺术》，北京燕山出版社2012年版。

⑥ 项坤鹏：《东南亚地区发现的龙泉青瓷初步研究》，北京大学硕士学位论文，2008年。

青瓷，如内壁刻划花篦点纹碗、双面刻划花碗等品种。[①]

（二）南宋

这个时期，龙泉窑瓷器开始成规模地输往东亚地区的日本和朝鲜半岛，在东南亚地区也有较多的发现。

朝鲜半岛地区的高丽墓葬中曾出土过“河滨遗范”铭的典型龙泉青瓷碗。[②]日本地区，出土这一时期的龙泉青瓷的地点主要有博多、太宰府、平安京、镰仓等地。其中博多、太宰府出土了个别装饰有“直线纹、变形S纹”的龙泉窑系青瓷。[③]镰仓出土了大量南宋晚期至元代的龙泉窑青瓷。[④]

东南亚地区的印度尼西亚爪哇海发现的惹巴拉沉船（Jepara Wreck），时代为12世纪，出水了一定数量的龙泉窑瓷器。[⑤]1994年日本考古队在对柬埔寨吴哥遗址的发掘过程中，于十二塔庙建筑泥层中发现有浙江地区的龙泉窑瓷器。[⑥]

此外，从南宋后期开始，龙泉窑瓷器开始大规模地输往中东和非洲地区。开罗美国大学在对埃及福斯塔特遗址的发掘中，发现在相当于南宋中后期的阿尤布王朝（Ayyubid，在埃及的统治时间是1169—1250年）

---

① 马文宽、孟凡人：《中国古瓷在非洲的发现》，紫禁城出版社1987年版，第3页。

② 任世龙、汤苏婴：《龙泉窑瓷鉴定和鉴赏》，江西美术出版社2004年版，第94页。

③ 《博多2》，《福冈县埋藏文化财调查发掘报告书》第84集，1982年。转引自茺岚：《7—14世纪中日文化交流的考古学研究》，中国社会科学出版社2001年版，第74页。

④ 李刚：《中国古代外销青瓷管窥》，浙江省博物馆编：《东方博物》第二十一辑，浙江大学出版社2006年版，第29页。

⑤ E. Edwards McKinnon, “Ancient Shipwrecks in Indonesian Waters: The Ceramics Cargoes”, Himpunan Keramik Indonesia/The Ceramic Society of Indonesia, 2001; Atma Djuana, E. Edwards McKinnon, “The Jepara Wreck”，载郑培凯主编：《十二至十五世纪中国外销瓷与海上贸易国际研讨会论文集》，中华书局2005年版，第126—142页。

⑥ Naho Shimizu, “Excavations and Investigations at Prasat Suor Prat”, *JSA NEWS*, No.6, 2001, pp.4–5. 转引自香港城市大学中国文化中心陶瓷下西洋研究小组：《陶瓷下西洋——十二至十五世纪中国外销瓷》，香港城市大学2003年版，第46—47页。

时期地层中，龙泉窑瓷片有较大量的出土，这被斯坎伦教授形容为“（龙泉青瓷）像洪水一般涌入埃及”①。东非肯尼亚也出土了少量南宋时期的龙泉窑瓷器。②

（三）元代

元代汪大渊所著《岛夷志略》中明确提到以“处州磁器”“青白处州磁器”“处州磁”“处器”“处瓷”“处瓷器”“青处器”等博买的地区有琉球（今中国台湾）、无枝拔（今马六甲）、麻里鲁（今马尼拉或波利略）、苏禄（今菲律宾苏禄群岛或专指和乐岛）、旧港（今印度尼西亚苏门答腊岛东南部巨港）、龙牙门（今新加坡南岸偏西之海峡石叻门，今名克佩尔港）、花面（今印度尼西亚苏门答腊岛北部）③。

朝鲜半岛的新安沉船应该是元代龙泉窑外销的最为典型的案例。该船约沉没于1323年或其后不久，出水龙泉青瓷1万件左右，器物种类极其丰富，几乎囊括了当时龙泉窑所有的瓷器品种。④日本地区的胜连城多处地点曾出土元代龙泉窑大盘。总体来看，日本地区发现的元代中晚期的龙泉窑瓷器质量较为粗糙，多为叠烧类产品，但产品类型却较为丰富，多见有碗、杯、香炉、盘、瓶等。⑤14世纪后半期中国向日本销售

---

① George T. Scanlon, “Egypt and China: Trade and Imitation”, in D. S. Richards (ed.), *Islam and the Trade of Asia*, Philadelphia: Brnno Cassirer Oxford and University of Pennsylvania Press, 1970；三上次男：《中世中国とエジプト—フスタート遺迹出土の中国陶磁を中心として》，载《陶磁の东西交流—エジプト· フスタート遺迹出土の陶磁》，出光美术馆1990年，第84—99页。

② 秦大树：《肯尼亚出土中国瓷器的初步观察》，paper for “Ancient Silk Trade Roads, Cross Cultural Exchange and Legacy in Southeast Asia（古丝绸之路，东南亚地区的跨文化交流和文化遗产）”，27—28 Oct. 2011, Singapore.

③ 〔元〕汪大渊撰，汪前进译注：《岛夷志略》，辽宁教育出版社1996年版，第74、79、90、115、117、124、128页。

④ 李德金、蒋忠义、关甲堃：《朝鲜新安海底沉船中的中国瓷器》，《考古学报》1979年第2期。

⑤ 长岚：《7—14世纪中日文化交流的考古学研究》，中国社会科学出版社2011年版，第72页。

的龙泉青瓷数量大增，达到了出口青瓷的高峰。[①]此外，考古调查资料显示，冲绳诸岛的石垣岛、西表岛、与那国岛等海滨出土了很多14—15世纪以龙泉窑为主的中国陶瓷。[②]

地处南亚的斯里兰卡东海岸发现的尼拉威利沉船（Nilaveli）中出水的元代龙泉窑大碗，就是从中原地区运往西亚中东的高档产品。[③]此外，巴基斯坦东巴的巴博地区亦发现有南宋至元代的龙泉窑瓷器。[④]印度也有元代龙泉瓷发现。[⑤]地处西亚的伊拉克也曾出土南宋至元代的龙泉窑瓷器。[⑥]

东非地区的埃及福斯塔特遗址，有学者通过调查认为，12—14世纪该遗址出土的青瓷片都是龙泉青瓷，其中元代龙泉瓷片最多，包括了元代早期器型以及元代特有的大型器物。[⑦]此外，北京大学考古队曾对肯尼亚沿海地区两个最重要的聚落遗址——上加遗址和格迪古城遗址出土的中国瓷器进行了调查统计，龙泉窑瓷器在北宋时期极少发现，南宋时依然是凤毛麟角，元代出现了爆炸性的增长，进入龙泉青瓷外销非洲的高峰时期，这一高峰持续到明代初年。以格迪古城为例，在总计433件可断代的瓷器中，元代瓷器共计175件，占总数的40.4%。其中景德镇窑瓷器26件，占该期瓷器总数的14.9%；龙泉窑瓷器142件，占该期总数的81.1%；福建窑口瓷器4件，占该期总数的2.3%；广东窑口瓷器2件，

---

① 叶文程：《宋元时期龙泉青瓷的外销及其有关问题的探讨》，《中国古外销瓷研究论文集》，紫禁城出版社1988年版，第53页。

② 苌岚：《7—14世纪中日文化交流的考古学研究》，中国社会科学出版社2011年版，第83页。

③ John Carswell, "Two Unexplored Wrecks of the 14th Century in the Red Sea and off Sri Lanka", *TAOCI*, No. 2, 2001, pp. 51-56.

④ 冯先铭：《中国古代外销瓷的问题》，《海交史研究》1980年第2期。

⑤ 冯先铭：《元以前我国瓷器销行亚洲的考察》，《文物》1981年第6期。

⑥ 冯先铭：《元以前我国瓷器销行亚洲的考察》，《文物》1981年第6期。

⑦ ［日］三上次男：《中世中国とエジプト—フスタート遺迹出土の中国陶磁を中心として》，出光美术馆1990年，第84—99页；叶文程：《宋元时期龙泉青瓷的外销及其有关问题的探讨》，《海交史研究》1987年第2期。

占该期总数的1.1%；磁州窑瓷器1件，占该期总数的0.6%。①

（四）明代

东南亚地区发现有这一时期龙泉窑瓷器的遗址多见于沉船遗址。发现于西爪哇海域的伯拉纳坎沉船（Belanakan Wreck），年代约为15世纪。船上所载货物主要有越南青花瓷器、泰国宋加洛瓷、中国青花瓷器以及浙江青瓷。该船的目的地可能是图班的莫焦帕黑（Mojopahit）港口。②此外，1999年印度尼西亚卡里马达海峡西边的巴卡奥（Bakau）岛外海域发现一艘15世纪初的沉船，船上载有中国、泰国和越南的陶瓷。从船上的中国瓷器、钱币以及碳十四测年可以判定该船的年代为15世纪早期。船体为中国制造，从中国南部起航，经泰国至印度尼西亚。沉船中发现有泰国的素可泰窑和宋加洛窑瓷器、中国的龙泉窑青瓷，以及部分越南的釉下彩瓷器。③

北京大学考古队在对东非肯尼亚地区出土瓷器调研中曾发现了一些明代初年龙泉窑生产的官用瓷器。在格迪古城遗址中，明代早期（洪武到天顺时期）瓷器共计118件，占总数的27.3%。其中景德镇窑明代宣德到天顺时期瓷器4件，占该期总数的3.4%；龙泉窑明代早期瓷器114件，占明初瓷器总数的96.6%④。

---

① 秦大树、刘净贤：《梅青水碧　美艳青瓷——龙泉窑的历史与成就》，《温温玉色照瓷瓯：龙泉窑青瓷艺术》，北京燕山出版社2012年版；刘岩、秦大树、齐里亚马·赫曼：《肯尼亚滨海省格迪古城遗址出土中国瓷器》，《文物》2012年第11期。

② E. Edwards McKinnon, "Ancient Shipwrecks in Indonesian Waters: The Ceramics Cargoes", Himpunan Keramik Indonesia/The Ceramic Society of Indonesia, 2001; Atma Djuana, E. Edwards McKinnon, "The Jepara Wreck"，郑培凯主编：《十二至十五世纪中国外销瓷与海上贸易国际研讨会论文集》，香港中华书局2005年版，第126—142页。

③ Michael Flecker, "The Bakau wreck: an early example of Chinese shipping in Southeast Asia", *The International Journal of Nautial Archaeology*, Vol. 30, No.2, 2001, pp.222, 226.

④ 秦大树、刘净贤：《梅青水碧　美艳青瓷——龙泉窑的历史与成就》，《温温玉色照瓷瓯：龙泉窑青瓷艺术》，北京燕山出版社2012年版；刘岩、秦大树、齐里亚马·赫曼：《肯尼亚滨海省格迪古城遗址出土中国瓷器》，《文物》2012年第11期。

此外，明代末期龙泉青瓷还有一定数量的外销。据《龙泉县志》记载，“崇祯十四年七月，由福州运往日本瓷器27000件，同年十月有大、小97艘船舶运出龙泉青瓷30000件，在日本长崎上岸”①。

三、其他窑口瓷器的输出

除了龙泉窑和越窑瓷器之外，浙江地区输送到海外的青瓷还有金华铁店窑、杭州老虎洞窑等。金华铁店窑产品曾发现于新安沉船，器类有花盆、瓶、三足水盘、注子、四耳壶等。该类器物于暗红色的胎土上施以仿钧窑式青釉，施釉近外底，叠烧而成。三足盘还饰以乳头纹贴花。除了上述均窑系青瓷外，还有一类黑釉壶，大口，口至腹屈折。这类黑釉壶可能也是铁店窑的产品。②老虎洞窑青瓷也曾发现于新安沉船中，共5件，其中瓶2件、香炉3件。这5件瓷器是老虎洞窑址青瓷迄今为止在中国以外地区仅有的发现。③

第四节 浙江古代青瓷制作工艺的传播

一、境内传播

综观浙江地区制瓷业，各地区窑业生产以青瓷为主要品种，从窑业技术来看，东汉中晚期至北宋中期的青瓷技术大都可归入越窑窑业技术

---

① 任世龙、汤苏婴：《龙泉窑瓷鉴定与鉴赏》，江西美术出版社2004年版，第97页。

② 金英美：《新安沉船与海上丝绸之路》，《大元帆影——韩国新安沉船出水文物精华》，文物出版社2012年版，第21页。

③ 金英美：《新安沉船与海上丝绸之路》，《大元帆影——韩国新安沉船出水文物精华》，文物出版社2012年版，第22页。

系统，于北宋晚期至明代的青瓷技术大都可归入龙泉窑窑业技术系统。在青瓷产品之外，各地区还结合当地资源与社会需求生产诸如黑釉、褐釉、褐色点彩、乳浊釉、青花瓷、青白瓷等产品。[①]

目前的考古资料显示，受到多方面因素的影响，东晋时期以上虞为中心的早期越窑和北宋中期以慈溪为中心的越窑产区的制瓷业走向衰落。伴随着这一过程，核心区窑业技术开始向外传播，并在更适宜制瓷业生产的地区突然出现，前者以台州路桥东晋窑址群的兴起[②]为代表，后者以浦江前王山窑址群的兴起[③]为代表。

南宋至元代是龙泉窑瓷器大规模对外输出的重要时期，与此同时，这一时期也是龙泉窑瓷业技术对外输出的重要时期。这一时期龙泉窑瓷器除了在龙泉南区和龙泉东区等核心区烧造外，在其外围区域也大为扩展，如丽水莲都区保定[④]、遂昌湖山乡[⑤]、缙云大溪滩[⑥]、金华武义溪里[⑦]、浦江白泥岭[⑧]、温州永嘉桥头[⑨]、马鞍山[⑩]等地都有龙泉窑窑址的分布。

浙江古代青瓷技术除了在省内传播之外，还扩展到省外其他地区，

---

① 谢西营、张馨月：《瓷窑址考古（唐五代至宋元明）》，《浙江考古（1979—2019）》，文物出版社2019年版，第323—358页。

② 叶祥青：《台州路桥境内陶瓷遗存概述》，浙江省博物馆编：《东方博物》第七十三辑，中国书店2019年版，第64—70页。

③ 谢西营：《北宋中期越窑瓷业技术传播及相关问题研究》，《东南文化》2018年第6期。

④ 浙江省文物管理委员会：《丽水青瓷调查发掘记》，浙江省文物考古研究所编：《浙江省文物考古研究所学刊（第七辑）》，杭州出版社2005年版，第512—516页。

⑤ 浙江省文物考古研究所2018年调查资料。

⑥ 黄彩虹、陈福亮：《缙云大溪滩窑址群地面调查简报》，浙江省博物馆编：《东方博物》第三十三辑，浙江大学出版社2009年版，第82—88页。

⑦ 浙江省文物考古研究所2019年考古发掘资料。

⑧ 浙江省文物考古研究所2015年调查资料。

⑨ 金柏东：《浙江永嘉桥头元代外销瓷窑址调查》，《东南文化》1991年第Z1期。

⑩ 温州市文物考古研究所2020年发掘资料。

尤其表现在龙泉窑瓷业技术的对外传播。目前省外地区明确受到龙泉窑瓷业技术影响的地区有福建北部以松溪为代表的龙泉窑系窑址群①、广东东部以大埔县余里窑址为代表的龙泉窑系窑址群②和云南南部以建水窑为代表的窑址群③等。此外，汉六朝时期、唐五代时期以及北宋时期，浙江地区制瓷业技术还与长江中游地区、江苏南部、福建北部、江西地区、安徽南部等地存在一定的交流和互动关系。但限于材料，其中的技术传播方式、路径和面貌等方面问题还有待于今后的继续工作。

此外，前文我们在论述北宋时期越窑国内输出时，曾提及在河南宝丰清凉寺汝窑遗址中出土有一件越窑瓷器，这主要体现了双方技术交流与传播、市场竞争中相互仿制层面的内容。北宋时期徐兢曾作《宣和奉使高丽图经》，记载的是北宋宣和五年（1123）徐兢作为给事中路允迪的副手出使高丽的事情。该书中曾提到“狻猊出香，亦翡色也，上有蹲兽，下有仰莲以承之。诸器惟此物最精绝，其余则越州古秘色、汝州新窑器，大概相类”④。尽管徐兢提到越州古秘色及汝州新窑器的目的并不是表明两者之间的关系，但是我们从中也可以看到两者在产品特征方面存在一定的相似性。有学者曾提到，在北方汝窑系中常常可以见到一些与越窑器型、釉色十分相似的产品。⑤

① 羊泽林、杨敬伟：《福建松溪县西门窑发掘收获》，浙江省博物馆编：《东方博物》第六十四辑，中国书店2017年版，第65—75页。

② 肖达顺、陈靖云：《广东已知最早的龙泉系青瓷窑场》，《中国文物报》2014年4月25日第8版；肖达顺：《广东仿龙泉青瓷窑业产销的初步研究》，《中国港口》2019年第S1期；广东省文物考古研究所、中国客家博物馆、大埔县文化广电新闻出版局、大埔县博物馆：《广东大埔余里明代窑址2013—2014年发掘简报》，《文物》2019年第10期。

③ 云南省文物考古研究所2020年考古发掘资料。

④ 〔宋〕徐兢：《宣和奉使高丽图经》卷三十二《器皿三》“陶炉”条，商务印书馆标点本，1937年版，第110页。

⑤ 赵青云、王忠民、曹永智：《汝瓷探源——兼谈汝窑与越窑的关系》，《江西文物》1991年第4期。

二、海外传播

浙江古代青瓷制作工艺在海外的传播可上溯至唐代。

唐末五代以来，浙东越窑制瓷技术东传朝鲜半岛，在此影响之下，具有当地特色的高丽青瓷得以创烧成功。[①]有学者认为，越窑青瓷生产技术传往高丽，应该是占据今济州岛的张宝皋从越州掠取窑工的结果。[②]高丽青瓷的创烧成功和迅速发展，也是朝鲜半岛五代、北宋越窑青瓷较少发现的原因之一。[③]至于日本地区，9—10世纪猿头窑生产了很多模仿越窑青瓷的玉璧底碗、托、香炉、盒、渣斗、划花纹碗、执壶、有盖双耳壶、四足壶等绿釉陶产品，以及模仿越窑青瓷玉璧底碗、执壶、四足壶等灰釉陶器。[④]

由于龙泉窑瓷器在海外的广泛传播，国外很多地区都开始仿烧龙泉窑风格的器物。12世纪末开始，日本爱知县的濑户开始大量仿烧传入日本的唐宋瓷器，这些产品被称作“濑户烧”。镰仓出土的很多“濑户烧”陶瓷器壶、水注、梅瓶之类的器物与同时出土的龙泉窑青瓷在造型、纹饰等方面十分相似。[⑤]在东南亚一带的越南和菲律宾地区，除了输入的龙泉窑瓷器外，还存在相当数量的仿烧龙泉窑瓷器，其产品从造型到装烧工艺，甚至包括细节等方面，都与龙泉窑瓷器别无二致。[⑥]不过，东南亚地区的仿龙泉窑瓷器虽经过高温烧造，但受限于其所使用的瓷土质

---

① 林士民：《浙东制瓷技术东传朝鲜半岛之研究》，《浙东文化》1997年第2期。

② ［韩］郑良谟：《高丽青瓷》，金英美译，文物出版社2000年版，第2页。

③ 李军：《千峰翠色：中国越窑青瓷》，宁波出版社2011年版，第37页。

④ ［日］森达也：《中国青瓷对日本陶瓷的影响》，胡一超译，《紫禁城》2019年第7期；刘恒武：《宁波古代对外文化交流——以历史文化遗存为中心》，海洋出版社2009年版，第43页。

⑤ 苌岚：《7—14世纪中日文化交流的考古学研究》，中国社会科学出版社2011年版，第279页。

⑥ 沈岳明：《从“龙泉天下”到“天下龙泉”——元明时期龙泉窑对外输出方式的变革》，《博物院》2020年第6期。

量，其胎体仍显得较为粗糙且玻化程度较低。此外，这些仿制品的釉也与龙泉窑瓷器的釉的玉质光泽不同，或较薄且闪亮，或呈糖霜状而亚光。这一时期常见的仿制品器型主要是两类，一类为宽沿浅腹大盘，常装饰有辐射状分布的槽纹；一类为较小的外壁饰有多面雕刻纹饰的莲瓣纹。①此外，13—15世纪，龙泉窑青瓷大量输送到中东地区，在此背景下，中东本土也产生了大规模的仿龙泉青瓷现象。②从埃及福斯塔特遗址出土器物来看，自南宋中后期以来，随着龙泉窑瓷器的输入，埃及人开始对龙泉窑瓷器进行仿制。③中东地区仿青瓷制品不仅流行于马穆鲁克苏丹的领土上（即埃及和叙利亚），也流行于与之相邻的蒙古汗国中（主要指波斯地区）。英国研究者哈顿曾认为，埃及和叙利亚陶工精于仿制，大量当地制造的仿龙泉青瓷从诸如埃及福斯塔特、亚历山大，叙利亚阿勒颇和哈马等遗址出土。④

① 奈杰尔·武德、克里斯·多赫蒂：《十三至十五世纪伊斯兰地区对龙泉青瓷的仿制》，闻雯译，《紫禁城》2019年第7期。

② 奈杰尔·武德、克里斯·多赫蒂：《十三至十五世纪伊斯兰地区对龙泉青瓷的仿制》，闻雯译，《紫禁城》2019年第7期。

③ 秦大树：《埃及福斯塔特遗址中发现的中国陶瓷》，《海交史研究》1995年第1期。

④ 奈杰尔·武德、克里斯·多赫蒂：《十三至十五世纪伊斯兰地区对龙泉青瓷的仿制》，闻雯译，《紫禁城》2019年第7期。

后记

本书是我与浙江省文物考古研究所的谢西营和张馨月两位合作的成果。撰写分工如下：

第一章，第四章第一、第二、第三、第五节，第五章第一、第二、第三、第四、第六节，第七章，本人执笔；第二章，张馨月执笔；第三章，第四章第四节，第五章第五节，第六章，第八章，谢西营执笔。全书框架的建构和统稿工作由本人负责。

因为文稿分由多位作者撰写，行文风格、内容详略、体例和学术观点等不尽一致。为充分尊重谢、张两位青年才俊的专业见解和写作个性，在统稿的过程中，对于他们执笔部分的内容，原则上不作改动。为了全书体系的完整性，补充或调整了少量内容，比如，第二章第三节的开头部分、第三章第一节“概述”等。对于个别学术观点有异之处，在相应位置增加了注释说明，以便读者自行判断。

对印纹硬陶作专门论述，主要是考虑到原始青瓷与其关系十分密切。窑址数量的统计，各地、各时期的口径不尽一致，但可反映基本状况。

本书的写作，尤其是本人执笔章节的资料收集，得到了省内外诸多文博单位同人的大力协助，也吸纳了前辈学者和同行们的大量研究成果。承蒙浙江省文物考古研究所、杭州市文物考古研究所、宁波市文化遗产管理研究院等单位和有关项目负责人的慷慨应允，采用了少量尚未公开发表的考古资料。此外，还选用了《青色流年——全国出土浙江纪年瓷图集》《天下龙泉——龙泉青瓷与全球化》《哥瓷雅集——故宫博物院珍藏及出土哥窑瓷器荟萃》等书的部分照片。对本书写作惠予助益的领导、师友、同人和单位，为数甚众，恕不一一列出。千言万语，难抒感激之情，一并表示由衷的感谢！浙江人民出版社的责任编辑李信同志为本书出版付出了辛勤的劳动，同致谢忱！

浙江古代青瓷在中国乃至世界陶瓷文化史上有着举足轻重的地位，就此开展专题研究，意义非凡。然而，从夏商之际原始青瓷的诞生到明清时期青瓷生产的式微，上下数千年，从浙北的东苕溪流域到浙西南的河谷、山地，南北近千里，浙江古代青瓷生产，历史久远，地域广阔，遗存丰富，加之海内外浙江古代青瓷的发现既多且广，学界既往的研究成果甚为丰硕，本专题研究要想取得理想的成果，殊属不易。由于学力不济，书稿内容，特别是本人执笔部分和整个书稿的审定，谬误之处定然不少。敬请批评指正。

郑建华

2022年10月8日于杭州

